ÉTICA ECONÔMICA
DAS RELIGIÕES MUNDIAIS

Coleção Sociologia
Coordenador: Brasilio Sallum Jr. – Universidade de São Paulo

Comissão editorial:
Gabriel Cohn – Universidade de São Paulo
Irlys Barreira – Universidade Federal do Ceará
José Ricardo Ramalho – Universidade Federal do Rio de Janeiro
Marcelo Ridenti – Universidade Estadual de Campinas
Otávio Dulci – Universidade Federal de Minas Gerais

Dados Internacionais de Catalogação na Publicação (CIP)
(Câmara Brasileira do Livro, SP, Brasil)

Weber, Max, 1864-1920.
 Ética econômica das religiões mundiais : ensaios comparados de sociologia da religião : vol. 3, o judaísmo antigo / Max Weber ; tradução de Tomas da Costa. – Petrópolis, RJ : Vozes, 2019. – (Coleção Sociologia)

 Título original: Die Wirtschaftsethik der Weltreligionen : vol. III. Das antike Judentum
 Bibliografia.
 ISBN 978-85-326-6124-1

 1. Confucionismo – Aspectos econômicos 2. Economia – Aspectos morais e éticos 3. Ética confucionista 4. Ética judaica I. Costa, Tomas. II. Título. III. Série.

19-25354   CDD-306.3

Índices para catálogo sistemático:
1. Religiões : Ensaios comparados : Sociologia   306.3

Maria Alice Ferreira – Bibliotecária – CRB-8/7964

Max Weber

ÉTICA ECONÔMICA
DAS RELIGIÕES MUNDIAIS
Ensaios comparados de sociologia da religião

3 O judaísmo antigo

Tradução de Tomas da Costa

EDITORA VOZES

Petrópolis

© desta tradução:
2019, Editora Vozes Ltda.
Rua Frei Luís, 100
25689-900 Petrópolis, RJ
www.vozes.com.br
Brasil

Traduzido do original em alemão: *Die Wirtschaftsethik der Weltreligionen – Vol. III. Das antike Judentum*

Fonte: Max Weber: Gesammelte Aufsätze zur Religionssoziologie. Band 3, Tübingen [8]1986, S. 1 – Disponível em: http://www.zeno.org/nid/20011440724

Todos os direitos reservados. Nenhuma parte desta obra poderá ser reproduzida ou transmitida por qualquer forma e/ou quaisquer meios (eletrônico ou mecânico, incluindo fotocópia e gravação) ou arquivada em qualquer sistema ou banco de dados sem permissão escrita da editora.

CONSELHO EDITORIAL

Diretor
Gilberto Gonçalves Garcia

Editores
Aline dos Santos Carneiro
Edrian Josué Pasini
Marilac Loraine Oleniki
Welder Lancieri Marchini

Conselheiros
Francisco Morás
Ludovico Garmus
Teobaldo Heidemann
Volney J. Berkenbrock

Secretário executivo
João Batista Kreuch

Editoração: Fernando Sergio Olivetti da Rocha
Diagramação: Mania de criar
Revisão gráfica: Alessandra Karl
Capa: Felipe Souza | Aspectos

ISBN 978-85-326-6124-1

Editado conforme o novo acordo ortográfico.

Este livro foi composto e impresso pela Editora Vozes Ltda.

SUMÁRIO

Apresentação da coleção, 7

O judaísmo antigo, 9

I – A confederação israelita e Iahweh, 13

II – A formação do povo pária judeu, 311

Suplemento – Os fariseus, 437

APRESENTAÇÃO DA COLEÇÃO

Brasilio Sallum Jr.

A *Coleção Sociologia* ambiciona reunir contribuições importantes desta disciplina para a análise da sociedade moderna. Nascida no século XIX, a Sociologia expandiu-se rapidamente sob o impulso de intelectuais de grande estatura – considerados hoje clássicos da disciplina –, formulou técnicas próprias de investigação e fertilizou o desenvolvimento de tradições teóricas que orientam o investigador de maneiras distintas para o mundo empírico. Não há o que lamentar o fato de a Sociologia não ter um *corpus* teórico único e acabado. E, menos ainda, há que esperar que este seja construído no futuro. É da própria natureza da disciplina – de fato, uma de suas características mais estimulantes intelectualmente – renovar conceitos, focos de investigação e conhecimentos produzidos. Este é um dos ensinamentos mais duradouros de Max Weber: a Sociologia e as outras disciplinas que estudam a sociedade estão condenadas à eterna juventude, a renovar permanentemente seus conceitos à luz de novos problemas suscitados pela marcha incessante da história. No período histórico atual este ensinamento é mais verdadeiro do que nunca, pois as sociedades nacionais, que foram os alicerces da construção da disciplina, estão passando por processos de inclusão, de intensidade variável, em uma sociedade mundial em formação. Os sociólogos têm respondido com vigor aos desafios desta mudança histórica, ajustando o foco da disciplina em suas várias especialidades.

A *Coleção Sociologia* pretende oferecer aos leitores de língua portuguesa um conjunto de obras que espelhe tanto quanto possível o desenvolvimento teórico e metodológico da disciplina. A coleção conta com a orientação da comissão editorial, composta por profissionais relevantes da disciplina, para selecionar os livros a serem nela publicados.

A par de editar seus autores clássicos, a *Coleção Sociologia* abrirá espaço para obras representativas de suas várias correntes teóricas e de suas especialidades, voltadas para o estudo de esferas específicas da vida social. Deverá também suprir as necessidades de ensino da Sociologia para um público mais amplo, inclusive por meio de manuais didáticos. Por último – mas não menos importante –, a *Coleção Sociologia* almeja oferecer ao público trabalhos sociológicos sobre a sociedade brasileira. Deseja, deste modo, contribuir para que ela possa adensar a reflexão científica sobre suas próprias características e problemas. Tem a esperança de que, com isso, possa ajudar a impulsioná-la no rumo do desenvolvimento e da democratização.

O JUDAÍSMO ANTIGO[1]

1. A religião de Israel e dos judeus é objeto de uma bibliografia cujo conhecimento efetivo exige mais do que o trabalho de uma vida humana. Sobretudo também porque essa literatura se encontra em um nível qualitativo extremamente elevado. A pesquisa protestante moderna relativa à religião israelita antiga, em particular a alemã, desempenhou um papel de reconhecida liderança, e isso permaneceu até hoje. A significativa superioridade da pesquisa judaica que tem como objeto o judaísmo talmúdico é, no geral, inquestionável. Aqui, ao se buscar uma exposição dos aspectos do desenvolvimento que fossem importantes para a colocação do nosso problema, as esperanças de poder contribuir propriamente com algo de substancial para o fomento da discussão terão ao mesmo tempo de ser reduzidas de antemão a uma escala extremamente moderada. À exceção apenas do fato de que agora talvez ainda seja possível, com base no material das fontes, também classificar aqui e ali alguns fatos de maneira diferente de como costuma ocorrer – na espécie da ênfase –, também a colocação da questão é, como natural, justificadamente algo distinta em alguns pontos da de outros pesquisadores do Antigo Testamento. Aqui, até hoje – como onde quer que o caso seja igual –, a consideração puramente histórica só sofreu prejuízo real quando da intromissão de juízos de valor na análise puramente objetiva. Em todo caso, não logram ser respondidas por uma disciplina puramente empírica, histórica ou sociológica, questões como: se a concepção de deus ou se a ética mosaicas (supondo que pudéssemos determinar seu conteúdo de forma inequívoca) se encontrariam em uma posição "mais elevada" do que as do ambiente. A princípio, essas perguntas só podem ser levantadas a partir de dadas premissas religiosas. Mas uma parte – não totalmente insignificante – também do trabalho puramente empírico sobre os problemas da história da religião israelita é fortemente influenciada por elas no método do tratamento. Naturalmente, a questão pode ser assim colocada: se determinadas concepções israelitas se mostram 1°) mais ou menos antiquadas ("primitivas"), isso mensurado nas sucessões de etapas normalmente encontradas no desenvolvimento das religiões, ou 2°) mais ou menos intelectualizadas e racionalizadas (no sentido da eliminação de representações mágicas), ou 3°) mais ou menos uniformemente sistematizadas, ou 4°) enviesadas (sublimadas) de modo mais ou menos correspondente a uma ética da convicção do que as respectivas concepções próprias ao ambiente. As exigências colocadas pela ética decalógica, p. ex., podem ser comparadas com as de outras formações correspondentes, e – enquanto ambas correrem em paralelo imediato no pormenor – será possível constatar quais exigências ali inexistentes são impostas em outras partes, e vice-versa. Do mesmo modo, a concepção de deus e a espécie da relação religiosa com o mesmo podem ser examinados considerando, no primeiro caso, o grau de universalismo, da eliminação de traços antropomórficos etc.; no último caso, é possível fazê-lo tendo-se em conta a uniformização e o viés em termos de convicção. Disso se demonstra facilmente, p. ex., que a concepção israelita de deus é menos universalista e mais antropomórfica do que a indiana mais antiga, e que a ética decalógica, em importantes demandas, é mais moderada se comparada não apenas à indiana (sobretudo a jainista) e zaratústrica, mas também à egípcia, e que, ademais, certos problemas centrais (p. ex. os da teodiceia) surgem na religiosidade israelita, em especial na profética, somente em uma forma relativamente bastante "primitiva". Mas, com razão simplesmente incontestável, um crente judeu (ou cristão) protestaria resoluto contra a ideia de que nisso consistiria o "valor" religioso daquelas concepções, ainda que o mais ínfimo. Obviamente, todo trabalho puramente empírico trata os fatos e os documentos do desenvolvimento da religião israelita judaico-cristã exatamente da mesma maneira como os de qualquer outra. Ele busca interpretar os documentos e explicar os fatos considerando simplesmente os mesmos princípios aplicados sobre aqueles outros. Por essa razão, tanto aqui como lá, ele desconhece quaisquer "milagres" e "revelações". Tanto em um caso como no outro, porém, está igualmente fora de questão que esse trabalho pretendesse ou mesmo apenas pudesse impedir que alguém que busque explicar os fatos empiricamente – até onde isso seja possível, a considerar o estado das fontes – os *valore* como "revelações".

Hoje, todo trabalho voltado ao Antigo Testamento tem por base os grandiosos estudos de J. Wellhausen (*Prolegomena zur Geschichte Israels, Israelitische und jüdische Geschichte* e, dos outros trabalhos, sobretudo *Komposition des Hexateuch*), mesmo aquelas investigações que mais divergem do autor, que, por seu lado, elevou os métodos – nunca mais abandonados desde Wette, Vatke e Graf, e levados adiante por Dillmann e Reuss, entre outros – à mais alta perfeição sistemática e os aplicou de forma virtuosa. Sua ideia central, referente ao gênero do desenvolvimento da religião judaica, provavelmente seria caracterizada da maneira mais precisa com a expressão: "imanentemente evolucionista". As tendências de desenvolvimento internas próprias da religião de Iahweh determinam o seu curso, ainda que naturalmente sob a influência do destino geral do povo. A evidente passionalidade com a qual ele se defende dos ataques contidos no brilhante trabalho de Ed. Meyer (*Die Entstehung des Judentums*, Halle 1806), embora esse escritor, em alta medida, tenha-lhe feito justiça, explica-se a partir dessa premissa, em última instância de fato determinada por elementos religiosos. Pois o trabalho de Ed. Meyer, como é de se esperar de um pesquisador da área da história universal a abordar a Antiguidade, traz destino e evento históricos concretos (nesse caso uma determinada medida da política persa) ao primeiro plano da imputação causal, e privilegia portanto uma explicação, nesse sentido, "epigenética". Em relação à questão discutida entre os dois, Ed. Meyer hoje haveria de estar com a razão, conforme a opinião quase geral. Um tratamento então especificamente "evolucionista" da história da religião israelita logrará facilmente adentrar a ambitude de pressupostos que obscurecem o conhecimento livre de preconceitos caso ele suponha, portanto dogmatizado – o que aliás não se aplicava no caso particular de Wellhausen –, em relação ao desenvolvimento religioso concreto de Israel, as conclusões da moderna etnografia e da ciência comparativa da religião: que aquelas representações mágicas e "animistas" observadas quase por todo o mundo entre povos "primitivos" teriam de ser encontradas também no início no desenvolvimento da religião de Israel e dado lugar a concepções religiosas "mais elevadas" apenas em seu curso ulterior. Sem dúvida, os escritos de Robertson Smith (na tradução alemã: *Die Religion der Semiten*) e os trabalhos em parte brilhantes tanto dos eruditos do Antigo Testamento quanto de outros conhecedores expuseram, passo por passo, como, aliás, era de se esperar, em particular no âmbito dos mandamentos ritualísticos e dos mitos e lendas de Israel, as analogias com inúmeras representações mágicas e animistas observadas em outras circunstâncias. (Ed. Meyer ironiza, com razão, que houve quem de fato pretendeu ter encontrado provas também de um "totemismo" em Israel.) Só que às vezes se esqueceu que Israel deu início à sua existência histórica de fato enquanto confederação camponesa, mas (similarmente à Suíça, p. ex.) em meio a um ambiente com cultura literária, organização citadina, comércio marítimo e de caravanas, com estados funcionalistas, saber sacerdotal, observações astronômicas e especulações cosmológicas há muito tempo desenvolvidos. Daí o evolucionismo etnográfico ter sido confrontado pelo universalismo histórico-cultural sobretudo dos eruditos assiriológicos, na forma mais radical dos assim denominados "pan-babilonistas". Nesse aspecto os representantes dessa concepção histórica iam longe demais; são eruditos da estatura de Schrader (em especial *Die Keilinschriften und das Alte Testament*, novas edições por H. Winckler) e de H. Winckler (sobretudo *Geschichte Israerls in Einzeldarstellungen*, 2 vols.), e do ainda mais radical Jensen, também do bem mais comedido A. Jeremias (além de *Handbuch der altoriental. Geisteskultur*, 1913, acima de tudo *Das Alte Testament im Lichte des alten Orients*, 2ª ed., 1916), este ocasionalmente de maneira mais cautelosa, mas que apesar disso ainda defende o "princípio" dessa abordagem. Não faltaram tentativas de comprovar que a maioria das narrativas do Pentateuco, p. ex., fosse de origem astral-teológica, ou então de rotular os profetas como apoiadores de um partido sacerdotal internacional na Ásia Menor.
Os ensaios e conferências de F. Delitsch popularizaram então a assim denominada "controvérsia bíblica de Babel". Em todo caso, hoje raramente acontecerá – como ocasionalmente ocorreu – de pesquisadores sérios buscarem caracterizar a religião israelita como derivada dos cultos astrais e do saber arcano sacerdotal babilônicos. (Do lado egiptológico seria de se mencionar, p. ex., como um paralelo extremo de tais excessos, o escrito de D. Völter *Ägypten und die Bibel*, Leiden 1903, a meu ver fundamentalmente

equivocado, com o qual devem ser comparados os trabalhos bastante minuciosos de W. Max Müller, sobretudo *Asien und Europa*, e a literatura especializada a ser em parte citada mais tarde.) Se na exposição que se segue também pouco se fala das conclusões reconhecidamente incontestáveis dos trabalhos "pan-babilonistas", isso não acontece por nenhum menosprezo, senão apenas porque, para nós, a *ética* prática de Israel se encontra no primeiro plano, e, para a compreensão desta, como será mostrado, não são determinantes aquelas relações que interessam aos pan-babilonistas, importantes em termos histórico-culturais. Mas o impacto das suas teses sobre a pesquisa foi muito significativo. Por meio dela, a religião israelita foi rotulada como variação das religiões culturais vizinhas. Isso necessariamente refletiu sobre as questões levantadas pelos investigadores do Antigo Testamento. Visto que é impossível contestar as fortes influências sobretudo da cultura babilônica – mas também da egípcia – sobre a Palestina, a pesquisa veterotestamentária, sob a liderança especialmente de Gunkel, todavia já empreendera, por seu lado, correções substanciais no esquema de desenvolvimento de Wellhausen. Agora se evidenciavam mais distintamente, por um lado, os fatos relativos à imposição da religiosidade israelita com material representacional mágico e animista, por outro as relações com os grandes círculos culturais vizinhos, e o trabalho concentrava-se na questão, em verdade determinante, sobre em que se basearia então a *particularidade*, no final de fato indubitável, do desenvolvimento da religião israelita em relação a esses elementos comuns, em parte genericamente difundidos, em parte determinados pelos contextos culturais concretos; e, além dela, na questão sobre as condições dessa especificidade histórica. Mas logo teve reinício o envolvimento com as *valorações* determinadas por posicionamento religioso próprio. Para uma parte dos pesquisadores, a "unicidade" logo se tornou novamente o único *valor*, e a comprovação vinha, p. ex., de uma tese como a de que as realizações de Moisés já tinham sido uma criação "sobressalente" às construções do ambiente em termos de teor valorativo religioso e moral (exemplos desse tipo são mais facilmente encontrados em alguns trabalhos de Baentsch, um autor aliás bastante meritoso, contra os quais Budde, em especial, se opôs). Assim, se a pesquisa, em determinados aspectos, devido a valorações, foi ocasionalmente desviada da apuração puramente histórico-empírica dos fatos, os resultados do brilhante trabalho dos estudiosos do Antigo Testamento em relação à crítica da tradição foram tais que mesmo os eruditos mais conservadores não puderam ignorá-los a partir de então. A dificuldade em obter constatações positivas irrefutáveis reside especificamente nas controvérsias sobre o texto das fontes – em regra geral inverificáveis para um não filólogo –, com frequência corrompido justamente nas partes mais importantes ou interpolado e emendado em tempos desconhecidos. Frequentemente o juízo também está vinculado ao maior ou menor radicalismo da dúvida em relação à autenticidade daqueles relatos, a cuja falsificação poderia se ligar um interesse qualquer dos redatores sacerdotais. No todo, o leigo faz bem em considerar inicialmente como hipotéticos a princípio todos aqueles relatos em relação aos quais não é de se supor uma falsificação, seja por razões linguísticas – segundo a posição unânime dos especialistas filológicos autorizados –, seja, porém, por razões materiais imperativas – levando em conta seu próprio conteúdo; ele faz bem em se perguntar se, apesar de tudo, elas não seriam úteis como meios de entendimento histórico. Entre os pesquisadores do Antigo Testamento em particular, o grau de abordagem nesse sentido "conservadora" das fontes é muito variado. Recentemente, contudo, em reação a um ceticismo extremo, ela assumiu um rumo provavelmente já de amplas implicações em vários aspectos. Em um ponto de vista conservador bastante extremado se encontra p. ex. a obra mais minuciosa de Kittel, aliás excelente, *Geschichte des Volkes Israels* (2 vols., duas edições, 1909 e 1912). Entre outras exposições modernas, mencionemos aqui como introdução, talvez, a resumida *Geschichte des Volkes Israel* de H. Guthe (2ª ed., 1904), o bom resumo feito por Valeton no *Lehrbuch der vergl. Rel. Geschichte* (1897) organizado por Chantepie de la Saussaye, e a obra de C.F. Lehmann-Haupt *Israel – Seine Entwicklung im Rahmen der Weltgeschichte* (Tübingen 1911), que articula com bastante clareza o desenvolvimento da política externa. Além da obra de Kayser-Marti, a *Religionsgeschichte* de Smend será de uso satisfatório. Porém, para a pesquisa científica na área da história israelita mais antiga, é particularmente imprescindível, apesar de toda crítica, o escrito de Ed. Meyer (com suplementos de Bernard Luther): *Die Israeliten und ihre Nachbarstämme* (Halle 1906). Para o estudo das relações internas e culturais, também é útil, além dos compêndios de arqueologia hebraica de Benzinger (1893) e Nowack (1894), o escrito de Frants Buhr (*Die sozialen Verhältnisse der Israeliten*). Sobre história da religião, vale considerar, além de *Biblische Theologie des A.T.*, de B. Stade (I, 1905, II, por Bertholet, 1911), livro não raro discutível em determinados aspectos mas extremamente conciso e rico em conteúdo, a obra póstuma de E. Kautzsch (*Die bibl. Theologie des A.T.*, 1911), porque também formulada de maneira bem precisa. Sobre a comparação de religiões, cf. a coletânea editada por Gressmann juntamente com Ungnad e Ranke: *Altorientalische Texte und Bilder zum Alten Testament*, 1909 (infelizmente não estava acessível a mim durante a edição do manuscrito). Entre os inúmeros comentários sobre o Antigo Testamento, é de uso particularmente aprazível ao leigo a obra editada por K. Marti juntamente com Benzinger, Bertholet, Budde, Duhm, Holzinger e Wildeboer. Muito meritória e em parte de grande excelência é a tradução comentada moderna (por isso em parte estruturada algo demasiado livre cronologicamente, considerando os escritos das fontes e os objetos, acima de tudo também incompleta) intitulada *Schriften des A. T.*, de Gressmann, Gunkel, Haller, H. Schmidt, Stärk e Volz (1911-1914, ainda não concluída), também estimada em círculos mais amplos. Adiante, nas respectivas passagens, são citados individualmente outros trabalhos. Por sinal também de primeira classe em termos qualitativos, a literatura é tão extensa que geralmente só foi citada onde havia uma razão objetiva particular. Nesse caso não me pareceu grande o risco de que, por conta de uma omissão, eu parecesse pretender expor aqui "novos" fatos e concepções. Não se trata disso. Novas, em certa proporção, são algumas das questões sociológicas dentro das quais as matérias são abordadas.

I
A CONFEDERAÇÃO ISRAELITA E IAHWEH

Observação preliminar: o problema sociológico da história da religião judaica

Condições históricas gerais e condições climáticas

Os beduínos

As cidades e os gibborim

Os camponeses israelitas

Os gerim e a ética dos patriarcas

O direito social das compilações jurídicas israelitas

A berith

A Aliança de Iahweh e seus órgãos

Guerra santa, circuncisão, nazireus e nebi'im

Adoção e caráter do deus de guerra da Aliança

Os cultos não iahwistas

O sabá

Baal e Iahweh – Os ídolos e a Arca

Sacrifício e expiação

Os levitas e a torah

O desenvolvimento do sacerdócio e o monopólio cúltico de Jerusalém

A luta do iahwismo contra a orgiástica

Os intelectuais israelitas e as culturas vizinhas

Magia e ética

Mitologemas e escatologias

A ética pré-exílica em suas relações com a ética das culturas vizinhas

Observação preliminar: o problema sociológico da história da religião judaica

O problema sociológico histórico-religioso peculiar do judaísmo se permite compreender da melhor forma a partir da comparação com a ordem de castas indiana. Pois, considerados sociologicamente, o que eram os judeus? *Um povo pária.* Isto é, como conhecemos da Índia: um povo-hóspede, formal ou factualmente cindido, em termos ritualísticos, do ambiente social. Todos os traços essenciais do seu comportamento com relação ao ambiente, sobretudo sua existência voluntária de gueto, está vigorando muito antes da sua internação forçada, e o gênero do dualismo de moral – uma interna e outra externa ao grupo – pode ser inferido daqui. No judaísmo, as diferenças com relação às tribos párias indianas residem nas três importantes circunstâncias a seguir. 1°) Os judeus eram (ou melhor, tornaram-se) um povo pária em *um ambiente desprovido de castas.* 2°) As promessas de salvação nas quais estava ancorada a especificidade ritual do judaísmo eram completamente outras em comparação com as das castas indianas. Para as castas párias da Índia, como vimos, tinha-se como prêmio por um comportamento correto em termos ritualísticos – isto é, condizente com a casta – a ascensão, por via da reencarnação, no interior da ordem de castas do mundo, pensada como eterna e imutável. A conservação da ordem de castas como ela era e a permanência não apenas do indivíduo na casta senão da casta como tal em sua posição perante as outras castas – esse comportamento eminentemente social-conservador – era precondição de toda salvação; pois o mundo era eterno e não tinha nenhuma "história". Para o judeu, a promessa era exatamente oposta: a ordem social do mundo tinha sido transformada no inverso daquilo que era prometido para o futuro, quando ela haveria de ser novamente subvertida, de modo que futuramente caberia de novo aos judeus sua posição de povo senhoril da Terra. O mundo não era nem eterno nem imutável, senão criado, e suas ordens atuais eram um produto da atividade dos homens, sobretudo dos judeus e da reação do seu deus à mesma: um produto, portanto, *histórico*, determinado a abrir novamente espaço ao estado propriamente pretendido por Ele. Todo o comportamento dos judeus antigos quanto à vida foi determinado por essa ideia de uma *revolução social política e guiada futuramente por Deus*. E, a saber: 3º) em uma direção totalmente determinada. Pois a correção ritualística e o isolamento por ela causado ante o ambiente social constituíam apenas um lado dos mandamentos que se lhes impunham. Junto aos mesmos se tinha uma *ética religiosa do agir intramundano* em alto grau *racional*, isto é, livre de magia como também de todas as formas da busca irracional por salvamento, intrinsecamente bem distante de todas as vias salvíficas das religiões asiáticas da salvação. Em ampla medida, essa ética ainda fundamenta a ética religiosa contemporânea na Europa e na Ásia Menor. E nisso se baseia o interesse da história mundial pelo judaísmo.

A amplitude histórico-mundial do desenvolvimento religioso judeu está fundada sobretudo na criação do "Antigo Testamento". Pois pertence às realizações espirituais mais importantes da missão paulina o fato de ela ter preservado esse livro sagrado dos judeus como um livro sagrado do cristianismo e, ao mesmo tempo, ter todavia alijado, como não mais imperativos porque revogados pelo salvador cristão, todos aqueles traços da ética ali inculcada nos quais justamente se ancorava, em termos ritualísticos, a particular posição característica dos judeus: sua condição de povo pária. Para mensurar o alcance desse feito basta imaginar o que teria sucedido sem ele. Sem a adoção do Antigo Testamento como livro sagrado, por certo teria havido, no âmbito do helenismo, seitas pneumáticas e comunidades arcanas com o culto ao Kyrios Christos, mas nunca uma ética do cotidiano nem igreja cristãs. Pois para tanto faltaria, no caso, qualquer fundamento. Porém, sem a emancipação ante as prescrições ritualísticas da *torah*, nas quais se baseia o isolamento dos judeus à espécie de casta, a congregação cristã teria permanecido uma pequena seita do povo pária judeu, exatamente do mesmo modo que os essênios e os terapeutas, por exemplo. Mas justamente no cerne da doutrina cristã da salvação, a qual liberta do gueto autocriado, a missão paulina deu continuidade a uma doutrina judaica, ainda que meio sepultada, proveniente da experiência religiosa do povo êxule. Pois sem as promessas – de espécie extremamente particular – do grande escritor desconhecido do tempo do exílio, autor da profética teodiceia do sofrimento (Is 40–55), em especial sem a doutrina do

Servo de Iahweh que instrui e, inculpe, sofre e morre voluntariamente como sacrifício expiatório, teria sido impensável, em sua particularidade perante outras doutrinas arcanas de aspecto similar, o desenvolvimento da doutrina cristã da morte do salvador divino por sacrifício voluntário, não obstante a esotérica do Filho do Homem, surgida mais tarde. Pelo outro lado, contudo, o judaísmo foi manifestamente incitativo e em parte modelo da anunciação de Maomé. Quando da consideração das suas condições de desenvolvimento – deixando totalmente de lado o significado mesmo do povo pária judeu dentro da economia da Idade Média europeia e da Época Moderna, sobretudo por essas razões da influência exercida pela sua religião no contexto da história universal –, encontramo-nos diante de um ponto crucial de todo o desenvolvimento cultural do Oriente anatólico e do Ocidente. Quanto ao significado histórico, ele pode ser igualado apenas ao desenvolvimento da cultura intelectual helênica e, em relação à Europa Ocidental, ao do direito romano e da Igreja de Roma, esta fundada no conceito romano de ofício, ademais ao da ordem medievo-estamental e, por fim, ao das influências que a implodiram, mas que continuaram a dar forma às suas instituições em âmbito religioso, portanto ao desenvolvimento do protestantismo.

O problema, portanto, é: Como os judeus se tornaram um povo pária, com essa particularidade altamente específica?

Condições históricas gerais e condições climáticas

A região montanhosa sírio-palestina esteve alternadamente exposta a influências mesopotâmicas e egípcias. As primeiras remontam à comunidade tribal dos amoritas, que em tempo antigo governaram tanto a Síria como a Mesopotâmia, depois à ascensão política das forças babilônicas no final do terceiro milênio e, no longo prazo, à influência do significado comercial da Babilônia enquanto região de surgimento das formas comerciais capitalistas primitivas. As influências egípcias se baseavam antes de tudo nas relações comerciais já do Império antigo com as costas fenícias, na mineração egípcia na Península do Sinai e na proximidade geográfica enquanto tal. Em tempo anterior ao século XVII a.C. não era praticável nenhuma subjugação política duradoura e consolidada desde aqueles dois grandes centros culturais porque a técnica militar e administrativa de então excluía tal possibilidade. É bem verdade que, ao menos na Mesopotâmia, o cavalo não era elemento completamente ausente, mas ele ainda não tinha se tornado instrumento de uma técnica militar própria. Isso só aconteceu em meio àquelas migrações populacionais que deram origem, no Egito, à dominação pelos hicsos; e, na Mesopotâmia, à dominação cassita. Só então surgiram a técnica de combate sobre bigas e, com ela, possibilidade e estímulo para grandes expedições de conquista em regiões distantes. A Palestina foi pretendida como objeto de despojo primeiro desde o Egito. A 18ª dinastia não se satisfez com a libertação ante os hicsos – entre seus soberanos parece surgir o nome "Jacó" pela primeira vez –, senão avançou em uma campanha de conquista até o Eufrates. Seus governadores e vassalos permaneceram na Palestina mesmo quando a tendência à expansão esmoreceu por razões ligadas à política interna. A dinastia dos ramessidas logo teve de reiniciar a luta pela Palestina porque, no intervalo, o poderoso império anatólico dos hititas havia avançado sobre o Sul e ameaçava o Egito. Mediante um compromisso realizado sob Ramsés II, a Síria foi dividida; a Palestina permaneceu sob autoridade egípcia e assim seguiu nominalmente até o fim dos ramessidas, portanto durante uma grande parte do assim denominado "tempo dos juízes" israelita. Efetivamente, porém, sobretudo por razões de política interna, o poder tanto do Império Egípcio como do Império Hitita decaiu de maneira tão intensa que a Síria e a Palestina, do século XIII a.C. em diante, permaneceram por centenas de anos essencialmente entregues a si mesmas, até nova incursão, a partir do século IX a.C., do poder militar dos assírios, recém-criado no meio-tempo. A partir do século VII a.C. veio a autoridade babilônica, e, também no século VII a.C., depois de uma primeira investida no século X a.C., a egípcia. Da última terça parte do século VIII a.C. em diante, a autonomia da região foi pouco a pouco perdida – para os grão-reis assírios, em parte e temporariamente para os egípcios, depois definitivamente para os grão-reis babilônicos, cujo legado foi assumido pela dominação persa. Foi somente naquele intervalo, o qual significou um amplo retrocesso geral em todas as relações internacionais políticas e comerciais e viu na Grécia a assim denominada migração dórica – ligada ao mesmo –, que a Palestina logrou se desenvolver também independentemente das grandes potências estrangeiras. Os vizinhos mais poderosos da Palestina eram, de um lado, as cidades fenícias e os filisteus, que, naquele período de vulnerabilidade do Egito, chegavam pelo mar, e, de outro lado, as tribos beduínas do deserto; depois, nos séculos IX e X a.C., o império damasceno dos arameus. Em resistência a essa última potência mencionada o rei israelita convocou os assírios ao território. Àquele ínterim remonta, senão o surgimento, certamente o apogeu militar da aliança israelita, do reino de Davi e, depois, dos reinos de Israel e Judá.

Se o poder político dos grandes estados de cultura às margens do Nilo e do Eufrates era reduzido naquele tempo, deve-se todavia ter muita cautela para não imaginar essa época na Palestina como primitiva e bárbara. Não apenas continuavam a existir relações diplomáticas e mesmo comerciais, ainda que dificultadas, senão que também perdurava a influência intelectual das regiões de cultura. Por meio da língua e da escrita, a Palestina permaneceu todo tempo ligada, mesmo durante a dominação egípcia, à região do Eufrates, geograficamente mais distante, e a sua influência é de fato inequívoca, sobretudo na vida jurídica, mas igualmente em mitos e representações cósmicas. Considerado de modo puramente superficial, a influência do Egito sobre a cultura da Palestina parece surpreendentemente pequena diante da proximidade geográfica. Isso tem sua razão acima de tudo na particularidade interna da cultura egípcia, cujos expoentes – prebendados de templos e de cargos públicos – não tinham nenhum interesse no proselitismo. A forte influência sobre o desenvolvimento cultural palestino por parte do Egito, em alguns pontos importantes para nós, é, não obstante, provável. Mas ela em parte teve lugar indiretamente, via fenícios, em parte se manteve mais um "estímulo ao desenvolvimento" não tão facilmente concebível e, na maioria das vezes, essencialmente negativo. Pois, para além das razões linguísticas, aquela influência direta, aparentemente pequena, deveu-se também a profundas diferenças referentes às condições naturais de vida e relativas à ordem social nelas repousada. O Estado servilista egípcio, resultante da necessidade de regulação irrigatória e das construções régias, contrastava com as formas de existência dos habitantes da Palestina como algo que lhes era profundamente estranho, como uma "casa de servidão" – à qual se referiam, com desprezo, como "forno de ferro". E os egípcios, por seu lado, consideravam como bárbaros todos os vizinhos que não compartiam da dádiva divina das cheias do Nilo e da administração escriturária real. As camadas religiosamente influentes na Palestina rejeitavam, porém, como uma aterradora depreciação de seus próprios interesses, voltados inteiramente ao intramundano, à maneira típica de povos não arregimentados hierocraticamente, sobretudo o culto aos mortos, a base mais importante da autoridade sacerdotal do Egito, do mesmo modo como a dinastia egípcia, mesmo sob Amenófis IV, ocasionalmente buscou se evadir, em vão, ao poder já firmemente consolidado dos sacerdotes. Em última instância, a oposição ao Egito estava fundada nas diferenças naturais e sociais, embora as condições de vida e as relações sociais fossem bem diversas também dentro da Palestina.

A Palestina encerra contrastes consideráveis das possibilidades econômicas, determinados climaticamente[2]. Nas planícies especificamente das regiões central e setentrional, era hábito local, já quando do início dos nossos registros, além do cultivo de cereais com criação de gado bovino, também a plantação de árvores frutíferas, de figueiras, a vinicultura e o cultivo de oliveiras. Nos oásis dos desertos próximos e na região de Jericó, a "cidade das palmeiras", também se cultivavam tâmaras. Nas planícies palestinas, a irrigação vinha de fontes abundantes. Chuvas tornavam o cultivo possível. O deserto estéril no Sul e no Leste era e é, não apenas para os camponeses senão igualmente para os pastores, um local de horror e a morada dos demônios. Somente os arredores expostos a chuvas periódicas, as estepes, eram e são aproveitáveis como pastagem de camelos e animais de pequeno porte e, em anos propícios, ainda para a plantação nômade ocasional de cereais. Até a possibilidade do cultivo sedentário regular, havia e continua a ser encontrado

---

2. Sobre as condições naturais da Palestina, compare-se além das obras sobre estudos palestinos em geral os inúmeros ensaios publicados na *Zeitschrift* e em *Mitteilungen und Nachrichten des Deutschen Palästinavereins*. Sobre o clima antigo (período talmúdico), cf. H. Klein. *Z. D. P. V.*, vol. 37 (1914), p. 127ss.

todo tipo de variação intermediária[3]. Em particular a espécie das pastagens era e é distinta. Em alguns casos elas podem ser utilizadas dentro de um assentamento como área de pastagem limitada a uma localidade, apenas para animais de pequeno ou então também de grande porte. Na maioria das vezes, porém, seguindo a alternância anual entre período invernoso de chuvas e o tempo de estiagem de verão, faz-se necessária a troca de pastagem[4]. Isso de tal modo que aldeias de verão e de inverno, essas últimas situadas mais acima nas encostas das montanhas, sejam alternadamente utilizadas e desabitadas pelos criadores de gado – o que aliás também ocorre aos que cultivam campos distantes uns dos outros, com a alternância dos períodos de vegetação. Ou então de modo que os territórios de pastagem das diferentes estações do ano se encontrem tão afastados, ou variem tanto em sua produção, que assentamentos fixos não sejam sequer possíveis. Os criadores de animais de pequeno porte, pois nesse caso só eles entram em questão, vivem então em tendas, à maneira dos pastores de camelos do deserto, e, na troca periódica de pastagem, conduzem seus rebanhos por longas distâncias, em parte mais do Leste para o Oeste, em parte mais do Norte para o Sul, do mesmo modo como isso se nota no sul da Itália, na Espanha, na Península dos Bálcãs e na África do Norte[5]. Quando da troca do pasto, dependendo da possibilidade, a pastagem natural costuma ser combinada, nos campos colhidos, com pousio e restolhal. Ou de modo que períodos de nomadismo ou de busca de trabalho fora sejam alternados com períodos de residência em aldeia – parte dos camponeses aldeãos nas montanhas de Judá moram a metade do ano em tendas. Assim, por todas as variações pensáveis, os graus do completo arraigamento domiciliar, por um lado, e por outro o do nomadismo de tenda, são lábeis e se encontram ligados uns aos outros. Como na Antiguidade, ainda hoje

---

3. No Livro de Josué, Caleb, que recebera Hebron como concessão, dá a "terra do Sul" (*eretz ha-negeb*) como dote à sua filha, e acrescenta, a pedido da mesma, "fontes acima e abaixo" (Js 15,19). A terra cultivável, em oposição a "estepe", chama-se *"sadeh"*.

4. Cf. a esse respeito em especial as observações de Schumacher em seu relato de viagem pela Transjordânia, impresso em *Mitt. u. N. d. D. P. V.*, 1904-.

5. Sobre isso, cf. o primoroso trabalho recente de R. Leonhard, "Die Transhumanz im Mittelmeergebiet" (em *Festschrift für L. Brentano*, Munique 1916).

são recorrentes variações intermediárias, tanto entre nomadismo e lavoura, em consequência do crescimento de população e, com ele, da demanda por pão, como também justamente o inverso: entre o felaísmo e o nomadismo, em consequência de assoreamento. Com exceção do território irrigado por mananciais, em todo caso já extremamente limitado, a rigor toda a sorte do ano depende da medida e da distribuição da chuva[6]. Desta há duas espécies. Uma o siroco traz do Sul, em meio a trovoadas, com frequência de força descomunal, com torrenciais precipitações. Para os felás e os beduínos, um forte raio significa fortes chuvas. Se a chuva não chega, então, hoje como na Antiguidade, está "Deus ao longe", e isso, hoje como à época, é considerado consequência de pecados, em particular aqueles dos xeiques[7]. Esse aguaceiro, frequentemente desastroso para o solo arável da lavoura, em especial na terra ao leste do Jordão, enche as cisternas na estepe e é portanto bem-vindo especialmente aos criadores de camelo do deserto, para os quais, por essa razão, o deus que oferta a chuva era e continua a ser um deus iracundo dos temporais. Para as tamareiras e para a vegetação das árvores em geral, essa chuva forte é não prejudicial mas útil quando em excesso não tão demasiado. Em contrapartida, as chuvas contínuas moderadas, que medram a camada arável do solo e a pastagem das montanhas, são trazidas por aqueles ventos sudoeste e oeste que Elias, no Monte Carmelo, esperava chegar do mar. Para o lavrador, portanto, aquela precipitação é a mais almejada, pela qual o deus ofertador da chuva se acerca não na trovoada ou na tempestade – que com frequência certamente também lhe precedem –, senão "em um murmúrio baixo e suave".

Na Palestina propriamente dita, o "Deserto de Judá", o planiço da região montanhosa do Mar Morto, desde sempre foi, como hoje, uma área quase sem povoação permanente. Dentro da região montanhosa ao centro e setentrional de Israel, por sua vez, chove no inverno (novembro a março) tanto quanto na Europa Central em toda a média anual. Por isso, em anos bons, isto é, quando da incidência de fortes chuvas temporãs (na Antiguida-

---

6. Observações meteorológicas mais precisas em F. Exner, *Z. D. P. V.*, vol. 33 (1910), p. 107ss.
7. *Fellachensprichwörter und Gebete*, reunidos por Dr. Cana'an, *Z. D. P. V.*, vol. 36 (1913), p. 285-291.

de frequentemente a partir já da Festa dos Tabernáculos) e chuvas serôdias (até maio), é de se esperar boas colheitas de cereais nos vales e exuberante crescimento de flores e do relvado nas encostas das montanhas, enquanto a ausência das chuvas temporãs e serôdias pode, todavia, estender por mais de dois terços do ano a secura absoluta do verão, a qual faz ressequir toda a relva, e, nesse caso, sobretudo os pastores de ovelhas ficavam dependentes da compra adicional de cereais do estrangeiro – do Egito, na Antiguidade – ou então da emigração. Assim, a existência especificamente desses pastores é meteorologicamente precária, e somente em anos bons a Palestina foi, para eles, uma terra onde "jorravam leite e mel"[8] – aparentemente, referido é o mel da tâmara, que os beduínos conheceram já no tempo de Tutmósis, talvez também o mel de figos e, além dele, o mel de abelhas selvagens.

Os beduínos

Os contrastes das condições econômicas, dados pela natureza, desde sempre se manifestaram em antagonismos próprios à estrutura econômica e social.

---

8. Predomina discórdia sobre a questão se o território de Canaã pode ter merecido essa designação e sobre o que ela significava. Cf. a esse respeito, das publicações mais recentes, p. ex. Kraus, *Z. D. P. V.*, vol. 32, p. 151, que quis compreender o "jorrar", de acordo com a sua interpretação das fontes talmúdicas, literalmente como o afluir do leite de cabras junto com o mel de frutas extraído de tâmaras, figos ou uvas. Em posição contrária, cf. Simonson, *Z. D. P. V.*, vol. 33, p. 44, que considera a expressão em sentido figurado, com razão. Assim como Dalman, *M. u. N. D. P. V.*, 1905, p. 27: "Pastéis tão doces quanto mel". Em linha com a interpretação atual sobre os judeus palestinos, Dalman considera a Palestina como região desde sempre pobre de gado. Contra essa perspectiva, cf. L. Bauer (*M. u. N. D. P. V.*, 1905, p. 65, o melhor ensaio, a meu ver), que faz referência à abundância de leite ainda na atualidade (a manteiga e o leite como alimentos mais importantes) e interpreta o mel como sendo mel de uvas, suposição essa que Dalman (*M. u. N. D. P. V.*, 1906, p. 81) demonstra contudo ser equivocada em relação à Antiguidade: à época, o mel da tâmara era a espécie de mel mais importante. Häusler (*Z. D. P. V.*, vol. 35, 1912, p. 186) põe em dúvida se a abundância de mel sempre teria existido. Só que também nas Cartas de Amarna (n. 55 da edição de Knudtzon) mel consta como comissão paga a uma guarnição egípcia. Talvez também fosse de tâmara o mel que o fugitivo egípcio Sinué menciona como sendo abundante no território de Retenu no tempo de Sesóstris I, além das plantações de figueiras, oliveiras e videiras. O maná tem o gosto de pão com mel (Ex 16,31). Isaías anuncia: quando, depois da devastação pelos assírios, a Palestina se tornar novamente uma estepe, na qual, ao invés de videiras, são encontrados sarças e silvados, os últimos devotos esmaecidos comerão creme e mel como outrora (Is 7,22-23). Por isso, também Emanuel, filho do Salvador, haverá de consumir creme e mel (Is 7,15). Isso lembra o alimento do jovem Zeus em Creta: creme e mel. Por essa razão, Gressmann dá preferência à interpretação puramente escatológica da expressão, como comida de deuses (*Die israelit. Eschatologie*, p. 207ss., cf. tb. a literatura indicada abaixo). Em todo caso, o alimento ideal dos homens ricos em uma região de estepe é, provavelmente, a comida de deuses.

Em um extremo da escala se encontravam e se encontram os *beduínos* do deserto. O *bedu* propriamente dito, que também dentro da Arábia do Norte se distingue categoricamente dos árabes sedentários, desde sempre desdenhou a lavoura, desprezava domicílio e localidades fixas, vivia de tâmaras e do leite de camelo, não conhecia vinho e não demandava nem tolerava nenhuma espécie de organização estatal. Como descreveu Wellhausen[9], em especial – além de outros –, relativamente ao tempo épico dos árabes, a única autoridade normalmente perene além do *mukhtar*, do chefe da família (i. é, da comunidade de tenda), é o chefe do clã, o xeique. Ao clã pertence o complexo das comunidades de tenda que se julgam descendentes de determinado ancestral, sem importar se com razão, e cujas tendas, por isso, encontram-se avizinhadas. Ele é a associação mais firmemente betumada – pelo acerbo dever da vingança de sangue. Comunidades de vários clãs se formam na peregrinação e no acampar conjunto com vistas à proteção mútua. A "tribo" que assim surge compreende raramente mais do que alguns milhares de almas. Ela só tem um líder permanente caso um homem tiver se destacado de tal forma por desempenho em combate ou sabedoria arbitral que, em virtude de seu carisma, torne-se reconhecido como *sayid*. Seu prestígio pode então ser transmitido, como carisma hereditário, aos respectivos xeiques do seu clã, especialmente quando este é abastado. Também o *sayid*, porém, é apenas *primus inter pares*. No palestrear da tribo (em tribos péquenas frequentemente no fim de tarde), ele preside as discussões, é decisivo quando as opiniões estão divididas, determina o momento de partir e o local de acampamento. Carece-lhe, porém, do mesmo modo como aos xeiques, qualquer poder coercitivo. Seu exemplo e sua arbitragem são respeitados pelos clãs enquanto seu carisma se comprovar. Também toda participação em campanhas de guerra é voluntária e impelida apenas indiretamente, por escárnio e vergonha. Cada clã se lança à aventura segundo seu próprio talante. Do mesmo modo, ele oferece proteção aos estrangeiros por iniciativa própria. Ambos os casos podem provocar reações dentro da comunidade, o primeiro mediante

---

9. "Ein Gemeinwesen ohne Obrigkeit", *Göttinger Kaiser-Geburtstagsrede*, 1900.

represálias, o segundo por vingança quando da violação do direito de hospitalidade. A comunidade mesma, porém, intervém apenas excepcionalmente. Pois toda associação que exceda o clã em tamanho permanece extremamente lábil. Em ocasiões, determinados clãs se juntavam a outros e se dissociavam da tribo. E a diferença entre uma tribo combalida e um clã numeroso é sutil. No entanto, sob certas circunstâncias, o agrupamento político de uma tribo, também no caso dos beduínos, pode se tornar uma formação relativamente estável; a saber, quando um príncipe carismático consegue assegurar, para si e para seu clã, uma posição senhoril militar permanente. Isso, contudo, pela natureza da coisa, só é possível se o príncipe guerreiro obteve rendimentos fundiários e tributos dos oásis de agricultura intensiva, ou então receitas regulares a partir de tarifas alfandegárias e de taxas de escolta de caravanas, mediante os quais ele logra manter um séquito pessoal em seus castelos rochosos[10]. De resto, todas as posições de poder de indivíduos são muito instáveis. Todos os notáveis têm, ao fim e ao cabo, somente "deveres", e são remunerados apenas com honra social, quando muito com um certo favorecimento de juízo. Apesar disso, pode ser considerável a desigualdade social entre os clãs, por patrimônio e carisma hereditário. Por outro lado vigora o rigoroso dever da assistência fraternal em caso de necessidade, a princípio dentro do clã, mas sob certas circunstâncias também dentro da tribo. Em contrapartida, o não irmão está destituído de direitos caso não seja admitido na associação protetória mediante comunhão de passado. As regiões de pastagem protegidas e utilizadas pela comunidade tribal, mais lasseada e lábil, não são ampliadas devido ao temor mútuo de vingança, mas se alternam de acordo com a situação de poder, que se efetiva em especial no conflito pelo objeto mais importante: os mananciais. Propriedade fundiária assenhoreada não há. Guerra e roubo, sobretudo roubo de estrada, cuja prática ocasional é considerada questão de honorabilidade, cunham o conceito beduíno típico de honra. Linhagem ilustre, valentia própria e generosidade são as três coisas

---

10. No território a leste de Biblos (ali o palco parece ter de ser buscado, de acordo com as hipóteses mais recentes), um xeique de Retenenu ocupa a área com plantações de videiras, oliveiras e figueiras, faz do egípcio fugitivo Sinué seu funcionário e o enfeuda de terras.

enaltecidas no homem. Consideração pela nobreza da sua família e a honradez social de seu bom nome eram tidas pelos árabes pré-islâmicos como os motivos determinantes de todo agir.

Economicamente, o beduíno de hoje é considerado um tradicionalista sem imaginação[11] e ao mesmo tempo como avesso a obter ganhos de modo pacífico. Isso só permite ser generalizado com reservas, uma vez que altos rendimentos com comércio intermediário e taxas de escolta costumavam tornar as tribos vizinhas às rotas de caravanas do deserto interessadas nessa prática comercial, onde quer que ela ocorresse. Em parte, a alta sacralidade do direito de hospitalidade se baseia também nesse interesse pelo comércio viandante. Assim como nos mares coexistiam comércio marítimo e pirataria, no deserto eram indissociáveis o comércio intermediário e o roubo de estradas, pois o camelo é dileto entre todos os meios de transporte animais[12]. O negociante estrangeiro era e continuará sendo roubado enquanto uma autoridade estrangeira não proteger as rotas militarmente por meio de guarnições, ou enquanto os próprios comerciantes não possuírem acordos permanentes de proteção com as tribos que controlam as estradas.

Em todo caso, as compilações jurídicas da Antiguidade israelita não apresentam nenhum traço do direito propriamente beduíno, e, para a tradição, o beduíno é o inimigo mortal de Israel. Eterna contenda vigora entre Iahweh e Amalec. Caim, o ancestral da tribo quenita dotado da tatuagem tribal, da "marca de Caim", é condenado por Deus à errância por assassinato, e somente a aterradora severidade da vingança de sangue é seu privilégio. Também nos demais aspectos faltam aos costumes israelitas, quase por completo, ecos de beduinismo. Só há um resquício importante: na Arábia é comum marcar os umbrais das portas com sangue, como proteção contra demônios. Em âmbito militar, aquela prescrição do Deuteronômio segundo a qual todos aqueles que se sentem "covardes" demais devem ser excluídos do contingente do exército ou mandados para casa, interpretada na maioria das vezes como

---

11. J. Hell, *Beiträge zur Kunde des Orients*, vol. V, p. 161ss. (também sobre o que foi dito anteriormente).

12. "Ismaelita", portanto: beduíno. Comerciantes compram José de seus irmãos (Gn 37,25).

construção puramente utópico-teológica do tempo dos profetas, bem que poderia ser posta em relação histórica com o caráter absolutamente voluntário da participação nas campanhas de guerra beduínas. Entretanto, isso não vem de uma apropriação de aspectos beduínos, senão, a rigor, de reminiscências a costumes próprios às tribos de criadores de gado – a serem discutidos mais tarde – que certamente encontram correlatos nos costumes beduínos.

As cidades e os *gibborim*

No outro extremo da escala se encontrava, e ainda se encontra, a *cidade* (*gir*). Devemos buscar analisá-la um pouco mais de perto. Seus precursores foram sem dúvida, também na Palestina, por um lado, burgos de cabecilhas guerreiros, para si e seu séquito pessoal; por outro, locais de refúgio para o gado e para indivíduos em regiões de risco, em especial vizinhas ao deserto. Nossa tradição não nos relata nada de específico sobre nenhum dos dois casos[13]. Considerado em termos econômicos e políticos, a cidade que ela dá a conhecer podia representar algo muito distinto, ou apenas uma pequena comuna fortificada de cidadãos lavradores com mercado. Nesse caso, ela era distinta da aldeia de camponeses somente em grau. Plenamente desenvolvida, em contrapartida, ela foi, em toda a Antiguidade oriental, não apenas centro mercantil, mas sobretudo fortaleza e, enquanto tal, sede da associação militar, morada do deus local e domicílio de seus sacerdotes e do detentor do poder político, fosse monarca ou oligarca. Isso acorda, de modo bastante manifesto, com as analogias da pólis mediterrânea.

Em sua constituição política, as cidades sírio-palestinas de fato apresentam um estágio de desenvolvimento próximo ao da "pólis de estirpes" da Antiguidade helênica. Em período pré-israelita, as cidades litorâneas fenícias e as cidades dos filisteus já estavam organizadas como cidades plenas. A respeito

---

13. Em suas inscrições, Senaquerib relata sobre os inúmeros castelos do Rei Ezequias que ele teria destruído. A cronística também traz relatos sobre castelos de Ezequias, assim como sobre inúmeros castelos de fronteira de Roboão. As guarnições terão possuído feudos burgários. Das cidades a constar nas Cartas de Amarna, uma parte era claramente apenas burgos dessa espécie. Os cabecilhas carismáticos também possuíam castelos, como Davi, e, em tempos mais remotos, Abimelec.

do tempo de Tutmósis III, as fontes egípcias revelam a existência de inúmeras cidades-estados na Palestina, entre elas já algumas que continuaram a existir também no período cananeu de Israel (como Laquis)[14]. Nas cartas de Tell el--Amarna aparece, sob Amenófis IV (Aquenáton), nas cidades maiores, mais claramente em Tiro e Biblos, além dos reis-vassalos e governadores do faraó, com suas guarnições, armazéns e arsenais, um estamento urbanita que controla a câmara citadina (*bitu*) e conduz uma política própria, frequentemente hostil à dominação egípcia[15]. Aparentemente, sem levar em conta sua outra particularidade, ela há de ter consistido em um patriciado fortificado[16]. Sua relação

---

14. Cf. W. Max Müller, *Jew. Quart. R.N.S.*, vol. 4 (1913/14), p. 65.

15. O *bitu* de Tiro é distinguido do *bitu* do regente instituído pelo faraó (Knudtzon, n. 89). O correspondente chama a atenção do faraó para o fato de que a política de Tiro era determinada não pelo regente, ao qual ele sempre se dirige, mas por aqueles círculos que controlam a câmara citadina. Mais tarde, o regente é assassinado.

16. Quando os "grandes" de uma cidade são mencionados (Knudtzon, n. 129), há dúvida se se trata de funcionários ou anciãos de clãs patrícios. Em todo caso, a política é influenciada pela população urbanita. A gente de Dunip pede ao rei que um homem específico seja nomeado governador (n. 50). Ao seu governador, um cananeu, a população urbanita de Biblos, em conluio com seu irmão renegado, cerra os portões. Em outras localidades ela junta forças com os inimigos que avançam sobre o território: aos regentes periga a morte. A cidade é perdida quando a guarnição egípcia parte em retirada ou dá início, p. ex., a uma revolta de sua parte, em virtude de as rações de alimentos não terem chegado ou devido à resistência ao trabalho forçado nos feudos oficiais dos governadores e soldados. Assim acredito ter de compreender as circunstâncias tratadas nos n. 117, 37, n. 138, n. 77, 36, n. 81, 33, n. 74, n. 125, em uma divergência parcial da interpretação primorosa de O. Weber no vol. II da edição de Knudtzon. Parece-me totalmente improvável que as pessoas que partem devido à falta de alimentos sejam "camponeses". É bem verdade que a expressão usada é a mesma que na Mesopotâmia designa o "colono" (em oposição ao patrício plenamente livre). Mas os μάχιμοι [*máchimoi*, soldados inferiores] do faraó eram, na grande maioria, a rigor pessoas investidas de feudos muito pequenos ("feudos de infantaria"), e os "*huubshtshi*" dos documentos provavelmente são mesmo prebendados militares enfeudados de maneira leitúrgica, como tipicamente encontrados na Ásia Menor e no Egito. No n. 74, o campo – i. é, o feudo – do governador permaneceu sem cultivo em virtude da resistência ao trabalho forçado, razão pela qual ele enfrenta necessidades. O mesmo ocorre à guarnição, e por isso ela perde contingente. Em número, as guarnições parecem ser muito pequenas: em ocasiões, os governadores requisitam uma nova tropa de 50 homens ou menos. Em geral, as proporções são reduzidas: um tributo de gado do príncipe de Meguido abarca 30 cabeças. É improvável que se deva interpretar como camponeses as pessoas que entregam a cidade aos inimigos (n. 118, 36): de que modo eles, especificamente, haveriam de fazê-lo? Em Biblos e em outras localidades é a gente urbanita que realiza a defecção. Tampouco posso acompanhar O. Weber (op. cit., p. 1.178) nisto: que em Tiro e em outras cidades a aristocracia seria egípcia; o demos, contudo, hostil à dominação egípcia. Na época, um demos poderoso dificilmente existiu, mesmo nas cidades maiores. No entanto, decerto era aos patrícios – i. é, aos clãs ricos urbanitas envolvidos em atividade comercial – que as leiturgias e os impostos da dominação egípcia se mostravam um fardo. Nos documentos constam pagamentos consideráveis de dinheiro.

com os príncipes-vassalos e governadores do faraó já era nitidamente similar à relação mais tardia dos clãs israelitas urbanitas com príncipes militares da espécie de Abimelec, por exemplo, filho de Gedeão. E também sob um outro aspecto é possível constatar claras semelhanças do período pré-israelita com o israelita, e até mesmo com o do judaísmo tardio. Ainda nas fontes talmúdicas são distinguidas diversas categorias de localidades; a cada capital fortificada pertence um número de vilas, e a ambas, por sua vez, aldeias, enquanto dependências políticas. Igual ou semelhante circunstância, porém, é pressuposta já nas Cartas de Amarna[17] e, mais tarde, do mesmo modo, no Livro de Josué[18], que remonta ao tempo dos reis (Js 15,45-47; 17,11; 13,23-28; cf. Jz 11,26-27 e Nm 21,25.32). Portanto, durante todo o período da história por nós conhecível, ela parece ter existido onde quer que a organização citadina da associação militar alcançasse pleno desenvolvimento político e econômico. As localidades subordinadas se encontravam então na condição de localidades periecas, isto é, politicamente desprovidas de direitos. Os clãs senhoris eram – ou eram considerados – urbanitas. Na localidade natal de Jeremias há apenas "gente simples", que não compreende suas profecias (Jr 5,4); ele então vai à cidade de Jerusalém, onde estão os "grandes", na esperança de obter êxito melhor. Toda influência política se encontra nas mãos desses grandes da capital. A circunstância de, sob Sedecias, por ordem de Nabucodonosor, outros que não eles ocasionalmente assumirem o poder, sobretudo os cargos públicos, é considerada uma anomalia cuja possibilidade Isaías divisou como castigo pela constante depravação dos grandes, mas ao mesmo tempo como um mal aterrador para a coletividade. A gente de Anatot, porém, não era considerada como formada por metecos,

---

17. Knudtzon, n. 290, uma vila na região de Jerusalém rebelou-se. No n. 288 é mencionado que o vice-rei de Jerusalém teve, outrora, navios no mar. Em qual? A meu ver, no mar dos Juncos, ao Sul. (É mencionada a revolta de Seir em Edom.) Os príncipes que exerciam o domínio sobre Jerusalém sempre tentaram controlar as rotas de caravanas que levavam ao mar dos Juncos. A dominação da cidade, portanto, estendia-se profundamente ao deserto.

18. À exceção de Js 15:45-47, no livro são citadas como dependências de cidades apenas aldeias (*chatzerim*), não outras cidades além das mesmas. Entretanto, onde há referência a "filhas" tem-se em vista seguramente uma cidade-dependência, não uma aldeia. Cf., sobre todas essas circunstâncias: Sulzberger, "Polity of the ancient Hebrews", *Jewish Quarterly Review N. Ser.* (1912/1913), p. 17. É característico que se fale sempre de "estirpes, cidades e filhas" em relação às tribos criadoras de gado do Leste do Jordão (Rúben). Aqui, à época da redação, essa organização ainda não se encontrava plenamente instituída.

nem como um estamento específico, senão como israelitas que apenas não pertenciam aos "grandes"[19]. Aqui, portanto, tem-se desenvolvido, bem ao modo da Antiguidade clássica, o tipo predominante da pólis de estirpes: com localidades periecas politicamente desprovidas de direitos, mas ao mesmo tempo consideradas livres.

A importância da organização clânica permaneceu fundamental também nas cidades. Junto com seu significado exclusivo para a organização social no caso das tribos beduínas, porém, entra em cena, na cidade, como fundamento dos direitos, a participação na posse fundiária, e esta prevalece, ao final, sobre aquele. Na Antiguidade israelita, a organização costumava ser feita segundo as casas patriarcais (*beth aboth*): comunidades domiciliares tidas portanto como subdivisões do clã (*mishpachah*), que eram, por seu lado, partes da tribo (*shebet*). Mas, como vimos: a tradição do Livro de Josué admite subdividir a tribo já em cidades e aldeias ao invés de em clãs e famílias. A considerar outras analogias, poderia ser questionável se todo isralita pertencia a um "clã". As fontes supõem: todo israelita livre é capaz de compor guarda. Mas entre os aptos ao serviço militar surgia uma crescente diferenciação. Na tradição, por vezes (em Gabaon, cf. Js 10,2), todos os cidadãos de uma cidade (*anashim*, em outras passagens *yoshebim*, p. ex., em Js 9,3) são expressamente identificados com os *gibborim*, os guerreiros (cavaleiros). Mas essa não é a regra. Antes, por *gibborim* costumam ser compreendidos os *bne chayil*, os "filhos de posse", isto é, os proprietários de terra hereditária e denominados "*gibbor chayil*", à diferença[20] dos homens comuns (*'am*), cuja parcela militarmente treinada é cha-

---

19. Parece-me ser a única lacuna nas exposições primorosas de Eduard Meyer (tanto em *Die Israeliten und ihre Nachbarstämme* como em *Entstehung des Judentums*) que não seja enfatizada essa distinção, a qual atravessa toda a Antiguidade clássica até chegar à "democracia". Nos estados antigos, principalmente nas cidades-estados, *não* todos os livres proprietários de terras eram cidadãos ativos ou até possuidores dos mesmos direitos políticos, senão apenas os economicamente capazes de compor guarda; em Israel, estes eram os *gibbor chayil*. Nas cidades-estados plenamente desenvolvidas de Israel seguramente também havia livres proprietários de terras israelitas que não faziam parte daquele grupo e, por isso, como os periecos helênicos e a plebe romana, não compunham o corpo de cidadãos plenos.

20. Na passagem bastante comprometida do Cântico de Débora, "*'am*" e "*gibborim*" encontram-se lado a lado (Jz 5,13). Caso se aceite a interpretação de Kittel e se leia ao final "*kaggibborim*", como Gressmann sugere, obtém-se um sentido claro, o qual todavia pressupõe que *'am* e *gibborim* sejam duas coisas distintas – os últimos, "cavaleiros", os primeiros, camponeses israelitas que lutaram "como cavaleiros" mas,

mada mais tarde (Js 8,11; 10,7; 2Rs 25,4) de "guerreiros" (*'am hamilchamah*). No Livro de Rute, Booz é chamado de *gibbor chayil*. Os maiores proprietários, encarregados da angariação do tributo assírio do Rei Manaém com um rateio imposto de 50 siclos cada também são assim chamados (2Rs 15,20, na passagem mais importante, à qual Ed. Meyer recorre em sua época, com razão), e às vezes todos os guerreiros são assim denominados, aparentemente de modo bem geral. Mas "*ben chayil*" está tão longe de se referir a todo proprietário de uma terra qualquer quanto a expressão espanhola "*hidalgo*", literalmente de mesmo significado. Antes, "*bne chayil*" são os economicamente *capazes de plena autoequipagem* em virtude das suas posses herdadas, portanto os clãs totalmente capacitados e obrigados a compor guarda, por isso politicamente detentores de plenos direitos. Em todas as épocas e onde quer que armamento e treinamento dispendiosos fossem decisivos em termos militares, o poder político estava junto a esses clãs[21].

Também onde quer que um príncipe citadino carismático-hereditário (*nasi*) se encontrasse na regência da cidade – como bem frequente na Antiguidade clássica –, ele tinha de dividir o poder, como *primus inter pares*, com os anciãos (*zekenim*) desses clãs, mas ademais com os chefes das famílias (*roshi beth aboth*) de seu próprio clã. O poder deles podia ser tão grande – e a preponderância do clã principesco sobre todos os outros clãs da cidade e seus

---

a rigor, não o são (cf. a esse respeito os v. 11 e 14). Em contrapartida, a cidade Meroz (segundo o v. 23) parece ter tido o dever de prestar auxílio à Aliança fornecendo cavaleiros (*gibborim*), e é característico que o cântico de vitória amaldiçoe essa *cidade* mas não as tribos camponesas, de fato tão infringentes da aliança quanto ela, e, portanto, tenha por valorosas a proscrição e a destruição na guerra santa. Em total conformidade à regra, *gibbor* é, como em Gn 6 ou nas listas do paladino de Davi, o guerreiro cavaleiro. Neutra é a expressão *'am hamilchamah*, "povo guerreiro", encontrada em especial no Livro de Josué, mas também nos livros dos Reis. Em Js 10,7, ela é usada *junto* a "*gibbor chayil*". Em Is 3,3, *gibbor* e *'am hamilchamah* teriam de aparecer lado a lado como duas coisas distintas. Como os *anshe chayil*, porém, aparecem os *gibborim* (Js 6,2), e a circunstância de que, em absoluto, nem todos os guerreiros, já enquanto tais, sejam *gibborim*, mostra Jr 5,16, onde se fala, a respeito do povo guerreiro estrangeiro que chega para punir Judá, que todos eles seriam "*gibborim*", i. é, nesse caso: guerreiros treinados. A narrativa de Golias mostra o quanto dispendioso era o armamento de um *gibbor* no tempo do surgimento do Livro de Samuel. Falta-lhe quem carregasse seu escudo, como também mencionado em relação a Saul.

21. Ao contrário do que Ed. Meyer supõe, parece fora de questão que os "40.000" em Israel (Jz 5,8) fossem considerados *gibbor chayil*. No Cântico de Débora, os *gibborim* são mencionados não ali, senão nas proximidades da cidade de Meroz.

anciãos podia ser ao mesmo tempo tão significativa – que a cidade se afigurava como uma oligarquia de chefes das famílias do clã principesco, como encontramos muito frequentemente na história israelita. Contudo, as circunstâncias eram bem distintas. Nas narrativas do Gênesis, Siquém é controlada por um clã rico, os *bne chamor*, cujo chefe carrega o título de *nasi* (príncipe) e é denominado "pai de Siquém" (Jz 9,28). Para questões importantes, por exemplo para a admissão de estrangeiros na associação de cidadãos e garantidora do direito fundiário, esse chefe citadino precisa da aprovação dos "homens" (*anashim*) de Siquém. Junto a esse antigo clã senhoril, entrou em cena, como concorrente superior depois da guerra dos midianitas, o clã de Gedeão, que por sua vez foi depois substituído pelo clã de Hemor, na revolta contra Abimelec. Como no período helênico clássico, os clãs eram com frequência domiciliados interlocalmente: às vezes um clã tinha a supremacia em várias cidades, especialmente nas menores. Assim, em Galaad, o clã de Jair detinha o poder sobre todo um grupo de aldeias de tendas que mais tarde também são ocasionalmente chamadas de "cidades". Em regra geral, o real poder estava nas mãos dos "anciãos" (*zekenim*). Estes aparecem, em todas aquelas partes da tradição baseadas na constituição citadina – portanto sobretudo na lei deuteronômica –, na forma de *zikne ha'ir*, de uma autoridade permanente, judicante e reguladora da administração, sediada "no portão", isto é, na praça do mercado junto ao portão da cidade, uma autoridade cuja existência é pressuposta no Livro de Josué tanto para as cidades cananeias quanto para as israelitas. Em referência à cidade de Jezrael são mencionados, além dos anciãos, os "nobres" (*chorim*). Em outras passagens aparecem, além dos anciãos, os chefes das casas patriarcais (*roshi beth aboth*), encontrados também no período tardio (Esdras) como representantes das cidades, ao lado dos *zekenim* e dos dirigentes citadinos, estes à época aparentemente idênticos aos primeiros, denominados de outra forma. No primeiro caso parece portanto se tratar de um primado carismático permanente de uma ou várias estirpes que compõem a magistratura citadina; no segundo caso, dos chefes das famílias de todos os clãs da cidade dotados de guarda. Também nas tradições mais antigas se notam tais diferenças. Mas não foi legado, tampouco é evidente, até que ponto efetivamente correspondiam, a essas distinções terminológicas, organizações políticas diferentes. A posição carismática de honorabilidade de um clã dependia naturalmente sobretudo do seu poderio militar e, em direta relação, da sua riqueza. A posição desses clãs citadinos com assentamento fundiário decerto correspondia aproximadamente àquela oligarquia conhecida da exposição de Snouck Hurgronje sobre Meca. Os *gibbor chayil*, os heróis de guerra proprietários, correspondiam aos "*adsidui*" romanos. A cavalaria filisteia também era composta por guerreiros treinados. Golias é referido como um "guerreiro desde a mocidade" – isso pressupõe posses. Em contrapartida, os detentores do poder político das tribos assentadas nas montanhas na Antiguidade israelita são às vezes denominados "portadores do cajado", como também os príncipes homéricos.

Na comparação das condições israelitas com as pré-israelitas e com as mesopotâmicas, nota-se que, ao invés do único rei citadino do período Amarna e ainda da época tardia dos ramessidas, e daquele único ancião local dos registros babilônicos, nunca é mencionado em Israel apenas um ancião, mas sempre muitos deles[22]: um sinal tão seguro da dominação da estirpe como a pluralidade de sufetes e de cônsules.

A situação se configurava de forma distinta quando um príncipe guerreiro carismático alcançava autonomia como senhor citadino frente à aristocracia dos anciãos por meio do angariamento de um séquito pessoal ou de uma guarda particular, frequentemente composta por forâneos assoldadados – em todo caso subordinados apenas a ele –, mediante recrutamento de funcionários (*sarim*) que lhe fossem pessoalmente leais entre aqueles sequazes ou também entre escravos, entre libertos e entre classes subalternas politicamente desprovidas de direitos. Caso ele sustentasse sua dominação completamente sobre essas fontes de poder, surgia aquela forma de principado que o pensamento antimonárquico associou mais tarde ao conceito

---

22. O contraste não é absoluto. Povo e "anciãos" de uma cidade são pressupostos no mito babilônico do dilúvio (tradução em Gunkel, *Schöpfung und Chaos*, p. 424, linha 33); e, por outro lado, o "pai" de Siquém chama-se Hemor, decerto que apenas como epônimo da estirpe. Um único ancião é encontrado já nos textos antigos de Ur: N. d. Genouillac, "Textes jurid. d. l'ep. d'Ur", *Rev. d'Assyr.*, vol. 8 (1911), p. 2.

"monarquia". Para ele, o antigo "príncipe" legítimo carismático-hereditário era um homem que monta asnos; por essa razão, segundo sua perspectiva, o príncipe messiânico do futuro também haveria de retornar, um dia, sobre essa montaria do tempo pré-salomônico. Um "rei", em contrapartida, é para ele um homem que possui cavalos e carros de guerra, à maneira de faraó; com seu erário, seus arsenais, seus eunucos e sobretudo com a guarda encontrada em seu *ménage*, ele governa, desde seus castelos, a cidade e os territórios subordinados, nomeia seus bailios na região, distribui feudos a seus sequazes, oficiais e funcionários, sobretudo feudos burgários – como a "gente do castelo (*millo*)" em Siquém (Jz 9,6.20) supostamente possuía –, impõe trabalhos forçados e assim amplia a receita das suas próprias posses fundiárias. Em Siquém, o Rei Abimelec instalara seu bailio burgário (Jz 9,26-30), ao qual a antiga autoridade carismático-hereditária dos *bne chamor* foi forçada a dar lugar. A tradição israelita antiga vê como "*tyrannís*" tal dominação militar personalista de um indivíduo. A parábola do governo da sarça e a maldição segundo a qual o fogo haveria de ser lançado pelo Rei Abimelec aos patrícios de Siquém – e, do mesmo modo, por estes àquele – caracterizam a oposição entre a *tyrannís* carismática e o patriciado carismático-hereditário. O "tirano" se apoia, como Pisístrato em Atenas, a rigor na "gente vã" (*rekim*) angariada, e estes são "mandriões" ("*pochazim*", Jz 9,4) – ainda haveremos de tratar sua origem social. Em verdade, porém, os limites entre principado e monarquia citadina eram naturalmente bem tênues. Pois, em regra geral, em toda a Antiguidade israelita, os grandes clãs com assentamento fundiário e seus anciãos continuaram a compor um elemento a não ser ignorado por muito tempo, nem mesmo pelo mais poderoso dos reis. Assim como, em relação à época antiga, é rara exceção ser relatado a respeito de um "filho de meretriz" como líder carismático – portanto um arrivista (Jefté) –, o mesmo ocorre no tempo dos reis em relação aos funcionários régios. No Reino do Norte certamente são encontrados vários reis sem nomes paternos, portanto sem ascendência de clã plenamente qualificado – Amri não carrega a rigor nenhum nome israelita. Daí o direito régio sacerdotal no Deuteronômio considerar necessário instituir a pureza de sangue israelita como precondição à realeza. Por toda parte, porém, o rei tem de contar com os *gibbor chayil*, proprietários fundiários plenamente capazes de compor guarda, e com os representantes dos notáveis: os *zekenim* dos grandes clãs, que, para os redatores da autêntica tradição política também no Deuteronômio (cap. 21, 22 e 25, em contraste com Dt 16,18 e Dt 17,8-9, passagens de influência teológica), são os únicos representantes legítimos do povo. A situação de poder era instável. Sob certas condições, em caso de necessidade, um rei pode se atrever a taxar os *gibbor chayil*, como fez Manaém em relação ao tributo assírio. E, entretanto, também é possível observar[23] que, em contraste com todas as demais épocas, os anciãos citadinos, nas fontes, ficam mais em segundo plano no período entre Salomão e Josias; de fato é possível que eles, em sua condição de juízes, ao menos nas residências – as quais a rigor eram fortalezas reais –, tenham sido completamente reprimidos pelos bailios e funcionários do rei, e que tenham mantido sua antiga posição apenas nas regiões rurais, como foi o caso em quase todas as monarquias da Ásia. No entanto, tão logo a posição de poder da monarquia enfrenta a queda (p. ex., em consequência de uma revolução, como sob Jeú), o que só ocorre por completo depois da total derrocada da monarquia no período pós-exílico, os anciãos imediatamente reassumem, nas cidades, a antiga posição de poder. Mas ainda mais importante era: apenas muito excepcionalmente os escravos do rei e os eunucos desempenhavam algum papel no exercício de funções oficiais. Entretanto, eram encontrados forâneos ou então sequazes, oficiais e funcionários emergentes de estamentos inferiores, na maioria das vezes no começo da ascensão de um novo príncipe. Em tempos normais, porém, talvez à exceção dos tempos de Davi e de Salomão, os cargos públicos importantes, ao menos na monarquia citadina judaica, estavam todos predominantemente nas mãos de estirpes ricas antigas autóctones. A uma destas também pertencia Joabe, por exemplo, capitão de campanha davídico, e a tradição (2Sm 3,39) permite reconhecer que o Rei Davi não estava em condições de ousar lhe impor uma punição

---

23. Quanto a isso e sobre os anciãos em geral, ver a boa tese de doutorado escrita por Seesemann em Leipzig, *Die Aeltesten im A. T.* (1891). Puukko, no escrito a ser citado mais tarde sobre o Deuteronômio, apontou pela primeira vez esse contraste dentro desse código jurídico.

ante seu poderoso clã, e que por isso, no leito de morte, insuflou sua vingança a Salomão. O ódio das estirpes nobres de Jerusalém encontra expressão no oráculo de Isaías dirigido contra o intendente do palácio, o estrangeiro Sobna (Is 22,15). Normalmente nenhum rei conseguia governar com estabilidade se agisse contra a vontade das estirpes. Os "*sarim* de Jerusalém" e "de Judá", dos quais fala Jeremias, são, juntos, considerados por ele como representantes das famílias mais ricas da região, como revela o contexto (Jr 34,19).

Assim, se a cidade israelita antiga plenamente desenvolvida era uma associação dos clãs carismático-hereditários economicamente capazes de formar guarda, exatamente como as cidades do helenismo clássico e da alta Idade Média, essa associação, aqui como lá, era lábil em sua composição. Anteriormente ao tempo dos reis, certos clãs foram novamente admitidos na cidade a pleno direito (Jz 9,26); outros, expulsos. Aparentemente não eram nada de raro vingança de sangue e contendas entre os clãs citadinos, tampouco alianças entre alguns deles contra outros de fora. Também aqui, cada clã assegurava direito de hospitalidade aos estrangeiros; decerto que, a considerar a tradição, tratava-se de um direito frequentemente precário.

Em termos políticos essas circunstâncias correspondem aproximadamente às condições que devem ter vigorado na cidade de estirpe helênica e em Roma à época da admissão dos Cláudios na associação civil. Apenas que a avença, antes, era ainda mais lasseada. Um sinecismo oficial se tem apenas na fundação de cidades por Esdras e Neemias, com sua rigorosa divisão leitúrgica entre os clãs comprometidos em se estabelecer na cidade. Em contrapartida, não sabemos como, em tempos mais remotos, eram divididas as responsabilidades municipais tampouco as ligadas ao exército. Em comparação com as associações políticas mais abrangentes – tribo, federação –, a cidade aparentemente equivalia a um contingente de recrutamento – ao que parece, a um múltiplo da unidade tática de 50 homens[24], com frequência a um agrupamento de mil[25]. Sobre as demais relações entre associação tribal

---

24. "Agrupar cinquentena" equivale a "passar revista", cf. Ex 13,18; Jz 7,11; Js 1,14; 4,12 (cf. Ed. Meyer, op. cit.).

25. Agrupamentos de mil são equiparados a localidades em Jz 6 (em relação a Efra).

e cidade as fontes não são nada claras[26]. Aqui, supostamente, a "tribo" era uma atribuição daqueles clãs economicamente capazes de compor guarda que tradicionalmente pertenciam a ela. Os plebeus plenamente livres, em contrapartida, provavelmente tinham pertencimento apenas ao local de seu assentamento – permite inferi-lo o tratamento oficial dispensado às plebes quando do sinecismo após o exílio. A mudança da técnica militar há de ter contribuído aqui. Em todo caso, nas associações citadinas filisteias e cananeias, e sem dúvida do mesmo modo nas cidades israelitas, a dominação política e militar do patriciado sobre o território circunvizinho e sobre seus habitantes baseava-se no contingente de bigas de ferro dos clãs de cavaleiros.

Como na pólis itálica antiga e da Antiguidade helênica, os clãs patrícios urbanitas dominavam as planícies não apenas politicamente, mas também em termos econômicos. Eles viviam dos rendimentos das suas posses fundiárias, que continuamente se ampliavam mediante prática de usura junto aos camponeses livres e por meio do cultivo realizado por escravos, por servos em regime de trabalho forçado ou para pagamento de juros, ou então por colonos (arrendatários da produção ou parceiros-produtores), que eram recrutados com mais frequência, à maneira típica da Antiguidade, em especial entre *escravos por dívida*. Assim, também nas cidades israelitas existia a antiga estratificação de classes: o patriciado urbanita como credor, os camponeses excluídos como devedores. Sem dúvida, também ali os clãs urbanitas obtinham os meios para a exploração da planície em parte mediante receitas diretas ou indiretas oriundas de *ganhos comerciais*. Pois a Palestina era, em tempo histórico, até onde podemos considerar retrospectivamente, uma terra de passagem para o comércio entre o Egito e as regiões do Orontes e do Eufrates, entre o Mar Vermelho e o Mediterrâneo. No Cântico de Débora, o significado das rotas de caravanas para a economia vem fortemente à tona: a interdição das mesmas, obrigando os viajantes a se esgueirar por tortuosas veredas, é salientada – tão fortemente quanto as festividades dos camponeses na lavoura – como consequência do conflito entre o patriciado cananeu e

---

26. A respeito de *shebatim* [tribos], *mishpachot* [clãs] e *eleph* [agrupamento de mil], cf. Sulzberger, "The polity of the ancient Hebrews", *Jewish Q.R.N.S.*, vol. 3 (1912/1913), p. 1-2, com algumas colocações contestáveis.

a confederação. Também em relação às tentativas das cidades de subjugar as regiões montanhosas, estava em jogo, muito essencialmente, o controle sobre essas rotas, e, aqui como em toda a Antiguidade clássica, seguramente também de modo bem essencial, a residência urbana foi buscada pelos clãs poderosos em virtude das vantagens que esse comércio oferecia, e não apenas com vistas a partilhar da posição política senhoril. Ou eles mesmos tomavam parte no comércio, seja local, seja marítimo à costa, seja no comércio de caravanas no interior – especificamente na forma talvez de comenda ou nas formas jurídicas semelhantes de adiantamento de capital como oferecidas pelo direito babilônico antigo, bem conhecido em Israel –, ou então eles detinham o direito de armazenamento e de transbordo ou escolta de mercadorias, ou impunham encargos fiscais elevados. Isso não sabemos em pormenores. Em todo caso, essas receitas decerto representavam parcelas essenciais dos meios de financiamento tanto da própria equipagem e formação militares quanto da acumulação fundiária e da escravidão, por dívida pessoal, de camponeses assujeitados a práticas de usura. Todos estes são fenômenos típicos da pólis da Antiguidade clássica. Em relação à Palestina, como por toda parte, o decisivo continuava a ser que ela era detentora da técnica militar mais desenvolvida à época. Pois ali o patriciado urbanita era expoente do combate sobre bigas cavaleiresco – a se difundir por todo o mundo a partir de meados do segundo milênio, da China até a Irlanda –, cujos custos, quando de autoequipagem, só os clãs mais abastados tinham como cobrir economicamente por meios próprios. Assim, conforme também o que conhecemos sobre a pólis das regiões ao Mar Mediterrâneo, os camponeses de melhor terra, mais *propícia a trazer rendimentos*, eram principalmente aqueles cuja propriedade se encontrava mais exposta às ambições de acumulação por mãos patrícias e que menos estavam em condições de oferecer resistência em termos militares. Assim como a dominação fundiária patrícia em Ática tinha sua sede na fecunda Pédias, na Palestina esta tinha sua sede nas planícies. E, tal como em Ática os *diakrioi* [diacrianos] se assentam nas encostas das montanhas, em terrenos *não rentáveis*, militarmente de acesso mais difícil para a cavalaria, também o fazem, em Israel, os camponeses livres e os clãs de pastores,

37

aos quais o patriciado citadino, por seu lado, também tenta impor ônus fiscais, com eventual sucesso.

Os camponeses israelitas

Acerca desses *camponeses* livres que viviam fora das associações citadinas nos primórdios de Israel – manifestamente em sua maioria – não encontramos nenhuma informação nas fontes, nem sobre sua organização social e política. Esse fenômeno é, em si, típico. Do mesmo modo como acreditou-se – em consequência da falta de material de fonte detalhado sobre os camponeses livres – que na aurora romana havia apenas clientes além de patrícios, e que no período tardio da história de Roma havia apenas grandes proprietários fundiários e escravos, que no Egito só havia funcionários e trabalhadores não livres ou camponeses em terras do rei – e como, em relação a Esparta, somos involuntariamente iludidos com a ideia de que ali só havia esparciatas e hilotas –, os camponeses livres de Israel na sua Antiguidade se encontram sob a profunda obscureza do silêncio das fontes, das quais não se infere propriamente quase nada além da sua existência mesma e da sua posição originária de poder. Certamente, esta pode ser evidenciada de modo bastante incontestável a partir do Cântico de Débora, que entoa a luta vitoriosa do estamento camponês israelita sob Débora e Barac contra a aliança das cidades cananeias sob liderança de Sisara. Mas suas condições de vida são pouco claras.

Totalmente desconhecido é sobretudo o gênero da sua organização política. As antigas designações de seus líderes, distintas entre si, por exemplo no Cântico de Débora, não nos dizem nada sobre a estrutura interna das associações políticas, tampouco sobre espécie e medida da diferenciação social, que aparentemente existiu também entre os camponeses das montanhas. A divisão militar em agrupamentos de mil parece já ter sido usual entre eles[27] –

---

27. Os "agrupamentos de mil" parecem ter sido comuns também entre os edomitas e na Transjordânia. Gedeão fala de seus "milhares"; Abimelec e Saul, em contrapartida, de sua *mishpachah* [clã] (cf. Ed. Meyer). Só que a tradição de Gedeão foi, como notório, fortemente editada, e a constituição militar do reino carismático dos edomitas não proveria nenhuma indicação segura referente à organização original-

isso é sugerido pelo número redondo, mencionado no Cântico de Débora, de 40.000 homens aptos ao serviço militar em todo o território de Israel. Mas todo o demais é desconhecido. O mesmo se nota em relação às condições econômicas. Não se encontram indícios seguros referentes à posse coletiva de terra. Algumas passagens foram interpretadas nesse sentido, e recorreu-se, a fim de comparação, às condições atuais, em que os senhores fundiários, presumivelmente surgidos dos arrendatários de encargos fiscais, fazem concessões de terra em algumas regiões da Palestina quando lhes convém. No entanto, estas são circunstâncias politicamente determinadas próprias à dominação sultanesca oriental, que não revelam nada em relação aos primórdios do campesinato de Israel. Quando é relatado sobre Jeremias que ele tinha ido ao campo para, em meio à sua "gente" (*'am*), receber seu quinhão (Jr 37,12), deve-se compreender por essa passagem – importante por si só, mas discutível em sua interpretação se comparada às outras citadas – que, sob certas circunstâncias, os grandes clãs dispunham de propriedade fundiária, fosse esta uma posse coletiva permanente, que era periodicamente redistribuída, fosse a posse de terra de um membro do clã desprovido de herdeiros. Em todo caso, Jeremias não era nenhum "camponês". A passagem de Miqueias que caracteriza de *chelob* (Mq 2,5) o quinhão das mulheres na comuna (Raquel) mostra apenas que os quinhões só eram medidos – com cordel – quando do assentamento, mas ela não comprova nada a respeito das redistribuições periódicas. Será discutido mais tarde se o "ano sabático" poderia estar relacionado de alguma forma com um passado de posse coletiva de terra, mas isso permanece mais do que questionável, como há de se observar de antemão. De resto, a situação dos camponeses livres só se permite inferir indiretamente. O Cântico de Débora, que contrapõe os camponeses aos cavaleiros cananeus da aliança das cidades e exalta que os primeiros lutaram "como *gibborim*", mostra que a aliança israelita antiga, na mais forte medida, foi justamente uma aliança de camponeses. Também é ponto assente que a Aliança, em tempos históricos, nunca foi *apenas* de camponeses. Nos

---

mente característica dos nômades e seminômades. Afinal, o próprio Ed. Meyer relaciona o agrupamento de mil ao *kleros* [quinhão fundiário] (ou *chelek* [lote de terra]) específico à residência urbana.

exércitos do tempo dos reis tardio não se fala mais de "camponeses", ou ao menos não são estes os expoentes das forças de defesa. Aqui é provável que mudanças econômicas e da técnica militar já desempenhassem o mesmo papel assumido em outras localidades. Por toda parte, quando da vigência do princípio da autoequipagem do exército, a transição para o armamento mais dispendioso exclui da associação militar plenamente protetoral os proprietários fundiários menores – economicamente impossibilitados de fazê-lo –, em especial porque sua "indisponibilidade" em termos econômicos é, já em si, essencialmente menor do que a dos senhores fundiários, que vivem de rendimentos. A ascensão dos *gibbor chayil* ante a massa dos guerreiros livres, dos *'am*, sem dúvida tem por base essa circunstância, e é de se supor, ainda que isso não seja apreensível em detalhe, que a parcela formada em Israel pela camada dos guerreiros economicamente capazes de compor guarda, e por isso politicamente detentores de plenos direitos, tenha gradualmente diminuído com o aumento cada vez maior dos custos armamentários. É bem verdade que na cronística redigida após o exílio os *gibborim* e os *bne chayil* às vezes são identificados com todos os homens que "carregam escudo e espada" e "manejam o arco"[28], ou simplesmente também com "arqueiros"[29]. No entanto, a cronística é de boa opinião (sob aspecto político) com relação à plebe devota, e interpreta seu material de modo correspondente. De acordo com a tradição mais antiga, os *gibborim* utilizavam a lança como arma, carregavam armadura (acima de tudo) e aparentemente usavam bigas em combate, ao contrário da infantaria campesina, cujo armamento, segundo o Cântico de Débora (Jz 5,8), por certo também consistia de escudo e lança, mas às vezes apenas de fundas, embora com certeza sempre fosse consideravelmente mais leve e carecesse especificamente de revestimento metálico[30]. No Livro dos Juízes, os guerreiros da tribo campesina (à época) dos benjaminitas são denominados "carregadores de espadas" (Jz 20,35). Porém, além dos custos

---

28. Como em relação às tribos transjordânicas que à época já estavam desaparecidas há tempos (1Cr 5,18).

29. Como em relação a Benjamim (1Cr 8,40).

30. Davi é desacostumado à armadura; Golias, em contrapartida, é um cavaleiro couraçado.

do armamento de cavalaria, impunha-se ao guerreiro pleno a necessidade de se dispor economicamente ao propósito do treinamento de combate. No Ocidente, essas circunstâncias deram origem a uma estruturação estamental correspondente. Em Israel, o desenvolvimento definitivamente adotou rumo semelhante depois que as grandes cidades cananeias foram incorporadas à confederação. É bem verdade que nas fontes não se fala em nenhum momento a respeito de uma verdadeira nobreza secular enquanto estamento específico. Os clãs detentores de plenos direitos se encontravam em condição de igualdade: aparentemente, o rei podia se casar com qualquer mulher israelita livre. No entanto, nem todos os clãs livres são politicamente iguais, pois subsistiam naturalmente enormes diferenças resultantes da capacidade econômica de compor guarda, a qual era precondição de todos os direitos políticos, e em virtude das posições sociais e políticas de supremacia baseadas em carisma hereditário próprias a determinados clãs constituídos à maneira de nomarcados. A importância de um clã em período anterior ao tempo dos reis é indicada pela tradição sempre segundo a quantidade, nele contada, de membros que montam asnos. No período correspondente ao Segundo Livro dos Reis, é típico o uso da expressão *'am ha'aretz* em referência a pessoas de grande importância politicamente, afora os reis, sacerdotes e funcionários. Às vezes a expressão significa simplesmente "o povo de toda a terra", não apenas "povo do campo". Mas em algumas passagens o sentido é manifestamente distinto[31], refere-se a pessoas das quais uma certa quantidade (contudo não

---

31. Ao contrário do que supõe Klamroth ("Die jüdische Exulanten in Babylonien", *Beitr. z. W. v. A. T.*, vol. 10, 1912, "Excurso", p. 99ss.), não posso crer que *'am ha'aretz* teria designado originalmente apenas o "residente local" ou então o "súdito", em parte em "um sentido depreciativo", em parte ao menos em *oposição* a rei, hierarquia e aristocracia; portanto, que tenha designado a "populaça". Correto é que sejam distinguidos deles o rei (e os príncipes) e os funcionários e oficiais, fora os sacerdotes. Eles são os "homens", especificamente os assentados no campo, originalmente capazes de compor guarda. Mas aparentemente também são incluídos nos mesmos sobretudo os clãs puros residentes no campo, portanto a "nobreza rural", caso se queira utilizar a expressão. Pois estes – e não "camponeses" quaisquer desprovidos de líderes – são as gentes que impedem a construção em Jerusalém (Esd 4,4) e que são mencionadas em Esd 3,3 como *'ammê ha'aretzoth*, como homens das diferentes regiões rurais. Entretanto, dado o estilo impreciso das fontes, não há como se determinar facilmente com segurança o significado pré-exílico e exílico do termo. À boca do faraó, no complemento supostamente mais tardio sobre a descrição iahwista do êxodo do Egito (Ex 5,5), a expressão significa simplesmente "o povo" (Israel). De resto, na literatura mais antiga, o lugar de emprego da expressão é em parte o Segundo Livro dos Reis, em parte Jeremias

muitas, aparentemente) recebia à época formação militar por algum oficial régio – Nabucodonosor encontra 60 desses homens em Jerusalém e os leva consigo. Eles são opositores dos profetas mais tardios, são contrários à subjugação, aconselhada por Jeremias, a Babel, e mais tarde opoentes da congregação regressa de exilados de Jerusalém. Exatamente da mesma forma, os "*bne chayil*" e seus líderes, os *sare hachaylim* [oficiais das tropas] (2Rs 25,23), insurgem contra Gedalias, governante instituído por Nabucodonosor oriundo do partido dos profetas, e o assassinam. Os *'am ha'aretz* (2Rs 25,19) levados não são idênticos às simples "gentes da lavoura" deixadas em Jerusalém (2Rs 25,12). Antes, é provável que eles tivessem pertencido àqueles *sare hachaylim*. Onde quer que a expressão signifique "plebe", isso é indicado por meio de um complemento específico (2Rs 24,14). Diante dessa informação sobre a formação militar dos *'am ha'aretz*, tem-se a opção: de supor que à época o rei mandava recrutar à força pessoas da plebe politicamente desprovida de direi-

---

e Ezequiel. Em ambos esses profetas, a posição com relação ao *'am ha'aretz* é marcadamente hostil. Jeremias há de ser uma muralha de bronze (Jr 1,18) contra rei, funcionários, sacerdotes e *'am ha'aretz*, caso estes se voltem contra ele – diz a promessa de Iahweh quando do seu chamado. Em Ezequiel, o *'am ha'aretz* maltrata (Ez 22,29) o "pobre" (*ebyon*) e o *ger*; ele é apresentado portanto como um homem de poder social. Em 2Rs 25,19 é mencionado um oficial de Sedecias encarregado de treinar o *'am ha'aretz*. Os babilônios encontram 60 destes na cidade e os levam à Babilônia. Imediatamente antes disso, quando do cerco de Jerusalém, diz-se (2Rs 25,3) que o *'am ha'aretz* não tinha mais nada para comer – como a guarnição das Cartas de Amarna – e, logo em seguida (2Rs 25,20), que os *'am hamilchamah*, os guerreiros, teriam fugido da cidade. Há a tentação de enxergar nos *'am ha'aretz* o grupamento livre de guerra treinado e saído do campo, em contraposição aos guerreiros (sobretudo mercenários) encontrados no *ménage* real. Naturalmente isso permanece incerto. Mas, segundo o relato de Jr 34,19, além de príncipes, funcionários e sacerdotes, também "todo o *'am ha'aretz*" participou da *berith* sob Sedecias – devido à manumissão dos escravos por dívida. Portanto, de fato parece ter havido detentores de escravos por dívida entre eles, como sugere a passagem de Ezequiel. "Todo o *'am ha'aretz*" recebe com júbilo o Rei Joás (2Rs 11,14) e destrói os altares baalitas; o *'am ha'aretz* mata o assassino de Ámon (2Rs 21,24) e institui Joacaz como rei depois da morte de Josias (2Rs 23,30). O ordenamento do sacrifício expiatório demanda que este seja ofertado, sucessivamente: para a comunidade, para um príncipe, por fim para um *'am ha'aretz* (Lv 4,27). Logo, o uso da palavra sem dúvida é muito impreciso. De fato, ele frequentemente haverá de significar apenas "povo". Mas *'am ha'aretz* não é, originalmente, de modo nenhum o "súdito" ou a populaça em oposição ao nobre, tampouco o "camponês tolo". Em Jeremias, os camponeses ignorantes são chamados de *dallim* [gente pobre] (Jr 5,4), e, em Isaías, o camponês é denominado "*adam*" (Is 2,9), em oposição ao "*ish*", ao "homem" no sentido de *ish hamilchamah*, ao "guerreiro". Antes, eles são israelitas plenos, ao que parece residentes essencialmente no campo, indivíduos antigamente obrigados a servir ao exército (dos quais não são distinguidos os proprietários de terra das cidades). Para a teoria eles continuavam sendo os detentores do poder militar e, por isso, dos direitos políticos. Na reação à revolta supostamente iahwista contra Ámon, eles aparentemente são os interessados das localidades de culto rurais.

tos e submetê-las a treinamento; que essa camada plebeia, portanto, passasse a ser designada com aquele nome. Mas sua participação nas aclamações reais e nas contrarrevoluções não argumenta a favor. Antes, terá de se enxergar, neles, conforme o aspecto considerado, a "*squirearchy*" nacional – mas hostil aos puritanos iahwistas da época, opositores aos cultos rurais – com seus seguidores campesinos, como quais eles se apresentam após o exílio.

Em primeira linha, porém, a plena capacidade de formar defesa, e portanto o poder político, era atributo, em tempo pré-exílico, dos clãs *urbanitas*. As fontes proféticas falam dos "grandes" em oposição a "povo", isso de uma maneira tão típica que, com aquela expressão, deve ser referido um círculo o qual, embora exclusivo de fato, claramente não é fechado de direito. Os registros pré-exílicos das estirpes, que em Jeremias (Jr 24,30) parecem ser pressupostos ao menos em relação a Jerusalém, incluíram manifestamente apenas os clãs desse círculo, e sem dúvida serviam, entre os clãs seculares, para manter uma listagem atualizada dos obrigados a servir no exército enquanto *gibborim* – "*chayil*", "riqueza", também significa, além disso, "exército" e "competência" (guerreira). Portanto, os "grandes" da era profética são também aqueles clãs que cediam os guerreiros treinados no uso de armas, completamente equipados e providos de armadura, e que por conseguinte também decidiam a política do Estado, porque tinham tribunais e repartições sob seu controle. É evidente que a constituição de clã também entrou em declínio entre eles com a crescente exclusão dos camponeses do exército. Pois assim se explica de modo mais provável a circunstância de constar, quando do sinecismo de Esdras, um número tão grande de pessoas especificadas não em sua ligação a determinada estirpe, mas segundo o mero local de nascença. Os registros das estirpes incluíam a rigor apenas os clãs plenamente capazes de compor guarda: as "*classis*", dito em termo romano. O homem livre, não pertencente a esses clãs plenamente qualificados, é considerado por alguns respeitados pesquisadores (como Ed. Meyer) como idêntico ao "*ger*" ou ao "*toshab*" das fontes: ao estrangeiro, ao meteco[32]. No entanto, isso, em parti-

---

32. É assim que as expressões costumam ser traduzidas. Ed. Meyer sugeriu, para *toshab*, a tradução "cliente". Mas "cliente" pressupõe uma relação com um senhor particular, e isso, em referência a *toshab*,

cular, é extremamente improvável. Pois o camponês israelita do exército de Débora e das tropas de Saul, um camponês que, a considerar o tamanho das suas posses, estava inabilitado a servir como cavaleiro, dificilmente logrou assumir aquela posição ritualística particular que coube aos *gerim* em tempos mais antigos (falta de circuncisão!). E onde quer que se refira às "gentes simples" em oposição aos "grandes" (como nos livros dos profetas, sobretudo em Jeremias), estas são a rigor justamente os irmãos israelitas oprimidos pelos grandes e considerados zeladores da piedade e da conduta correta de vida. O camponês livre israelita, plenamente incapaz em termos econômicos de compor guarda, essencialmente terá assumido, antes, aquela posição que vemos ser atribuída por toda a Antiguidade aos *agroikoi*, *perioikoi* e plebeus, e que podemos reconhecer de maneira bastante clara em Hesíodo. Aquele camponês, livre em termos pessoais, é desprovido de direitos políticos ativos, sobretudo do direito à participação na magistratura, seja de fato ou juridicamente. Para os patrícios, nisso precisamente se justificava a possibilidade daquela prática de usura e da escravização por dívida, da violação da lei e do demos camponês, cujo lamento se estende por toda a literatura veterotestamentária. Israel tem em comum com as cidades de toda a Antiguidade clássica essa estratificação econômica de classes. Em especial os escravos por dívida são um fenômeno típico. Na tradição eles são encontrados na forma de séquito e mercenários, ao lado de todos os líderes carismáticos, a começar por Jefté (Jz 11,3), Saul (os hebreus escravizados pelos filisteus em 1Sm 13,1-6), sobretudo Davi (1Sm 22,2), até Judas Macabeu (1Mc 3,1-9). Outrora cerne da legião do exército da confederação israelita na luta contra o patriciado citadino cananeu e seus carros de combate, o camponês livre agora se

---

não é comprovável com segurança nas fontes. Nos códigos jurídicos, ao que parece, o cliente da casa particular é chamado de "*ger*" (Ex 23,12). Abraão é diversas vezes chamado de *ger we toshab*, sem ser pensado como cliente de um indivíduo particular. O *toshab* de um sacerdote, assim como seu empregado, também não deve comer nada de sagrado (Lv 22,10); nessa determinação ritualística seria sugestivo, por si, interpretá-lo como "cliente". Só que parece se tratar justamente de alguém que não era criado da casa, como tampouco o é o "*sakir*" – um diarista livre, em oposição ao '*ebed*, o servo –, mencionado juntamente com o *toshab*, aqui, provavelmente, o inquilino. Em Lv 25,47, *toshab*, mencionado juntamente com o *ger*, é o meteco livre que enriqueceu. Não parece mais ser possível determinar o sentido jurídico original de cada uma das expressões, usadas nas fontes de modo frequentemente cumulativo.

tornava cada vez mais o plebeu dentro do próprio povo, na medida em que os grandes clãs israelitas se tornavam mais urbanitas e com a transição à técnica de batalha sobre bigas.

O meteco, *ger* ou *toshab*, em contrapartida, era totalmente distinto. Sua condição tem de ser inferida a partir de fontes anteriores e posteriores ao exílio, de forma combinada.

Os *gerim* e a ética dos patriarcas

Na condição de "*gerim*" [metecos] se encontravam acima de tudo grandes parcelas dos artesãos e comerciantes. Esse era o caso tanto nas cidades quanto fora delas, entre os beduínos do deserto. Dentro das associações tribais dos últimos, a julgar pelas condições peculiares aos árabes, não havia nenhum lugar para eles enquanto membros. Em particular os artesãos mais importantes para o beduíno, os ferreiros, quase sempre tiveram junto a eles a condição de artesãos estrangeiros ou ritualisticamente impuros – quando muito –, ou ao menos (e na maioria das vezes) excluídos do conúbio e em geral também da comensalidade. Eles formam uma casta pária que desfruta de proteção apenas tradicional, na maioria das vezes religiosa. O mesmo pode se dizer em relação aos bardos e musicantes, igualmente imprescindíveis entre os beduínos. Respectivamente, no Gênesis, o patriarca dos ferreiros e músicos é Caim (Gn 4,21-22), ao mesmo tempo o primeiro fundador de cidades (Gn 4,17). Sobre o período de surgimento dessa linhagem pode-se supor, por conseguinte, que esses artesãos, também na Palestina – como similarmente na Índia –, encontravam-se na condição de povo-hóspede, excluídos não apenas do círculo dos *gibborim* [proprietários guerreiros, cavaleiros], mas também da irmandade israelita em geral. Ao mesmo tempo, de fato encontramos determinados ofícios altamente qualificados sendo considerados artes livres carismáticas. O espírito de Iahweh preenche Beseleel (Ex 31,3-5), filho de Uri, neto de Hur, da tribo Judá, portanto um homem plenamente livre, e o ensina a trabalhar o metal nobre, a pedra e a madeira. Além dele, aparece como ajudante outro homem plenamente livre, da tribo Dã. Eles providenciam paramentos cultuais. Recordemo-nos da posição ritualisticamente privilegiada dos artesãos de Kammalar, na Índia, que praticavam as mesmas artes. E a semelhança não para por aí. Os Kammalar são artesãos reais privilegiados no sul da Índia, trazidos de fora. Segundo a tradição, Dã está assentada na região da Sidônia, e em 1Rs 7,14 é informado a respeito de Hiram, mestre de obras da construção do templo de Salomão, que ele seria tironiano, mas, segundo relato da tradição, de uma mãe naftalita, portanto um mestiço, chamado por Salomão para compor sua corte. Podemos supor que os ofícios importantes a princípio para as construções régias e para as demandas militares estavam organizados como ofícios reais. Na cronística pós-exílica, os tecelões de linho, oleiros e carpinteiros são caracterizados como não pertencentes à tribo, talvez como artesãos reais do tempo anterior ao exílio, como será discutido em outro contexto. Quando da destruição de Jerusalém, Nabucodonosor levou da cidade, além das estirpes dotadas de guarda, também os artesãos, decerto que sobretudo os reais. Quando do regresso do exílio e da reconstituição da comunidade sob Esdras e Neemias, os ourives, merceeiros e boticários se encontram organizados em corporações, fora das antigas associações de estirpe. É bem verdade que à época eles foram despojados do seu caráter de não pertencentes à tribo e admitidos nas associações congregacionais confessionais judaicas. Mas já no tempo do Sirácida, e presumivelmente ainda bem mais tarde, os artesãos, ao contrário das estirpes israelitas antigas, eram tidos como politicamente inabilitados a assumir funções públicas. Agora eles constituíam, portanto, um "demos" especificamente citadino. À época, porém, na cidade-Estado pós-exílica, essa camada plebeia incluía não apenas artesãos e comerciantes, senão, além destes, como Eduard Meyer demonstrou de modo convincente, 1°) as inúmeras pessoas que na lista dos regressados sob Ciro são registradas não segundo o *clã*, mas como homens (*anashim*) de uma determinada *localidade* da Província de Jerusalém, portanto como plebeus habitantes de uma vila subordinada à capital, e, do mesmo modo, 2°) os vários milhares de pessoas computados, sem tal indicação da localidade, sob a categoria "filhos de mulher preterida" (*bne has-senua*), que Michaelis e Eduard Meyer consideram, certamente com razão, como plebeus habitantes da própria comuna citadina de Jerusalém.

Manifestamente, ambos são plebeus israelitas não incluídos nos antigos registros de estirpe dos *gibborim*. Segundo a hipótese elucidativamente fundamentada de Eduard Meyer, os membros dessa camada, portanto, quando adotaram a lei, sem importar se tinham sido considerados em tempos mais antigos como plebeus israelitas ou como metecos (como a maioria dos artesãos), foram então organizados, juntamente com os quinhões de terra a eles atribuídos, como uma estirpe denominada segundo o local de nascimento, e assim inseridos nos novos registros de cidadãos. É bem verdade que os antigos registros de estirpes serviram de base ao sinecismo, modo como se deu a reconstituição de Jerusalém: as famílias assentadas com casas na capital eram consideradas uma representação parcial das antigas estirpes. Mas essas reminiscências à antiga constituição das estirpes desapareceram mais tarde, aparentemente porque seu propósito militar foi eliminado na cidade-Estado clientelar, em princípio absolutamente não militar. A concepção oficial da cronística pós-exílica (1Cr 9,2) conhece, além dos israelitas plenamente livres, apenas os estamentos de indivíduos ligados por nascimento; estamentos esses determinados apenas por aspectos cúlticos, privilegiados positivamente (como os sacerdotes e levitas) ou negativamente (como os "*nethinim*" [escravos do templo]), mas nenhum estamento secular. Mesmo o clã davídico, listado ainda como existente quando do regresso, some mais tarde, pois os estemas dos antepassados de Jesus nos evangelhos são fabricos com o intuito de acordar às antigas promessas. Em termos de significado, a divisão em clãs, teoricamente perdurante, e a divisão leitúrgica, inicialmente ainda presente (a ser logo tratada), estavam totalmente aquém do pertencimento puramente pessoal ao "*kahal*" ou "*cheber hayehudim*", à associação confessional dos judeus, e este passou então a ser adquirido ou por linhagem judaica e adoção de obrigações ritualísticas ou por admissão pessoal. Entre essas duas categorias – judeus antigos e judeus novos –, diferenças estamentais restavam apenas em aspectos isolados (sobretudo no conúbio com os sacerdotes). De resto, ambas eram iguais. Portanto, seguiu existente apenas a posição estamental privilegiada das estirpes sacerdotais, que mais tarde será discutida à parte. A formação de um "demos" *citadino* no sentido da típica separação estamental teve origem na circunstância de que todos os artesãos, tal como os camponeses – sejam estes donos de domicílio fundiário ou com pequeno arrendamento –, também continuavam inabilitados a assumir cargo público depois de se converterem à confissão de Iahweh, apesar de serem considerados judeus plenos. Esse demos não existiu antes do exílio porque à época o princípio de não pertencimento ritualístico à tribo determinava tal separação entre estamentos. Também depois do exílio, contudo, os plebeus nunca foram *constituídos* como um verdadeiro "demos" no sentido técnico da constituição da pólis na Antiguidade clássica; e, do mesmo modo, tampouco como um "*popolo*", um "corpo de cidadãos" no entendimento da Idade Média. Até onde se sabe, nunca ganhou vida nem um agrupamento à maneira de *demoi* ou *tribus*, ou de semelhantes divisões locais da associação política para defesa e sufrágio formada por todos os cidadãos residentes – como na Antiguidade –, nem uma irmandade conjurada e representação de cidadãos à maneira das corporações de ofício como na Idade Média[33]. Para isso faltavam, afinal, também agora, as precondições políticas: a organização militar do antigo exército dos hoplitas ou do exército de cidadãos medieval, a qual foi base do poder político dos plebeus ocidentais.

Mesmo depois do exílio, a situação econômica e social de fato, apesar daquela mudança da condição jurídica, era em princípio similar à pré-exílica. Os ricos proprietários de terra residiam em sua maioria em Jerusalém, e ali gastavam seus rendimentos. É bem verdade que agora também havia estirpes poderosas não residentes em Jerusalém propriamente. Mas também elas eram normalmente consideradas como tendo adquirido direito de cidadania em uma cidade. A estirpe dos hasmoneus, embora seu mausoléu

---

33. Certamente, acreditou-se poder vislumbrar nos *'am ha'aretz* judeus uma espécie de parlamento hebreu antigo, por analogia (apresentada por Sulzberger e em particular por Sloush em "Representative government among the Hebrews and Pheniciens", *Jew. Quart. R.N.S.*, vol. 4, 1913, p. 302ss.) com as inscrições *'am zor* [povo de Tiro], *'am zidon* [povo da Sidônia] e *'am karthachdeshoth* [povo de Cartago] nas moedas tírias, sidônias e cartaginenses, e com a contagem de eras a partir do início da dominação pelos *'am*. Estes são, nesse casos, chefes de família, porém, sem nenhuma dúvida, representantes apenas dos clãs citadinos patrícios. Conforme Ne 10, eles aparentemente formavam, como os signatários da aliança religiosa em Jerusalém, um número fechado, o que sugere se tratar de uma associação de defesa oligárquica como também encontrada nas cidades helênicas antes do tempo da democracia.

tenha sido erguido nas montanhas próximas ao litoral, de fato consta como a mais nobre na cidade de Modin (1Mc 2,17). Os clãs nobres seculares *não* domiciliados conjuntamente em Jerusalém eram em regra geral opositores das congregações judaicas corretas em termos ritualísticos, das quais os devotos hasmoneus, aos quais é exigida linhagem sacerdotal, formavam uma exceção[34]. E as estirpes econômica e politicamente poderosas dentro das cidades, especificamente também dentro de Jerusalém, à época oprimiam os plebeus mediante usura e violação da lei, exatamente do mesmo modo como aqueles "grandes" de outrora, contra os quais os profetas pré-exílicos tinham se voltado. Ressoam de modo aterrador os lamentos e os gritos de vingança dos salmistas contra esses ricos ou "gordos" – como eles também são chamados, de modo característico –, que portanto correspondiam totalmente, também em nome, ao "*popolo grasso*" da terminologia italiana medieval. E como, segundo a tradição, os oprimidos já se haviam se reunido outrora em torno de Abimelec, e então de Davi, eles – e sobretudo os escravos por dívida – agora se juntam a Judas Macabeu como seu séquito, e com ele combatem os ímpios – estes sempre são, como nos salmos, os "gordos", em todas as cidades de Judá (1Mc 3,1-9). Assim, a base econômica da divisão estamental era muito constante. Nesse contexto, a novidade importante era apenas que, no curso do desenvolvimento pós-exílico do demos *citadino*, a pequena burguesia despontava em escala ascendente como verdadeira detentora da piedade, como "congregação dos *chassidim* [devotos, piedosos]", e com o surgimento dos partidos fariseus ela passou cada vez mais a desempenhar um papel por fim até mesmo determinante, embora formalmente, como é de se notar, seus direitos políticos pouco houvessem se alterado. Importância efetiva e ausência formal de direitos do demos estavam ambas ligadas à particularidade teocrática da cidade-Estado do judaísmo tardio, a ser abordada mais tarde. Essa base confessional da associação congregacional determinou também

---

34. Considerado em termos ritualísticos, os heróis hasmoneus, desde o início, sem dúvida procedem de modo bastante incorreto. Em oposição ao povo devoto que foge para o deserto (1Mc 2,29) e permite ser massacrado no sabá (1Mc 2,38), Matatias, juntamente com seu séquito, decide lutar também no sabá (1Mc 2,41). Logo depois da libertação, os hasmoneus passaram a ser considerados pelos propriamente devotos como helenistas abjetos.

que as antigas expressões para "meteco" – agora que havia deixado de existir o antigo não pertencimento à tribo característico dos artesãos estrangeiros em oposição aos israelitas – perdessem seu sentido antigo e adquirissem um significado completamente novo, a ser discutido adiante (o de "prosélito"). Aqui, por agora, ainda nos interessa o sentido antigo, pré-exílico. Pois, apesar da constância da base *econômica*, a posição *jurídica* do demos no tempo pré-exílico tinha sido muito diferente.

O meteco pré-exílico (*ger*) é completamente distinto do *nokri*, do pleno estrangeiro. O último é desprovido de direitos. O *ger*, embora não pertencente à tribo, é protegido juridicamente. Alguém não pertencente à tribo podia assegurar uma relação de proteção de duas formas. Ou ele era tratado como protegido de um chefe de família em particular. Nesse caso ele se encontrava sob proteção sua, puramente pessoal, da qual também desfrutava, a rigor, também o *nokri*, o pleno estrangeiro, por exemplo um hóspede viajante de passagem. Contudo, a proteção contra o arbítrio dos companheiros de tribo do protetor era no caso uma questão de autoridade apenas desse último. Quando esta era falha, podia protegê-lo somente o desgosto de Deus ou a vingança dos outros companheiros de tribo: a sina dos divinos hóspedes de Ló em Sodoma e a do levita em Gabaá ilustram a situação. Em uma tribo israelita, no entanto, considerava-se como desprovido de direitos nesse sentido também um meteco admitido em *outra* tribo israelita, como mostra, por sua vez, o exemplo do levita na narrativa do crime de Gabaá. Do mesmo modo, resulta daí que também o membro de uma tribo israelita que se estabeleceu em outra tribo, pleno detentor dos direitos, era sempre considerado ali apenas como meteco, não como membro, mesmo no caso de alguém que fosse tido como parente próximo, como Benjamim em relação a Efraim. Ele estava apto a adquirir uma casa, como o efraimita daquela narrativa em Gabaá que é caracterizado como "chefe de família". Não está claro se também lhe era permitido adquirir outra posse fundiária, improvável em tempos mais remotos, ainda que não impossível, mas, em relação a períodos mais tardios, podemos ter certeza: há relatos sobre dois patriarcas considerados *gerim*. (A rigor, a questão era apenas saber qual associação – se clã, associação local ou tribo – havia de decidir sobre esse assunto, e quais outros direitos estavam vinculados à aquisição fundiária.)[35] A norma encontrada em Lv 25,35, que provavelmente remonta a tempos anteriores ao exílio, dispõe que um israelita "empobrecido", isto é, que perdeu sua propriedade fundiária, deveria ser considerado *ger*; por conseguinte, não possuir terras, pelo menos – e como é bem de se imaginar –, era uma das características distintivas normais do *ger*, ainda que isso talvez não valesse de modo universal. Em regra, as fontes compreendem por "*ger*" um estrangeiro que, nesse aspecto, qualquer que fosse a sua condição, *não* apenas se encontrasse sob a proteção privada de um indivíduo e sob a proteção religiosa do direito de hospitalidade, mas tivesse sua situação jurídica regulamentada e protegida pela associação *política* enquanto tal. Essa condição jurídica é designada pela expressão "*ger asher bish'arecha*" das antigas compilações jurídicas: "o meteco em teus portões" – isto é, o meteco pertencente à jurisdição da cidade enquanto tal, que com ela se encontra em uma relação regulamentada de proteção[36]. Portanto, ele não se encontra nem apenas em uma simples relação individual temporária de proteção ao estrangeiro, da qual também o *nokri* pode desfrutar, tampouco, por outro lado, em uma relação clientelar pessoal permanente com um senhor em particular. As fontes parecem considerá-lo como apto a ser julgado perante um tribunal, pois é alertado para que não lhe infligissem – talvez ele carecesse de um padrono legista. A expressa prescrição de que o mesmo direito teria de vigorar para o israelita e para o *ger* em tudo, própria ao direito sagrado, dá a impressão de se tratar de uma inovação: estava em curso a assimilação confessional dos *gerim*. Como veremos, algumas de suas categorias de fato pertenceram aos principais expoentes do iahwismo. Em origem, contudo, podiam se encontrar na condição jurídica de um *ger*, nesse sentido, tanto

---

35. Desde que em relação à terra dos camponeses e não aos territórios desprovidos de guerreiros talvez existentes, isso poderia muito bem ter sido considerado assunto interno da aldeia em particular. Lembremos que, apesar de a família de Hesíodo também ter chegado à Beócia na condição de não pertencente à tribo, o poeta se tornara proprietário de terra ali – tecnicamente: um "perieco".

36. A posição de Levi, a tribo dos sacerdotes – aqui ainda não incluída na discussão –, nas "cidades dos levitas" da tradição mostra da melhor forma possível como a tradição concebia a condição normal de um meteco.

não israelitas como, exatamente do mesmo modo, israelitas de outra tribo. O primordial era a regra de que as prescrições ritualísticas dos israelitas plenamente livres *não* se aplicavam originalmente ao *ger*. Essas prescrições por certo cabiam a todos os residentes na habitação, mas também, de forma exclusiva, a esse círculo de pessoas unido por comunidade e repasto cultual domiciliares. À época da redação mais antiga dos códigos jurídicos que se tem disponível, somente o descanso sabático se aplicava também ao *ger*, presumivelmente para que seu trabalho não concorresse com o dos israelitas[37]. Em acordo com o direito mais antigo, porém, não lhe era exigida circuncisão – que lhe era facultativa (Ex 12,48) –, a qual, em contrapartida, já haveria de ser imposta a todos os escravos à época desse estatuto. Por essa razão o escravo podia participar da ceia de Pessach. Essa condição certamente deve ter se modificado consideravelmente já bem antes do exílio. Pois quando a legislação sacerdotal (Lv 17,10; Nm 9,14; 15,15-16) formulou o princípio segundo o qual o mesmo direito e os mesmos deveres ritualísticos haveriam de valer para israelitas e metecos em tudo, isso sem dúvida resultou da circunstância de já haver, naquele intervalo, inúmeros *gerim* circuncidados e a viver de modo correto em termos ritualísticos, e veremos que e por onde isso se deu. Em contrapartida, considerando o direito pré-deuteronômico, o escravo parece não ter sido submetido ao dever do descanso sabático (2Rs 4,22-23, a narrativa tem origem nas lendas dos profetas do tempo da dinastia Jeú).

Em regra, os mandamentos jurídicos e morais das sagradas escrituras falam do *ger* como indivíduo isolado. Como a tradição permite reconhecer, porém, isso não encontra correspondência nas condições nem mesmo da cidade-Estado plenamente desenvolvida, tampouco, em absoluto, nas dos primórdios. Aqui, as parcelas da população que, enquanto *gerim*, não eram contadas como pertencentes politicamente às tribos israelitas são sempre

---

37. À época, a considerar o gênero da fundamentação do mandamento relativo ao sabá no tempo de Neemias, em que o mais importante é obstar o movimento do mercado semanal, a determinação sem dúvida foi instituída no interesse dos israelitas (contra a concorrência injusta dos não judeus) e não propriamente no interesse dos estrangeiros. Algo semelhante se nota já em Amós e Jeremias. Em tempo mais antigo, em que o descanso do trabalho no campo era o único sentido determinante, isso certamente podia ser diferente.

concebidas como organizadas em associações, assim como os israelitas desprovidos de plenos direitos políticos (camponeses); os últimos em aldeias, os *gerim* em parte em associações locais, em parte sem isso, em clãs e tribos. Exatamente do mesmo modo, a constituição de tribo a rigor também continua a vigorar ainda que uma tribo israelita tenha de se subordinar a uma associação política estrangeira. É bem verdade que a circunstância de os danitas, no Cântico de Débora, servirem em navios fenícios não permite comprovar nada em relação a isso, visto que aqui provavelmente se trata apenas da contratação individual de particulares como trabalhadores assalariados. Mas a tribo Issacar é chamada na Bênção de Jacó, de modo bem geral, de "servo assujeitado ao trabalho forçado". Manifestamente, os issacaritas, enquanto tais, encontravam-se portanto agregados, sem liberdade política, a uma cidade-Estado estrangeira dominante, mas tinham conservado sua organização tribal. Por outro lado, a tradição também caracteriza os gabaonitas cananeus como súditos de Israel com obrigações leitúrgicas, mas autônomos em virtude de uma aliança firmada pelos líderes dos exércitos com os mesmos quando da imigração. Essa relação deve ser bem distinguida da condição estamental na qual se encontravam os sentinelas do portão, os cantores e os serventes do templo (*nethinim*), e, além deles, os "servos de Salomão", segundo o relato sobre a reconstituição de Jerusalém sob Esdras e Neemias. Pois estes eram grupos de *judeus* com obrigações leitúrgicas, organizados em clãs segundo hereditariedade, mas não *gerim*. Os *bne korah* [coreítas, filhos de Coré], cujo antepassado, já na tradição de Moisés, teve uma importância como insurreto contra os sacerdotes, e os *bne asaph* [asafitas, filhos de Asaf], expoentes da arte dos salmos, eram clãs de cantores da espécie que um dia foi *gerim*, mas tinham agora se tornado judeus plenos. Diferente era a condição dos *gerim* da Antiguidade israelita. O Gênesis, como vimos, refere-se a ferreiros e músicos com um epônimo, como clãs *não pertencentes* à tribo israelita, em oposição, por um lado, aos artistas carismáticos israelitas plenamente livres do relato da tenda da revelação, distinguidos segundo estirpe e tribo, e, por outro lado, em contraste com o artesão real forâneo, mencionado sem designação de clã no relato da construção do templo. Do mesmo modo, eram considerados *gerim*, entre os artesãos reais – presumivelmente leitúrgicos –, ao menos os tecelões de linho[38] e oleiros[39], provavelmente também os carpinteiros[40]. Eram tidos como tais também os pastores – tratados logo adiante –, que são listados na descrição da linhagem ao lado dos ferreiros e dos músicos como descentes de Caim (Gn 4,20-22); este que, pouco antes, na lenda do fratricídio, é tratado como camponês – em contraste com o pastor Abel (Gn 4,2) –, e então, depois da execração, como beduíno (Gn 4,12), aparece, nesse estema, claramente de modo bem geral, como o pai de todas as tribos-hóspedes típicas dentro de Israel – seu irmão Set, contudo, como o progenitor de Israel sedentário viticultor, representado por Noé. Na tripartição das tribos de Noé, Canaã é considerada uma tribo não livre, subordinada, em regime de trabalho forçado, por um lado a Sem, progenitor dos povos senhoris continentais, inclusive dos hebreus; por outro lado a Jafé, progenitor dos ilhéus e dos povos que habitam as costas a Norte e a Oeste. Mas Jafé, por seu lado, "mora nas tendas de Sem", portanto sem dúvida é imaginado como meteco livre e, presume-se, como comerciante. A saga há de ter surgido em um tempo de graves conflitos com o restante dos cananeus e de relações amistosas com os fenícios. A tradição remonta a Salomão uma obrigação geral ao pagamento de juros por todos os cananeus assentados na terra[41] (1Rs 9,20). Segundo ela, parece ter havido diferentes espécies de *gerim*, livres e submetidos a tra-

---

38. 1Cr 4,21, "casa da tecelagem de linho". Eles são divididos em clãs e considerados, entre outras coisas, descendentes de um filho de Judá, mas, de modo característico, não têm epônimo próprio. A descendência de Judá, portanto, deve ser uma ficção pós-exílica.

39. Como Joás e Saraf, que eram chefes de família (*baalim*) em Moab e, "segundo relatos antigos, habitantes de Belém. Eles eram oleiros e moravam em jardins cercados, junto ao rei, para quem trabalhavam" (1Cr 4,22-23). Eles tinham, portanto, feudos de serviço.

40. Em 1Cr 4,14, Joabe, filho de Sárvia, é chamado de "pai do vale dos carpinteiros", um bairro de Jerusalém. Os carpinteiros, portanto, parecem estar assentados como colonos em sua propriedade fundiária. Ou então (e mais provavelmente) ele é considerado seu patrono e tem essa patronagem como prebenda régia. Em relação a eles falta indicação sobre a classificação gentílica.

41. A tradição é extremamente questionável. No versículo 22, a nota de que ele, ao contrário dos cananeus, teria empregado todos os israelitas apenas como guerreiros (*anshe hamilchamah*), oficiais ou funcionários é tendenciosa no interesse dos plebeus israelitas. O trabalho forçado, imposto também aos súditos plenamente dotados de direitos, claramente resulta de 1Rs 5,27, onde os israelitas têm de fornecer 30.000 trabalhadores. Entretanto, aquela nota mostra que, à época, o homem incapaz de compor guarda e que não participava da posse fundiária livre não era, em absoluto, israelita, mas um *ger*.

balho forçado, sobre cuja condição jurídica não há nada a se afirmar em particular[42]. Porém, como quer que possam ter sido as reais circunstâncias, cuja expressão, ou reminiscência, todas essas construções da tradição trataram de ser, em todo caso permanece certo: que os *gerim* não eram considerados *bne yisra'el* [israelitas, filhos de Israel] obrigados a compor legião de exército – fosse como *gibborim* ou como *'am hamilchamah* [guerreiros do povo] – e que eram tidos como *não pertencentes à tribo* e como *organizados* em parte na forma de tribos clientelares residentes, em parte, contudo, enquanto tribos-hóspedes e clãs-hóspedes não domiciliados. Originalmente eles eram apartados dos israelitas em ritual e, assim, ao menos excluídos de um conúbio de igual condição, como instrui a narrativa de Siquém e Dina. Conhecemos já em detalhes, da Índia, o fenômeno das tribos-hóspedes segregadas em âmbito ritualístico. A esse tipo da tribo-hóspede sem raízes próprias correspondem também os dois exemplos de *gerim* mais importantes para nós e mais claramente identificáveis na tradição: os pastores criadores de animais de pequeno porte e os sacerdotes levíticos. Na tradição, ambos compartilham a peculiaridade de não ter parte na posse fundiária da associação militar, detentora politicamente de plenos direitos. Ambos tinham, porém, como todo *gerim*, uma condição jurídica estável junto à população residente. Nos territórios tribais de Israel não se concedia a ambos nenhum terreno de cultivo, mas sim propriedade de terra para moradia – na maioria das vezes, por sinal, do lado de fora dos portões –, além do direito de pastagem para seus animais. Por razões histórico-religiosas teremos de considerar um pouco mais de perto justamente essas duas categorias: os pastores, porque a tradição lhes atribui a denominação de "patriarcas" e porque desempenharam um papel histórico significativo para a cunhagem da religião profética iahwista; já os levitas, enquanto expoentes do culto a Iahweh.

O território que a organização *citadina* acima descrita abrangia variava em cada caso, dependendo da situação política do poder, e isso em especial nas regiões em que os beduínos podiam ser cercados. Por isso, no pe-

---

42. De acordo com 1Cr 23, Davi teria recrutado pedreiros entre todos os *gerim* do território para a construção do templo. Provavelmente, os pedreiros, por sua vez, eram artesãos reais e, justamente por isso, *gerim*.

ríodo imperial romano, ela tinha avançado extensamente sobre as regiões desérticas, para, em turno, ao menos na Transjordânia – que, ao contrário da região a oeste do Rio Jordão, foi ocupada pelo *bedu* –, ser aniquilada pela invasão islâmica. Investidas dos beduínos contra as comunidades organizadas em cidades permeiam toda a história palestina. Nas Cartas de Amarna, os guerreiros designados com o ideograma "*sa.gaz*", de pronúncia até hoje não conhecida, surgem, em parte e em regra, como inimigos a serem combatidos pelos vassalos e governadores egípcios, em parte, porém, também como mercenários a serviço de vassalos[43]. A correspondência de Hamurabi caracteriza os *sa.gaz* como nômades à fronteira oeste da Mesopotâmia, onde são governados por um bailio real. Os *sa.gaz* invasores da Síria e da Palestina do Norte incendeiam as cidades conquistadas[44]. Ou então incitam a população residente a matar os vassalos egípcios, a unir forças e a "ser como *sa.gaz*"[45]. Ou conquistam as cidades sem destruí-las, colocando-se como senhores de corveia da planície, assumindo portanto claramente o lugar dos vassalos e partidários egípcios de até então. Porém, em todos esses casos permanece incerto se esses *sa.gaz*[46] eram realmente beduínos, portanto criadores de camelos da região do deserto, ou talvez algo completamente diverso.

Entre a população nativa, portanto entre o patriciado citadino e os camponeses sedentários, por um lado – em parte livres, em parte submetidos a trabalhos forçados, devedores de juros ou arrendatários, que cultivavam grãos, frutos e vinhas e que possuíam gado bovino –, por outro, os beduínos livres criadores de camelos, ainda se encontra, meio a ambas, uma camada característica por sinal a todos os territórios da região mediterrânica, até a Época Moderna: a dos criadores seminômades de animais de pequeno por-

---

43. Knudtzon, n. 196.
44. Knudtzon, n. 185.
45. Knudtzon, n. 74.
46. O pertencimento dos *habirus* aos *sa.gaz* não é mais questionável, considerando a descoberta de Boghazköy.

te, isto é, de *ovelhas e cabras*[47]. A forma de vida dessa camada, na região do Mediterrâneo, é por toda parte determinada pela necessidade e também pela fácil realização, cobrindo longas distâncias, da *troca de pastagem* para os animais de pequeno porte, ao contrário do que exige o gado bovino: passando por Abruzos em direção à Apúlia ou atravessando metade da Espanha, e, em distância parecida, na África do Norte e nos Bálcãs. Essa "transumância"[48], assim denominada na Espanha, serve de condição a duas coisas: a uma migração periódica coletiva e, por conseguinte, em contraste com a adunação amorfa dos beduínos, a uma comunidade regulamentada de forma um pouco mais estável internamente – mas então, para fora, com uma relação regulamentada de modo estável com os proprietários fundiários das respectivas regiões. Tanto os direitos de pastagem em terra de pousio e no restolhal quanto as rotas de migração têm de ser formalmente acordadas, para que as relações, já frequentemente violentas, não deem origem a contendas permanentes. Pois por toda parte esses pastores têm a inclinação de abusar dos direitos de pastagem e de acesso à propriedade que lhes competem, de deixar que seus rebanhos adentrem terreno antes do tempo ou devastem os campos próximos às estradas, como relata Jeremias em relação à sua vinha e a suas terras de cultivo (Jr 12,10)[49]. A existência e o enorme significado desse pastoreio peregrino são historicamente incontestáveis no que diz respeito à Palestina, em todas as suas épocas. Hoje, o mesmo é encontrado também entre os criadores de camelos que, vindos da terra ao leste do Jordão, conduzem seu rebanho para pastagem em restolhal e em terra de pousio na Galileia. No entanto, isso não era o típico. Os representantes clássicos dos criadores de animais de pequeno porte nos primórdios da Antiguidade palestina eram os *recabitas*, uma consociação que, de Norte a Sul, deve ter viandado por quase

---

47. Sobre o significado dos "nômades criadores de ovelha" para o culto iahwista, cf. B. Luther, agora em Ed. Meyer (*Die Israeliten und ihre Nachbarst.*), p. 120ss.

48. Recentemente ela foi tratada pela primeira vez de modo sucinto, em forma digna de apreço, por R. Leonhard ("Die Transhumanz in Mittelmeergebiet", no *Festschrift* para Brentano).

49. Também em Jr 6,3, os inimigos, cuja vinda é profetizada, são comparados a pastores que montam suas tendas ao redor e procuram locais de pastagem.

todo o território. Pois eles eram quenitas, e essa tribo, em turno, confinava com os amalecitas do deserto do Sul, dos quais ocasionalmente era aliada; por outro lado, no Cântico de Débora, ela é localizada a Norte. No tempo de Jeremias, a região de pastagem original dos recabitas aparentemente se situava nas montanhas de Judá, de onde eles traziam seus rebanhos para dentro dos muros de Jerusalém quando da iminência de guerra. Dois séculos e meio antes, quando da revolução de Jeú no Reino do Norte, estes tiveram papel decisivo ali. Eles eram criadores de animais de pequeno porte; como os beduínos, desprezavam casas e povoações fixas, viam com maus olhos a agricultura permanente e não consumiam vinho (Jr 35). Consideravam-no como mandamento divino imposto por Jonadab ben Rechab, profeta de Iahweh fundador da associação. Outras associações de criadores de animais de pequeno porte percorriam distância semelhante à que eles cobriam. Segundo a tradição, a tribo antiga de Simeão, mais tarde desaparecida, tinha por um lado iniciado negociações contratuais pelo direito de pastagem na região de Siquém; por outro, partes ao sul do Deserto de Judá são consideradas na tradição como sua morada. Além do tipo puro, como representado pelos recabitas, havia naturalmente inúmeras formas intermediárias. Pastores peregrinos não raro também costumavam praticar, para consumo próprio, a variar em grau e lugar, alguma lavoura mais ou menos intercadente[50]. Por isso as suas diferenças com relação aos camponeses sedentários eram sutis. Só que no seu caso a apropriação do solo não podia ser completa, visto que a terra, em primeira linha, era região de pastagem; e, entre suas posses, o mais importante era o estoque de gado. A mobilidade dos animais de pequeno porte, mais vagarosa, era empecilho à sua liberdade de locomoção em comparação com os beduínos, a cujos saqueios, por essa razão, encontravam-se vulneráveis. Na resistência aos mesmos, eles eram portanto os aliados naturais dos camponeses residentes, que cada vez mais se viam na mesma situação: havia "eterna hostilidade entre Iahweh e Amalec". Caim, o beduíno tatuado em oposição ao pastor Abel, é tido como condenado ao afligimento eterno. Além disso,

---

50. O herói transjordânico Jerobaal-Gedeão debulha trigo (Jz 6,11).

porém, ocasionalmente também se notam alianças entre criadores de gado (os quenitas) e beduínos, e o parentesco com os edomitas era fortemente perceptível. Como natural, a diferença entre beduinismo e pecuária seminômade era particularmente sutil, e ocorriam combinações das diferentes espécies de gado, tanto entre os patriarcas quanto, por exemplo, por Jó, que é apresentado como proprietário de ovelhas, asnos, bois e camelos, como domiciliado e consumidor de vinho. Os quenitas, descendentes de Caim[51] – o qual é antes de tudo beduíno do deserto –, são em tempos históricos uma tribo de criadores de gado tida como temente a Deus de um modo bem particular, como expressa a genealogia do Gênesis. Os midianitas, no tempo de Gedeão, claramente não têm apenas camelos em seu rebanho. A mesma certeza pode-se ter em relação aos edomitas e, sem dúvida, também àquele xeique junto ao qual o egípcio fugitivo Sinué, no tempo de Sesóstris, encontrara hospitalidade. No outro lado, as distinções eram similarmente sutis.

As relações dos criadores de animais de pequeno porte com a população rural de lavradores, assim como com a urbanita, normalmente se baseavam em direitos de acesso à propriedade e de pastagem estabelecidos contratualmente: eles eram *gerim*. Essas relações podiam conduzir muito facilmente a uma plena admissão civil de seus clãs economicamente mais produtivos nas cidades, fosse por meio de contrato, fosse depois de violentos conflitos. Segundo a tradição, durante muito tempo os danitas não tiveram nenhum território fixo em Israel (Jz 18,1), isto é, foram pastores peregrinos na região de Judá até tomarem a cidade de Lais, em região até então sidônia.

De modo bem geral, contudo, os pastores peregrinos estavam sujeitos a determinadas tendências de desenvolvimento. Épocas de paz, de crescente população e de acumulação de posses sempre significaram redução dos territórios de pastagem em favor do crescente aproveitamento como terra de cultivo, e com isso forçavam o aumento da intensidade de exploração dos territórios restantes propriamente de pastagem. Em regra geral, ambas tendências deram origem a uma vinculação cada vez mais forte dos pastores,

---

51. Sobre essa identidade, injustamente contestada em ocasiões, cf. Nm 24,21-22.

com áreas de pastagem mais fixas e menores, e assim, em turno, inevitavelmente a uma redução das suas unidades sociais. Por conseguinte, estas eram instáveis. A organização social normal dos criadores de animais de pequeno porte se assemelhava àquela dos beduínos: a grã-família como comunidade econômica, o clã como garante da segurança pessoal por meio do dever de vingança de sangue, a tribo – uma associação de clãs – como zeladora da segurança militar dos territórios de pastagem. Em virtude daquelas circunstâncias, essas associações, considerando ambos os criadores de animais de pequeno porte, não eram necessariamente mais duradouras do que no caso dos beduínos. Especificamente em relação a estes, a formação tribal parece ter sido alcançada, com particular frequência, por meio de líderes carismáticos: como provavelmente a tribo Maquir – mais tarde desaparecida –, assim como talvez Manassés, e em todo caso certamente também a tribo dos "*bne yemini*" [benjaminitas] – todas tribos que se deslocaram desde as montanhas de Efraim às regiões de pastagem montanhesca a Leste e ao Sul. Normalmente, porém, falta a esses cabecilhas uma base estável de poder. Uma tribo que seja composta por puros criadores de animais de pequeno porte está, por essa razão, pela natureza das condições de vida, mais exposta a probabilidades mais fortes de desmantelamento do que uma comunidade de beduínos, ao menos no caso em que ela encontra no controle de oásis ou rotas de caravanas uma base de sustentação para a estabilidade econômica do seu principado tribal. No caso das tribos puras de criadores de gado, um exemplo da labilidade e do caráter puramente carismático do principado de guerra é a representação da tradição referente à condição de Jefté, um herói de guerra da terra a leste do Jordão, ao qual é concedido, pelos anciãos da tribo Galaad, durante a guerra de libertação contra os amonitas, apenas o título de "*kazir*" (Jz 11,6), de um líder da guerra correspondente ao "duque" germânico. Ele o recusa, e o exército (*ha'am*, os "homens") lhe confere, agora a pedido dos anciãos, o título vitalício, mas não hereditário, de "*rosh*" – de cabecilha, príncipe, coronel (Jz 11,11). Essa mesma condição compartilham os inúmeros juízes efêmeros (*shofetim*) da aurora israelita, em parte apenas líderes da guerra carismáticos, em parte talvez também agraciados com o carisma da sabedoria judiciária. Seu poder permaneceu puramente pessoal. O herói Jerobaal-Gedeão, da terra ao leste do Jordão, que partiu à guerra dos midianitas com um séquito puramente de voluntários, recusa, segundo a tradição (Jz 8,23), a dominação hereditária que lhe é oferecida por "alguns em Israel" e se contenta com sua cota de despojo, a partir da qual ele erige uma instituição religiosa (a qual, é de se supor, deve ter proporcionado, ao mesmo e a seus descendentes, receitas oriundas das peregrinações). Na maioria das vezes, formações políticas duradouras – como a monarquia dos moabitas em tempos de Acab, que deixou inscrições, e a dos amonitas já no tempo de Jefté, mas especialmente a monarquia dos edomitas, mantenedora de constantes relações com Judá, regida por uma série de dez soberanos em sucessão direta antes da subjugação por Davi – encontravam-se justamente nos âmbitos intermediários, entre o beduinismo de deserto propriamente dito e o pastoreio montanhesco palestino a Leste e Sul. A circunstância de esses reis edomitas claramente não se sucederem hereditariamente parece indicar o caráter carismático, de modalidade puramente pessoal, da sua condição de soberano. Entre criadores de animais de pequeno porte, em contrapartida, formações puramente políticas eram muito instáveis. Ameaça por beduínos ou, antes, a probabilidade de ampliação dos territórios de pastagem mediante conflitos levaram à adunação mais estável, em associação maior, sob um capitão de guerra. Inversamente, em tempos de paz, a tendência de desenvolvimento há pouco caracterizada significava: dissidência de clãs isolados e desmantelamento das tribos. No relato sobre a batalha de Débora já encontramos o marido da heroína Jael, um quenita, sendo mencionado como um criador de gado que se dissocia da sua tribo e, em virtude de um tratado de amizade, monta suas tendas, enquanto *ger*, no território de um rei citadino cananeu[52]. As tribos antigas Simeão e Levi, já no tempo da compilação da Bênção de Jacó, encontram-se "divididas e dispersas"; na Bênção de Moisés (Dt 33), ainda mais tardia, a tribo Simeão não chega sequer a ser mais mencionada, e a tribo Levi é citada apenas como sacerdócio profissional. A cronística

---

52. Jz 4,17. Certamente, o segundo hemistíquio pode ser uma interpolação, como suposto diversas vezes; nesse caso, contudo, ele seria indício então das circunstâncias do tempo de seu surgimento.

pós-exílica (1Cr 4,41-42) caracteriza determinadas estirpes simeonitas como residentes entre os edomitas no Monte Seir; o resto recebeu "seu quinhão em Judá", isto é, foi assimilado a essa tribo. A tribo Rúben, outrora a hegemônica da Aliança, é despojada do seu poder na Bênção de Jacó; na Bênção de Moisés, reza-se para que ela não suma completamente. Mais tarde, ela desaparece. Da tribo José se dissociam clãs de criadores de gado: no Cântico de Débora figura Maquir, uma tribo posteriormente desaparecida; mais tarde, junto a Efraim, a tribo Manassés, por sua vez cindida internamente. A aniquilação das tribos Simeão e Levi é relacionada a uma traição e a um violento conflito com os siquemitas. De fato, uma perda, por guerra, da posse do gado – mas igualmente também sua dizimação por epidemias – pode levar uma tribo pura de criadores à dissolução ou escravização por vizinhos com posses. Mas já o simples fato da pressão do crescente sedentarismo sobre os territórios de pastagem influía justamente nessa direção. A gradual transição do semibeduinismo para a criação de animais de pequeno porte, depois para o sedentarismo e em seguida para a residência urbana, reflete-se, sob a influência dessa pressão, tanto nas sagas quanto na tradição histórica. Na saga, Abraão possui, além de ovelhas, também camelos, e não consome vinho, senão serve leite aos três homens da epifania divina. Como *ger* contratualmente detentor de direito de pastagem, ele percorre diversas localidades, e somente no final da sua vida, diz a saga, ele adquire em Hebron, depois de longa negociação, um jazigo de família (Gn 23,3-16). Por contrato, Isaac monta acampamento nos domínios de Gerara e cava poços ali, mas repetidas vezes tem de mudar sua morada. É bem verdade que Jacó, ao contrário do camponês Esaú, é considerado essencialmente criador de gado a viver em tendas, mas se torna sedentário em Siquém na condição de *ger* e compra terras (Gn 33,18-19). No final da sua vida, é considerado ato de astúcia que ele tenha se apresentado ao faraó como puro criador de animais de pequeno porte para assim poder viver como *ger*, impedido de tomar parte nos rituais, sem contato com os egípcios. Ele pratica agricultura e consome cereais para alimentação. Atribui-se a todos os patriarcas a posse de gado bovino. José, como vizir do Egito, regulamenta em âmbito geral os impostos fundiários da região.

Na organização política e também *militarmente*, esses deslocamentos significam profundas mudanças. Na tradição histórica se nota todo tipo de variação nas tribos israelitas, em particular, do semibeduinismo à criação seminômade de animais de pequeno porte e, partindo de ambos, passando pelo estágio intermediário da agricultura de ocasião (Gn 26,12, com Isaac), tanto à residência na forma de clãs senhoris citadinos quanto à agricultura sedentária; tanto como camponeses livres como na forma de camponeses submetidos a trabalhos forçados[53]. Por fim tem-se então a ampla transição universal à residência urbana na geografia política da Palestina, como dada

---

53. Por um longo tempo, segundo a tradição (Jz 18,1), Dã não teve nenhuma residência fixa no território. No Cântico de Débora, os danitas trabalham para os fenícios como servos remadores. A tradição chama essa tribo várias vezes apenas de "clã". Para a Bênção de Jacó, ela é uma tribo de ladrões, que "fica como uma serpente pelas rotas de caravanas e morde os talões do cavalo"; para a Bênção de Moisés, ela é um "leão a se arrojar em Basã", portanto em Hauran. Provavelmente no tempo do primeiro avanço dos filisteus, com certeza já antes da batalha de Débora, os danitas, com suas forças militares (600 homens, segundo a tradição), não foram capazes de manter suas tendas, o "acampamento de Dã", nas montanhas de Judá – os oponentes combatidos pelo herói danita Sansão foram, presume-se, os filisteus, mas as localidades em questão se encontram mais tarde em posse judaica; por isso eles migraram para o Norte e ali se assentaram depois da tomada e da aniquilação da cidade sidonita de Lais. Mais tarde, Dã restringe-se a essa comuna citadina identificada por seu nome, e, enquanto tribo, ainda, é apenas fictícia. O fato de a cidade Dã ter sido considerada especialmente como correta em termos religiosos torna provável que a tradição relate a verdade sobre a vida itinerante. Pois ela pressupõe correção religiosa a todas as tribos antigas de pastores. Com base em um segundo dito na Bênção de Jacó, inferiu-se, provavelmente com razão, que Dã teria sido temporariamente privada da sua autonomia política. A Bênção de Jacó relata expressamente, como consequência da transição para o sedentarismo, o mesmo sobre Issacar, mencionada apenas brevemente na Bênção de Moisés como uma tribo a viver em tendas: "Quando ele viu como o repouso era bom e o quanto agradável era a terra, baixou seu ombro à carga e tornou-se um servo, subjugado a trabalho forçado", portanto sem dúvida um camponês sedentário; Issacar, ao menos em parte, assentou-se na planície fértil de Jezrael. Na Bênção de Jacó, a tribo Neftali é chamada de "uma corça fugidia", portanto ela foi provavelmente uma tribo de semibeduínos (desde que não se esteja fazendo um mero jogo de linguagem com o nome). Segundo o Cântico de Débora, ela tem sua morada nas montanhas, enquanto a Bênção de Moisés a menciona como abençoada por Iahweh, a residir no litoral e em posse de uma cidade (Merom). Na Bênção de Jacó, a tribo Aser, igualmente instalada na costa marítima, de notória riqueza obtida pelo cultivo de oliveiras, parece pagar tributos alimentícios a um rei citadino fenício. Na Bênção de Moisés, em contrapartida, são louvadas suas fortificações (barras de bronze e ferro) e seu forte exército. No tempo entre o surgimento do dito em questão na Bênção de Jacó e do Cântico de Débora, a tribo Zabulon deve ter trocado seu local de residência (na Bênção de Moisés, em Dt 33,18, a leitura parece ter sido deturpada). Na Bênção de Jacó, ela habita junto ao mar e "tem a Sidônia a seu lado", i. é, a rigor, está subordinada aos sidônios, ao passo que, no Cântico de Débora, Zabulon é uma tribo guerreira das montanhas. A tribo Benjamim, na Bênção de Jacó, é uma tribo de ladrões: "é um lobo voraz, que de manhã devora presas e à tarde reparte o despojo". Na Bênção de Moisés ela encontrou descanso e paz. A tribo Gad parece ter sido mais tarde (no tempo de Mesa e Acab) uma tribo moabita. Seu nome, provavelmente, foi o de um antigo deus da fortuna.

no Livro de Josué. Aqui, como o próprio Josué, que é recompensado por seus serviços com uma cidade como feudo (Js 19,50), todas as tribos, mesmo Judá, são tratadas como proprietárias de cidades, com aldeias enquanto dependências (cf. Js 15), em cujas áreas toda a terra aparece dividida. Presume-se que isso se aplicasse apenas em teoria, mesmo em relação à época da qual provém essa passagem. Pois as tribos do sul de Judá, ainda em tempo histórico, estão organizadas à maneira dos beduínos, principalmente na forma de clã; as tribos do Norte, em contrapartida (e ao que parece sobretudo no que diz respeito à administração), em agrupamentos de cinquenta e de mil, ao modo dos estados mesopotâmicos. Por si, os contingentes dos agrupamentos de mil, como as unidades de recrutamento, naturalmente podiam ser transpostos às tribos de criadores de gado. Podia-se igualar uma tribo em particular ou parte dela a um agrupamento de mil ou a vários deles, e deixar a seu critério a espécie de recrutamento. No caso, este ocorria então de modo distinto. O Cântico de Débora designa os líderes dos contingentes tribais com expressões muito diversas, que de fato permitem inferir estrutura militar bem distinta. A dominação régia terá, como natural, almejado uniformidade. Assim como "agrupar cinquentena" se tornou mais tarde a expressão técnica geral para "recrutar" e "convocar", os coronéis dos agrupamentos de cinquenta e de mil são vistos, na tradição, de modo bem geral, como pessoas que têm jurisdição em seus distritos de recrutamento também na paz. Isso, contudo, sem dúvida é produto apenas do tempo dos reis e, mesmo à época, não se aplicava nem no geral, nem em definitivo. No caso das tribos de criadores de gado da terra a leste do Jordão, estruturadas à maneira gentílica, e assim como em relação à tribo Judá, supostamente vigoravam outras condições: parece que elas não reconheciam a autoridade daqueles oficiais, ao menos não como funcionários de tempos de paz, senão apenas a dos seus anciãos.

As legiões do exército da Aliança, organizadas em cinquentenas e em agrupamentos de mil, não eram de modo nenhum a única, em todo caso tampouco a espécie mais antiga de organização militar que as fontes conhecem. Duas outras espécies são encontradas. Em relação à tribo Benjamim, assentada entre as tribos do Norte e Judá (Jz 21,21-25), o relato sobre os acontecimentos após a batalha ocorrida em virtude do crime de Gabaá – uma saga etiológica relativa aos casamentos por sequestro, pelo visto conhecidos entre os benjaminitas – faz parecer bem provável que essa tribo de ladrões originalmente tivesse possuído uma rígida organização de grupamento jovem, desprovida de famílias, à maneira da "casa de homens": é de se presumir que nisso, em particular, tenha se baseado a sua posição de poder, essa por vezes grande, apesar da pequena região. Por outro lado, já foi mencionado que as tribos de criadores de gado propriamente ditas em regra assumiram em relação à guerra a mesma postura tipicamente encontrada entre os beduínos: caráter absolutamente voluntário da participação, portanto puro carismatismo. Mas o Deuteronômio trata este como a espécie originalmente clássica. A tradição assume que Gedeão passa revista em seu contingente por duas vezes: de início, pode voltar para casa quem é covarde; mas depois também é excluído qualquer um que, em sua sede, olvidou a dignidade heroica em um vau e lambeu a água como um cão (Jz 7,5)[54]. O primeiro é um paradigma relativo à construção do Deuteronômio (cap. 20), feita em conformidade com o tendencioso "ideal nômade", a ser discutido mais tarde, segundo o qual devem permanecer em casa não apenas os recém-casados e aqueles que desde pouco tempo cultivassem uma quinta, um campo ou uma vinha, senão qualquer um que temesse, pois a confiança em Iahweh, sozinha – eis a fundamentação teológica –, basta para a vitória. Entre o contingente de Judas Macabeu o paradigma se nota repetidas vezes. A tese de que essas prescrições tiveram origem não em construção teológica mas em antigas representações mágicas, como supôs Schwally, não parece se sustentar. Do contrário, mais tarde conheceremos, na "consagração" voluntária como lutador da fé (*nazir*), formas da composição religiosa de exército com as quais essas representações pudessem estar relacionadas. Mas a origem, de todo modo, certamente remontava a hábitos beduínos.

Considerada na prática, uma guerra era, nessas formas, uma pura guerra de séquitos. De fato, quase todas as batalhas do tempo dos juízes israelitas

---

[54]. Na leitura de hoje, em parte, isso é mal-interpretado.

tiveram esse caráter. O contingente total das legiões do exército da Aliança foi reportado de modo preciso pela tradição a rigor apenas relativamente a três circunstâncias: à guerra de Débora, à intervenção (decerto lendária) contra Benjamim e à guerra de libertação de Saul. Todos esses três casos pertencem ao tipo da guerra "santa", a ser abordada adiante. Sem dúvida, o rei devoto da tradição sacerdotal é Davi. Mas, na história israelita, a maneira como ele conquista sua posição e liderou sua primeira guerra é o exemplo último – ao mesmo tempo já em transição a um novo tempo – da guerra de séquitos e do principado carismático.

O dualismo de camponeses e pastores também é indicado na tradição relativa aos primeiros reis. Saul é considerado, por ela, camponês; Davi, como pastor. Ela assume que Saul inicia a libertação com o recrutamento do contingente das legiões do exército nacional; Davi, com a luta de grupos de voluntários. De fato, ainda são reconhecíveis certas diferenças na estrutura da dominação de ambos, apesar do caráter tendencioso da tradição em sua forma atual. Saul tinha ao seu lado, como base do seu poder, o próprio clã e o grupamento de guerra da tribo Benjamim. Com benjaminitas ele ocupou os cargos públicos mais importantes. Todavia, encontram-se entre seus guerreiros, como sequazes pessoais, heróis de outras tribos. Inicialmente Davi foi apoiado por um séquito puramente pessoal (1Sm 22,1-2), e este, de acordo com a tradição, era composto: 1°) por seu clã; 2°) pelos "oprimidos", especificamente sobretudo escravos por dívida, portanto por existências catilinárias; e 3°) por mercenários cretenses e filisteus angariados ("cereteus e feleteus", como em 2Sm 8,18 e outras passagens). Além desses elementos, porém, aparece ao lado de Davi, com muito mais ênfase do que em relação a Saul e aos saulitas: 4°) o séquito de seus consociados pessoais propriamente ditos, aquele círculo de paladinos e cavaleiros que a tradição dos reis identifica individualmente pelo nome, e cujos feitos ela enumera. Em primeiro lugar, trata-se de membros de clãs judaicos em parte muito poderosos (Joabe). A estes se juntaram, por meio da adesão de paladinos de Saul (Abner), clãs não judaicos e ademais também uma parcela de cavaleiros não israelitas – um número considerável de "*hetairoi*" [companheiros de combate, os sequazes de Odisseu] puramente pessoais. A tribo Judá, como tal – ainda súdita dos filisteus no tempo em que Davi deixou os mesmos –, só mais tarde se colocou, unida, ao lado de Davi. Porém, a adesão do território do Norte ao mesmo sucedeu somente após o extermínio do clã de Saul, e isso em virtude de um *contrato* particular (*berith*) entre Davi e os anciãos das tribos. Um contrato, portanto uma aliança, fundamentou, aqui, a rigor pela primeira vez, a unidade nacional de todas as – mais tarde – doze tribos de Israel sob um rei nacional. Somente por meio de tal contrato, portanto – eis o ponto de vista da tradição –, um líder carismático do exército se torna monarca legítimo, agora com direito de realizar o recrutamento das legiões – séquito e tropas assoldadadas principescas se encontram em condição oposta à do exército popular legítimo do rei instituído por *berith*. Mas essa monarquia davídica, fundada em meio aos criadores de gado de Judá, inicialmente com auxílio de um séquito pessoal e do poder dos grandes clãs judaicos, foi, desde o começo, a partir da tomada de Jerusalém, monarquia *citadina*. Depois que – nas revoltas sob os saulitas, em seguida sob Absalão, Adonias e Jeroboão – evidenciou-se a antiga oposição das tribos camponesas à dominação citadina e, por fim, o império implodiu, o Reino do Norte teve, com a fundação de Schomrom (Samaria) sob os amridas, exatamente o mesmo destino, no qual a revolta de Jeú, em termos de êxito, nada alterou. O Reino do Sul, contudo, desde a secessão das tribos do Norte, era já quase tão idêntico aos arredores de Jerusalém como a pólis teocrática depois do exílio.

Foi principalmente esse desenvolvimento político que, junto com a redução muito forte – ao menos relativamente – do número de criadores seminômades de animais de pequeno porte, também provocou o desmantelamento das suas tribos, por meio da diminuição dos territórios de pastagem. A consequência mais importante para nós nesse contexto foi a *desmilitarização* dos pastores. Em comparação tanto com os camponeses sedentários como – com maior razão – com o patriciado citadino dotado de guarda, seus fragmentados clãs eram agora os mais fracos e apenas tolerados. A forma que temos disponível considera Abraão como meteco dos hititas em Hebron e de outras cidades em cuja região ele se encontra, desprovido politicamente de direitos – como obrigado, em Salém, ao pagamento de dízimo ao rei-sacerdote local. Depois de comprar seu terreno em Siquém, Jacó mora, como todos os *gerim*, fora dos portões da cidade (Gn 33,18). À época dessa redação, seguramente a maioria dos criadores de animais de pequeno porte ainda existentes também estava de fato nessa situação. Não obstante, a tradição considera os patriarcas, como mais tarde Jó, como homens demasiado ricos. Mas muito provavelmente isso também não mais se aplicava de todo aos criadores de gado do período tardio. Pois, para os criadores peregrinos, há em geral a probabilidade de empobrecer, e os recabitas em todo caso não são, para Jeremias, proprietários de grandes rebanhos, senão gente simples, do mesmo modo como Amós de Técua, da tribo Judá, que vivia dos frutos dos sicômoros e de seus animais. Em toda a bacia do Mediterrâneo, por toda parte, isso era similar, à exceção de magnatas manadeiros isolados e, nesse caso, certamente muito poderosos em determinadas circunstâncias.

Esses fatos talvez sejam importantes acima de tudo para a questão sobre quais categorias econômicas as fontes jurídicas, os profetas e os salmistas têm em mente quando se referem aos "pobres" (*ebyonim*), como ocorre com tão extrema frequência. Somente no tempo pós-exílico pode ser compreendido pelo termo (ou, a rigor: compreendido adicionalmente) um demos citadino: pequenos comerciantes, artesãos, trabalhadores livres sob contrato. No período pré-exílico, claramente pertencem ao mesmo sobretudo os camponeses da planície submetidos à usura praticada pelo patriciado; além deles, mas talvez com mais recorrência do que indicado nas fontes, também os criadores de animais de pequeno porte. Pois não seria por si impossível que originalmente estivesse ligado a essa situação um número de prescrições ético-sociais no interesse dos pobres, sobre os quais é amplamente dissertado na casuística rabínica, especialmente no período do judaísmo tardio. Por um lado trata-se o direito à respiga e o mais tarde assim denominado direito da "bacia dos pobres". A caridade israelita prescreve o abster-se da respigadura do restolho no campo e que este não seja colhido até a última espiga, mas que se deixe algo para os necessitados. Na versão mais antiga, que o Deuteronômio preserva, agératos esquecidos devem ser não posteriormente recolhidos mas deixados para os *gerim*, para as viúvas e para os órfãos (Dt 24,19). A versão mais recente o ritualiza na maneira típica da redação sacerdotal, no seguinte sentido: em campos e vinhas, *intencionalmente*, não deve ser feita a colheita completa, e que nos limites do terreno deve ser deixado algo para os *gerim* e para os pobres (Lv 19,9-10). A versão mais antiga da prescrição é de proveniência supersticiosa: os *numina* [entidades, divindades] do solo da lavoura reivindicam a sua participação nos frutos daquela terra, e por isso pertence-lhe o que fica sobre o chão. Mas a mudança em benefício dos "pobres", evidentemente posterior, permite indagar o que, originalmente, era compreendido pelo termo. No *locus classicus* referente à práxis – o Livro de Rute –, é uma mulher não pertencente à tribo, desposada por um israelita, depois tornada viúva, que se beneficia da recolhida do restolho. Sem ser reconhecida – eis provavelmente o sentido original –, ela realizava trabalho no campo do *gibbor* Booz, com ela aparentado. Portanto, os referidos parecem ter sido em primeira linha os colonos e os trabalhadores rurais do patriciado[55]. Mas é ao menos de se imaginar que a típica relação de aliado com os criadores de animais de pequeno porte sem posse fundiária, dependentes, enquanto metecos, do restolhal e da respigadura, também tivesse sido o típico caso prático de aplicação da prescrição, do mesmo modo como a mesma também beneficia as classes sem posse fundiária na Arábia, onde ela ainda hoje é amplamente difundida. E deve ser levantada a questão ao menos sobre a possibilidade de tais direitos dos criadores de animais de pequeno porte também ter quaisquer relações com uma prescrição ético-social tão discutida, especificamente israelita: a do ano religioso do pousio ("*ano sabático*") para o solo palestino. Na versão atual da determinação, esta diz que, a cada sete anos, os campos, plantações de árvores e vinhas sejam deixados completamente baldios, que os frutos medrados sozinhos sirvam ao proveito dos pobres e eventualmente dos animais silvestres. Nessa forma rústica, a pres-

---

55. Sobre a questão, cf. agora Gall, "Die Entstehung der humanitären Forderungen des Gesetzes", *Zf. Altt. Wiss.*, vol. 30 (1910), p. 91ss., que enfatiza exclusivamente a origem religiosa (em si indubitável). Mas a questão é: Por que a determinação, senão desaparecida em territórios de cultura, seguiu preservada aqui?

crição é encontrada na compilação jurídica e de leis morais mais antiga em geral, no assim denominado Livro da Aliança (Ex 23,10-11). A prescrição não é nenhuma instituição jurídica, algo de fato a se considerar, e tampouco figura – nem mesmo de modo puramente formal – naquela parte da compilação que regulamenta, em ordenação sistemática razoável, circunstâncias juristicamente indicadas com precisão, senão que consta entre as determinações claramente provenientes da parênese religiosa. Trata-se de uma prescrição moral, não de um mandamento jurídico. Como instituição, porém, ela sem dúvida não apenas vigorou teoricamente mas teve consequências práticas no judaísmo tardio, como mostram claramente, além de outros registros, os inúmeros responsos dos rabinos referentes à forma de proceder com os cereais que foram cultivados apesar da proibição, e ainda teve relevância para as tentativas de povoamento sionistas atuais na Palestina[56]. A compilação mais tardia, a lei sacerdotal, contém a prescrição com detalhado comentário, na forma: que no campo deve-se não trabalhar senão apenas deixar os frutos medrados sozinhos serem "comestio" para o proprietário, para seu servo (*'ebed*), para seu diarista (*sakir*), para seu meteco (*toshab*) e seus hóspedes, e, acrescenta-se, "para o gado e os animais da sua terra" (Lv 25,4-7). Aqui, portanto, o sentido é algo distinto do verificado no Livro da Aliança: as pessoas que se encontram sob proteção pessoal do proprietário são aquelas que a determinação deve beneficiar. Isso admitiria a interpretação de que se tratava originalmente de um ano de libertação do trabalho forçado e da dispensa de pagamentos referentes a arrendamentos, em benefício dos colonos. Com ela estaria em bom acordo a forma como o sétimo ano é mencionado no compromisso conjurado da comunidade dos regressados sob Esdras: "não colheremos os produtos da terra no sétimo ano" (Ne 10,32). Finalmente, a compilação deuteronômica, oriunda do tempo dos reis, por certo interpolada, mas no todo de fato legada em redação razoável, a princípio conhece

---

56. Os rabinos de Jerusalém haviam se declarado a favor da vigência do mandamento. Se bem me lembro, instâncias alemãs fizeram o mesmo. Em contrapartida, os rabinos judeus do Leste haveriam de ter declarado o povoamento do território como a tal ponto aprazente a Deus que se poderia até mesmo dispensar a antiga prescrição.

não o ano sabático do campo – e isso é importante se consideramos o caráter desse código em especial, enquanto um compêndio da ética religiosa –, mas uma instituição completamente distinta: a dispensa septenal do pagamento de dívidas. Por essa razão, a probabilidade de uma interpolação do ano sabático no Livro da Aliança a partir da lei sacerdotal é extremamente sugestiva, em vista da improbabilidade de uma implementação efetiva, entre os agricultores pré-exílicos, das determinações dadas ali. Se, apesar disso, elas remontarem a antigos hábitos, isso poderia ter sido causado por uma instituição proveniente da agricultura intermitente dos pastores peregrinos; portanto, nesse sentido, por um resquício de antigas restrições mundanas à apropriação do solo – "posse coletiva de terra" – ou então por alguma determinação típica referente à espécie dos direitos dos pastores peregrinos à pastagem no terreno pousio dos clãs sedentários. Indubitável é certamente a contribuição de um espírito teológico excessivamente consequente sob a influência da determinação do Deuteronômio referente à dispensa do pagamento de dívidas e a da ascensão geral da ideia do sabá no tempo do exílio. À época, essa instituição – como outras do judaísmo tardio – provavelmente foi ritualizada pela comunidade do exílio na Babilônia e então interpolada no Livro da Aliança. De modo geral, permanece problemático o papel do pastoreio peregrino relativamente a essas prescrições.

Para o nosso contexto, porém, mais importante do que essas possibilidades – que seguem muito incertas – de uma interpretação econômica de tais instituições ético-sociais isoladas é a concepção geral da tradição popular do tempo dos reis quanto à situação dos criadores de animais de pequeno porte e que se manifesta na sua concepção referente aos patriarcas. Esta, por seu lado, é resultante de circunstâncias características e se tornou de grandes implicações para o judaísmo. A lenda dos patriarcas os trata como figuras *pacifistas*, de um modo bastante específico[57]. Seu deus é um deus dos dis-

---

57. Sobre as lendas dos patriarcas, cf. agora (em parte contra Ed. Meyer) Gressmann, "Sage und Geschichte in den Patriarchensagen", *Z. f. Altt. Wiss.*, vol. 30 (1910), p. 91ss., que subsume a maioria delas sob a categoria das "fábulas", o que provavelmente vai longe demais, a considerar os antigos locais de culto a que estão ligadas e nos quais são localizadas. Mas com razão ele confronta a opinião de que os nomes *teriam* de ser de heróis ou então de tribos.

postos à paz (Gn 13,8-9). Eles aparecem como chefes de família isolados; a tradição não dá a conhecer nada de associações políticas entre eles. Trata-se de metecos tolerados. Sua condição é a de pastores que, em âmbito familiar, mediante contrato anuente, asseguram para si território de pastagem junto à população residente e, em caso de necessidade, como Abraão e Ló, repartem-no pacificamente entre seus pares. Falta-lhes todo e qualquer traço de heroísmo pessoal. Eles se caracterizam por uma mistura de humildade e benevolência fielmente devotas com uma matreira argúcia, promovida por seu deus. Os narradores têm em conta que seu público ache natural os patriarcas preferirem fazer suas belas, atraentes mulheres se passarem por suas irmãs e entregá-las ao respectivo protetor[58] a defendê-las em sua honra de esposa, relegando à vontade de Deus que o mesmo, mediante flagelos contra o proprietário, novamente a liberte do seu harém. Parece-lhes diretamente louvável que os mesmos, para não terem de ferir a sacralidade do direito de hospitalidade, estejam dispostos a entregar suas próprias filhas ao invés das filhas dos hóspedes. Sua ética relacional é questionável. Um regozijável jogo do logro impera por muitos anos entre Jacó e seu sogro, tanto no que concerne ao regateio das mulheres pretendidas quanto a envolver o gado adquirido pelo genro mediante trabalho servil. Ao final, o progenitor de Israel se evade às escondidas do amo sogro, levando consigo seu ídolo doméstico para que este não revelasse o caminho que tomara. Até a etimologia do seu nome é adaptada a essas qualidades, e parece que, no tempo dos profetas, "fraude de Jacó" foi uma expressão proverbial. Não parece nada ofensivo para a saga que seu herói, expressamente descrito como pastor devoto, regateie por um pouco de comida a progenitura daquele que é caracterizado, ao contrário dele, como imprudente camponês[59] e caçador – seu irmão[60] que regressa faminto

---

58. Três vezes: Gn 12,13; 20,2; 26,7.

59. Pois, a rigor, provavelmente é assim que se deve traduzir "*ish sadeh*" ("homem do campo de cultivo", Gn 25,27), e não, como hoje em muitos casos: "o homem que vagueia pela estepe" (o que *sadeh* não significa).

60. Assim como Abel em relação ao camponês Caim, o terno Jacó é contraposto ao rude camponês Esaú como "um pastor devoto, que permanecia nas tendas". E como Caim, por outro lado, torna-se beduíno, Esaú é, por sua vez, um ávido caçador.

a casa –, que depois o defraude com o auxílio da mãe pela bênção paterna, e que mais tarde, antes do encontro com ele, dirija uma prece de angústia extremamente lamuriosa ao seu deus (Gn 32,10-13) e escape da temida vingança mediante astúcia e rebaixamento indigno a um herói de guerra. Característica de José, herói preferido das sagas, é a frágil virtude, em combinação com uma comovente magnanimidade com os irmãos, os quais, por inveja, pretendem matá-lo e vendê-lo como escravo porque o mesmo, em sonho, anteviu se tornar seu senhor. Suas habilidades fiscais na exploração da precária situação dos súditos do faraó o qualificam para ser seu vizir, o que não o impede de levar sua família a informar o seu senhor com meias-verdades sobre sua profissão. Também a ética dos piratas e mercadores, própria ao expedito Odisseu, e seu lamuriar à salvadora Atena, não raro desmedido nos momentos de penúria, de fato se encontra, para nós, frequentemente fora da ambitude da dignidade de herói. A rigor, porém, coisas como as inicialmente indicadas não são relatadas a seu respeito. Somente os traços da ética do povo pária – cuja influência sobre a moral externa ao grupo própria aos judeus no tempo de sua dispersão como povo-hóspede internacional não deve ser subestimada – e a devota obediência, muito marcada, dão, juntos, forma geral à postura interna, transfigurada pela tradição, dessa camada. Mas esta sem dúvida é uma camada de criadores de animais de pequeno porte, assentados, enquanto metecos desprovidos de poder, entre cidadãos guarnecidos.

A análise moderna, que cada vez mais enfatizou a importância histórico-religiosa dessa camada em particular, está todavia inclinada a considerar esse caráter pacifista dos seminômades como algo próprio aos mesmos, de modo necessariamente natural. Mas isso decididamente não procede[61].

---

61. Não se compreenda mal o que se segue. O surgimento mesmo de cada uma das narrativas atuais dos patriarcas é, com razão, alçado a uma idade mais elevada. Algumas circunstâncias sugerem que elas tenham surgido em parte sob a dominação de Kheta nas estepes entre a Síria e a Mesopotâmia, em parte sob dominação egípcia nas estepes do sul de Judá. Naturalmente, em qualquer período, havia criadores de gado em uma situação especificamente impotente e pacifista, que elas pressupõem. Mas o determinante – sua relação com os progenitores da aliança iahwista de Israel – é necessariamente tardio porque completamente incompatível com os acontecimentos a se pressupor como historicamente antigos – em especial quando se crê na "conquista" de Canaã por Israel. Algumas narrativas dos patriarcas assumem pressupostos não históricos, como a doação de camelo do faraó a Abraão, visto que o camelo, à época, ainda não era conhecido no Egito. Os patriarcas só lograram se tornar progenitores de Israel como um

Antes, ele é apenas consequência daquela inevitável dispersão dos criadores de animais de pequeno porte, que ocorre por ocasião do crescente sedentarismo. O caráter é inteiramente ausente onde quer que eles estejam organizados em associações políticas com pleno poder. Na consciência dos israelitas, os patriarcas nem sempre ocuparam, de modo nenhum, sua posição registrada na redação atual da *torah*. Abraão e Isaac, em particular, não são conhecidos pela profecia pré-exílica mais antiga como pessoas. Amós se refere aos patriarcas Isaac, Jacó e José apenas como nomes gentílicos (Am 7,9.16; 3,13; 6,8; 7,2; 5,6.15). Abraão, que em Miqueias aparece com Jacó como destinatário das promessas de Iahweh (Mq 7,20), surge apenas em Ezequiel como o primeiro detentor legítimo popular da terra Canaã (Ez 33,24). Os círculos teológicos de literatos, especialmente o assim chamado "eloísta" e a escola deuteronômica, parecem ter criado o acento agora dado a eles na redação. Nesse contexto, seu caráter passou claramente por fortes mudanças, relacionadas justamente com aquela desclassificação social e desmilitarização dos pastores. Na antiga ordem de precedência das tribos – expressada pela ordem de idade dos progenitores –, Rúben, Simeão, Levi e Judá se encontram à frente, ante várias tribos essencialmente seminômades mas ao mesmo tempo altamente combatentes e conhecidas como violentas, das quais as três primeiras foram mais tarde desmanteladas; Judá está organizada ao modo de monarquia citadina, após violenta obtenção da hegemonia. Tais poderosas tribos de criadores de gado não se encontravam na condição de metecos tolerados, em absoluto. A tradição relativa às guerras os apresenta como senhores da terra, e, as cidades subordinadas a eles, como aliadas com obrigações leitúrgicas, como Gabaon, ou militares, como a cidade de Meroz no Cântico de Débora. Porém, algo semelhante indicam também as lendas dos patriarcas: com riqueza crescente e clientela cada vez maior, Isaac se torna por demais poderoso para a cidade de Gerara, da qual é meteco (Gn 26,14-16). Na tradição original, também Jacó é um forte herói, que vence um deus em uma luta de ringue

---

todo depois da unificação do Reino, portanto depois de Davi. O caráter originalmente *local* das sagas dos pais parece atestado sobretudo pela sua respectiva vinculação a uma determinada localidade de culto.

noturna. Ele deixa à tribo regente, como herança principal, o pedaço de terra por ele adquirido "com arco e flecha" (Gn 48,22), segundo sua bênção a José: trata-se de Siquém, mais tarde localidade central de Efraim. Mas como característico, a tradição pacifística, adotada posteriormente (Gn 33,19), assume não que ele se apodera dessa propriedade de terra, mas que a compra com anuência[62]. O tão discutido 14º capítulo do Gênesis[63], por fim, apresenta Abraão como herói guerreiro, que parte ao campo de batalha com várias centenas de clientelas e, vitorioso, recupera dos reis aliados da Mesopotâmia, incluso Hamurabi, o despojo tomado por eles no combate com os reis citadinos cananeus. A oposição entre sentimento de honra guerreiro e pacifismo pastorício utilitarista se revela muito claramente no posicionamento do patriarca Jacó, por um lado, que busca a paz, em contraste, por outro, com o de seus filhos guerreiros Simeão e Levi em relação à violação de Dina por Siquém (Gn 34,30-31). Os aspectos – de espécie completamente distinta – conservados em tais fragmentos perderam totalmente em importância perante aquela postura pacifística – aparentemente apenas sob as condições próprias ao período tardio –, a qual correspondia às circunstâncias existentes a partir de então[64]. Apenas para a tradição pacifística, surgida ou adotada sob tais circunstâncias, Jacó é devoto porque permanece nas tendas, assim como Abel é o pacífico pastor bondoso, e seu assassino Caim, por um lado, é o violento lavrador sedentário, cuja oferenda sem carne Deus desdenhou, por outro o beduíno condenado à errância e, por fim, o construidor de cidades: eis os três típicos oponentes

---

62. A tradição judaica tardia de fato acredita poder situar a propriedade de terra referida em Gn 48,21-22 em uma aldeia próxima à Samaria onde se achava "a fonte de Jacó" (Jo 4,6). Em todo caso, a redação atual da tradição não relata absolutamente nada a respeito de apropriações de terra por parte de Jacó. Esse traço, portanto, foi suprimido.

63. O capítulo, bem tardio em sua versão atual, reúne antigas reminiscências na forma de uma fábula histórica. Parece-me demasiado improvável que ele tenha sido um romance porventura utópico fabricado na Babilônia com propósitos legitimistas ligados à alta política (segundo Asmussen, Z. f. A. W., vol. 34, 1914). Os israelitas do tempo do exílio decerto não tinham como realizar estudos arquivísticos para determinar a forma nomenclatória de reis elamitas. E a forma "Codorlaomor" (*Kedor*) é autêntica.

64. Sobre os patriarcas e a questão da imigração, cf. agora também Weinheimer, em Z. D. M. G., 1912 (nem todas as colocações parecem poder ser consideradas plausíveis, a não ser o que é dito sobre a sucessão dos três patriarcas, desde o "nômade" Abraão até o "camponês" Jacó).

dos criadores de animais de pequeno porte, agora desprovidos de poder, encurralados entre eles[65].

Contra o patriciado citadino e contra os beduínos, porém, ambos os grupos – camponeses e pastores – encontravam-se no mesmo lado da oposição, e por isso se desenvolveu entre eles, frente aos dois primeiros grupos citados, uma comunhão de interesses. As tábuas de Amarna, assim como o Cântico de Débora, a sentença da Bênção de Jacó sobre Efraim e a tradição referente a Gedeão, Jefté e Samuel retratam essas situações de interesses sempre de modo distinto, e a época, ainda a dos dois primeiros reis, também ilustra essa situação em suas consequências políticas.

Havia fortes diferenças de composição entre cada uma das tribos. Aser e Dã parecem ter sido as primeiras urbanitas, enquanto Efraim e as tribos Issacar, Zabulon e Neftali parecem ter sido as tribos mais fortemente compostas por camponeses de residência fixa em sentido próprio. Por isso, em sua independência política e econômica, da qual Issacar cedo abdicou, elas estavam ameaçadas sobretudo pelos patriciados citadinos fenícios, filisteus e cananeus. As tribos de criadores de gado a leste do Jordão, em contrapartida, eram vulneráveis acima de tudo às incursões dos beduínos do deserto, dos midianitas e amalecitas, cujos ataques os obrigaram a buscar refúgio em cavernas, como no tempo de Gedeão. Entre as tribos a oeste do Jordão, principalmente Efraim era às vezes vítima desses "arqueiros". Ainda, as guerras dos contingentes camponeses de Saul ocorrem metade delas contra os beduínos amalecitas. Somente a dominação por Davi foi capaz de estabelecer por longo tempo, mediante subjugação de Edom e por meio do controle, com ela assegurado, das rotas de caravanas até o Mar Vermelho, a supremacia das populações assentadas ante as tribos do deserto. Nessa pacificação do deserto

---

65. Bernhard Luther (em Ed. Meyer, *Die Israeliten und ihre Nachbarstämme*) supõe que só a redação iahwista teria propositalmente transformado os patriarcas, originalmente descritos como agricultores sedentários, em seminômades, por dileção ao "ideal nômade" do tempo dos profetas, como denominado por Budde. Em si, tal transformação certamente também não está excluída. Ela é improvável, porém, porque de fato muitos traços característicos das narrativas, em especial sua ética, manifestamente surgiram entre pastores ainda bem humildes. A lavoura de Isaac em Gerara é descrita como cultivo "nomadizante". A tão discutida ocorrência dos nomes dos patriarcas Abraão e José nas inscrições egípcias parece bastante duvidosa, cf. W.M. Müller, *M. D. V. A. G.*, 1907, vol. 1, p. 11 e 23.

o patriciado citadino, os camponeses e pastores estavam no todo, por sinal, igualmente interessados. Mas de resto vigorou um antagonismo de interesses não raro acentuado, inicialmente entre camponeses e criadores de gado. São mencionados violentos conflitos entre as tribos israelitas de criadores de gado a leste do Jordão e os efraimitas. A tradição relata em específico uma guerra de Efraim contra o vitorioso Gedeão e um acordo que haveria de eliminar esses antagonismos (Jz 8,1-9). A expansão das tribos Maquir e Manassés sobre o Jordão em direção ao Leste, a contenda de Efraim pelo poder supremo, primeiro com Galaad, depois com Manassés, retratada pela saga da Bênção de Jacó a Efraim e Manassés, assim como a expansão do "irmão mais jovem" Benjamim em direção ao Sul, e depois a luta de Efraim com a tribo benjaminita de ladrões, abordada pela lenda tardia, representam em parte avanços de camponeses sobre as partes mais facilmente cultiváveis da região montanhosa, habitada por criadores, e em parte rechaços e assaltos ao território camponês pelas tribos de criadores de gado. As lutas de Judá contra Benjamim, e, do mesmo modo, já muito antes, a expansão territorial de Judá sobre região antes benjaminita e danita, foram investidas realizadas por essa recém-surgida tribo de criadores contra as tribos israelitas antigas no Norte. Esse antagonismo entre camponeses e criadores de gado encontra expressão por toda a tradição dos primórdios israelitas, também na postura política das tribos com relação ao exterior.

Nas planícies férteis e na costa, o patriciado das cidades dotado de guarda era o inimigo contra o qual os camponeses já sedentários – sobretudo os assentados nas montanhas – e os pastores seminômades tinham, juntos, de se defender, ao menos da terra a oeste do Jordão. Na guerra, os patrícios urbanitas buscam adquirir escravos e escravas, rendimentos com trabalhos forçados e tributos – em especial belos tecidos bordados, segundo o Cântico de Débora. Ademais, como já observado anteriormente, eles buscam assumir controle próprio sobre as rotas de caravanas. Além do domínio sobre essas estradas e do lucro que ele trazia, os camponeses e pastores livres das montanhas ambicionavam o asseguramento da sua isenção de encargos fiscais e da desobrigação ao trabalho perante o patriciado citadino e, por seu lado, possivelmente buscavam tomar as cidades em parte para destruí-las, em parte para nelas se estabelecerem, eles mesmos, como camada senhoril. Esse antagonismo, desde que tais comparações tenham sentido, equivale em essência às lutas dos cantões fundadores suíços situados acerca do passo de São Gotardo contra Zurique, dos samnitas contra Roma, dos etólios contra as alianças citadinas helênicas e os reis dos macedônios. Com menor imprecisão pode-se dizer: aqui lutava o povo das montanhas contra a planície. Esse antagonismo natural só teve fim no tempo da monarquia judaica. Antes disso ele determinou toda a história da Palestina, desde o começo dos nossos registros. No período Amarna, os inimigos – *sa.gaz* e *habirus* – ameaçavam "desde as montanhas" as cidades nas planícies. Na tradição sobre as lutas pela posse de Canaã, aquelas são as cidades providas de carros de ferro, as quais os israelitas não conseguem tomar. Todos os heróis israelitas do assim denominado "tempo dos juízes" são membros de clãs residentes no campo que montam não cavalos senão asnos – a montaria das montanhas –, e cujos poder e riqueza, como vimos, eram estimados considerando o número dos membros do clã que montavam asnos. A residência de Saul ainda foi uma aldeia localizada em um vale montanhesco, e mesmo Joabe, líder do exército de Davi, não sabe o que fazer com os cavalos do despojo e manda paralisar-lhes as ranilhas. Mas a medida do contraste com as cidades era distinta entre camponeses e criadores de gado. Os principais interessados na luta contra o patriciado citadino eram os camponeses de residência fixa, mais vulneráveis à servidão em regime de trabalho forçado. A guerra de Débora transcorre essencialmente como uma guerra de camponeses. No Cântico, a circunstância de a infantaria destreinada das montanhas ter combatido e vencido como cavaleiros (*gibborim*) é o que lhes confere a glória mais elevada. Permaneceram distantes do conflito, por um lado, as tribos Rúben e Galaad, da terra ao leste do Jordão, criadoras de gado, não campesinas, às quais essa luta não interessava; por outro lado Meroz, cidade pertencente à Aliança, mas, de modo característico, sobretudo a tribo Aser, à costa, cedo tornada urbanita, e a tribo Dã, igualmente de residência citadina, em região sidônia. Mesmo contra os filisteus, os camponeses norte-israelitas e os pastores das montanhas de Judá só juntaram forças mais tarde; os últimos permaneceram inicialmente totalmente distantes do conflito e leais aos filisteus. Perante a cavalaria destes, a tradição coloca do lado de Saul, por essa razão, como típicos representantes de ambas as categorias de israelitas: o camponês benjaminita que vai do arado a rei, e só então seu dileto, o pastor judaico Davi, armado apenas com a funda. Em verdade, Davi sem dúvida foi de início um cabecilha de séquito assentado nas montanhas, de caráter catilinárico comum e vassalo dos filisteus, dos quais ele só se dissociou quando se tornou príncipe citadino de Jerusalém – a luta de um de seus guerreiros com Golias só ocorreu quando Saul já era rei.

O estabelecimento de uma monarquia militar unificada com um contingente de cavaleiros combatentes em bigas determinou então o fado das legiões do exército dos camponeses e pastores livres de Israel. A dominação benjaminita permaneceu essencialmente hegemonia tribal rural, embora Saul, segundo a tradição, em todo caso já mantivesse um séquito pessoal, em parte de não pertencentes à tribo. Mas o asno, ainda para Saul, era o animal característico. Contra a monarquia citadina de Davi, as regiões norte-israelitas do campesinato antigo estavam sempre a insurgir. Sob Salomão, o poderio régio de guerra foi então organizado com cavalos e bigas, que ele (se a leitura não estiver afetada) recebeu dos egípcios, a ele aliados em virtude de seu matrimônio. Imediatamente – como mais tarde será discutido em pormenores – instituiu-se a oposição, a qual, pelo tempo dos rabinos adentro, tornou os juízos referentes a Salomão extremamente ambivalentes. Depois da sua morte insurgiram contra sua monarquia citadina as tribos ainda não organizadas em cidades, para então, após poucas gerações, com a fundação de Schomrom (Samaria), elas também confluírem formando uma monarquia citadina – recorrentemente ameaçada por usurpadores oriundos do campo –, com os inúmeros carros de guerra da dinastia amrida, mencionados na tradição e nas inscrições assírias. Até então encontradas essencialmente lado a lado, as formações sociais – tribos de criadores de gado, tribos camponesas, cidades – são agora amalgamadas, formando uma; a capital e os clãs senhoris nela residentes agora são determinantes politicamente. Em contrapartida, no período anterior a Salomão, o núcleo propriamente dito da antiga aliança era formado pelos camponeses das montanhas, por um lado, cada vez mais superiores em número, e por outro pelos criadores de gado da região das estepes, que lentamente diminuíam em importância relativa, aos quais se somavam povoados e vilas isolados nos vales fluviais das montanhas e junto aos desfiladeiros, mas também poderosas cidades-fortalezas – estas apenas em âmbito secundário e gradualmente. A adesão da grande região de Judá sob Davi há de ter levado a um forte aumento dos criadores de gado, por um lado, e por outro ao da população urbanita. Em termos políticos e sociais ele beneficiou apenas o poder do patriciado, que então se tornou determinante. Mas dentro das camadas plebeias continuava a existir a antiga oposição interna dos camponeses sedentários, que predominavam no Norte, ante os criadores de animais de pequeno porte predominantes no Sul, a qual, como veremos, teve consequências também para o desenvolvimento religioso. No entanto, no lugar da antiga divisão de Israel – de um lado clãs de pastores ou clãs de proprietários de terra camponeses dotados de guarda, de outro lado clãs-hóspedes aliados formados por artesãos, diaristas e músicos –, estabeleceu-se paulatinamente uma divisão completamente diversa: por um lado o patriciado urbanita de senhores fundiários, enquanto expoentes da formação cavaleira do guerreiro, por outro lado os israelitas endividados ou desapossados de todas as suas terras, portanto proletarizados, e metecos convertidos ao ritual de Iahweh, os quais agora formavam, visto puramente com os olhos dos sacerdotes, uma camada uniforme de "pobres" perante o patriciado. Em termos econômicos ou sociais eles não eram nenhuma camada homogênea, senão abarcavam todos os não pertencentes aos clãs *dotados de guarda*.

Essa composição social dos israelitas, muito complexa e ademais muito diversificada, mas gradualmente a se mover na direção do controle da planície pelo patriciado citadino, reflete-se agora, de maneira peculiar, nas *compilações jurídicas* que nos são conservadas do tempo pré-exílico. Mais do que na particularidade formal e no conteúdo das compilações, o ambiente social se revela em sintomas isolados e no "espírito": na espécie do posicionamento com relação aos antagonismos típicos. Pois nestes se revela a influência determinante da circunstância de a Palestina ter sido desde o início uma região bastante permeada por intenso comércio, repleta de cidades, fortemente exposta à influência dos grandes territórios de cultura com desenvolvimento econômico antigo. Desde o começo existiu o antagonismo entre camponeses endividados e credores urbanitas. Isso se evidencia já na antiga composição conhecida pelo nome de "Livro da Aliança" (Ex 19–24), de idade desconhecida mas seguramente anterior ao primeiro período de reinado – uma exposição sistematicamente ordenada de conteúdo predominantemente jurídico, com aditamentos de caráter predominantemente parenético relativo a uma moral relacional[66]. Direito beduíno não é encontrado ali, como tampouco em outras passagens de estatutos que temos conservados. Não se afigura nenhum direito sobre poços, nem o camelo ou as tamareiras aparecem como objetos jurídicos. No "Livro da Aliança" as cisternas têm importância apenas na medida em que o gado pode morrer ao cair nelas (Ex 21,33). Mas aqui o direito também não é nenhum direito de seminômades ou de criadores em geral, predominantemente de gado. É bem verdade que o gado frequentemente figura como principal objeto de propriedade móvel, mas sobretudo o gado bovino, só depois as ovelhas. É certo arcaisticamente que o próprio touro bravo é apedrejado como responsável[67]. Mas tratados ali são bem claramente a posse do gado por camponeses e a proteção dos mesmos contra prejuízos causados pelo gado de outrem. Há regras referentes a danificações de campos e vinhas pelo gado (Ex 22,5), mas é pressuposto como proprietário do gado causador da avaria um proprietário de terra sedentário, não um seminômade. O cavalo não aparece. Bovinos e ovelhas formam o rebanho. O direito cuida quase exclusivamente dos interesses dos lavradores sedentários em aldeias e cidades. É tratado o assalto a casas (Ex 22,7) e a responsabilidade do senhorio perante o inquilino (Ex 22,8). Também nos aspectos formais, o direito não é, em absoluto, primitivo. Pois o princípio de talião, que existia também na Babilônia e não é de modo nenhum um princípio primitivo em

---

66. Sobre isso, cf. o conhecido escrito de Baentsch sobre o Livro da Aliança e a exposição, de fácil compreensão, de Adalbert Merx em *Religionsgeschichtl. Volksbüchern*.

67. Resquícios de concepção semelhante são encontrados na *actio de paupere* da Roma antiga.

si, é formulado no Livro da Aliança (Ex 21,22-36)[68] apenas para o caso de prejuízo oriundo de uma rixa pendente, embora, o que é frequentemente desconsiderado, não em relação a lesões corporais de outra espécie nem mesmo fundamentalmente, para todos os crimes. A vingança de sangue existe, mas junto com ela um sistema de cobrança de multas e de veregildo já bastante desenvolvido, e em parte também um direito criminal propriamente dito, com distinção entre assassínio e homicídio culposo, entre culpabilidade e acaso, assim como princípios aceitavelmente racionais da partição do risco. Tudo isso representa estágios de avanço bem substancial, como por exemplo aquele da lei sálica. As circunstâncias de se tratar de uma cultura influenciada bem fortemente pela Babilônia e de o direito mesmo também ter sido influenciado desde lá – de modo determinante – mostram-se não apenas nos incontestáveis paralelos com a Lei de Hamurabi[69], mas sobretudo na desenvolvida economia monetária[70]. Além do aluguel pago com produtos naturais (Ex 22,14) e da comenda do gado (Ex 22,10), consta o empréstimo (Ex 22,25) e o depósito de dinheiro (Ex 22,6). O pagamento de multas e veregildo era feito em moedas. Há o penhor, a compra de escravos, especificamente a venda dos próprios filhos, e sem dúvida também a da própria pessoa à servidão por dívida[71] (Ex 21,1-11). Também a rotina de festividades (Ex 23,14-19), atrelada, como parte da parênese, aos estatutos jurídicos propriamente ditos, é toda ela a de um povo sedentário de lavradores. A grande festa dos

---

68. Diferente nas compilações jurídicas mais tardias, com características divergências.

69. Em Hamurabi, o modo de formulação do princípio de Talião (Hamurabi, § 196), o do princípio referente a pôr em risco a vida de uma grávida (§ 210), mas sobretudo o do princípio sobre o tratamento de bois bravios (§ 251) são tão semelhantes que um acaso está fora de questão. (Também o tratamento relativo à concubina indicada ao marido pela esposa sem filhos [§ 145] encontra correlato exato na narrativa de Agar.)

70. Contra Baentsch há apenas a ressalva de não haver nenhuma menção a moedas cunhadas no Livro da Aliança. Naturalmente é feita pesagem de moedas. Mas a circunstância de uma cidade comercial como Cartago, p. ex., só passar a aceitar moedas com a transição para o exército de mercenários recrutados no exterior há de nos lembrar que – com exceção da antiga cidade comercial de Roma, que já firmara contratos comerciais com o ultramar muito antes da cunhagem própria de moedas – aquele não era nenhum estado "primitivo" (como diz Procksch). Toda a expansão comercial dos fenícios ocorreu sem moedas.

71. Pois é isso que se tem em vista em Ex 21,1-2; caso contrário, afinal, a determinação poderia ser burlada por meio da revenda.

criadores de ovelhas, mais tarde adotada universalmente – o Pessach –, não encontra absolutamente nenhuma menção. Antes, consta apenas a festividade dos pães ázimos – mais tarde ligada ao Pessach –, portanto uma festa de camponeses. E também as demais festividades estão associadas ao trabalho no campo e à colheita.

Em todo caso, particularmente característicos do "espírito" da compilação são o direito processual, o direito dos escravos e o direito dos metecos. Essas partes do código jurídico e de seus aditamentos parenéticos são mais facilmente comparáveis com as leis dos aisimnetas helênicos e do decenvirato romano – dispostas sobre os mesmos pontos – voltadas à resolução dos conflitos entre o patriciado e a plebe, de modo similar, porém, às leis dos soberanos mesopotâmicos, que praticavam política de bem-estar de influência sacerdotal. Entretanto, as determinações de abrangência mais geral pertencem à parênese. Não deve ser aceito nenhum presente (Ex 23,8), não devem ser violados nem os direitos do pobre (*ebyon*) em benefício do homem de prestígio (Ex 23,6), nem – e isso é anteposto – o direito vigente de maneira a corresponder aos desejos da maioria (Ex 23,2). Esse último manifestamente só era possível se a maioria (*rab*) fosse uma plebe destituída de representação pública mas pertencente à parcela dos plenamente livres. O meteco (*ger*) não deve ser afligido (Ex 22,20), nem tratado (no processo) de maneira injusta (Ex 23,9). O sabá, que a rigor não haveria de ter nenhum sentido econômico justificado para os puros criadores de gado, é expressamente motivado como um dia de descanso para o animal de carga, para os escravos ("filhos da serva")[72] e para os metecos (Ex 23,12). Deve ser admitido que por esses "metecos" são entendidos aqui colonos, os quais, enquanto cultivadores dos campos, encontravam-se fora da associação citadina. Já se falou do ano sabático em sua versão de agora, seja interpolado ou distorcido em seu sentido[73]. Mais

---

72. Formulado de modo bem correto em termos jurídicos, visto que o direito decide com referência à mãe.

73. Em sua versão de agora, as determinações sobre o ano sabático, ao contrário das relativas ao dia do sabá, referem-se de modo essencialmente mais abstrato aos membros pobres da tribo (*ebyonê 'am* – nas fontes mais antigas, '*am* é a expressão que designa o grupamento de defesa), aos quais os frutos devem ser destinados. Essa e a determinação doutrinária de que os animais selvagens eventualmente deveriam comer os frutos tornam provável se tratar de construção teológica mais tardia.

radical, porém, é o direito referente a dívidas e à escravagem, diretamente relacionado com o direito das obrigações. Pois o escravo é considerado em primeira linha um escravo por dívida, seja por ter propriamente se vendido, seja por seus pais o terem feito em uma situação de penúria (em termos romanos: dado *in mancipium*). É bem verdade que na compilação israelita o impedimento parenético de penhora (proibição do penhor da vestimenta: Ex 22,26) não vai tão longe como em Hamurabi (proibição da penhora do animal de carga). Em contrapartida, era completamente estranha ao direito babilônico a proibição, de várias implicações, contida na parênese, de trazer prejuízos a um compatrício pobre e dele cobrar juros (*neshek*)[74] quando se lhe fizer empréstimo (Ex 22,25) – fonte da separação, no judaísmo, entre a ética interna e a ética externa ao grupo. Ela provém primariamente da antiga ética da fraternidade da associação vicinal, com seu dever de assistência emergencial sem cobrança de juros. A imprecisa formulação, bastante geral, exclui que a prescrição provenha da vida prática jurídica. Ela era um mandamento religioso e forma o complemento parenético daquelas prescrições jurídicas que, enquanto particularmente importantes para a tendência de toda a compilação, adquirem o maior relevo entre todos os seus estatutos. A saber (Ex 21,2-11): 1°) um servo hebreu, portanto um escravo por dívidas, deve ser libertado depois de seis anos de servidão, a não ser que ele tenha tomado uma mulher da casa do senhor e, a fim de mantê-la, deseje permanecer por própria vontade em sua perpétua servidão, o que então deverá ser ratificado por meio de uma cerimônia religiosa (furar a orelha diante do ídolo doméstico). Ademais: 2°) Uma escrava por dívida hebreia se tornará livre se o senhor não a tornar esposa, seja sua ou de seu filho, e se, no primeiro caso, a preterir – em termos de sustento, vestimenta ou relação sexual – ante mulheres tomadas mais tarde. Essas prescrições, absolutamente precisas, sem dúvida eram direito prático antigo. O Código de Hamurabi também contém a pri-

---

74. A mais tarde frequente expressão "*ribbith*", relativa a "juro", aparentemente foi apropriada apenas da Babilônia, onde ela adentrara a esfera do direito privado a partir da esfera conceitual do "imposto" ou "tributo de súditos", presumivelmente porque o juro, originalmente concernente ao direito privado, também aqui era em regra não juro fixo senão uma parcela da colheita ou do lucro. Em Lv 25,36-37 usa-se "*marbit*", em referência a "usura".

meira determinação citada, com um prazo até ainda mais curto (três anos) para o caso de se tratar não da venda de si mesmo mas da venda da esposa ou dos filhos pelo chefe domiciliar, em troca da quitação de suas dívidas. O direito israelita não faz nenhuma menção à venda de esposas. Nele, em contraste com o direito babilônico, tem-se determinações com vistas à proteção da pessoa do escravo: grave lesão corporal pelo senhor fundamenta a prerrogativa de manumissão (Ex 21,26-27), homicídio culposo leva à punição criminal quando a morte ocorre imediatamente (Ex 21,20), enquanto em caso distinto valem os princípios: que o senhor a rigor avariou apenas seu próprio capital (Ex 21,21) e que o escravo é desprovido de direitos. No Código de Hamurabi (§ 116) encontram-se determinações protetórias contrárias a que o credor leve à morte, por privações ou maus-tratos, o servo por dívida – também aqui sempre pensado como filho ou servo do devedor.

Em suma, essa compilação jurídica traz em si a marca de circunstâncias que expõem condições econômicas inerentes ao contexto das pequenas cidades, por certo bem mais limitadas e de maior escassez de recursos do que aquelas referidas na legislação babilônica antiga, mas a princípio não distintas destas. Notam-se importantes contrastes. O pastor das leis babilônicas é um empregado do rei ou um serviçal privado de grandes proprietários de rebanhos (como Jacó, na lenda em que vai à casa de Labão); aquele do Livro da Aliança é um camponês. A posse individual de terra é pressuposta como óbvia (Ex 22,5); de resto, o direito fundiário de fato não chega a ser tratado. Na Babilônia, em geral, o camponês é colono, servo por dívida, escravo, arrendatário, com particular frequência parceiro-produtor de um grande senhor fundiário urbanita. Havia colonos também na Palestina. Mas a lei não se interessa por eles: eles são *gerim*. O proprietário de terra do Livro da Aliança, em contrapartida, é um agricultor de médio porte ou um cidadão lavrador a produzir com alguns servos, com criadas e eventualmente também com escravos por dívida ou colonos politicamente desprovidos de direitos, que gere sua terra não mediante administradores – como muito frequentemente é o caso do senhor fundiário babilônico – mas pessoalmente. Faltam ademais o grande comerciante e os grandes prestamistas da Babilônia. Deve-se imaginar os comerciantes talvez em parte como estrangeiros, em parte como metecos; o código jurídico não os menciona. Em princípio, todas essas circunstâncias hão de ter divergido das do tempo do Cântico de Débora, sobretudo na medida em que os camponeses livres agora se tornavam plebeus, em condição inferior à do patriciado urbanita a se desenvolver. Os antagonismos provocados por elas dentro de Israel sem dúvida fundamentaram a necessidade por essa codificação. São totalmente desconsideradas as condições das tribos do leste do Jordão e das tribos do Sul, que talvez ainda não fossem sequer tidas como pertencentes a Israel à época dessa compilação jurídica, a qual poderia muito bem ter surgido em solo efraimita, por exemplo, em Siquém. A expressão "*nasi*", para designar o príncipe a quem é proibido dirigir vitupérios (Ex 22,27) – a única parênese política –, assim como o uso de "*elohim*" para designar a divindade, é própria justamente à região, e todas as circunstâncias remontam a período próximo ao início da dominação régia.

Condições modificadas não de forma irrelevante configuram pressuposto das reformulações do Livro da Aliança assimiladas pelo "compêndio" *deuteronômico* (Dt 12–26, especificamente), oriundas do tempo em que o Reino de Judá era em verdade já quase idêntico à pólis de Jerusalém mais as pequenas cidades e aldeias politicamente subordinadas a ela. Aqui pode permanecer em aberto até que ponto essa compilação, composta ao menos de duas partes distintas (Dt 12–19 e Dt 20–25), pertenceu desde o início ao "*sefer hatorah*" [livro da *torah*], supostamente mosaico, "descoberto" sob Josias pelos sacerdotes (em 621 a.C.) e então outorgado como imperativo pelo rei por sugestão daqueles[75]. Nesses estatutos, havia entre a reprodução e a emenda de um direito vigente na prática, entre o doutrinamento teológico e o utopismo ético, o mesmo vínculo que eles possuíam na maior parte das compilações de Israel dessa espécie que foram legadas. A rigor, porém,

---

75. Cf. sobre isso, da literatura mais recente, em especial A.F. Puukko, "Das Deuteronomium" (*Beitr. z. W. v. A. T*), que excluiria dele justamente essas partes. Em relação a uma parte dos estatutos jurídicos, especificamente ao direito régio – muito característico –, considero essa suposição, por razões políticas (cf. mais tarde), de tal maneira improvável que o pertencimento ao *sefer hatorah* de Josias, também em relação a outros componentes dessa seção, parece-me muito provável. Mesmo Wellhausen (*Komposition des Hexateuch*, p. 189ss.) considerou os capítulos 12 até 16 como o Deuteronômio originário.

a ligação com o ambiente real de um direito vivo é ali mais tangível do que nas coletâneas puramente sacerdotais tardias do tempo do exílio. Agora como outrora, a posse de gado (bovinos e ovelhas) desempenha um papel significativo, e nem camelos nem cavalos – os últimos tidos em conta, antes, apenas como cavalos de guerra do rei – são mencionados como objeto do transporte pessoal. Riqueza é em primeira linha superabundância de cereais, mosto, óleo, figos, romãs, mel e gado (Dt 7,13; 8,8), mas também de prata e ouro (Dt 8,13). A exploração de minérios na terra é mencionada como uma das vantagens da mesma (Dt 8,9). É bem verdade que os poços têm grande significado nas montanhas de Judá (Dt 6,11), mas como distinção mais importante em relação ao Egito, também mais significativa quanto à ligação com Deus, é mencionado que lá seria necessário semear e mesmo irrigar a terra "como uma horta" (Dt 11,10), enquanto nas montanhas e no prado da Palestina a chuva enviada por Deus propiciaria a colheita (Dt 11,11). O elevado significado da propriedade fundiária se nota na grave condenação do deslocamento das fronteiras (Dt 27,17, cf. 19,14). O enfraquecimento tanto da antiga posição patriarcal do chefe domiciliar quanto da antiga unidade e da responsabilidade solidária internas dos clãs se verifica por um lado na proibição da infringência do privilégio de herança do filho mais velho (Dt 21,16) e por outro na eliminação da responsabilidade penal dos membros da família uns em relação aos outros (Dt 24,16). Nesse ponto o código jurídico é bastante moderno; aliás, a práxis mesma é atribuída em uma tradição (provavelmente deuteronômica) ao Rei Amasias (2Rs 14,6). A vingança de sangue continua a existir como antes (Dt 19,6), mas o direito processual, incluindo o direito probatório, é racionalizado de modo relativamente amplo, em particular mediante o mandamento da dupla prova testemunhal (ainda a exercer influência em nosso processo criminal canônico).

O mandamento ético da fraternidade, que no Livro da Aliança e nas exortações parenéticas aditadas é tratado reiteradamente em passagens algo gerais (na maioria das vezes, aliás, justamente nas passagens mais suspeitas de interpolação), evoluiu até assumir a forma de amplas determinações protetórias sociais – sobre as quais ainda será falado mais abaixo, em outro contexto – para viúvas, órfãos, servos, trabalhadores, metecos e doentes. A condenação do aceite de presentes por parte de juízes (Dt 27,25), da violação do direito das pessoas desprotegidas acima mencionadas (Dt 27,19) e a proibição de toda espécie de opressão praticada contra as mesmas (Dt 24,17) encontram-se lado a lado com a condenação do ludíbrio de cegos (Dt 27,18) e com a repetição do antigo mandamento de devolver ao próximo o gado perdido (Dt 22,1,3). Da viúva não se permite tomar nenhum penhor (Dt 24,17); dos pobres, apenas com restrições (Dt 24,10.12). O servo não se deve maltratar (Dt 23,17), e um trabalhador que foge de seu senhor não deve lhe ser entregue de volta (Dt 23,16) – um preceito de amplas implicações. Ao trabalhador, também ao meteco enquanto trabalhador, a remuneração deve ser paga no mesmo dia (Dt 24,15-16). A crescente importância dos diaristas livres se nota em todas essas determinações. O sabá é considerado dia de descanso agora também no interesse dos próprios camponeses (Dt 5,14). Diz-se, de fato, que no povo sempre haverá pobres (Dt 15,11), mas não há de existir propriamente nenhum mendicante israelita (Dt 15,4) – sobre esse princípio repousam as determinações sociais, às quais é própria, quase em totalidade, uma precisão bastante reduzida, e cuja origem, portanto, está na parênese religiosa, não no direito vigente.

Como observado anteriormente, a compilação não conhece o ano de pousio para o campo: uma prova muito forte da sua interpolação posterior no Livro da Aliança, sobre o qual, afinal, também se baseia o Deuteronômio. Em contrapartida, e isso no interesse das viúvas, dos órfãos e dos metecos, é proibida a respigadura no campo, na vinha e no olival (Dt 24,19-21), e se permite saciar a fome com os frutos do campo e da vinha de outrem (Dt 23,25-26). Ambos são resquícios do antigo direito vicinal entre senhores fundiários e os indivíduos submetidos a trabalhos forçados, talvez também um reflexo da relação habitual entre camponeses que fixaram residência e criadores de animais de pequeno porte não assentados.

Tudo que foi dito anteriormente já mostra que o direito referente à penhora e o direito das obrigações formam o verdadeiro âmbito também desse direito social, mais ainda do que já no Livro da Aliança. No lugar do ano de pousio para o campo, o Deuteronômio alude a um direito das obrigações radical, ainda estranho àquele. Para além do limite de tempo de seis anos para a servidão por dívida de devedores hebreus (Dt 15,12) – ordenado repetidas vezes –, conhecido já do Livro da Aliança, estatui-se a obrigação de prover o servo por dívida libertado com um viático em espécie, visto que ele, afinal, produziu "mais-valia". Sobretudo, porém, estatui-se a anulação de todas as dívidas de um compatrício – em oposição ao forâneo – no "ano de libertação" (*shnath shmittah*, mais precisamente: *shmittah kesafim* [isenção do pagamento de dívidas]). Mas enquanto que no período tardio de Israel há provas de vigência prática da determinação do "ano sabático" (*shmittah karka'oth* [desapropriação ou devolução do terreno]), foi encontrada logo cedo por Hilel, definitivamente, uma forma (a assim chamada *prozbul*) que permitia contratualmente suspender a determinação do ano de libertação apesar das ameaças bem veementes da lei contra todos os desvios e não obstante a expressa recomendação na aliança conjurada sob Neemias (Ne 10,32). Não se encontra nunca nenhum indício seguro da sua aplicação. Ela era de origem parenética e permaneceu utópica. Mas também a manumissão dos escravos por dívida – não parenética senão legalmente exigida, à qual alude o Livro da Aliança assim como o direito babilônico – não foi nem uma vez sequer respeitada sob Sedecias, embora à época, em meio a uma crítica situação política (Jr 34,8-9), houvesse se chegado a um acordo solene especial (a *berith*) para cumpri-la (cuja quebra levou Jeremias a auspiciar as mais graves desgraças). Portanto, é de se perguntar se e qual alcance tiveram originalmente as prescrições referentes ao direito das obrigações, especialmente ao ano de libertação, e não parece improvável que o fundamento, aqui, tenha sido uma medida eventual de isenção do pagamento de dívidas, então estabelecida institucionalmente pelos redatores teológicos e relacionada à ideia do sabá, tornada cada vez mais importante no tempo do exílio. Pois efetivamente trata-se de "*seisachtheia*" [perdão de dívidas], como se conhece das cidades mediterrâneas da Antiguidade e como foi representada, afinal, também naquele acordo firmado sob Sedecias. No Deuteronômio, a circunstância de que o patriciado urbanita e o campesinato, submetido à usura do mesmo, fossem considerados contrapartes de típicos antagonismos de classe – com a crescente acumulação de posse pecuniária pelo comércio – é evidenciada de modo particularmente claro pela famosa promissão imediatamente seguinte àquele mandamento do ano de libertação: "tu emprestarás a muitos povos, e nada pegarás emprestado" – junto com o complemento, de mesmo significado: "dominarás muitos povos, e jamais serás dominado" (Dt 15,6). Em virtude da existência de uma duplicata na redação atual, torna-se altamente provável que mesmo o ano de libertação geral a cada sete anos e essa passagem, a ele relacionada, sejam interpolações teológicas do tempo do exílio. Após repetição da promessa (Dt 28,12) é proferido aqui o auspício – de exata correspondência – para o caso de renúncia a Iahweh: "O *ger* que vive em teu meio ascenderá à tua custa e estará em posição mais alta, mas tu cada vez mais baixo descerás e estarás sempre em posição inferior; ele emprestará a ti, tu tomarás emprestado, ele se tornará a cabeça, tu serás a cauda" (Dt 28,43-44) – anúncios que, em sentido, reencontraremos nos profetas. Mas essas passagens, manifestamente pré-exílicas – devido à forma da menção ao *ger* –, ao mesmo tempo confirmam com a maior clareza que aquele antagonismo de classe era fundamento. À usura fenícia e penhorante dos judeus, medieva e moderna, a essa caricatura na qual aquela promessa se cumpriu, não se referia, em verdade, a promessa de salvação. Não, esta há de ter significado: sedentário em Jerusalém, Israel será o *patriciado* do mundo; os outros povos, porém, na condição de camponeses endividados politicamente subordinados, estarão do lado de fora dos portões – exatamente como era a relação entre os cidadãos citadinos e o campo em qualquer pólis típica de toda a Antiguidade clássica, começando pelo período sumério-acádico. Ainda em tempo talmúdico, é pressuposta a circunstância, também típica a toda a Antiguidade, de que o camponês endividado obrigado a transferir sua posse hereditária ao credor, enquanto *arrendatário*, portanto colono, está assentado em terreno antes pertencente a ele próprio. Mas a relação dos irmãos de tribo israelitas entre si não haverá de ser assim – eis o sentido do direito das obrigações sociais e da parênese correspondente. O modo como o *ger* é apresentado no ameaço deuteronômico de desfortúnio mostra que o *comerciante* era sempre, originalmente, e também ainda com frequência à época, um meteco. Mas o desenvolvimento mesmo dos israelitas até se chegar à residência urbana de fato já havia influído tão profundamente que agora a condição de classe do patriciado citadino surge como sua promessa natural de futuro[76]. Comerciantes israelitas residentes no estrangeiro (Damasco) são mencionados pela primeira vez no contrato de Acab com Ben-Adad (1Rs 20,34). Nas cidades israelitas mesmas eles naturalmente já estavam presentes havia muito tempo, com a mais forte razão. Mesmo hoje o comércio de cereais na Palestina é a fonte da custosa usura dos felás. O conteúdo restante da lei também mostra que no Deuteronômio trata-se inteiramente de condições urbanas. São desse teor todas as determinações referentes à proteção do terraço de casa por um parapeito para que ninguém caia dali (Dt 22,8), as referentes às cidades de refúgio para o homicida culposo (Dt 19,3), aos locais de julgamento "nos portões" (Dt 17,5) e o mandamento dos pesos e medidas justos (Dt 25,14-15). Não se permite praticar usura ao irmão pobre (Dt 23,20), deve-se emprestar-lhe de boa vontade (Dt 15,8) – um elemento do antigo mandamento da assistência emergencial, este próprio à ética vicinal típica. Aqui, porém, esse irmão pobre é, na dúvida, sempre um homem em uma cidade (Dt 15,7), isto é, em regra geral, provavelmente na condição de pequeno camponês israelita de residência fixa, sem dúvida em um bairro da cidade (que agora é considerado unidade política óbvia).

O direito social das compilações jurídicas israelitas

As normas jurídicas atuais do Deuteronômio por certo hão de remontar ao tempo pré-exílico da monarquia citadina, mas seguramente foram reelaboradas no exílio por teólogos. É de se presumir que isso se aplique à assim denominada "Lei de Santidade"[77] de modo análogo, apenas com a intensificação bem substancial da contribuição do trabalho dos teólogos do exílio. As pres-

---

76. Segundo a promessa de Isaías, Israel há de se tornar uma *cidade* da justiça (Is 1,26).

77. Como se sabe, esse nome dado à compilação em Lv 17–26 provém de Klostermann. Ela é pré-exílica porque seu conteúdo aparentemente não faz distinção entre sacerdotes e levitas, mas foi reelaborada em tempo pós-exílico porque (Lv 21) o sumo sacerdote existe (com deveres cultuais de pureza especiais) e porque é pressuposta várias vezes uma pequena congregação de culto (cf., sobre isso, de época mais recente: Puukko, "Das Deuteronomium", p. 49).

crições sociais contidas nessa compilação, assim como na chamada "legislação sacerdotal"[78], esta surgida toda ela no exílio, a qual produziu a maior parte da matéria dos livros III e IV e de partes do livro II de Moisés, são problemáticas em parte no que diz respeito à sua idade, em parte quanto à realidade da sua vigência. Produziu-a um espírito teológico excessivamente consequente com referência a reminiscências do passado, relativamente a um "povo sagrado para Iahweh", um povo de "metecos de Iahweh" sobre o solo sagrado pertencente ao mesmo, ao qual se esperava ser reconduzido por ele. Antes de tudo, encontramos junto à proibição da prática de usura e à determinação do ano sabático, presumivelmente trazida aqui pela primeira vez em sua forma atual e dali interpolada no Livro da Aliança, uma outra variação das normas de culpabilidade. Um reclusionário devedor deve ser tratado não como um servo mas como um diarista livre (Lv 25,39,46), em referência ao qual é reiterada a determinação deuteronômica sobre o pagamento da remuneração (Lv 19,13). Um israelita pode ter apenas gentios ou metecos como servos (Lv 25,44-45), pois todos os israelitas são servos de Deus (Lv 25,42). Caso um israelita tenha de se vender a um meteco, seu clã deverá poder resgatá-lo a qualquer hora, ou ele mesmo se evadir (Lv 25,48). Todos os reclusionários devedores israelitas, porém, em qualquer hipótese, devem ser libertados a cada sete vezes sete anos, no assim chamado "ano de jubileu". Mas nesse ano livre, anunciado ao toque de trombetas, também toda propriedade de terra que foi vendida – é admitido de modo inquestionado: por necessidade (cf. Lv 25,25) – retorna sem custos ao vendedor (Lv 25,13-14), caso o irmão de clã mais próximo já não a resgatar antes (Lv 25,25), algo que o mesmo tem direito de fazer a qualquer hora. Pois uma venda de terreno por período indefinido não deve ser permitida, visto que a terra é propriedade de Deus; mas os israelitas que nela se encontram são apenas metecos do mesmo – também uma prova de que a inexistência de direito fundiário era característica distintiva dos metecos. Apenas casas dentro de uma cidade amurada podem ser vendidas por tempo indefinido, e são

---

78. O escrito sacerdotal mostra relações bastante inequívocas com Ezequiel. Mas visto que os aaronidas, não os sadocidas (cf. mais tarde), são aqueles que ele eleva à condição de líderes, o mesmo é seguramente mais recente, mais próximo de Esdras do que a profecia de Ezequiel.

resgatáveis apenas dentro do período de um ano (Lv 25,29). Uma casuística de amplas implicações regulamenta a anuidade a se cobrar até o ano de jubileu. É ponto assente que este foi propriamente uma construção teológica do tempo do exílio nunca tornada prática, e a espécie da motivação das demais prescrições permite supor o mesmo em relação a elas. Mas ainda assim resta saber se apesar disso não havia pontos de referência no direito a vigorar. Inicialmente, a narrativa da libertação dos escravos por dívida sob Sedecias (Jr 34,8-9), em combinação com a profecia surgida em Trito-Isaías de um "ano de graça" (*shnath ratzon*) de Iahweh (Is 61,2), permite reconhecer que o anúncio público de um "ano de manumissão" a todos o escravizados por dívida teve lugar evidentemente não apenas naquele caso particular, sob Sedecias, senão que foi uma ocorrência típica, presume-se que em situação de guerra, em que se fazia necessário contar com todos os capazes de compor guarda e em que algo de semelhante também sucedia entre os helenos. Ademais, contudo, uma reminiscência do direito antigo poderia ser identificada também na restituição da posse fundiária ao clã. Pois deve-se notar que, dentro das compilações jurídicas, apenas nessa passagem se fala de compra e venda de solo e terrenos, algo que tanto o Livro da Aliança como o Deuteronômio não chegam a mencionar. Questiona-se, portanto, se e sob quais pressupostos era permitida uma alienação definitiva do solo na Antiguidade de Israel. No direito babilônico, o antigo direito do clã à retrovendição só foi abandonado gradualmente. Do oráculo de Jeremias sabemos que, no caso de intuito de uma alienação de terra hereditária, era prescrita – ao menos por costume – uma pré-oferta a um membro do clã, e que, para os habilitados, adquirir o terreno para que ele não fosse parar nas mãos de estranhos era um dever de decência do qual causava desgosto se esquivar. Também na tradição, Nabot replica ao Rei Acab, ante sua oferta de compra, que o céu o impeça de vender seu terreno hereditário. Isso mostra que, à época dessa redação da história, a venda sem consultação ao clã, embora considerada possível em termos jurídicos – como o demonstram aliás as inúmeras passagens dos profetas a investivar contra a acumulação fundiária dos ricos –, era em si reprovada pelos costumes relativos à terra hereditária. A lei sacerdotal, à exceção de uma passagem do Deuteronômio já mencionada, também é a única fonte jurídica que discute o direito de herança fundiária. Indiretamente, este decerto desempenhou um papel quando da antiga instituição do assim denominado "levirato". Pois o direito e o dever de desposar a viúva sem prole do irmão para lhe "suscitar descendência" trouxe consigo direito e dever à apropriação de uma posse fundiária, que, no caso de recusa pelo mais próximo, era passada àquele pretendente mais distante que estivesse sujeito ao dever matrimonial. Ou, antes, segundo o modo de conceber da tradição, tratava-se justamente do inverso: quem, do clã, quisesse ter a terra daquele que faleceu sem deixar descendentes, precisaria esposar a viúva (Rt 4,1-5). Com base na tradição como um todo, conclui-se que ao menos à época da redação das lendas dos patriarcas considerava-se normal que o chefe domiciliar, antes da morte ou quando ele se aposentava (como mencionado no Sirácida), regulamentasse com liberdade bem ampla a partilha da sua posse entre os descendentes e, aparentemente, ao mesmo tempo desse ênfase a suas disposições mediante bênção solene e imprecação. Aqui como em todas associações militares da Antiguidade, era evidente que apenas os filhos entravam em questão como herdeiros da terra. Como mencionado, o Deuteronômio buscava proteger o filho mais velho contra a violação do seu quinhão preferencial pelo pai, que de fato, sob a influência de uma mulher dileta, com bastante facilidade podia tratar injustamente os descendentes, como se nota nas narrativas egípcias. A lei sacerdotal ampliou o vínculo. Ela estatui a sucessibilidade das filhas sobre o solo e o terreno – depois dos filhos (Nm 27,8-10) –, e determina, ligado a isso, que tais filhas herdeiras se casem apenas dentro da tribo, para que assim a terra não venha a ser alienada da mesma. Aquelas jovens, em favor das quais, segundo a lenda, Moisés dispõe a determinação, são então esposadas por primos, portanto por membros do clã. Tribo e clã não são sempre nitidamente diferenciados, e o mais óbvio é supor que aqui referia-se ao clã, e não à tribo. Pois ao menos segundo direito antigo, como vimos, parece que o não membro da tribo era em geral considerado *ger*, e portanto como inabilitado à aquisição fundiária[79].

---

79. Segundo Rt 4,3, no tempo da redação dessa lenda, mães também herdavam de seus filhos desprovidos de prole. A narrativa inteira certamente apresenta imprecisão jurística.

Entretanto seria possível que, fora o antigo vínculo clânico, outras forças também ainda tivessem interferido na configuração da posse fundiária, e que nessas determinações nos deparássemos com resquícios disso[80]. Nas cidades helênicas encontramos o "*kleros*" [quinhão fundiário] relacionado em parte a pretensões clânicas, em parte a restrições militares à alienação. O direito das filhas herdeiras na Antiguidade helênica tem origem, senão apenas, ao menos também em interesses militares. Mas à expressão helênica referente a *kleros* correspondia, como Ed. Meyer observa com razão, o termo israelita referente a lote de terra, "*chelek*", que tem o significado secundário de "cota de despojo", e portanto não é de nenhuma origem agrário-comunista ou clânica, senão militar[81]: onde quer que o poder do exército se baseasse na autoequipagem do proprietário fundiário livre, a posse de terra era função da capacidade de defesa. Do mesmo modo, o desejo de preservar o "nome" do clã em Israel, determinante no caso do levirato e das instituições análogas, provavelmente também teve fundamentos militares além dos religiosos, a serem discutidos mais tarde – o registro de estirpe dos clãs economicamente capazes de compor guarnição de defesa era base do recrutamento. Parece se concluir com base no Cântico de Débora que o efetivo nominal das legiões do exército da Aliança (40.000) era estipulado em cifras redondas de milhares – em correspondência com a importância tardia dos agrupamentos de mil como contingente normal –, e, do relato sobre a leva contra a tribo Benjamim, resulta que se recrutou esse efetivo nominal em cotas – nesse caso, por exemplo, uma de dez (Jz 20,10). Visto que os agrupamentos de mil sem dúvida eram fixamente repartidos entre cada membro da Aliança, já por essa razão a tribo com dever de compor contingente tinha, além do interesse próprio em sua força de defesa, também um interesse – determinado por essa constituição de guerra da Alian-

---

80. Até onde vejo, Sulzberger (op. cit.) é o único que presume relações semelhantes. Só que no meu entender ele tem uma concepção totalmente improvável sobre o poder interno da aliança israelita, a qual reagia a rigor somente de modo intermitente e não possuía absolutamente nenhum órgão.

81. São utilizados no território cananeu em especial os derivados do verbo *nachal*, que significa "herdar", "receber como posse", e, na sua conjugação no hiphil, "tornar hereditário", "distribuir a herança", "dar em posse"; tanto a "herança" como a "propriedade" são denominadas *nachalah*.

ça – no amparo aos desprovidos de guerreiros. Portanto, em todo caso é possível que ela recorresse a medidas semelhantes às das cidades helênicas, relativamente às quais, como se sabe, não é fácil determinar quais das obrigações relativas ao *kleros*, transmitidas de forma fragmentária, tiveram origem em direitos clânicos antigos e quais, antes, em interesses da associação militar. As diferentes instituições com cujos resquícios nos deparamos nas fontes, estes em parte rudimentários, em parte teologicamente distorcidos, a começar pelas determinações referentes ao ano sabático e às leis *seisachtheia*, para nós bastante ambíguas, até o levirato, o direito das filhas herdeiras, o quinhão preferencial do mais velho (como herdeiro do *kleros*) e os resquícios da retrovendição clânica no caso de bens hereditários, poderiam então ter uma de suas fontes em tais intervenções, determinadas militarmente. Assim, a esse contexto estaria relacionada a circunstância de, na falta de herdeiro legítimo, de acordo com a história de Abraão (Gn 15,2-3), o grã-servo entrar na linha sucessória (nesse caso até um escravo comprado, oriundo de Damasco) – interessa a essa concepção que haja um herdeiro para o *kleros*, não quem ele seja. Por outro lado: quem tiver se empobrecido, isto é, quem tiver sido obrigado, em necessidade, a se desfazer da sua posse fundiária, perde a qualidade de israelita pleno e deve ser tratado como um *ger* – conforme a Lei de Santidade (Lv 25,35). Mediante todas essas diferentes instituições haveria de ser evitado que um clã da camada dos plenamente capazes economicamente de compor guarda decaísse à massa dos incapazes de angariação dos custos de equipagem (dito em termos romanos: à massa dos "*proletarii*", "descendentes") ou até à dos totalmente desprovidos de posse fundiária (*gerim*). Mais tarde, quando da discussão sobre o nazirato, ainda abordaremos algumas outras hipóteses relacionadas a tais possibilidades. No entanto, tudo isso permanece incerto e dificilmente também poderia ter se aplicado universalmente, mesmo porque a constituição de guerra da Aliança mencionada logo acima, encontrada no Cântico de Débora e na literatura histórica referente a Israel do Norte não tiveram necessariamente, em absoluto, de dar origem a tais instituições. Pois presume-se que a angariação do contingente era matéria interna da tribo em particular, e esta talvez pudesse proceder, nessa tarefa, de diversas formas.

A *berith*

Pela impressão geral, essas compilações jurídicas remetem, em sua sucessão, a uma crescente *teologização* do direito[82]. Antes de examinarmos mais de perto a origem e a particularidade desse processo, temos de conhecer as formas externalizadas nas quais se consumou essa teocratização da ordem social israelita e as forças que a promoveram. Uma peculiaridade da ordem social israelita se expressa já no nome do mais antigo código jurídico: *sefer haberith*, "Livro da Aliança". O importante conceito de "*berith*" [aliança] é o que nos interessa aqui[83].

Uma "aliança conjurada" de contrários à dominação egípcia é mencionada já nas Cartas de Amarna[84]. Também o nome "*habiru*", usado ali para se referir aos inimigos dos governadores egípcios, o qual se pretendeu identificar com "*'ibri*" (hebreus), recentemente tem sido, em vista de certas dificuldades linguísticas, às vezes correlacionado à expressão judia "*chaber*" ("consociado"), que no período pós-exílico designa o judeu pleno, correto em termos ritualísticos, do mesmo modo como, nas moedas dos macabeus[85], "*cheber*" ("consociação") designa a comunidade plenamente judaica, termo que também na tradição mais antiga é ocasionalmente utilizado (p. ex., em Jz 20,11) em referência ao exército da Aliança (no versículo referido, em uma

---

82. É extremamente curioso que um pesquisador tão eminente como Procksch ainda tenha buscado defender exatamente o contrário, ao menos sobre o Deuteronômio em relação com o Livro da Aliança (*Die Elohimquelle*, p. 263ss.).

83. Sobre isso, cf. o trabalho – em muitos aspectos divergente do que se segue – de Kraetzschmar *Die Bundesvorstellung im A. T.*, Marburg 1896 (não estava disponível a mim durante a conclusão deste trabalho). Stade, que defende o surgimento apenas tardio da ideia da Aliança, intenciona somente dizer, no fim das contas, que a *berith* de Moisés não tivera a forma de uma *legislação*, o que seguramente procede. Mas o significado predominante da ideia da *berith* estará sempre a se fazer patente.

84. Knudtzon, n. 67.

85. A inscrição na moeda do príncipe-sacerdote macabeu diz "*kohen hagedol w cheber hayehudim*": "sumo sacerdote e consociação dos judeus".

guerra santa causada por sacrilégio)[86]. De fato permanece improvável que "*habiru*" seja derivação daquela palavra[87].

A circunstância de as mais diversas coalizões firmadas sob proteção divina permearem a história israelita não seria por si nada de específico a ela. Na Antiguidade, afinal, toda aliança política – mas também quase todo contrato de direito privado – costumava ser reforçada por juramento, isto é, mediante autoimprecação. Antes, a particularidade é acima de tudo o alcance extremamente amplo da "*berith*" religiosa como fundamento efetivo (ou construído) das mais diferentes relações jurídicas e morais. Israel, enquanto comunidade política, era propriamente sobretudo uma confederação. Um israelita – também um membro de outra tribo – que se encontrasse na condição apenas de um *ger* em relação a quem ele dirige a palavra chama, por isso, israelitas de "irmãos" (*achim*), de forma análoga a como todo falante suíço, em ocasiões oficiais, há de tratar compatriotas suíços por "confederados". E assim como Davi se torna rei legítimo mediante *berith*, conforme a tradição oficial, esta assume também que os anciãos das tribos do Norte negociem seu reconhecimento com seu neto Roboão à maneira de uma capitulação eleitoral [*capitulatio caesarea*]. Mas também a admissão civil de clãs de criadores de gado em uma cidade cananeia, ou, inversamente, a incorporação a Israel – por exemplo a dos gabaonitas como comunidade submetida a trabalhos forçados – sucede sempre mediante uma coalizão conjurada, denominada "*berith*". Todos os *gerim*, também os patriarcas, encontram-se

---

86. Na guerra contra Benjamim devido ao crime de Gabaá. De resto, em particular, a palavra aparece em Isaías, em referência à consociação dos magos e ladrões (Is 47,9.12); em Oseias, em referência à consociação dos sacerdotes (Os 6,9); em Pr 21,9 e Pr 25,24, em referência à comunidade domiciliar; em Sl 119, em referência aos irmãos de fé. À época, a palavra foi usada com significado aproximadamente igual ao da expressão utilizada na antiga tradição para se referir a "amigo", "próximo": "*rea*" – esta formada, caracteristicamente, por "*ra'ah*" ("pascer") e o piel "*re'ah*" ("tomar como companhia"), portanto de fato provavelmente derivada da "comunidade de acampamento" própria aos clãs de beduínos ou de criadores de gado.

87. Cf. agora as exposições de Böhl ("Kanaanäer und Hebräer", *Beitr. z. Wiss. v. A. T.*, vol. 9, Lpz. 1911, p. 85). De acordo com elas, a identificação com '*ibrim* parece mesmo possível e provável. Em todo caso, o conceito do "irmão de fé" não é inexistente em tempo pré-israelítico, como mostra uma carta de um cananeu do século XV a.C. que será mencionada mais tarde. Como forma de tratamento do compatrício israelita é usada não a expressão "*chaber*", senão, aparentemente, sempre "*ach*" (irmão).

em sua condição jurídica graças à *berith*[88]. A tradição assume que coalizões conjuradas são consumadas ritualisticamente sob estabelecimento da *comunhão de passadio* dos coligados (Gn 26,30, cf. com Js 9,14). A compilação jurídica anunciada por Moisés sob incumbência divina (Ex 24,7) é denominada "Livro da Aliança" (*sefer haberith*)[89], e, do mesmo modo, chamam-se

---

88. Mediante *berith*, Abraão se torna um *ger* em Bersabeia (Gn 21,31-34) e Isaac fecha uma aliança conjurada com Abimelec de Gerara (Gn 26,28). Aqui, apesar da mutualidade do compromisso enfatizada no versículo 31, Abimelec aparece sozinho como aquele que faz a *berith*, exatamente como Iahweh mais tarde junto com Israel, porque em ambos os casos a outra parte é a mais fraca, com menos direitos (Israel, *ger* de Iahweh!), assim como Israel em relação a Gabaon (Js 9,6-15). Na tradição de Débora, o marido de Jael acampa como *ger* em domínio real cananeu, em virtude de contrato. O Rei Asa envia tributo a Ben-Adad em virtude da *berith* (1Rs 15,19); Acab e seu prisioneiro Ben-Adad firmam uma *berith* (1Rs 20,34), assim como Jônatas com Davi (1Sm 18,3; 20,8) e Davi com Abner (2Sm 3,12); Jabes pede para formar uma *berith* com Naás (1Sm 11,1). Em todos esses casos se trata – como entre Iahweh e Israel – de "*foedus iniquum*", aliança entre partes que se encontram em condições desiguais; em contrapartida, a *berith* entre Jacó e Labão (Gn 31,44) é "*foedus aequum*". A lei do direito dos povos que deu respaldo a Tiro se chama (em Am 1,9) "aliança de irmãos" (*berith 'achim*). Já com base nesses exemplos, porém, resulta ser plenamente justificado, sob quaisquer circunstâncias, traduzir *berith* por "aliança", e que Kautzsch (*Bibl. Theologie des A. T.*, p. 60) está totalmente sem razão quando nega esse sentido absolutamente central para toda a religião israelita antiga. Em 2Sm 5,3, Davi se torna rei de Israel mediante *berith* com os anciãos, exatamente no mesmo sentido da *berith* que antes tornara Iahweh deus de Israel. O fato de a Septuaginta traduzir *berith* por διαθηκη [*diathéké*], não por συνθήκη [*synthéké*], está em conformidade com a concepção do seu tempo, não com a da Antiguidade histórica. Entretanto, a concepção de deus da redação sacerdotal ("P"), como expressa p. ex. na descrição da promessa de Deus a Noé, a Abraão e a Fineias (Nm 25,12), acorda com a concepção de *berith* enquanto uma promessa unilateral de Deus, à espécie de privilégio (Gn 9,9-17), garantida apenas por solenidade especial e por sinais externos (cf. sobre isso, entre outros, o comentário de A. Holzingers sobre o Gênesis, p. 129ss., mas sobretudo as investigações bem minuciosas sobre o uso da palavra feitas por Valeton, *Z. f. A. T. W.*, vol. XII, X, 1892, p. 1-224). Para a escatologia também havia uma *berith* com o animal (Os 2,18). *Berith* é encontrada no sentido de "privilégio" em Nm 18,19; no sentido de "prescrição" ("*berith* do sal"), em Lv 2,13. A redação sacerdotal nunca chama a lei do Sinai de "*berith*", enquanto que, para a redação iahwista, a aliança de Horeb e a *berith* na terra de Moab são tipicamente *foedera* bilaterais. Segundo Is 24,5, Israel rompeu a "aliança perpétua" (*berith 'olam*). Como observado com frequência, a expressão "*karath berith*" [fechar aliança] corresponde precisamente ao "*foedus icere*" dos romanos e ao ὅρκια τεμνειν [*hórkia témnein*] dos helenos. Em Neemias, o uso da palavra havia esmaecido, e *amanah* [acordo] é utilizado no lugar de *berith* (Ne 10,1).

89. Certamente, em relação tanto ao Livro da Aliança como a essas palavras da Aliança, é de se questionar a qual componente das compilações as expressões da tradição mais antigas se referem. A compilação jurídica discutida anteriormente, hoje chamada de Livro da Aliança, nunca é designada dessa forma no seu próprio texto, onde a palavra "aliança" nem mesmo aparece, enquanto que as prescrições ritualísticas de Ex 34, em contrapartida, apresentam-se expressamente como *berith* e, devido à bilateralidade das promissões, também têm mais conformidade com o caráter de uma aliança do que aquelas outras compilações que contêm essencialmente prescrições unilaterais (*mishpatim*). O aditamento presumivelmente tardio "as dez palavras" identifica as "palavras da Aliança" (Ex 34,28) com o Decálogo. Em origem, porém, a expressão aparentemente se referia às prescrições ritualísticas imediatamente anteriores, mencionadas há pouco (a respeito de toda essa questão, cf. Baentsch, op. cit.).

também "palavras da Aliança" (*dibre haberith*) aquelas prescrições religiosas que ele, por ordem divina, escreve sobre duas tábuas (Ex 34,28). Igualmente, o *sefer hatorah* deuteronômico, o "livro da *torah*", como ele aparece primeiro (2Rs 22), é chamado de "Livro da Aliança" no relato subsequente sobre sua adoção como lei sob Josias; seu conteúdo é denominado de "palavra da Aliança" (2Rs 23,2-3). No Livro de Josué é conservada uma tradição segundo a qual o mesmo, depois da completa tomada do território, teria feito uma aliança (*berith*) com o povo e registrado o conteúdo no "livro da *torah* de Deus". É impossível determinar qual das diferentes compilações jurídicas o referente tinha aqui em mente. Em contrapartida, foi legado que em Siquém, no tempo de Abimelec, existiu uma "casa" de um "Baal da Aliança" (*baal berith*), cujo tesouro do templo ao mesmo tempo foi usado como tesouro da cidade (Jz 9,4). E a tradição deuteronômica (principal passagem: Dt 27,14-26)[90] faz referência a uma cerimônia solene supostamente realizada pela primeira vez quando da tomada do território – segundo a concepção mais tardia, sob assistência de representantes de seis tribos no Monte Gerizim, e de seis outras no Monte Ebal (entre os quais está situada Siquém). As variantes da narrativa (de quatro a cinco) sugerem a seguinte imagem: é proferida, pelos sacerdotes, voltados em direção ao Monte Gerizim ou desde o mesmo, uma bênção solene para aqueles que observam os mandamentos sagrados; voltados em direção ao Monte Ebal ou desde o mesmo, eles proferem uma solene imprecação contra aqueles que os infringem. A respeito desses mandamentos é então mencionado (Dt 27,2-8) que eles seriam gravados em pedras caiadas (o que ao menos demonstra que a escrita cuneiforme já não era predominante; de resto, a idade é certamente problemática). Na tradição, em várias passagens ainda é feita referência à cerimônia (Dt 11,29-30; Js 8,30-31). Na essência da matéria, não obstante a tradição tardia (deuteronômica), ela provavelmente terá existido assim ou

---

90. Entretanto, o capítulo do Deuteronômio em questão (27) é considerado compilação e inserção recente. Mas o material original do mesmo é impossível ser de origem nova. As fortes contradições do relato e a representação das 12 tribos por um homem cada entram decerto na conta do redator, assim como a ambígua troca do local de referência (*sobre* o Ebal ou abaixo, no vale próximo a Siquém). O fragmento, com razão, é considerado como provavelmente de origem eloísta.

de forma similar já em tempos mais antigos, porque os locais de culto então mencionados, nos montes, devem ter sido pouco simpáticos a esse redator especificamente, sobretudo porque ali, conforme as tradições, havia pedras memoriais (um hábito condenado pelos puritanos) e antigos terebintos oraculares (também reprováveis), estavam ainda os restos mortais de José (culto sepulcral) e eram enterrados até imagens de divindades (conforme um rito aparentemente babilônico). A formulação legada da imprecação (Dt 27,15-26), o assim chamado "decálogo sexual", lista doze pecados específicos: idolatria, lançar maldição contra os pais, deslocamento de fronteiras, ludíbrio de um cego, violação do direito dos metecos, dos órfãos e das viúvas, pecados sexuais (incesto e bestialidade), homicídio (= culposo furtivo), corruptibilidade do juiz. Mesmo que a idade permaneça incerta, de fato há, em vista da sua relação com as prescrições do Livro da Aliança, maior probabilidade de que o "Baal da Aliança" fosse aquele deus funcional que, a partir de execrações, aparentemente recorrentes, protegia esses estatutos solenemente assumidos pelo povo[91]. Seu culto, porém, é considerado, por uma tradição todavia fortemente desfigurada, como introduzido em Siquém à sequência de uma querela e de um acordo de Gedeão e das tribos do leste do Jordão com Efraim durante a guerra dos midianitas (Jz 8,1-33); portanto, o Baal da Aliança foi de fato o garante de uma daquelas disposições da Aliança pelas quais Israel novamente se constituiu.

A Aliança de Iahweh e seus órgãos

Em disposições ritualísticas da Aliança sempre reiteradas, vemos então a narrativa referente à política interna de Israel se desenvolver também no

---

91. A dificuldade causada pela circunstância de o Baal da Aliança ter um templo, mas de a cerimônia aparentemente partir do Carvalho de Moré (ou árvore de Deus), com certeza não é insuperável. A relação com o culto em arvoredos e nas montanhas argumenta a favor da idade elevada e do significado da cerimônia, que, embora ainda pudesse ser, no tempo do Deuteronômio, apenas reminiscência, de fato não foi mais retocada pelos seus redatores, contrários a todos aqueles cultos. Naquele meio-tempo é possível que seu sentido tivesse se modificado em correspondência com o espírito do Deuteronômio; em origem talvez uma imprecação solene de demônios combinada com a evocação da bênção de Deus, ela deve ter tido como propósito, para a concepção daquele tempo, transferir solenemente a responsabilidade solidária religiosa do povo ante os pecadores a estes sozinhos, mediante sua condenação solene.

tempo histórico: de acordo com a tradição, o estabelecimento do culto puramente iahwista em Jerusalém sob Joás e a adoção posterior da lei deuteronômica sob Josias ocorrem mediante *berith*[92], exatamente como a decisão, sob Sedecias, de libertar, em conformidade com a lei, os escravos por dívida (Jr 34,8-22), e ainda a adoção solene da ordem congregacional sob Neemias, na qual, como em toda cerimônia de imprecação, uma quantidade de estatutos particularmente importantes era selecionada e solenemente asselada pelos chefes de estirpe sinecisados, em conformidade com a práxis de autenticação oficial – tornada comum naquele meio-tempo (Ne 10). Porém, determinantes para nossos contextos eram: em particular as *berith* mais antigas do povo de Israel *como um todo* e relativas a este enquanto tal, pré-exílicas, desses casos em que elas eram criadoras de direito. Em clara oposição às *berith* firmadas entre indivíduos ou com metecos, elas não eram meras coalizões entre partes colocadas sob a proteção de Deus enquanto testemunha e vingador de perjúrio. Antes, para a antiga concepção, sobretudo para a defendida pelo assim chamado "iahwista", elas eram tidas como formações de aliança *com Deus mesmo*, o qual, portanto, na vingança pelo seu rompimento, defende seus próprios direitos contratuais violados, não apenas as reivindicações, confiadas aos seus cuidados, da parte que se manteve fiel ao pacto[93]. Essa concepção, muito importante, influenciou de modo extremamente forte o desenvolvimento da religiosidade israelita. O deus dos profetas justifica seus aterradores ameaços de desfortúnio pela violação do que foi compactuado pessoalmente por juramento junto ao mesmo enquanto firmante do contrato; por outro lado, o próprio é lembrado das promessas que jurou aos antepassados (pela primeira vez em Mq 7,20). Toda a relação já dos lendários antepassados de Israel com Deus tinha se realizado, para a concepção tardia – determinada pelos sacerdotes do exílio –, desde o início, em formações de

---

92. Entretanto, aqui isso se dá por meio de uma *berith* "ante" Iahweh, não por uma *berith com* Iahweh. Isso é explicado arbitrariamente a partir da ficção de que seria apenas um novo compromisso feito por um lado contratante – pelo povo – relativamente à antiga aliança com Deus, a qual teria se rompido.

93. O juramento *unilateral* de lealdade do povo feito sob Neemias é chamado não de *berith*, senão de *amanah* (Ne 10,1).

aliança sempre novas: na aliança com Noé, na com Abraão, Isaac, Jacó e, por fim, na aliança do Sinai. Entretanto, é bem verdade que, com o conceito reformulado de Deus, tinha perdido força a concepção antropomórfica de um pacto bilateral, que assumia o sentido da ideia de uma disposição divina garantida apenas por uma promessa específica; em última instância, porém, a esperança de futuro de Jeremias também divisa que Iahweh virá a firmar novamente uma aliança com seu povo, mas sob condições mais complacentes do que com os pais. Ora, de onde vem essa particularidade da concepção israelita? Algumas condições políticas gerais e um evento histórico-religioso específico confluíram para fazê-la surgir.

Em si, o significado do conceito de "aliança" para Israel tem seu fundamento na circunstância de que a antiga constituição social israelita, em uma parcela bastante substancial, baseava-se em uma permanente relação, regulamentada por contrato, entre clãs de guerreiros com propriedade fundiária e *tribos-hóspedes* na condição de metecos juridicamente protegidos: pastores peregrinos e artesãos estrangeiros, comerciantes e sacerdotes. Vimos que um dédalo completo de tais coalizões dominava a estrutura social e econômica. Mas a circunstância de a aliança propriamente *com* o deus Iahweh ter se tornado uma concepção fundamental para a autoapreciação de Israel quanto à sua posição geral entre os povos estava relacionada a outras condições, tratadas a seguir.

Acima foi discutida a labilidade particularmente grande – fundada nas condições de vida – de todas as associações políticas entre beduínos e entre criadores de gado: a inclinação de todas essas organizações tribais ora a se fragmentar em clãs, ora a novamente se coalescer de outra forma. O destino das tribos Rúben, Simeão, Levi e Maquir, por um lado, e de Judá, por outro, fornece exemplos. Com essa inconsistência contrasta agora de modo notável a extraordinária estabilidade de um determinado tipo de associação encontrado em especial entre essas camadas que não são plenamente sedentárias: o *da ordem religiosa* ou da associação cúltica à espécie de ordem. Como base sólida para organizações políticas e militares duradouras parecem ter sido adequadas apenas associações religiosas dessa espécie. Uma dessas foi a dos recabitas: através de séculos, desde os tempos de Jeú até Jeremias, vemos os mesmos a perdurar e influir na política religiosa; na crônica de Neemias é mencionado um recabita; ainda, na Idade Média, Benjamim de Tudela alega tê-los encontrado junto a um *"nasi"* no deserto babilônico, e até no século XIX d.C. outros viajantes acreditaram encontrar rastros deles nas proximidades de Meca. A tribo dos quenitas, estritamente iahwista, à qual pertenceram os recabitas, parece ter tido uma coesão interna também essencialmente religiosa. Pois Stade tornou no mínimo extremamente provável que a "marca de Caim", isto é, a tatuagem tribal quenita[94], fosse não apenas marca da tribo, mas também, e por certo primariamente, como natural, sinal da comunidade de culto[95]: a analogia representaria os emblemas sectários indianos. O exemplo mais grandioso de uma associação à espécie de ordem, em princípio de gênero totalmente igual, era encontrado naturalmente sobre o mesmo solo: o islã e as suas respectivas ordens guerreiras, as quais engendraram as inúmeras, e por sinal particularmente duradouras, fundações islâmicas de estados. Aqui, no caso, o fato não era porventura que as condições de vida dos beduínos e seminômades tivessem "gerado" uma fundação de ordem desde dentro, por exemplo enquanto "epifenômenos ideológicos" de suas condições econômicas de existência. Essa espécie de construção materialista da história é, aqui como sob qualquer circunstância, igualmente inapropriada. Antes: *quando* sucedia tal fundação, ela tinha, sob as condições de vida dessas camadas, de longe as maiores *chances* de, na luta seletiva, sobreviver às demais formações políticas, mais instáveis. Contudo, *se* ela surgia, isso dependia de vicissitudes e circunstâncias histórico-religiosas bastante concretas e com frequência extremamente pessoais. Uma vez comprovada e reconhecida a coalizão religiosa em sua eficiência enquanto meio político e econômico do poder, isso naturalmente contribuía fortemente para a sua difusão. Prenúncios de Maomé assim como os de Jonadab ben Rechab não se permitem "explicar" como

---

94. Segue aberta a questão sobre o quanto antiga é a devoção iahwista entre os quenitas. König (*Z. D. M. G.*, vol. 69, 1915) chama atenção para o fato de que o primeiro nome iahwista quenita seguramente atestado é o de Jonadab ben Rechab. Esse profeta, portanto, talvez tenha tido o papel de Moisés ali.

95. "Das Kainszeichen", *Z. f. A. T. W.*, vol. 14 (1894), p. 250ss.

produtos de condições populacionais ou econômicas, independentemente do quanto seu teor foi codeterminado por tais circunstâncias. Antes, elas foram expressões de vivências e intenções pessoais. Mas os meios espirituais e sociais aos quais se recorreu, ademais o fato do grande *êxito* especificamente desse tipo de criações, sem dúvida devem ser compreendidos a partir daquelas condições de vida. O mesmo vale para a Antiguidade de Israel.

Assim como os recabitas devem seu significado à adunação na forma de ordem, talvez *Judá* deva a uma coalizão – por meio de uma aliança iahwista específica – sua adunação como tribo, em uma poderosa formação política. Na história, a tribo surge apenas mais tarde. O Cântico de Débora não a conhece. As fontes às vezes também a caracterizam como clã, à maneira típica aos criadores de gado. À época da Bênção de Moisés, Judá enfrentava dificuldades políticas; no tempo de Saul, ela era uma tribo tributária dos filisteus. A Bênção de Jacó, em contrapartida, caracteriza a tribo como hegemônica em Israel e ao mesmo tempo como vinicultora, enquanto na lenda patriarca – oriunda dos círculos dos criadores de gado – Abraão, embora residente na judaica Hebron, famosa pelo vinho, não oferece a bebida a seus hóspedes celestiais. A tribo, portanto – ainda que ela dificilmente tenha surgido apenas através de Davi, como supõe Guthe –, de fato tinha ampliado seu território e se tornado sedentária quando da dominação davídica, aparentemente se misturando a cananeus. Os clãs mais tarde contados à tribo Judá conforme as genealogias e contagens oficiais são provavelmente em parte cananeus, em parte de evidente origem beduína – como os quenitas, por um tempo aliados a Amalec. A tribo Simeão em parte foi assimilada a Judá, em parte fixou residência junto aos edomitas. A menção mais antiga a um levita caracteriza o mesmo como judaico; aparentemente, também a tribo Levi, em seu núcleo, foi absorvida por Judá. A posição privilegiada da tribo, existente ainda sob Saul, perdurou em outra forma também sob os davídicos. Sob Salomão, sua região, ao menos na maior parte, não fazia parte das províncias do império, senão era alódio do rei. Em todo caso, a tribo só adquiriu seu escopo definitivo a partir do principado de guerra de Davi, e, presume-se, em correlação com a adoção do culto puramente iahwista. Enquanto especificidade própria a este, a significativa posição dos sacerdotes no contexto da obtenção de sentença (mediante oráculo processual), ao que parece – e como Bernhard Luther, em particular, supõe –, já sugere a hipótese de uma coalizão especificamente religiosa como fundamento de sua tão sólida união tribal. Nesse caso, ela teria sido formada a partir de fragmentos de proveniência étnica diversa, mediante comunidade de culto e de sacerdotes. Essa hipótese logo se tornará provável, de um modo bem particular, caso o nome "Yehuda" deva ser considerado um derivado de "Iahweh".

Por fim, com respeito à *confederação israelita mesma*, ela foi, segundo tradição inequívoca, uma aliança de guerra sob e com Iahweh enquanto o deus de guerra da Aliança, enquanto garante das suas ordens sociais e promovedor da prosperidade material dos confederados, particularmente ofertador da chuva, necessária para alcançá-la. O nome "Israel", independentemente de ele ter designado diretamente "o povo do deus combatente" ou sido originalmente pronunciado "Iesorel" (improvável), e portando o significado do deus "em que se confia", exprime esse caráter. Em todo caso, "Israel" foi não um nome de tribo, senão o nome de uma associação, a saber: de uma aliança cúltica[96]. Apenas o tratamento teológico das lendas do *heros* Jacó fez do nome "Israel" a designação de um epônimo: daí o caráter vago dessa personificação. Temos de observar um pouco mais de perto a estrutura da Aliança.

Sua ambitude variou. Enquanto associação, Israel há de ter existido na Palestina já no tempo do Rei Merneptá, suposto faraó do êxodo, pois à época é mencionado em uma conhecida inscrição[97] que as ofensivas do exército real teriam dizimado seus grupamentos e suas posses. Na espécie da menção se nota que Israel, ao contrário das cidades-estados pequenas e maiores, era considerada associação não urbanita. Na guerra de Débora, como vimos, os camponeses, que vão a pé à linha de frente, e seus príncipes, que chegam ao campo de batalha montados em asnos brancos, formam o núcleo do

---

96. No mito, Jacó recebe o nome "Israel" depois da sua *berith* com Deus (Gn 35,10).

97. Spiegelberg, em *Ber. der Berl. Ak. d. Wiss.*, 1896. Steindorf, em *Z. f. A. T. W.*, vol. 16.

exército a lutar contra os cavaleiros do rei citadino com suas bigas. O Cântico de Débora menciona como membros da Aliança, fora a tribo montanhesca Efraim, que participa da guerra, e ambas as suas divisões Maquir e Benjamim – assim como Zabulon, Neftali e Issacar –, ainda as tribos sedentárias Aser e Dã, próximas ao mar, e do outro lado as tribos de criadores de gado Rúben e Galaad, a leste do Jordão, que todavia se recusam a prestar auxílio à Aliança; ele menciona a cidade Meroz, especificamente como rompedora da mesma. Ambas as compilações de bênçãos logo mencionam a dozena usual de tribos: Maquir é substituída por Manassés, Galaad por Gad; são acrescidas Judá e Simeão, e, a depender se Levi é somada a elas ou, como na Bênção de Moisés, considerada à parte, como tribo de sacerdotes, Efraim e Manassés são contadas como duas tribos ou, conjuntamente, como a "casa José". No tempo do Cântico de Débora, porém, sem dúvida não eram consideradas tribos pertencentes a esse grupo nem Judá, nem Simeão, tampouco Levi. À época e mais tarde, Efraim – ou José – era indubitavelmente considerada tribo central da Aliança, como o demonstram sua anteposição no Cântico, sua descendência da mulher dileta de Jacó e sua caracterização como seu filho (ou neto) dileto. No Cântico de Débora, a tribo rememora suas lutas com os beduínos, e na Bênção de Jacó também há referência a esses "arqueiros" como seus opoentes. Na Bênção de Moisés é mencionada expressamente, em relação justamente a ela, e decerto com base em antiga tradição, uma ligação com a epifania mosaica da sarça. Portanto, a tribo, especificamente, sem dúvida esteve envolvida nos eventos que levaram à adoção de Iahweh como deus de guerra de Israel. Josué, o líder do exército da Aliança que mais cedo carregou um nome iahwista na tradição, é efraimita e sepultado em seu território. Assim, pois, Iahweh, que se aproxima em um temporal desde o Monte Seir em Edom e aniquila os cananeus, é louvado também no Cântico de Débora como deus de guerra da Aliança, a qual se encontra sob hegemonia de Efraim. Das localidades de culto de Iahweh, pertencia ao território efraimita principalmente Siquém, com o "Baal da Aliança". No entanto parece que o local de culto propriamente dito situava-se fora da cidade, que é tida pela tradição como cananeia já há longo tempo. Evidentemente, até a criação da residência norte-israelita Shomrom (Samaria), Efraim permaneceu, no mais, uma associação de grandes camponeses livres que moravam nas montanhas, sobre cuja força de defesa o poder de Israel esteve outrora tão baseado que mais tarde o nome da tribo foi usado com bastante regularidade para designar simplesmente todo o Reino do Norte. Mas uma antiga reminiscência deve ter considerado Rúben, Simeão e Levi – que nas compilações de bênçãos são antepostas e descendem da irmã mais velha Lia – como núcleo da Aliança. Judá, em contrapartida, só chega a aparecer em bênçãos relativamente tardias e alcança sua posição só a partir de Davi. Abner, comandante de Saul, ainda considerava os membros da tribo Judá como "cabeças de cão".

Pelo que se pode notar, essa aliança israelita, lábil em sua existência, não chegou a dispor, até o tempo dos reis, de órgãos políticos permanentes. As tribos têm contendas ocasionais entre si. É de se presumir que o direito dos povos religioso, o qual proibia por exemplo a derrubada das árvores frutíferas, fosse aplicado justamente em tais contendas dentro da associação – caso ele remonte a tempo antigo em primeiro lugar. No Cântico de Débora, os membros da Aliança em parte negam auxílio à mesma. Ocasionalmente, mas não sempre, isso leva à execração e à guerra santa contra os rompedores do juramento. Um indigenato comum não há. Aparentemente apenas a tribo tinha algo assim. Entretanto, era punida pela Aliança, sob certas circunstâncias, a grave violação do direito dos metecos, do qual usufruía todo israelita em qualquer outra tribo. Em tempos de paz, porém, evidentemente não existia nenhum tribunal de justiça centralizado, nem uma autoridade administrativa central de qualquer espécie. A unidade da Aliança se expressava na circunstância de que um herói ou profeta de guerra reconhecido por Iahweh regularmente reivindicava autoridade também para além dos limites da sua tribo. Vinha-se de longe até ele para resolver litígios jurídicos ou para buscar instruções sobre deveres litúrgicos ou morais. Algo do gênero é relatado por Débora (Jz 4,5), e a redação hoje disponível da tradição transformou todos os heróis de guerra carismáticos do tempo antigo da Aliança em "*shofetim*" ("juízes") de Israel, que teriam seguido uns aos outros em ininterrupta linha de sucessão, desfrutado de autoridade judiciária em todo território israelita, e dos quais o último, Samuel, quando em cargo, teria viajado por Betel, Guilgal e Masfa (1Sm 7,15-16) para "julgar", e então, após nomeação do rei, renunciado solenemente ao seu posto (1Sm 12) depois de recebida a *décharge* – como um funcionário da pólis helênica ou romana – devido a uma prestação pública de contas e à exigência de apresentar de imediato eventuais queixas contra ela. A tradição sobre Samuel sem dúvida é uma construção deuteronômica antimonárquica que retrata o comportamento do príncipe ideal, aprazente a Iahweh, paradigmaticamente em contraste com reis da atualidade. Mas como isso se relaciona com a condição inicial dos "*shofetim*"? Enquanto Stade defende o ponto de vista[98] de que a tradição tardia teria simplesmente rotulado de "juízes" pacíficos os antigos heróis de guerra de Iahweh, Klostermann põe em paralelo, de forma brilhante, os "juízes" de Israel com os "enunciadores da lei" (*lögsögumadr*) da práxis nórdica, sobretudo islandesa: zeladores da tradição oral jurídica e precursores de fixação escrita do direito[99]. Dessa maneira ele busca explicar em particular o surgimento e a particularidade literária dos códigos pré-exílicos, que teriam surgido justamente a partir das instruções jurídicas públicas desses "enunciadores da lei". Considerando inúmeras analogias da sociologia do direito, a hipótese, combatida em pormenores especialmente por Puukko, contém um certo valor de verdade. Por toda parte o direito se desenvolve inicialmente por meio de oráculos jurídicos, judicações populares e responsos de detentores da sabedoria judicial carismaticamente qualificados. Mas não por toda parte os mesmos assumem a posição bem específica dos enunciadores da lei nórdicos, cujo cargo – pois disso ele se tratava – estava estreitamente relacionado à organização da comunidade judiciária germânica. Os "juízes", assim denominados pela redação atual, tinham claramente um cunho muito distinto entre si, mas em geral estavam longe de ser os verdadeiros detentores da sabedoria judicial. A tradição coloca

---

98. Stade, *Bibl. Theologie des A. T.* (1905) p. 285ss.

99. Klostermann, *Der Pentateuch* (1907), minuciosamente criticado por Puukko, "Das Deuteronomium", p. 176-202. Por meio da sua hipótese, Klostermann busca tornar compreensível o caráter literário peculiar do Deuteronômio. Este teria sido uma *fala* pública parenética jurídica. A comparação da história da "descoberta" com as "leis" de Numa dificilmente pode ser chamada de muito frutífera.

a instrução jurídica normal nas mãos dos *zekenim* (anciãos). O ordálio e o oráculo processual regular, por outro lado, eram incumbências dos sacerdotes, e, em tempos mais antigos, o último foi obtido por meio puramente mecânico (sorteamento), como será mostrado mais tarde. De resto, porém, a tradição menciona designações bem distintas para se referir aos notáveis que desfrutavam de autoridade tradicional dentro de cada tribo. Assim, podia haver espaço para uma instrução jurídica exercida carismaticamente apenas *ao lado* de todas essas fontes de decisão legal. Mas as figuras dos "*shofetim*" que nos apresenta a versão atual do assim denominado "Livro dos Juízes" são de espécie muito distinta. Deixando de lado aqueles sobre os quais apenas sua existência é relatada (Jair, Abesã, Elon, Abdon), Sansão é considerado um herói que disputa suas contendas de forma puramente individual, assim como Aod, apenas com a diferença de que este aniquila os opressores de Israel; Otoniel, Samgar, Barac, Gedeão e Jefté, e provavelmente também Tola, são considerados vitoriosos líderes do exército de Israel – em verdade, aparentemente de suas próprias tribos e das tribos vizinhas. Apenas a respeito de uma parte deles é observado, e isso somente de modo bem geral, que eles teriam "judiciado" em Israel na paz. Antes, toda ênfase reside em suas realizações como "salvadores", isto é, redentores perante grave emergência de guerra. Ademais, em uma intervenção da Aliança apresentada como guerra santa, um sacerdote da estirpe de Eli (Fineias) aparece como oraculizador do exército (Jz 20,28). Eli é puro sacerdote. Seus filhos são apresentados como sacerdotes, mas ao mesmo tempo como líderes predestinados das legiões do exército reunidas contra os filisteus. Essas últimas tradições mencionadas, sobre os elidas, são extremamente suspeitosas e tardias; mas simplesmente inutilizável é a tradição sobre Samuel, que é tratado ora como *nabi* [profeta], ora como vidente, ora como pregador (1Sm 4,1), ora como *nazir* [consagrado], ora como sacerdote, ora, por fim, como líder do exército. À época em que essas exposições foram redigidas, claramente não se dispunha de nenhum conhecimento mais seguro a respeito das reais circunstâncias do tempo da Aliança. O Cântico de Débora – a fonte mais confiável – apresenta a profetisa *junto* a Barac, principal herói de guerra dos neftalitas, o qual, como líder das legiões do exército, tem ao seu lado, a ele aliado, um grande número de notáveis das outras tribos. A respeito de Débora e de Samuel, a tradição relata expressamente apenas que eles teriam "proferido juízo" regularmente, isto é, que oraculizavam em processos quando requisitados. O mesmo relata a redação atual do hexateuco de Moisés. Sobre este e Josué, ademais apenas sobre Samuel, em um caso seguramente lendário – da verificação da prerrogativa do rei seguindo à escolha de Saul –, são relatadas a criação de normas jurídicas "objetivas" de vigência permanente e a sua fixação por escrito. Entre os "*shofetim*", em todo caso, não há nenhum espaço para um "enunciar a lei" continuamente funcional, segundo analogia norte-germânica. Oráculos políticos, não oráculos processuais, eram dados pelos "profetas" da espécie de Débora, e resoluções político-militares, não sentenças jurídicas ou judicações populares, eram as atividades específicas dos "*shofetim*" carismáticos. Ao mesmo tempo é absolutamente provável que ambos, tanto profetas como heróis de guerra comprovados, fossem requisitados também na paz para a mediação de desavenças, e que, por seu lado, os heróis de guerra mundanos – como por toda parte, enquanto seu direito senhoril – se encarregassem dessa atividade sempre que tivessem consolidado sua dominação até tal ponto – como Abimelec, por exemplo. Contudo, mesmo os primeiros reis ainda eram tidos em primeira linha não como detentores do direito, tampouco como seus criadores, senão como líderes de guerra. Quanto a Davi, a tradição pressupõe (2Sm 14,2-3) que, dado o caso, o rei interviesse em uma contenda de sangue. Mas aparentemente apenas Salomão se encarregou da jurisprudência de forma sistemática (1Rs 3,16-28): fala-se de uma sala de tribunal construída por ele durante seu reinado (1Rs 7,7). Presume-se que, devido a essa inovação, ele fora tido pela posteridade como fonte de sabedoria judiciária. Entretanto, a princípio não encontramos nada a respeito de um zelo oficial pela unidade do direito, nem mesmo entre os reis, e, ainda sob Acab, embora a corte possa promover uma prevaricação por meio da influenciação do juiz[100], o rei não aparece como tal. Apenas em Jeremias o rei aparece presente no tribunal, pela manhã (Jr 21,12). Mas o julgamento do

---

100. Miqueias também invectiva contra a circunstância de o juiz tomar decisões em conformidade com a arbitrariedade dos príncipes (Mq 7,3).

próprio profeta (Jr 26) é composto por funcionários (*sarim*) e anciãos (*zekenim*), com os homens ('*am*) enquanto público do tribunal (*kahal ha'am*).

A tradição não poderia se quedar assim se a criação do direito fosse a fonte das compilações jurídicas hoje disponíveis e algo de próprio aos *shofetim* e a seus sucessores no poder – os reis – enquanto principal atributo dos mesmos. As vagas indicações isoladas da tradição mencionadas são claramente inserções tardias, de um tempo que – como veremos – contrapunha o "bom direito antigo" e os príncipes ideais pacifistas à contemporaneidade degenerada. Também as compilações jurídicas mesmas haveriam de ter aparência distinta se fossem provenientes de uma instrução jurística *oficial* regular originalmente centralizada relativa a Israel. Nesse caso, também sua vigência prática efetivamente contínua teria de ser indubitável. Como vimos, porém, certo é justamente o oposto, ao menos em relação ao direito do escravo por dívida, portanto à parte praticamente mais importante de todo o direito social.

Como em todo o mundo, o direito logrou se desenvolver em Israel inicialmente por meio da práxis jurídica de assembleias. Uma sentença uma vez pronunciada valia como precedência, da qual se divergia apenas com relutância. "*Chok*"[101] parece ter sido a típica expressão antiga para designar o costume vinculativo e jurídico surgido com o *precedente* (Jz 11,39). Na Antiguidade de Israel, o líder a dar instruções jurídicas segundo o costume assim surgido (no Cântico de Débora também líder de guerra) chama-se "*chokek*"[102]. Nas fontes tardias são usadas como sinônimos seus, em ocasiões: "*torah*", "*edah*" e "*mishpat*". Enquanto "*torah*", na linguagem precisa, como veremos, era *oráculo* e *instrução* dada pelos levitas para a cura de almas, "*edah*", como se verificará mais adiante, era um agrupamento reconhecido por *resolução* da assembleia do exército. Finalmente, "*mishpat*" era tanto "julgamento" como

---

101. Além de "direito tradicional" e "costume tradicional", *chok* (e *chukah*) significa também "lei natural" (no Livro de Jó e em Jeremias). A linguagem sacerdotal, especialmente em Levítico e Números, utiliza o termo para se referir ao ordenamento divino, frequentemente com adjetivos no sentido de "eterno" e "imutável". *Chok* e *torah* são mencionados juntos em Am 2,4 e Is 24,5.

102. O *chokek* faz julgamentos (*chok*) falsos (Is 10,1).

norma jurídica, portanto a expressão mais determinante entre elas, puramente jurística. Enquanto se trate de normas, ela parece ter sido usada com particular predileção para designar direito racionalmente formulado[103], em oposição a *"chok"*. As normas do Livro da Aliança resultantes da influência babilônica são *mishpat*, não *chok*[104]. Mas ambas as fontes jurídicas tinham em comum que apenas aplicavam ou determinavam direito já vigente, ou pressuposto ou falsamente tido como a vigorar. Para a nova criação consciente do direito, inicialmente se considerou em Israel o oráculo oral (*dabar* [palavra, fala] de Iahweh ou de Eloim). Também os teólogos do período tardio ajustam suas instruções ético-sociais à forma categórica de mandamento do gênero "tu deves..." A segunda forma da nova criação consciente, peculiar a Israel, foi a *"berith"* solene, sempre precedida por oráculo. Como natural, ela era usada apenas em casos particularmente importantes, mas então tanto para medidas extraordinárias – como a manumissão dos escravos sob Sedecias – quanto para a ratificação de normas de vigência permanente – assim ela veio a ser aplicada, segundo a tradição, quando da adoção do código deuteronômico. Hoje desfigurada no conteúdo graças a interpolações altamente contraditórias, seu núcleo supostamente autêntico não é de modo nenhum produto de uma atividade pública de enunciador de lei, a princípio tampouco de versados em direito. Antes, como também a tradição permite reconhecer, ele é produto de trabalho interno de uma escola específica de *teólogos*, cujo caráter ainda segue, por ora, não discutido aqui. Não é possível determinar com segurança quanto dos *mishpatim*, tomados da tradição jurídica que os contém (cap. 12-26), originalmente pertenceu ao compêndio publicado. Em todo caso, eles surgiram no âmbito da cidade-Estado, estão repletos de teologúmenos e são um aprimoramento de espécie fortemente teológica das normas jurídicas presentes no "Livro da Aliança". Contudo, apenas a menor parte dos

---

103. Na linguagem profética pré-exílica, esse significado conserva apenas sua forma pura (Am 6,11, e mais tarde com frequência).

104. Em ocasiões, além de *mishpat* e *chuk* também é encontrado o *"mishmereth"* (Gn 26,5). A palavra designa originalmente "tarefa", no sentido de trabalho atribuído, e "ordem", portanto, é derivada de concepções burocráticas.

mishpatim do Livro da Aliança poderia representar o direito comum da Antiguidade israelita; eles a princípio não servem às comunidades de criadores de gado, tampouco constituem, em absoluto, direito especificamente camponês, senão formam – depois de retirados os teologúmenos presumivelmente interpolados – um compromisso de interesses que pressupõe o desenvolvimento dos típicos antagonismos antigos de classes. Formalmente, como Baentsch e Holzinger demonstram com razão, a estrutura é a de que, a um código de *mishpatim* sistematicamente ordenado de modo bem razoável (Ex 21,1 até Ex 22,16), são aditados, sem sistema, *debarim* [dizeres, sentenças, pl. de *dabar*] particulares, de caráter em parte jurídico, em parte moral, em parte cúltico. Nos aspectos materiais é indubitável, em relação aos *mishpatim*, a influência babilônica, que remonta a um passado bem distante. Não são insignificantes a precisão nem a técnica jurística formal no caso dos *mishpatim* puramente profanos; entre os *debarim*, em parte, elas são extremamente deficientes. Assim, a redação dos componentes jurísticos deve ter estado nas mãos de experientes praticantes do direito, e estes, a rigor – visto que o rei e seus funcionários não entram em questão –, podem apenas ser buscados nos círculos dos *zekenim* envolvidos na decisão legal, em uma localidade forense norte-israelita importante e que recebesse muitos visitantes atrás de instrução jurídica – como Siquém o era, por exemplo. Em todo caso, o conteúdo dessas normas jurídicas propriamente ditas – em contraste com a parênese aditada e incorporada – não provém de decisão legal sacerdotal. É absolutamente discutível até que ponto acordava com o direito vigente em tempo pré-exílico a reivindicação dos sacerdotes, feita no Deuteronômio, para que participassem do veredito e fossem decisivos em casos de irresolução. No tempo dos reis, em geral, deve-se contar mais com uma diminuição do significado dos oráculos processuais antigos, como também se observa em relação à Babilônia[105]. A reivindicação deuteronômica corresponde ao que era direito vigente no Egito à época da dominação dos sacerdotes de Ámon. A evidente contri-

---

105. A justiça civil babilônica se desenvolvera com base na justiça de templo. Sobre isso e sobre a contribuição dos sacerdotes em tempo neobabilônico, cf. E. Cuq, "Essay sur l'organis. judic. de la Chaldée", *Rev. d'Assyr.*, vol. 7 (1910).

buição da reflexão sobre a retidão e o caráter de aprazente a Deus do direito apresentado como a dever vigorar comprovam, junto com o aditamento dos *debarim*, que o Deuteronômio se tratava de um "código jurídico", portanto de um trabalho privado e irrelevante nos aspectos formais, mas tornado popular à maneira do Espelho da Saxônia ou da compilação de Manu, um trabalho que surgiu sob a influência de círculos teologicamente interessados e ampliado por complementos. A considerar tudo isso, não houve em Israel, no antigo tempo da Aliança, nenhuma localidade comum para instrução jurídica formalmente competente. Antes, havia apenas o poder dos heróis de guerra carismáticos – intermitente, de distintos graus de amplitude –, o prestígio de oraculizadores fiáveis e de antigas localidades de culto do deus de guerra da Aliança (sobretudo Silo), por fim possivelmente (mas sem certeza) também alguns atos rituais anfictiônicos periódicos, como talvez aquelas cerimônias siquemitas de bênçãos e imprecações, e as festas anuais de Iahweh em Silo, várias vezes mencionadas (Jz 21,19; 1Sm 1,3). A Aliança foi formalmente ativa apenas em tempos de guerra da confederação. Nesse caso, contudo, a *'edah* – como é preferivelmente chamada a assembleia geral do exército de todo o território de Israel – promovia justiça contra transgressores do direito de guerra ou dos mandamentos ritualísticos e sociais de Iahweh. Como mostra a expressão, usada para designar "agrupamento", por *'edah* também podia se chegar a disposições gerais. Em ambos os casos, como na maioria das vezes em tais circunstâncias, o exército mesmo, fazendo aclamação, de fato participava das indicações dos coronéis de guerra – escolhidos pelo duque entre os mais velhos dos contingentes –, que talvez carregariam o título, ocasionalmente incidente, de "anciãos em Israel". Estes, por seu lado, terão consultado um oráculo antes.

Guerra santa, circuncisão, nazireus e *nebi'im*

Em relação à partilha do butim, especificamente quanto à participação dos não combatentes na mesma, havia supostamente (segundo Nm 31,27) princípios rígidos, que todavia surgem na narrativa da partilha do despojo por Davi (1Sm 30,26) como uma dessas inovações introduzidas pelo último. O *casus foederis* de uma guerra da Aliança, seus líderes de exército e a finalidade do conflito eram determinados, sem exceção, por carisma e de modo profético, mediante inspirações e oráculos enviados por Iahweh enquanto senhor de guerra da Aliança. Como verdadeiro duque de uma guerra da Aliança considerava-se o próprio Iahweh. Os rompedores do juramento recusavam auxílio a ele pessoalmente, não apenas aos confederados, e por isso seriam aniquilados, como Jabes. Uma guerra da Aliança, por essa razão, era uma *guerra santa*[106], ou então podia a todo momento se tornar uma; e, em tempos difíceis, seguramente sempre foi declarada como tal. No Cântico de Débora (Jz 5,11) e quando da guerra santa contra Benjamim (Jz 20), a 'edah, o exército reunido, é simplesmente chamada de os "homens de Deus" (respectivamente 'am yahweh e 'am haelohim). Isso teve acima de tudo consequências ritualísticas. No tempo dos filisteus, segundo a tradição de Samuel, a "Arca de Iahweh" – o santuário de campanha portátil – era trazida ao acampamento do exército, e, segundo um versículo contido na tradição dos sacerdotes, rogava-se a Deus, em ritual, que ele se erguesse dela – da Arca fosse enquanto seu contentor, fosse como seu trono – e levasse avante o exército, assim como tornasse ao seu lugar após a batalha. Também o éfode, mais tarde uma peça de vestuário sacerdotal, aparece às vezes no acampamento (1Sm 14,3; 23,6.9; 30,7). A intervenção de Iahweh buscava ser assegurada por meio da imprecação contra os inimigos, de oráculos e votos antes da batalha e através de benzeduras durante o combate. Ao menos em tempos de grave situação de guerra, os meios para obtê-la também incluíam sacrifícios humanos, como oferecidos pela última vez ainda pelo Rei Manassés. Mas na guerra santa o exército também era obrigado a praticar, além daqueles votos específicos encontrados difundidos em todo o mundo, a *ascese* prescrita: sobretudo jejum e abstinência sexual. Como assume a tradição, a Davi e seu séquito era permitido comer do pão sagrado caso eles, quando na condição de guerreiros, tivessem se abstido sexualmente. Em vão, Davi autoriza, ao se evidenciarem as consequências do seu adultério com Betsabeia, que seu

---

106. Os fenômenos particulares relacionados com essa situação são tratados com primor em Schwally, *Semit. Kriegsaltertümer*, vol. I (*Der heilige Krieg im alten Israel*), Leipzig 1901.

esposo Urias retorne do campo de batalha para ter relações com sua mulher, para que assim desaparecessem os indícios; Urias se abstém da relação, obedecendo a disciplina militar. A violação da ascese por um indivíduo, especialmente a do jejum, ameaça a todos com a ira de Iahweh e determina, por isso, a morte do transgressor; apenas mediante sacrifício de um substituto o exército evita a de Jônatas, filho de Saul.

Com a preparação à investida sobre Canaã sob Josué também é posta em relação por uma tradição a *circuncisão* universal. Esta os israelitas tinham em comum com os povos vizinhos, à exceção dos filisteus imigrados do ultramar, mas sobretudo com os egípcios, dos quais os sírios e os fenícios teriam adotado o costume, segundo Heródoto. Ela é o *único* componente do rito israelita talvez apropriado do Egito. Como se sabe, seu sentido original é objeto de controvérsia não resolvida. De início, talvez ela tivesse sido adotada no Egito não universalmente, senão pelos nobres[107], e estaria então relacionada ou com a iniciação dos jovens guerreiros ou com a ordenação sacerdotal de noviços. Sua realização na infância é certamente produto apenas de período mais tardio. Abraão também a realiza em Ismael, no 13° ano[108]. Por outro lado, a saga etiológica de Moisés e Séfora no Êxodo mostra que ela ao menos também era tida como proteção contra influências demoníacas durante a relação sexual. Segue completamente em aberto até que ponto a relação da circuncisão com a promessa de prole numerosa, encontrada com frequência na tradição rabínica, pertence à Antiguidade. Em turno, nota-se ao menos que no tempo pós-exílico, de paz, sua indispensabilidade para os prosélitos não era absolutamente assente. Em tempo pré-exílico mais antigo, os *gerim* dispensados do serviço militar – toda a população não nativa do território – também não eram submetidos à circuncisão, algo de fato a se consi-

---

107. No entanto, Gunkel, em particular, voltou-se recentemente contra Reitzenstein, com fortes razões, em favor da tese da universalidade da circuncisão no Egito (*Archiv f. Pap. Forschung*, vol. II, n. 1, p. 13ss.). A nota tardia de Orígenes, segundo o qual os sacerdotes só tinham permissão de ensinar os hieróglifos a circuncidados, provavelmente não é aplicável. Antes, a nota contida em Js 5,8 deixa claro que a circuncisão, para o autor, era matéria do *exército*: Josué teria a realizado para escapar do escárnio dos egípcios.

108. No Egito, segundo os memoriais, a circuncisão era realizada não na infância, mas na juventude.

derar. Isso poderia advogar enquanto um argumento central a favor da tese da sua origem na ascese dos guerreiros, o que permanece o mais provável. Por outro lado, todo integrante do pessoal doméstico, também o escravo – segundo uma determinação de idade contudo indeterminada[109] –, deve ser circuncidado, e isso é considerado precondição da participação na ceia de Pessach da casa (Ex 12,48). Os traços da proveniência permanecem, assim, algo ambíguo. Também não há nada de seguro a inferir da circunstância de o incircunciso (*'arel*) mais tarde adentrar uma espécie de Hades (Ez 31,18; 32,18-32)[110]. O incircunciso estrangeiro, em sentido específico, era tido em todo caso como bárbaro em termos de ritual, e os prepúcios dos inimigos eram considerados troféus, da mesma maneira que os escalpos indianos no Egito. Em suma, o mais provável, de longe, é que a circuncisão originalmente estivesse de algum modo relacionada com a ascese dos guerreiros e com a iniciação do grupamento jovem; se ela teve ademais relação com alguma orgiástica fálica habitual na terra de origem, por exemplo, isso provavelmente permanecerá, para sempre, ignoto[111]. Interpretações higienicamente racionalistas, como as que ainda continuam surgindo, são, de um modo bem particular, no mínimo improváveis, aqui como na maior parte dos casos.

Junto às medidas para a consagração do exército, surgia então, na guerra santa, o tabu ritualístico para o despojo: seu ofertamento (*cherem*) ao deus de guerra da Aliança. À época da transformação pós-exílica da última em uma congregação confessional pacificada, ele continuou a existir como excomunhão de membros da congregação que viviam de modo in-

---

109. Seguramente, a circuncisão de escravos era uma inovação, o que também pode-se reconhecer claramente na narrativa tardia da aliança com Abraão (Gn 17,12-13).

110. Nas lendas dos patriarcas pacifistas, a circuncisão é apresentada como marca da Aliança e algo a se realizar na infância, sem motivação, por simples ordem de Deus a Abraão.

111. A possibilidade de que o Pessach tivesse sido originalmente uma orgia da carne de guerreiros beduínos é muito incerta para ser considerada na interpretação. Em si, naturalmente, seria mesmo imaginável que a transformação em uma festa doméstica tivesse sido consequência apenas da fragmentação das tribos de criadores de gado descrita anteriormente, com o crescente povoamento. (Similar ao que diz Ed. Meyer, *Die Israeliten*, p. 38ss.) Mas a pintura dos umbrais com sangue e a proibição do consumo do mesmo parecem mostrar que a orgiástica carnal havia sido eliminada já em tempo mais antigo, caso ela tenha existido.

correto. Indícios de tabuização privada parecem ser encontrados também em Israel. Porém, a tabuização e a oferenda a Deus de toda ou de uma parte do butim, vivo e morto, eram difundidas bem universalmente e conhecidas em especial no Egito, onde o rei matava os prisioneiros em virtude de dever ritualístico. Aqui como lá, os inimigos eram considerados ímpios; em ambos os casos não se encontra nenhum traço de sensibilidade cavaleira. Na guerra, o *cherem* podia variar de quantidade, e as regras referentes à divisão do despojo mostram que a tabuização de todo o butim – homens, mulheres, crianças, gado, casas e mobiliário – no mínimo não era a regra. Em parte eram mortos como sacrifício apenas os homens adultos ("tudo que ourina à parede") ou então também apenas os príncipes e notáveis. Fora da guerra santa, o direito de guerra israelita antigo também distinguia, como o islã, entre inimigos que se subjugavam voluntariamente e aqueles que persistiam na luta, e aos primeiros não se lhes tirava a vida (Dt 20,11). Isso também era praticado, e por sinal tanto dentro como fora do território cananeu. Somente a teoria, de influência profética, referente à santidade específica da terra prometida por Deus, como surgida pela primeira vez no tempo de Elias, exigiria a expurgação absoluta de idólatras dessa região (Dt 7,1-2). E apenas a teoria da profecia de guerra, depois a do exílio, e o desenvolvimento do judaísmo até se tornar confissão tenderam ao princípio fanático de que se teria simplesmente de exterminar o inimigo de território[112]. Deixando de lado a circunstância de que de longe nem todas as guerras, senão apenas as da Aliança como tal – e estas talvez também nem sempre –, eram tidas como guerras santas, a contrariedade no comportamento de Saul às exigências que a tradição põe à boca de Samuel mostra a relativa recentidade das últimas consequências do *cherem* [anátema]. Estas, contudo, foram efetivadas com resoluto rigor também na elaboração da tradição, e esse brutal direito de guerra, essencialmente teórico, criou aquela peculiar junção de uma fantasia quase lasciva de crueldade com os

---

112. Isso, naturalmente, não contradiz as determinações da compilação mais antiga referentes ao direito humano dos forâneos, pois elas concernem ao *ger* mas não aos estrangeiros plenos. A rigor, porém, aqueles metecos apartados em termos ritualísticos simplesmente não haveriam mais de existir agora.

mandamentos de indulgência ante os fracos e os metecos, que dá cunho a algumas partes das escrituras sagradas.

Em conjunto com a ascese geral dos combatentes, a prática de guerra israelita também conhece os fenômenos próprios ao *êxtase de guerreiros* em ambas as suas formas, também difundidas em outros lugares: ou enquanto êxtase coletivo, como produzido pela dança de guerra e pela orgia de carne ou de álcool dos guerreiros, do qual são encontrados alguns indícios na tradição, dentre os quais o mais evidente é o aterrador grito de guerra (*teru'ah*) dos israelitas aos filisteus (1Sm 4,5) depois da chegada da Arca de Iahweh ao acampamento de guerra (a rigor uma dança de guerra em volta dela, presume-se), além do consumo de carne crua e de sangue vivo depois da batalha vitoriosa (contrariamente, portanto, ao ritual normal), mencionado ocasionalmente (1Sm 14,32); ou enquanto êxtase heroico carismático individual, como difundido de modo bem universal entre os heróis do tipo de Tideu ou Cúchulainn, ou do tipo do "amouco", e na forma típica sobretudo entre os "*berserkir*" nórdicos, cujo êxtase, em um inebriamento de ferocidade à espécie de rábia, arroja os mesmos diretamente sobre os inimigos e os faz abater, meio incônscios, aqueles que os rodeiam[113]. Um típico *berserkr* dessa espécie é o Sansão da saga, sem importar se em sua origem ele remonta ou não a um mito do sol (Shamash), como o nome sugere [Shimshon]. Quando o espírito de Iahweh se apodera do mesmo, ele devora leões, põe campos em chamas, demole casas, mata – com qualquer arsenal – multidões indistintas de pessoas e realiza outros atos de fúria bravia de guerra. Ele certamente figura na tradição como representante de um tipo. Até se chegar ao agudo êxtase coletivo da dança de guerra, o herói individual que aparece como *berserkr* extático passa pelo treinamento ascético em êxtase de guerra dado por um grupo de guerreiros profissionais. Um destes certamente há de ser encontrado, em rudimentos, nos "nazireus", nos "separados"[114], originalmente extáti-

---

113. Em Constantinopla, ainda em tempo tardio, alguns desses selvagens nórdicos eram encontrados cativos quase como outrora se cativaram elefantes de guerra. Hoje, a questão se o êxtase de guerra entre os *berserkir* era produzido de modo intencional, por intoxicação, costuma ser respondida negativamente.

114. O Talmude mostra que *naziroth* e *perishot* (de onde vem "fariseu") eram idênticos em conceito.

cos de guerra com absoluta certeza treinados na ascese, que mantinham seus cabelos não aparados – único aspecto seguramente legado – e se abstinham do álcool, originalmente decerto que também de relação sexual[115]. Sansão também era considerado como tal e, nas lendas originais, enfrentou a ruína porque se deixou persuadir a romper o tabu sexual. Os nazireus, enquanto núcleo do exército, são encontrados na Bênção de Moisés a José, sem dúvida antiga (Dt 33,16), e o "cabelo de longas ondas" dos homens (*'am*) que se ofereciam para lutar na guerra (*hithnadeb*) aparece no começo do Cântico de Débora (Jz 5,1-2). No desenvolvimento pacifístico tardio, o nazireato se tornou uma ascese da mortificação por força de voto, com conduta de vida exemplar em termos ritualísticos, sobretudo com abstinência da impudicícia – algo que o nazireato com certeza não foi em origem, pois o Sansão da saga encosta em carne morta (do leão), mas é considerado *nazir*. O ritual legado dos nazireus (Nm 6) já tem esse caráter. Em origem, o propósito daquelas prescrições decerto era, além da preparação mágica para o êxtase, justamente a preservação do pleno vigor físico. A hipótese de Baudissin, de que o antigo direito de Iahweh sobre todos os primogênitos humanos, substituído nos códigos jurídicos por uma taxa exoneratória, teria significado originalmente o compromisso dos confederados de ordenar o mais velho como guerreiro profissional – com o que no caso ainda poderia ser combinada a prescrição do duplo quinhão de herança ao mais velho a fim de torná-lo "disponível" economicamente –, permanece uma suposição interessante mas impossível de ser comprovada com segurança, a favor da qual poderia servir de argumento sobretudo a estreita ligação entre os "nazireus" e "primogênitos" na Bênção de Moisés a José (Dt 33,16-17). Em todo caso, a menção dos nazireus em ambas as bênçãos a José torna provável que nessa tribo, à época das últimas, um núcleo de lutadores da fé de Iahweh, portanto uma espécie de ordem guerreira iahwista (caso se queira permitir a expressão), tivesse sido detentor da força de combate. É impossível saber detalhes mais precisos. Do

---

115. Ao contrário do que é parcialmente aceito (cf. Kautzsch), não parece certo que deixar de aparar o cabelo e a abstinência do consumo de álcool tivessem representado duas espécies distintas da ascese de guerreiros.

mesmo modo, podemos reconhecer apenas muito indistintamente as relações do antigo nazireato com um outro fenômeno, proveniente do tempo das antigas legiões de camponeses: o dos *nebi'im* [profetas, pl. de *nabi*][116]. Ambos tiveram estreitas ligações. Na tradição, Samuel é consagrado pelos pais ao serviço religioso iahwista de uma maneira acordante ao nazireato e é tido – por uma tradição todavia questionável – como herói da guerra contra os filisteus. Por outro lado, ele também é considerado *nabi* e diretor de uma escola de *nebi'im*. O *nazir*, o extático de guerra, era em todo caso próximo ao *nabi*, ao extático mágico, independentemente de como se avalie essa tradição. A circunstância de *nazir* e *nabi* se confundirem também é absolutamente acordante à índole normalmente conhecida das organizações de lutadores da fé.

Os "*nebi'im*" não são, em espécie nenhuma, um fenômeno peculiar somente a Israel ou à Ásia Menor. O fato de a existência de formas semelhantes do êxtase não ser atestada nem no Egito (antes do tempo dos Ptolomeus) nem na Mesopotâmia, senão apenas na Fenícia, certamente tem sua razão apenas no descrédito dos cultos orgiásticos, na prebendalização e na regulamentação burocrática da mântica já na aurora das grã-monarquias, como na China. No Egito, denominavam-se "profetas" simplesmente os encarregados de determinadas espécies de prebendas de templo. Em Israel, porém, como na Fenícia e em Hellas, o êxtase profético permaneceu, em virtude da ausência de burocratização – como na Índia –, uma força vital, e particularmente em Israel, no tempo das guerras de libertação, ele se encontrava ligado, enquanto êxtase de massas, ao movimento nacional. Ao que parece, os *nebi'im* israelitas não se distinguem essencialmente dos extáticos treinados profissionais que encontramos difundidos por toda a Terra. Seu recrutamento ocorria considerando carisma pessoal e era realizado fortemente entre plebeus, como permite reconhecer o tratamento depreciativo dado pela tradição

---

116. Em relação à etimologia, costuma-se aproximar o árabe *naba'* (anunciar) e o babilônico "Nabu", nome do Deus escriba e mensageiro das resoluções do conselho dos deuses. Cf. o significado de Monte "Nebo", cujo nome provavelmente tem relação com "Nabu". Tanto Moisés como Elias são levados por Iahweh até ele ou às suas imediações. Sobre as profecias do tempo anterior ao dos profetas escritores, cf. agora Sellin, *Der alttestamentliche Prophetismus*, Leipz. 1912, p. 197ss., e G. Hölscher, *Die Propheten* (1914). Cf. seção II.

tardia. Pelo visto eles se tatuavam na testa (1Rs 20,41), de modo semelhante aos mendicantes indianos, e vestiam um traje composto sobretudo por uma espécie particular de manto, pelo qual, parece, em virtude do seu efeito mágico ao ser lançado sobre outrem, o chefe da escola (o "pai") designava seus discípulos ou sucessores. Eles praticavam seus exercícios em conjunto, em alojamentos especiais, por vezes aparentemente em montanhas (como no Monte Carmelo), mas *"nebi'im"* são mencionados também em algumas localidades israelitas (Gabaá, Rama, Guilgal, Betel e Jericó). A seu respeito, a tradição não reporta ascese permanente nem ausência de vínculos familiares (2Rs 4,1). Aqui como em todo lugar, música e dança faziam parte dos meios da geração do êxtase (2Rs 3,15). Os *nebi'im* do baal fenício, que encontraram acesso em Israel do Norte sob a dinastia dos amridas, utilizavam uma dança claudicante em volta do altar com autoflagelo orgiástico como encanto de chuva. Autoflagelo e açoitamento mútuo (1Rs 20,35-37) também pertenciam, junto com a geração de estados catalépticos e delírios, às práticas dos *nebi'im* de Iahweh, sem que saibamos algo de mais preciso sobre os pormenores. A finalidade era a obtenção de forças mágicas. Os milagres narrados por Eliseu, último mestre da corporação (2Rs 4,1-7; 4,8-17; 4,18-37; 4,38-41; 4,42-44; 6,1-7; 8,1-6), carregam todos eles o cunho típico da magia profissional, como encontrado nas lendas indianas dos magos e em outras. E como todos esses magos extáticos, os *nebi'im* – como permitem notar aquelas histórias sobre magia (e as legadas por Elias) – eram requisitados em parte como curandeiros, em parte como magos da chuva, mas em parte atuavam, como os nagas indianos e os dervixes, mais comparáveis a eles, como capelães de campanha, e é provável que também diretamente, como lutadores da fé. Os *nebi'im* de Iahweh em Israel do Norte surgem como profetas de guerra no início das guerras nacionais, sobretudo nas lutas de libertação contra os filisteus incircuncisos, que a rigor eram propriamente guerreiros religiosos. Pelo visto, contudo, à época apareceu também a profecia extática, de fato que não pela primeira vez; antes, ela se faz notar em todas as guerras de libertação propriamente ditas – a primeira sendo a guerra de Débora. De início ela não tinha nada em comum com qualquer "vaticínio" (no tempo de Gedeão, afinal, o oráculo era puro oráculo por sorteamento), senão que sua tarefa era, como em Débora, a "mãe de Israel": chamamento à luta pela fé, promessa de triunfo e encanto extático de vitória. Não é verificável de modo seguro que essa profecia de guerra extática de indivíduos tivesse mesmo vínculo direto com o êxtase do *nabi* treinado mais tardio. O Cântico de Débora e o Livro dos Juízes não mencionam o último.

De fato, porém, relações certamente existiam. Pois o êxtase de guerra não era de modo nenhum restrito ao êxtase individual dos *berserkir* carismáticos e dos profetas de guerra dos primórdios, tampouco ao êxtase de massa dos bandos dos dervixes da época mais tardia do exército camponês. Antes, "elos de ligação" são encontrados por toda parte. O caráter de extático de guerra teria sido próprio não apenas a uma parcela considerável dos líderes de guerra carismáticos do assim chamado tempo dos juízes – se não a todos eles –, mas acima de tudo também ao primeiro rei de Israel, como expressamente legado – particularmente em referência a relações com os *nebi'im*. De acordo com uma tradição que não mais compreendia as condições, Saul, supostamente "por acaso", depois da sua unção mediadora do "espírito de Iahweh", logo antes da sua aparição pública como rei, encontra-se na companhia de *nebi'im*, e é ele mesmo tomado pelo êxtase do *nabi* (1Sm 10). Mas também mais tarde, ainda durante sua luta contra Davi, o êxtase o toma – de novo supostamente ao acaso – em uma visita às escolas de *nabi* de Samuel, de modo que ele torna a andar despido, a delirar, e passa um dia inteiro desfalecido (1Sm 19,24). Em um acesso sagrado de fúria enviado por Iahweh, ele esquarteja um boi quando da notícia das negociações referentes à capitulação de Jabes e convoca todo povo de Israel, em imprecação religiosa, à luta de libertação contra os dilatórios. A tradição davídica qualificou seus acessos de fúria contra Davi como produto de um espírito maléfico, mas também proveniente de Iahweh. Nota-se que ele foi um extático guerreiro, como Maomé. Mas, do mesmo modo como Saul, também Davi detém-se nas moradias de *nabi* de Samuel. Ele dança diante da Arca da Aliança quando ela é apresentada em triunfo. A partir de tais informações não é mais possível determinar como a relação há de ter aparentado nos pormenores, mas ela existiu.

Assim como os êxtases de Saul, contudo, também esse ato extático de Davi é escusado de modo meio acautelar pela tradição tardia. Para ela, esses traços não parecem ser próprios a um monarca. Micol, mulher de Davi, afirma expressamente que um rei não deveria se comportar "como um plebeu", e a passagem "Como Saul vem a estar entre os *nebi'im*? Quem é seu (dos *nebi'im*) pai?" exprime com precisão o correspondente menosprezo a essa plebe desprovida de dignidade. Nesse contexto é determinante a posição mudada, por um lado, das camadas letradas do tempo dos reis mais tardio ante os antigos extáticos – ainda a se discutir –, por outro a desses dervixes, resultante da estrutura da *monarquia*, inteiramente modificada a partir da residência de Davi na cidade, mas definitivamente a partir de Salomão. Antes de seu estabelecimento como rei citadino, Davi era um príncipe carismático no sentido antigo, legitimado como "ungido de Deus" apenas pelos êxitos. Por essa razão, quando os amalecitas roubam os rebanhos e as mulheres do seu séquito, ele, rapidamente tido como responsável pelo ocorrido, passa a correr o risco de ser morto pelo último. Isso mudou com a instituição definitiva da monarquia *urbanita* carismático-hereditária e com a alteração da constituição do exército, que seguiu àquela. Salomão importou montaria e bigas do Egito e criou, com elas, o exército de cavaleiros. A *ménage* real estava disponível ao menos para as tropas pessoais e para uma parte dos combatentes de bigas – se não para todos eles –, os quais aparecem como alojados, sob Salomão, em certas "cidades dos carros" (1Rs 10,26). A partir de então, presume-se, o "exército", por exemplo o exército de bigas do faraó, passou a ser chamado na redação da tradição simplesmente de sua "força" (*chayil*); e, o coronel régio em seu comando, de "*sar chayilim*" [chefe das forças]. Acrescentavam-se artesãos reais com obrigações leitúrgicas e súditos forçados a trabalhar na construção do templo, da fortaleza e do palácio e também no cultivo da terra do rei, que se ampliava; havia ainda funcionários régios com terras feudais e prebendas, enquanto oficiais e, ao menos nas residências, também como juízes; tinha-se um instrutor real para o grupamento do exército, um tesouro da coroa como instrumento de poder e para fazer donativos aos leais seguidores; para seu sustento, o rei promovia a prática comercial de arbitragem no Mar Vermelho e impunha cobrança de encargos fiscais nos territórios estrangeiros subjugados, mas também havia pagamentos regulares feitos com produtos naturais pelos súditos – estes distribuídos em 12 províncias – para o abastecimento dos estoques reais de alimentos, mensalmente renovados; por fim, também havia indivíduos submetidos ao trabalho forçado, à maneira egípcia. As consequências imediatamente incidentes com a autoridade real foram a formação de um harém regular, o aparentamento por afinidade e as alianças com os soberanos das grandes potências, sobretudo do Egito e da Fenícia, para poder praticar *Weltpolitik*, e, resultante disso, a importação de cultos estrangeiros, em parte apenas na forma de capelas áulicas para as princesas estrangeiras, mas em parte também mediante inserção dos deuses estrangeiros nos cultos próprios. Assim a monarquia adquiria os traços típicos às grandes potências de guerra do Oriente. Surgem os escribas reais, o chanceler, o mordomo, o almoxarife e a típica titulação hierárquica egípcia "amigo do rei" (*re'eh hamelech*). Mesmo cargos mundanos são ocupados por sacerdotes ou por seus filhos, enquanto os versados na escrita (1Rs 4,1-6), e isso significou, aqui como em todo lugar, um aumento do poder dos sacerdotes de instrução escolar no lugar dos extáticos carismáticos. Mas a isso ainda se acrescentava outra coisa. A partir da lasseada confederação de camponeses, de clãs de pastores e de pequenas cidades das montanhas, Salomão buscou, com todos aqueles meios, criar uma formação política rigidamente organizada. Doze circunscrições geográficas administrativas régias surgiram no lugar das tribos unidas pela Aliança de Iahweh; estas agora se tornavam *phylé*, como existente em todas as antigas cidades-estados para a repartição das incumbências estatais. A maior parte da tribo senhoril de Judá, enquanto potência interna, parece ter sido eximida, como na maioria das formações estatais monárquicas. De resto, a divisão certamente respeitou quase sempre os limites das tribos antigas. A divisão de José em Efraim e as duas Manassés talvez esteja relacionada a isso. Só assim, provavelmente, a estereotipagem das 12 tribos de Israel logrou sua conclusão. Depois da fundação de Samaria, as sucessivas defecções das tribos do Norte não mudaram absolutamente nada na circunstância de que ambos os reinos conservariam esse caráter a partir de então. Com isso, porém, e sobretudo com a crescente importância do exército dos combatentes sobre bigas, o antigo carismatismo extático dos heróis há de ter perdido significado, do mesmo modo como as antigas legiões da Aliança. O exército permanente – as guardas pessoais do rei e as suas tropas assoldadadas – ganhava crescente importância às custas do antigo contingente camponês. Os antigos *gibborim* tinham sido provavelmente apenas a "*classis*" (dito em termos romanos) do exército dos confederados, composta pelos capazes de adquirir panóplia. Porém, com a agora crescente dispendiosidade dos equipamentos, eles se tornavam uma cavalaria ante a qual as legiões de libertos perdiam cada vez mais em significado. Em proporção crescente, a base do poder do exército do rei passava a ser formada pelos armazéns e arsenais, mencionados especificamente em referência a Ezequias (2Cr 32,28). Com isso teve início aquela *desmilitarização* das camadas camponesas, da qual já se falou. Em si, a condição dada pelo desenvolvimento citadino estava para a antiga confederação israelita quase na mesma razão em que se encontrava a hegemonia dos "grã-poderosos senhores de Berna" para a aliança de camponeses original dos cantões fundadores suíços. Em Israel, contudo, de maneira substancialmente agravante, acrescentava-se a dominação da monarquia servilista. Sabia-se muito bem que a antiga aliança e seu exército tinham sido de aparência distinta em termos sociais, e, como algo novo, os encargos fiscais e os trabalhos para o rei impostos aos israelitas livres foram amargamente recebidos.

Os antigos propugnadores da liberdade, os *nebi'im*, foram fortemente atingidos pela mudança em curso. Eles tinham sido os guias espirituais dos antigos contingentes camponeses. Na memória popular, Miriam, Débora, também Samuel – segundo a tradição tardia (questionável) –, os antigos heróis *berserkir* e os bandos dos dervixes eram considerados os detentores da autêntica disposição heroica, tomados pelo "espírito" do deus de guerra da Aliança. Os inimigos tinham sido os cavaleiros combatentes sobre bigas – egípcios, cananeus e filisteus –, contra os quais o exército camponês logrou vitória mediante inspiração do êxtase heroico e profético por Iahweh. Mas agora o exército mesmo do próprio rei se tornava um contingente de cavaleiros treinados no combate sobre bigas e de soldadeiros de origem estrangeira, dentro do qual não havia mais lugar para os *nebi'im* nem para os nazireus. Assim, também o êxtase do *nabi* e a ascese dos nazireus foram *desmilitarizados* – em termos histórico-religiosos, tratou-se de um aspecto muito importante desse desenvolvimento da política interna. Já vimos como foi posta à boca de Micol o *dégoût* da sociedade palaciana referente à dança extática de Davi. Um oficial de Jeú chama de "maluco" aquele *nabi* que foi mandado por Eliseu, chefe dos *nebi'im* de Iahweh, para oferecer ao comandante a unção como antirrei. Nessa revolta iahwista de Jeú – apoiada pelos recabitas – contra a dinastia amrida, destacaram-se, mais uma vez como fator político, sob a liderança de Eliseu, também os *nebi'im* extáticos guiados por ele. Nota-se contudo que, nos relatos sobre os *nebi'im* de Eliseu, as aparições extáticas surgem essencialmente mais temperadas do que na tradição de Saul e de Samuel; seus expoentes são não bandos vagantes em desvario dionisíaco, senão escolas sedentárias incitadas ao êxtase por meio de música. E é, enfim, a última vez que vemos os mesmos serem tratados como um fator político dessa maneira. A menção seguinte é negativa: sob Jeroboão II, o Profeta Amós nega que ele próprio seja um *"nabi"*. Aparentemente se compreendia aqui pelo termo: um extático instruído profissionalmente, que faz disso um *ofício*. Pois, em outras passagens, Amós também usa o nome *"nabi"* como título honorífico. Mas é recorrente entre os profetas escritores a queixa sobre a falsidade e sobre a corrupção dos *nebi'im*. Com o termo são sempre referidos extáticos de *profissão*.

Conclui-se claramente com base nas fontes que o êxtase do *nabi* profissional tinha orientação política apenas em parte; nos demais casos, porém, tratava-se de uma simples atividade de mago. Esses *nebi'im* livres manifestamente não tinham nenhum caráter nacional-israelita. Sob certas condições, eles põem seus serviços à disposição também de não israelitas. Eliseu vai a Damasco, e o Rei Ben-Adad, inimigo de Acab, manda consultá-lo. Ao seu capitão de campanha, doente de lepra, ele também indica um remédio mágico, pelo qual o mesmo é convertido a venerador de Iahweh. Ele anuncia a Hazael – o comandante do rei dos damascenos –, mais tarde inimigo mortal de

Israel, sua predestinação à coroa do império dos arameus. Do mesmo modo, na guerra dos moabitas, ele se encontra à disposição quando requisitado, enquanto mago extático, também ao próprio rei. Mas ele não ocupa cargo permanente; a tradição o tem como chefe de uma comunidade de *nebi'im* livres. Na Fenícia, os *nebi'im* encontrados a serviço do rei eram de idade avançada. O Rei Acab tinha a seu serviço *nebi'im* baalitas da sua mulher fenícia, mas certamente também *nebi'im* de Iahweh – ambos à espécie desde sempre típica na Síria, como prebendados que viviam à mesa do rei –, visto que deu nomes iahwistas a seus filhos. Aparentemente, contudo, à época já havia uma categoria de *nebi'im* avessa a *qualquer* aproveitamento do carisma extático com algum propósito de obter ganhos. Esse ponto de vista, com questionável razão, é atribuído a Eliseu. Ele lança lepra ao discípulo que cobra remuneração. Isso acorda ao que reencontramos como mandamento da honra estamental entre as camadas de intelectuais também de outros territórios, até entre os filósofos helênicos, e a *essas* concepções remontou também a rejeição do título de *nabi* por Amós. Mas tanto aqueles *nebi'im* profissionais do rei como também essa camada de *nebi'im* livres que se julgavam guardiões da pura tradição de Iahweh viam-se agora impelidos a cultivar sobretudo o outro dom próprio a tais extáticos: o *vaticínio* extático. Pois seu significado diretamente militar como lutadores da fé continuou a diminuir a partir do advento da técnica de combate sobre bigas, e permaneceu, em relação aos primeiros, como próprio apenas a uma espécie de capelania mágica de campanha.

A relação do êxtase do *nabi* com o vaticínio é sem dúvida antigo, como já sugere a ligação da palavra (não hebraica) "*nabi*" com o nome do deus oracular babilônico [Nabu]. O relato da viagem a Biblos de Unamón – sacerdote de Ámon – feito pelo escriba egípcio e enviado do mesmo, aproximadamente da época do Cântico de Débora, mostra que os reis citadinos fenícios já do tempo dos ramessidas empregavam extáticos como profetas e agiam segundo suas instruções, do mesmo modo como faziam os reis mesopotâmicos em relação aos oráculos dos sacerdotes do templo. No êxtase, um dos profetas do rei profere um oráculo que aconselha o bom tratamento do hóspede, e então é seguida a recomendação. Por seu lado, os antigos príncipes guerreiros carismáticos de Israel rogavam diretamente a Deus por um presságio, ou vinculavam sua decisão a determinado sinal – como faz Gedeão três vezes seguidas, segundo a tradição. Ou eles eram instados à guerra por um *nabi* extático, como sobretudo Barac por Débora. A circunstância de Saul, por interesse próprio, ter procurado um "vidente" (*roeh*) que ao mesmo tempo era *nabi* (Samuel) para obter um oráculo e bênçãos magicamente eficazes para o próprio exército – e maldição contra o contingente inimigo – é relatada pela primeira vez na tradição histórica. Depois, a lenda, referente a tempos remotos, atribuiu as mesmas práticas a Balaão, também enquanto um *roeh* realizador de encantamentos políticos, especificamente enquanto moabita ou midianita tido como extático, como mostram as alusões algo vagas (Nm 24,1). Ele é apresentado pela lenda como trazido pelo rei inimigo e compelido por Iahweh a abençoar Israel, contra sua vontade. Entretanto, isso tem origem em ideias mais tardias sobre a essência da vocação profética. Bênçãos de Balaão a Israel e ameaços de desfortúnio contra Amalec, Caim e Edom correspondem a *profecias de salvação*, por toda parte típicas.

Visto que a situação histórica que estas pressupõem corresponde àquela do tempo dos primeiros reis, permite-se enxergar nas falas atribuídas a Balaão as primeiras representantes seguras de uma profecia de salvação relativa ao *conjunto* de Israel. Nesse contexto, as acusações que lhe foram feitas mais tarde (Nm 31,16) argumentam a favor da existência de uma relação da figura de Balaão com a espécie de extática típica particularmente a Israel do Norte. Voltando no tempo, essa prédica de salvação é registrada por algumas das bênçãos nas suas compilações, como principalmente a feita à tribo José na Bênção de Jacó (Gn 49,22-28), em versão mais antiga na Bênção de Moisés (Dt 33,13-16). Mas esta se distingue daquela de Balaão por claramente lhe faltar o propósito da influenciação mágica de determinados eventos políticos. Ela não era nenhuma profecia de salvação, senão, presume-se, um cântico de louvor à bela, fecunda terra da tribo, entoado por bardos em festividades tribais junto com o rogar pela Bênção de Iahweh – residente do sarçal – aos valentes nazireus e primogênitos da tribo. De modo semelhante, a fala de Moisés sobre Judá (Dt 33,7) roga por bênção a essa tribo, tida como afligida por inimigos mas designada a se tornar a hegemônica da Aliança. Contudo, ela parece ser de caráter essencialmente literário. Os outros clamores tribais são em parte cânticos de louvor à propriedade de terra ou ao exército da tribo, ou, inversamente, versos de escárnio e censura, ou – como em Rúben, Simeão e Levi – justificativas posteriores da sua ruína, mas todas elas sem caráter propriamente profético. Um cunho distinto carrega apenas o elóquio a Judá na Bênção de Jacó (Gn 49,9-28). Além do elogio da terra judaica, de abençoadas vinhas, ele contém a promessa de que essa tribo haverá de conservar a autoridade soberana e que dela virá o grande herói de Israel. A fala, como bem manifesto, é um produto da grande expansão do poder de Davi, e sem dúvida uma *vaticinatio ex eventu*. Mas ela tem o gênero do *vaticínio* de salvação, na forma de uma profecia *régia*, e é presumivelmente o produto de tal espécie mais antigo em idade preservado em Israel. Essa forma de profecia de salvação palaciana era conhecida por todas as cortes orientais, em particular também no vizinho Egito, e a partir de Davi ela foi praticada pelos profetas reais israelitas. No elóquio sobre Judá, a bênção é dirigida ainda à *tribo* do rei, enquanto hegemônica. Nas típicas profecias reais ela era voltada ao monarca. Para este, tratava-se sobretudo de assegurar a continuidade da sua dinastia mediante um oráculo inequívoco e ao mesmo tempo de forte impacto. A forma em que é apresentada a profecia de salvação da dinastia de Davi mais antiga a ser legada traz um oráculo dessa espécie sendo dado pessoalmente a Davi por Iahweh (2Sm 23,1-7). Aqui o profeta real põe seu elóquio – a favor da dinastia – propriamente à boca de seu primeiro rei, que a tradição trata como um extático ao trono, tomado pelo espírito de Iahweh. Em contrapartida, uma tradição tardia favorável a Salomão e seu templo, provavelmente a mesma que buscou apoiar sua questionável legitimidade ao fazer de Natã – senão tido como "vidente" livre no legado pré-profético – um partidário palaciano interventor nas intrigas da corte e dos sacerdotes após a morte de Davi, põe à boca desse profeta um oráculo de salvação correspondente, referente a Salomão e à perpetuação do trono dravídico como vinculada à construção do templo (2Sm 7,8-17). Se fosse permitido atribuir ao oráculo uma idade elevada, essa seria a primeira profecia de salvação do tipo tardio que se tem preservada. Sobre os reis tardios de Israel, a tradição relata, especificamente em relação a Acab, o emprego de seus *nebi'im* palacianos – aparentemente bastante numerosos – como oraculizadores e, o que sempre lhe é idêntico, como doadores de promessas de fortuna com efeito mágico. Sob a dinastia estritamente iahwista de Jeú é relatado então pela primeira vez o caso em que um oráculo – de Jonas, filho de Amati, oriundo de Gat--Ofer, na Galileia – teria feito – sem dúvida durante a difícil guerra contra os arameus – o *prenúncio* de um rei que haveria de restabelecer as fronteiras do reino davídico (2Rs 14,25), algo a ser concretizado pelos atos de guerra de Jeroboão II, e que este, então, seria o rei vaticinado. Aqui, portanto, o vaticínio do rei salvador surge não apenas – como na Bênção de Jacó sobre Judá – enquanto forma literária, mas também como oráculo efetivo. Sem dúvida, também aqui se trata de um profeta de salvação régio. Sua constante atuação, em ambas as partes do reino, é certa também em relação a outras localidades e foi suficientemente atestada pelas severas palavras dos profetas escritores tardios independentes contra os falsos profetas dos reis.

Como se vê a partir do que foi dito, a versão atual da tradição não diferencia mais entre "*nabi*" e "*roeh*". Antes, ela afirma, por vezes expressamente, que o último seria a denominação mais antiga do primeiro – embora ela compreenda por "*nabi*" o profeta escritor tardio. Só que isso sem dúvida não procede. Toda aquela enorme indistinção na qual hoje se nos apresentam figuras como Balaão, Samuel, Natã, também ainda Elias, resulta não apenas de que, de fato, aqui como por toda parte, as diferenças entre os tipos eram sutis, mas também da tendenciosa eliminação e confusão dos antigos contrastes. Aquilo que o típico "*roeh*" era originalmente mostra o relato sobre o citado oráculo de salvação de Natã: um homem que oraculizava com base em *interpretações de sonhos*, portanto que ou interpretava com êxito sonhos próprios e alheios (como José na tradição novelística), ou então – e isso era o mais importante – que tinha vidências proféticas no êxtase apático. Aquilo que o distingue do antigo *nabi* é sobretudo o não uso do entorpecedor orgiástico típico a este, e portanto, também, do êxtase de massa. Ele recebe suas vidências sozinho e é procurado por sua cientela com o propósito de consultação.

Não sempre – por exemplo não a Natã –, mas em regra geral eram atribuídos poderes mágicos aos mesmos. Parece que o nome "homem de Deus" (*ish haelohim*) era costumeiramente usado para se referir a um desses "*roeh*" ao mesmo tempo dotado de poderes mágicos. A posição de Samuel na tradição histórica talvez se explique originalmente pela circunstância de que ele teve o costume de utilizar como oráculo *político*, pela primeira vez no tempo das lutas de libertação, as formas da revelação de Iahweh aceitas como clássicas a partir de então: sonho e visão de arrebatamento profética. Desse tipo parecem ter sido: Natã e Gad sob Davi (2Sm 24,11), Aías de Silo sob Salomão e Jeroboão (1Rs 15,19), e Jeú – filho de Hanani – sob Baasa. Por essa razão, mais tarde não foi feita distinção entre eles e os *nebi'im* – livres ou profetas do rei. Dar oráculos políticos, porém, aparentemente não tinha sido a atividade original dos "videntes", no longo prazo sem dúvida tampouco a principal. E, por outro lado, os oráculos oficiais dos sacerdotes de Iahweh empregados, políticos ou processuais, não eram oráculos oníricos ou de visões, senão oráculos por sorteamento.

Também o êxtase do *roeh* era antes de tudo negócio privado. A tradição ainda relata como eram trazidas ao vidente questões cotidianas de toda espécie, por exemplo referentes ao paradeiro de asnas, e como os oráculos entregues com base em visão profética eram pagos com presentes (1Sm 9,6-7). Entretanto: para a tradição tardia, o "homem de Deus" e vidente é sobretudo um homem que anuncia a vontade do deus da Aliança às autoridades competentes – aos anciãos, ao rei ou a um herói a ser elevado por ele a príncipe guerreiro carismático. Assim já procedem Samuel e Natã. Só que aqui a redação atual, de influência profética, sobretudo a da escola deuteronômica – que eleva Samuel à condição de líder –, claramente substituiu o verdadeiro "vidente" do tempo antigo por uma outra figura totalmente distinta dele. Todos os tipos tratados até aqui são próprios especificamente à região das tribos camponesas sedentárias do Norte. Isso não é nenhum acaso, como se mostrará mais tarde. As tribos de criadores de gado e o seu genuíno iahwismo, em contrapartida, conheciam – e também não por acaso – outras maneiras pelas quais a divindade manifesta sua vontade. A mais antiga é a epifania. Ela é encontrada junto a todos os patriarcas; na tradição histórica, primeiro na lendária reunião do povo em Boquim (Jz 2,1-5), mas por último com Gedeão. Nesse contexto, o próprio Iahweh foi tornado um mensageiro divino. Pois para a tradição tardia apenas Moisés viu Iahweh face a face. Sempre, contudo, trata-se de que: aquele ao qual a epifania é manifestada, que *escuta* a *voz* concreta de Iahweh ou de seus mensageiros, não tem uma mera *vidência* onírica. Em turno, portanto, esse é um outro tipo de profeta[117]. Seus representantes afirmam ser superiores aos "sonhadores de sonhos", cujas vidências seriam duvidosas e incontroláveis. Também no tempo tardio da profecia clássica, a característica a seu ver determinante permanece a mesma: para o oráculo valer, deve-se ter tido contato com Iahweh pessoalmente, estado na "reunião do conselho" de Deus e escutado a voz mesma do Senhor. Ao ramo da tradição influenciado por essa ideia, o oráculo onírico era tido como não clássico e como enganador, e, os videntes interpretantes de meros sonhos, como suspeitos. Ainda que a interpretação de sonhos, não obstante a inexorável luta contra ela, em especial a de Jeremias, também tenha readquirido prestígio sob influência babilônica ainda em período tardio pós-exílico (Jl 3,1; Dn 2,1-13), e em todo caso nunca haja sido completamente rejeitada, o surgimento de uma *doutrina* sacerdotal da interpretação de sonhos à maneira dos livros mesopotâmicos de sonhos não foi possível, ao menos no tempo pré-exílico. Ocorrem combinações de "ver" e "ouvir": Amós é chamado de *"chozeh"* [vidente] por seus opoentes, e suas inspirações são combinações de "vidências" com interpretações auditivas destas por Iahweh. Mas são vidências reais, em estado de quem se encontra *desperto*. O primado do "ouvir" é, também no seu caso, determinante para o tipo.

---

117. Naturalmente, visão e audição se encontram não estritamente separados, mas vinculados de diversas maneiras. A respeito de Oseias, como o primeiro deles, é dito sempre apenas que a "palavra" (*dabar*) de Iahweh foi até ele. Amós relata sobre toda espécie de imagens que então lhe são *interpretadas* por Iahweh (Am 1,1; 7,1; 4,7; 9,1), similar ainda ao que é encontrado ocasionalmente em Jeremias e de modo algo distinto em Ezequiel. Isaías, em contrapartida, enxerga não imagens a serem interpretadas, senão que ele vê e ouve aquilo que deve anunciar; ou ele vê o esplendor de Deus e recebe então suas ordens. Em todo caso, o significado da audição todavia prevaleceu. Na condição de "vidente", o profeta é chamado de *chozeh* (os derivados de *chazah* significam mais tarde "vidência noturna"). Mais detalhes na seção II.

Como natural, o temperamento de um profeta auditivo, inspirado não por visão onírica no êxtase apático senão emocionalmente, pela escuta de vozes, é bem mais exaltado e ativo do que o de um visionário onírico. Ao que parece adveio daí o uso do nome "*nabi*" em referência também a esse oraculizador. Seu tipo agora deixava marca na tradição. Para esta, a partir de então, o "homem de Deus" é sobretudo um homem que torna manifesta aos detentores do poder político a vontade do deus da Aliança, em parte quando consultado – como a Profetisa Hulda sob o reinado de Josias ou como Jeremias sob Sedecias –, em parte, porém, e cada vez mais, justamente *sem ser perguntado*, independentemente de o oráculo ser do agrado dos mesmos ou não – a rigor em especial nos casos em que ele não lhes apraz. Samuel é considerado pela tradição como o primeiro cujo prestígio lhe permitiu fazê-lo, e a concepção tardia atribui tamanha importância à possibilidade de que um homem sem cargo público e não pertencente às estirpes sacerdotais fosse tomado por esse espírito profético de Iahweh – o que manifestamente foi, em ocasiões, contestado pelos interessados –, que ela criou, em Eldad e Medad (Nm 11,26), um paradigma mosaico próprio em relação a isso. Esse tipo alcançou seu ponto alto na figura de Elias, envolta por diversas lendas, e ao mesmo tempo já tendeu em parte ao novo tipo do "profeta" (escritor) tardio, que se distingue do antigo "homem de Deus" pela circunstância de seu oráculo, ao menos parcialmente, ser endereçado ao "*público*" politicamente interessado, não apenas às autoridades constitucionais sozinhas – dependendo do caso: ao rei ou aos anciãos. Elias, que ao menos indiretamente é relacionado pela tendenciosa tradição dos *nebi'im* com a escola de *nabi* de Eliseu – que ainda carrega totalmente caráter tradicional –, é a primeira figura especificamente "clerical" da história israelita. Apenas a lenda e a intenção de se colocar como seu sucessor, própria a esse epígono dos antigos *nebi'im* – a qual surge na tradição até como "ambição exagerada" –, fizeram dele um mago do tipo de Eliseu. Pelo contrário, a impressividade da sua atuação a rigor aparentemente remontava à circunstância de que ele não utilizava nenhum outro meio senão a simples evocação de Iahweh na oração, em contraste com o encanto extático dos *nebi'im* baalitas. Não por acaso, Eliseu é, para a tradição, como veremos, um camponês sedentário, enquanto Elias é oriundo de Tesbi, do outro lado do Jordão, portanto da região das estepes. Este último, ameaçado de morte pela rainha do Reino do Norte, leva uma vida errante por todo o território de veneração a Iahweh, até o Monte Horeb, ao passo que Eliseu atua como mago de guerra de Acab. Elias recebe suas ordens de Iahweh em solitude e as anuncia pessoalmente, enquanto mensageiro de seu deus, na maneira que a concepção iahwista de seu tempo costumava associar às epifanias dos anjos de Iahweh. Seu prestígio sem precedentes repousava nessa prática e na indecorosidade – até então inaudita – da sua atuação perante os detentores do poder político. Historicamente, contudo, ele é importante como o primeiro a se poder conceber, com razoável segurança, como *profeta da desgraça*, e, nesse aspecto, como o precursor daquela série de grandiosas figuras que, para nossa literatura atual, começa com Amós e termina com Ezequiel. Eles foram os expoentes espirituais da oposição à monarquia e a todas as inovações atribuídas à mesma (de fato ou alegadamente), começando pelos abominados cultos estrangeiros e cananeus até a pressão social contra os outrora expoentes das legiões do exército da Aliança. Como no caso dos videntes oníricos apático-extáticos, a característica distintiva ante os *nebi'im* do êxtase orgiástico coletivo é, também entre eles: *a solitude*, certamente que por razões totalmente diferentes em termos psicológicos – como já aludido e a ser discutido mais tarde. Sociologicamente, porém, a razão inicial disso é que a profecia da desgraça não é passível de ser instruída como um ofício *profissional*, ao contrário da profecia de salvação; ademais, ela não é praticável em termos de *remuneração*, pois não se comprava um mau presságio – e isso era todo oráculo de desfortúnio –, e, finalmente, todas as autoridades sociais e todas as comunidades evitam os profetas da desgraça, ou até chegam a condená-los ao desterro como pervertedores do povo e aniquiladores de todos os bons presságios. A solitude, portanto, assim como a rejeição, por parte dos profetas da desgraça, de auferir ganhos com os oráculos[118], aqui elevada a princípio pela primeira

---

118. Miqueias prageja (Mq 3,5) contra aqueles profetas que vaticinam salvação quando são pagos e que profetizam desgraça quando malremunerados (embora se deva sempre considerar que os oráculos eram tidos como *presságios* com consequências mágicas), assim como contra o aceite de dinheiro por parte dos profetas em geral (Mq 3,11).

vez, eram fundadas nas circunstâncias e voluntárias apenas em parte. Mas a primeira foi condição para que entre eles surgissem os grandes ideólogos do iahwismo, que não conheciam nenhuma consideração e justamente por isso alcançaram aqueles enormes feitos que lhes foram atribuídos. Elias é chamado pelo Rei Acab de desgraçado e pervertedor do povo. De fato, ele já tem completamente o tipo dos profetas tardios, também em alma. A tradição o apresenta como um possesso pelo espírito iracundo de Iahweh, da mais arrebatada espécie, o qual, depois do vitorioso juízo de Deus contra os sacerdotes baalitas concorrentes, parte a correr, coberto por um mandil, do Monte Carmelo até a residência, chegando antes da carruagem real. Mas a tradição também o apresenta como herói do credo, que, como Moisés, litiga e ralha com seu deus, e que é recompensado por este com uma epifania que mais se aproxima à mosaica, ademais como o último grande mago e o único entre os arrebatados ao céu por Iahweh, ao qual a redação atual admite aquela honra. E assim, até tempo mais tardio, essa figura ocupou a fantasia dos fiéis com expectativas de retorno. Contudo, junto com esse personagem elevado pela lenda à condição sobre-humana, encontra-se na tradição uma figura puramente histórica, a qual, livre de todos esses traços sobrenaturais, também já corresponde ao tipo dos "profetas" tardios em um ponto determinante, e que também é tratada pelos redatores da tradição como um de seus protótipos: Miqueias filho de Jemla, que, antes da campanha de guerra, confronta as centenas de profetas da salvação a serviço de Acab com um vaticínio de desfortúnio, que é então concretizado (1Rs 22,8-28). Isso: o *ameaço de desgraça político*, que ao mesmo tempo era avaliado em termos mágicos como mau presságio, parecia ser, já para os contemporâneos de Elias (1Rs 21,20), como também para os de Miqueias e Jeremias (Jr 26,18), a marca característica de uma espécie particular de profecia. Ele era politicamente perigoso. Mas também parecia arriscado atentar contra os mensageiros da desgraça apossados por Iahweh. A marca característica foi então projetada, também de modo retroativo, às figuras semilendárias dos primeiros "videntes" do passado remoto, e, dessa maneira, o (suposto) moabita Balaão e Eliseu foram transformados em profetas que, *contra* sua vontade, vaticinavam fortúnio aos israelitas e a Hazael, respectivamente.

A primeira aparição dos "videntes" independentes e de orientação política, cujos sucessores foram esses "profetas", não por acaso coincide de modo bastante preciso com aquela grande mudança que a *monarquia*, sob Davi e Salomão, trouxe consigo à estrutura política de Israel e também, com ela, à sua estrutura social. A questão da construção do templo, questões referentes à sucessão do trono, pecados privados do monarca, culto e as mais diversas resoluções políticas e pessoais – com Elias pela primeira vez também uma injustiça *social* do rei – são objetos do seu oráculo e da sua crítica, esta não raro extremamente severa, na maioria das vezes não solicitada. Na tradição, porém, essa crítica fundamenta, em definitivo, *uma* norma: o "bom direito antigo" da antiga aliança israelita, tal como o compreendiam os expoentes da crítica. A transformação do Estado em um Estado leiturgista, em uma "casa de servidão egípcia", é para eles, junto com o combate sobre bigas e a *Weltpolitik*, fonte de todo mal. Todo o aparato burocrático é abominação egípcia; censos populacionais trazem a peste, ainda que Iahweh mesmo o tenha sugerido – para a punição de pecados. Isso correspondia ao ideário popular. Os camponeses israelitas sabiam que outrora tiveram de lutar contra cavaleiros para se libertarem do trabalho forçado. Agora eles sentiam a supremacia política e econômica do rei e dos patrícios, além da sua própria e crescente escravização por dívida. Por essa razão, os videntes e profetas sem vínculo de dependência com o rei, legatários da tradição popular dos *nebi'im* de guerra agora destituídos de função, apoteosam o tempo em que Iahweh mesmo, como duque, conduziu o exército dos camponeses, e em que o príncipe montador de asnos se fiava não em cavalos, bigas e em coalizões, senão exclusivamente no deus de guerra da Aliança e em seu auxílio. Foi daí que o alto apreço da *"fé"* nas promessas de Iahweh adentrou pela primeira vez a religiosidade israelita. O nome "*yahweh sabaóth*", Iahweh das legiões do exército[119], que é estranho ao Pentateuco e ao Livro dos Juízes, só então se tornou

---

119. O conceito, bem controverso, é interpretado por Wellhausen e, em linha com ele, por Hehn (*Die biblische und die babylon. Gottesidee*) de modo relativamente universalista: Iahweh é senhor de todos os espíritos que estão no mundo. Entretanto, a relação com "agrupamentos" de *guerreiros*, de fato, é totalmente inequívoca.

a designação para "Deus", utilizada quase exclusivamente pelos videntes e, mais tarde, seguindo seu exemplo, pelos profetas escritores, sobretudo (mas não apenas) pelos profetas da desgraça. A princípio, "*sabaóth*" se referia nesse contexto aos servos celestiais de Iahweh, sobretudo aos exércitos (*tzaba*) dos espíritos das estrelas – combatentes já no Cântico de Débora – e aos anjos. Na tradição mundana, porém, "*sabaóth*" sempre se refere, em todas aquelas (26) passagens em que a palavra surge *sem* ligação com o nome de Deus, às antigas legiões do exército de Israel, como Kautzsch destaca com razão. Nos olhos desses círculos, *seu* deus era Iahweh, e este, por essa razão, estava sem dúvida no mínimo incluído àquela designação profética para "Deus". Especificamente, tais passagens são encontradas também na tradição mais recente, oriunda de um tempo de paz na política efetiva. Trata-se a rigor de uma construção tendenciosa e ideal posterior, que remonta ao passado confederado de Israel. A profecia de desgraça iahwista utilizava a expressão não apenas porque a profecia dos bons tempos antigos havia sido profecia de guerra, e não apenas para exprimir que Iahweh seria o único rei legítimo dos exércitos de Israel (o que é afirmado primeiro em Is 6,5, cf. 24,21), senão também porque as antigas promessas de Deus, como veremos, haviam tido como objeto, além do fortúnio material de Israel, sobretudo justamente o fortúnio de guerra, e a isso ela não queria nem podia renunciar. Junto com a figuração pacifista das lendas dos patriarcas, que teve sua origem no círculo dos criadores desmilitarizados de animais de pequeno porte, e além da apoteose do antigo direito social, sobretudo do direito social das obrigações próprio à aliança iahwista, da qual os plebeus desmilitarizados se encontravam dependentes, surgiu então a lenda dos profetas relativa especificamente à luta religiosa, profetas efetivamente também desmilitarizados, que tão somente em sua fantasia participam de batalhas junto com Iahweh e que agora surgiam como uma camada não de dervixes guerreiros, terapeutas extáticos e daqueles que faziam chover, mas de ideólogos políticos letrados. Segundo uma observação ocasional de Amós, parece que a burocracia monárquica, de modo bastante consciente, combateu os inconvenientes lutadores de fé democráticos, os nazireus e os *nebi'im* livres (Am 2,11-16). Considerando todas as analogias com outras localidades, isso é altamente provável e se torna ainda mais plausível em si se levarmos em conta que também a profecia se calava em tempos de governos fortes. Em tempos de poder em declínio e ameaça externa, porém, logo se avivavam as lembranças democráticas antigas. Quanto menos militaristas os seus mensageiros haviam se tornado naquele meio-tempo, tanto mais a fantasia utópica dos mesmos era saturada de imagens brutais dos atos de guerra heroicos de Iahweh – exatamente do mesmo modo como também hoje, em todas as nações, notamos a maior sede de guerra a rigor entre aquelas camadas de letrados que se encontram mais distante das trincheiras e, por natureza própria, são as menos inclinadas ao combate. Em todo caso, a verdadeira pedra de escândalo para esses letrados deve ter sido a política da monarquia, que havia provocado todas aquelas remodelações da antiga ordem social e militar. Nessa oposição às reformulações políticas e sociais, todos – os pastores recabitas e outros guiados por sacerdotes iahwistas, os camponeses, os veneradores de Iahweh exemplarmente devotos – encontravam-se unidos no marco da apoteose dos bons tempos antigos da pura devoção iahwista e da Aliança, livre, de Iahweh. A independência dessa crítica com relação ao rei, interna e externa, era beneficiada pela falta de um caráter hierocrático da monarquia. O rei israelita não tinha nenhum grau sacerdotal. É bem verdade que, quando Davi veste o éfode, é sugerido o contrário. Ademais, o rei por certo estava em posição de empregar e dispensar os sacerdotes dos santuários por ele sustentados[120], até de tratá-los como funcionários, do mesmo modo como faziam grandes senhores fundiários (Miqueias) em suas capelas. Ele podia oferecer sacrifícios, como todo israelita originalmente. Contudo, ele não tinha a qualificação para proferir oráculos nem para promover consagração e expiação. Isso era reservado àquele qualificado carismaticamente: ao profeta – e mais tarde ao levita instruído. A relativa perda de significado do sacrifício coletivo na tradição da religião iahwista, condicionada pela falta originária de uma autoridade perene sobre a Aliança e pelo caráter da relação de Iahweh com a confederação, favoreceu a autonomia, perante o rei, da po-

---

120. O sacerdote de Betel faz queixa contra o Profeta Amós junto ao Rei Jeroboão, por incitação de rebelião no local de culto, e o expulsa então "do santuário" (*mikdash*) e "da casa" (*beth*) do rei (Am 7,10-13).

sição hierocrática de poder dos *nebi'im* livres (do mesmo modo como, mais tarde, a dos instrutores da *torah*).

A tradição tardia põe à boca de Samuel – que ela apoteotiza ao mesmo tempo como "*roeh*" e "*nabi*" e como representante do direito antigo – a descrição do conteúdo do novo direito régio, por ela abominado. Porque, não obstante toda a advertência, o povo insistia em escolher um rei, Samuel teria registrado por escrito (1Sm 10,25), em arquivo, na forma de uma carta constitucional, portanto em conformidade com a concepção da *berith* – a tudo determinante – que o rei nomearia chefes de mil e chefes de cinquenta (1Sm 8,11-12). Ele haveria de forçar os filhos dos israelitas à condução dos seus carros de combate, outros ao trabalho de armeiro e de construtor de bigas; suas filhas, à preparação de unguentos, a cozinhar e ao padejo (para sua mesa e para a demanda do exército). Ele haveria de reclamar campos, vinhedos e olivais como feudos para seus funcionários, de instituir trabalho forçado no cultivo e na colheita da terra, especificamente a servos e criadas, com touros e asnos, para suprir seu reino e para suas demais necessidades; haveria de instituir o dízimo de vinho, de campo e animais de pequeno porte para o pagamento de seus oficiais e soldados. Os israelitas livres haveriam de se tornar seus "servos" (i. é, súditos, ao invés de confederados)[121]. A lenda tendencial política se voltou contra essas condições e deu outra redação à tradição. Por exemplo, enquanto a autêntica tradição dá a conhecer que um dos cavaleiros de Davi, o belemita Elcanã, matou Golias de Gat (2Sm 21,19), a lenda tendencial admite que ele tenha sido morto depois de atingido por uma pedra, à maneira camponesa, pelo menino-pastor Davi, desconhecido e sem armadura. Inúmeros traços de espécie semelhante são em parte tomados da tradição autêntica sob supressão de outros aspectos, em parte inventados. À preferência dessa tradição pelo antigo exército de camponeses, presume-se, devemos a preservação – entre os antigos cancioneiros – em particular do Cântico de Débora, mas por outro lado também a maneira como a conquista de Canaã e as guerras do tempo dos juízes foram reformuladas à espécie de

---

121. "Em ira" (Os 13,11) Iahweh deu o rei a Israel (entretanto, trata-se aqui dos usurpadores ilegítimos em Israel do Norte).

lendas. Sobretudo, porém, entra em sua conta a apoteose da simplicidade e da fraterna igualdade entre os confederados no tempo do deserto, esse "ideal nômade", como denominado por Budde de modo bastante afortunado. Por essa razão, essa tendência prevalece de forma bem evidente também na seleção das determinações sociojurídicas anteriormente discutidas – conservadas a nós apenas das antigas compilações jurídicas – e nas suas interpolações, presumivelmente bem amplas, com teologúmenos utópicos.

De dentro da mesma tendência, os representantes da antiga tradição exigiam: o rei não há de "retornar à casa de servidão egípcia" para adquirir cavalos e bigas (Dt 17,16). Eles repudiavam a pompa e o esplendor da corte e do templo salomônicos em favor da antiga liberdade camponesa e do antigo culto desadornado em um altar de terra. Entretanto, em vista dos significativos interesses vinculados ao esplendoroso culto real de templo, essas exigências não ficaram sem opoentes nem mesmo nos círculos dos devotos iahwistas. Por conseguinte, nas fontes, o posicionamento ante as radicais inovações de Salomão – e ante a monarquia em geral – não é uniforme. Uma parte da tradição dá a conhecer que desordem e despotismo predominavam no tempo sem reis e escusa tudo que, desde o ponto de vista tardio – correto em termos éticos e ritualísticos –, era considerado sacrilégio, argumentando que à época não havia nenhum rei em Israel e, por essa razão, cada um "fazia o que lhe parecia bom" (Jz 17,6; 21,25, similar a Jz 18,1; 19,1). A enorme posição de poder sobretudo de Davi, mas também de Salomão enquanto arquiteto da construção do templo, naturalmente favoreceu a apoteose em especial desses reis, às custas tanto do príncipe camponês Saul como dos semirreis tardios. No tempo e logo depois dos grandes êxitos guerreiros nas batalhas de libertação, o prestígio da monarquia, afinal, era enorme[122]. O rei recebia, mediante unção, o "espírito" de Iahweh; ele ainda não tinha nenhuma autoridade sacerdotal clerical concorrente sempre ativa por perto, oferecia sacrifícios a Deus pessoalmente em traje de sacerdote (segundo a tradição, Davi assim o fazia) e arbitrava sobre cargos sacerdotais e locais de culto quase tão livremente

---

122. Cf. sobre isso K. Budde, "Die Schätzung des Königstums im A. T." (*Marb. Ak. Reden*, n. 8, Marburg 1903).

como alguns grão-reis mesopotâmicos. Por essa razão, o rei é considerado por essa tradição como "Messias": "ungido" (*hamashiach*) de Iahweh – como, depois do exílio, o sumo sacerdote. A unção, aparentemente não necessária quanto da sucessão normal do trono mas realizada quando da legitimação profética de usurpadores (Davi, Jeú, mais tarde supostamente Saul, em uma das três tradições) e provavelmente apropriada de um hábito antigo de príncipes citadinos locais (talvez de Jerusalém), adquiriu um significado ritualístico[123]. Mas um outro ramo da tradição se encontrava sob a influência do declínio tardio do poder do campo e do ascendente prestígio dos profetas. Por isso, este dá a conhecer que, antes de Israel ter instituído um rei para si, o soberano havia sido o deus mesmo da Aliança, ele sozinho e sem mediação; que o mesmo não tinha carecido de nenhum desses aparatos administrativos, fiscais e servilistas como os reis de agora e, antes, havia manifestado sua vontade a seu povo por meio dos videntes e heróis de tempos remotos, e que sempre, repetidas vezes, viera em seu auxílio quando aquele obedecia seus mandamentos. Essa percepção parece ter predominado entre os camponeses efraimitas de modo ainda mais intenso do que no Reino do Sul, onde a proximidade de Jerusalém se fazia atuante. Oseias foi o primeiro dos profetas a dar-lhe expressão. No Reino do Sul era quase impossível abalar diretamente – pela demanda da abolição da monarquia – o prestígio da dinastia davídica, única a se afirmar em seu trono de modo duradouro. Por essa razão, a agenda voltava-se ali à eliminação das inovações que a monarquia havia trazido, sobretudo no campo político: à eliminação do militarismo, com seus cavalos, bigas e com o tesouro da coroa, do harém de princesas estrangeiras e de seus cultos, dos validos do rei como funcionários e dos trabalhos impostos aos súditos na construção e na lavoura. O rei deve – como exige o Deuteronômio – abolir os soberbos *allures* sultanescos do grão-rei e se tornar novamente um *primus inter pares* carismático, sem muitos cavalos e bigas – portanto um sábio juiz

---

123. Em contrapartida, é muito questionável a derivação de Schwally da palavra *nadib* (para "príncipe", "nobre") a partir do "consagrar-se à guerra". Claramente, aqui como em qualquer circunstância, *nadib* refere-se ao príncipe enquanto "ofertador", "doador de ofertas"; a rigor, apenas o hithpael poderia, como no Cântico de Débora (Jz 5,1), ter o significado de "entregar-*se*" (como também em uma outra passagem do Cântico de Débora – Jz 5,9 –, segundo uma leitura discutível).

montador de asnos e protetor da gente simples. Então Iahweh, o antigo deus da Aliança, estará com ele também contra inimigos aparentemente ainda tão superiores, como outrora esteve com o exército de camponeses, desde que ele apenas – o que é precondição de todo resto – renuncie às pretensões da *Weltpolitik*, culpada em todas aquelas inovações. Veremos como interesses de poder sacerdotais e ideologias de teólogos se juntaram nessa agenda que a lei deuteronômica tentou implementar efetivamente sob Josias, poucas décadas antes da queda de Jerusalém.

Em Israel, a monarquia era não uma monarquia patrimonial de bem--estar, senão aliada com o poder dos *gibborim*. Por isso os representantes da antiga tradição se voltavam ao mesmo tempo contra ambos. Essa corrente se faz notar com grande intensidade nos oráculos dos profetas escritores pré--exílicos. Sobre suas posição e importância políticas em geral será tratado mais tarde, de modo contextualizado. Aqui interessam as censuras que eles apropriaram da crítica popular às condições sociopolíticas. No topo da lista se encontram o aceitar presentes, o suborno e a violação da lei (Am 2,6; Is 1,23; 5,3), pela qual o direito é transformado "em veneno" (Am 6,12), pela qual é aceito dinheiro de assassinos (Am 5,12), sangue inocente é derramado (Is 1,15; 7,6; 22,3), o povo é explorado (Mq 3,2-3), pela qual a jurisdição beneficia os ímpios e prejudica pobres, viúvas, órfãos (Is 10,2) e justos (Am 5,12), pela qual são praticadas violência (Jr 7,6; 22,3) e exploração (Is 5,7) ao invés do direito, são alinhados campo por campo e casa por casa (Is 5,8; Mq 2,1-2), pela qual os pobres são oprimidos (Am 8,4), em especial os "pobres ao portão" (Am 5,12), isto é, a população rural subjugada ao patriciado citadino, pela qual grãos são tomados dessa população por meio de grandes encargos (Am 5,11), as mulheres e as crianças são expulsas da quinta (Mq 2,9), injustiça é praticada contra os pobres (Am 4,1) e pela qual os ricos patuscam dos ganhos das vestimentas penhoradas, apesar da proibição de penhora (Am 2,8). Os ricos são soberbos (Am 6,4-6; cf. Is 3,16), os *gibborim* se embebedam (Is 5,22; cf. 5,11) e o vício cardinal é a avareza (Am 9,1, como mencionado também depois exílio, em Hab 3,9). Essas são acusações levantadas pelas camadas plebeias em todo o mundo, mas sobretudo no Ocidente da época pré-capitalista – Antiguidade, alta Idade Média –, contra os funcionários palacianos ou, dependendo das circunstâncias, contra estirpes patrícias citadinas. Na Antiguidade helênica, por exemplo, seu porta-voz é Hesíodo. Em Israel, como vimos, monarquia e clãs ricos, economicamente capazes de compor guardas, estavam em estreita ligação – na maioria das vezes, os funcionários dos reis eram oriundos do patriciado. Esses típicos contrastes sociais se notam com grande clareza na profecia.

Adoção e caráter do deus de guerra da Aliança

Sempre e por toda parte, porém, essa tradição antimonárquica e hostil à nobreza citadina faz referência à antiga *Aliança* que Iahweh teria estabelecido outrora com Israel – em oposição a todos os demais povos – por intermédio de Moisés, e ao evento histórico absolutamente único que estaria na origem dessa aliagem, também sem precedentes. E de fato: a condição particularmente singular de Israel – a coalizão não apenas sob a garantia de Deus senão com o *próprio Deus* enquanto contraente – era, efetivamente, de modo bastante manifesto, produto daquele acontecimento concreto ao qual toda a tradição israelita, de forma unânime, remonta essa ocorrência. Todos os profetas consideram a libertação do regime de trabalho forçado no Egito por meio da milagrosa aniquilação de um exército egípcio no Mar dos Juncos como símbolo, por um lado, do poder de Deus e da incondicional fiabilidade das suas promessas, por outro da eterna dívida de gratidão de Israel junto ao mesmo. Para ser preciso, a particularidade do evento era que esse milagre tinha sido realizado por um *deus até então desconhecido* em Israel, que logo em seguida foi então adotado como deus da Aliança em *berith* solene, sob instituição do culto iahwista por Moisés. Essa adoção, porém, sucedeu com base em compromissos bilaterais, transmitidos a ambos os lados pelo Profeta Moisés. Os compromissos do povo fundaram seu comprometimento eterno específico perante Deus, e os compromissos divinos oferecidos como contrapartida fizeram do último, para Israel, um *deus da promessa* – em um sentido bem eminente, não encontrado em referência a nenhuma outra divindade conhecida na história mundial, em nenhuma outra localidade. Eis a inequívoca concepção da tradição. Esse é o pressuposto, bastante evidente, do conceito da *"renúncia"*[124] a Iahweh enquanto um sacrilégio especificamente pernicioso, conceito não encontrado *em parte nenhuma* no mundo circundante, todavia já pressuposto no Cântico de Débora. Isso, sobretudo, é o que constitui a imprescindível base intelectual do significado da profecia e dos vaticínios de salvação, o qual não chegou a ser alcançado em nenhum outro lugar. É bem verdade que riqueza, vida longeva, prole numerosa e um bom nome foram desde sempre, em qualquer parte do mundo, aquilo que sacerdotes e mistagogos prometiam ao venerador de seu deus e o que era prometido aos reis por seus profetas de corte. E, do mesmo modo, era compreensível por si mesmo, em qualquer lugar, que o deus de guerra da tribo ou o deus do rei estaria ao seu lado, contra os inimigos. Isso foi assim também em Israel. Esperava-se do poderoso deus adotado da Aliança que ele desse prole numerosa à gente, de modo a multiplicar a população, que ele a conduzisse à vitória sobre todos os inimigos, que trouxesse chuvas, desse colheitas fartas e assegurasse a propriedade; por fim, que tornasse o nome dos lendários antepassados e o do povo abençoado, eles mesmos, palavras de bênção. Mas por que a relação com Deus se baseava em uma *berith*, essa esperança adquiriu um fundamento extremamente sólido e era tida como fundada em promessa formal: em um juramento de Deus. Originalmente, as promessas não são imaginadas como vinculadas a condições particulares, e suas formulações mais antigas na tradição também não as tornam dependentes de nenhum comportamento particular de Israel, porventura especificamente moral. Antes, elas estão vinculadas – obviamente – a apenas uma condição, a de que Iahweh fosse deus de Israel e tratado ali enquanto tal – nesse caso, Iahweh lhe acompanhará por montes e vales. Apenas isso importava, e era tudo que os portadores militarísticos do "espírito" de Iahweh, os nazireus e os *nebi'im*, os lutadores da fé, sabiam e (como já faz o Cântico de Débora) transmitiam às legiões do exército. A ideia de "idolatria" enquanto sacrilégio, senão total-

---

124. Com razão, Hehn (*Die biblische und die babylon. Gottesidee*, p. 272) chama atenção para o fato de esse *conceito*, já enquanto tal, não ser recorrente no âmbito de nenhuma outra religião da Ásia Menor. A rigor, ele só é elucidável em princípio a partir da antiga relação de *berith*.

mente estranha às religiões antigas, adquiria assim sua penetrante importância. Seu próprio voto de juramento, e absolutamente mais nada, é o que leva Iahweh a privilegiar Israel ante todos os outros povos – assim ainda estabelece o Deuteronômio (Dt 7,8) –, e não porventura seu valor moralmente mais elevado. Em todo caso: isso já não correspondia à concepção popular. Esta – como em qualquer povo – sabia que outros povos não eram iguais aos israelitas em termos valorativos, e portanto também deviam isso a Deus. E, como em toda parte, a desigualdade de valor se baseava especificamente na circunstância de que aqueles tinham outros hábitos de vida, faziam coisas "nunca feitas em Israel". Pois visto que Iahweh, por meio da *berith*, era parceiro contratual das ordens ritualísticas e sociais da Aliança, o fundamento da inferioridade valorativa dos outros, para Iahweh, era justamente que eles não conheciam seus ordenamentos, ou ao menos não os cumpriam. Esse fundamento negativo da distinção feita por Iahweh surge então também no Deuteronômio, unida àquela concepção. Já à época, contudo, a concepção própria aos que tinham interesses religiosos era mais abrangente. Em todo o mundo, os deuses da ordem social protegiam a mesma, puniam sua violação e recompensavam o respeito a ela. Tão logo se teve ocasião de levantar a questão a respeito do *fundamento* do comportamento divino, a concepção da relação com o deus da Aliança enquanto *berith* há de ter fortalecido a crença nisso, de modo especificamente acentuado. Essa ocasião surgiu com o declínio da posição política de poder de Israel. Pode-se notar claramente que a remissão a Moisés e à Aliança, e também o significado da ideia de "aliança" em geral, havia passado temporariamente a segundo plano – em particular sob a influência da ofuscante posição de poder da monarquia –, mas alcançado um novo apogeu mais tarde, pouco antes do tempo do exílio e durante a redação da tradição sacerdotal no exílio – como consequência bastante natural do declínio do prestígio das forças políticas e da questão sobre a razão da decadência. O antigo direito da Aliança e o significado da observância aos mandamentos de Iahweh enquanto condição da sua graça surgiam agora com grande força e davam cunho às esperanças de futuro; agora elas são vinculadas ao pressuposto da obediência aos antigos mandamentos, e a ideia da "aliança" se tornava, assim, como em nenhum outro povo, a dinâmica específica das concepções éticas da instrução sacerdotal e da profecia. Os profetas escritores encontraram como material consistente a ideia de que a relação religiosa de Israel com Iahweh seria profundamente caracterizada pelo conceito de uma "aliança" formada com ele mesmo. Os ameaços de desfortúnio contra Israel, característicos aos profetas, certamente ainda são ausentes nas tradições vistas como genuinamente "iahwistas" e "eloístas". Também a supostamente mais antiga das grandes expressas promessas de salvação divinas feitas a Abraão (Gn 15,18-20) – a promessa de dominação sobre a terra Canaã (desde a fronteira do Egito até o Eufrates, segundo um complemento!) – pertence somente à redação "jeovística", como denominada por Wellhausen, portanto ao tempo profético. Também ela ocorre mediante *berith* formal ritualística de Deus com o patriarca. Nesse contexto, o juramento divino é a consequência da fé incondicional do último em Deus, o qual o "tem em conta de justiça". Esta, pois, é uma ajustagem já evidentemente secundária, porque muito abstrata. Ela corresponde à forma legada pela redação exílica (Gn 12,2-3). Mas a ideia mesma do significado da obediência, puramente como tal, necessariamente deve ser substancialmente mais antiga. Pois a história do sacrifício de Isaac, por exemplo, enquanto paradigma da autêntica fé *incondicional*, aparenta ter sido redigida em período pré-profético ("eloísta"), ainda que a expressa novação da promessa conjurada de Deus seja considerada, por essa razão, complemento tardio. Portanto, a *formulação* do conteúdo da *berith* na forma de uma promessa, enquanto *recompensa* pela obediência, é, nas nossas redações, posterior. Mas já no começo da era dos profetas escritores, a concepção mesma da *berith* se encontrava tão cristalizada que Oseias – um dos primeiros – logo pôde conceber o sentido religioso da relação com Deus à maneira de um matrimônio; e qualquer violação dos compromissos de Israel, como infidelidade a Iahweh. E nada argumenta mais claramente a favor da completa naturalidade desse antiquíssimo fundamento – a perdurar até o tempo mais tardio – do que a circunstância de os cânticos de amor da compilação adotada no cânone atual como "Cântico dos Cânticos", em parte altamente jubilosos, terem logrado, para uma posteridade decerto já fortemente sensibilizada – de modo emocionalmente "pietista" –, adquirir significado enquanto uma expressão adequada da relação de Iahweh com seu povo. Por isso, em todos os profetas, de Oseias até Ezequiel, o "ciúme" (*kin'ah*) de Iahweh contra os outros deuses era uma das suas características encontradas de modo mais marcante[125].

A mais antiga – nesse caso em particular – das duas grandes compilações das fontes, a assim chamada "eloísta", diz de modo bem inequívoco que Iahweh, para a aliança de guerra israelita, era um deus de recente adoção, feita por intermédio da ordem cultual mosaica[126]. Segundo a tradição mais antiga – contida também na bênção a Efraim –, uma epifania inesperada de Deus nas labaredas de uma sarça, no deserto próximo a Horeb, revela o mesmo a Moisés, este tido como pastor israelita a praticar seu ofício entre os midianitas. Segundo a redação da tradição, Deus, ao ser perguntado por seu nome, responde-lhe evasivamente com o jogo de palavras etimológico "eu sou o eu sou", mas menciona em seguida o nome "Iahweh", aparentemente não israelita[127]. Nessa fonte mais antiga, o deus dos patriarcas, com o qual ele foi identificado mais tarde, ainda não carrega o nome "Iahweh", senão apenas o nome "El", em diferentes composições, sendo "*el shaddai*" a mais estimada na tradição tardia dos sacerdotes – também uma palavra que, em termos etimológicos, sem dúvida não era israelita. "Moisés" é nome egípcio,

---

125. Sobre isso, cf. Küchler, *Z. f. A. T. Wiss.*, vol. 28 (1908), p. 42ss., que ao mesmo tempo demonstra como, em Ezequiel, a partir da destruição de Jerusalém, esse "fervor" se volta não mais contra outros deuses nem, portanto, contra Israel – se este os cultuar –, senão que agora contra os inimigos dos israelitas.

126. Isso foi enfatizado de modo veemente em particular por Budde ("Das nomadische Ideal im Alten Testament", *Preuss. Jahrb.* vol. 85, 1896, e *Die altisraelitische Religion*).

127. A etimologia do tetragrama YHWH permaneceu tão controversa como a questão se ele teria sido uma contração de "*yah*" (a constar no nome próprio) e "*yahu*" (ou "*yao*", o nome que usa a congregação de judeus em Elefantina no século VI a.C. e que também aparece em nomes próprios teóforos), formando "*yahweh*", ou se, inversamente, "*yahu*" e "*yah*" eram formas abreviadas do último nome. Sobre essas questões e sobre a vocalização massorética, cf., além da literatura corrente, o artigo de J.H. Levy em *Jewish Quart Rev.* vol. XV, p. 97. A derivação a partir do "Ea" babilônico parece fantasiosa (A.H. Krone, ibid., p. 559). No geral, é a rigor extremamente improvável que os nomes referentes a "Ia" nas tábuas de Amarna ou os componentes semelhantes de nomes babilônicos tivessem alguma relação com "Iahweh". (Em todo caso, cf. Marti em *Theol. St. u. Kr.*, vol. 82, 1908, p. 321, e W. Max Müller, *Asien und Europa*, p. 312-313.) Considerar, com Hehn (*Bibl. und babyl. Gottesidee*), o nome como um teologúmeno de Moisés ("ele é presente") não parece possível, visto que Iahweh foi venerado não apenas em Israel.

assim como "Fineias"; em uma tradição, a mulher "cuchítica" de Moisés é improperada por Miriam e Aarão – reminiscências de antigas disputas entre estirpes sacerdotais, nas quais todavia decerto segue vivo um conhecimento de que Iahweh e seus sacerdotes, mesmo mais tarde, ainda fossem considerados totalmente ou em parte estrangeiros. Naturalmente, em um tempo de supremacia egípcia na Palestina e no Deserto do Sinai, os nomes egípcios pouco servem como prova da proveniência egípcia do fundador da Aliança – nem, em todo caso, de seu deus –, assim como os nomes babilônicos ou helênicos entre judeus do período tardio pouco afirmam algo sobre sua ascendência. De toda forma, falta originalmente a Moisés, ao contrário de Josué, a designação de linhagem israelita (construída artificialmente e somente mais tarde), e a origem levítica do clã de sacerdotes que mais provavelmente descendeu dele (elídico) também é construção apenas tardia. Seja como for, a antiga tradição mostra claramente ao menos que o deus já tinha sido venerado fora de Israel quando da sua adoção. Aparentemente foi entre as tribos beduínas e oasianas vizinhas de Israel pelo Sul que ele tinha desfrutado de veneração organizada. Desde o início, sua morada foram as montanhas, mas o oásis Cades, no Deserto do Sinai, era considerado pela tradição mais antiga como seu verdadeiro local de culto, onde foi indicado o túmulo da Profetisa Miriam e onde supostamente sucederam atos determinantes da constituição de Israel. Às "águas de Meriba" do Cades (Dt 33,8), isto é, à fonte daquele oásis na qual seus sacerdotes pronunciavam oráculos processuais, tinha-se o local mais importante, relativo à origem dos levitas, da sua veneração organizada. Seu sacerdote Jetro[128], sogro e conselheiro de Moisés na tradição, era considerado midianita. Do mesmo modo, a figura de Balaão – coberta de lendas –, que vaticina em seu nome, era tida como a de um vidente estrangeiro, parte moabita, parte amonita, mas, segundo a interpretação correta, provavelmente edomita ou midianita, que mais tarde é morto pelos israelitas em guerra. Em todo caso, aqui deixa-se de lado como conjugar, à ocorrência em Cades, a morada fixa de Deus no Monte

---

128. Jetro faz ofertas sacrificiais a Iahweh *como seu sacerdote*, e Aarão e os anciãos de Israel comungam com ele à mesa.

Sinai e a formação da Aliança, ali situada por uma tradição mais recente. Os edomitas cedo avançaram em campanha de conquista em direção à fronteira egípcia; e Edom, em especial o monte florestado Seir – residência de Esaú (Gn 32,3), irmão mais velho de Jacó –, onde mais tarde fixaram residência também estirpes da tribo Simeão, cedo desaparecida, era tido, ainda por Jeremias e Abdias, como antiga morada da sabedoria de Iahweh. A estirpe levítica dos coreítas (Ex 6,21) parece ser originalmente descendente de Esaú (Gn 36,5), portanto de linhagem edomita. No Cântico de Débora, Iahweh parte à luta desde o Monte Seir, e dali – apesar da amarga hostilidade a Edom à época – o poeta do belo cântico dos guardas – oriundo do tempo do exílio, encontrado entre os oráculos de Isaías – ouve o chamado "que resta da noite?" Os quenitas, mais tarde veneradores particularmente fervorosos de Iahweh, originalmente não pertenceram sequer à tribo Judá, tanto menos a Israel, para a qual Caim, afinal, era um maldito, tanto na lenda do homicídio culposo como naquele antigo elóquio de Balaão. Há alguma dúvida de que o Monte Sinai, mais tarde confundido com o Horeb, tivesse sido um vulcão localizado na costa noroeste da Arábia, próximo ao Mar dos Juncos, a leste da Península do Sinai, como denominada hoje. Porém, a saga também nunca afirmou nem mesmo que ele já teria pertencido ao território de Israel. Tampouco Cades. E, com a mesma certeza, Iahweh não era tido pela tradição antiga como o deus original de Israel, nem como deus apenas de Israel, tampouco como um deus residente em Israel. Somente para a redação final tardia do Hexateuco, que faz de Iahweh o deus universal, é indiscutível que os patriarcas também não veneravam nenhum outro deus senão ele. Para a tradição antiga, ele é, ainda na lenda de Jefté, um deus entre outros, apenas particularmente mais poderoso e eminente. E, além disso, embora seja "deus de Israel" – e, para Jefté, "meu deus", assim como Camos é o deus do rei dos amonitas –, ele o é em um sentido a rigor bastante particular. Ele era – e isso seguiu sendo uma ideia de grandes implicações – um "deus de longe", a reger desde sua remota morada nas montanhas, perto do céu, e ocasionalmente a intervir pessoalmente nos acontecimentos. Esse "longe" conferia-lhe de antemão uma majestade especial. É bem verdade que uma das tradições antigas dava a conhecer que os anciãos mesmos haviam se sentado à mesa com ele no Sinai. Mas o ponto de vista predominante do período tardio era o da crença de que, de todas as pessoas, apenas Moisés o teria visto face a face (Nm 12,6-8) e que depois seu próprio semblante teria luzido em fulgor tão sobrenatural que ele teve de cobri-lo do povo – isso último talvez uma reminiscência às antigas máscaras terafim, sobre as quais ainda será falado. E a verdadeira opinião ia no sentido de que Moisés, a seu pedido, também teria logrado enxergá-lo apenas por trás, de relance, porque qualquer um que avistasse seu semblante estaria fadado à morte (Ex 33,20). Não um deus tribal ou local afeito, senão uma figura estranha e misteriosa foi aquilo que deu a sagração à confederação israelita.

A aniquilação daquele exército egípcio, à qual é remontado pela tradição o enorme prestígio desse deus, aparentemente ocorreu por uma grande cheia, repentinamente incidente após a vazante igualmente súbita do Mar dos Juncos, a leste da Península do Sinai, muito provavelmente – como indicam o aparecimento de labaredas e de colunas de fumaça e as brasas nas montanhas – em ligação com fenômenos vulcânicos de alguma espécie. Tanto essa catástrofe do Mar dos Juncos como a estância egípcia de Israel foram questionadas diversas vezes. Mas, segundo as fontes egípcias, não era nada de incomum que criadores de gado da estepe, na seca ou sob ameaça iminente, buscassem proteção, como metecos, no território fronteiriço egípcio; nesses casos, era bem natural que eles ocasionalmente fossem submetidos pelo rei a trabalhos forçados, e igualmente evidente que os mesmos, dada a oportunidade, se furtassem ao fardo laboral. Visto que aquelas fortificações de fronteira, de cuja construção os israelitas alegam ter participado, parecem ter sido construídas sob Ramsés II, enquanto que, sob seu sucessor Merneptá, Israel já seja mencionado na Palestina como inimigo, a cronologia da imigração e do êxodo decerto fica particularmente bem dificultada caso se identifique os "*habirus*", os quais bem antes, sob Amenófis III e IV, figuram como inimigos na Palestina, com os '*ibrim*, com os "do outro lado" – isto é, provavelmente os oriundos da terra ao leste do Jordão –, como os israelitas e outras tribos tidas como aparentadas com eles são denominados na tradição desde o ponto de vista dos estrangeiros[129] – mas que à própria boca dos israelitas consta apenas uma vez no Livro da Aliança[130], senão quase que somente no trato com os forâneos[131], exceto no caso de Abraão, tido como pastor peregrino, que sempre é chamado de "o hebreu". Com efeito, há de se assumir como certo que as tribos mais tarde reunidas à aliança israelita adentraram os territórios a oeste do Rio Jordão em levas distintas, e que, como se evidenciou já antes como provável, também a composição mesma da Aliança se modificou, sendo incluídos, por um lado, cananeus, por outro tribos beduínas mais antigas. Também é certo, provavelmente, que nem todas as tribos tardias de Israel ou seus antepassados comparticiparam da estância egípcia. A tradição mais fiável, porque mais natural, assume que a tribo Judá, formada bem mais tarde, adentra suas localidades de moradia desde o Sul, não do Leste. Permanece pouco claro se os fenícios teriam supostamente – mas dificilmente de fato – imigrado desde o Golfo Pérsico, e, uma parte dos nômades *sa.gaz*, desde a fronteira da Mesopotâmia, como se presume; também se uma parcela dos israelitas albergada traz a tradição de Abraão (ou Abram) migrou já mais cedo, por exemplo no período Amarna, desde a estepe mesopotâmica. Mas isso não parece impossível. O nome (Abiram) é comum na Babilônia. É bem verdade que a religiosidade atribuída a Abraão não contém nenhum traço babilônico distinguível, ao passo que a tradição referente a Codorlaomor é de fato uma peculiaridade

---

129. Segundo a descoberta de Winckler em Bhögazköi (*M. d. O. G.*, vol. 35, p. 25), a maioria dos pesquisadores, como Böhl ("Hebräer und Kanaanäer"), supõe comprovada a identidade entre *sa.gaz* e *habiru*. Entretanto, dificilmente é acaso que os *habirus* aparentemente atacassem desde o Sudeste, os *sa.gaz* desde Norte e Nordeste e que apenas os últimos sejam mencionados na Mesopotâmia.

130. Ali, o escravo por dívida é chamado de "servo hebreu" (Ex 21,2, assim como na *seisachtheia* determinada por Sedecias, cf. Jr 34,9-14 e Dt 15,12). *Talvez* a expressão estivesse aqui – em reminiscência à linguagem usada em antigos pactos de *seisachtheia* da nobreza citadina com os camponeses – em oposição ao patrício que não fosse "hebreu", i. é, nesse caso, urbanita. Sobre fundamentos semelhantes poderia se basear a diferenciação, por si marcante, de membros da tribo escravizados sob os filisteus como "hebreus" de "Israel" (1Sm 14,21).

131. Héber é progenitor também das tribos na Arábia até o Iêmen, cf. Gn 10,21.24-32 (iahwista). Os casos do uso de *'ibrim* no Gênesis (cap. 38-50), que remontam a tempo mais antigo que a redação sacerdotal, assim como no Êxodo (Ex 1,15-22; 2,6-10) e no Livro de Samuel (1Sm 4,6-11; 13,3.19; 14,11; 29,3), envolvem sempre relações com egípcios ou filisteus (sobre isso, cf. Böhl, op. cit., p. 67). Chama atenção que no poema de Balaão (Nm 24,20-24) seja profetizada desgraça a "Héber" junto com "Assur".

notória. Outros aspectos da tradição também permitem supor várias ondas de expansão sobre o território. Em todo caso, como indica o Cântico de Débora, as compilações de bênçãos e a tradição sacerdotal têm como cerne da aliança israelita antiga o pacto instituído por Moisés, com o propósito de conquista e defesa do território a oeste do Rio Jordão, junto ao deus que havia ministrado o milagre do Mar dos Juncos. Não há nenhum motivo para duvidar da historicidade da pessoa[132] de Moisés[133]. Trata-se apenas de determinar a particularidade a ser atribuída às suas realizações.

Uma verificação efetivamente segura da ocorrência parece simplesmente impossível em termos históricos. Deixando de lado outras dificuldades intransponíveis, a ideia de que um código (o Livro da Aliança, p. ex.) ou um catálogo de deveres éticos (como o Decálogo) teria constituído o objeto da *berith* é totalmente não histórica e concebida com viés pragmático. Em correspondência com todas as analogias, também as islâmicas, os conteúdos mais prováveis da coalizão – a qual talvez não fosse mesmo a primeira da sua espécie – são, por razões puramente práticas: a apropriação de *ritos* vigentes nos locais da sua veneração até então, aparentemente extremamente simples, conformes ao ambiente (culto sem imagem, talvez

---

132. Sobre Moisés, cf. Volz, *Mose* (Tübingen 1907) e Gressmann, *Mose und seine Zeit* (Göttingen 1913). Contra sua interpretação como "curandeiro", cf. König, em Z.D.M.G., vol. 67 (1913), p. 660ss.

133. Deixando de lado a improbabilidade intrínseca da invenção justamente dessa figura em si, puramente humana na tradição, alguns traços extremamente marcantes do legado que permitem inferir resquícios incompreendidos de antigos antagonismos tornam a historicidade apenas mais provável. O nome (Musi) é reencontrado entre estirpes levíticas (Ex 6,19; Nm 26,58 e em outras passagens). Uma tradição antiga menciona filhos de Moisés (Ex 2,22; 4,20), e o sacerdócio danita foi derivado genealogicamente dele. Mas toda a genealogia tardia de redação sacerdotal não indica nenhum descendente de Moisés. Segundo Ex 18,2-12, Moisés mandou seus filhos, junto com sua esposa, a Jetro, quem depois os leva até ele no deserto. Gersam e Eleazar, indicados em Ex 2,22 como filhos de Moisés, são contados em 1Cr 6,1 e em 1Cr 5,29 como filhos de Levi e Aarão, respectivamente (assim como Eleazar, já em Nm 26,1, e depois em outras passagens). Para rotular Moisés como levita absolutamente puro, é dado (Ex 6,20) que seu pai Amram desposa sua sobrinha [tia] Jocabed (a confusão nas linhagens dos levitas se mostra de modo particularmente claro em Nm 26,57, comparado com o versículo 58). Moisés é repreendido por ter mulher cuchítica. Os sadocidas e aaronidas tinham um interesse na inexistência de uma estirpe levítica puro-sangue que remontasse a Moisés. Nomes egípcios – como "Moisés" mesmo o é – são encontrados na sua principal concorrente, a estirpe dos elidas (Fineias). Em toda a tradição histórica e nos profetas, assim como na cronística de estilo profético, Moisés certamente desempenha, como bastante evidente, um papel bem pequeno, o que talvez esteja ligado à relação original apenas das tribos *norte*-israelitas (Efraim) com a epifania da sarça.

circuncisão, mas seguramente o oráculo por sorteamento), certos ordenamentos sociais de irmandade dos mais simples, próprios a uma legião conquistadora formada por nômades das estepes, e por fim o prestígio da profecia de guerra enquanto tal. O restritivo tabu do despojo e o rigor particular com o qual Deus abomina o homicídio de compatrícios e a violação do direito de hospitalidade também acordam com essa proveniência. A nós será permitido supor, sem demasiada imprudência, que esses foram aproximadamente os deveres de Israel assumidos (expressa ou concretamente) por meio da *berith*. Em si, eles não continham nenhum elemento que não teria lugar historicamente sob circunstâncias semelhantes, mesmo em outros lugres. E Iahweh? Ele foi e permaneceu, sempre, um deus da *redenção* e da *promessa*. Mas o importante era: tanto redenção e promessa diziam respeito a assuntos *atuais políticos*, não particulares. Deus oferecia salvação da servidão imposta pelos egípcios, *não* a redenção ante um mundo debilitado e desprovido de sentido; ele fazia promessa de dominação sobre Canaã, a qual se almejava conquistar, e de uma existência próspera ali, *não* promessa de bens transcendentes. Justamente esse naturalismo primitivo inabalável e aquela particularidade ritualística originada nas condições culturais primitivas, materiais e sociais, tornaram-se o importante, e isso em especial na combinação – iniciada imediatamente após a imigração – com os elementos de uma cultura racional e diferenciada intelectualmente, difundidos por toda parte. Pois totalmente universal é aquele fenômeno de que apropriações culturais em geral produzem formações totalmente novas e singulares justamente onde têm oportunidade e são obrigadas a se fundir com cadeias de ideias que, por seu lado, ainda não se encontram sublimadas, tampouco são estereotipadas por cunhagem sacerdotal, oficial ou literária, e portanto forçam a adequação das antigas formações racionalizadas a condições totalmente novas e relativamente simples.

As concepções israelitas, que remontam tão somente à fundação mosaica, puseram os elementos culturais orientais, difundidos em Canaã, à frente dessa necessidade. Mas isso ocorreu por meio de quais qualidades *próprias*? Primeiramente, portanto: quais traços, segundo a tradição, são próprios ao deus recém-instituído por Moisés para a aliança israelita (sem importar como constituída) e à sua relação com Israel?

Na antiga tradição, Iahweh apresenta diferentes qualidades características. Os traços em alto grau antropomórficos[134] que ele carrega, em especial nas partes mais antigas da tradição e particularmente oriundas do Sul (do assim denominado "iahwista"), ele compartilha com os deuses de povos guerreiros da Antiguidade helênica e com outros deuses. Contudo, não em todas as localidades, e talvez não desde o princípio, mas aparentemente bem cedo, e então com bastante regularidade, é-lhe inerente um traço que não se encontra com frequência nessa intensidade: que sua proximidade, sob certas circunstâncias mesmo a proximidade dos "homens de Deus" acometidos por seu "espírito" (*ruach*), é funesta e perigosa; sua contemplação, como vimos, fatal. Originalmente, o conceito de *santidade*, específico a Iahweh em grau particularmente elevado, significa, de modo exclusivo e essencial – como agora geralmente aceito a partir das investigações de Baudissin –, essa intangibilidade e essa isolação perante todos os indivíduos – como também todos os objetos – não expressamente qualificados ritualisticamente a suportar sua proximidade, surgidas do risco de qualquer contato com Deus ou de qualquer contemplação do mesmo. Em parte, essa importante qualidade está aparentemente relacionada com a antiga ausência de imagens própria a seu culto, a ser discutida mais tarde, mas acima de tudo com sua natureza e com o gênero das suas manifestações, que abordaremos agora. Ele se assemelha ao Indra indiano, pois é, como este, ao menos para Israel, acima e antes de tudo, deus da guerra. Uma variante de um relato antigo (Ex 15,3) o chama de "um guerreiro" (*ish hamilchamah*). Ele tem sede de sangue, do sangue dos inimigos, dos insubmissos, das vítimas. Em violência, sua passionalidade ultrapassa todas as medidas. Em sua cólera, ele consome os inimigos com fogo ou os faz ser engolidos pela terra, lança-os ao mar como as bigas dos egípcios – segundo o duplo versículo antigo referente aos coros de dança de Miriam –, ou faz seus carros se atascarem no ribeiro alargado pela chuva, como as bigas dos cananeus na

---

134. As mais diferentes partes do corpo de Iahweh (olhos, ouvidos, nariz, lábios, mão, braço, coração, pulmão) são em parte denominadas, em parte pressupostas como existentes.

batalha de Débora, de modo que os camponeses israelitas pudessem aniquilá-los do mesmo modo como ocorreu certa vez à cavalaria latina na Grécia no período tardio das cruzadas. Ainda entre os profetas, o traço proeminente é o temor ante sua ira e seu poderio de guerra. Grandiosa como sua ira, porém, é também sua graça. Pois seu passional coração pode variar. Causa-lhe arrependimento ter feito o bem às pessoas quando elas lhe retribuem mal; e então, novamente, causa-lhe arrependimento sua ira desmedida. A tradição rabínica tardia assume que ele mesmo faça preces (!) para que sua própria misericórdia prevaleça sobre sua ira. Em meio ao temporal, ele parte pessoalmente em auxílio às legiões do exército. E ele presta ajuda a seus amigos sem hesitar – como Atenas ao Odisseu –, também com artimanhas. Mas nunca se está a salvo de que se provoque sua cólera por algum descuido involuntário ou de ser ameaçado de aniquilação e apossado, de modo totalmente inesperado e sem motivo, por um *numen* divino oriundo do círculo dos seus espíritos. O "espírito" – a *ruach* – de Iahweh, em tempo pré-profético, não é nem uma potência ética nem um *habitus* religioso permanente, senão uma aguda força sobre-humana à maneira demoníaca, de caráter distinto mas, com bastante frequência e principalmente, aterrador. Os bravios heróis de guerra carismáticos das tribos israelitas – *berserkir* como Sansão –, os nazireus e os *nebi'im* extáticos têm consciência de que são tomados por essa força e se percebem como seus asseclas. Todos os profetas e profetisas de guerra atuam em nome de Iahweh; também os detentores de um outro nome teóforo (baalita), como Jerobaal, adotam, enquanto príncipes guerreiros, um novo nome (Gedeão).

Assim como Indra, Iahweh prestava-se a deus de guerra porque, como aquele, foi originalmente um deus das grandes *catástrofes naturais*. Terremotos (1Sm 14,15; Is 2,12-19), fenômenos vulcânicos (Gn 19,24; Ex 19,18; Sl 46,7), fogo subterrâneo (Is 30,27) e dos céus, o vento do deserto vindo do Sul e do Sudeste (Zc 9,14) e as trovoadas são os fenômenos concomitantes à sua atuação, assim como os relâmpagos, como no caso de Indra, e suas flechas (Sl 18,15), ainda para os profetas e salmistas. Em relação à Palestina, também pertencia ao conjunto das catástrofes naturais a praga de insetos que o vento sudoeste trazia ao território, sobretudo de gafanhotos. Daí Deus afligir os inimigos de seu povo com gafanhotos e lançar enxames de vespas ao redor do mesmo a fim de confundir os inimigos, e as imensas quantidades de cobras para o castigo do próprio povo. Por fim, há as epidemias (Os 13,14). Com a peste, Deus assola tanto os egípcios como os filisteus e outros que profanam a sua Arca sagrada (1Sm 4,8; 6,6,19). O cajado de serpentes dos seus sacerdotes no Templo de Jerusalém provavelmente faz referência a esse antigo significado como deus da peste. Pois enquanto "senhor" da enfermidade ele também podia repeli-la e era seu médico, como onde quer que se desse o mesmo caso. Portanto, todos os fenômenos naturais aterradores e fatídicos eram domínios de Deus – ele conjugava os traços de Indra com os de Rudra. Além daquele caráter da ferocidade guerreira e natural-mítica, ele apresenta, já na tradição antiga, traços mais amistosos enquanto senhor da chuva. De modo veemente, ele ressalta a seu povo que, em Israel, a produtividade do campo seria determinada não pela irrigação, como ocorria no Egito – isto é, não um produto, portanto, da administração burocrática do rei secular e do próprio trabalho do camponês –, senão pela chuva ofertada por ele, Iahweh, segundo sua livre-graça. Eram obras suas as fortes chuvas acompanhadas de trovoadas, como bem-vindas em particular à região das estepes, vizinha do deserto. Desde o princípio, a chuva o ligou ao indivíduo e a seus interesses econômicos, e facilitou o incutir – mais tarde cada vez mais proeminente – dos traços de um deus bondoso, da natureza e dos céus, em sua imagem. Essa sublimação e essa racionalização da imagem de Deus na de um sábio regente de mundos se efetivaram sobretudo sob a influência das concepções referentes a deuses celestiais mais elevados difundidas nos territórios de cultura circunvizinhos e também na própria Palestina. Ademais, como veremos, também foi codeterminante a fé na providência, a se desenvolver entre os intelectuais israelitas. Mas nunca se dissiparam da sua imagem os traços do deus aterrador das catástrofes, provenientes do antigo Iahweh. Esses traços desempenham o papel decisivo em todos aqueles mitologemas e em todas aquelas imagens de influência mitológica cujo emprego confere à linguagem dos profetas sua incomparável grandiosidade. Em primeira linha, até boa parte do período exílico e do tempo pós-exílico, tais ocorrências naturais regidas por Iahweh são provas de poder, *não* provas da ordem da sabedoria. O conjunto das qualidades de Iahweh – sempre registradas até período posterior ao exílio – como próprias a um deus das aterradoras *catástrofes* da natureza, não a um deus da *ordem* natural eterna, tinha como base, em termos puramente históricos – a não ser em relação à afinidade geral daquelas ocorrências com a guerra –, justamente a ideia de que Deus fizera uso desse seu poder em batalha, primeiro contra os egípcios, depois contra os cananeus na batalha de Débora, e igualmente mais tarde, contra os inimigos de Israel. Foi-lhe atribuído o "pânico de Deus" (*cherdath elohim*, 1Sm 14,15): o pânico dos inimigos suscitado por eventos da natureza, em especial por terremotos e fortes trovoadas (batalha de Débora). E um pânico dessa espécie, provocado pelos fenômenos vulcânicos (pânico dos egípcios), levara à adoção de Deus. Isso não foi esquecido.

Entretanto, foi importante em termos práticos sobretudo que Iahweh, apesar desse caráter, ao menos na Antiguidade israelita, foi e permaneceu também um *deus da associação social*. Isso também em sentido específico. Ele era, desde Moisés – como devemos supor –, o deus da aliança israelita, e, em conformidade com o propósito da mesma, sobretudo seu deus de guerra. Mas ele o era em gênero muito próprio: chegou a essa condição mediante um contrato de aliagem. E esse contrato teve de ser firmado, além de entre os membros da Aliança, também com ele próprio, *porque* o mesmo era não um deus residente em meio ao povo ou já conhecido, senão um deus até então estranho, e permaneceu um "deus de longe". Esse foi o determinante das relações. Iahweh foi um deus eletivo. Mediante *berith* com o mesmo, o povo da Aliança o escolheu, exatamente do mesmo modo como esse povo, mais tarde, por meio de *berith*, instituiu seu rei. E em turno ele escolheu este povo entre todos os outros, por livre-resolução. Mais tarde ele reiteradamente deixa claro ao mesmo, através da *torah* sacerdotal e de oráculos proféticos, que por livre-graça ele elegeu este, e nenhum outro, como seu povo, fez promessas ao mesmo como a nenhum outro e, em troca, anuiu a seus compromissos. E agora, por essa razão, onde quer que o povo da Aliança, enquanto tal, fizesse uma *berith*, era ele, Deus, o contraente ideal. Assim, todas as infrações dos estatutos sagrados eram não apenas subversões de ordens por ele garantidas – como também fazem outros deuses –, senão violações dos deveres contratuais mais solenes contrárias a ele mesmo. A recusa daqueles que não atendem ao chamado para compor o exército da Aliança é uma recusa perante ele pessoalmente, não apenas perante a Aliança: "não vieram em auxílio a Iahweh". O exército da Aliança é chamado (Jz 20,1-11) de "homens de Deus" (*'am haelohim*).

Dessa maneira, ele se tornou, além de o deus de guerra da Aliança, também parceiro contratual do direito da mesma, instituído por *berith*, sobretudo das ordens sociojurídicas. Visto que a Aliança, enquanto tal, era uma associação de tribos inicialmente desprovida de qualquer organização estatal, novos estatutos – sem importar se de espécie cúltica ou jurídica – em princípio não puderam surgir de nenhuma outra forma senão, a rigor, mediante novo acordo (*berith*) com base em um oráculo, exatamente do mesmo modo como a aliança original. Todos esses estatutos se encontravam assim sobre fundamento igual ao da antiga relação contratual que havia entre ele e o povo. Nesse sentido, em especial no período anterior à monarquia, a "*berith*" não era, em absoluto, nada de apenas teórico em termos de direito estatal, tampouco em relação ao ideário religioso. Em Jeremias, Iahweh pergunta (Jr 2,5): "O que encontraram os vossos pais em mim de injusto?" E Jeremias, por outro lado, adverte-lhe para não romper sua aliança com Israel (Jr 14,21).

Tido como parceiro contratual, esse deus da Aliança não podia ser visto em Israel como um mero deus funcional nem de ocorrências naturais quaisquer, nem de instituições sociais. Ele também não era um deus local no sentido conhecido em geral nas cidades orientais, tampouco um mero deus do "campo". Antes, a comunidade de *pessoas* do exército da aliança israelita havia de ser considerada, naquela concepção, como seu povo, unido a ele mediante a comunidade da Aliança. Essa era a concepção propriamente clássica da tradição. A transferência de sacralidade à propriedade política da terra, tornando-a "terra sagrada", é uma concepção apenas mais tardia, surgida presumivelmente por intermédio de representações heterogêneas referentes a Deus, provenientes em parte do culto baalita, em parte da localização de Iahweh como o deus da residência régia. Essa concepção se encontra atestada pela primeira vez em relação a Davi, no tempo dos reis, em uma tradição de idade incerta, depois no Reino do Norte, quando do convertimento de Naamã por Eliseu.

Enquanto garante das ordens da Aliança, Iahweh protege costumes e hábitos. Aquilo que em Israel é "inaudito" é, também para ele, uma abominação. Em conformidade com seu caráter original, ele era garante dos costumes e do direito da Aliança, mas não no sentido como o eram Varuna ou divindades similares – estes guardiões da sacralidade por si já existente da ordem imutável do direito ou de uma "justiça" a se mensurar segundo rígidos padrões. Não, por meio da *berith* positiva com o mesmo havia se criado, para Israel, aquele direito positivo; este não tinha sempre existido, e era possível que ele fosse novamente alterado por meio de nova revelação e de nova *berith* com Deus. Não somente Paulo, senão já determinados profetas (Jeremias e Ezequiel), ainda que apenas ocasionalmente, acreditaram que Deus teria imposto ao povo alguns estatutos enquanto jugo severo ou para punição, exatamente do mesmo modo como – segundo o mito popular – o árduo trabalho e a morte foram impostos a Adão. O direito não era um Tao ou Dharma perpétuos, senão um estatuto divino positivo, por cuja observância Iahweh zelava. É bem verdade que o racionalismo ético da escola deuteronômica mais tarde caracteriza a Lei de Deus eventualmente como perpétua (Dt 4,2) e enaltece a perfeição moral original dos ordenamentos justos de Deus (Dt 4,8) como algo que nenhum outro povo possuiria. Só que essas argumentações parenéticas ocasionais não contêm o posicionamento típico inevitavelmente resultante do caráter de "*berith*" próprio ao direito. As disposições de Deus se encontram sob arbítrio do mesmo e são, por si, variáveis. Ele pode se vincular a elas mediante *berith*, mas então isso é resultante da sua livre-resolução voluntária. Apenas a redação *sacerdotal* conhece propriamente ordenamentos *perpétuos* (*chukath 'olam*), e estes são, a rigor, quase em totalidade, normas *cúlticas* ou referentes aos direitos dos aaronidas – que apenas no tempo do exílio alcançaram o monopólio de culto –, as quais, justamente porque eram inovações, ficaram pateticamente marcadas com essa expressão (as passagens Ex 27,21; Lv 3,17; 16,31; 23,14;

31,41; Dt 12,1 dizem respeito a ordenamentos cultuais, Lv 7,36; 24,3; Nm 18,23 referem-se aos ordenamentos do direito sacerdotal do tempo do exílio; em Gn 17,7, "*berith 'olam*" [aliança perpétua] se refere às construções teológicas da aliança noeíta). O único ordenamento mundano "perpétuo" – a determinação de que Israel e os *gerim* devem ter, para sempre, os mesmos direitos – também é uma inovação do tempo do exílio criada pelos sacerdotes. Pode-se reconhecer tais emendas até mesmo no uso da expressão "perpétuo". Na antiga literatura de Israel nunca é afirmado que essa ordem social, e nenhuma outra, seria, *por si, em virtude* de uma perfeição intrínseca, a ordem vigente eternamente imutável e por isso protegida por Iahweh. É característico no mais alto grau que Deus, quando o mesmo aparece a Jó no temporal, sob seu clamor para dar contas sobre a injustiça da ordem da existência humana, utilize palavras para defender não a sabedoria da sua ordem das relações entre os homens – como era natural ao confuciano, por exemplo –, senão tão somente seu poder soberano e grandeza nos eventos naturais. Essa particularidade de Deus, historicamente determinada, foi de grandes implicações até nos períodos de formação da antiga doutrina cristã do direito natural.

Desde o começo foram inerentes à concepção de Iahweh – mais corretamente: à relação singular em que a aliança israelita, por razões puramente históricas, encontrava-se junto a esse deus – certos traços de uma posição referente a ir além do âmbito de Israel, e, nesse sentido, a certo universalismo. Recentemente se discutiu se monolatria (veneração exclusiva de apenas uma entre várias divindades), henoteísmo (efetiva consideração do deus agora invocado como o único poderoso) ou monoteísmo (unicidade, por princípio) determinaram a antiga representação de Iahweh. Nesses termos a questão com certeza está formulada já de maneira equivocada. A concepção não apenas mudou, senão era, no mesmo período, bem distinta, dependendo do círculo social. Para o guerreiro estava claro que o deus ao qual ele apelava era *seu* deus, e, por conseguinte, que o deus dos inimigos era um outro – os deuses Iahweh e Camos[135] são tratados assim no

---

135. Parece que também Camos foi um deus comum a várias tribos.

Livro dos Juízes, na narrativa sobre Jefté (Jz 11,24), e no Livro dos Reis, na narrativa da guerra dos moabitas (2Rs 3,2-7). Para o rei e as camadas urbanitas, sobretudo as dos patrícios e sacerdotes do templo, mas também para a fé de massas citadina, estava claro que o deus estaria localizado no templo da cidade, portanto que alhures haveria outras divindades, que o próprio deus teria ascensão e ruína junto com a existência da cidade, que quem tivesse de deixar a cidade (ou o território subordinado) não poderia servir ao próprio deus senão que haveria de servir a deuses estrangeiros (como Davi em 1Sm 26,19), que, em contrapartida, quem é oriundo de terra estrangeira faria bem em servir ao deus local, porque este, do contrário, poderia se vingar (como Iahweh ante os colonistas assírios em Samaria, em 2Rs 17,25-26). Isso é produto de cultura urbanita. Para o israelita de uma cidade-templo, em particular Jerusalém, Iahweh residia no templo. A Arca de Iahweh servia há tempos como motivo natural de tal localização. O ritual legado mostra que, no campo de batalha, os guerreiros o imaginavam como presente nesse sacrário de campanha. Naturalmente, era bem distinto o ponto de vista das tribos seminômades de criadores de gado. Para a tradição influenciada por elas, o óbvio é que Deus esteja com os israelitas também em terra estrangeira (Gn 28,20). Eles sabem muito bem que Iahweh é venerado também por tribos não israelitas, e por isso suas lendas partem do mesmo pressuposto em relação não apenas a Labão (Gn 24,50; 31,49), em todo caso um aparentado, mas também a Abimelec de Gerara (Gn 20,11; 21,23). Na narrativa sobre José (Gn 41,39) é até possível perceber a concepção típica entre os povos do mundo que praticavam comércio exterior, como os helenos e os romanos tardios: a ingênua identificação de determinados deuses estrangeiros com os próprios, como se nota no judaísmo pós-exílico em relação ao deus de Nabucodonosor (no caso de Daniel) e do rei dos persas. Em geral, porém, essa forma de representação era estranha no período mais antigo de Israel porque Iahweh tinha se tornado *seu* deus mediante *berith*. De acordo com a representação original, isso ao menos excluiu que ele fosse, no mesmo sentido como para Israel, o deus protetor – também bem pessoal – de reis estrangeiros, como eram Merodac e

Aúra-Masda, por exemplo. Os profetas profissionais iahwistas do tempo antigo, os *nebi'im* e os videntes, claramente não estavam convencidos nem da unicidade, tampouco de que seu deus tivesse morada especificamente apenas em Israel. Eles, em parte, tinham clientela internacional, e a tradição sobre Elias pressupõe, em ao menos uma passagem (1Rs 17,9), também que uma viúva na Sidônia teria recebido ordens diretamente de Iahweh. De resto, é bem verdade que seu deus não era o único, mas naturalmente o mais forte de todos; os outros, no fim das contas, eram "insignificantes". Isso a antiga tradição guerreira iahwista também podia aceitar (Js 2,9). A ela importava sobretudo a posição privilegiada assumida por Israel em função da *berith*. Era-lhe ponto assente: mesmo que outros também venerassem Iahweh, Israel se encontrava sob sua proteção especial. Iahweh não era, para ela, o inimigo de povos estrangeiros – somente depois do exílio o fanatismo nacional dos profetas de salvação dos reis e o fanatismo confessional dos sacerdotes eventualmente se aproximaram dessa visão. Mas, como veremos mais tarde: importava-lhe apenas Israel, como afinal também era de se esperar com relação a todo deus ou santo locais e a toda madona localizada, isso em qualquer época – apenas que, no caso de Iahweh, a ideia, similar em resultado, originalmente partia a rigor *não* da localização, senão justamente de um (relativo) universalismo e da *berith* particular com Israel. As distintas concepções, porém, encontravam-se lado a lado, e sua contradição lógica não foi percebida, como de costume. Em todo caso, há de se ter cautela para não tomar a concepção "mais particularística" de Deus como a necessariamente mais antiga. Em certo âmbito e sentido, trata-se do oposto, e, no caso de Iahweh, isso assim o foi, inevitavelmente. No antigo discurso rítmico divino (Ex 19,5), antes de anunciar o conteúdo da aliança a ser formada, a qual deve tornar Israel sua propriedade, Iahweh até se autodenomina "senhor de todo o mundo". Também essa concepção, portanto, era ocasionalmente encontrada já em tempo pré-profético ao lado de outras. "Universalmente", nesse sentido, atuam afinal também os deuses de outros povos. Sobretudo os deuses dos grão-reis das capitais dos impérios. No Egito, sob a dominação sacerdotal do tempo dos ramessidas tardio,

Ámon reivindicou para si o poder universal da oferta de salvação[136]. Os conselheiros e profetas de corte dos reis israelitas terão anunciado de Iahweh algo similar em memória ao reino de Davi[137]. Historicamente, porém, o (relativo) universalismo particularmente singular de Iahweh repousava não sobre esse fundamento, senão sobre o fato da sua adoção. A rigor, *antes de Israel ofertar-lhe sacrifícios*, Iahweh, em um outro sentido se comparado a outros deuses, já existia e dava prova de seu poder. Isso teve importantes consequências *cúlticas*. Ainda que sacrifícios fossem considerados como aprazentes a ele, portanto como meios adequados para obter sua graça, dificilmente se logrou surgir a ideia, tão comum em outros lugares, de que o deus dependeria, em sua existência, de que lhe ofertassem sacrifícios[138]. Ele reinava a distância, no seu cume de montanha, e prescindia dos mesmos, ainda que os apreciasse. Mas se acrescentava a isso – algo de fato a se considerar – a *ausência*, em tempos de paz, no período anterior à monarquia, *de qualquer instância política ou hierocrática* que *tivesse podido ofertar sacrifícios* em nome da Aliança – não temos absolutamente nenhum conhecimento a respeito de algo semelhante, e sua existência parece estar fora de questão. Especialmente em tempo antigo, portanto, o sacrifício simplesmente *não* logrou obter, na relação com Iahweh, aquele significado que adquiriu em outros lugares. Nesse sentido, os profetas mais tarde estavam então com toda razão quando enfatizavam, em relação não apenas ao tempo do deserto mas também à aliança israelita em geral, que à época não se teria servido a Deus mediante sacrifícios. Visto que a *berith* foi a forma específica pela qual o povo da Aliança esteve em permanente contato com

---

136. Unamón (Breastead, *Records*, vol. IV, p. 80) reporta ao rei de Biblos que os faraós (cujas remessas de prata não chegam ao rei daquela cidade) não seriam capazes de promover aquilo que o deus Ámon poderia realizar (o qual, justamente por isso, não enviaria nenhum presente material), a saber: conferir vida e saúde (o que certamente não harmoniza com o estilo palaciano do Império Antigo). Também o rei de Biblos "pertenceria" a Ámon, que traria boa fortuna a qualquer um que o obedecesse.

137. Sobre as diferenças das figuras divinas do mundo circunvizinho, em especial da Mesopotâmia, com relação a Iahweh, cf. o excepcional trabalho de Hehn, *Die biblische und die babylonische Gottesidee*, Leipzig 1913.

138. No Egito, em contraste, os deuses, bem como as almas dos mortos, têm *necessidade* de alimentação pelo sacrifício dos homens (v. Bissing, *Sitz. b. der Münchener Ak. d. W. Phil.-hist. Kl.*, 1911, n. 6).

ele, era natural tomar o cumprimento dos *mandamentos*, sacralizados mediante *berith* com o mesmo, por no mínimo de igual – ou ainda maior – importância se comparados aos sacrifícios ocasionalmente ofertados pelos indivíduos e mais tarde por reis e por sacerdotes de templo, como depois também foi realizado de modo recorrente por uma parte dos puros veneradores de Iahweh[139]. No tempo dos reis tardio sempre existiu em Israel um partido – ao qual haviam pertencido justamente os profetas escritores de maior força, como Amós e Jeremias – que manteve viva a memória dessa circunstância e caracterizava todo e qualquer sacrifício como em última instância totalmente indiferente a Iahweh. Como é de se imaginar, as camadas que mais aderiram a essa concepção foram justamente as mais raramente domiciliadas nas localidades de culto estabelecidas, portanto as dos criadores de animais de pequeno porte. Observância rigorosa dos ritos específicos a ele, e de resto obediência às suas revelações, era aparentemente o que exigia em verdade o poderoso príncipe guerreiro celestial; essa concepção, de grandes implicações, sem dúvida se manteve viva em Israel desde o início – de novo por condições políticas –, especialmente entre os mais zelosos guardiões da antiga tradição. Embora os mandamentos éticos originalmente impostos por ele à aliança de guerreiros fossem ainda tão primitivos e bárbaros (o que hoje não se permite mais determinar com segurança), ele de fato foi, naquele sentido, de um modo bem específico – inevitavelmente muito mais do que outras divindades –, um deus "zeloso" do cumprimento de determinados *mandamentos*: de normas ritualísticas e ético-sociais cotidianas. Note-se bem: não um deus que prezasse uma ética eternamente válida ou que fosse ele mesmo avaliado segundo padrões éticos. Isso emergiu apenas gradualmente, como produto do racionalismo intelectual. Não, ele agia como um rei, em ira e passionalidade, caso não fossem cumpridas as obrigações a ele devidas em virtude da *berith*. Tratava-se de obrigações como as que o soberano instituído exige dos súditos – com-

---

139. Sobre todos esses contextos, cf. em especial o ciclo de palestras sobre a religião israelita antiga de Budde, que enxergou e enfatizou, provavelmente com a maior veemência, como o caráter *ético* da religião de Israel é condicionado pelo caráter de Deus como deus eletivo.

promissos bastante positivos, sobre cujo valor ético absoluto, em princípio, não se cogitava e nada se tinha a se cogitar. Aquilo que "em Israel" era "inaudito" e o positivamente estabelecido mediante *berith* eram o conteúdo do devido. Mas o apreço de Deus por seu cumprimento era no mínimo equivalente à sua estima com relação à oferta de sacrifício; segundo uma opinião já cedo difundida, ele era até maior. Tradições de idade elevada o mostram em ira tremenda, devida a sacrilégios não apenas ritualísticos mas também éticos. E é pressuposto como natural que a guerra santa da Aliança pudesse ser declarada contra membros da mesma em virtude de graves violações de deveres éticos – devido a tais coisas que "não foram jamais vistas em Israel" (Jz 19,30). Contudo, a razão para uma intervenção da Aliança por tais motivos, portanto para uma orientação ética especificamente forte do direito da Aliança israelita antigo, residia na *responsabilização* religiosa conjunta dos membros da mesma pelos sacrilégios de cada um dos indivíduos particulares. Como no caso do direito referente à imposição de represálias vigente até hoje em todas as relações internacionais, esse pressuposto da responsabilização do todo por cada sacrílego tolerado consciente ou inconscientemente em seu meio – extremamente importante e de grandes implicações – era natural à fé religiosa de qualquer povo que, como Israel, colocava-se perante seu deus como uma *associação de compatrícios livres*. Se a responsabilização do particular pelos pecados de seus antepassados e aparentados próximos é encontrada em hinos babilônicos, aquela responsabilidade conjunta de todo o povo por cada indivíduo – o pressuposto de toda anunciação profética de desgraça – naturalmente não se encontrava desenvolvida como ideia em um Estado puramente burocrático. Portanto, a estrutura política desempenhou, também aqui, um papel decisivo. Assim como os compatrícios em relação uns aos outros, os descendentes respondem por sacrilégios dos antepassados até gerações distantes. Isso, exatamente do mesmo modo, valia para a vingança de sangue e não era, assim, nada de surpreendente. As coisas mudaram com o rareamento dessa vingança: a especulação deuteronômica enxergou, em ambas as espécies de responsabilização da culpa alheia – tanto na dos membros como na dos antepassados – uma rigidez, sem, no entanto, poder realmente eliminar a concepção. Para Israel ela foi uma consequência da relação de *berith* propriamente com Deus.

A qualidade de Deus enquanto deus de guerra da Aliança, adotado mediante ato contratual especial e enquanto garante do direito da mesma, também esclarece mais uma peculiaridade de grandes implicações: ele era e permaneceu, não obstante todo antropomorfismo, *celibatário* e, por essa razão, sem filhos. Ademais, os *bne haelohim* [filhos de Eloim, filhos de Deus] do sexto capítulo de Gênesis não eram em absoluto "*bne*" [filhos] de Iahweh. Em vista da especificidade da sua posição, não podia sequer entrar em questão uma contraparte feminina. Esta lhe era inexistente, do mesmo modo como a mesma usualmente faltava, por razões bem semelhantes, também a certos deuses funcionais garantidores de ordens sociais (Varuna, Apolo) e a deuses importados (Dioniso). No caso de Iahweh, porém, essa condição certamente contribuiu, de modo muito essencial, para que ele aparecesse desde o início como algo de espécie particular em comparação a outras figuras divinas, como algo distante do mundo; sobretudo – como veremos –, ela serviu de obstáculo à autêntica formação de mitos, a qual é sempre "teogonia". Presume-se, portanto, que também essa peculiaridade, muito importante, tenha sido determinada por aquela particularidade política própria ao surgimento do seu culto.

Como vimos, tais traços de preeminência do deus da Aliança todavia não fundamentaram necessariamente, em absoluto, nenhuma pretensão de exclusividade da sua vigência. Já se falou sobre como isso contrastava externamente com os deuses de outros povos. Jefté trata como absolutamente óbvios a existência e o poder de Camos, o deus amonita e mais tarde também moabita. Ainda sob Acab, a concepção não é nenhuma outra: o rei moabita pode, mediante o sacrifício de seu próprio filho, avigorar Camos de tal modo que sua cólera se imponha sobre Israel e seu deus. Mas, conforme os fatos – o que importa aqui –, a exclusividade não existia tampouco internamente. Em relação aos semibeduínos da estepe, é contudo muito provável que o grande deus de guerra da Aliança fosse, para eles, desde o início, o único deus a ser considerado. Essa monolatria se explica muito facilmente pela circunstância de *não haver* entre eles *cultura diferenciada* que produzisse deuses funcionais; ademais, a comunidade política, em seu caso, não tinha nada a prover para fora além da proteção militar dos territórios de pastagem e das ocupações. Por essa razão presume-se que justamente essas tribos seminômades, sobretudo as do Sul, tivessem sido desde o começo os representantes da "unicidade" de Iahweh, no sentido da monolatria. E a partir daí essa concepção foi assumida pelos representantes profissionais daquela função que desde o início foi peculiar a Iahweh: os *profetas de guerra*. O documento mais antigo no qual é mencionada, em reprimenda, a veneração de "deuses novos" por Israel é o Cântico de Débora (Jz 5,8). Todas as guerras contra os patriciados das cidades, cananeias como filisteias, foram realizadas em nome de Iahweh, e, em tais ocasiões, toda vez apareceu, como é de se imaginar, a concepção de que seria uma obrigação dos israelitas, relacionada à Aliança, a veneração exclusiva do deus que havia lhes prometido prestar auxílio na guerra. Nas guerras de libertação, todos os líderes não mundanos, senão proféticos – homens ou mulheres –, eram, ou se tornavam na guerra, inimigos de todos os outros deuses. De resto, porém, nada é mais certo em relação aos israelitas sedentários senão que eles ainda tinham "outros deuses" fora Iahweh. E isso, a princípio, de maneira totalmente legal. A rigor, a posse de outros deuses significava apenas a existência de outros cultos, não dedicados a Iahweh, e a redação sacerdotal dos escritos sagrados não logrou tampouco apagar a existência deles, mesmo sem considerar os *numina* estrangeiros importados[140].

Os cultos não iahwistas

A princípio, a tradição faz relato de cultos clânicos e santuários domésticos. Davi busca perdão pela festa sacrificial de Saul com uma festividade cultual do seu clã, da qual as ordens cúlticas de Iahweh nada sabem. Ademais, não apenas Labão senão todo israelita plenamente integrante de um clã tinha em

---

140. Contra a visão bastante pronunciada de Eerdman (nos *Alttest.-Studien*), segundo a qual algumas partes do Antigo Testamento desconhecem Iahweh por completo e seriam especificamente politeístas, cf. Steuernagel em *Theol. Rundschau* 1908, p. 232ss.

casa, originalmente, um local sacro e um ídolo doméstico (de acordo com as determinações do Livro da Aliança concernentes à cerimônia de escravização hereditária e segundo o relato sobre a fuga de Davi da casa de Saul). A considerar o estado das fontes, talvez não seja possível determinar com segurança – e não deve ser discutido aqui – o que, em última instância, tinham sido esses "*terafim*", nem se eles eram porventura idênticos a máscaras ou bonecos que o chefe do clã ou da família tinha de carregar quando do *mimus* orgiástico. Decerto, contudo, a maneira como eles desaparecem das redações emendadas demonstra que os mesmos – assim como aquelas festividades do clã, presume-se – não tinham nenhuma relação com um (bastante improvável) "culto doméstico a Iahweh". Nos pormenores, de fato, tudo permanece incerto.

Do mesmo modo, também se adentra terreno bem problemático com a importante questão sobre qual espécie de *culto aos mortos* havia prevalecido na Antiguidade israelita – e se alguma chegou a fazê-lo –, e sobre até que ponto sua completa ausência tardia está relacionada com a diminuição do significado social e cúltico dos *clãs*.

As imaginativas construções de Stade e Schwally referentes a um culto aos ancestrais original em Israel não lograram resistir à penetrante crítica de Grüneisen, em particular. Entretanto, na magia palestinense antiga, a alma dos mortos parece haver sido uma potência tida outrora em alta conta. Mas no período tardio ela é uma figura particularmente bastante problemática. O ideário israelita compartilha com vários outros – também com aquela representação egípcia que atribui ao menos ao rei uma pluralidade de almas – a noção de que a "alma" não é necessariamente nada de unitário. Porém, a concepção unitária de "*kai*", que governava a especulação egípcia já em tempos remotos, não foi adotada em Israel, e também parece não ter exercido nenhuma influência ali. O ideário tardio, que teve origem na fusão de distintas representações mais antigas – próprias e algumas presumivelmente adotadas –, fazia uma diferenciação tripartite do ser humano: 1°) o corpo (*basar*), 2°) a alma (*nephesh*), localizada no sangue[141],

---

141. No coração habita o entendimento; nos rins, os afetos.

enquanto portadora dos afetos normais, da "individuação" (como diríamos nós) e de todos os fenômenos vitais ordinários em geral, e 3º) o "espírito", o "sopro de vida" (*ruach*). *Ruach*, nesse contexto, é uma brisa divina insuflada por Iahweh nas pessoas, por cuja presença um corpo totalmente desprovido de forças, ou animado apenas de modo vegetativo, torna-se um ser humano vivo. Através de uma palavra mágica de Ezequiel em meio à sua visão, Iahweh faz vir "dos quatro ventos" o sopro que revitaliza as ossarias dispersas pelo solo de Israel. Ademais e sobretudo, porém, *ruach* é aquela força particular divina que, de modo correspondente a "*mana*" e "*orenda*", manifesta-se em heróis, profetas e artistas como carisma ligado a realizações supracotidianas e, inversamente, como possessão demoníaca, em graves afetos e estados mentais extracotidianos. Nas fontes, *nephesh* e *ruach* nem sempre são nitidamente distinguidos entre si. Parece que o dualismo entre sopro de vida divino (a "brisa" da divindade) e caos da morte, encontrado na redação tardia das histórias da criação (Gn 1), foi apropriado de representações fenícias por intermédio da especulação intelectual e possibilitou a concepção de um dualismo entre *ruach* e *basar*. Este veio ao encontro das tendências sacerdotais hostis ao culto aos mortos. É que segundo a representação tardia, a *ruach*, enquanto substancialmente igual aos ventos, regressa, com o último suspiro, à brisa do céu – por conseguinte, ela perece enquanto individualidade, e assim é totalmente descartado um reino dos mortos composto por almas individuais. Isso não correspondia de modo nenhum à antiga crença popular. É bem verdade que a ideia original a respeito do destino final da *nephesh* nem sempre é bastante clara, mas aparentemente sugeria que a mesma teria sobrevida. Uma vez, em Jeremias, encontra-se a suposição – original também do Egito antigo – de que a alma perdura no túmulo. Ali, contudo, faz-se referência a uma heroína (Raquel), e nesse caso a razão dessa representação era sem dúvida a existência de um culto sepulcral antigo. Em contrapartida, um "céu de ancestrais" dos membros do *clã* não parece ser comprovável. Ainda no período tardio são encontrados túmulos clânicos para determinadas estirpes nobres, por exemplo para os macabeus, e, segundo a tradição dos sacerdotes, para os patriarcas. Estes eram possíveis apenas em tribos sedentárias. Em todo caso, a expressão "reunir-se a seus pais", presumivelmente antiga, significava reunião antes com os membros do clã sepultados juntos do que em um céu de ancestrais particular, em especial porque a mesma é alternada com a outra expressão "reunir-se às suas gentes" ('*am*), que pode se referir tanto a membros do clã como a companheiros de batalha. Um "céu de guerreiros" também não é comprovável historicamente. Segundo o ideário popular, Iahweh arrebatava em especial heróis religiosos agraciados por ele – eles continuam a existir entre suas legiões do céu, isto é (como no Egito, segundo uma representação), no exército resplandecente das estrelas, ou talvez também em seu conselho celestial, enquanto a visão correta provavelmente era: que ele os deixava suavemente desvanecer em seus braços, como a Moisés. A *nephesh* de todos os demais, porém, leva uma sombrosa existência no Hades, no "*sheol*". Não há um local de existência abençoada dos agraciados apartado deste, ao contrário do que se imagina no Egito, tampouco se tem aberta uma chance de renascer. Antes, como entre os helenos, todos os espectros dos mortos (*rephaim*) são "letárgicos", mas nem por isso inofensivos. O apedrejamento de um animal ou uma pessoa possuídos por um espírito maligno ou tomado em *cherem* tinha sem dúvida o propósito de atravancar caminho à sua alma de morto, tão fundamentalmente que não lhe seria possível contorná-lo. Enquanto no Egito a doutrina do "*kai*" foi desenvolvida a partir de princípios semelhantes[142], a ideia israelita da "alma" permaneceu absolutamente cheia de contradições. Em ocasiões, a rigorosa proibição ritualística do consumo de sangue é justificada – pela concepção tardia, deuteronômica e sacerdotal – com a ideia de que também não se deveria ingerir a alma de um animal – isso resultaria em encanto maligno e talvez apossamento. Mas não se desenvolveu uma doutrina referente ao destino final das almas humanas e de animais. No Hades, a *nephesh* vivia apenas como imagem sombrosa dos vivos, porque

---

142. No Egito, *kai* é a "força vital", portanto "alma" e ao mesmo tempo o alimento que a alma precisa para existir. Ela corresponde ao *nephesh* na medida em que é aquilo que vai ao reino dos mortos (v. Bissing, *Sitzb. der Münch. Ak. d. W. Phil.-hist. Kl.*, 1911, n. 6).

não tinha nem sangue, nem sopro. Segundo ideia também dos salmistas, ali não se toma nenhum conhecimento das ações de Iahweh, e não se pode louvá-lo – a memória é apagada. Como Aquiles, almeja-se ser preservado desse fado tanto quanto possível, e essa existência não é tida como uma "sobrevida no além". Desconhecia-se por completo qualquer "compensação no além" como representada pelo tribunal dos mortos no Egito, base da influenciação sacerdotal ali existente sobre a ética, desenvolvido a partir dos cultos ctônicos. Escassos princípios de uma construção tartárea para malfeitores de fato se encontram entre profetas tardios, mas, assim como entre os helenos e babilônios, eles foram pouco elaborados. O caráter vago de todas essas representações se explica mais facilmente pelas circunstâncias de que tanto *sheol* como *nephesh* eram elementos antigos da fé popular e legionária, e que os expoentes do iahwismo desprezavam ambos de igual maneira. Em contrapartida, estes operavam[143] por seu lado com o conceito da "*ruach*", de início apropriado provavelmente da ideia animística de renascimento, própria à ascese dos guerreiros, depois relacionado ao sopro divino do mundo, ao vento de Iahweh, e não *queriam* reconhecer nenhuma sobrevida de uma "alma" em um além[144]. Antes, aquilo que se mantinha e haveria de se manter vivo era, para os mesmos, algo bastante distinto: o bom *nome*[145] de herói entre os camaradas e descendentes. O alto apreço ao nome é uma valoração típica dos beduínos, como vimos. Mas ele era difundido também no Egito. Assim como lá, também em Israel havia a ideia de que todo nome era, de algum modo, algo de real, essencial à pessoa como à coisa. Iahweh haver de suprimir de seu "livro" o "nome" do sacrílego (Ex 32,32-34) expressaria a aniquilação perpétua a ameaçar o último. Atuou no sentido de corroborar essa ideia o significado do carisma pessoal e da repu-

---

143. No entanto, Iahweh *presta juramento* por seu "*nephesh*".

144. Portanto, a tricotomia tardia teria surgido de uma mistura entre ambas concepções dicotômicas. Também Kautzsch, que se volta resoluto contra a tricotomia, todavia tem de admitir, na essência da coisa, sua existência tardia.

145. Giesebrecht, *Die alttestam. Schätzung des Gottesnamens und ihre religionsgesch. Grundlagen*, Königsberg 1901.

tação do herói de guerra, em ligação com a organização clânica vigente e com a designação dos clãs nobres tomando o ancestral como epônimo. O nome de uma pessoa que Deus visivelmente abençoou em vida pode se tornar uma "palavra de bênção" da qual estirpes tardias ainda fizessem uso enquanto tal. A promessa mais elevada que Abraão recebe de Iahweh é que isso haveria de suceder ao seu nome. Pois na única redação antiga (iahwista) da palavra (Gn 12,2-3), esta mais tarde modificada (Gn 18,18; 22,18; 26,4; 28,14), diz-se que o nome de Abraão "se tornará uma palavra de bênção" e que futuramente "todas as estirpes sobre a terra hão de se abençoar com seu nome". Em si, isso significava apenas: que ele próprio e os seus levarão uma vida abençoada conhecida por todo o mundo. Qualquer interpretação "messiânica" estava bem distante disso. Por atento ao valor do nome, para que o nome não desaparecesse em Israel, almejava-se grande prole (Dt 25,6-7.10; Rt 4,5,10; 1Sm 24,22; 2Sm 14,7)[146]. Não se buscava essa valoração do nome por sacrifício de morte, como praticado em outras localidades[147]. É bem verdade que ele existiu, mas ao menos nas fontes acessíveis a nós não é sugerido em nenhum lugar que os sacrifícios fossem particularmente importantes para a fortuna do morto ou daquele que fazia a oferta sacrificial[148]. Esse silêncio não está vinculado, ao menos original-

---

146. Quando Jó deposita sua confiança em que "seu vingador de sangue vive", ele quer dizer com isso: que Iahweh haverá de restituir seu bom *nome*, ofendido pelas suspeitas dos amigos. Aos eunucos, cuja admissão na congregação – contra a proibição antiga, baseada na oposição aos eunucos do rei – é anunciada por Trito-Isaías (Is 56,4-5), ele promete "um *nome* melhor" do que obteriam por seus filhos e filhas caso cumprissem os mandamentos divinos.

147. Também no Egito, é o *nome* que deve continuar a viver, não a prole do morto enquanto tal. Para os abastados, o culto é incumbência não dos descendentes senão dos sacerdotes prebendados dos mortos. A sobre-existência do *nome*, porém, condiciona a sobre-existência da alma no além. Em particular, essa afinidade próxima da concepção relativa à importância do nome em Israel com aquela no Egito elucida com clareza tão maior a tendenciosidade da rejeição dos cultos aos mortos e de todas as expectativas referentes ao além. Segundo uma inscrição (no British Museum), ao uso em vão do *nome* de Iahweh corresponde a punição imposta por Ptá (cegueira) em virtude do uso indevido do seu nome. (Erman, *Sitz. b. der Berl. Ak. d. Wiss. Phil.-hist. Kl.*, 1911, p. 1.098ss.)

148. É parcial o ponto de vista de Ed. Meyer, frequentemente enunciado, segundo o qual os sacrifícios aos mortos são ofertados não em vista do poder dos mortos, senão que, inversamente, têm como pressuposto a impotência dos mesmos, que não poderiam existir sem as ofertas. No geral é totalmente correto, p. ex., que tanto deuses como almas de mortos *têm necessidade* de sacrifícios (como as sombras homéricas no Hades têm necessidade de sangue). Em relação ao Egito, contudo, as inscrições, já no Império Antigo,

mente, como bem se poderia crer, a uma luta consciente dos sacerdotes contra um poder já existente dos *clãs*, ancorado no culto aos ancestrais. Como se notará diversas vezes, é bem verdade ser indubitável, em relação ao período tardio, a oposição entre religião sacerdotal e poder clânico no que diz respeito à direção em que atuavam. Mas mesmo então ela permaneceu essencialmente latente, e em todo caso não foi ponto de partida da posição de total estranheza do iahwismo ante todo culto aos mortos. Pois, de fato, poder clânico e culto aos mortos com frequência caminham juntos, mas não sempre, nem necessariamente. No Egito, o culto aos mortos, intensivamente promovido como em nenhum outro lugar, não levou em absoluto à formação de associações clânicas de vínculo mágico ou cúltico[149], as quais, antes, ali como em quase nenhuma outra localidade, eram completamente ausentes, porque a burocracia patrimonial do Estado servilista já havia espedaçado a importância dos clãs antes que o culto aos mortos assumisse sua forma proeminente definitiva. Por outro lado, a antiga estratificação clânica israelita, fortemente desenvolvida, de fato não permitiu surgir nenhum culto aos ancestrais genuíno, de caráter chinês ou indiano, e também nenhum culto aos mortos de cunho egípcio. Com certeza ele pode facilmente ter se desenvolvido a partir de cultos clânicos e com base na condição de sacerdote domiciliar do chefe da família, e, tão logo surgido, há de ter acentuado de forma extraordinária o poder e o prestígio ritualístico dos clãs, e assim oferecido sérios obstáculos à difusão da fé puramente iahwista. A organização dos povos-hóspedes teria então levado

---

concluem pelo poder dos mortos. Àquele que lhe faz preces e traz sacrifícios, o morto promete vingança ao lesante do seu fortúnio e intervenção favorável junto ao grande deus, ou outras bênçãos. E todo o culto aos ancestrais chineses, sobretudo os costumes relacionados ao luto ali em particular, estes totalmente esquecidos em seu sentido, têm como pressuposto o poder das almas dos mortos. Logo, a relação de poder é recíproca: o morto precisa do sacrifício, mas, como os deuses, ele também tem o poder de retribuir pela oferta ou de retaliar sua omissão. Absolutamente correto é apenas: que o "culto aos ancestrais" enquanto tal não é nenhum estágio universal de desenvolvimento da religião, já porque – como mostra o Egito – culto aos *mortos* e culto aos *ancestrais* não coincidem necessariamente em nenhum aspecto.

149. Nas inscrições sepulcrais, os mortos do Império antigo se dirigem já não aos descendentes senão a qualquer um que se aproxime do seu túmulo para realizar preces e sacrifícios, e prometem intervenção favorável a todos que lhes são condescendentes. O serviço fúnebre, por sua vez, é garantido por prebendas sacerdotais, não por obrigação religiosa dos descendentes.

possivelmente à formação de castas. Nesse sentido, sem dúvida não teve pouca importância de que a fé iahwista tenha se oposto, em *recusa*, manifestamente desde o começo, ao surgimento de um *culto aos mortos ou aos ancestrais*[150]. Pois os princípios típicos para o surgimento de tais cultos parecem ter existido. É bem verdade não ser seguramente verificável ter havido algum culto de heróis tribais, reais ou supostos, mas a menção de túmulos de alguns dos mesmos torna provável a existência de cultos que depois foram reinterpretados de modo bastante intencional pela redação sacerdotal tardia. Mais do que a alta valoração da piedade funérea no (apócrifo) Livro de Tobias, a qual talvez seja de influência persa, as menções no Deuteronômio dos sacrifícios de morte e a do costume de se prestar luto (Dt 26,14), assim como os resquícios do oráculo da morte, mostram que estava aberto o caminho ao culto aos mortos. E mais ainda do que todos esses traços, argumenta a seu favor em especial a aguda rejeição, claramente bem consciente, de todos esses princípios pela religião de Iahweh, a qual lhes atalhava o desenvolvimento. Pois essa oposição tem um caráter claramente tendencioso. Por exemplo, não lhe é determinante a impureza de tudo morto e de tudo que se encontre, mesmo apenas indiretamente, em relação ao túmulo, como a do pão de luto. Pois "impuro", isto é, fonte de mácula mágica, era o morto e o que lhe era relativo, mesmo nas localidades onde ele era objeto de um culto, por exemplo no Egito. Contudo, a circunstância de que qualquer participação no luto aos mortos fosse estritamente proibida ao sacerdote de Iahweh, fora no caso do falecimento de parentes mais próximos, em todo caso vai além dos seus resultados imediatos. O mesmo se pode afirmar sobre a absoluta impureza ritualística de todas as provisões usadas mesmo que apenas em parte para alimentar os que teriam a vida sacrificada ou sobre a das consumidas em ceias funerais: era até objeto da "confissão negativa de pecados" – a qual o indivíduo tinha de fazer quando

---

150. A rejeição do culto aos mortos egípcios, já em si, não resultava de modo nenhum do não pertencimento à tribo nem da diferença das condições de vida. Os beduínos líbios, também não pertencentes à tribo, haviam apropriados dos egípcios todo o cerimonial fúnebre (cf. Breastead, *Records*, vol. IV, p. 669, 726ss.). Xeiques beduínos tanto semitas como líbios se notam com bastante frequência no Egito e também na corte. Ali também são encontrados sírios com nomes egípcios teóforos.

"aparecido perante Iahweh" – de que aquilo a ser sacrificado, nesse aspecto, fosse ritualmente puro (Dt 26,14). De modo não menos acurado, isso vale também para a repulsa aos oráculos da morte. Pois esta sucedeu não porque seriam porventura farsantes, como no caso de algumas outras práticas oraculares proibidas, senão apesar de elas terem apresentado eficácia e revelado a verdade, como afinal mostra o exemplo do encantamento de Samuel. Não: eles eram uma *concorrência* às formas oraculares aplicadas pelos sacerdotes de Iahweh e aos cultos derivados, que evidentemente significavam, para aqueles, uma perigosa rivalidade. Em imediata vizinhança, um inimigo contra o qual se dirigia a reprovação do serviço fúnebre[151] era, acima de tudo, justamente o culto egípcio aos mortos – além dos cultos ctônicos locais. Como se sabe, os escarabeus, encontrados em grande número na Palestina, serviam como proteção mágica para os mortos contra os juízes do além e tornam muito provável que a forma egípcia do culto aos mortos não fosse desconhecida. Nada, porém, em toda a literatura veterotestamentária – com inclusão de todos os profetas, salmistas e poetas das lendas –, demonstra mais claramente o profundo mal-estar com o qual a religião de Iahweh – a partir dessa oposição à exotérica egípcia e aos mistérios ctônicos, percebida em toda parte – se contrapunha a todos os assuntos referentes ao "além" do que o abrupto desmantelamento de toda ordem de ideias que, aparentemente de modo inevitável, conduziam àquelas questões[152]. Para os profetas, uma aliança política com Egito significa a aliança com *sheol*, isto é, com os deuses da morte (Is 28,15) – também isso explica sua pertinaz hostilidade com relação ao apoio egípcio em particular.

Frente a tudo isso, porém, tem-se agora de fato a impressão de que a fé na ressurreição existente exotericamente na Babilônia, condicionada por mitos

---

151. A expressa proibição do autoflagelo quando do luto aos mortos (Lv 19,28) certamente é dirigida contra a extática e a magia extática (cf. abaixo). A técnica do embalsamamento, porém, era conhecida em Israel (Gn 50,2-3).

152. Como na visão de Ezequiel das ossadas dos mortos, cuja reanimação por palavra mágica é tida exclusivamente como uma prova de poder de Iahweh. Também ao *'ebed* de Iahweh de Dêutero-Isaías é prometida apenas uma vida futura de glórias, embora essa figura, a oscilar entre personalidade escatológica e personificação, é claramente considerada na segunda qualidade.

astrais – que aparece repentinamente no Livro de Daniel como ideia pronta e se torna crença popular (farisaica) depois do tempo dos macabeus –, não fosse desconhecida também em tempo pré-exílico[153]. A religião oficial babilônica certamente conhece tão pouco a respeito de tais crenças como a israelita. Para ela, a morte é um mal inevitável a todo ser humano. Pois a planta da vida está sob custódia de demônios malignos, profundamente abscôndita no submundo, que, também na Babilônia, é um puro reino de sombras. E apenas determinados mortais são, como em Israel, arrebatados pela graça de Deus a uma existência abençoada. Mas em Israel é possível perceber não apenas um ignorar senão também rejeição. Todo o domínio do reino dos mortos e do destino final da alma continuou estranho à religião oficial sacerdotal e profética. Até o tempo dos fariseus – que promoveram mudança nesse aspecto –, seus representantes, em especial os maiores entre eles, nunca operam com a ideia de uma compensação no além, própria à religião egípcia e à religião zaratústrica. A piedade perante os pais vivos é altamente louvada, e, sua violação, rigorosamente reprovada; mas nunca é feita referência a um fado no além, mesmo ao de tão admiráveis ancestrais, embora a compensação e a justa recompensa de fato fossem aquilo que os crentes em Iahweh esperassem de seu deus, e embora a solidariedade do clã fosse ponto assente, com sua responsabilização dos descendentes pelos *pecados* dos pais. Em tempo tardio, como veremos, as promessas dos profetas, mediante sua particularidade, codeterminaram essa rejeição a toda compensação individual no além em favor das esperanças coletivas neste mundo. Em tempos mais remotos, contudo, essa rejeição de toda especulação referente ao além – característica tanto às compilações jurídicas como aos cronistas em mesmo grau – de fato não é nenhum acaso, principalmente na vizinhança do muito bem conhecido Egito. Decerto presume-se que os opoentes mais próximos e imediatos fossem os cultos orgiásticos dos *numina* cananeus ctônicos. A enumeração dos costumes relativos ao luto (incisões de feridas, cabeça raspada do chefe e coisas semelhantes), reprovados pelos profetas (Amós, Isaías, Miqueias) e na *torah* (Lv 19,28; Dt

---

[153]. A respeito da questão como um todo, cf. Beer, no belo trabalho sobre o Hades bíblico em *Theol. Abh. für H. Holtzmann*, 1902.

14,1), também apresenta não um traço especificamente egípcio senão ctônico em geral. E a proibição (Dt 14,2) é motivada pela relação com Iahweh, portanto: *cultualmente*. Iahweh, pelo que se sabe, a rigor não conservou nunca, e *em parte nenhuma, traços de um deus ctônico*. Ele sempre residiu nas montanhas ou no templo, nunca na terra. *Sheol*, o Hades, nunca é apresentado como criado por ele – é o único entre todos os locais do universo sobre o qual isso não é afirmado. Ele nunca é o deus dos mortos ou de um reino dos mortos. Por toda parte, os cultos dos deuses ctônicos e dos mortos de fato têm peculiaridades muito específicas, entre as quais não é possível apontar nenhum indício no culto a Iahweh. Ele não chegou tampouco a ser um deus da vegetação ou um deus dos corpos celestes – divindades cujos cultos costumam gerar as esperanças de ressurreição. Sem dúvida, esse contraste *cúltico* foi o determinante para o posicionamento dos sacerdotes de Iahweh e dos instrutores da *torah*. Mas, também na Palestina, ideias de ressurreição ligadas a cultos aos mortos provavelmente não eram desconhecidas. Só que o sacerdócio iahwista não tinha nenhuma relação com elas, tampouco pretendia tê-lo, porque seus próprios hábitos *ritualísticos* eram incompatíveis tanto com cultos sidéricos quanto com cultos ctônicos. E além da oposição externa aos sacerdotes dos mortos e aos intérpretes de oráculos da morte, provavelmente também foi determinante do seu comportamento o temor de ser – com cada concessão feita a especulações quaisquer referentes ao além – assolado ou suprimido por cultos da enorme popularidade do culto egípcio a Osíris, fosse por este mesmo ou por uma esotérica dos mistérios da ressurreição vinculada a ele. Decerto também lhes veio a propósito, quando da rejeição de todo culto aos ancestrais e aos mortos, que a apoteose da sabedoria dos antepassados enquanto tal, fixada à espécie de *livro*, dada pela estrutura da ordem social egípcia, estivesse fora de questão na Antiguidade israelita, assim como: que fosse inexistente um autêntico desenvolvimento da nobreza com veneração individual de ancestrais. Pois embora um "culto aos ancestrais" já desenvolvido pouco fosse razão da hostilidade dos sacerdotes de Iahweh ante os costumes relativos ao luto, a junção da proibição da mortificação de luto, feita mediante incisões corporais, com a da *tatuagem* (Lv 19,28) – sem dúvida de uma tatuagem com a marca do clã e tribal transmitida adiante pelo progenitor – mostra que a oposição, no efeito prático, também envolvia o significado cúltico dos clãs enquanto tal. Por seu lado, a luta dos puros crentes em Iahweh contra o surgimento de associações cultuais dos clãs também impediu o surgimento de um culto aos ancestrais para o qual associações clânicas, a rigor, ofereceriam local. Mais tarde, então, as festividades do clã também desapareceram por completo.

O sabá

Em contrapartida, o culto a Iahweh teve inicialmente de tolerar que continuassem a existir na região de lavoura da Palestina os deuses costumeiros dos lavradores: cultos sidéricos e típicos cultos a deuses da vegetação. Além dos cultos fenícios já presentes ou importados (sobretudo a Moloc e Astarte) e divindades mesopotâmicas (Tamuz e o deus Sin, da Lua), que nunca foram reconhecidos pelos sacerdotes de Iahweh, parece ser atestada pela lenda da filha de Jefté a existência de ritos anuais de lamento em torno da morte de uma antiga divindade feminina da vegetação. Esses deuses estrangeiros, contudo, não tiveram nenhum significado determinante para a formação da religião iahwista, tampouco interessam aqui. Pois sua influência seguiu de fato atuante em inúmeros detalhes, mas não nos ritos determinantes para as formas fundamentais da conduta de vida. Com uma exceção. A instituição do *sabá*[154], sumamente importante, está claramente relacionada ao dia do *shabattu*, próprio ao culto lunar, este também difundido na Babilônia. Como mostra a etimologia da palavra hebraica referente a "jurar" ("heptar-se"), são antigas também na Palestina a sacralidade do número sete, assumida na Babilônia, e decerto mesmo a da "heptarquia divina". Mas a vigência do sabá em ambas as regiões dificilmente se baseia em apropriamento no sentido próprio, senão que provavelmente em tradição comum. As diferenças se no-

---

154. Sobre o sabá, cf. agora em especial o trabalho bem preciso de G. Berr, "Einleitung in die Uebersetzung des Mischna-Traktats 'Schabbath'" (in *Ausgew. Mischnatraktaten*, editado por P. Fiebig, n. 5, Tübingen 1908), p. 10ss. Além de: Hehn, "Siebenzahl und Sabbat bei den Babyl. u. im. A. T." (*Leipz. Semit. Stud.*, vol. II, 5, 1907).

tam já nas primeiras menções ao sabá. Na Mesopotâmia, o dia de *shabattu* estava estritamente atrelado à rotação lunar: Lua nova, Lua cheia, mais tarde aos dias do mês divisíveis por sete e ao sétimo dia vezes sete. Em Israel, cada sétimo dia seguiu sendo dia festivo independentemente das fases da Lua, embora, também lá, a sacralidade da Lua nova fosse antiga[155] e aparentemente se encontrem indícios também de sacralidade da Lua cheia em tempos remotos. Talvez, como supõe Beer, o nome "sabá" tenha significado originalmente "dia da Lua cheia", e somente mais tarde sido vertido a "sétimo dia" (Ex 23,12; 34,21). Em comum com a Babilônia tinha-se apenas o uso do número sete; distinta era a maneira como esse uso era feito. Na Mesopotâmia, ademais, em tempo histórico, o *shabattu* era um dia de penitência. Em Israel, o sétimo dia foi, manifestamente, sob todos os aspectos, em princípio um dia letificante de descanso do trabalho no qual as pessoas se ocupavam de outras coisas que não do ofício costumeiro; em especial, um dia em que também eram consultados os "homens de Deus" (2Rs 4,23). Contudo, como ainda mostra sobretudo a crônica de Neemias, ele era o dia também para que os camponeses fossem[156] à cidade, ao mercado e à quermesse (Ne 13,15), do mesmo modo como os *nundinae* romanos e como aquele dia especial da semana mais curta, de cinco dias, difundida em alguns territórios de cultivo de vegetais. A queixa do Profeta Amós contra aqueles vendedores de cereais para os quais o sabá, como interrupção dos negócios, é demasiado longo (Am 8,5) mostra que à época o descanso do trabalho já estava implementado ao menos para os comerciantes (como se infere do contexto: urbanitas e profissionais). Já o tornara necessário o resguardo com relação ao favorecimento, caso contrário incidente, da concorrência dos *gerim* (cf. Ne 13,16-18, de modo bastante análogo). A considerar uma lenda profética proveniente do tempo da dinastia Jeú (1Rs 4,22), escravos e gado parecem ter sido incluídos no sabá não à épo-

---

155. Lua nova e sabá eram considerados pelos primeiros profetas como festividades de Iahweh.

156. Por essa razão não parece admissível a ideia de Meinhold (mais recentemente em *Z. f. A. T. Wiss.*, vol. 29, 1909), de que o sabá só se tornou dia de semana no exílio. Mesmo aqueles que permaneceram na Palestina claramente conheciam o sabá fixo semanal como dia de mercado. Por essa exata razão também não posso partilhar da assunção de Beer, de que o sabá se tornou dia comum de semana justamente e apenas no exílio na Babilônia.

ca, senão apenas no tempo deuteronômico. Apenas à época, provavelmente, o propósito *caritativo* tornou-se ponto central. Somente no tempo do exílio, mediante a busca dos sacerdotes por estabelecer deveres distintivos "confessionais" israelitas absolutamente insuperáveis, ele obteve sua ascensão última à marca característica mais importante de Israel ao lado da circuncisão, e a um dever absoluto – e ao mesmo tempo puramente ritualístico – de privação de toda atividade que fosse além da medida prescrita para o ritual. Ele então se tornou – visto que o simples fato da circuncisão não oferecia afinal nenhuma garantia de conduta de vida verdadeiramente devota – um mandamento ritualístico central de Israel, ordenado reiteradamente e de modo cada vez mais patético, e em significado se encontrava ao lado da proibição do homicídio, da idolatria e do consumo de sangue. Por meio da redação do mito dos seis dias da criação, o sabá adquiriu então um fundamento cósmico. A concepção sacerdotal desse tempo considerava a violação do descanso sabático como sacrilégio capital (Ex 31,14-17). A origem, contudo, deve ser buscada seguramente não entre os criadores de gado do deserto ou da estepe – onde ele é praticamente irrealizável ou desprovido de significado, e onde as fases da Lua são pouco importantes –, senão em uma região de lavoura, de modo então que a questão se o número sete estaria relacionado a cálculo planetário ou à quadripartição da rotação da Lua viria a ser respondida, certamente com razão, cada vez mais no sentido da última suposição[157]. Contudo, o fato de que o dia de feriar tornou-se (ou continuou) permanente em Israel, em oposição à Babilônia, explica-se facilmente pelo predomínio mais forte, na Palestina, de hábitos e interesses econômicos camponeses, orientados ao mercado citadino local, em contraste com o nobre conhecimento astronômico sacerdotal junto aos babilônios. Aqui, a correção astronômica era essencial em termos ritualísticos; entre os israelitas, antes, no tempo da fixação dos costumes do sabá, foi determinante o interesse dos camponeses e pequeno-citadinos na ocorrência regular do dia de mercado. Em definiti-

---

157. Apesar disso, Budde faz referência a Am 5,26 (nomes assírios de Saturno). Contra a crença no grande significado do culto lunar (nome do Sinai, nomes das mulheres de Abraão) para a religião de Iahweh, cf. agora König, *Z.D.M.G.*, vol 69 (1915), p. 280ss.

vo, o cumprimento do sabá provavelmente se afirmou com a consolidação da economia de mercado: o Deuteronômio, lei específica da cidade-Estado, não menciona mais as festividades lunares antigas. Os israelitas, porém, não logravam alcançar correção sidérica por força própria – recorde-se do tormento que a correta verificação de alguns fatos astronômicos simples em si ainda causava aos rabinos do período tardio.

Se o rito do sabá facilmente pôde ser desligado da relação com o culto lunar e incorporado à religião de Iahweh – até mesmo se tornar um dos seus mandamentos ritualísticos centrais –, com o tempo passaram a causar dificuldades cada vez maiores outros cultos de lavradores que os israelitas da Aliança de Iahweh em parte adotaram e em parte já encontravam em seu meio em virtude da admissão de tribos residentes e da própria transição ao sedentarismo. Se nas tábuas de Amarna os deuses dos *habirus* são denominados "*ilani*", as divindades dos cananeus e dos israelitas residentes ao Norte são chamados de "*elohim*", um nome que, lá e aqui, talvez também em referência a deuses israelitas, ainda fosse compreendido como plural – às vezes o atributo é pluralizado; na redação atual, porém, o termo é pensado no singular quando em referência à religião israelita. Uma passagem justamente no "Livro da Aliança", entretanto, parece apresentar uma exceção (Ex 22,8), e, do mesmo modo, as configurações gramaticais no caso das alocuções de Abraão à epifania divina dos três homens parecem tornar provável que o singular da alocução não excluía uma concepção politeísta como origem. O plural na denominação de um ser supremo, preeminente e ao mesmo tempo abstrato, reinante na lonjura do céu, era difundido em especial na vizinha Fenícia, mas aparentemente também na Palestina[158], e, no uso linguístico tardio da Babilônia, o plural "*ilani*" é designação de "divindade", do mesmo modo como "*elohim*" em Israel. Apesar disso, permanece provável que uma configura-

---

158. Baumgärtel ("Elohim ausserhalb des Pentateuch", *Beitr. z. Wiss. v. A. T.*, vol. 19, 1914) demonstra que "*elohim*", enquanto nome de Deus, perde em recorrência a partir do Livro dos Juízes, passando pelo Livro de Samuel e adiante, até os Livros dos Reis. Ele mostra que o termo é totalmente ausente no segundo e no terceiro complexo de salmos e no Kohelet, quase nunca utilizado pelos profetas, e que expressões proverbiais com "*elohim*" são claramente patrimônio linguístico cananeu antigo. Naturalmente, o uso em escritos tardios tem sua causa na aversão ao tetragrama.

ção politeística de alguma espécie tenha servido de base originalmente à expressão. Mas Hehn, em especial, tornou plausível que, quando da imigração dos israelitas, a denominação já existisse como coletivo de "divindade" ou de "deus supremo". Para os veneradores iahwistas, a supremacia de Iahweh, deus da Aliança, era naturalmente ponto assente. Para os mesmos, ele era "*elohim*" porque se tratava da sua "divindade", pura e simplesmente[159]. Isso encontrava um paralelo na posição do deus celestial supremo na Babilônia e nas regiões sob sua influência, e a carta do cananeu Aiam (século XV a.C.) caracteriza o deus supremo como "*bel ilanu*", "senhor dos deuses". Como natural, Iahweh era confundido de modo particularmente fácil com tais deuses supremos celestiais – ainda em passagens relativamente tardias, ele é chamado de um "deus dos deuses". A lembrança de que estes outrora foram deuses autônomos perante o mesmo segue viva – além de em comentários iracundos de Isaías contrários aos *elilim* [ídolos venerados] – também nos nomes de alguns deles e na identificação, evidentemente posterior, com Iahweh. Uma tradição tardia, certamente que contida na redação atual, assume que o "deus mais elevado", *el ʿelyon* –provavelmente um nome fenício para o deus celestial a reger o Panteão, a considerar outras informações – foi venerado em Jerusalém (?) no tempo de Abraão pelo rei-sacerdote Melquisedec, e Abraão se refere depois a Iahweh com a mesma expressão[160]. A antiga denominação *el shaddai*, segundo Delitzsch relacionada a *shadu*, "montanha" (em babilônio), designa o mesmo[161]. Outros seres celestiais eram considerados pela concepção mais tardia como mensageiros e auxiliares subordinados. Por seu lado, porém, eles originalmente decerto também foram deuses, como parece mostrar, em turno, o tratamento extremamente variável das três figuras da epifania a Abraão no carvalho de Mambré, assim como a autodenominação "nós", encontrada

---

159. Hehn, op. cit. (algo divergente e a meu ver formulado de modo não totalmente irrepreensível).

160. Fontes tardias como o Sirácida e ocasionalmente o Salmos e o Livro de Daniel mencionam novamente o deus "mais elevado" – provavelmente por consideração com o mundo de prosélitos ao redor (Hehn, op. cit.).

161. Em Jó 5,17; 8,5, isso é traduzido por παντοκράτωρ [*pantokrátor*, o todo-poderoso]. A recensão sacerdotal do Gênesis utiliza o termo com o propósito da identificação dos antigos cultos efraimitas a El com o culto iahwista tardio.

com mais frequência no Gênesis quando das resoluções divinas. "Os filhos de Eloim", no deturpado mito antigo dos Titãs (Gn 6), interessam-se pelas filhas dos homens e, com elas, geram os *nephilim*, os gigantes (das grandes constelações), dos quais descendiam os filhos de Enac (Nm 13,33) e aqueles cavaleiros (*gibborim*) do esvaído tempo primitivo cananeu, contra os quais os ancestrais tiveram de lutar e que, segundo o contexto original, o deus celestial aniquilou no dilúvio. Vimos que no Cântico de Débora o exército das estrelas era, em Israel do Norte, o núcleo daquele séquito celestial que também mais tarde, nas visões proféticas, Iahweh tem em seu entorno. *Numina*, que não parecem idênticos a Iahweh, estão à espreita dos heróis, e uma divindade do tipo é vencida por Jacó na luta de ringue. Influências diretas da religião do Sol aquenatônica sobre a religião de Iahweh são muito improváveis, já porque a propaganda na Palestina[162], em todo caso de existência incerta, seguramente foi pouco intensiva e há tempos não se fazia notar. Em contrapartida, a designação abstrata norte-israelita para Deus, "*el*"[163], corresponde à babilônica, e a veneração do deus "mais elevado" no Monte Gerizim e em outras altitudes montanhescas encontra correlato na tentativa babilônica de se chegar o mais próximo possível do deus celestial por meio da veneração em enormes torres-miradouros.

Quase todos esses deuses da Ásia Menor tinham caráter astral e, na maioria das vezes, ao mesmo tempo vegetativos, e eram muito similares uns aos

---

162. A circunstância de o rei (Aquenáton) "ter posto seu nome sobre o território (Jerusalém) para sempre" (tábuas de Amarna) significa, ao contrário do que se acreditou, que ali se tratava não monoteísmo solar, senão de dominação política.

163. Gressmann (Z. A. T. W., vol. 30, 1910, p. 1ss.) defende o ponto de vista de que os "*elim*" eram os deuses das tribos seminômades, em oposição aos "*baalim*", deuses dos lavradores sedentários. De fato, muitos aspectos argumentam a favor dessa concepção: antes de tudo, o nome "*baal*" nunca aparece em nenhuma das histórias dos patriarcas, tampouco no Gênesis; ademais, a natureza da coisa faz com que "*baal*" surja como "senhor" do solo da lavoura; tem-se ainda a relação indubitável com cada baal das cidades costeiras, sobretudo da Fenícia, enquanto El indica o Leste, onde as tribos nômades alternavam entre Mesopotâmia e Síria. Em contrapartida, a denominação dos deuses dos *habirus* ("*ilani*") sugere mais o oposto: que o nome, assim, também há de ter sido conhecido pelos habitantes sedentários. E, do mesmo modo, "*el 'elyon*" é de fato um deus de um povo de cultura. Em todo caso, a tese parece merecer exame especializado, visto que ela daria razão à ideia de que a construção do código sacerdotal se deu em cima da veneração pré-mosaica de Deus entre os patriarcas (*el shaddai*).

outros[164]. No caso deles, como usual, o desenvolvimento até a personificação ocorreu apenas de modo gradual: originalmente, o espírito astral não era distinguível da estrela mesma[165], e somente deuses funcionais de cultura, como por exemplo Nabu, o deus babilônico dos escribas, foram concebidos desde o princípio de maneira totalmente personificada. Mas uma certa inclinação a tornar ao impessoal permaneceu cativa à maioria; por toda parte, os deuses celestiais supremos (como Anu em Babel) eram particularmente abstratos e estranhos ao culto popular. Por toda parte havia inclinação ao sincretismo e à elevação do deus do Sol a deus supremo fundamentalmente único aos olhos dos intelectuais. Disso, contudo, encontram-se na Palestina apenas escassos indícios, ainda que a abstração "*elohim*" apontasse, a rigor, nesse sentido.

Baal e Iahweh – Os ídolos e a Arca

A concepção divina mais importante a realmente concorrer com Iahweh teve, antes, origem cananeia, foi de forte influência fenícia e de um tipo que já se encontrava fortemente reformulado na religião babilônica, esta mais desenvolvida. Trata-se do tipo "*baal*". O estado de coisas original – ou, mais corretamente: predominante à época da ocupação – era de que um deus específico seria o "senhor" sobre determinadas coisas ou eventos da natureza ou da vida social, como encontrado por toda a Terra em sua forma mais simples difundido entre povos primitivos – como também o eram, por exemplo, o "senhor das preces" indiano ou a divindade da terra na China antiga. Coisas ou eventos "pertencem" ao respectivo baal do mesmo modo como pertence a um indivíduo um pedaço de terra, o gado ou uma "profissão" monopolizada por ele. Daí resultam sobretudo duas categorias de deuses. Por um lado, têm-se os deuses funcionais, como talvez o fosse o "*baal berith*", o "senhor da Aliança", que era "competente" para as formações de aliança, vin-

---

164. Bernhard Luther (em Ed. Meyer, *Die Israeliten* etc.) assume que no tempo de Davi os cultos baalitas eram cultos cananeus de camponeses (portanto provavelmente de caráter orgiástico), que os cultos a El estavam ligados a árvores e bosques, que o culto a Iahweh em Gabaon (?) e em Silo era culto ao deus da guerra.

165. Como diz Hehn, op. cit., em linha com Dhomme, *La relig. babyl. et assyr.*

gava sua violação e as defendia, ou como o "*baal zebul*" de Acaron, o "senhor das moscas" disseminadoras da peste, ou então o "senhor" dos sonhos ou da ira etc. Do outro lado têm-se deuses aos quais pertence o solo frutígero: os "deuses locais" nesse sentido específico. Se Iahweh, o deus israelita da Aliança, era um deus da comunidade popular pessoal, semelhante ao *bel* da população de guerreiros assíria, porém mais ainda à espécie de um rei dos exércitos, o baal palestino de uma localidade era o senhor da terra e de toda a sua produção, à espécie de um senhor fundiário patrimonial, semelhante ao Bel babilônico, senhor da terra fértil. Mais tarde conheceremos o grande significado ritualístico desse caráter ctônico dos cultos baalitas, ainda que seguramente não de todos, mas com certeza dos mais importantes em termos de prática. Ao baal devem ser ofertados todos os primeiros frutos do solo, o primeiro gado, os primogênitos das pessoas que vivem dessa terra – algo que os sacerdotes transferiram a Iahweh, em relação ao qual isso era desconhecido originalmente. Como prova a motivação "eu sou Iahweh, seu Deus", o motivo religioso do dever mencionado anteriormente de não realizar a colheita completa a terra (Lv 19,9 e 23,22) é oriundo daquele ideário. Entre a concepção de Iahweh e as concepções baalitas havia não necessariamente um contraste, mas decerto uma divergência: de um lado, tinha-se um deus da comunidade de pessoas, do outro um deus da associação local – ali deus do céu, aqui deus da terra. No território cananeu, a segunda representação, diretamente resultante da residência urbana e do senhorio fundiário patrício, é seguramente muito antiga. Cada cidade tinha seus próprios deuses locais dessa cunhagem. No período Amarna, os governadores queixam-se ao rei que as divindades citadinas, por cuja graça o faraó seria senhor da cidade, haviam a abandonado, e por isso ela sucumbiria aos inimigos. Os israelitas parecem ter acrescentado o nome "baal" a todo um grupo de deuses com nomes particulares, como a Adad, venerado sob uma imagem de touro, assim como ao fenício Milk ou Melkart, importado sob a dinastia amrida. Em todo caso, a mais importante figura a concorrer com Iahweh, porque bastante universal em termos funcionais, era o baal da localidade, o proprietário da "terra" em sentido político e econômico. Quando da incorporação pacífica ou forçada de cidades a Israel, o respectivo baal naturalmente permanecia na posse da cidade e de seus santuários. Segundo a concepção original, isso não implicou nenhum detrimento ao grande deus de guerra da Aliança. Com seu crescente prestígio, sua posição com relação a eles certamente precisou ser regulada de alguma forma. Ele podia assumir a frente de um panteão, como deus dos céus – e algo dessa espécie parece ecoar na denominação "*elohim*". Nesse caso, como todos deuses supremos celestiais do gênero, ele certamente se expunha ao risco de se enfraquecer onde quer que não dispusesse de nenhum local permanente de culto para as demandas cotidianas – o respectivo baal, então, continuaria senhor dos cultos vigentes. Ou então ele era simplesmente identificado com o respectivo baal, ou de alguma forma associado ao mesmo na veneração. Até tempo posterior ao exílio, Iahweh foi venerado por judeus mesmo junto a deuses totalmente estrangeiros, em um único templo, com o maior desimpedimento[166]. Quando de uma combinação com o deus local baalita, este naturalmente havia de ser proeminente em tempos de prosperidade pacífica; em tempos de grave situação de guerra, era Iahweh que destacava-se dentro dessa deidade mestiça (ou na veneração combinada)[167]. Isso de fato ocorreu e explica o fenômeno de os profetas puritanos iahwistas, mais tarde a invectivar contra Baal, terem se encontrado nas mais difíceis condições justamente em tempos de pacífica prosperidade, e esclarece o porquê de toda guerra nacional, toda opressão e ameaça estrangeiras, em contrapartida, imediatamente favorecerem Iahweh, o antigo deus da catástrofe do Mar dos Juncos. Contudo, pode-se supor que por períodos mais longos o que se teve foi uma pacífica coexistência – junto com uma proeminência do respectivo baal, esta muito forte mas não assumida como rivalidade a Iahweh. Também

---

166. De acordo com os papiros, esse era o caso na congregação em Syene, proveniente de Israel do Norte, como sugerem os vários nomes efraimitas (Bacher, *J. Q. R.*, vol. XIX, 1907, p. 441). Mais detalhes sobre isso em Margolis, *J.Q.R.N.S.*, vol. 2 (1911/1912), p. 435: as ofertas sacrificiais são divididas entre um deus, Jasu, e uma deusa.

167. Para os estrangeiros, parece que baal desempenhava o papel principal na deidade mestiça, a considerar o caráter nacional de Iahweh determinado por *berith*. No Egito, como demonstra W. Max Müller, ele é adotado como deus guerreiro estrangeiro a habitar as *montanhas*, portanto com traços que seguramente provêm não da sua imagem senão da de Iahweh.

entre celebrados heróis de Israel do Norte se encontram nomes com "baal", como em particular Jerobaal – que depois recebeu, como herói de guerra de Iahweh, de maneira bastante característica, um novo nome (Gedeão) – e ainda, de modo similar, filhos do rei Saul, bom iahwista, cujos nomes a tradição tardia alterou de modo marcante.

Em virtude da frequente identificação com o respectivo baal local ou funcional, o culto iahwista assumiu também seus atributos cúlticos, sobretudo: as imagens de culto. Conforme atesta a tradição e também escavações, o culto original israelita próprio à Aliança deve ser considerado, com a mais alta probabilidade, como *desprovido de imagens*, e provavelmente foi adotado nessa forma. Isso certamente não foi o produto de nenhum "elevado nível" especulativo da antiga ideia de deus, senão, justamente pelo contrário, uma resultante de meios primitivos de culto estereotipados particularmente cedo e de modo definitivo, a considerar a alta sacralidade do antigo ritual de guerra da Aliança. Deus permaneceu desprovido de imagem simplesmente porque ele ainda o era à época da sua adoção, em virtude das condições materiais da região próprias à cultura em que foi adotado. Pela mesma razão, os códigos jurídicos mais antigos prescrevem um simples altar de terra e de pedras brutas, como à época era usual ali. A conservação dessa ausência de imagens também em tempos de prática artística desenvolvida não é, em absoluto, nada de específico ao culto a Iahweh. Ela é verificável em diversas circunstâncias, por exemplo em alguns cultos helênicos clássicos e da Antiguidade cretense, e encontrada também entre os iranianos, que, assim como Israel, recebiam influência da Babilônia. Determinantes para sua conservação em algumas das localidades de culto mais importantes foram sem dúvida as formas cúlticas há tempos introduzidas e – por conta dessa idade – preservadas ali de modo particularmente sagrado, as quais dificultavam a adoção de ícones – por temor de ser acometido por encanto maligno no caso de mudança. Similar especificamente ao desenvolvimento israelita, ou ao menos em gênero aproximadamente semelhante apenas ainda ao desenvolvimento islâmico – e em parte ao zaratústrico –, era somente a penetração do impacto. Em outras regiões, a reprovação de imagens se limitou a alguns lugares de culto ou aos respectivos deuses, e de resto deixou o caminho livre à prática artística, dentro como fora da esfera religiosa. Em Israel, Iahweh se tornou o único deus, e os defensores do culto sem imagem – simultaneamente à intensificação dessa exigência de Iahweh à monolatria – reprovavam não apenas imagens suas senão todos os paramentos de espécie imagética, e por fim intensificaram esse ponto de vista até um grau em que se contrapunham a todo exercício das artes plásticas – quase que de modo hostil por princípio –, como o fez o segundo mandamento em sua formulação definitiva. Isso foi da maior amplitude para a repressão da prática e da sensibilidade artísticas no judaísmo tardio. Entretanto, esse último espírito teológico excessivamente consequente, bastante radical, foi apenas um produto da busca sacerdotal por "mandamentos distintivos" ritualísticos absolutamente eficientes. Ele ainda não é encontrado em espécie nenhuma nas fontes mais antigas, onde a destreza dos artesãos de paramentos era tida como carisma divino, e onde a rigor não está claro se o puritanismo iahwista reprovava apenas imagens de metal fundido – os produtos da cultura citadina – ou também (ou especialmente) imagens entalhadas, ou então quaisquer imagens – os três "decálogos" se encontram, aqui, em contradição entre si. Ele se desenvolveu até alcançar esse rigor somente no curso da luta extremamente violenta que os defensores do antigo culto não imagético tiveram de travar contra as imagens de Iahweh e outros paramentos cultuais surgidos no território de domínio cultural de Canaã. O gênero desses paramentos foi fortemente delido pela tradição tardia. Em especial o *éfode*[168] ocupa posição indeterminada. Como no caso dos terafim, não é possível especificar com segurança o que ele foi originalmente. O caráter fálico[169], ocasionalmente afirmado, é difícil de ser comprovado. Algumas informações permitiriam supor se tratar de uma imagem; outras, de um capote com bolso para as tábuas oraculares – outras, ainda, de uma peça de vestuário. É bem possível uma variação de sentido, sob a influência da concepção tardia do culto desprovido de imagens. Caso tenha se tratado

---

168. Entre os estudos mais recentes, cf. Sellin em *Nöldeke-Festschrift* (1906).
169. Foote, *Journ. of Bibl. Lit.*, vol. 21, 1902.

de um paramento de espécie imagética, presume-se que ele era estranho ao culto original a Iahweh. A fonte de informação mais próxima a sugerir essa interpretação é norte-israelita. Pode-se deixar em aberto aqui se a "tenda da reunião" de Iahweh foi mais do que uma construção teórica tardia. Pois bem mais importante, e um paramento específico ao culto iahwista desprovido de imagens, foi a portativa "*Arca de Iahweh*".

Provavelmente nunca se determinará com segurança se essa arca, como Ed. Meyer em particular supõe, foi originalmente uma caixa fetíchica e portanto de origem egípcia, nem se ela, como M. Dibelius[170] tornou mais provável, foi originalmente um trono celestial com aspecto formal de caixa e portanto de origem palestina pré-israelítica, tampouco se a mesma, caso tenha sido uma caixa, conteve originalmente uma pedra sagrada, talvez com runas, ou se foi desde o início – como supõe Schwally em analogia a um santuário islâmico de campanha (*machmal*) – uma caixa vazia na qual se cativasse o deus. Em todo caso, Dibelius tornou altamente provável, com base nas narrativas mais antigas (Nm 10,35-36, em combinação com 1Sm 1,9 e 4,4 e com a imagem de Jr 3,16), que ela tivesse sido, no tempo das guerras de libertação contra os filisteus, um assento adornado com querubins sobre o qual Iahweh regia invisível e que se trazia ao acampamento quando de emergência de guerra, em cima de um carro. Iahweh era então, antes da batalha, por meio de uma invocação rítmica, chamado a insurgir contra os inimigos, assim como, após a vitória, a tornar a seu lugar (Nm 10,35-36). Na lenda (tardia) de Samuel, Iahweh aparece como localizado na Arca no santuário – ou sobre ela, possivelmente. Isso talvez seja produto de concepção tardia, do tempo do pleno sedentarismo, embora a coexistência de representações de Deus incompatíveis em termos lógicos seja comum em si. A crença de que, na guerra, Iahweh reinava invisível sobre a Arca não era de mesma espécie – mas talvez não absolutamente incompatível com ela – que a representação do Cântico de Débora, por exemplo, em que ele se lança como um temporal desde sua morada no monte florestado Seir. Em todo

---

170. "Die Lade Jahwes" (*Forsch. z. Rel. u. Lit. des A. T. J.*, Göttingen 1906). Sobre os cultos sem imagem em Creta, cf. *A. f. Rel.-W.*, vol. VII, p. 117ss.

caso, decerto não é nenhum acaso que segundo Heródoto (VII, 40) também os persas – como os israelitas um povo assentado na montanha vizinho de populações da planície treinadas no combate sobre bigas – levavam consigo à guerra, em cima de um carro, seu deus invisível Aúra-Masda[171]. Em origem, provavelmente pretendia-se opor aos reis de guerra em suas carruagens e aos ídolos dos inimigos o rei dos céus condutor de carro. A existência de tronos divinos vazios é comprovada por Reichel em várias circunstâncias, também no território helênico. Afinal, um deus cujo culto era *desprovido de imagens*, sobrevindo de tempos bem remotos, tinha de ser – normalmente – *invisível*, e de alimentar seu mistério e sua dignidade específica justamente a partir dessa invisibilidade. Também aqui, a forma do culto do deus da Aliança, dada de modo puramente histórico, ocasionou aquela *espiritualização* de Deus, a qual foi não apenas possibilitada senão bastante sugerida precisamente por essas qualidades. Na tradição, a Arca é relacionada a Silo e à antiga estirpe sacerdotal elídica de lá, portanto norte-israelita. Do mesmo modo, ela é ligada bem intimamente à qualidade de Iahweh enquanto deus da guerra e senhor das legiões do exército (*sabaóth*). Entretanto, o Cântico de Débora e as histórias das guerras anteriores ao tempo dos filisteus não dão nada a conhecer a seu respeito, e mesmo à época sua aparição é efêmera, de modo que permanecem incertos: tempo, circunstância e âmbito do seu reconhecimento original enquanto paramento cultual iahwista e símbolo de guerra. Somente a teologia deuteronômica – à qual não mais agradava a concepção de Deus ligada à Arca que o localizava no interior ou sobre a mesma – fez dela a "Arca da Aliança", portanto o contentor das tábuas da lei. Em todo caso, a arca vazia e seu significado foram sintomas e provavelmente também causas daquela relativa espiritualização dessa ideia antropomórfica de Deus, como diretamente condicionada pelo fato da ausência de imagens, própria ao culto. Obviamente, a morada do deus da Aliança no monte florestado Seir era totalmente desprovida de imagens e templos, dos quais não é conhecido nenhum indício. Os anais de Ezequias indicam que um *cajado de serpentes*, a

---

171. Também os deuses supremos babilônicos aparentemente não eram postos na forma de ídolo sobre seu trono, senão, no lugar dela, em símbolos (como Anu e Enlil).

assim denominada "serpente de bronze", era parte dos paramentos do culto jerusalemítico tardio que – ao contrário dos suntuosos apetrechos salomônicos – remontavam a Moisés e, porque incompreendidos e interpretados como lendas etiológicas, eram pelo visto realmente antigos. Moisés é tratado na tradição também como taumaturgo terapeuta, especificamente como salvador em uma situação de peste. Isso estaria em boa consonância com a ideia de que as epidemias também comporiam o conjunto dos meios aplicados por Iahweh na luta contra seus inimigos. Segundo uma suposição aparentemente óbvia em vista da saga etiológica, mas naturalmente não demonstrável, o cajado de serpentes[172] teria sido um emblema de certos sacerdotes de Iahweh curandeiros e que mais tarde haviam desaparecido. Com ele, porém, completa-se a lista dos paramentos iahwistas propriamente antigos.

Quando a adoração de imagens, própria aos territórios de cultura, foi então introduzida ao culto iahwista norte-israelita, com a íntima fusão de Iahweh e Baal, o primeiro passou a ser representado especificamente como touro, portanto provavelmente como o deus da fertilidade para os lavradores. Ao Rei Jeroboão, que carrega um nome iahwista e tinha ao seu lado um profeta de Iahweh, atribuiu-se a construção[173], com o propósito da emancipação de Jerusalém, de imagens douradas de touros em alguns lugares de culto norte-israelitas, uma delas em Dã, uma localidade cultual tida como especialmente correta, regida por uma estirpe sacerdotal supostamente descendente de Moisés. Não é relatada a menor objeção ao uso de tais imagens de Iahweh, claramente existente, vinda dos profetas norte-israelitas que viviam entre os amridas, Elias e Eliseu – resolutos opositores ao culto baalita a se desenvolver fortemente sob influência fenícia. Mas de fato dificilmente se poderá pôr em dúvida que a luta contra os ídolos enquanto tais, também dentro do iahwismo, teve origem na luta iniciada à época contra os cultos estrangeiros importados por alianças e princesas de fora, que eram todos cultos idólatras. Ela podia ter partido daquelas localidades cultuais existentes no campo nas quais

---

172. Também Eshmun, o deus fenício da cura, tem um símbolo de serpentes.

173. A suposta ira do profeta Aías (1Rs 14) em relação a isso é lenda tardia. Em 1Rs 12,31 se mostra bem claramente a razão efetiva da oposição dos levitas: a admissão de plebeus como sacerdotes.

Iahweh era venerado sem imagens, como sem dúvida nos antigos lugares de culto do deserto fora de Israel. Os sacerdotes desses locais devem ter estado inclinados a enxergar somente essa forma como correta e lograram mobilizar para si a preocupação, a aumentar com a crescente pressão externa, relativa à correção do culto a Iahweh na forma como havia sido no tempo das antigas vitórias de Israel. Onde quer que a Arca de Iahweh consistisse no mais sagrado objeto de culto, e assim foi em Silo até vir Davi, poderia ter existido, desde sempre, apenas adoração desprovida de imagem. Também não há nenhuma razão para duvidar que em Jerusalém, a partir do translado da Arca até lá, a adoração fosse a princípio totalmente sem imagens. A tradição, contudo, permite reconhecer que a Arca sagrada, antes da fundação da localidade de culto em Jerusalém por Davi, permanecera por longo tempo quase que esquecida em uma casa de particulares, depois que os filisteus a tomaram na batalha e teriam supostamente destruído Silo. Por isso, quando Davi fez da mesma a forma cultual própria à residência do rei, mediante translado especificamente desse símbolo da veneração não imagética do deus de guerra da Aliança, isso provavelmente significara um primeiro ponto de viragem decisivo em favor da posição de poder do culto iahwista sem imagens. É de se supor que a aliança com os sacerdotes elídicos, expulsos de Silo, desde o início tenha lhe provido apoio contra Saul, este de fato iahwista, mas norte-israelita, orientado à veneração combinada Iahweh-Baal. Em troca, Saul promoveu entre aqueles sacerdotes um famígero banho de sangue, ao qual a tradição correspondeu com um ódio que ainda se nota na versão hoje disponível. O Sul se tornou então o centro da crença na correção exclusiva da veneração sem imagens. É bem verdade que o templo salomônico significou, já em si, um contragolpe a esse culto puritano. Não apenas, como parece, ele exibia uma inscrição sacra que permite inferir veneração do Sol, como difundida entre várias dinastias sobre a Terra como culto régio – mais tarde é mencionada também uma carruagem solar com cavalos –, senão que ele também atentava claramente contra a antiga prescrição de venerar Iahweh ante um simples altar de terra, sem pedras talhadas. Ele sem dúvida não acordava em muitos detalhes com a exigência tardia de evitar paramentos da espécie de ícones. A queda de Abiatar, sacerdote dos elidas, provavelmente está vinculada àquelas inovações próprias à monarquia servilista, orientada ao Egito e à Fenícia. Mas à época elas claramente não se encontravam no centro do interesse. A verdadeira luta contra as mesmas só começou bem mais tarde. Mesmo se os mais diferentes paramentos há tempos haviam se tornado suspeitos de fazer reminiscências a cultos estrangeiros, ainda não se podia notar nenhuma oposição fundamental contra quaisquer imagens. Esta só teve início no tempo de Oseias e alcançou seu primeiro êxito no tempo de Ezequias. Já à época, ela não esmoreceu nem mesmo diante da existência do antigo paramento do cajado de serpentes – remontado a Moisés –, que foi destruído por esse rei. Junto com a crescente preocupação política em eliminar toda motivação imaginável da ira do antigo deus de guerra da tradição, outrora venerado sem imagens, exerce influência o conceito de Deus dos círculos de intelectuais – sublimado nesse meio-tempo –, para os quais eram valiosas às suas concepções justamente a invisibilidade e a ausência de imagens de Deus, e que então escarneciam da obra humana dos artesãos nos cultos idólatras estrangeiros e a contrastavam com a majestática sobre-humanidade divina. O culto baalita era agora perseguido enquanto fonte do incutir dessa abominação no culto a Iahweh. Ademais, a crescente intensidade da luta contra esse culto estava sem dúvida vinculada a profundas peculiaridades *intrínsecas* à *veneração de Deus*, a qual, embora indissociável do antigo culto baalita cananeu, era simplesmente contraditória à religiosidade iahwista genuína. A fim de compreendê-la, precisamos voltar um pouco mais e examinar primeiro os zeladores da prática cultual: *os sacerdotes*.

Sacrifício e expiação

Está atestado com bastante segurança que a aurora israelita não contou com nenhum estamento sacerdotal[174] reconhecido em geral pela Aliança, sobretudo nenhum que tivesse possuído, em nome da mesma, enquanto tal,

---

174. Cf. o trabalho fundamental de Baudissin, *Gesch. des alttest. Priestertums* (Leipzig 1889). Hoje estão abandonadas algumas suposições, sobretudo a prioridade temporal do código sacerdotal em relação ao Deuteronômio.

um monopólio da oferta sacrificial ao seu deus. Afinal, à relação da Aliança israelita com Iahweh necessariamente havia de inexistir o significado tardio do sacrifício. Pois antes da monarquia, como já dito, não houve nenhuma instância confederativa sequer à qual tivesse competido a oferta regular de sacrifício em tempos de paz. Somente na guerra era existente uma unidade da Aliança, e então o meio ritualístico específico para dar a Deus o que lhe fosse próprio era, segundo a tradição, a tabuização do *despojo*, parcial ou também completa. Essa medida – mais ainda do que um sacrifício prévio – fazia com que Deus se interessasse pela vitória de Israel. Naturalmente, a Iahweh – como a todos os deuses – com certeza desde sempre foram ofertados sacrifícios a fim de conquistar sua benevolência. Em tempos de guerra isso também era praticado em favor da Aliança; em tempos de paz, porém, no interesse de indivíduos, dependendo da ocasião. Segundo a teoria da tradição, toda ceia, ao menos toda ceia com consumo de carne, era um "repasto sacrificial", em sentido todavia bem amplo, pelo qual Deus, nela, haveria de receber sua parte por meio de oferendas. Antes da batalha – ou então conforme a necessidade, nas antigas localidades de culto – ofertavam-lhe sacrifícios os príncipes, assim como ocasionalmente os chefes do clã. Uma tradição confiável parece apenas reservar a Moisés, portanto a sacerdotes de profissão, a aspersão de sangue sobre o altar. Mas não é assente se essa forma cultual fosse difundida fora de Silo, tampouco o quanto antiga ela era. Certamente, a teoria sacerdotal tardia já descreve de modo paradigmático o sacrifício de Saul sem consultação de Samuel (que ela ao mesmo tempo rotula de sacerdote) como uma intervenção nas competências sacerdotais causadora da sua ruína. Isso todavia não correspondia em absoluto ao direito vigente, nem mesmo bem mais tarde. No Livro de Samuel, Davi veste traje sacerdotal e profere a bênção. Sob o Rei Ozias, na tradição dos reis adaptada pelo sacerdócio, desenvolve-se o mesmo conflito que o supostamente existente entre Saul e Samuel[175]. De fato, é de se tomar como certo que príncipes e grandes senhores fundiários sustentavam sacerdotes instruídos na prática de rituais. Mas originalmente eles tinham

---

175. O sacrifício de Ozias também é tratado só pelo cronista (pós-exílico) como grave pecado (2Cr 16).

toda liberdade para escolher fazê-lo. Na tradição mais antiga, depois suprimida pelo cronista, Davi torna sacerdotes dois de seus filhos[176]. No Livro dos Juízes, segundo uma tradição que em breve será abordada em outro contexto, Miqueias, um grande proprietário de terras no Norte, faz algo equivalente. Os santuários, que nessa espécie eram mantidos por príncipes e particulares, eram considerados propriedade privada dos mesmos. Ali eles detinham a autoridade interna, como os reis norte-israelitas na instituição de Jeroboão em Betel (Am 7,13). Aquilo que eles ordenam é realizado pelo sacerdote por ele empregado – seu funcionário –, inclusive, e isso segundo a tradição, construções de altar seguindo padrão estrangeiro, por exemplo em Jerusalém (2Rs 16,10). Inexistia uma organização geral do sacerdócio ofertador de sacrifícios já em virtude da concorrência dos locais de oferta sacrifical, em que, como é de se imaginar, as "igrejas próprias" privadas, no Reino do Norte, não estavam na mesma medida de desvantagem ante as instituições régias como na cidade-Estado centralizada judaica. O alto-sacerdote carregava o nome "o sacerdote" (*hakohen*); somente mais tarde encontra-se em Jerusalém (2Rs 25,18) o título "chefe-sacerdote" (*kohen harosh*); a ocorrência do título pós-exílico "sumo sacerdote" (*kohen hagadol*) é incerta (2Rs 22,4.8 e 23,4, enquanto glosa, são suspeitos, cf. 2Rs 11,9-20, onde o título "*hakohen*" encontra-se em referência ao mesmo alto-sacerdote Joiada[177]). Em todo caso, os sacerdotes de culto do templo real são listados como funcionários régios (2Sm 8,16-18; 20,23-26), acompanham o rei no campo de batalha e, à única exceção de Joiada em tempo pré-deuteronômico sob Atalia, não desempenhavam nenhuma função política autônoma digna de nota. Tampouco eram tidos como chefes de uma "congregação" religiosa. Desta não havia. Em tempo antigo, as legiões do exército, também em matéria religiosa, eram a congregação dos israelitas plenos, mais tarde sua comunidade territorial. O tribunal que julga Jeremias é constituído pelos *sarim* [funcionalismo nobre] do rei e pelos *zekenim* [anciãos], cuja função, no veredito, permanece

---

176. 2Sm 8,18. Em 2Sm 20,26, um jairita é mencionado como seu arquicapelão junto aos sacerdotes Sadoc e Abiatar. A cronística pós-exílica suprimiu depois os filhos de Davi.

177. Cf. Struck, "Das alttest. Oberpriestertum", *Theol. St. u. Kr.*, vol. 81 (1908), p. 1ss.

dubitável. Os '*am* ("homens") formam o "público" dessa congregação (*kahal*) forense; os sacerdotes são os acusadores mas não participam do tribunal. O rei (Josias), não o alto-sacerdote (Helcias), convoca a congregação a se reunir também quando está em causa uma *berith* religiosa. Deixe-se de lado como isso ocorria na monarquia sacerdotal antiga em Jerusalém, sobre a qual a ambígua tradição encontrada em Gn 14 julga ter conhecimento e no interesse da qual esse legado foi repristinado. Em todo caso, para a antiga tradição, o príncipe era qualificado em termos ritualísticos e legitimado à oferta de sacrifício para sua associação. Igualmente certo, porém, é que desde sempre houve localidades de culto antigas visitadas por gente de muito longe, nas quais as estirpes sacerdotais do lugar, qualificadas por carisma hereditário, ministravam, de modo totalmente exclusivo, cerimônias de especial solenidade segundo regras antigas, tanto para príncipes como para particulares, como faziam sobretudo a estirpe dos elidas no local de culto em Silo, tido pelo profeta (Jeremias) como particularmente antigo e puramente iahwista. Sobre a práxis sacrifical do lugar, certamente antiga, a tradição parece indicar que a clientela oferecia sacrifícios de carne em combinação com preces individuais voltadas à concretização de determinados desejos; que, daquelas ofertas, o sacerdote recebia sua parte, mas que, além disso, repastos sacrificiais com embriaguez dos participantes também não eram nada de raro. O significado dos repastos sacrificiais deverá de nos ocupar mais tarde, e a história do sacrifício israelita antigo em geral, bem complicada, não há de ser examinada[178]. Aqui nos atemos a princípio às *ofertas* sacrificiais, e vemos que estas – em Israel como por toda parte – eram tidas como meios apropriados para conferir ênfase à rogativa invocação de Deus. Os ordenamentos cultuais mais antigos, como conservados pelos aditamentos litúrgicos do Livro da Aliança, prescreviam apenas de modo geral: que o israelita deveria aparecer três vezes por ano ante Iahweh, e, a saber, "não de mãos vazias". Outras determinações seguramente antigas não há, tampouco é verificável o alcance do significado prático desse mandamento.

---

178. Um curto (mas não incontestável) esboço foi feito por Stade.

Inicialmente, o significado do sacrifício de oferta transformou-se de modo quantitativo com o crescente prestígio do deus de guerra da Aliança – como trazido consigo pela expansão – e sobretudo com o estabelecimento da monarquia. Os davídicos e Jeroboão, no Norte, instituíram localidades de culto reais com sacrifícios regulares.

Mas mais importante foi a mudança de *sentido* do sacrifício de oferta surgida no curso subsequente da dominação régia, com crescente entenebrecimento da situação política do território. Pois então teve de surgir a questão: De onde viria afinal esse desenvolvimento desfavorável da situação política e militar de Israel? A resposta podia apenas soar: a ira de Deus pesa sobre o povo. O conceito israelita "pecado", como mostram as palavras antigas para "transgredir", na maioria das vezes derivadas de *"chata"*, refere-se a fatos puramente objetivos. Uma infração, a princípio e sobretudo uma infração obviamente ritualística, suscita a ira de Deus. Por isso, aqui como por toda parte, temor referente a equívocos na prática ritual e a suas consequências foi o motivo mais antigo para se buscar expiação. Mas Iahweh também era parceiro contratual da *berith* com Israel, e o direito social – construído com base na assistência emergencial fraterna e na camaradagem – foi, por essa razão, considerado dever perante ele. Consequentemente, o conceito de pecado teve cedo de se estender também a mandamentos "éticos" em conteúdo, acima de tudo: aos *ético-sociais*. Sobretudo a crítica iahwista às mudanças sociais condicionadas pela residência urbana e à postura da monarquia ampliou o conceito de pecado para além do campo ritualístico, em direção ao âmbito ético-social – aqui como também em outras localidades sob circunstâncias similares, por exemplo na inscrição suméria de Urukagina. O poderoso deus da guerra – isso parecia evidente – vinculava sua graça ao cumprimento de seus mandamentos solenemente aceitos mediante *berith*, além de à observância das prescrições ritualísticas[179], em particular à do antigo direito da Aliança, garantido por ele. Com fracassos e opressão política, determinar qual sacrilégio *socialmente* relevante haveria de ter suscitado a ira

---

179. Mas é totalmente questionável se havia ritos *quaisquer* de vigência *geral* para os guerreiros (em especial os nazireus) fora a circuncisão e as prescrições.

de Deus e como seria possível atenuá-la tornaram-se naturalmente questões discutidas em âmbito cada vez mais amplo. A partir do século IX a.C., porém, o estado crônico de ambos os reinos era de forte pressão. Com tudo isso, como as fontes claramente permitem reconhecer, o significado do sacrifício enquanto um meio da *expiação* da culpa assumiu cada vez mais centralidade, até alcançar, por fim, a mais elevada importância. Das espécies do sacrifício expiatório próprias a cada um dos locais de culto – presume-se que bastante variadas –, somente duas, *chatta'ah* [sacrifício pelo pecado] e *asham* [sacrifício de reparação] tornaram-se canônicas mais tarde, provavelmente por circunstâncias puramente casuais[180]. Mas com isso aumentou a necessidade de se poder consultar sacerdotes iahwistas versados na prática ritual e no *direito* com vistas à averiguação da vontade de Deus e das transgressões a se expiar. Sob a pressão da predestinação política de Israel, adquiriu ali especial impulso a demanda por meios para a determinação e para a expiação de pecados, a aumentar por toda parte com a crescente racionalização da vida, também na Mesopotâmia. Assim, com o crescente significado do sacrifício expiatório e da instrução sobre a vontade de Iahweh, aumentou a demanda por detentores do *saber* referente a Iahweh e a seus mandamentos. Pois, em primeira linha, o que havia afinal de se almejar era não a oferta mesma do sacrifício, independentemente do quanto importante fosse sua correção, mas sobretudo a averiguação da vontade divina e das infrações cometidas contra a mesma. Tanto as associações políticas e locais como os indivíduos enquanto tais se encontravam nessa situação. Concernências da associação política como tal eram sobretudo a influenciação da fortuna na guerra e a geração de chuva

---

180. *Chatta'ah* e *asham*, que na redação atual são simplesmente inextricáveis – e todavia tratadas como duas coisas distintas –, recebem menção apenas em Ezequiel como instituição comum israelita consolidada. Antes disso, eles não são referidos nem em 1Sm 3,14 (onde é feita referência a *zebach* [sacrifício] e *minchah* [oferenda] como meios expiatórios), nem em Dt 12, onde é amplamente falado de sacrifícios. O último mostra bem claramente que ambas as espécies de sacrifício não provêm do culto jerusalemita de *templo*. Contudo, daí inferir que eles haviam se desenvolvido a princípio apenas no tempo do exílio ou pouco antes, como eventualmente ocorre (em Benzinger, entre outros), seria certamente equivocado. Ezequiel pode ter sido o primeiro a vê-los como sacrifícios israelitas comuns. Mas o conceito "*asham*" é encontrado já na tradição de Samuel (penitência dos filisteus). A rigor, ambas as espécies de sacrifício pertencem (por assim dizer) à "práxis privada" levítica, que não mais interessava ao Deuteronômio. Segundo as prescrições da lei sacerdotal, *chatta'ah* seria o mais abrangente de ambos os gêneros sacrificiais.

abundante. Na contrapartida por obediência e comportamento correto, ambas têm igual relevância entre as promessas de Iahweh. A isso se soma, para o indivíduo, a assistência emergencial em caso de jugo pessoal de qualquer espécie. Ainda, na tradição, Moisés como Elias ministram milagres de salvação tanto políticos – sobretudo de guerra, de chuva e de subsistência – quanto privados, averiguam a vontade de Deus e as infrações perante a mesma. Esta última era, e foi se tornando cada vez mais, a atividade fundamental do expoente profissional do iahwismo.

As fontes mostram que quase todas as espécies de meios para a averiguação da vontade de Deus conhecidas pelo mundo da cultura no entorno eram a princípio encontradas também na Palestina. Mas nem todos eram considerados pela tradição israelita como de igual legitimidade. As formas mais tarde tidas como corretas desde o ponto de vista da religião estritamente iahwista (Nm 12,6) eram apenas três: 1°) anunciação por Iahweh a um verdadeiro vidente e profeta a falar em seu nome – em quais aspectos um profeta "verdadeiro" se distinguia de um "falso" resta discutir mais tarde; 2°) para certos casos, o oráculo por sorteamento dos sacerdotes oraculizadores profissionais com auxílio das tábuas oraculares (*urim* e *tummim*), e originalmente talvez também do oráculo de flecha; 3°) por fim, também a visão onírica, mas com crescente reserva à mesma. Todas as outras formas de inquirimento seja do futuro, seja de fatos importantes para processos ou outros significativos, ou, finalmente e em particular, da intenção da vontade de Deus eram consideradas, por uma perspectiva cada vez mais dominante, como magia execrável, sob determinadas circunstâncias digna de pena capital ou simplesmente como embuste. Apenas para alguns poucos casos, especialmente para a prova da fidelidade matrimonial de uma mulher, o ordálio se preservou até tempos deuteronômicos. O oráculo por sorteamento, cuja antiga sacralidade, exatamente como a ausência de imagens de Iahweh, baseava-se inteiramente na sua simplicidade – em conformidade com a falta de cultura própria à estepe –, continuou a existir até o tempo pré-exílico tardio, mas em significado cada vez menor ante a consultação de videntes, profetas e outros versados. A tradição do exílio assume que ele decaiu devido à perda das tábuas de sorteamento. Igualmente, os oráculos dos mortos e todas as outras formas da divinação naturalmente continuaram a existir apesar da reprovação. Mas isso, como bem evidente, com significado cada vez menor. Afinal, o aumento da consultação de videntes, profetas e instruídos na prática ritualística às custas tanto da forma de sorteamento como das outras formas decisórias irracionais, era em si uma consequência natural da crescente complicação das questões colocadas, que cada vez menos logravam ser respondidas com um simples "sim" ou "não" ou mediante mero tirar à sorte. Mas para o iahwismo genuíno acrescentava-se a isso a outra razão, fundada na particularidade da relação com Iahweh: caso este se encolerizasse e não auxiliasse a nação ou o indivíduo, então uma *violação da berith* firmada com ele havia de ter culpa nisso. Portanto, o questionamento tanto das instâncias oficiais como dos indivíduos há de ter começado por aqui: *qual dos seus mandamentos* havia sido transgredido? A isso logravam responder não os meios de divinação irracionais, senão apenas o conhecimento dos mandamentos mesmos e o exame de consciência. A ideia da *"berith"*, assim, vivamente presente nos círculos genuinamente iahwistas, impelia toda averiguação da vontade divina à via de um questionamento ao menos relativamente *racional* e de um meio racional da sua resposta. Por isso a parênese sacerdotal, encontrada sob a influência das camadas de intelectuais, voltou-se com grande ímpeto contra os adivinhos, augurantes, haríolos, pressagiadores e invocadores dos mortos enquanto gêneros característicos pagãos da consultação de Deus[181]. Depois, como veremos, os profetas escritores e os círculos estritamente iahwistas próximos a eles atacaram também a fiabilidade da adivinhança onírica, o que se deveu em parte à qualificação profissional específica desses profetas, em parte à sua concepção referente à particularidade e às intenções de Iahweh. Naturalmente, a luta contra as formas irracionais da divinação e da magia, empreendida antes de seu tempo, também tinha, além das razões racionais indicadas, fundamentos históricos – meramente casuais – no desfecho da concorrência das distintas categoriais de sacerdotes e adivinhos entre si e

---

181. Dt 18,10-11.14; Lv 19,26.28.31; Nm 23,23.

naquele estado técnico em que a arte oracular se encontrava à época entre os representantes da forma vitoriosa. Afinal, deparamo-nos por toda parte – na China, Índia e nas antigas cidades-estados sumérias – com o "mago" enquanto concorrente ilegítimo e herético do sacerdócio legítimo, este instituído sob circunstâncias frequentemente bem fortuitas, e esse repúdio diz respeito, assim, também às práticas daquele. Em si, o oráculo por sorteamento decerto não era mais racional do que o aruspício babilônico, apenas que seguramente não havia nenhum ponto de apoio para especulações cósmicas como essa. Certamente também não foi apenas casual que tivessem sido adotados justamente os gêneros mencionados de averiguação da vontade na medida em que ela era determinada pela eliminação de quaisquer práticas relacionadas a cultos ctônicos e à espécie de extática própria à mesma[182]. Em breve conheceremos esse lado do antagonismo.

Em todo caso, quem era zelador da consultação de Iahweh?

Sobre o papel algo vago dos antigos "videntes" já foi falado. Mais tarde eles desapareceram por completo. Mas visto que o antigo iahwismo da aliança de guerra por certo conhecera os extáticos e profetas de guerra emocionais assim como a consultação dos videntes apáticos-extáticos, mas não um culto oficial da Aliança, agora não era possível aos sacerdotes reivindicar *de sua parte* – e isso era importante – ter em mãos o monopólio da arte oracular. Desde o início eles tiveram de aceitar, sem dúvida com bastante desagrado, que o dom da profecia fosse possível e difundido também fora de seu círculo. Apesar disso, a tensão continuou a existir ao menos para todos aqueles profetas que, ao contrário dos próprios sacerdotes das grandes residências, não se encontravam a serviço do rei. Aos olhos dos círculos que encaravam a monarquia com ceticismo, a circunstância de que o culto era culto régio descreditava o "sacrifício" enquanto tal. Os sacerdotes tiveram de se contentar em eliminar todas aquelas práticas que fossem objeto de um empreendimento propriamente corporativo e de espécie cultual, e que assim entrassem em concorrência direta com eles. Eles buscaram monopolizar para si a gestão

---

182. A observação em Lv 20,6 mostra que a oposição à magia *extática* (cf. abaixo) também desempenhou um papel aqui.

regular do culto a Iahweh e de todas as práticas relacionadas ao mesmo. Mas quem foram eles propriamente?

Os levitas e a *torah*

Não há como determinar seguramente a especificidade original dos sacerdotes nas localidades de culto do tempo antigo. A antiga estirpe sacerdotal dos elidas de Silo foi transplantada a Jerusalém por Davi; por Salomão, ela foi degradada. Sadoc, um homem ao qual somente a tradição tardia atribuiu uma linhagem, correta desde seu ponto de vista, mas que no legado antigo não carrega nenhum patronímico israelita sequer, foi sacerdote ministral em Jerusalém. A monarquia deliberava a respeito tanto da ocupação desses cargos sacerdotais como do aprovisionamento econômico dos sacerdotes. Em princípio ela também reivindicava o direito à oferta própria de sacrifício. Ainda sob Joás, o rei efetuou uma reordenação do aprovisionamento prebendal dos sacerdotes jurusalemitas sob controle estatal. Isso tudo mudou formalmente apenas com a reforma deuteronômica, nos últimos períodos do reino de Judá. À época, o sacerdócio de Jerusalém se sentia suficientemente forte para instituir como universalmente vigente para todo o território de Israel – naquele tempo, portanto: do reino judaico – os direitos sobre o dízimo e as demais exigências tributais de Deus que fossem prerrogativa de algumas localidades de culto em determinada região, talvez – a se inferir da tradição de Melquisedec – em particular de Jerusalém, e, como veremos, para reivindicar ao mesmo tempo um enorme crescimento do seu próprio monopólio de culto. Há de tê-lo precedido um forte aumento do prestígio do sacerdócio. Aquele sacerdócio iahwista tido no código deuteronômico como único desde sempre legítimo recebe agora nesse compêndio a designação "*sacerdotes levíticos*".

O nome "Levi" não tem nenhuma etimologia hebraica[183]. É possível que levitas atuassem também fora de Israel, a serviço de Wadd, deus tribal mi-

---

183. Schneider ("Die Entwicklung der Jahwereligion und der Mosessegen", *Leipzig Semit. Stud.*, vol. V, n. 1, 1909) acredita poder derivar "Levi" de "serpente". Ele também alude à ida de Adonias até a pedra da serpente e ao nome de um antepassado de Davi.

neu[184]. Não é assente o quanto antiga seja de fato a difusão desses sacerdotes especializados[185]. Parece certo apenas que poucos deles fossem originalmente de Israel do Norte, que haviam se alastrado até ali por imigrações isoladas e que no mínimo não eram reconhecidos como único sacerdócio legítimo de Iahweh, em todo caso não pela dinastia de Jeroboão – tampouco ainda mais tarde, presume-se. Simplesmente todos os indícios apontam para uma origem sulista, na estepe aos confins do deserto, no oásis de Cades e no Seir. Para uma tradição bem antiga, os levitas são antes de tudo o séquito bem pessoal de Moisés[186], que ele incita contra opositores recalcitrantes e inobedientes e o qual assegura sua autoridade em um banho de sangue entre os próprios aparentados próximos. Segundo elucidativa interpretação de Eduard Meyer, conclui-se dessa tradição – mas como também da Bênção de Moisés – que ao menos esse ramo do legado não os conhecia como casta hereditária; pelo contrário, para ser levita, segundo a Bênção de Moisés, tinha-se de negar pai e irmão. Para essa concepção eles eram, portanto, um estamento profissional especializado. A circunstância de que eles surgem mais tarde organizados de modo gentílico e como tribo qualificada por carisma hereditário não provaria nada contra isso – esse desenvolvimento é encontrado de forma recorrente, fora como dentro de Israel. Entretanto, outras partes da tradição dão a conhecer uma "tribo Levi"[187] não sacerdotal, guarnecida, enquanto consociada política das tribos de Israel, em particular das tribos Simeão e Judá, e a Bênção de Jacó não faz nenhuma alusão a ela especificamente como um estamento sacerdotal, nem reconhece que existissem sacerdotes levíticos em primeiro lugar. Antes, as fontes narram suas violentas ações militares ao lado de Simeão, e a Bênção de Jacó vaticina a Levi o desmantelamento por conta de

---

184. Segundo Ed. Meyer. Cf. a inscrição em D.H. Müller, *Denkschr. d. Kais. Ak. d. Wiss. Wien, Phil.-hist. Kl.*, vol. 37 (1888).

185. A Bênção de Jacó desconhece sacerdotes levíticos. Somente a Bênção de Moisés menciona os levitas, especificamente como instrutores da *torah* e sacerdotes. (Cf. Ed. Meyer, *Die Israeliten* etc., p. 82ss.)

186. *Ish chasideka* – "homem da sua devoção" (de Moisés) –, encontrado na Bênção de Moisés (Dt 33,8) em referência a levita.

187. Talvez também a inscrição do tempo dos ramessidas, que parece reconhecer um "*lui-el*" como nome tribal.

um sacrilégio. Eles teriam matado homens e "mutilado o touro"; haveriam de ser desmantelados "em Jacó" e "em Israel", como Simeão. Para a tradição sacerdotal tardia, Moisés pertenceu à tribo Levi como membro. Talvez ele fosse tido pela tradição mais antiga, mais tarde tendenciosamente suprimida, como progenitor ou ao menos *archegétes* [líder iniciador, precursor] daqueles clãs da tribo Levi que eram ou se tornaram levitas no sentido *ritualístico*. Pois no tempo da Bênção de Jacó devem ter existido necessariamente membros de uma tribo Levi que *não* fossem "levitas" no sentido tardio. Tem-se à escolha assumir: ou que os membros de uma tribo Levi desmantelada por catástrofes políticas ou transformações econômicas voltaram-se totalmente ou em parte ao zelo do sacrifício e do oráculo iahwistas e tivessem se tornado sacerdotes de Iahweh[188], ou então que, inversamente, os clãs leigos – portanto tais em que a formação e a tradição ritualísticas haviam se extinguido – do estamento profissional dos "levitas" – baseado inicialmente em formação pessoal, depois em carisma hereditário –, interetnicamente espalhados no Sul, fossem considerados uma "tribo" ou efetivamente tivessem se constituído enquanto tais e se aliado a Simeão – mas entrado mais tarde em decadência, assim como esta tribo. Entre os brâmanes na Índia, encontramos, no fim como entre os levitas, o conflito da qualificação pessoal-carismática e profissional com a qualificação por carisma hereditário e origem estamental. Também entre eles, nem todo brâmane por origem estamental, nem de longe, era e é qualificado em termos ritualísticos aos privilégios bramânicos – oferta de sacrifício, ensino dos vedas, prebendas –, senão apenas aquele que levava a vida prescrita nos aspectos ritualísticos e havia recebido a sagração após formação correta. Também na Índia há aldeias inteiras que são habitadas apenas por brâmanes enfeudados com as mesmas, que em parte ou quase totalmente renunciaram à instrução dos vedas. Há a possibilidade, portanto, de que algo semelhante também tivesse existido entre os levitas. A maneira como as expressões "levitas" e "sacerdotes" são combinadas no Deuteronômio poderia sugerir a ideia de que à época também

---

188. Ed. Meyer (*Die Israeliten* etc.) toma como certo que a "tribo Levi" fosse residente em Meriba (da "água"), portanto que ela representasse uma espécie de estirpe pandita à maneira indiana.

tivessem existido indivíduos de origem levita não instruídos e não puros em termos ritualísticos, portanto não qualificados à prática – que não fossem (ou não pudessem ser) "sacerdotes". Praticamente é até quase impossível rejeitar essa suposição. Seria imaginável, então, que a vida dispersa desses "levitas leigos", também à época não contados a nenhuma das outras tribos, deu motivo à tradição para implicá-los, junto com Simeão, no sacrilégio de Siquém.

Em tempo deuteronômico, os sacerdotes levíticos estavam estamentalmente isolados e organizados em clãs segundo carisma hereditário; eles reivindicavam o monopólio sobre determinadas formas oraculares, sobre a formação sacerdotal e sobre os cargos de sacerdote, isso com êxito ao menos no Sul. No Norte, a menção a sacerdotes levíticos é encontrada apenas duas vezes no Livro dos Juízes (cap. 17 e 18, em relação a Dã e Efraim); à época da redação dessa parte, de idade incerta, os levitas parecem ainda ter sido um estamento profissional, não um estamento ligado internamente por nascimento. Enquanto tal estamento, contudo, eles aparecem nas exposições das histórias de conquistas e do deserto influenciadas pela tradição sacerdotal, e no Deuteronômio. Essa tradição trata os levitas simplesmente como os sacerdotes iahwistas instruídos hereditários. Nesse contexto, os indivíduos levitas têm propriedade privada, também toda espécie de imóveis e de posse fundiária. É conferido aos mesmos o monopólio da realização da oferta sacrificial, desde que participe um sacerdote, ademais o direito exclusivo sobre o oráculo por sorteamento e sobre o ensino, e o direito às casuálias e aos encargos fiscais a compensar por tudo isso; além disso, na teoria da redação atual do Deuteronômio: o direito sobre o dízimo de toda produção do solo.

Para a tradição mais antiga, os levitas são, em termos jurídicos, *gerim*[189]. A rigor, dentro da comunidade israelita, eles são até o tipo mais completo da "tribo-hóspede". Na redação atual eles conservaram essa condição na forma mais pura. Na narrativa do crime de Gabaá encontramos um levita enquanto meteco dos efraimitas. Sem dúvida ele vivia de casuálias. Os levitas estavam fora da associação dos proprietários de cascarias de guerra. Eles estavam dis-

---

189. Aliás, do mesmo modo como todo israelita no território de uma outra tribo israelita.

pensados do serviço militar (Nm 1,49; 2,33) e seu trabalho era tido perante a comunidade política como leiturgia meteca, como mostra a designação *'ebed* [servo]. Sua condição jurídica foi sendo regulamentada de modo cada vez estrito, e sua organização interna em casas patriarcais (Ex 6,25; Nm 3,14-39) corresponde à maneira como estavam organizadas tanto uma tribo-hóspede indiana como as tribos israelitas da época. A prescrição de um ramo da tradição (Nm 35,2-8) referente às cidades oferecidas aos levitas[190] não deve ser necessariamente fictícia, mas pode repousar na circunstância de que, em algumas cidades, seu sustento estava assegurado pela cessão de propriedade domiciliar e terra de pastagem, além de pela participação nas receitas tributárias de determinadas localidades – como isso de fato se nota, de modo similar, também entre príncipes (Josué) e encontra correspondência em algumas analogias indianas. Segundo uma outra tradição, certamente ainda mais questionável (Lv 25,32-34), que menciona propriedades rurais de levitas, estas seriam totalmente inalienáveis – provavelmente porque comprometidas em termos litúrgicos –, e suas casas, como ocorria a outros israelitas, também não haveriam de ser livremente vendáveis em definitivo[191]. Em todo caso, provavelmente será permitido supor gêneros de aprovisionamento bem distintos, a variar conforme o lugar[192].

Em alguns pontos a analogia com os brâmanes vai ainda mais longe. Aquela situação dos levitas, enquanto tribo-hóspede com condição estritamente regulamentada, não foi a única forma da sua relação com Israel, tampouco, presume-se, a original. Como já mencionado, a tradição relata, a respeito de príncipes e senhores fundiários, que eles empregavam como sacerdotes em suas capelas domésticas ("igrejas próprias" no sentido atribuído por Stutz) indivíduos nascidos em condições humildes (1Rs 12,31) – como reprovado no caso de Jeroboão –, mas em parte seus próprios filhos ou parentes. A última circunstância é narrada por uma antiga tradição danita,

---

190. A elas pertencem também as cidades de refúgio.

191. Seu gado é chamado de "gado de Iahweh" (Nm 3,41.45).

192. Como todos os *gerim*, eles moram (Js 14,4) nos "arrabaldes" (*migrashim*) e não recebem quinhão da terra; em Hebron, p. ex., Caleb a reserva para si.

também a respeito do senhor fundiário Miqueias, em Israel do Norte. Sobre este, contudo, ainda é relatado como ele entra em contato mais tarde com um levita oriundo de Judá, confia-lhe o serviço em seu santuário e faz dele seu "pai" (equivalente ao guru indiano), mas por fim relata-se que os danitas, em migração ao Norte, levam a imagem do santuário e o levita consigo, e lhe incumbem, "até este dia", o sacerdócio hereditário no templo da cidade recém-fundada em território sidônio. Isso encontra exata correlação na forma de expansão dos brâmanes na Índia; do mesmo modo, os capelães palacianos tardios levíticos são os correlatos do *purohita* bramânico. Vê-se aqui claramente quais motivos levaram à expansão dos levitas: evidentemente, sua superior instrução ritualística para o serviço sacrificial, mas sobretudo para a "cura de almas", isto é, para o aconselhamento sobre os meios de se colocar favoravelmente em harmonia com Iahweh e de evitar sua ira. Os príncipes e senhores fundiários os empregam não apenas devido à sua necessidade pessoal de tal aconselhamento, mas sem dúvida também por seu prestígio enquanto senhores das localidades de culto e com vistas às receitas que a notoriedade de um santuário administrado por um sacerdote instruído trazia a seu dono – vimos, afinal, como Gedeão utilizou sua cota de despojo para erigir uma capela com uma imagem. Mais tarde também terá ocorrido – como entre os danitas – de congregações empregarem e sustentarem levitas por si mesmas. Além disso, eles podiam praticar livremente sua atividade profissional. Dessa maneira, em meio a paulatina expansão, os levitas alcançaram seu monopólio dentro do território de Judá, reconhecido essencialmente em tempo deuteronômico. O Deuteronômio pressupõe que em toda localidade reside um levita, e que este pretende viver da oferta de sacrifícios. Essa expansão sucedeu não sem resistência, como mostra a imprecação da Bênção de Moisés contra os "que os odeiam" (Dt 33,11). Como demonstrado na tradição através da revolta dos coreítas – que mais tarde aparecem como levitas degradados – juntamente com os descendentes de Rúben contra a predominância do sacerdócio na redação sacerdotal, houve uma poderosa camada dentro de Israel a lembrar que originalmente tinha sido totalmente desconhecida tal supremacia clerical, em especial qualquer monopolização oracular e da oferta de sacrifício de uma casta hereditária. Iahweh manifestara sua vontade por meio de profetas e videntes. Parece que em particular a tribo Rúben, das estepes, a antiga hegemônica da Aliança, tinha esse ponto de vista. Sua dispersão talvez haveria de ser atribuída então também à ausência de uma camada sacerdotal de organização consolidada cuja existência condicionasse o poderio de Judá. A instrução dos oraculizadores levíticos e certamente sobretudo o poder da monarquia, a lhes apoiar cada vez mais, silenciaram esses protestos. Apesar disso, em relação ao período anterior ao declínio de Israel do Norte, permanece absolutamente problemático qual medida a posição de poder dos levitas e de seus oráculos assumiu ali no conflito com seus concorrentes.

O desenvolvimento do sacerdócio e o monopólio cúltico de Jerusalém

Nos aspectos ritualísticos, os levitas parecem, como os brâmanes, terem desde o início se distinguido dos "leigos" por meio da observância de determinadas prescrições de pureza. Destas, interessa aqui apenas a determinação, particularmente estrita, de evitar contato com mortos e com tudo que tenha a ver com culto sepulcral – esse sacerdócio era aparentemente o principal baluarte da oposição ao culto aos mortos egípcio vizinho. Sobre as atividades específicas dos levitas no tempo de seu reconhecimento universal, a Bênção de Moisés instrui de forma inequívoca (Dt 33,8-10). Nela não é mencionada nenhuma função terapeuta dos levitas, embora a Moisés mesmo, como vimos, seja atribuída magia terapeuta, e, o cajado de serpentes, talvez um resquício da terapêutica mágica de outrora. Ademais, ainda é incumbido aos sacerdotes a diagnose de lepra. Mas de resto não se nota mais nada sobre qualquer terapia dos levitas, e o leproso, mais tarde, ante seu foro, era essencialmente tido como impuro em termos ritualísticos. (O estágio da arte medicinal na Antiguidade israelita é totalmente incerto. A recomendação do médico e da farmácia pelo Sirácida reflete condições do período helenístico.) Portanto, é de se supor que, em tempo histórico, uma terapia mágica propriamente dita não mais se lhe competisse. O enfermo tomava parte apenas da sua "cura de almas", da qual se falará mais tarde.

Eles parecem não ter aplicado meios terapêuticos irracionais. Na Bênção de Moisés, é anteposta (v. 8) a lembrança do oráculo por sorteamento da "água de Meriba" de Cades (da fonte do oráculo processual), depois vem (v. 10) o dever de instrução sobre os *mishpatim* [normas jurídicas, julgamentos] e da *torah*, só então, por fim: turificação e pleno sacrifício. Moisés (segundo o v. 8) tomou de Iahweh, em litígio, o oráculo – referido aqui é o oráculo processual. A lei deuteronômica, favorável aos levitas, admoesta a "trazer ante Iahweh" questões processuais, e a tradição assume que Moisés esteja o dia todo ocupado com assuntos relativos a processos – fora em casos particulares como mago –, até ele os transferir, seguindo conselho de Jetro, aos *sarim* do tempo dos reis, que são apresentados como subordinados a ele. Uma tradição tardia ainda sugere tribunais de composição mista, formados por leigos e sacerdotes (Dt 17,8; 19,17). Essas indicações são traços de uma tensão, a se encontrar também em outros lugares, entre veredito secular e veredito hierocrático. Na Babilônia, a geração anterior a Hamurabi, em favor dos leigos, havia excluído os sacerdotes dos tribunais e os restringido, no processo, este instruído por juízes leigos, à execução meramente técnica de oráculos. O Código de Hamurabi o menciona em referência à suspeita de bruxedo e adultério pela mulher. Em Israel, o oráculo, nas sentenças jurídicas, é restringido ao segundo destes casos. Juízes leigos – os anciãos ou os funcionários régios – decidiam os processos sozinhos, ao menos em Israel do Norte. No Sul, como já sugerido anteriormente, a posição dos sacerdotes no processo deve ter sido aparentemente bem mais significativa, a considerar a importância de Cades e da atividade do oráculo processual na Bênção de Moisés. Como dito, não há como demonstrar que lá os sacerdotes, como usualmente assumido, de fato atuaram alguma vez como juízes regulares. Mas provavelmente eles atuaram como árbitros e oraculizadores, aos quais os juízes e as partes dirigiam questões. Em si, sua posição mais forte no Sul é facilmente explicável. Assim como as associações políticas das tribos seminômades costumavam se manter estáveis apenas como alianças religiosas, também no seu caso – ao contrário do poder do xeique, vinculado a prestígio pessoal – apenas o oráculo sacerdotal tinha um poder atuante de modo efetivamente supraindividual. Como mencionado anteriormente, nos "*mishpatim*" do Livro da Aliança – este proveniente de Israel do Norte –, identificáveis pela abstrata formulação hipotética dos fatos com "se...", temos o registro de uma antiga jurisprudência de leigos influenciada por modelos babilônicos. Apenas ocasionalmente mandamentos puramente profanos assumem a forma dos "*debarim*" [dizeres, sentenças, pl. de *dabar*]: "deves" ou "não deves". Assim, não exclusivamente, mas com certeza de modo fortemente predominante, essa forma é todavia própria àqueles mandamentos e proibições de caráter ritualístico ou ético-religioso, os quais sem dúvida remontam não a juristas profanos, senão ou a oráculos de profetas ou a mandamentos de instrução sacerdotal. Ainda falaremos sobre o modo de surgimento dessas últimas prescrições, portanto das não proféticas, senão sacerdotais. Em todo caso, têm parte nisso os levitas, aos quais a Bênção de Moisés atribui o dever da instrução do povo, tanto nos direitos (*mishpatim*) como nas "*toroth*" ["instruções", pl. de "*torah*"]. Desde o ponto de vista iahwista, os *mishpatim* (de "*shaphat*", "julgar"), por si profanos, eram significativos em termos religiosos porque – e enquanto fossem – considerados partes da *berith* com Iahweh. Ensinar os *chukim*, as tradições (ritualísticas), é incumbido aos levitas (Dt 33,10-11).

Em todo caso, o instrutor levítico em princípio tinha a ver apenas com o que fosse imperioso em termos ritualísticos para a conduta de vida. Mas aqui a distinção entre "*jus*" e "*fas*" efetuava-se em grau bem menor do que em outras ordens sociais hierocraticamente influenciadas. Na atividade prática dos levitas, o oráculo por sorteamento havia de atuar, no tempo da Bênção de Moisés, especialmente em desavenças jurídicas (como sugere o nome "Meriba", "*meribah*" [local de contenda]). E conforme a *torah* foi se tornando instrução religiosa racional, a diferença, com mais forte razão, tornou-se sutil. Pois afinal os levitas decidiam conforme a *torah* aquilo que seria de se considerar como elemento integrante das antigas ordens confederativas garantidas por Iahweh. Em origem, contudo, ao contrário de como o termo ainda é traduzido às vezes, "*torah*" significa não "lei", mas "instrução". Certamente o conceito também está ligado ao antigo oráculo por sorteamento dos levitas[193]. Nas fontes ele agora se refere, em regra geral, à totalidade das determinações a serem instruídas por sacerdotes. Na Bênção de Moisés, porém, em que *torah* é distinta de *mishpat*, o termo claramente se refere especialmente aos mandamentos ritualísticos e éticos do deus da Aliança, mas sobretudo também ético-sociais, ao menos: *não* aos jurídicos. Nela (somente depois do v. 9, e separado do v. 8), ainda que o versículo algo ambíguo (10) sobre a *torah* possa ter sido introduzido posteriormente, instrui-se claramente (em conjunto com o versículo 8 e a tradição restante) a respeito das atividades sobre as quais se basearam a expansão e o poder dos levitas, a saber: sobre as respostas às consultações não processuais da sua "clientela". É bem verdade que dar oráculos, desde o início, também aqui, foi a forma específica das suas atividades. Para a demanda privada, contudo, também aqueles sem formação ritualística hão de ter logrado aprender o tirar à sorte puramente mecânico, e de fato vemos, a partir das histórias de Gedeão e Jônatas, que presságios e oráculos de flecha foram utilizados também por não levitas para a averiguação da vontade de Iahweh, tanto como para a verificação de fatos. O determinante era a correção ritualística do procedimento quando da consulta de Iahweh. Sobretudo instâncias oficiais, judiciárias e políticas, tinham de dar peso incondicional a essa correção ritualística nos inquéritos, e por essa razão o oráculo por sorteamento dos letivas permaneceu importante para elas no longo prazo. Mas no que diz respeito à clientela privada, essa forma primitiva nunca poderia satisfazer suas necessidades de modo duradouro, não obstante todo reconhecimento oficial do seu prestígio (isso ainda no tempo de Esdras, quando ela há muito não mais existia). Complicavam-se as condições sociais e, com elas, as questões colocadas. Vimos como o senhor fundiário Miqueias, na tradição proveniente do tempo do florescimento da localidade de culto em Dã (Jz 17), torna o imigrante levita – supostamente um descendente de Moisés – seu "pai", isto é, transmite ao mesmo, além do culto de imagens, sobretudo a dádiva da instrução sobre deveres seus – do fundador – ante Iahweh (como na Índia ao confessor bramânico). Do

---

193. O nome "*torah*" é derivado de "lançar à sorte", segundo Ed. Meyer (*Die Israeliten* etc., p. 95ss.).

mesmo modo, já se falou do significado sempre crescente dos sacrifícios *chatta'ah* e *asham* além da oferta sacrificial antiga (sacrifício suplicatório). Esse significado cada vez maior da necessidade de expiação dos pecados caminhava lado a lado com a declinante importância do oráculo mecânico por sorteamento, em prol da resposta racional às questões colocadas. Como natural, essa instrução, cada vez mais racional, vinculou-se justamente ao oracular para *particulares*. Fluida era a relação com a profecia e com o sacerdócio de culto. É bem verdade que Jeremias distingue claramente entre a *torah*, os assuntos dos sacerdotes e o *dabar* de Deus, que seria concernência da profecia. Mas o significado de "*torah*" como "oráculo" (e nesse sentido, portanto, de significado igual ao "*dabar*" de Iahweh) é encontrado em Isaías (Is 1,10; 8,16.20), e uma função oracular do profeta passada com chancela aos discípulos é designada assim uma vez (Is 8,16). Jeremias denomina de "instrutores da *torah*" (Jr 2,8, "*tosefê hatorah*": gente que "tem trato com a *torah*"), *além* dos sacerdotes (os *kohanim*), os sacerdotes de culto do templo jerusalemita.

Em todo caso, os levitas adquiriram seu prestígio mediante instrução – para a *comunidade* – não no culto sacrificial senão no *saber* puramente racional dos mandamentos de Iahweh, nos meios ritualísticos de reparar violações dos mesmos – por *chatta'ah*, *asham*, jejum ou outros meios – e assim de afastar desfortúnios iminentes, de anular já incorridos. Isso certamente interessava ao rei e também à comunidade, mas sobretudo à clientela privada. Com a crescente pressão política sobre Israel, essa necessidade em especial aumentou em âmbito universal. Remediar mediante instrução da clientela: *isso* agora se tornava, exclusivamente, o sentido da "*torah*" levítica. Ela é dada com a contrapartida de remuneração (Mq 3,11). O pecado é confessado ao levita (Nm 5,6-7), e este então "reconcilia" o culpado com Iahweh (Lv 4,20.31; 5,10; 6,7) – eis o seu serviço mais importante prestado à clientela de particulares. Essa ascensão da influência levítica, decerto ao menos relativamente *racional, porque instrutiva* – independentemente do quanto primitivo que se queira a princípio imaginar os conteúdos –, corre paralelamente à perda de importância dos *nebi'im* e dos antigos profetas de guerra extático-irracionais pertencentes à legião dos camponeses.

A *torah* levítica foi impelida à via da metódica *racional* também graças à particularidade técnica do seu meio oracular. Ante o aruspício, a observação do voo dos pássaros ou de outros modos do comportamento de animais – mas acima de tudo ante toda espécie de mântica extática –, o primitivo tirar à sorte da resposta a questões concretas com "sim" ou "não" já estava comprometido com o mínimo absoluto de esotérica, de irracionalidade emocional ou mística. Não havia nenhuma razão para o surgimento de teoremas como os que nos oferece a literatura babilônica de presságios. Antes, isso forçou algo totalmente distinto: para que os fatos e a vontade concreta de Deus pudessem ser averiguados pelo simples sortear, a *questão* tinha de ser colocada corretamente. Disso, portanto, tudo dependia, e o levita teve, por conseguinte, de adotar uma metódica racional a fim de exprimir os problemas que fossem apresentados a Deus de modo a se poder responder aos mesmos mediante "sim" ou "não". Mas cada vez mais também tiveram de surgir questões que por princípio não pudessem ser diretamente solucionadas com os meios do sorteio, nem com "sim" ou "não". Antes que elas fossem trazidas perante Deus, tinham de ser resolvidas complicadas questões preliminares, e em muitíssimos casos não restava mais nada dessa resolução que fosse carecido de apuramento pelo oráculo por sorteamento. Uma vez averiguados especificamente por consultação os pecados do cliente, a espécie de expiação se encontrava, tradicionalmente, estabelecida. Como mostra paradigmaticamente a narrativa de Acã, o oráculo por sorteamento tinha apenas de prestar auxílio no caso em que a *pessoa* do pecador estivesse em questão. Contudo, justamente para as necessidades privadas, ele foi inevitavelmente perdendo cada vez mais importância perante a casuística racional de pecados, até o racionalismo teológico do Deuteronômio efetivamente descreditar por completo o sorteamento (Dt 18,9-15), que nem mesmo chega a ser mencionado ali. E para os casos nos quais ele tenha sido habitual e inevitável até então – especificamente quando eram falhas as tradições dos instrutores da *torah* –, restava como único meio a consultação dos profetas.

O prestígio da *torah* levítica passou por transformações. A começar já no tempo da antiga aliança – desde que a princípio se possa confiar nas respectivas reminiscências –, este inevitavelmente aumentou com a admissão, na associação, das tribos judaicas do Sul, depois se enfraqueceu novamente, talvez devido à separação dos reinos, mas cresceu de novo com o declinante prestígio dos reis do Norte e se tornou cada vez mais preponderante no reino do Sul. No Egito, ao que parece, o sacrifício expiatório não era conhecido. Aqui magos estavam na posição que os levitas ocupavam em Israel. Essencialmente, o culto aos mortos dos sacerdotes de Osíris, o mais popular de todos, parece ter dado oportunidade e ocasião para instrução racional sobre os deveres éticos, ao menos em tempo tardio. Em contrapartida, é encontrada na Mesopotâmia a expiação dos pecados mediante sacrifício, sobretudo por ocasião de enfermidade, que era tida como consequência da ira divina. Sob orientação do sacerdote, o pecador tinha de recitar os antigos salmos penitenciais (em parte pré-babilônicos) para livrar de si a impureza ritualística (em assírio: *mamitu*). Também aqui como no Egito, porém, o caráter do procedimento era mágico, não ético-parenético. E o oráculo por sorteamento – de fato mencionado por Ezequiel em relação à Babilônia (Ez 21,26), mas, pelo que se sabe hoje, há tempos evadido da técnica sacerdotal – foi substituído aqui não pela *torah* racional senão por compilação e sistematização dos presságios e por uma doutrina sacerdotal especializada da sua interpretação, a qual nos está conservada em uma literatura altamente escomunal[194]. Mais tarde discutiremos sobre quais fundamentos repousou essa importante diferença de desenvolvimento.

Em sua expansão, os levitas se adaptavam às condições existentes. Como mostra o exemplo de Miqueias, os levitas mais antigos adotaram sem hesitar o culto idólatra do Reino do Norte; lá, presume-se, eles pertenciam aos defensores da ideia de que os ídolos seriam de fato ídolos de Iahweh. Ao ter início a controvérsia referente às imagens, contudo, sua origem sulista, incontestável considerando a tradição, fez com que aqueles que chegaram depois, certamente com veemência cada vez maior, se colocassem do lado dos inimigos das imagens. Muito provavelmente, como será discutido logo

---

194. Sobre isso, cf. Ungnad, *Die Deutung der Zukunft bei den Babyloniern und Assyrern*, Leipzig 1909.

adiante, uma parte dos levitas degradados mais tarde à condição de inabilitados ao sacerdócio e de serventes do templo era proveniente de estirpes levitas idólatras, ao que o desenvolvimento do bramanismo na Índia também ofereceria analogia.

Como entre os brâmanes, a verdadeira fonte de prestígio dos sacerdotes levíticos consistia no "saber" referente às prescrições normativas; em seu caso, às de Iahweh. Apenas que – a considerar a maior recentidade e o significado bem mais reduzido, por razões políticas, do culto, além da inexistência de um livro sagrado do caráter do Veda – tratava-se a rigor do saber referente aos *mandamentos* positivos, ritualísticos e éticos, e à maneira de se colocar favoravelmente em harmonia com Deus mediante seu cumprimento ou de apaziguar sua ira, suscitada por violações dos mesmos. Era como se na Índia tivessem existido apenas *grihyasutras* e *darmacastras* e somente muito poucas, simples prescrições referentes a mandamentos ritualísticos em geral. Nisso consistia a diferença, extremamente grande, em relação aos brâmanes; ademais: na falta de qualquer esotérica em sentido indiano. Essa onda, a invadir o território lentamente desde o Sul, foi trazida não por um saber mágico ou de mistagogos, nem por um saber teórico, tampouco por um astrológico, terapeuta, nem por outro saber oculto. Mistagogia só pôde se desenvolver – e também o fez, como vemos a partir dos milagres de Eliseu – sobre o fundamento do êxtase do *nabi* [profeta]. Na tradição está amplamente atestado (a começar por Gn 20,7) que os "homens de Deus", objetos de reverente temor e devota veneração, intercederiam não apenas como redentores mágicos, mas também como rogadores junto a Iahweh, e obteriam perdão de pecados. Mas, ao contrário do que ocorreu na Índia, daqui não se desenvolveu nenhuma veneração antropolátrica de salvadores vivos. A *torah* levítica o impediu. Esses homens do Sul e seus aliados – recabitas e outros – sabiam apenas que o bom direito antigo da confederação iahwista fora outrora estabelecido mediante *berith* de Iahweh com as legiões do exército israelita em seguida à anunciação por Moisés, e que toda violação desses estatutos haveria de provocar a ira de Iahweh. Para aqueles, como o Deuteronômio mostra, os mandamentos ritualísticos, à época ainda simples, e a *instrução racional* da ética privada e social encontravam-se lado a lado com a despretensiosa temperança da sua práxis sacrificial.

Os levitas terão se assimilado, como os brâmanes, a diversos sacerdócios locais antigos. Por outro lado, não há como duvidar que ocorreram intensos conflitos entre as estirpes sacerdotais dos respectivos locais de culto. Sacerdotes que participavam de cultos abjetos eram desclassificados[195]. É problemática a relação original dos levitas imigrados desde o Sul com as estirpes sacerdotais ministradoras de culto residentes de longa data. É bem verdade que a antiga estirpe sacerdotal dos elidas em Silo, a qual, a considerar o nome egípcio nela encontrado (Fineias), remonta mais provavelmente a Moisés, é mais tarde tratada como uma estirpe de levitas, assim como a estirpe sacerdotal danita. Mas originalmente os elidas parecem não ser considerados levitas, e permanecem totalmente não esclarecidas as relações originais com as duas grandes estirpes sacerdotais a desempenhar papel determinante: os sadocidas e os aaronidas – uma no período deuteronômico e no início do exílio, a outra em tempo pós-exílico. Naturalmente, os estemas levíticos tardios de ambos são falseamentos. Os sadocidas foram desde Salomão a principal estirpe jerusalemita de sacerdotes do rei. O Deuteronômio os tem como levíticos; portanto, já antes eles devem ter considerado sensato se juntar com os mesmos – uma prova do prestígio dos levitas, este à época já tido como proveniente de longa data. Em contrapartida, o mais problemático continua sendo a condição original dos aaronidas e da figura mesma de Aarão[196]. Nos reportamentos pré-deuteronômicos mais antigos (Ex 24,1.9; 18,12), Aarão parece ser considerado o ancião mais distinto de Israel, portanto não um sacerdote. Nas redações tardias, em especial nas exílicas, ele é sacerdote e se encontra sempre em ascensão, inicialmente a porta-voz de Moisés, que é de difícil oratória, depois a irmão da profetisa Miriam, depois a irmão – especificamente a irmão mais velho – do próprio Moisés. E, por fim, na redação mais tardia consta que ele também recebe, sozinho e diretamente, revelações

---

195. Como os "cantores" e *nethinim* [escravos do templo] do tempo pós-exílico, provenientes, presume-se, dos cultos orgiásticos.

196. Sobre Aarão, cf. Westphal, "Aaron und die Aaroniden", *Z. f. A.-T. W.*, vol. 26 (1906).

sobre sua estirpe e sobre os direitos da mesma (Lv 10,8; Nm 18,1.9.20)[197]. Os sadocidas eram agora tratados como parte dos aaronidas. Com espantoso descaramento, a descendência de Moisés a constar na tradição antiga – à qual se contava sobretudo a estirpe sacerdotal em Dã, fora a dos elidas – é-lhe tomada e atribuída a Aarão. Visto que a recensão iahwista parece não haver sequer tido conhecimento de Aarão e que o mesmo é associado ao culto aos touros, inferiu-se origem norte-israelita. Visto que a recensão aaronida da saga de Abraão (Gn 17) assume que Deus se apresenta a Abraão como "*el shaddai*", é possível que os aaronidas fossem uma estirpe antiga de sacerdotes de El, e que por isso davam ênfase a esse estabelecimento da identidade de seu deus com Iahweh, elevado no exílio a único deus universal. A nota no último versículo do Livro de Josué poderia fazer supor relações com Benjamim, o filho dileto, tão privilegiado na redação tardia da lenda de Jacó. Entretanto, tudo isso permanece incerto.

Na tradição, ao lado de inúmeros retoques da versão, os intensos conflitos entre as estirpes sacerdotais encontram reflexo também nas imprecações mútuas. À bênção efusiva – presumivelmente antiga – a Fineias, ancestral da estirpe sacerdotal elídica em Silo, contrapõe-se, depois da queda dos elidas sob Salomão, o ameaço de desfortúnio contra essa estirpe registrado no Livro de Samuel. Opositores da autoridade sacerdotal, como os coreítas, serão engolidos pela terra; mais tarde, eles são clãs degradados de cantores. Como demonstram os indícios na tradição reescrita, também deve ter sido bem forte a resistência não apenas do sacerdócio iahwista – de mentalidade puritana –, mas sobretudo a dos interessados das antigas localidades de culto no Norte contra a construção salomônica do templo e contra a preponderância desses locais de culto dada por ela. E a secessão do Reino do Norte certamente foi codeterminada de modo bastante essencial por esses conflitos entre os sacerdócios e entre as suas regras cultuais, como demonstram as medidas de Jeroboão em favor de Dã e Betel, mas sobretudo sua motivação pelo rei. Mas a intensidade dos antagonismos se evidencia de modo mais claro pelo

---

197. Schneider, op. cit., pretende derivar os aaronidas da Arca da Aliança, o que seria sugestivo por si. Mas ao contrário do que ele supõe eles não estão, em parte nenhuma, vinculados a Silo.

fato de que os progenitores do culto a Iahweh também não são poupados nas lendas tendenciais de ambos os lados. A lenda dos sacerdotes aaronidas atribui a Aarão e à Profetisa Miriam graves repreensões a Moisés, sobretudo por seu casamento misto. A tradição dá a conhecer que sua não participação na marcha na terra prometida foi consequência de seus pecados. Contudo, segundo a lenda mosaica, Miriam é, em turno, atingida pela lepra. Totalmente indefinida é sobretudo a condição mesma de Aarão, acusado, além de outros descaminhos, principalmente de participação no culto aos touros – um crime que, no tempo da redação final dessa tradição, era punido com morte –, mas que na tradição, apesar disso, não sofre nenhum mal.

Esse conflito dos sacerdotes entre si há de ter se intensificado quando o sacerdócio jerusalemita (à época: os sadocidas), depois da aniquilação política do Reino do Norte, trouxe tudo às últimas consequências e fez a reivindicação – totalmente inaudita em comparação com a clara tradição antiga – de que a partir de então um templo e um local de oferta sacrificial plenamente qualificado em termos ritualísticos haveriam de existir *apenas em Jerusalém*, e que, nos antigos locais de culto provinciais e rurais – em Betel, Dã, Siquém e outras localidades –, a antiga veneração a Iahweh, na altitude e sob árvores, haveria de cessar. É provável que a exigência não fosse absolutamente nova, senão surgida, presume-se, logo depois do declínio do Reino do Norte. Pois parece que Ezequias já havia buscado torná-la realidade quando da grave situação emergencial de guerra contra Senaquerib. Mas à época provavelmente foi demasiado forte a resistência dos interessados – em termos ideais e materiais – das localidades de culto rurais: os camponeses e senhores fundiários. Já não se fazia mais nenhuma menção disso sob Manassés, que, por seu lado, enquanto vassalo assírio, seguia o culto mesopotâmico às estrelas em Jerusalém. Em seu tempo, à semelhança dos amridas no Reino do Norte, seu sucessor correligionário Ámon foi aniquilado por uma revolta militar, supostamente por incitação do partido iahwista. À época, contudo, a força das resistências à reivindicação dos sacerdotes se evidenciou na circunstância de a revolução ter sido reprimida pelos interessados das localidades de culto rurais, aqui a aparecer pela primeira vez sob nome de partido: *'ammê ha'aretz* ("gentes do campo", mais tarde bastante recorrente). Mas os sacerdotes aliados a ilustres clãs de nobres, conciliados com partidos iahwistas, lograram ganhar influência sobre Josias, que ainda não havia atingido a maioridade, e, quando se formou a grande coalizão contra o reino assírio, a qual o levou à queda, a reivindicação novamente surgiu. Ela era a exigência central do *código deuteronômico*, este um produto literário da camada de intelectuais agrupada em torno do sacerdócio jerusalemita. Assume-se tê-lo "encontrado" no templo, por empregados do mesmo. A esperança utópica de obter auxílio de Iahweh contra o Faraó Necao, este a marchar sobre a Palestina, mediante cumprimento dos mandamentos contidos nesse achado, supostamente representante do autêntico *sefer hatorah* [livro da *torah*] mosaico antigo, foi claramente o que levou o Rei Josias a comprometer o povo – em *berith* solene – com essa lei, a destruir os antigos locais de culto e a inquiná-los em termos ritualísticos com restos mortais (em 621 a.C.). Entretanto, a derrota e a morte do rei na batalha em Meguido puseram termo a todas essas esperanças, e de um modo geral foram um golpe terrível para o partido levítico iahwista. Com isso, a princípio deixava de se concretizar a evidente pretensão do compêndio de substituir todas as demais compilações jurídicas. Mas ela continuou a existir enquanto reivindicação ideal do sacerdócio jerusalemita, à época o único organizado de forma estável. Astutamente, seus redatores vincularam com aquela pretensão monopolista outras reivindicações que favoreciam sua própria posição de poder, mas que eram ao mesmo tempo bastante populares. De início eles trouxeram o antigo protesto contra a monarquia servilista salomônica. Nunca se havia esquecido que também a dinastia davídica, de mais elevado prestígio, tinha chegado ao trono mediante *berith* dos anciãos, e que os antigos líderes israelitas foram príncipes carismáticos populares montadores de asnos, sem parque de bigas nem erário, tampouco harém, sem trabalhos forçados, sem impostos e sem *allure* à *Weltpolitik*. Isso, agora, haveria de ser reinstituído a sério. O antigo oráculo por sorteamento dos sacerdotes haveria de dar sentença sobre a solenidade dos reis; o rei teria de se comprometer à lei mosaica deuteronômica, a qual ele tinha de ler diariamente. Relatos correspondentes, sobre a maneira como Saul havia sido criado rei por Samuel, foram então inseridos nos antigos legados – assim como a lenda da vitória do menino-pastor Davi sobre Golias, no lugar da autêntica tradição. Na reelaboração redacional da tradição dos reis, cada um deles recebia agora sua respectiva censura, a depender da sua posição em relação ao culto idólatra e em altitude. Por razões similares, o antigo direito social do Livro da Aliança, em correspondência, foi incorporado de modo reformulado ao novo compêndio. Visto que o senhor feudal babilônico de Sedecias tinha um interesse no declínio do poder régio, é absolutamente crível que, por algum tempo, tenha se buscado a sério concretizar essas exigências sob esse príncipe.

O tempo do exílio se apropriou desse compêndio como única teologia totalmente consistente em si mesma se considerada ao lado de outras compilações de lendas e tradições unidas de modo apenas parcial e incompleto. Em termos práticos, a pretensão de maiores implicações da lei deuteronômica foi desde o início o monopólio cúltico de Jerusalém e do seu sacerdócio – ao mesmo tempo aquela que criou as dificuldades mais significativas. Deixando de lado a resistência dos interessados leigos não jerusalemitas, o que haveria de suceder àqueles levitas e a outros sacerdotes que até então desempenhavam funções nos outros locais de culto? Em relação a isso, a lei deuteronômica, mais tarde interpolada bem fortemente, contém duas determinações contraditórias na redação atual: por um lado, a advertência a todos os israelitas para não deixar sem provimentos os "levitas aos seus portões" – estes, portanto, devem se tornar pensionários sem direito de culto e apenas compartilhar com os sacerdotes o direito à "instrução" da lei; por outro lado a determinação de que esses sacerdotes se mudassem para Jerusalém e pudessem participar do culto local – uma determinação trazida à lei não pelos próprios sacerdotes, cujo cumprimento, a propósito, quando passou a ser considerada a sério, o sacerdócio jerusalemita também não admitiu. Então veio o exílio e isso significou: o aduzir de todas as estirpes sacerdotais. Agora era do urgente interesse da totalidade do sacerdócio que se conciliassem. Ezequiel ainda defendera o monopólio dos sadocidas jerusalemitas e, em conformidade com a teoria deuteronômica, distinguiu dos mesmos os "levitas", estes enquanto sacerdotes de segundo grau sem direito de realizar oferta sacrificial. Mas o monopólio dos sadocidas claramente não tinha como se consolidar. O compromisso final no tempo dos persas, para cujo conteúdo provavelmente foi determinante também o grau da influência palaciana de cada estirpe, aparentemente foi alcançado pelo Sacerdote Esdras, versado na escrita, quando tratou os sadocidas como uma parcela dos aaronidas e deu a todos estes a qualificação ao serviço sacrificial em Jerusalém, único local de culto, também quando degradou todas as outras estirpes reconhecidas como levíticas a funcionários subalternos de culto subordinados aos mesmos, a servir-lhes em turnos, alguns dos demais a leitúrgicos "escravos do templo" (*nethinim*), a cantores e sentinelas de portões. Originou-se dessa regulamentação a tripartição da hierocracia, ainda a constar nos evangelhos – sacerdotes, levitas e *nethinim*, e, depois que estes últimos haviam desaparecido: sacerdotes e levitas. O meio de torná-la aceitável era o ordenamento das condições materiais: foi implementada a obrigação universal do dízimo sobre todo o território sagrado, e a receita dessa e de algumas outras pendências – que aqui não interessam – era dividida entre os interessados hierocráticos envolvidos. As condições específicas da comunidade do exílio, por um lado, por outro o gênero, a se mencionar mais tarde, das relações políticas com a corte persa, as quais haviam sido decisivas para a nova regulação, determinaram essa forma de resolução de antigos conflitos, legitimada pela massiva interpolação dos antigos estatutos e tradições e pela nova codificação das determinações do assim denominado "código sacerdotal", imposto por Esdras mediante comprometimento solene da comunidade sinecisada. Aqui os detalhes dessa regulamentação externa não deverão nos ocupar mais detidamente. Antes, tornemos de novo ao tempo pré-exílico e consideremos as consequências internas e as forças motrizes desse singular desenvolvimento.

De início, a monopolização do culto em Jerusalém teve uma consequência muito importante: a profanação dos abates domésticos e das ceias com consumo de carne, até então tidos, ao menos teoricamente, como "oferenda" e "repasto" sacrificiais. Agora que sacrifícios podiam ter lugar apenas em Jerusalém, eles perdiam totalmente esse caráter. E continuou a existir apenas a reserva, em significado a princípio problemático, de que pelo menos os indivíduos sujeitos a ônus fiscais que moravam em locais não muito distantes deveriam consumir sua oferta de sacrifício na cidade sagrada mesma, como repasto sacrificial – aos outros era permitida conversão em dinheiro. Depois da rejeição do culto aos mortos, aquela profanação de todos os repastos privados foi o último golpe que o iahwismo aplicou à possibilidade de um significado sacral do *clã*. A partir de então não podia mais haver nenhuma ceia cultual ministrada pelo chefe do mesmo. Pois a ceia de Pessach já há tempos era não repasto clânico senão uma festividade doméstica familiar. A rápida diminuição do significado dos clãs em tempo pós-exílico provavelmente também está ligada a isso. Certamente, aquela determinação, que teve de lograr esse êxito, dificilmente fora concebida como medida intencionalmente dirigida contra os clãs: ela foi uma consequência secundária da monopolização do culto, como já mostra a insuficiência das determinações criadas para o dispêndio dos encargos fiscais. Antes, já em tempo pré-exílico, o significado dos repastos cultuais enquanto tais vinha sendo despojado do seu sentido de outrora, lentamente mas de forma enfática. A seu sentido *de outrora* e ao processo da sua modificação – intimamente ligado ao avanço dos levitas – temos agora de nos voltar. Pois aqui são encontradas profundas peculiaridades da religião puritana de Iahweh que tornam compreensível em princípio o posicionamento de seus representantes em relação aos outros cultos.

A luta do iahwismo contra a orgiástica

É mérito de Ed. Meyer ter chamado a atenção para uma oposição característica de rito a qual existiu, quando da "*berith*" israelita, entre Siquém, por um lado – a principal localidade de culto de Israel do Norte –, e, por outro, Jerusalém. Segundo o Livro de Josué, a aliança em Siquém teve o caráter de um repasto cultual, portanto de uma comunhão de passadio – de uma "*koinonia*" com Deus –, assim como relatada, também em uma narrativa norte-israelita, em relação à aliança do Sinai, onde os setenta anciãos são comensais à mesa Iahweh, do mesmo modo como este, em turno, toma parte do repasto sacrificial dos companheiros de culto. Em Judá, o rito legado é bem distinto, relatado com particular detalhismo em relação à *berith* sob Sedecias e pressuposto pela lenda como vigente também em relação à *berith* de Deus com Abraão. O animal sacrificado é esquartejado, e por entre os pedaços caminham todos aqueles a formar aliança: rei, sacerdote e, dependendo do caso, anciãos do clã ou homens (*'am*). Naquela lenda, Iahweh o faz durante a noite. Uma *koinonia* [comunhão] sacramental com Deus, portanto, não ocorria aqui. Mas o esquartejamento de um animal sacrificado é reencontrado em uma outra cerimônia. O herói ou profeta que pretenda convocar Israel à guerra santa contra povos estrangeiros ou contra confederados sacrílegos esquarteja um animal e espalha as partes pelo território. Isso é visto como admonição ao dever de corresponder, ante Iahweh, ao apelo de se juntar ao exército. Essa forma é relatada apenas duas vezes, mas em referência especificamente às tribos do Norte: Efraim e Benjamim. Portanto, caso se admita alguma relação com a forma própria à *berith* de Judá, o que em todo caso parece óbvio, essa forma poderia ter sido conhecida também no Norte. Então seria bem de se supor que a *koinonia*, comum junto à população de assentamento fixo em Siquém, teria sido a forma cananeia antiga do estabelecimento de uma relação com o deus *pacífico*, ao passo que aquela outra forma, a de servir à coalizão de *guerra* – própria a Iahweh, ao deus de guerra da Aliança –, teria nascido entre os camponeses e pastores das montanhas, de sedentarismo menos estável. Disso há uma considerável probabilidade, também porque esse esquartejamento do animal sacrificado a rigor deve sim ser tratado como um resquício ritualístico rudimentar do antigo dilaceramento orgiástico do animal sacrificial – no caso dos beduínos africanos: de um carneiro –, como encontrado em particular entre povos da estepe e montanhescos, e como parece ter sido eliminado entre os iranianos apenas por Zaratustra, talvez sob a influência da cultura mesopotâmica. Dificilmente nos equivocaremos ao assumir que uma luta metódica contra a orgia carnal original, por exemplo encontrada também no culto dionisíaco, extinguiu a mesma também entre as tribos de Judá. Talvez a *proibição* ritualística tardia *do consumo de sangue* significasse uma etapa nesse sentido, e nesse caso a motivação, por si tardia, de que "não se permita comer a alma do animal", de fato conservaria traços do significado animístico de outrora. Pois como vimos em ocasiões: para o exército em guerra, aquela proibição, originalmente, parecia *não* ter vigência. O desenvolvimento teria então de ser assim concebido: que o consumo de sangue, que em origem era proibido apenas em tempos normais, fora da orgia de carne, esta reservada ao deus da guerra, mais tarde teria sido proibido de uma vez por todas sob a influência do processo de desmilitarização – por nós conhecido – e da eliminação das orgias – no entanto, isso pode se ter apenas como hipótese incerta. Por fim, na tradição (Ex 24,6.8) encontra-se ainda uma terceira forma da firmação de uma *berith*: o aspergimento da congregação de Iahweh com sangue sacrificial, com o qual, ao mesmo tempo, o altar também era aspergido. Ela pressupõe participação do sacerdote, pois só ele pode efetuar aquele ato. Assim, visto que ela está inserida na narrativa bem antiga do repasto conjunto de Iahweh com os anciãos – aqui essa comunhão à mesa é *consequência* da *berith* firmada, *não*, por seu lado, instituição da *koinonia* religiosa –, também ela pode ser antiga e, nesse caso, de origem sulista. Mesmo isso é incerto. Para nós é importante apenas que em tempo histórico era desconhecida pelas tribos do Sul uma cerimônia que estabelecesse uma *koikonia* sacramental com Deus. Com isso chegamos então a um ponto importante, que condicionou o determinante contraste do puro iahwismo sulista com a fusão norte-israelita com cultos baalitas e análogos próprios à lavoura, e a cujos indícios externos pertence aquele contraste, por si mais formal, relativo à *berith*.

Os cultos baalitas, como a maioria dos antigos cultos da lavoura, eram e permaneceram *orgiásticos* até o fim, em particular de orgiástica *alcoolátrica* e *sexualística*, para ser preciso. A cópula ritualística no campo de cultivo enquanto encantamento homeopático da fecundidade, a orgia alcoólica e orquéstica com a promiscuidade sexual inevitavelmente resultante, mais tarde comedidos a repasto sacrificial, dança de cantorio e hierodulia, são com total certeza comprováveis como componentes originários também dos cultos israelitas da lavoura. Os resquícios são patentes. Demonstram o caráter sexual-orgiástico dos álacres cultos baalitas antigos a "dança ao redor do bezerro de ouro" e o "meretrício", contra as quais invectivam, respectivamente, Moisés – segundo a tradição – e os profetas. Também apontam esse caráter as rodas de dança cultuais, cujos traços se encontram por toda parte, além da existência dos hierodulos (*kadesh*), expressamente atestada nas compilações jurídicas, nas lendas (Tamar) e pelos profetas. Ele se infere também com base nas expressas indicações das fontes. A contraparte feminina (*baalat*) fazia tão pouca falta ao respectivo baal como aos deuses da fecundidade indianos. Ela era idêntica a Astarte, e esta, à babilônica Istar, divindade da esfera sexual. A partir dos cultos baalitas, a orgiástica sexualística se incutiu, quando da sua mescla com Iahweh, também nos cultos iahwistas. A existência de hierodulos é atestada também junto ao Templo de Jerusalém.

Contra esse caráter orgiástico alcoolátrico e em especial *sexualístico* dos cultos baalitas – e da religiosidade por eles influenciada – voltava-se então a luta passional dos representantes do iahwismo puro. A batalha dos recabitas contra o vinho era não uma mera conservação de antigos costumes da estepe, senão sobretudo luta contra a orgiástica alcoolátrica da população sedentária. Mas testemunhos desse profundo contraste são principalmente o posicionamento do ritual e da ética iahwistas em relação à vida sexual. Servir ao respectivo baal significa, ao fim e ao cabo, "prostituir-se junto dele". Em turno, a partir dessa luta, toda a regulamentação da esfera sexual adquiriu seu caráter, este de duradoura influência no judaísmo. A reprovação religiosa da violação de um matrimônio alheio, enquanto sacrilégio capital, decerto corresponde apenas a algo de recorrente em todas as religiões regulamentadas de modo profético e sacerdotal, e é particularmente severa apenas na espécie de punição. Com mais forte razão, a concepção de matrimônio como meio para geração de prole e para a segurança econômica da sua mãe não contém naturalmente nada de especificamente israelita; antes, ela estava difundida em âmbito universal. Do mesmo modo, o pronunciado naturalismo na forma da concepção dos atos sexuais não é peculiar apenas a Israel, em nenhuma espécie. As regras de castidade cúlticas e ascéticas guerreiras, as tabuizações e as prescrições de impureza para as que estão em período menstrual etc. também se encontravam largamente difundidas – certamente que em espécie bastante distinta – e eram apenas expressão da consideração da esfera sexual como um âmbito sob domínio especificamente *demoníaco*, como por toda parte parecia evidente aos zeladores de cultos e religiosidades racionais, justamente pela impressão deixada pela orgiástica sexual. Mas o grau e a maneira como tratam essa esfera as lendas e o ritual israelitas – contando, em particular, que influenciados de modo especificamente iahwista – de fato apresentam um caso-limite bem radical dessa concepção, o qual se explica, pura e simplesmente, apenas a partir da tendenciosa oposição à orgiástica baalita, de modo bastante similar a como tivemos de remontar a rejeição de quaisquer especulações referentes ao além presumivelmente a uma tendência contrária ao culto egípcio dos mortos. No domínio do sexual, essa tendência contra o impudor orgiástico, que despreza e condena os cananeus enquanto seus representantes, evidencia-se sobretudo na acentuada repulsa a todo desnudamento físico. A simples ocorrência do mesmo ou o mero olhar desejoso de um parente é tratado como incesto e crime capital (Lv 20,17), e o progenitor dos cananeus é tido no Gênesis como o originador de todo aquele impudor, ao qual há de ser devida a condenação desse povo à eterna servidão. Por outro lado, são classificados sob a noção de desnudamento físico também todo incesto, todo assédio dentro do harém paterno, mas também todas as demais relações sexuais inconcessas (Lv 18). A admissão de degraus à frente do altar era totalmente proibida no ritual antigo (Ex 20,26), porque senão poderia ocorrer um desnudamento ao se subir nos mesmos, que já constituíam a morada ideal de Iahweh. Entre os indivíduos originais, o fato de estarem "desnudos" é a primeira coisa documentada pela capacidade de discernimento dos mesmos em relação ao que fosse "bom" e "mau", avivada depois do desfrute da árvore do conhecimento. A mesma visão e a mesma tendência são encontradas em todas as casuísticas e determinações aqui pertinentes. O pecado de Onã é repudiado; segundo a tradição atual, entretanto, enquanto infração contra o dever de dar prole ao irmão. Em origem, porém, sua expressa condenação provavelmente foi determinada pela oposição dos iahwistas a certas orgias de Moloc (Lv 20,2) nas quais era ofertado sêmen humano. Todas as espécies de relação sexual condenáveis porque orgiásticas ou incestuosas, ou porque perversas – decerto não elas somente, mas sem dúvida em primeiro lugar –, subsumem-se ao conceito especificamente iahwista de "infâmia" (Gn 34,7; Dt 22,21), e essa palavra designava, na linguagem ainda da tradição mais tardia, e mesmo ainda dos evangelhos, o mais grave que podia ser dito contra um israelita. Por essa razão, todas as regulamentações especificamente israelitas referentes aos atos sexuais – que não deverão ser examinadas em detalhes aqui – têm caráter não ético, mas *ritualístico*. A *ética* sexual material da Antiguidade de Israel não era mais rigorosa do que outras regulamentações sacerdotais. O adultério do Decálogo era violação do matrimônio de um outro homem, não do próprio casamento. A reprovação da relação sexual extramatrimonial do homem teve início apenas em período pós-exílico tardio, e, a saber, a princípio apenas sob pontos de vista da prudência de vida – exatamente do mesmo modo como entre os confucianos e no caso da sabedoria proverbial egípcia, por exemplo no das máximas de Ptahhotep. Falta à língua antiga de Israel uma expressão para "castidade" no sentido ético da palavra. Apenas sob influência persa, como veremos, a regulamentação se ampliou, e isso de início também apenas em escritos acanônicos (Livro de Tobias). Em contrapartida, conforme concepção israelita antiga, é bem verdade que a aliciação de uma jovem sem contrato prévio acordado com seu clã podia provocar sua vingança, como mostra o caso de Dina; contudo, as compilações jurídicas prescrevem como expiação apenas o esposamento, isto é, a obtenção da jovem mediante pagamento de preço de compra, similar a como as leis anglo-saxônicas tratam o caso, como uma espécie de dano material. A antipatia contra o que era tido como sexualmente impudico também não tinha nada a ver com nenhuma "pureza dos costumes" em especial, como no exemplo dos beduínos. Jeremias acusa os árabes do deserto especificamente de praticar "prostituição nas ruas" (Jr 3,2), isto é – como mostra o comportamento de Tamar –, nos locais onde as meretrizes adquiríveis costumavam ficar, junto a elas também os hierodulos do templo, os quais os profetas repudiam com todos os outros resquícios da orgiástica sexual. Apenas a *orgia* sexual homeopática era estranha em ritual aos beduínos, ao contrário dos cultos de lavoura.

Mas o caráter especificamente ritualístico, não primariamente ético, de toda a casuística sexual, o qual mais tarde também se conservou em grande parte, confere à mesma uma nota singular, por ser encontrado somente aqui – de fato não em termos de espécie, mas relativamente ao grau e à penetração tendenciosa. A ligação do antigo desembaraço naturalista no tratamento e na discussão dos atos sexuais em si, combinada a esse temor inteiramente ritualístico ante o desnudamento puramente físico, não tem absolutamente nenhuma relação com aquela espécie particular de senso de dignidade que se costuma vincular a nossas reações pudorosas infundidas por convenção feudal ou burguesa. Ao sentimento de vergonha moderno, influenciado por representações feudais, burguesas e cristãs, ela aparece facilmente como uma caricatura de um autêntico pudor, no sentido por nós conhecido. Historicamente, contudo, a fonte daquela particularidade reside toda ela na estrita oposição, como cultivada pelo sacerdócio, à orgiástica dos lavradores norte-israelitas. O islã até conhece algo semelhante, e se tornou, em todos os domínios da sua difusão, devido à sua antipatia pela nudez, expoente do desenvolvimento da indústria têxtil, ou mesmo de um mercado para ela.

Assim, essa oposição à orgiástica e à extática orgíaca também determinou o posicionamento do Sul em relação aos virtuosos do êxtase, oriundos de ambas. Os antigos *nebi'im* do êxtase de massa foram incontestavelmente um fenômeno essencialmente norte-israelita, originados de cultos baalitas em parte fenícios, em parte cananeus. Zacarias ainda assume como natural que os falsos profetas fossem lavradores, e as feridas das suas supostas autoflagelações causadas pelas unhas das meretrizes (Zc 13,6). Em todo mundo, os extáticos carismáticos a servir ao culto orgiástico coletivo tinham se adunado em corporações ou escolas. As escolas de *nabi* de Eliseu e já dos primórdios apenas iam ao encontro desse fenômeno geral. A orgiástica da qual provinha a extática de espécie *nabi*, como vimos, foi sobretudo orgiástica homeopática da fecundidade. Os nômades e seminômades não conheciam nada desse gênero. Caso eles alguma vez tenham efetivamente conhecido a orgia da carne, então enquanto elemento da extática dos guerreiros. É bem verdade que o território de Israel em tempo mais antigo, em especial também Israel do Norte, conheceu a ascese guerreira nazireia e a dos *berserkir*. Do mesmo modo, os antigos *nebi'im* do êxtase de massa também eram, como vimos, profetas de guerra, ao menos em parte. Mas três aspectos se fazem evidentes: inicialmente, ao contrário da orgiástica cultual baalita, prescrevia-se aos extáticos de guerra nazireus justamente a *abstinência* alcoólica. Além disso, a profecia clássica de guerra do tempo de Débora, ao contrário da dos *nebi'im*, era *individual*. Por fim, causa certa surpresa que o Cântico de Débora fale de "outros deuses" aos quais Israel teria servido. O termo só pode se referir aos deuses do campo, portanto tão somente a deuses baalitas. Em turno, séculos mais tarde vemos a profecia individual de Elias na luta contra os mesmos "outros deuses" e contra a extática orgiástica de massa. O profeta que Jeú leva consigo em seu carro é um recabita, portanto opositor da orgiástica alcoolátrica. De forma reiterada, essa luta parte principalmente de homens provenientes do Sul, ou então, predominantemente, das associações de criadores de gado. Elias, o típico profeta individual, inimigo mortal da extática baalita, é oriundo de Galaad e um típico nômade peregrino. Segundo a tradição, Eliseu – representante da extática de massa – era um camponês. Amós, por sua vez o primeiro profeta a insurgir contra a práxis cultual do Norte – muito tempo depois –, é um pastor de Técua. Disso se conclui: do Norte eram originários, sob a influência da orgiástica e extática cananeias, os *nebi'im* do êxtase de massa e as formas irracionais e emocionais da magia; do Sul, que não conhecia a orgiástica de lavoura, vinha a *torah* racional levítica e a profecia missionária ética racional, a qual ali entende que esses impudores são uma abominação a Iahweh e que culto e sacrifício não têm absolutamente nenhum significado para o antigo deus da Aliança em comparação com o cumprimento dos seus antigos mandamentos. O conflito interno, portanto, aparentemente de modo latente, atravessou toda a história israelita, começando pela imigração. Ele assumiu formas bem extremadas com a intensificação do caráter *racional* do ideário de ambas aquelas forças hostis à orgia: dos levitas e dos profetas da desgraça. Ao menos em um aspecto, esse foi resultado do crescimento da cultura literária de intelectuais enquanto tal. Por essa razão, temos de ter clara para nós a maneira como atuaram, dentro dos antigos *círculos de literatos* israelitas, os fundamentos elementares, conflitantes em parte de modo latente, em parte de foma manifesta, daquelas religiosidades distintas essencialmente entre si.

Os intelectuais israelitas e as culturas vizinhas

A produção literária pré-exílica de Israel era manifestamente tão rica e diversificada como qualquer literatura mundial. Além das cantigas trovadorescas, em parte ardentemente sensuais – a depender da espécie dos guerreiros –, em parte de lisura palaciana, em parte de graciosidade campestre, que eram recitadas na corte de Tersa e provavelmente já antes, mais tarde adaptadas – atravessando o período da influência persa – e compiladas como "Cântico dos Cânticos", e além de alguns cantos de louvor ao rei extremamente animados contidos no Livro dos Salmos, encontram-se dentro e fora do mesmo também uma quantidade de hinos religiosos que glorificam, à maneira babilônica, em primor nenhures superado, a regência do grande deus celestial na natureza. Ao menos no tempo dos reis, portanto, deve ter havido bardos tanto seculares como religiosos, em particular como uma camada acima dos expoentes da poética puramente popular. Pois trata-se de pronunciada poética artística. E o Cântico de Débora, um poema de ocasião de eminente composição – meio cântico de vitória religioso, meio sátira política contra os antigos inimigos nas cidades e contra aliados morosos –, indica uma idade ainda mais elevada desse gênero. O meio de comunicação de mais fácil aprendizado de todo o mundo da época era de longe a escrita alfabética, originária ao menos do final do segundo milênio – a considerar o importe de papiro a Biblos atestado no relato de viagem de Unamón –, ainda que somente registrada documentalmente pela Estela de Mesa moabita (século IX a.C.). Decerto ela foi inventada para servir a interesses comerciais dos negociantes, e, portanto, presumivelmente na Fenícia. Mas essa escrita facilitou o surgimento de uma literatura própria em Israel, destinada à *leitura*, e ao mesmo tempo a difusão, ali, de modo bastante excepcional, da arte de ler e escrever. De início ela certamente veio a favorecer as chancelarias dos reis. O título do *mazkir* (na maioria das vezes traduzido por "chanceler", provavelmente ao mesmo tempo analista e "memorista" do rei) e os *soferim* [escribas] na corte davídica e de ambos os reinos mostram que a escrituração da administração existia ao menos desde Davi, nos primórdios talvez já desde Saul, como sugere uma lista preservada (1Sm 14,49-51). Para o Estado servilista de Salomão, era imprescindível um estamento de funcionários versados na escrita, aparentemente não raro recrutados entre os sacerdotes, mas também entre clãs seculares instruídos. Nas histórias reais mais tardias, de redação reformulada pragmaticamente, a todo tempo é feita referência a anais régios oficiais, e provavelmente existiu, do mesmo modo, uma analítica jerusalemita de templo. Ademais há de se assumir, com Kittel, que as primeiras redações das histórias do reinado de Davi são compostas já por um narrador de acesso por certo autorizado aos arquivos reais, mas ao mesmo tempo a escrever de fato de modo independente, segundo sua própria visão sobre as coisas.

A grande liberdade da tradição perante a monarquia em geral, de fato poderosa, ao menos em tempos, está ligada por um lado à forte posição que os grandes clãs guarnecidos em Israel haviam conservado para si – ao contrário da maioria das demais formações estatais monarquistas do Oriente, como vimos –, por outro lado ao significado dos grupos dos zeladores do seu "espírito", internamente independentes da monarquia e que a encaravam de modo bastante crítico, mas que, em vista do prestígio do antigo deus de guerra da Aliança, não eram de ser ignorados por ela: os videntes e os instrutores profissionais de Iahweh.

Dos círculos dos *nebi'im* do Norte, organizados em escolas, originaram-se as narrativas de milagres incluídas no Livro dos Reis. Mas uma parte dos relatos de Elias e, do mesmo modo, a primeira redação – certamente pré-deuteronômica – das narrativas dos videntes de tempos remotos, sobretudo de Samuel, mostram que havia círculos que se furtaram por completo à influência não apenas profética palaciana mas, igualmente, à de profetas organizados em escolas, e que havia outros, além daqueles que mantinham relações com a corte, mas de fato também com o iahwismo crítico à monarquia, e que o apoiavam sistematicamente. Esses círculos hão de ter sido compostos apenas por leigos devotos abastados e politicamente influentes. Pois também no tempo de Jeremias encontramos clãs nobres dos quais estão sempre a provir funcionários da corte, mas que ao mesmo tempo foram claramente, ao longo de gerações, protetores dos grandes profetas de Iahweh, estes resolutos críticos à corte e aos sacerdotes. Algo dessa espécie teve de surgir tão logo o prestígio da monarquia começou a sofrer abalos devido a fracassos externos. Esses círculos de leigos independentes e os puros veneradores de Iahweh, protegidos pelos mesmos, aparentemente tinham sido aqueles que já cedo adotaram a compilação das antigas tradições sobre o período pré-régio ainda disponíveis. Os cancioneiros antigos por vezes citados – o "Livro das Guerras de Iahweh" e o "Livro do Bravo" – provavelmente já existam compilados desde o primeiro tempo dos reis. À classificação dos poemas populares proveitosos no entendimento do iahwismo, *não* puramente militaristas, dedicaram-se, presume-se, os leigos. As antigas lendas, narrativas mágicas, parábolas e máximas sem dúvida estavam inicialmente nas mãos de um estamento de cantores e contadores populares peregrinos, encontrados por toda a Terra entre populações camponesas e seminômades. A tradição antiga de fato conhece apenas um povo-hóspede de musicantes, o dos descendentes de Jubal. Mas não faltavam narradores: as lendas mais antigas dos patriarcas dão absoluta impressão dessa proveniência. Em contrapartida, a extensa história de José, por exemplo, na forma atual, já tem o caráter de uma "novela" edificante, artisticamente composta por um poeta cultivado para iahwistas instruídos; é, portanto, poética artística. Assim, existiam interligações e sobretudo relações, de modo provavelmente direto, entre os expoentes da poética popular de lendas e provérbios e os círculos leigos independentes, cultivados na literatura e ao mesmo tempo interessados na política em geral e religiosa. Estas ligações se inferem também com base no caráter de alguns produtos preservados do gênero "*mashal*" (parabólico). Como a parábola da sarça da história de Abimelec ou a alegoria da ovelha do indigente, posta à boca de Natã, um *mashal* é equivalente em termos de fantasia plástica às parábolas mais bem compostas dos evangelhos. Nesse aspecto elas se distinguem de forma marcante do típico *mashal* rabínico tardio[198], que é quase sempre um

---

198. Exemplos deste foram reunidos em Fiebig, *Altjüd. Gleichnisse und Gleichnisse Jesu*, Tübingen 1904.

produto da imaginação literária, razão pela qual, na maioria das vezes, apenas no grotesco ele deixa impressão plástica de imediato[199]. A diferença é aproximadamente como a entre as parábolas de Jesus e as de Paulo, o qual, como se sabe, em ocasiões (nas quais ele arrisca parábolas agrárias) equivoca-se na imagem, como característico[200].

À época de Jeremias encontram-se pela primeira vez traços daquela espécie de aconselhamento, feito por cultivados, em problemas utilitários práticos cotidianos, como o ofereciam os instrutores da *chokmah* (sabedoria) e seus produtos literários (Jr 18,18). Mas em tempo pré-exílico, aparentemente, essa espécie de relação dos literatos com interesses plebeus tinha importância bem menor se comparada ao interesse político, que à época tudo regia, e ao sociopolítico, religioso e fundamentado pela religião, indissociavelmente ligado ao primeiro. Ambas as parábolas há pouco citadas são exemplos disso. Evidentemente, estas estão longe de ser meros produtos de espécie puramente artística; antes, encontram-se a serviço de tendências iahwistas antimonárquicas. Assim, toda poética popular e literatura pré-exílicas, extremamente ricas e diversificadas – a se inferir das citações e resquícios –, fora assimilada sob pontos de vista político-religiosos. Se delas está conservado apenas o que encontrou registro no cânone atual, e na forma como se as encontrou, isso é o resultado de um trabalho intelectual altamente penetrante de camadas de letrados com interesses iahwistas. Em parte ele foi consumado apenas no período exílico; em uma parte substancial, contudo, já em tempo pré-exílico, especificamente já em um período anterior à aparição dos profetas escritores. Quando se consideram suas dificuldades, o resultado dessa composição foi bem significativo, mesmo que hoje, para nós, ele seja literariamente insuficiente em vários pontos – aos quais, em parte, Goethe já chamou a atenção. Entre os produtos literários do tempo pré-exílico, tanto como entre seus expoentes, existiam nítidos contrastes em termos de tendência e mentalidade.

---

199. Destes estão excluídos, em sua maioria, justamente alguns dos mais antigos, pertencentes à época palestinense dos tanaítas, em particular no tratado *Pirkei Avot*. A princípio, naturalmente, o juízo é apenas relativo.

200. Rm 11,17, alegoria completamente equivocada de "enxertar"!

Nesse aspecto, os produtos da profecia régia de salvação, dos contadores de história e da trova bárdica nacionais encontravam-se a princípio em irreconciliável antagonismo com os ramos das camadas de fiéis iahwistas reprimidos pela monarquia. Nos resquícios da antiga poesia erótica reunidos no "Canto dos Cânticos", e assim como nos antigos salmos reais – preservados não em grande número –, nota-se uma atmosfera totalmente distinta em comparação com os produtos literários dos intelectuais iahwistas. Naturalmente, a religiosidade dos reis, onde quer que ela se manifestasse de modo transparente, estava em forte contraste com a devoção popular, também em todas as regiões vizinhas. Na prece a Osíris, Ramsés IV almeja, como contrapartida ao que ofertou à divindade, comer até a saciação, beber até a embriaguez, saúde, vida longa, regojizo de coração e dos sentidos, eterna dominação por sua descendência, alegria todo dia e um Nilo caudaloso. Exatamente do mesmo modo, desfrute de vida e longo afortunado governo também são o rogo de todos os reis babilônicos até Nabucodonosor. Também em Israel isso não haveria de ser diferente. Quando a tradição atual põe à boca de Salomão a prece devota mencionada anteriormente, a esta equivaliam as inscrições de Nabucodonosor – frequentemente também bastante pias – e de outros grão-reis; aqui como lá, trata-se de produtos sacerdotais. A incrível vanglória dos grão-reis egípcios, igual à dos mesopotâmicos, seguramente terá acometido também os reis israelitas no tempo da sua autoridade, e aqui como lá ela se encontrava na mais acentuada contradição com a demanda dos plebeus por um intercessor e redentor clemente e com a ira de Iahweh – desde sempre particularmente intensa – contra a *hybris* dos homens. Iahweh *nunca* foi um deus de *dinastia* como Assur, Merodac ou Nabu, senão um deus dos confederados israelitas, desde tempos bem remotos. Apesar disso, as dinastias tinham se apropriado do seu culto, e os reis colocado bardos iahwistas e profetas da salvação a seu serviço. E, além das tradições iahwistas, circulavam as mais diversas sagas cultuais etiológicas de deuses e heróis locais e um grande número de representações e mitos importados do Egito e da Mesopotâmia, diretamente ou pela Fenícia, ou então compartilhados com essas regiões desde tempos bastante distantes, cuja simples eliminação não era de se imaginar.

A tarefa de colaboração era difícil, mas também os produtos das culturas de intelectuais propriamente ditas devem ter desempenhado um papel significativo na Palestina. Resta saber como era sua relação com os das regiões de cultura vizinhas.

A dominação *egípcia* nominal perdurou até quase o final do tempo dos juízes. Entretanto, segundo as cartas de Amarna, os faraós não interferiram na particularidade religiosa do território, e ainda depois de Ramsés II apenas raramente ostentaram um poder político efetivo. Mas a possibilidade de troca intelectual existia, como em tempo antigo. No tempo de Sesóstris, entre os senhores semibeduínos das regiões ao leste de Biblos, um sábio egípcio vivo era conhecido pelo renome – o narrador das histórias de Sinué ao menos há de ter pressuposto essa possibilidade. Contudo, no tempo da completa ruína da dominação ramessida (cerca de 1100 a.C.), o rei citadino de Biblos não tem nenhum conhecimento a respeito do egípcio Ámon nem sobre seu poder, relatado por seu enviado Unamón[201]. Mas seus profetas de corte decerto parecem ter sabido algo do mesmo – isso, presume-se, explica que o oráculo de um destes favoreça aquele mensageiro. Em todo caso, na Palestina do Sul tinha-se uma boa referência do Egito em virtude do trânsito de caravanas. Não apenas Salomão apropriou a técnica do combate sobre bigas e, em parte, aparentemente também o padrão egípcio da espécie da construção do templo (o "santuário")[202], senão que a novela de José, sobretudo, indica um conhecimento ao menos preciso das condições encontradas no Egito, e ademais sugere (não importa se com ou sem fundamento) a existência de relações com o sacerdócio do templo de Heliópolis, principal centro da sabedoria egípcia. Perante Unamón, o rei de Biblos reconhece que toda doutrina e arte do Egito teriam chegado à Fenícia[203]. Uma das tradições sobre Moisés também faz dele detentor da sabedoria egípcia. Segundo a tradição de Josué, a circuncisão

---

201. O relato de viagem de Unamón está agora facilmente acessível em Breastead, *Records*, vol. IV, p. 563ss.

202. Também o santuário egípcio é escuro e só pode ser visitado pelo rei, assim como em Israel (mais tarde) apenas o sumo sacerdote ungido pode adentrá-lo.

203. Cf. o relato de viagem em Breastead, op. cit., p. 579.

teria sido apropriada diretamente do Egito, não via Fenícia. Em vários detalhes – que em parte não interessam, em parte foram mencionados quando da oportunidade – encontram-se outros traços. Rei Merneptá menciona guerras que seu exército teria lutado na Palestina contra Israel. Mas o fato de que as relações não foram de modo nenhum sempre hostis tem origem na circunstância de que, além dos edomitas, estes de parentesco tribal, os egípcios são expressamente caracterizados mais tarde como qualificados à admissão na congregação israelita, embora a tradição pressuponha, não de forma inteiramente correta, que os patriarcas, em sua qualidade de criadores de gado, teriam sido considerados "impuros" no Egito[204]. Como já mencionado, as escavações palestinas revelaram a existência de uma enorme quantidade de escarabeus, que "são tão característicos" ao Egito "como a cruz ao cristianismo" (como exprime Erman). Diante de tudo isso, agora é um dos fatos mais notórios que essa dominação egípcia seja absolutamente omitida em toda a tradição, e que, justamente nos mais antigos fundamentos da religiosidade israelita, influências especificamente egípcias faltem como que por completo, enquanto, como veremos, talvez tenham operado mais tarde. Eduard Meyer acreditou poder encontrar a explicação daquele silêncio apenas na recentidade da tradição israelita. Só que esta apresenta em ocasiões traços de elevada idade, como por exemplo as desaparecidas relações com a Mesopotâmia. O silêncio a cobrir a dominação política provavelmente se explica pelo fato de que, desde o ponto de vista dos *habirus* e dos *sa.gaz*, já no período Amarna, a dominação do faraó praticamente não se manifestava, pois ela concernia afinal apenas a seus príncipes-vassalos. Com mais forte razão, mais tarde isso foi assim, subtraídas as poucas rusgas. Mas a outra estranheza ante a cultura egípcia se explica exclusivamente – todavia também de modo suficiente – a partir da *rejeição*, totalmente consciente, pelos representantes do iahwismo. Rejeitado foi o Estado servilista egípcio, cujos traços determinantes, afinal,

---

204. Segundo Heródoto, o estranhamento ritualístico dos egípcios com relação aos helenos se baseava no consumo de carne de vaca pelos últimos, e por isso era impossível para os egípcios beijá-los ou utilizar seus utensílios de mesa. Isso, não a qualidade de criador de gado enquanto tal, poderia fundamentar a concepção do relato de Gn 43,32.

eram justamente aqueles cuja apropriação pela monarquia local foi mais profundamente odiada pelas camadas desmilitarizadas. Rejeitado foi, do mesmo modo, o componente característico da devoção egípcia: o culto aos mortos. Para isso foi determinante, como vimos, além do radical caráter intramundano do antigo deus de guerra da Aliança, com sua orientação puramente voltada a este mundo, a circunstância de que, embora Iahweh, em tempos distintos, conjugasse variados traços, em todo caso ele nunca fora um deus ctônico, senão que sempre se encontrou no mais acentuado contraste com essas divindades e com o gênero específico de seus cultos. Ademais, somava-se a isso o fato de que a compreensão das escrituras sagradas e a formação sacerdotal egípcias eram em geral inacessíveis a estrangeiros. É bem verdade que os instrutores da sabedoria egípcia (Ptahotep) recomendam, como o Deuteronômio, o ensino popular, mas isso com expressa exceção da doutrina secreta propriamente sacerdotal, sobre a qual os instrutores israelitas também não tiveram então nenhum conhecimento – tampouco, presume-se, teriam pretendido saber algo. O mesmo se notava do lado egípcio. Como por toda parte, inimigos derrotados eram obrigados a prestar honra aos deuses vitoriosos do Egito. Ao fazê-lo, contudo, eles não se tornavam egípcios. Segundo as inscrições, houve templos de deuses egípcios na Síria e também templos de deuses sírios no Egito, sob os ramessidas. Mas isso não alterava em nada as relações fundamentais, estas dadas de modo estrito pela especificidade social da cultura egípcia de escribas. Para o particular, a integração ao ensino e à sabedoria egípcias era apenas possível enquanto indivíduo, e ela significava um completo abdicar da própria autonomia intelectual. Ademais, para o conjunto do povo isso teria sido indissociável da aceitação da detestada burocracia escriturária. A se inferir da única menção em Ezequiel, também o culto egípcio aos animais – que no Egito os sacerdotes haviam sistematizado apenas bem tarde e no interesse do controle hierocrático das massas – era repudiado pela religiosidade iahwista como uma abominação particularmente indecorosa (Ez 8,10). Ele não acordava em nenhum aspecto às relações dos livres criadores de gado com seu rebanho, e também era especialmente estranho à particularidade de Iahweh que foi legada. Essa rejeição de *todos* os traços determinantes da cultura egípcia nos prova agora ao menos isso: que temos de pressupor a existência de expoentes *espirituais* conscientes e autônomos da religião de Iahweh tanto na Palestina como nos oásis de Edom e Midiã – como atesta a tradição. Pois se tanto beduínos líbios como beduínos asiáticos, indistintamente, mantinham constantes relações com o Egito, de onde a Palestina por longo tempo foi controlada diretamente, os primeiros – mas não os últimos, pelo menos não os veneradores de Iahweh entre eles – assimilaram alguns traços da religião egípcia[205]. A instrução propriamente sacerdotal e a teologia especulativa dos egípcios, totalmente desenvolvida já no terceiro milênio antes de Cristo – uma especulação altamente naturalista em origem, mais tarde panteísta[206] –, permaneceram então completamente estranhas também aos iahwistas levíticos. Em contrapartida, na ética religiosa e na devoção *popular* encontraremos ainda consideráveis traços de afinidade.

Mais intrincada é a relação com a cultura intelectual mesopotâmica. Outrora, no período Amarna, a escrita cuneiforme e a língua babilônica de diplomatas e do comércio dominavam toda a Ásia Menor e eram compreendidas por egípcios cultivados. A representação de espíritos astrais e a ideia da sua intervenção em acontecimentos terrenos era familiar também em Israel, como instrui o Cântico de Débora. Aparentemente até Nabu, o deus dos escribas, tinha um local de culto, e inúmeros detalhes de toda espécie fazem referência a antigas apropriações e traços culturais compartilhados. Tinha-se em comum sobretudo os pesos e as medidas, também o padrão monetário, além do direito e de importantes parcelas dos mitos cosmogônicos. A proximidade da relação parece de fato ter se alterado quando se estabeleceu a supremacia comercial dos fenícios, existente em tempo homérico. As antigas populações de comerciantes marítimos, de piratas e de mercenários do Mediterrâneo, que aparecem nas inscrições egípcias, entraram então em declínio diante do controle fenício do mar, ao menos relativamente – grandes migra-

---

205. Como vimos, até o culto aos mortos.

206. Erman, *Sitzungsber. der Berl. Ak. d. Wiss. Phil.-hist. Kl.*, 1911, p. 1.109.

ções populacionais também tiveram parte nisso. À época, a escrita alfabética fenícia suplantou a escrita cuneiforme na Palestina, e o significado da língua babilônica foi diminuindo, aos poucos, em favor do aramaico. Winckler constata que a língua babilônica fora de fato bem conhecida na Síria ainda no século IX a.C. e mesmo até o século VII a.C. Apenas no tempo dos persas a língua aramaica alcançou seu significado definitivo enquanto língua universal da diplomacia da Ásia Menor. Apesar disso, a Babilônia permaneceu por longo tempo em segundo plano. Artesãos reais da Fenícia trabalharam no templo de Salomão. Mercadores fenícios de escravos acompanhavam os exércitos israelitas para aproveitar os prisioneiros. Os cultos baalitas da Fenícia, a Moloc e Astarte, imigravam. Na visão dos especialistas, as cosmogonias que circulavam na Palestina apresentavam cunho essencialmente fenício. Tribos israelitas isoladas caíram em seu domínio, outras cediam força de trabalho aos portos da Fenícia. *Nebi'im* régios de espécie fenícia eram encontrados em Israel do Norte.

Somente Elias e a revolução de Jeú eliminariam os cultos fenícios. Os antigos *nebi'im* extáticos eram repudiados pelos puritanos. As proibições do Deuteronômio e da Lei de Santidade reprovavam os sacrifícios humanos fenícios e o sacrifício onanístico de Moloc, gnosticamente refinado.

Com a nova ascensão das grandes potências mesopotâmicas, sua influência novamente aumentou. Por certo período foi adorado em Jerusalém pelos reis tornados tributários (em especial por Manassés) o exército celestial babilônico: os astros, portanto. Desde tempos bem remotos, a Mesopotâmia era considerada centro do mundo, e de novo também agora, nas narrativas correntes do paraíso e do dilúvio; lá, os grandes templos-miradouros eram conhecidos como tentativas de se chegar mais próximo do deus celestial. Os detalhes não interessam aqui. Pois o principal está ausente: *não* ocorreu nenhuma recepção da sabedoria sacerdotal. A língua sacral babilônica (suméria), de várias partes importantes, já impedia uma apropriação imediata daquela pelos sacerdotes israelitas. Porém, não temos absolutamente nenhum registro de que elementos da literatura sagrada babilônica tivessem sido utilizados alguma vez na Palestina com propósito cúltico. Somente bem mais tarde, no tempo da composição dos salmos, notam-se reminiscências a determinadas poesias hínicas da Babilônia. Acima de tudo: justamente os fundamentos cúlticos e teológicos determinantes para a formação da religião, tanto da babilônica como da fenícia, não apenas não foram apropriados pela religiosidade iahwista senão haviam sido *rejeitados* por ela de forma bem consciente. Não foram adotados em particular o culto astral babilônico nem a astrologia, portanto os pilares disso que recentemente designou-se de "visão de mundo babilônica" (A. Jeremias). Presume-se que a verdadeira doutrina secreta dos sacerdotes babilônicos sobre o macrocosmo e o microcosmo fosse tão pouco conhecida ou compreendida na Palestina como a dos egípcios, ainda que especulações e manipulações com números sagrados e cronologias do mundo – em detalhes ainda tão numerosos – desempenhassem algum papel na redação agora disponível da tradição – aliás, talvez apenas em consequência da revisão exílica e pós-exílica.

Contudo, ao que parece compreendia-se muito bem uma doutrina fundamental em particular: o determinismo astrológico. E justamente por essa razão ela foi *rejeitada* de modo plenamente consciente. Pois qual utilidade teria a *torah* levítica ou o oráculo dos profetas se o destino do indivíduo estivesse escrito nas estrelas? Esse determinismo, que apenas deixava espaço para a gnose de conventículos redentores, era absolutamente incompatível com seus interesses também de poder e voltados à cura de almas. Assim condenaram-se essas doutrinas, as quais contrariavam o conceito iahwista de Deus, substancialmente político. Tanto Isaías como Jeremias, do qual se deveria pressupor uma relação particularmente próxima com o sacerdócio babilônico, já asseguram a Israel que o poder das estrelas haveria de se desvanecer perante o de Iahweh (Is 24,23; Jr 10,2). No tempo do exílio, na Babilônia mesma, Dêutero-Isaías zomba não apenas da magia babilônica em geral, mas sobretudo também da sua ciência astronômica e da sua astrologia (Is 47,13). Também em tempo pós-exílico e rabínico continuava a valer a sentença: em Israel não rege nenhum planeta. Não que a influência dos astros sobre as ocorrências da Terra fosse posta em dúvida. Mesmo os profetas não o fazem – do mesmo modo como os sacerdotes não põem em questão a realidade dos oráculos dos mortos, portanto nem a das representações do além a ela ligadas. No exílio, aparentemente se consultavam astrólogos babilônicos em ocasiões, e um rabino ainda é denominado "astrólogo" em sua profissão privada. Em si, a crença astrológica existiu a rigor por toda a Terra, desde a China até Roma e a Época Moderna ocidental. Também em Israel acreditou-se nas estrelas. Mas o decisivo era: assim como na China, ainda nas últimas décadas, um requerimento do presidente de Hanlin advertia as imperatrizes regentes de que não a constelação astral, senão a *virtude* (confuciana) do soberano determinaria a fortuna do país, e, assim como na Índia o *carma* determina a sina inclusive do horóscopo, também em Israel *não* são os espíritos das estrelas os *senhores* do destino dos homens. Em tempo rabínico isso se expressava na crença característica que profere o Talmude: de que todos os outros povos estariam de fato subjugados à Heimarmene astrológica, mas não o povo de Israel, em virtude do seu escolhimento por seu deus. Em tempo pré-exílico, os espíritos das estrelas formavam o *tzaba* [as hostes] e, como *sabaóth* [legiões], eram serventes do deus de Israel. *Ele* sozinho era o guião de todo fado: isso era o importante e excluía da apropriação justamente os fundamentos determinantes da cultura babilônica. Por conseguinte, no tempo do exílio encontramos os judeus de fato em todos os cargos vitalícios possíveis na Babilônia, em parte bem ilustres, mas com a característica exceção da profissão de escriba. Isso não podia ter nenhum motivo relativo à língua, pois os israelitas haviam aprendido o vernáculo aramaico, e a assimilação da língua oficial babilônica não lhes traria nenhuma dificuldade. Também na tradição tardia encontramos pressuposto que judeus exerceram influência em todo tipo de cargo na corte e como eunucos dos reis babilônicos e de seus descendentes, os reis persas. Logo, a exclusão da profissão de escriba sem dúvida tinha outras razões, presumivelmente cúlticas: a impossibilidade de obter essa formação, instruída por sacerdotes, sem violação dos mandamentos da religiosidade iahwista. Em um ponto importante a religiosidade oficial israelita, ao contrário da egípcia, manteve-se afínica tanto à babilônica como à fenícia: no da ignoração do além e das especulações vinculadas ao mesmo. Mas as concepções de deus especificamente babilônicas – o sincretismo, o panteão de deuses, a absorção henoteística de figuras divinas pela figura respectivamente tida como deus principal enquanto suas "formas de aparição" e a posição sempre eminente do deus do Sol – permaneceram tão estranhas à concepção israelita de deus como as egípcias, estas de espécie diferente, mas em vários casos semelhantes em resultado. Onde quer que se evidenciem tendências "monoteísticas" na Babilônia, elas essencialmente remontam ao culto solar ou então à dinastia política, mas na maioria das vezes a ambos, semelhante à reforma de Aquenáton no Egito. Iahweh, porém, não era nem um deus do Sol nem um deus de dinastia, mas um deus confederado da Aliança. Ademais, há de ter permanecido estranha ao iahwismo a tendência, esta forte na Babilônia, de transformar em divindades redentoras – a partir de cultos ctônicos e da vegetação – os deuses da fecundidade e da vida conjunta de homens, animais e de plantas, em particular a tendência de tomar Istar como intercessor misericordioso. Iahweh é o salvador, próprio e único. Nergal, que era um deus de certos flagelos terríveis a acometer o povo, sobretudo também das pestes, similar a Iahweh originalmente, distinguia-se deste enquanto deus do reino dos mortos, e a veneração a Adad – que, enquanto deus das tempestades e da guerra, apresentava afinidade com Iahweh –, evidenciada nos nomes próprios teóforos também em Canaã, não exerceu nenhuma influência visível sobre sua concepção. Em Israel havia uma camada instruída de espécie semelhante à dos sacerdotes babilônicos; na Babilônia não existia nenhum estamento cultivado similar aos instrutores israelitas da *torah*. Por sua vez, mesmo a considerar essas tantas ressonâncias isoladas, a rejeição justamente dos produtos mais imponentes do saber astral babilônico, assente sob todas as circunstâncias, mostra claramente a grande *autonomia* da cultura intelectual na Palestina perante os territórios vizinhos.

Assim, temos de ter cautela para não imaginarmos que a Palestina, em qualquer tempo histórico, tivesse sido uma região desprovida de camadas instruídas próprias na qual predominassem apenas magia bárbara e representações religiosas totalmente primitivas. Em uma carta aproximadamente do século XV a.C., de um cananeu a um príncipe, é almejada ao último a graça do senhor dos deuses, pois ele, o príncipe, seria um "irmão" que carregaria "amor" no coração, portanto, a rigor: um companheiro de fé. E o remetente prossegue, quase em estilo missionário, enfatizando o significado, para o êxito do rei, da graça daquele que estaria "sobre sua cabeça" e também "sobre as cidades". Concepções dessa espécie certamente estavam distantes das próprias a pastores e camponeses das legiões do exército israelita antigo. Em relação às cidades mais importantes, porém, todos os indícios advogam contra a assunção do seu completo desaparecimento. Para se poder rejeitar com tamanho êxito, como ocorreu, as concepções religiosas das grandes regiões de cultura – cuja influência é bastante evidente em todas as outras esferas – e criar concepções próprias, caracteristicamente divergentes daquelas, há de ter existido uma camada instruída própria que trabalhasse racionalmente e assimilasse de modo autônomo os antigos oráculos e promessas existentes no ambiente. Não podiam sê-lo nem os *nebi'im* extáticos, cuja tradição escolástica produziu apenas narrativas de milagria da espécie das histórias de Eliseu, nem os círculos palacianos – que desprezavam aqueles –, tampouco, por fim, os pastores e camponeses, nem seus profetas de guerra. A rigor não há nenhuma razão para conceber a população rural israelita como "obtusa" em particular, como ocasionalmente[207] acontece. O camponês será "obtuso" apenas onde estiver inserido em um mecanismo grã-estatal leitúrgico ou burocrático que surja como algo alheio, ou onde se encontre entregue à escravização pelo senhor fundiário – como no Egito, na Mesopotâmia, na entidade estatal helenística e no Estado romano tardio. Ao contrário disso, o plebeu israelita pré-exílico foi um confederado livre capaz de compor guarda, que havia derrotado a cavalaria das regiões de cultura – de início efetivamente, mais tarde segundo suas memória e pretensão. Por si mesmo, certamente que ele nunca teria logrado produzir as concepções racionais dos escritos veterotestamentários. Outros tiveram de fazê-lo para ele. Mas ele foi receptivo à maioria delas. E justamente na interação de uma entusiástica camada de intelectuais com esse público de camadas desmilitarizadas e socialmente desclassificadas reside um dos segredos do desenvolvimento do iahwismo.

---

207. P. ex., por Klamroth, op. cit.

Concepções religiosas totalmente novas raramente surgiam nos respectivos núcleos das culturas racionais. Inovações racionais proféticas ou reformatórias foram concebidas pela primeira vez não na Babilônia, Alexandria, nem em Atenas, Roma, Paris, Londres, tampouco em Colônia, Hamburgo, Viena, senão na Jerusalém do tempo pré-exílico, na Galileia do tempo do judaísmo tardio, na província romana tardia de África, em Assis, em Wittenberg, Zurique, Genebra e nas regiões limítrofes das zonas culturais inglesas e baixo-alemãs holandesas, como a Nova Inglaterra e a Frísia. Mas isso certamente nunca sem influência e cunhagem de uma cultura racional vizinha. Por toda parte, a razão é uma e a mesma: para possibilitar novas concepções de espécie religiosa, o indivíduo ainda não pode ter desaprendido como confrontar os acontecimentos do mundo com *indagações* próprias. O indivíduo a viver afastado dos grandes centros culturais tem ocasião para isso justamente quando a influência daqueles começa a afetá-lo ou a ameaçá-lo em seus interesses centrais. O indivíduo outrora a viver no meio de regiões culturalmente saturadas, enleado em sua técnica, pouco dirige tais indagações ao ambiente, do mesmo modo como a criança acostumada a andar diariamente no bonde elétrico, por exemplo, dificilmente chegaria por si mesma à questão sobre como este, propriamente, logra ser posto em movimento. A capacidade de *espantamento* perante o curso do mundo é pressuposto da possibilidade do questionar por seu sentido. Aquelas vivências que os israelitas compartilharam antes do exílio, e que lhes ofereceram ocasião para tais indagações, foram as grandes guerras de libertação e o surgimento da monarquia, o surgimento do Estado servilista e da cultura urbanita, a ameaça pelas grandes potências, mas especialmente: o colapso do Reino do Norte e o destino igual – visível aos olhos de todos – do Reino do Sul, enquanto último resquício de inolvidada glória. Depois veio o exílio. As guerras de libertação erigiram o prestígio de Iahweh como deus da guerra. A desclassificação social e a desmilitarização dos expoentes das antigas legiões do exército de Iahweh criaram a lenda historial iahwista. Contudo, somente com o iminente colapso do Reino foram levantadas as maiores questões referentes à teodiceia.

À segunda época pertence claramente, no essencial, aquele trabalho intelectual que criou as duas grandes redações do Hexateuco mais tarde combinadas, produtos de dois grupos religiosos de literatos que hoje costumam ser distinguidos como "iahwista" e "eloísta", a depender da espécie do nome de Deus usado[208]. Esses compiladores e escritores estavam ao lado – aparentemente com autonomia – dos editores originais das tradições e lendas puramente históricas nos livros dos Reis e no Livro dos Juízes. Pois todas as tentativas de realizar uma separação entre ambas as escolas, também nessas obras escriturais, parecem ser frustradas. O grau de instrução de ambos os compiladores ou das duas escolas de compilação há de ser considerado notável, porque trazem um grande número de etimologias onomásticas e narrativas etiológicas decididamente brilhantes e que na maioria das vezes não são, em absoluto, de origem popular. À última época pertence a escola deuteronômica jerusalemita; ao tempo do exílio e em parte ao período subsequente, a complementação e a revisão, sacerdotal em sentido estrito, das épocas precedentes, ainda que seus primórdios sejam remontados ao tempo anterior ao exílio.

As compilações iahwista e eloísta[209] ainda não são imbuídas do difícil problema da teodiceia, que teve de ser levantado devido à decadência da entidade estatal nacional. Seu monoteísmo é monoteísmo "ingênuo". Do mesmo modo, ainda lhes falta o conhecimento sobre a luta do poder sacerdotal ascendente contra o movimento profético, este indiferente em relação ao serviço sacrificial. Igualmente, eles ainda não têm nenhum saber a respeito

---

208. Desde Wette, gerações de pesquisadores estudaram a distribuição do material do Hexateuco em ambas as compilações e em inserções tardias (deuteronômicas, sacerdotais e outras). Entre a grande maioria dos investigadores, os resultados fundamentais não são contestados, não obstante restarem muitos pontos isolados dúbios. Só que as tentativas de continuar a decompor as grandes compilações em camadas produziram como revés a busca – vã, ao que parece – por atacar novamente também os resultados seguros.

209. Sobre a relação entre ambas, cf. agora o belo escrito de Procksch, *Die Elohimquelle (Uebersetzung und Erläuterung)*, Leipzig 1906. Procksch assume uma certa influência de Elias sobre a redação e busca, de maneira brilhante (p. 197), explicar a partir dela especificamente o uso do nome "*elohim*" (com a intenção de enfatizar seu valor único). Sobre a importante questão – mas totalmente prescindível para o não especialista – referente a um caráter originalmente rítmico da narrativa, cf. Sievers, *Abh. der Kgl. Sächs. G. d. Wiss.*, vols. XXI-XXIII (1901, 1904, 1906), discutido por Procksch (p. 210ss.).

da repulsa, mais tardia, aos antigos locais de culto no campo, às imagens e aos paramentos cultuais. Em contrapartida, essas compilações – uma delas remonta até o tempo de Salomão, a outra pelo menos até o século VIII a.C. – são influenciadas pela problemática social que a monarquia produziu. Em ambas, por essa razão, as lendas dos patriarcas – com as quais começa o eloísta – formam uma parte importante da exposição, e em seguida ambas abordam em detalhes o êxodo do Egito e a conquista de Canaã sob Moisés e Josué, assim como os mandamentos cultuais, morais e jurídicos que Iahweh impôs ao povo à época. Em relação à idade do material, uma ou outra poderia, como no caso das compilações de bênçãos, volver a tempos mais remotos. Não é assente em nenhum modo, nem objetivamente importante para a característica, se o Livro da Aliança e o decálogo ético formavam um componente original da compilação eloísta, tampouco se o decálogo cultual o era em relação à compilação iahwista. Pois ambos os compiladores em si, pelo gênero da sua narrativa, aparentam operar um paradigma ético, e também o intencionam, embora pouco tenham logrado suprimir os elementos das antigas sagas, com frequência bastante não éticos. Em relação ao período a partir de Abraão, ambas as compilações utilizaram aproximadamente o mesmo material. Construir um antagonismo de "tendência" propriamente dito entre elas seria enganador. Ambas deturpam, conforme os ânimos do seu público, o período de surgimento do povo. Do mesmo modo, uma "popularidade" maior não pode ser afirmada de nenhuma das duas, ou, como queira, nem ora de uma, nem ora de outra. Dificilmente de forma não intencionada, ambas relacionam não porventura a um rei ou a seus ancestrais, senão aos antigos progenitores lendários do *povo*, as populares promessas da época: fazer de Israel um grande povo, abençoar seus amigos, amaldiçoar seus inimigos e legar um nome com o qual serão agraciadas, ainda em tempos tardios, todas as outras estirpes do mundo. Essa concepção dos antigos heróis das lendas como progenitores de Israel como um todo talvez seja uma das obras desses escritores. Contudo, as promessas feitas ao mesmo são, no seu caso, incondicionais, desvinculadas de qualquer realização. São promessas referentes à amizade – a tudo superável – de Deus com Israel, o que a direito contrariava a visão profética tardia, exatamente do mesmo modo como faziam as profecias de salvação dos *nebi'im* dos reis. Ademais, a transfiguração de Moisés não assume papel semelhante a esse nem na literatura política, hínica, profética, tampouco, naturalmente, na redação sacerdotal tardia, que, à possibilidade, pôs o sacerdote Aarão na posição de Moisés. E no entanto o Cântico de Débora e a compilação de bênçãos inserida mais tarde no Deuteronômio revelam que seu prestígio popular tinha sido incondicional e antigo, e não construído apenas posteriormente. Assim, esses compiladores dão continuidade a antigas tradições populares dificilmente convenientes à monarquia. E cada uma das duas escolas o faz de uma maneira algo distinta. Para ambas, os patriarcas são pastores pacíficos. Mas a compilação eloísta acentua mais fortemente a condição dos mesmos como *gerim* da população residente, aliada com eles por *berith*, enquanto a narrativa iahwista (na história do pedido de casamento de Isaac), de influência claramente mais levítica, por outro lado já conhece a aversão aos casamentos mistos com os cananeus. É a visão essencialmente do iahwista que o trabalho na lavoura seja consequência de uma condenação divina. Para ele, o paraíso é uma horta irrigada e arvorada, à espécie de um oásis da estepe. O eloísta, que incorporou a Bênção de Moisés, parece saber algo a respeito de uma pretensão da tribo José à realeza, enquanto, no caso do iahwista, detentor da promessa é – na Bênção de Jacó – Judá, ao invés de Rúben e José. Estes e semelhantes traços específicos tornam provável a suposição, defendida por renomados pesquisadores, de que no geral a redação eloísta é de influência mais nortista, a iahwista, mais sulista, enquanto que, concernente à idade, ora uma, ora a outra, mas na média geral provavelmente a compilação iahwista deva ser considerada um pouco mais antiga. No geral, testemunha a favor de sua proveniência nortista também o fato de o eloísta estar mais inclinado a conceber Abraão, e a princípio todos os heróis, como *nebi'im*, e, os heróis de José, como nazireus, assim como o fato de a inserção dos anciãos em Israel na redação eloísta ser etiologicamente justificada, enquanto que, para a iahwista, vereditos são dados por Moisés, portanto pelos sacerdotes levíticos, como, presume-se, em larga medida era o caso no Sul, ao menos em pretensão. Influências puritanas são fáceis de se encontrar no iahwista. Se a serpente desempenha papel tão destacado na narrativa iahwista do pecado original, podemos nos recordar que na narrativa do êxodo são conferidos aos magos egípcios cajados semelhantes ao cajado de serpentes mosaico no Templo de Jerusalém, e que esse cajado de serpentes de Moisés é relacionado à terapia mágica pela redação eloísta da história do deserto. Portanto, se houve alguma vez, como em parte suposto, um culto a serpentes e "curandeiros" levíticos, então a estrita rejeição pela tradição puritana iahwista – que sob Ezequias levou à destruição do ídolo – poderia se expressar aqui no fato de justamente a serpente e a sua sabedoria, por si indubitável, terem sido apresentadas como fonte de todo o mal. Não parece se poder determinar com segurança se também contribuiu para isso – como em parte suposto – a reiterada qualidade da serpente enquanto animal divino para o reino dos mortos.

A diferença de proveniência parece se expressar também no tratamento da concepção de Deus. É bem verdade que para ambas as compilações tinha-se como ponto de partida absolutamente assente a qualidade de Deus como um senhor personalístico, determinador da fortuna dos indivíduos no mundo mediante seu intervir, mas desde Moisés como aliado a Israel por voto de juramento e *berith*, e como garantidor de seus estatutos. Isso não tinha como se abalar. A rigor, o Iahweh de Moisés e dos antigos profetas de guerra nunca foi aquele ser imane totalmente primitivo de que se pretendeu rotulá-lo em ocasiões, no interesse de um desenvolvimento retilíneo. Por outro lado, ele não podia ser volatizado na forma de uma potência impessoal do mundo como na China e na Índia. Pelas razões antes discutidas, ele carrega certos traços universalistas em ambos os compiladores, apenas que em espécie distinta. A concepção iahwista o retrata, como frequentemente se notou, em forma às vezes muito drasticamente antropomórfica. Não há nenhuma menção às grandiosas mas abstratas construções dos sacerdotes do exílio, segundo as quais o espírito de Iahweh, ao meditar sobre o caos, fez relampejar a luz por meio de uma palavra mágica e então ainda surgir do nada, dia após dia, uma coisa após a outra, mediante seu simples mandamento (Gn 1). Primeiro Iahweh fez água jorrar sobre a terra, até então desértica e seca, depois moldou o homem a partir da terra, deu-lhe vida por meio do insuflar de seu sopro e logo depois fez surgir plantas e animais (Gn 2). Ele então os coloca diante do homem e deixa a critério do mesmo a operação de mais alta importância segundo a concepção de seus tempo e ambiente (egípcio): nomeá-los. A princípio ele não logra oferecer ao homem uma companhia conforme ao mesmo, até ele criar, a partir de uma costela, a mulher, que o homem imediatamente reconhece como de sua essência. No frescor da noite, esse deus passeia em seu jardim Éden, dentro do qual ele também insere o homem, como um xeique de um oásis. Ele o inquire pessoalmente depois que o mesmo, contra a proibição, tocou em suas árvores, e, como castigo, expulsa-o com uma maldição. Para isso, contudo, ele tem primeiro de buscar e chamar o homem, que se escondeu. Do mesmo modo, para ver a enorme construção na Babilônia, primeiro ele tem de descer até ali. Se tem algo a ordenar ou prometer, ele aparece pessoalmente aos homens. Ele ainda permite a Moisés, em contradição com a tradição tardia, que veja efetivamente seu rosto; também fez batismos no Sinai, junto com os anciãos de Israel. Trata-se portanto de um deus das epifanias corpóreas, absolutamente a agir segundo motivos humanos, mas um deus que fez toda a Terra e que de fato manifesta seu poder também na Babilônia, centro do mundo.

Pois essa corporeidade antropomórfica era aparentemente incômoda à concepção eloísta, bem mais submetida às influências culturais antigas, estas mais fortemente conservadas ao Norte, não obstante todo o caráter popular nela contida. Para ela, o deus de Israel é o deus supremo do céu, que não se põe a deambular junto aos homens na Terra. Na redação atual, ela ignora totalmente essa história originária e começa com as lendas dos patriarcas, de modo que acaba por ficar em aberto se isso assim constava originalmente ou se aqui a composição tardia talvez não pretendesse apropriar concepções eloístas que não fossem mais compatíveis com a ideia de Deus de seu tempo. Em todo caso, a redação eloísta está inclinada a assumir que as promessas e os ordenamentos divinos sejam feitas no sonho ou então mediante um chamado do céu, ou, finalmente, por um mensageiro (*malak*) ou anjo de Deus. Em ocasiões isoladas isso se afigura também na iahwista (Gn 15,6). A concepção dos mensageiros de Deus é antiga. O Cântico de Débora norte-israelita os apresenta quando da maldição de Meroz. O eloísta, porém, transforma em uma aparição de tais entes mediadores todas as teofanias legadas. Isso é um claro teologúmeno. Nas redações tardias das compilações, outros surgem a seu lado, por si talvez tirados de representações antigas, como a impessoal "glória" (*kabod*) de Deus. Esta é utilizada especificamente para reconciliar, com a concepção do grande deus distante celestial, a ideia da localização de Deus no lugar de culto – especificamente no templo –, difundida entre a população sedentária, em especial a urbanita. Não ele mesmo, senão sua *kabod*, na figura de uma radiosa nuvem, assentou-se sobre o local de culto (Ex 40,34-35). Ou então surge como operante uma outra força impessoal, a "face" (*panim*), a "palavra" (*dabar*), o "espírito" (*ruach*), mas com especial frequência, à maneira egípcia, o "nome" (*shem*) de Deus. Não há de nos interessar aqui a proveniência de todos esses teologúmenos, dificilmente determinável; apenas o último mencionado será tratado de modo mais preciso em breve.

As antigas lendas dos patriarcas vieram então ao encontro dessas tendências de espiritualização na medida em que – como em todas as narrativas populares desse gênero, não trabalhadas teologicamente – em princípio agiam os homens e não – como na história originária iahwista – o deus. É bem verdade que algumas epifanias particularmente antigas, porque originalmente politeístas, tiveram de ser preservadas. Mas o deus dos patriarcas foi em geral um deus com traços misteriosos, que se reconhece apenas indiretamente, em toda espécie de circunstâncias do destino. Um traço edificante, por vezes comovente – como o costuma produzir em particular a novelística religiosa apresentada de forma artística –, surge com maior frequência de modo mais claro na história de José e na narrativa do sacrifício de Isaac. Essa espécie de pragmática foi fonte daquele racionalismo que levou à fé na providência. Por outro lado, aqueles teologúmenos de fato também mostram uma certa inclinação ao desenvolvimento de potências divinas impessoais – representações que, como por toda parte, conservavam afinidade interna especialmente com a particularidade orgiástico-extática da possessão divina norte-israelita.

Mais tarde, porém, justamente essa tendência teológica foi de novo abandonada, aparentemente de modo consciente. Só se preservou aquele antigo teologúmeno do mensageiro divino, servente da crescente majestade de Deus e obstante à teofania antropomórfica demasiado grosseira; antes do exílio os outros se encontravam desenvolvidos apenas de modo rudimentar. Evidentemente, a razão era puramente prática. A *torah* sacerdotal levítica – o aconselhamento dos perseguidos por má fortuna, portanto pela ira de Deus – tinha ganhado em significado, e se iniciara a luta dos iahwistas puritanos do Sul contra a comunhão e possessão divinas orgiásticas do Norte. Desenvolvera-se o interesse pela instrução racional a respeito das intenções e dos ordenamentos de Deus, sobretudo concernente a pecados cultuais e éticos e à proteção ante suas consequências. E essa demanda por teodiceia houve de crescer em significado quanto mais alarmante se configurava a situação política do povo. Porém, convinha mais a essas demandas plebeias o deus corpóreo material da redação iahwista – outrora a tratar pessoalmente com os homens – do que a concepção sublimada da escola eloísta. Procurava-se a motivação compreensiva das resoluções divinas, e ademais a possibilidade de se recorrer a expressões personalísticas corpóreas de Deus. Os profetas pré-exílicos recebem os seus ordenamentos e oráculos não por meio de mensageiros senão que de forma imediata, embora de resto eles fossem influenciados de modo particularmente forte pela concepção eloísta, com frequência de maneira bem manifesta – consequência do palco norte-israelita da primeira aparição profética, que continuava a exercer forte influência. Por essa razão, na composição das antigas compilações realizada pela redação comumente designada hoje de "jeovística", segundo formulação de Wellhausen, o deus antigo dos pais e da Aliança aparece de novo em pessoa, frequentemente, e agora, em conformidade com a demanda racional dos intelectuais, sobretudo a falar (Gn 13,14-17) ou a argumentar com seus profetas. Ou até mesmo suas ponderações internas são diretamente apresentadas de forma literal (Gn 6,7). Modelo disso já oferecia a apresentação iahwista mais antiga daquelas reflexões que tinham levado Iahweh a punir o pecado original e a destruir a torre-miradouro babilônica. Mas a espécie dos motivos muda. Na representação primitiva, que ainda influi sobre o iahwista, interesses egoístas – como em todos os mitos antigos – determinavam as decisões de Deus, sobretudo seu ciúme referente à *hybris* que o ameaçava – aos crescentes poder e sabedoria do homem. Nas redações tardias, em contrapartida, o motivo determinante é a assistência benevolente às pessoas. Na redação final da narrativa da caminhada no deserto, por exemplo, Deus pondera as diferentes possibilidades de comportamento dos israelitas – em cuja perseverança, a depender do caminho na qual ele os conduz, ele pouco confia – e depois decide apenas no interesse dos mesmos. O característico segue sendo: que por toda parte fossem indagados os motivos de Deus *compreensíveis* de modo puramente humano, e que a exposição fosse elaborada a partir disso.

De resto também se vê claramente como a busca intelectualista pela sublimação da concepção de Deus estava em conflito com os interesses da *cura de almas* prática. As antigas sagas assumiam, sem acanho, que Iahweh se "arrependera" de decisões e ações suas. Para o racionalismo dos escritores, logo cedo já pareceu questionável se isso seria apropriado à majestade de um grande deus. Daí ser posto à boca de Balaão o dito que Deus não "seria uma pessoa que pudesse se arrepender de algo", e isso foi repetido frequentemente depois (Nm 23,19; 1Sm 15,29). Apenas a demanda prática da parênese levítica estorvava a consumação dessa sublimação. Afinal, tão logo assentes as decisões divinas uma vez tomadas, eram inúteis prece, exame de consciência e expiação. Nesse caso era de se temer a mesma consequência fatalística, funesta para os interesses voltados à cura de almas próprios aos instrutores da *torah*, que se arreceava em relação à determinação astrológica dos fados. Por isso a redação tardia das histórias de Moisés reiteradamente assume que os profetas, mediante seu rogo, apaziguam a ira de Iahweh. Este muda sua decisão ante rogo ou então perante arrependimento e penitência. A tradição de Natã e a tradição de Elias assumem que o mesmo sucede, respectivamente, a Davi e Acab, quando eles realizam penitência. Esse deus antropomórfico e, por essa razão, compreensível, tanto à época como hoje, a rigor vinha mais ao encontro das necessidades práticas da cura de almas das massas. O compêndio deuteronômico encontrou a solução, em que Iahweh torna seu comportamento dependente de antemão do agir dos homens: "Vede: hoje coloco bênção e maldição diante de vós" – escolhei.

De modo similar e por razões semelhantes, o posicionamento permaneceu contraditório em outros problemas, sobretudo na última questão: a da teodiceia. O antigo fundamento da relação de Iahweh com seu povo era a *berith*. Contudo, o voto de juramento de Iahweh de querer estar junto a este povo – como junto ao povo seu – parecia ser colocado em questão pelo permanente desfortúnio que, politicamente, em parte ameaçava, em parte se permeava. Por vezes, na saga do dilúvio, adotada bem tardiamente, o iahwista encontra amparo na ideia de que toda atividade dos homens seria, para todo o sempre, algo de "mau desde a sua juventude". Logo, os homens haviam merecido todo desfortúnio, pura e simplesmente. Mas então, visto que Iahweh apesar de tudo não pretende renunciar ao agradável cheiro do sacrifício, ele decide, justamente devido à inevitabilidade da atividade maléfica daqueles, ao menos não mais destruir o mundo todo em um dilúvio no futuro (Gn 8,21) – uma reminiscência, aliás, à conclusão da saga babilônica do dilúvio, como ainda será mencionado. Aquela avaliação pessimista dos homens provavelmente teve origem na práxis confessional dos instrutores sulistas da *torah*. Ela não foi a adotada em geral; em Israel, a mesma via o homem sempre como fraco, mas não como degenerado em sua constituição (somente a profecia da desgraça sobre os últimos dias de Israel tendeu novamente a fazê-lo). Uma formulação bem mais adequada foi a que ninguém seria inocente ante Iahweh (Ex 34,7), e esse argumento obviamente convinha também às demandas práticas da cura de almas com relação aos sofredores inculpes. Mas com isso não estava solucionado o problema do especial desfortúnio de Israel, que, afinal, era povo de Iahweh. Como natural, a solução dada para o mesmo foi a referência a que Iahweh obviamente teria vinculado suas antigas promessas à condição de que o povo cumprisse suas obrigações ritualísticas e morais, e a desgraça não haveria de ocorrer. Então, todas as antigas promessas de fato também foram gradualmente reformuladas, passando de promessas originalmente incondicionais a promessas condicionadas, relativas ao caso do bom comportamento. Sem dúvida isso também proveio das demandas práticas por uma teodiceia racional, e foi acima de tudo, como veremos, uma tese fundamental da profecia. Dificuldades, entretanto, impunham-se: originalmente, em uma confederação livre, a antiga ideia da responsabilidade solidária da comunidade pela atividade de todos os indivíduos – e dos descendentes pela dos antepassados –, como existente perante o vingador de sangue e o inimigo político, era uma obviedade e também muito útil em termos pragmáticos[210]. Em troca, porém, havia de se temer a questão: O que serviria ao indivíduo o cumprimento dos mandamentos de Iahweh se a atividade de outrem o envolvia no desfortúnio, apesar de inculpe? Para os pecados dos conviventes havia a solução de apedrejar e fazer o ofertamento (*cherem*) dos pecadores a Deus. Isso sucedia então também exatamente do mesmo modo como, por exemplo, resguardava-se a si mesmo de um antigo sacrilégio cometido contra uma congregação de metecos por meio da extradição dos sacrílegos ou de seus parentes, o que, sob Davi, haveria de ter sucedido à família de Saul em Gabaon. A cerimônia siquemita de bênção e maldição, ao menos em tempo tardio, provavelmente serviu também ao propósito de transferir a responsabilização da comunidade à pessoa dos pecadores, mediante descarrego da maldição. A pena de morte ao assassino foi expressamente concebida como algo a purificar o território da responsabilização solidária pela culpa ante Iahweh; para casos em que o assassino não lograva ser encontrado foram criadas cerimônias especiais de expiação. Entretanto, para os pecados dos antepassados não havia esse recurso. Aqui valia o amargo provérbio popular, citado por Ezequiel: "Os pais comeram uvas verdes e os dentes dos filhos se embotaram" (Ez 18,2). Também nesse caso, portanto, havia a ameaça das consequências fatalísticas, nocivas aos interesses da cura de almas. Aparentemente por essa razão, como antes mencionado, a escola deuteronômica, sob a influência dos instrutores levíticos da *torah*, resolveu por princípio rejeitar totalmente a responsabilização dos descendentes em relação aos pais, tanto para a práxis jurídica como na responsabilidade ética. No en-

---

210. Sobre o desenvolvimento da concepção, cf. em especial Löhr, "Sozialismus und Individualismus im A.T." (Suplemento 10 de *Z. f. A. T. W.*, 1906). O escrito é bom, apenas o título talvez passe uma impressão equivocada.

tanto, a dificuldade era que, para o propósito da teodiceia, de fato não se podia renunciar à ideia da compensação por pecados dos antepassados, visto que não havia nenhuma compensação no além e que a observação parecia a todo tempo instruir que o indivíduo a rigor não era punido nem recompensado na proporção dos seus pecados e das suas boas ações. A assunção era imprescindível sobretudo para a teodiceia política, e, em especial depois da amarga experiência da batalha de Meguido, ela decerto o foi. Os profetas, então, também sempre trabalharam com a responsabilidade solidária da comunidade e com a dos descendentes em relação aos pais. Por isso a ideia nunca foi efetivamente abandonada de modo definitivo. Na redação sacerdotal, ainda (Nm 14,18), a asseveração da graça e da misericórdia de Deus e a da sua vingança até a terceira ou quarta geração se encontram imediatamente lado a lado. O caráter contraditório provinha do conflito das demandas da profecia pragmática política com os interesses da cura de almas sacerdotal e com o racionalismo da camada cultivada. Era comum a todos, porém, enquanto resultado, que Deus haveria de ser um deus da *justa compensação*, e essa qualidade foi enfatizada da forma mais veemente em especial pela escola deuteronômica.

Nesse contexto, os mandamentos mesmos de Deus, assim como as expiações pelas infrações, foram cada vez mais sublimados nos termos de uma ética da convicção. Como reiteradamente logrou parecer, interessavam ao soberano celestial a obediência enquanto tal e a confiança, ambas incondicionais, nas suas problemáticas promessas, mas não o gênero aparente da atividade. A ideia mesma se encontra já na narrativa iahwista da convocação de Abraão à mudança para Canaã e na promessa de um filho – Abraão segue cegamente a primeira, e a circunstância de que este crê nela cegamente lhe é, por Deus, "tido em conta de justiça" (Gn 15,6). Não é por acaso que a ideia se encontre pela primeira vez em uma saga dos patriarcas. Pois entre os pacíficos seminômades sem dúvida estava uma das bases daquele partido que, ao culto sacrificial instituído pelos reis e por seus sacerdotes, contrapunha a tese de que agradaria ao antigo deus da Aliança, por princípio, não o sacrifício senão *apenas* a obediência aos seus mandamentos, mas sobretudo que a *congregação mesma seria sagrada* e, portanto, prescindível de sacerdotes. Naturalmente, essa crença hostil ao sacerdócio encontrou suporte nos antigos êxtase e ascese de guerreiros, acima de tudo nas condições do tempo antigo, que não conhecera nenhum sacerdócio da Aliança, funcionalizado e completamente hereditário. Sem dúvida, porém, ela também era natural às camadas intelectuais. E por fim deve-se considerar muito provável que a ordem dos recabitas – que tão interessava a Jeremias, o opositor dos sacerdotes de Jerusalém – fosse um dos seus expoentes. Também puderam abraçá-la todos aqueles levitas não empregados em locais de culto mas que apenas encontravam seu sustento mediante cura de almas e instrução da *torah*. Àquela crença correspondia a outra ideia: a de que para Iahweh a reparação determinante consistiria não nos sacrifícios realizados por pecadores com vistas à expiação, nem em ações semelhantes, senão na disposição penitente enquanto tal, ideia provavelmente proveniente dos mesmos círculos de intelectuais e posta à boca dos antigos videntes (primeiro de Natã) pelos redatores da tradição. Certamente, uma outra parte dos levitas – a saber, pertencente à escola deuteronômica – estava ligada de forma demasiado estreita aos interesses de culto e sacrificiais para arcar com tais consequências. Os mandamentos puramente cúlticos (o assim denominado "decálogo cultual") foram incorporados justamente pela redação iahwista, no geral mais sulista e influenciada por levitas. Mas aquela ideia mesma continuou viva, sobretudo na profecia, enquanto os sacerdotes se mantiveram aliados à monarquia. A redação sacerdotal tardia também não logrou suprimir seus traços. É bem verdade que esta, nas histórias de Moisés, relacionou a punição de Iahweh contra os levitas coreítas justamente àquela herética afirmação da santidade da congregação e sobre a prescindibilidade dos sacerdotes, mas não pôde evitar que ela continuasse viva, em forma extremamente imponente, no registro dos oráculos das figuras proféticas mais poderosas.

Essa ética da convicção própria à observante fé em Deus passou então por uma mudança especificamente *plebeia*, mediante a figuração dada na parênese dos instrutores da *torah* às antigas ideias mitológicas da inveja e do ódio de Deus em relação à *hybris* dos homens. Quando sábios egípcios louvavam obediência, silêncio e falta de presunção como virtudes aprazíveis a

Deus, a fonte era a subordinação burocrática. Em Israel, este era o caráter plebeu da clientela. Para o deus daqueles plebeus de cujos aconselhamento e cura de almas se ocupavam os instrutores da *torah* e os círculos dos quais procediam os profetas, eram objetos de ódio e sacrilégio propriamente dito: o orgulho e a soberba, a afirmação da própria força, como os representam os reis e seus heróis de guerra. A Iahweh eram depreciativos a erótica (segundo Amós) e a alegre tachada dos *gibborim* (segundo Isaías). Para o Profeta Sofonias, é assente que apenas o povo pobre teria a real confiança em Deus, de modo a deixar tudo a seu critério, e por isso somente por ele o povo seria, a seu tempo, poupado da ruína (Sf 3,12). Os fracassos dessa soberba casta frente aos inimigos estrangeiros, em contraste com o tempo do antigo exército camponês, parecia mesmo confirmar o descontentamento de Iahweh com os grandes. A humilde confiança incondicional apenas nele talvez pudesse sozinha levar o antigo deus da Aliança a estar de novo, como outrora, incondicionalmente junto com seu povo. Assim, encontramo-nos novamente, como já reiterado, diante de um motivo fundamental da utópica ética política dos profetas e do Deuteronômio, influenciado por eles nesse aspecto. Isso será tratado à parte. Tornemos aqui claras a nós apenas mais algumas das circunstâncias nas quais se baseavam, em Israel, as peculiaridades formais de toda relação dos homens com Deus, sobretudo o forte acento dessa ética racional da convicção.

Magia e ética

Foi acima de tudo *a inexistência* da posição de poder *da magia*, comum em outros lugares – ou antes seu combate sistemático pelos instrutores da *torah* – o determinante do seu destino dentro da piedade veterotestamentária, visto que a magia nunca desapareceu efetivamente por completo da práxis das massas, tampouco em Israel ou alhures. Em Israel havia toda espécie de magos. Mas os círculos iahwistas determinantes, sobretudo os dos levitas, não eram de magos, senão de detentores do *saber*. Os brâmanes, como vimos, também o eram. Mas em Israel o saber era fundamentalmente distinto do saber daqueles. Na narrativa iahwista do paraíso, quando a serpente aconselha a mulher a comer da árvore do conhecimento, ela assegura às gentes que seus "olhos se abrirão" e serão "como deuses". E ela não disse porventura inverdade. Pois depois que Iahweh amaldiçoou o homem e a serpente, ele acrescentou que "o homem se tornou um de nós", portanto um deus – mediante o *saber* –, e o expulsou do jardim "para que ele não mais tome nem coma da árvore da vida, nem se torne imortal". Desse modo, transforma em deus a posse de duas coisas: imortalidade e *saber*. Mas qual saber? Em ambas as passagens mencionadas, trata-se do conhecimento sobre "o que seja bom e mau". Este, portanto, é o saber que iguala a Deus, na representação desse escritor pré-profético. Certamente não era óbvio, também nesse sentido, que se tratava de um saber racionalmente ético e não puramente ritualístico ou esotérico. No Egito o plebeu desprovido da instrução escritural sacerdotal também é caracterizado como um homem que "não sabe o que seja bom e mau". E, na narrativa do paraíso, pelo que vimos, é a reprovação da nudez, condicionada de modo puramente ritualístico, aquilo que o homem assimila por comer da árvore do conhecimento, e não um saber racionalmente ético. No tempo de Ezequias, porém, já enfatiza Miqueias que ao homem, portanto a todo homem, "tenha-se dito o que é bom: ater-se aos mandamentos divinos, praticar amor e ser humilde perante Deus" (Mq 6,8). Trata-se portanto não de saber esotérico, tampouco de saber meramente ritualístico, senão de ética e caridade instruídas de modo totalmente exotérico. O cultivo justamente dessa espécie de instrução era o peculiar à *torah* levítica, e vimos que a particular relação com Iahweh, enquanto parceiro pessoal da *berith* com a confederação, pôs pela primeira vez esse forte acento no "ater-se aos seus mandamentos". Nisso consistia o papel proeminente da obediência e da ética perante os mandamentos puramente ritualísticos – que em tempo mais antigo estavam desenvolvidos apenas em poucas regras simples – e os cúlticos, estes tão necessários – dada a estrutura da Aliança – como totalmente faltantes. Quando da responsabilização solidária da comunidade perante Iahweh pelas contravenções de todos os indivíduos, essa problemática ética era um eminente interesse de cada um dos compatrícios[211], sobretudo, porém,

---

211. Em Hehn, em especial (op. cit., p. 348), encontram-se alusões à importância do caráter "democrático" de Israel – como ele se expressa – para a particularidade da ética israelita.

dos intelectuais interessados no destino do território. A partir de então, essa ideia sobre a essência do saber divino começou a predominar nos círculos dos plebeus iahwistas, cada vez mais desmilitarizados, e de todos aqueles intelectuais que se atinham ao bom direito antigo. Seu significado aumentava continuamente. O tempo antigo tinha conhecido o carisma divino apenas como êxtase e profecia de guerra. Ambos haviam entrado em declínio. Como mostram os sinais na tradição, existiu a tendência de tornar Moisés um mago cujo encanto decidia a vitória, à maneira do brâmane palaciano indiano. Mas agora não havia mais nada semelhante. Desde então, Iahweh não fez surgir nenhum profeta ao qual teria aparecido face a face. Pois os tempos haviam se tornado outros. Os oráculos de guerra de Eliseu são a última reminiscência dessa espécie de profecia política *mágica* a se encontrar na tradição. Os levitas, únicos contínuos zeladores perenes do credo iahwista, percebiam-se, em virtude da espécie de suas funções – socialmente mais importantes –, como detentores do saber a respeito dos pecados pelos quais se suscitaria desfortúnio e sobre como se poderia remediá-lo. Caso o nome *yiddeoni*, que designa os espíritos oraculares que habitam em certos magos (Lv 20,27; 2Rs 23,24), realmente signifique o mesmo que saber "pequeno", isso seria indicação do orgulho antimagia específico dos representantes do iahwismo com relação ao seu saber. Em ocasiões, entretanto, os profetas escritores israelitas deram conselho também a reis, do mesmo modo como profetas de corte e magos. Mas sempre no sentido da *torah* levítica: obediência a Iahweh e confiança incondicional no mesmo. Nenhum deles buscou prestar auxílio ao território mediante encantos.

Obviamente, também dentro dos círculos puramente iahwistas, houve desde sempre, talvez até a adentrar tempo pré-exílico bem mais tardio, impulsos ao desenvolvimento da coerção mágica de Deus. Junto a outros traços mais secundários, está particularmente incluída no desenvolvimento, de modo bastante claro, difundida de forma bem universal, a força mágica do *nome* de Deus, portanto a crença de que Deus atenderia caso se conhecesse seu nome e o chamasse corretamente. Não sem razão, quando da aparição das sarças, Iahweh a princípio evita a indicação do seu nome, do mesmo modo como aquele nume com o qual litiga Jacó. Quando Moisés roga Iahweh mais tarde pela graça de vê-lo em suas feições, ele lhe exige que revele seu nome; portanto, é-lhe coercivo. Como já vimos, a ideia, amplamente difundida, era familiar especialmente no Egito. O nome de Iahweh também é o símbolo do seu poder, do mesmo modo como o nome do faraó o era em relação ao seu. Assim como nas Cartas de Amarna o rei pousou "seu nome sobre Jerusalém", o nome de Iahweh é "invocado" (Jr 14,9) sobre Israel (Dt 28,10), ou sobre um profeta (Jr 15,16), ou em Jerusalém (Jr 25,29), onde ele "habita", onde "uma casa lhe foi construída", para a qual o seu nome "vem de longe" (Is 30,27), "está próximo" (Sl 75,2), e Iahweh atua por meio dele em benefício de todos os que "amam seu nome" (Sl 5,12; 69,37; 119,132). Em parte se trata do já mencionado teologúmeno a fim de eliminar a presença antropomórfica pessoal de Iahweh. Mas em parte se trata também daquela representação – predominante justamente no Egito – sobre a essência do nome, e dificilmente é acaso que quase todas as passagens características dessa espécie sejam deuteronômicas, portanto provenientes do tempo em que se notou no geral a maior afinidade com formas de devoção egípcias. A santidade específica do nome de Deus, como existente também no Egito – onde, por um lado, Ísis toma o poder de Rá ao conhecer seu nome secreto, por outro onde Ptá vinga "o uso indevido" do seu nome –, cresceu também em Israel, onde originalmente não vigorava o tabu do nome divino, senão comum em diversas localidades. A concepção tardia considerava a tentativa de compelir o majestoso Deus pelo meio da revelação do nome como grave sacrilégio que ele haveria de vingar. A despreocupação no uso do nome, ainda a predominar durante a época profética, afastou esse receio específico, para o qual já cedo devem ter existido fundamentos. A proibição decalógica da pronúncia em vão do nome, remontante a tempo desconhecido, sem dúvida se refere à tentativa de exercer coerção mágica sobre Deus. Também aqui a rejeição há de ter origem na consciente oposição ao Egito e, em turno, talvez ao culto aos mortos em especial. Pois em nenhum outro lugar o significado do nome de Deus no Egito é tão central como no capítulo CXXV do Livro dos Mortos, onde seu uso correto decide o destino da alma. A cada porta de entrada do

Hades, a respectiva divindade exige do morto que ele saiba seu nome antes de o deixar passar. As reminiscências, por um lado, por outro a aguda rejeição, dificilmente são de todo casuais.

Em termos práticos, a reprovação da magia significou sobretudo que ela não foi *sistematizada* pelos sacerdotes com o propósito da domesticação das massas, ao contrário do que ocorreu em outras localidades. Na Babilônia, sua sistematização ocorreu sob a pressão da demanda por *teodiceias*; foi, portanto, de origem racional. A experiência de que também o inculpe sofre parecia conciliável com a confiança nos deuses apenas nos casos em que os causadores do mal eram não eles senão demônios e espíritos malignos – com isso a teodiceia tomava o rumo de um dualismo latente e parcial[212]. O mesmo não se podia afirmar em relação a Israel. Uma das teses fundamentais logo do primeiro profeta (Amós) era de que também todo mal proviria de Iahweh. Por essa razão, em Israel, onde todo mal era punição ou decreto do poderoso Deus, opôs-se ao desenvolvimento da defesa mágica contra demônios o desenvolvimento da confissão dos pecados e da *torah* sacerdotal puramente *ética* enquanto instrumento original de poder dos sacerdotes levíticos. Isso operou por todo o âmbito do desenvolvimento religioso de Israel. Em primeiro lugar: onde quer que, nas religiões asiáticas, tenha-se o "encanto", figura-se, entre os israelitas, o "milagre". O mago, o salvador, o deus da Ásia "enfeitiça"; em contrapartida, o deus de Israel ministra "milagres" – ante invocação e rogo. Sobre a profunda oposição já foi tratado anteriormente. Comparado ao encanto, o milagre é a construção mais racional. O mundo do indiano seguiu sendo um jardim irracional de encantos. Em Israel, sinais de um desenvolvimento similar são encontrados nos milagres das histórias de Eliseu, cuja irracionalidade está inteiramente ao mesmo nível da magia asiática. Essa espécie de representação poderia ter se imposto muito facilmente. Ao que parece, a recorrente luta contra toda *extática orgiástica* foi aquilo que serviu de condição para que nas lendas iahwistas genuínas – por exemplo nas histórias dos patriarcas, mas também da tradição de Moisés e Samuel, e nos

---

212. J. Morgenstern (*M. d. V. A. Ges.*, 1905, p. 3) fez algumas alusões sobre a crença em demônios enquanto produto de uma demanda por teodiceia.

escritos veterotestamentários em geral, nestes com mais intensidade do que em qualquer outro livro sagrado – prevalecesse *não* o encanto mas o milagre proveniente de reações e intenções divinas significativas e compreensíveis, e para que mesmo este fosse utilizado com relativa economia especialmente em vários segmentos antigos, na maior parte das vezes nas lendas dos patriarcas. Sobretudo essa inexistência do encanto fez forçosamente todas as questões referentes à razão de eventos, fados e sinas se voltarem à fé na *providência*, portanto à representação de um deus misterioso e que todavia guiava o curso mundo – e o destino do seu povo em especial – de modo compreensível em última instância: "tínheis intenção de fazer o mal, mas Deus o tornou em bem" – como formulado concisamente na poetização artística eloísta das lendas de José em relação ao seu herói. A vontade de Deus conserva o domínio oposto às tentativas dos homens de evadir-se dela, do mesmo modo como nas narrativas indianas o "destino" triunfa perante todas as artimanhas para enganá-lo. Mas não carma, como ali, senão uma providência racional do deus personalístico determina, em Israel, esse destino.

Duas coisas eram peculiares a esse deus dos intelectuais, em última instância a agir de modo racional e metódico, não obstante toda a passionalidade da sua cólera. Primeiro: como já sugerido, ele era um deus de *plebeus*. Isso não deve ser malcompreendido. Nessa figuração, Iahweh não era porventura o deus da "piedade popular", tampouco vinha inteiramente ao encontro das demandas das "massas". Antes, em especial na sua concepção enfim prevalecente, ele foi sempre um deus que uma camada em parte de profetas (de guerra, mais tarde da *torah*) e instrutores da *torah* buscou *impor* ao povo, frequentemente ante resistência. Pois por toda parte as demandas genuínas das massas envolvem assistência emergencial por meio de magia ou salvadores, e assim foi também em Israel. E, do mesmo modo, dos círculos da "gente pobre" enquanto tal não vieram nem os ideais, nem porventura os idealistas da devoção iahwista. Antes do exílio, o israelita bem situado economicamente e ao mesmo tempo devoto é o herói não apenas de toda a tradição dos reis autêntica, mas também dos antigos fragmentos do que foi legado do tempo dos juízes. E, também para a piedosa lenda, os patriarcas eram pessoas bastante ricas. Afinal, conforme as antigas promessas, riqueza haveria de ser, aqui como em toda parte, a recompensa da devoção. O mais provável é que os próprios detentores do saber sobre Iahweh, instruídos nas letras, pertencessem na maioria a clãs nobres. Mas não apenas a aurora do tempo dos profetas (Amós) já mostra que isso estava longe de ser sempre o caso. Senão, acima de tudo: os círculos cuja *devoção* os literatos esperavam poder *cultivar*, que de fato cultivaram com sucesso – autêntica em termos puritanos, avessa à orgiástica, à idolatria e à magia –, eram, na mais forte medida, camadas plebeias, ao menos no sentido de que as mesmas não participavam na posse do poder *político* e não eram expoentes do Estado servilista e militar dos reis, tampouco da posição social de poder do patriciado. Isso claramente se manifesta na redação da tradição. Em nenhuma parte, fora em resquícios nas histórias dos reis, fala-se de heroísmo nobre. Senão que, quase sem exceção, apoteosado é o camponês ou o pastor serenamente devoto, e o gênero da exposição e da narração é adaptado à sua perspectiva. Não há certamente nenhuma referência ao cortejo demagógico das massas. Como no Egito, a parênese levítica exigia que o juiz não violasse o direito, nem em benefício das grandes multidões nem a favor dos nobres; e pelo infortúnio de Saul é tornada responsável, entre outras coisas, a circunstância de ele ter se assujeitado ao povo simplório. Antes: o saber referente aos mandamentos de Iahweh determina o valor e a autoridade do indivíduo. Mas o "ideal nômade" à espécie dos recabitas e a memória das legiões do exército camponês dominavam os ideais também da camada cultivada. De fato, era a convicção fundamental dos confucianos, assim como a dos iahwistas radicais, que apenas o cumprimento dos mandamentos dos céus asseguraria a fortuna do Estado e do povo. Mas ali era uma camada nobre de literatos prebendados cultivados esteticamente que determinava suas virtudes; aqui, contudo, a apoteose cada vez mais se voltava às virtudes de um plebeu israelita ideal, no campo e na cidade. A parênese levítica contava mais e mais com o círculo de ideias dessa sua camada clientelar. Ao mesmo tempo, porém, o particularmente específico foi que aqui, e somente aqui, camadas plebeias se tornaram expoentes de uma ética religiosa *racional*.

O segundo aspecto, mas também o mais importante, foi que Iahweh permaneceu um deus da *história*, e em particular: da história político-militar. Isso o distingue de todos os deuses asiáticos e tinha sua razão na origem das suas relações com Israel. Para seus veneradores mais fiéis, ele seguiu sendo sempre o deus de guerra confederado da Aliança. Ademais, mesmo que ele fosse o deus das chuvas, e mesmo que a especulação norte-israelita quisesse elevá-lo a rei dos céus, para a devoção propriamente iahwista, em particular também para a profética, ele continuou sendo o deus das sinas políticas. Portanto, ele era não um deus com o qual se pudesse buscar união mística mediante contemplação, senão um senhor sobre-humano e todavia compreensível, personalístico, ao qual se tinha de obedecer. Ele tinha dado seus mandamentos positivos; a estes se haveria de ater. Podia-se averiguar seus propósitos redentores, as razões da sua ira e as condições da sua graça, como junto a um grande rei. Mas para além disso não havia nada. No âmbito desse pressuposto, estava totalmente fora de questão o desenvolvimento de uma especulação, à maneira indiana, sobre o *"sentido"* do mundo. Também entre os egípcios e babilônios – por razões distintas entre si –, ela não ultrapassava certos limites, estes bastante estreitos. Na Antiguidade israelita, simplesmente não havia, para ela, terreno nenhum.

Mitologemas e escatologias

Enquanto a racionalização da cosmovisão se manteve assim firmemente atada a essa direção específica, e justamente por isso foi realizável, a particularidade de Iahweh impôs, pelo outro lado, limites estritos também à sua *mitologização*. A figura de Iahweh, como a de qualquer deus, estava repleta de mitologemas. Sem sombra de dúvida, as imagens mais grandiosas dos profetas e salmistas referentes ao gênero do seu agir e das suas epifanias têm origem em um patrimônio mitológico bem antigo e difundido. As representações do dragão primitivo, de monstros e de gigantes – difundidas na Babilônia e sem dúvida também já na Canaã pré-israelítica –, que o deus criador do mundo de agora tem a combater, continuavam vivas, fora da cosmogonia redigida pelos sacerdotes, em figuras como Leviatã, Beemot e Raab, mas dentro dela na designação das caóticas águas primitivas com o mesmo nome que carrega o dragão babilônico (Tehom: Tiamat). Éden, o jardim divino irrigado, assim como o tratamento do homem original como lavrador, os grandes rios do mundo e as montanhas armênias na redação atual da história da criação mostram que todos esses mitos, em origem, não eram provenientes da estepe nem da região montanhosa palestina. O plantador patriarcal do jardim de Deus mal combina com o rudimento de gigantomaquia no sexto capítulo do Gênesis. E, por sua vez, a representação do sopro divino a mover sobre as águas, adotada pela redação sacerdotal tardia, faz parte de uma série de representações de espécie distinta. A cosmogonia iahwista mais antiga não assume que Iahweh criou o mundo "do nada". Mas, apesar disso, aquilo que surge sobre a Terra é produzido apenas por ele. Essa ideia, afortunadamente denominada por Peisker[213] de "monoteísmo ingênuo", não tem nada a ver com a unicidade nem com o universalismo de Deus. Pois, em quase todas as cosmogonias, um deus cria o mundo, e não é pensado nos outros. Característico, porém, é que aqui se contraponha à saga original babilônica, composta em versos, um simples relato em prosa, do mesmo modo como com o passar do tempo as imagens mitológicas dos profetas e dos sacerdotes, com a mais forte razão, são formuladas de maneira cada vez mais abstrata e cada vez menos plástica – a típica consequência da reelaboração de representações míticas pelo racionalismo teológico. O produto final – o relato da criação, majestático sem par, mas totalmente não plástico, no agora primeiro capítulo do Gênesis – é uma típica realização sacerdotal, surgida no tempo do exílio em consciente oposição ao ambiente babilônico. São suprimidos todos os fantasmas da saga original babilônica, sobretudo a cisão do dragão, este mesmo despersonificado na forma de águas originais. E a criação sucede mediante a simples "palavra" de Deus, a qual faz a luz relampejar e as águas se separarem, assim como é sua palavra que a rigor se promulga às gentes desde a boca dos instrutores. Talvez somente à época logrou-se eliminar quase totalmente os resquícios teogônicos e gigantomaquistas dos relatos mais

---

213. "Die Beziehungen der Nichtisraeliten zu Jahwe nach der Anschauung der altisraelitischen Quellenschriften", *Beih. z. Z. f. A.T. Wiss.*, vol. XV, 1907.

antigos mantidos diretamente ao lado dos mesmos. Pois aqui estava o limite decisivo para a formação mitológica do iahwismo. Iahweh decerto tolerou mitologemas isolados, mas a longo prazo não a verdadeira culminação de todos os grandes sistemas de mitos: a teogonia. Dentro de Israel, que o adotou desde fora, o terreno já não era favorável a mitos teogônicos referentes a Iahweh porque este permaneceu um deus venerado sem imagem, celibatário, para o qual não havia nenhum culto – fonte normal de todos os sistemas de mitos – a incitar fantasia artística ou poética oriundo da orgiástica nem da magia demoníaca mímica, e o culto sacrificial em sobriedade, de modo geral, não era o mais importante para a relação com Deus.

Pois – além daqueles traços personalísticos – também sua condição enquanto garante da ordem sociojurídica o colocava em conflito com as mitologias de deuses que circulavam tanto em Canaã como em toda a Ásia Menor. Também nisso ele se distinguia dos grandes deuses universais das religiões das regiões de cultura. O campo de atuação destes, com inclusão do deus solar aquenatônico, era em primeira linha a natureza. Os destinos políticos costumavam ser garantidos pelo deus local da residência; as ordens sociais, por um ou mais deuses funcionais, e apenas de modo secundário pelo grande deus dos céus. Ora, Iahweh foi também um deus da natureza – e isso sem dúvida sobretudo em origem –, mas um deus de determinadas *catástrofes* naturais, as quais a parênese levítica considerava como expressão da sua cólera diante da desobediência. Em Israel, com o crescente significado da *torah*, firmava-se cada vez mais essa vinculação do seu comportamento com a maior ou menor obediência dos indivíduos. Mas com isso todos os mitologemas naturais se encontravam subordinados a uma orientação sobriamente racional do agir divino. Por conseguinte, a introdução de mitos cosmológicos universalistas na concepção de Iahweh, inevitável para a camada cultivada israelita, teve necessariamente amplas consequências para a forma que esses mitos assumiram nesse processo: eles tomaram um viés *ético*. Por outro lado, apenas em grau bastante reduzido é notada uma influência sua – dessa introdução de mitos – na espécie da concepção de Deus e na soteriologia, ao menos em medida menor do que se poderia esperar.

Provavelmente em nada o significado absolutamente secundário dos mitos cosmogônicos e antropogônicos para a religiosidade iahwista se mostra de modo mais claro do que na falta de quase qualquer alusão ao mito do "pecado original" do primeiro par humano, tão fundamental para nossa concepção de hoje. Em toda a literatura veterotestamentária ele não se tornou nenhum evento significativo de algum modo em termos soteriológicos, nem determinante em geral do comportamento de Iahweh com Israel ou com os homens. Encontram-se apenas alusões bem isoladas, e aliás somente paradigmáticas (Os 6,7). Apenas por meio de determinadas especulações do cristianismo antigo que a queda de Adão se tornou fundamental para a doutrina da salvação, especificamente devido a ideias que não desmentem sua origem na gnose orientalista mas se encontravam distantes da religiosidade israelita genuína. Contudo, a queda de Adão e Eva é mito etiológico para a morte, para a arduidade do trabalho e do parir e para a inimizade com a serpente – mais tarde com todos os animais. Mas nisso se esgota seu significado. Quando os rabinos mais tarde veem a veneração do bezerro de ouro como sacrilégio incomparavelmente mais grave do que a desobediência de Adão – porque ali foi quebrada uma *berith*, mas aqui não –, isso está totalmente de acordo com o antigo fundamento, conhecido por nós, da posição de Iahweh com relação a Israel, a qual o mito mantém inabalada. É bem verdade que Oseias também já compreende o sacrilégio de Adão como rompimento de uma *berith*. Mas isso não se tornou uma concepção de muitas consequências para a religiosidade israelita. Inversamente, foi radical a influência que a particularidade de Iahweh exerceu sobre o mito. Onde o mito babilônico de Adapa, o homem original, já contido nas tábuas de Amarna como peça de estudo para os escribas – que aliás o trata como "impuro" desde o princípio e por isso como desqualificado para o céu de Anu –, assume que aquele perde a chance à imortalidade por observância a um falso conselho de um outro deus, a concepção israelita cria daí o mais impressivo paradigma sobre as consequências da desobediência.

Sem sombra de dúvida, essa mudança, que foi adotada definitivamente só depois, na redação final da história da criação, é uma realização da *torah* levítica. Pois em Ezequiel e no Livro de Jó nota-se ainda o traço de uma concepção totalmente distinta, que via no homem original uma figura de plena sabedoria e beleza a viver como um querubim sem mácula no jardim de Deus adornado de pedras preciosas (à maneira babilônica), no maravilhoso monte divino, conhecido também aos salmos, em conformidade com a natureza de Iahweh enquanto deus das montanhas, mas que se envolveu de culpa por sua *hybris* e foi decaído pelo mesmo (Ez 28,13-19; Jó 15,7). Aqui, portanto, o homem original não era de modo nenhum o "puro tolo" do mito iahwista do paraíso. Visto que Ezequiel caracteriza Noé, Jó e Daniel como três pessoas sábias e devotas do tempo antigo (Ez 14,14.20), Daniel até como omnisciente (Ez 28,3), aqui a apoteose da sabedoria sobre-humana dos antepassados, óbvia a toda a tradição sacerdotal, aparentemente estava compreendida no desenvolvimento – o qual então foi retomado mais tarde de maneira totalmente distinta por instrutores pós-exílicos da *chokmah* [sabedoria]. Aos autênticos instrutores da *torah*, ela se manteve estranha. Na saga do dilúvio, mito adotado mais tardiamente segundo suposição dos especialistas, o modelo babilônico veio ao encontro da demanda ética na medida em que ali se encontrava delineado ao menos um motivo também surgido nas lendas dos patriarcas. Os deuses repreendem Enlil – que lançou o dilúvio – por querer exterminar todas as pessoas sem distinção, tivessem elas pecado ou não – apenas o conselho secreto de Ea possibilitara salvação à contraimagem babilônica de Noé. Então, quando da adoção da saga do dilúvio, a alteração característica foi que Iahweh resolve não enviar novamente o dilúvio porque *todo* hábito dos homens está degenerado desde a mocidade; para ele, a existência e o destino das gentes importam por si mesmos. Por sua vez, não é o fato de uma moralidade excepcionalmente "sublime", atribuída aos israelitas, aquilo que permitiria explicar essas alterações características – a ética israelita antiga era rústica e simples –, mas a circunstância de que a cura de almas voltada às camadas plebeias tinha aqui caráter ético e não mágico, em virtude da particularidade historicamente dada de Iahweh e da sua relação com Israel, e que mitos lhe interessavam, por essa razão, apenas na função paradigmática. Para seus propósitos, a cura de almas precisava de demonstrações de poder, exemplos de punição e de recompensação, de milagres divinos racionalmente determinados, não de histórias de heróis e magia.

Concepções de grandes implicações para o desenvolvimento tardio adotadas junto com os mitos cosmogônicos foram a do *paraíso* perdido por falha ética e a do estado de *paz* e inocência nele predominante. A forma externa do paraíso claramente mudou. No exílio, a concepção do "monte de Deus" (Ez 28,11-19; 31,8-9.16; 36,35) aparentemente teve o propósito de libertar Iahweh da localização em Jerusalém e de consolidar sua posição como deus universal. A antiga concepção iahwista foi adotada pelos instrutores da *torah*. Até hoje não foi demonstrada a existência de um mito paradisíaco propriamente dito na Babilônia, embora se encontrem um parque mágico divino com árvores de pedras preciosas e também um canal aberto por deuses. Usener[214] comprovou serem bastante difundidos e aparentemente existentes também na Babilônia (Epopeia de Gilgamesh) mitos referentes a um estado originário de paz com os animais, nos quais, ao que parece, a mulher carregava a culpa pela perda, do mesmo modo como no Gênesis. Por si, o mito de um jardim sereno, irrigado e plantado por Deus, e do homem expulso do mesmo, fadado à arduidade do cultivo do solo e à luta com serpentes, também é mais provável de ter surgido em um território como a Mesopotâmia. Não é possível dizer o quanto antigo ele seria em Canaã. Também sugere a origem em uma terra de cultivo de hortaliças a ideia, ainda hoje corrente, de que os homens, enquanto perdurava paz com os animais, teriam vivido originalmente da alimentação vegetariana. Na Epopeia de Gilgamesh são encontradas certas alusões também referentes a isso. Contudo, nenhuma das religiões a se considerar como aquela a transmiti-lo parece conhecer um estado de inocência ignorante[215], e a influência da especificidade ritualística do iahwismo fica imediatamente evidente sobretudo na particular transformação da

---

214. *Relig.-gesch. Unters.*, Bonn 1899, p. 210ss.

215. Para o mito babilônico do homem original, Adapa não está de modo nenhum em estado de inocência, senão que é um indivíduo impuro, cuja admissão no céu de Anu é grave (v. 57 da tradução em Gunkel, op. cit.). De resto, como já observado, os homens originais são na maioria detentores de elevada sabedoria, conferida pelo deus.

ignorância enquanto desconhecimento sobre a inadmissibilidade da "nudez". O significado central da ideia da *berith* é sugerido pela concepção, peculiar a Israel, de que a relação pacífica dos homens originais com os animais teria se baseado em uma *berith* de Iahweh com os últimos, e que no futuro Iahweh não poderia firmar novamente uma *berith* como essa, nem viria a fazê-lo – uma concepção que surge já nos primeiros profetas (Os 2,20; Is 11,1-9). E aqui precisamente residia a importância da ideia. Uma vez perdido o abençoado estado primal de paz, ele talvez poderia retornar futuramente no caso de comportamento adequado; e não parece dubitável que essa representação *escatológica* com a qual os profetas trabalhavam já fosse difundida antes deles. Esse estado final será como o Éden (Is 51,3); prevalecerá a paz entre os homens, as espadas serão reforjadas em relhas (Is 2,4); e arcos, espadas e guerra ficarão distantes do campo (Os 2,20); pela graça dos céus, a terra produzirá milho, mosto e óleo em abundância (Os 2,24). Trata-se de esperanças de salvação de camponeses não militares, especificamente *pacifistas*.

Essas expectativas de paz não eram a única forma de esperanças escatológicas a remontar ao tempo pré-profético. Antes, havia outras ao lado delas, em correspondência com a variedade da situação de interesses, socialmente determinada. A esperança popular dos *guerreiros* em relação ao futuro tinha aparência distinta. Logo entre os primeiros profetas (Amós) encontramos a expectativa referente a um "Dia (*yom*) de Iahweh", que era um dia de grande redenção para Israel, segundo a concepção até então corrente. Qual era seu sentido original? Por Iahweh ser um deus da guerra, este era um dia de vitória em batalha, como fora outrora o "*yom*" de Midiã (Is 9,3), portanto o dia da vitória de Gedeão. Afinal, como vemos no caso deste último – e com frequência –, os antigos oráculos por sorteamento davam aos heróis de guerra dia e hora exata em que Iahweh entregaria os inimigos "nas mãos de Israel" – daí, provavelmente, a espécie de representação. E os instrumentos do antigo deus das catástrofes eram conhecidos: o "pânico de Deus" mediante terremotos e catástrofes climáticas. Assim, o Dia de Iahweh era um dia de pânico (*yom mehumah*, Is 22,5), mas aos olhos dos guerreiros naturalmente para os inimigos de Israel, não para este povo (Am 5,18-20). Ademais, uma outra concepção, mais pacifista, parece tê-lo considerado um dia de alegre repasto sacrificial (Sf 1,7), ao qual Iahweh convidava os seus.

Essas esperanças em relação ao futuro, a variar se mais pacifistas ou mais guerreiras, agora se uniam às promessas da profecia *régia* de salvação. Gressmann[216], sobretudo, chamou atenção para a existência de um "estilo palaciano" de profecia bastante consolidado nas cortes vizinhas dos grão-reis. Todos os reis são enaltecidos por bardos proféticos da salvação como precursores de um tempo de bênçãos: doentes ficarão sadios, os famintos serão saciados, os desprovidos de vestimentas ganharão roupas, os prisioneiros serão anistiados (como no caso de Assurbanípal), os indigentes terão adquirido seu direito (tão frequente em inscrições reais babilônicas; em Israel: Sl 72). O rei mesmo é escolhido por Deus (como Davi por Iahweh, 2Sm 6,21; na Babilônia: Merodac), por ele tornado seu sacerdote (como em Sl 110), adotado ou até gerado (como o rei de Israel, em Sl 2,7). O fato de sê-lo – portanto seu carisma – o rei há de demonstrar mediante a salvação a suceder ao povo (como na China e por toda parte, no caso de concepção genuinamente carismática). A fim de comprovar àquele sua linhagem divina, é dito ao rei – ao sumério Gudea e, já em tempos remotos da Mesopotâmia, a Sargão, fundador da autoridade babilônica, depois a Assurnasirpal, em época tardia da Assíria –: Que seu pai ou mesmo sua mãe seriam desconhecidos, que ele teria sido gerado no ermo ou nas montanhas, portanto por um deus. Em especial – mas não apenas – usurpadores recorrem a esse meio de legitimação. Também essa ideia parece ter sido conhecida em Israel, pois Isaías faz uso da mesma quando contrapõe ao rei ímpio Acaz o rei salvador Emanuel, à iminência de surgir – a rigor talvez já nascido então –, o qual carrega todos esses traços. A depender se a camada é mais militar ou pacifista, o rei salvador é um monarca que chega em cavalos e carros (Jr 17,25; 22,4) ou então um príncipe montador de asno à maneira do herói carismático israelita antigo do tempo da Aliança (Zc 9,9-10) e um príncipe de paz como o isaianita Emanuel. No Reino de Judá,

---

216. No excelente estudo "Der Ursprung der israelitisch-jüdischen Eschatologie" (*Forsch. z. Rel. und Lit. des A. und N. T.*, vol. 6, Göttingen 1905. Para a crítica, cf. Sellin, *Der alttest. Prophetismus*, Leipzig 1912, p. 105ss.).

naturalmente se esperava que esse "ungido" (*hamashiach*, i. é, simplesmente: o rei), que viria a ser um "salvador" (*moshia'*) – como Jeroboão II havia sido considerado em sua época –, fosse da tribo dos davídicos, portanto de Belém. Em Israel, a característica particular dessas esperanças é determinada politicamente. Enquanto a forte posição da monarquia nas grandes regiões de cultura, imemoriavelmente antiga, vinculou ali as esperanças soteriológicas essencialmente ao rei vivo[217] – e só bem excepcionalmente, como sob Bocchoris, são encontradas expectativas de salvação propriamente "messiânicas" –, em Israel era diferente. É bem verdade que, com o fortalecimento da posição do sacerdócio, também no Egito o rei era (como sob a 21ª dinastia) apenas o soberano legitimado e reconhecido por Ámon, não mais deus propriamente vivo, ao menos segundo a concepção oficial do Império Antigo – e na Mesopotâmia sempre foi assim em tempo histórico. Mas em Israel, principalmente no Reino do Norte, com suas constantes revoltas militares e usurpações, a monarquia perdia fortemente importância – enquanto salvadora – perante outras expectativas. Para Oseias não há em absoluto nenhum rei legítimo – o que correspondia à situação de época. E, também em outras localidades, a profecia de salvação oficial régia e o vaticínio referente ao futuro eram confrontados com a esperança de que o próprio Iahweh algum dia assumiria a regência, aniquilaria os deuses estrangeiros (Is 10,13-14) e reformaria o mundo[218], ou então que ele enviaria um taumaturgo sobre-humano para fazê-lo. Este haveria então de eliminar todos os opressores estrangeiros, mas não apenas estes, senão também os malfeitores no próprio território. Em Israel, e somente lá, sob a influência da peculiar relação de Iahweh com seu povo em virtude da *berith*, a esperança se cristalizou nessa esperança, modificada de maneira es-

---

217. Sobre o faraó (Ramsés II) enquanto intercessor para a oferta de chuva, cf. Breastead, *Records*, vol. II, p. 426 (até em relação ao território de Kheta!).

218. A antiga esperança também do cântico do Mar dos Juncos (Ex 15) é esta: que Iahweh *haveria* de ser senhor do mundo algum dia, não que ele – como Schön (op. cit.) o interpreta – já seja agora. É esperado também não um "julgamento" por Iahweh, ao contrário do que supõe Sellin, senão o irromper da sua ira. A ideia de um "juízo final" propriamente dito não foi nunca sequer elaborada de fato, e, onde quer que ela seja sugerida, é Iahweh que – enquanto parceiro da *berith* – tem um processo com os habitantes do território; ele é partido, não juiz (como em Oseias e no Deuteronômio).

pecificamente *ética*. Nas demais localidades não se nota nenhum traço de mudança dessa espécie, e ela tampouco logrou se desenvolver em outros lugares sob o predomínio da magia enquanto meio universal de salvação. Contudo, disso resulta que a chegada do dia de Iahweh lançaria desgraça também sobre os pecadores no próprio povo. Apenas um remanente[219] (*shearith*) sobreviverá à ira de Iahweh – com essa ideia, fundamentalmente importante para todos os profetas, trabalha já Amós, o primeiro deles, como ideia consolidada, e Isaías deu a um de seus filhos o nome de Sear-Iasub (*shear yashub*, "o remanente se converte"). Naturalmente trata-se de um remanente moralmente qualificado, de modo que também aqui as mitologias escatológicas naturais do ambiente foram modificadas nos aspectos *éticos*. De ambas as ideias possíveis sobre a pessoa do herói escatológico, aquela a predominar em geral nos círculos iahwistas era evidentemente a de que o próprio Iahweh iria voltar-se contra seus inimigos; a outra: que um herói escatológico haveria de agir por ordem sua, trilharia o caminho da profecia de salvação real – como comum em Jerusalém, onde os davídicos eram expoentes dessa esperança – ou então daria origem a mitologemas esotéricos. O salvador tornou-se então uma figura sobrenatural. No dito de Balaão, ele se eleva como uma "estrela" (Nm 24,17). Ele é um "pai eterno" (na leitura comum, certamente dúbia, da passagem de Is 9,5). Sua origem está nos "dias imemoráveis" de tempos remotos (Mq 5,1). Essas vagas alusões, que no exílio encontraram complementação no "Servo de Deus" de Dêutero-Isaías, não são elaboradas em mais detalhes em nenhum outro lugar. Nos documentos hoje disponíveis sobre o mundo circunvizinho de Israel não é encontrada nenhuma analogia direta; a influência de ideias iranianas é extremamente questionável, e, no caso de Yima e de outras figuras da antiga religião iraniana que entrem em questão, tampouco se trata de redentores escatológicos. Visto que a passagem determinante (Mq 5,1) apresenta a estirpe dos davídicos como zeladora da esperança de salvação, e que em Israel não era inexistente a ideia do arrebatamento de grandes heróis divinos ao céu de Iahweh (Henoc, Elias), ali decerto se pensava propriamente no regresso de

---

219. Sobre essa concepção, cf. Dittmann, *Theol. St. u. Kr.*, vol. 87 (1914), p. 603ss.

Davi. Nesse contexto, o peculiar da expectativa israelita é a crescente intensidade com a qual tanto o paraíso quanto o rei salvador eram projetados no *futuro*, o primeiro desde o passado, o segundo desde o presente. Isso ocorria não apenas em Israel, mas em nenhum outro lugar essa expectativa chegou ao centro da religiosidade com ímpeto dessa espécie, por sinal a aumentar de forma claramente constante. Possibilitou-o a antiga *berith* de Iahweh com Israel, sua promessa combinada à crítica do tempo presente de miséria; mas apenas o ímpeto da profecia, nessa medida única, fez de Israel um povo da "expectativa" e da "espera" (Gn 49,18).

Finalmente, é encontrada com atesto no credo egípcio, ao menos em alguns princípios, a ideia de que a catástrofe esperada para o futuro haveria de trazer redenção e desfortúnio – por sinal, primeiro redenção, depois desfortúnio. Sem comprovação suficiente (até agora)[220], costuma-se enxergá-la como um rígido esquema de expectativa futura cuja apropriação pelos profetas teria constituído o traço característico da anunciação dos mesmos. De fato, o esquema domina ao menos uma parte considerável da profecia pré-exílica, sem, aliás, caracterizar de todo, puramente por si, de um modo qualquer, sua particularidade específica. Caso esse "esquema" tenha efetivamente existido enquanto tal, seria evidente a proveniência em peculiaridades cúlticas dos deuses ctônicos e de certos deuses sidéricos – noite e inverno somente irrompem por completo antes de as divindades do Sol e da vegetação

---

220. As profecias de desgraça e de salvação egípcias são discutidas por J. Krall em *Festgabe für Büdinger* (na presença de um certo Psenchor sob o Rei Bocchoris, um cordeiro falante profetiza primeiro um desfortúnio a acometer o Egito desde o Nordeste, depois um tempo de prosperidade, e morre em seguida), por Wessely ("Neue griechische Zauberpapyri", em *Denkschr. d. Kön. Ak. d. Wiss. Phil.-hist. Kl.*, vol. 42) e, de forma complementar e conclusiva, por Wilcken (*Hermes*, vol. 40, a assim chamada "profetização do oleiro", desgraça do Leste e a destruição de Alexandria – aparentemente –, talvez segundo um paradigma mais antigo). Ed. Meyer (*Sitz.-Ber. der Ak. d. Wiss.*, vol. 31, 1905) assume, entre outras coisas, com base em um papiro comentado por Lange, que a profetização de um rei salvador também no Egito estaria comprovada. Entretanto, a nova leitura de Gardiner mostra que nesse caso, assim como no papiro Golenischeff, que foi interpretado de modo semelhante, isso não se aplica; antes, em um caso refere-se a um deus, no outro, a um rei vivo. A profetização a Miquerinos mencionada por Heródoto e a profetização de Amenófis mencionada por Mâneton (Ed. Meyer, op. cit., p. 651) não foram legadas em estado suficientemente autêntico. Tudo prova apenas que as profecias de desgraça e de salvação também existiram no Egito, mas não indica até aqui nada de bastante específico em relação à apropriação afirmada de um "esquema" fixo existente no Egito pela profecia israelita. Cf. seção II.

puderem novamente desenvolver sua força. Neste contexto há de se deixar em aberto até que ponto as representações do *sofrimento* de um deus ou herói antes de o mesmo chegar ao poder, difundidas pelo mundo – e, assim, também nas regiões vizinhas –, adentraram, partindo dos mitos cúlticos dos deuses sidéricos e da vegetação, também a concepção israelita popular. A história da juventude de Moisés mostra que Israel conhecia particularmente aqueles mitos da infância, mostra como era costume tomá-los como referência. A profecia pré-exílica trabalhou com essas concepções populares adaptando-as à sua maneira. Pelo que se pode depreender, o sacerdócio e os intelectuais teólogos a princípio as evitavam e valoravam em seu lugar as promessas sóbrias de bem-estar material, de prole forte e honrada e de um grande nome usado como palavra de bênção. Presume-se que eles evitavam a escatologia popular devido à sua ligação com cultos estrangeiros astrais, ctônicos ou dos mortos. Onde quer que surgisse uma promessa referente a uma personalidade futura, tratava-se não de um rei senão de um profeta, como *Moisés* (Dt 18,15.19). A esperança de que o próprio Iahweh novamente assumisse o poder no futuro, como o havia tido outrora antes da instituição da monarquia – segundo a ideia surgida pela primeira vez em tempo profético, própria às lendas de Samuel –, decerto pertence em essência apenas ao tempo do exílio, no qual (em Dêutero-Isaías) o título de salvador é utilizado em referência a Iahweh.

A ética pré-exílica em suas relações com a ética das culturas vizinhas

Examinaremos à parte a maneira como a profecia explorou essas expectativas futuras. Antes, porém, discutiremos de forma apropriada a contribuição da sua concorrente na cunhagem do judaísmo: a *instrução* pré-exílica *da torah*. Pois não foi a profecia que criou o conteúdo *material* da ética judaica, não obstante a importância das suas concepções para a sua valia. Pelo contrário, ela pressupunha como conhecido justamente o *conteúdo* dos mandamentos, e somente a partir dos profetas não se poderia nunca inferir, mesmo que apenas aproximadamente, todas as exigências éticas de Iahweh aos indivíduos. Estas a rigor foram cunhadas desde um âmbito totalmente distinto: pela *torah levítica*. Resultado do seu trabalho foram também aquelas construções que hoje costumamos considerar como criações particularmente significativas da ética israelita: os "*decálogos*" (propriamente, o decálogo "ético"[221] de Ex 20,2-17 e Dt 5,6-21, e ambos os dodecálogos Ex 34,14-26 e Dt 27,18-26). Buscou-se repetidas vezes tornar provável que essas compilações fossem de idade particularmente elevada – possivelmente de origem mosaica –, sobretudo com o argumento de que o "primitivo" haveria de estar no princípio da "evolução". Nesse campo, isso já por si nem sempre se aplica. Nosso decálogo "ético", em particular (Ex 20,2-17; Dt 5,6-21), comprova a (relativa) recentidade da sua valia enquanto norma vinculativa geral já pela proibição das imagens entalhadas, algo que não corresponde ao hábito israelita comum de tempo mais antigo, ademais também pelo fato de haver referência à "casa" do próximo e ao testemunho em tribunal, portanto por pressupor domicílios fixos e procedimentos processuais com audição de testemunhas. Comprova-o ainda o temor perante o uso em vão do nome de Iahweh, a surgir em tempo pré-exílico com força incomparável a qualquer outra época, e por fim a formulação abstrata do décimo mandamento ("não cobiçarás"), mesmo que somente mais tarde o sentido da palavra, ligado a uma ética da convicção, houvesse de substituir o sentido originalmente mais substancial ("manipular de modo doloso"). Além disso, a proibição geral de "matar" também se encontra em contradição com o direito à vingança de sangue. Por outro lado, o decálogo ético não contém em absoluto todas as prescrições fundamentalmente características à Antiguidade israelita em particular – falta qualquer menção à circuncisão e não se faz nenhuma referência a mandamentos alimentares ritualísticos. Por isso, excetuando a forte ênfase do sabá, o decálogo ético poderia até dar a impressão de ser uma fórmula, criada por intelectuais, de uma ética interconfessional; e, a rigor, ele sempre serviu, também ao cristianismo, de modo recorrente, como meio ético de orientação. Isso não é acaso em relação às fórmulas para se lançar maldição menciona-

---

221. Sobre este decálogo, cf. Matthes, *Z. f. A. T. Wiss.*, vol. 24, p. 17.

das anteriormente próprias à cerimônia siquêmica (Dt 27,14-26), as quais se costuma chamar de "decálogo sexual", tampouco em relação à única lista de mandamentos preservada na versão iahwista – às prescrições de Ex 34,14-26 (o assim denominado "decálogo cultual"), caracterizadas no texto como "palavra da Aliança" (*debar haberith*). No primeiro, no contexto das prescrições referentes à proteção social, são mencionados, além de viúvas e órfãos, os *gerim*, característicos a Israel. No último, porém, é imposta de modo bastante veemente, além da prescrição referente à monolatria (proibição da adoração de um outro "*el*") e às imagens de metal fundido, a proibição da participação na oferta sacrificial cananeia e de qualquer "*berith*" com cananeus em geral, de onde seguem então prescrições sobre o descanso sabático e as festividades, sobre as três peregrinações anuais às localidades de culto, sobre a oferta das primícias a Iahweh – tudo registrado em expressões bastante gerais –, e, finalmente, três preceitos alimentares ritualísticos bem especializados e sem dúvida muito antigos, entre os quais um sobre o Pessach. Em sua forma atual, essa composição não pode ser demasiado antiga, visto que nesse decálogo "cultual" aparecem ambos Pessach e festividades da lavoura, e que existiram casos de *berith* com cananeus pelo menos até Salomão; por outro lado, foi o conúbio com os mesmos (não necessariamente proibido nesse decálogo[222], aliás) aquilo que mais cedo suscitou reservas entre os criadores de gado iahwistas, como tornado provável em relação a Isaac pela lenda do pedido de casamento. O mesmo vale em relação ao assim denominado "decálogo sexual", na medida em que ele pressupõe que a produção de imagens entalhadas e de metal fundido, uma abominação para Iahweh, sucederia tão somente "em segredo" – o que não era o caso até o tempo dos reis tardio, mesmo em Judá. Em todo caso, a indubitável recentidade (relativa) do conteúdo atual não excluiria a idade mais elevada das compilações de mandamentos de espécie decalógica em Israel. Mas as diferenças dos decálogos atuais, aos quais são

---

222. Ele é apresentado como *perigoso* apenas em relação à lealdade a Iahweh. Entretanto, a versão parece mostrar que conúbio entre pessoas de *iguais condições* existia apenas onde fora criada uma *berith*, o que encontraria correlato em circunstâncias encontradas em Roma, p. ex., e acordaria também com os pressupostos da história de Dina.

comuns, a todos eles, justamente as determinações sem dúvida mais recentes (proibição de imagens), já tornam problemática a forma original, e a isso se soma a consideração de que ao menos tais construções parenéticas à espécie de catequismo – como o Decálogo, Ex 20 –, a se inferir com base nas analogias indianas, nunca costumam estar no começo de um desenvolvimento, senão são produtos relativamente tardios de propósitos instrucionais. Pois também na literatura pré-exílica, sobretudo na profética, não encontramos nenhum indício *seguro* de que alguma distinção e algum significado específicos fossem atribuídos aos decálogos, nem de que eles tivessem sido pressupostos como amplamente conhecidos em geral[223]. Parece possível que o decálogo

---

223. Ao se comparar a ética do decálogo ético em especial com a ética dos profetas pré-exílicos, nota-se que estes nunca fazem alusão nenhuma à particular dignidade dessa compilação, como seria de se esperar se ela já tivesse sido distinguida à época ante outras normas pelo próprio Moisés, devido ao prestígio da origem. Por sua vez, a princípio não ocorre aos profetas do tempo pré-exílico que fossem econômicos com o nome de Iahweh, de maneira nenhuma. Mas isso podia ser considerado privilégio seu, em sua qualidade de profeta. Só que de resto também encontramos que a listagem de virtudes e pecados feitas pelos profetas não têm no todo muito em comum com a decalógica. Se deixamos de lado as prescrições da parênese sociopolítica específica, que, como veremos mais tarde, são postas pelos profetas em primeiro plano – com particular veemência – e não encontram nenhum espaço no Decálogo, então a luta contra os "outros deuses" e contra as imagens certamente será o domínio mais próprio da profecia. Reminiscências às formulações do "primeiro mandamento" decalógico são encontradas mais claramente em Oseias (Os 12,10; 13,4). De resto, porém, a avareza é censurada em Amós como vício cardeal (Am 9,1), junto com a falsa pesagem e com o regateio por milho (Am 8,5, no sabá), além da impudicícia (Am 2,7, pai e filho a dormir com a mesma meretriz). Os primeiros vícios mencionados estão claramente ligados à ética social profética; o último deles, à oposição à hierodulia. Nenhum dos vícios particularmente destacados por esses profetas tem qualquer relação característica com a ética do Decálogo. Em Oseias são listados como pecados difundidos: o perjúrio, a mentira, o assassínio, o roubo e o adultério (Os 4,2). Estes são pecados do Decálogo. Além do sabá e da piedade filial, falta o décimo mandamento, e, como se sabe, a "mentira" é proibida no Decálogo apenas se perante um tribunal. Apesar disso, porém, à exceção de Jeremias, esse é o catálogo de pecados profético que mais próximo se encontra do catálogo decalógico. Caso Oseias de fato tivesse conhecido o Decálogo – algo que permanece incerto –, talvez fosse uma indicação da sua origem em território norte-israelita: Oseias chamar de conhecimento (*deah*) do "*elohim*" o saber sobre aqueles mandamentos divinos. No entanto, tudo isso segue totalmente incerto. Em Miqueias são mencionados peso e medida falsos e patrimônio injustamente adquiridos (Mq 6,10-12), tudo isso coisas que não têm relação característica com o Decálogo. Nos oráculos genuínos de Isaías e em Sofonias não é especificada nenhuma série de pecados a ser posta em relação com o Decálogo. De vícios propriamente privados, Isaías menciona o embriagar-se (Is 5,11), completamente ausente no Decálogo. Todas as outras passagens expressam essencialmente queixas dirigidas contra as práticas injustas dos nobres. Uma alusão ao décimo mandamento talvez poderia ser encontrada em Mq 2,2, mas a acumulação de terrenos por meio de usura é uma queixa ético-social geral dos profetas contra os ricos. Somente em Jeremias é possível reconhecer a maioria dos pecados do Decálogo: furto e roubo, assassínio, falso perjúrio (Jr 7,9), adultério (Jr 5,8), enganar o amigo (Jr 9,4) e violação do sabá (Jr 17,22). Portanto, depara-se aqui pela primeira vez em substância com todos os pecados decalógicos, fora o uso em vão do nome divi-

"ético" já fosse conhecido em Israel do Norte no tempo de Oseias. Também isso não é certo, em nenhum aspecto. Apenas que, em cada caso, a suposta posição privilegiada dos três decálogos, da qual partem todas aquelas perspectivas, é totalmente infundada. Como se nota claramente, isso vale para o decálogo "cultual" e para o decálogo "sexual". A combinação dos mandamentos sexuais em Lv 18, a compilação de estatutos cultuais, éticos, rituais e caritativos em Lv 19 – a compilação mais abrangente de todas, também a incluir os mandamentos do nosso "decálogo ético" –, por fim também a compilação de Lv 20, a conter prescrições ritualísticas e ético-sexuais, são, como instruem as aparências, simplesmente de mesma espécie que os decálogos "cultuais" e "sexuais", e pelo menos Lv 19 remonta a uma compilação que, em relação a sua existência original, mesmo à revisada, não deve em absoluto ser mais recente do que algum dos decálogos. Contudo, a questão da idade está ligada à outra: *Qual origem*, pois, tiveram supostamente essas compilações?

Pesquisadores excepcionais acreditaram dever concebê-las como antigos elementos de "liturgias" cúlticas. As analogias, porém, decididamente argumentam contra essa origem. Do Egito e da Babilônia temos conservados catálogos de pecados que frequentemente já foram postos em paralelo com as compilações israelitas. Ora, de onde estes provêm? *Não* do culto senão da *"cura de almas"* dos magos e sacerdotes. O perseguido por doença ou desfortúnio, que busca conselho junto ao sacerdote sobre como apaziguar a ira de Deus, é inquirido por aquele sobre os pecados que o mesmo poderia

---

no e o décimo mandamento. Mas não é possível discernir em Jeremias, nem em outro profeta, nenhuma referência à santidade particular especificamente do Decálogo, tampouco às suas formulações tão características, nem mesmo apenas à existência de tal compilação. A não ser que em Mq 6,8 se pretendesse, em turno, relacionar a isso uma ênfase – mantida em âmbito bem geral – do significado da observância dos *mishpatim*, algo que todavia parece inadmissível já em termos formais, visto que os decálogos são *debarim*, não *mishpatim*. Em contrapartida, em Jeremias se nota uma sublimação – nos termos de uma ética da convicção – e uma sistematização da postura moral geral – da qual se falará mais tarde – muito mais amplas em comparação com o Decálogo. E já em Miqueias surgem demandas peculiares a uma ética da convicção absolutamente desconhecidas pelo Decálogo, como o exercício do "amor", além da "humildade" perante Deus (Mq 6,8). Em suma: a profecia não sabe nada a respeito de um decálogo "mosaico", talvez tampouco de um "Decálogo" em primeiro lugar. Tudo isso parece confirmar a hipótese aqui defendida sobre a relativa recentidade e sobre o propósito puramente pedagógico do decálogo ético. Por outro lado, seria ir longe demais situar em tempo pós-exílico não apenas os decálogos sexuais e cultuais (como natural), mas também o ético.

porventura ter cometido. Para isso, os sacerdotes desenvolveram rígidos esquemas, sem dúvida cedo. Em relação à Babilônia, tem-se um desses esquemas em um catálogo de pecados conservado – como se nota de modo bem imediato –, e o mesmo é sem dúvida a origem do catálogo de pecados do Livro dos Mortos egípcio, que revela os pecados pelos quais os 42 juízes do além interrogam os mortos no Hades.

Vimos que a *torah* dos levitas se encontrava exatamente nessa direção. Certamente que, com base em hábito antigo, a legislação sacerdotal prescreve expressamente (Nm 12,6) confissão de pecados e, dado o caso, restituição de bem impropriamente obtido ao lesado, com 20% de pagamento suplementar. As prescrições legadas a respeito do sacrifício expiatório e do sacrifício pelo pecado levíticos também mostram a ocasião nas quais justamente essas "confissões" do ofertador eram realizadas: em uma oferta sacrificial *privada*, não em um ato cúltico. Com a crescente opressão externa e, assim, com a pressão cada vez maior do sentimento geral de pecabilidade, aumentou a importância justamente dessa atividade dos levitas. Possui a forma exata da declaração egípcia sobre a pureza de pecados as declarações de que o israelita (segundo Dt 26,12-15) tem de ofertar o dízimo a levitas, *gerim*, viúvas e órfãos a cada três anos, de que ele teria de se encarregar de fazer essa entrega corretamente, de que não haveria de infringir nenhum dos mandamentos de Iahweh, tampouco, em especial, ofertar sacrifício a um morto nem ter comido nada do ofertado em situação de impureza ou de luto aos mortos. Contudo, basta verter em prescrições positivas um catálogo de pecados destinado à inquirição e se tem uma lista de mandamentos divinos como a representada em particular também pelo Decálogo. Este e todas as compilações semelhantes provêm *disso*; não do culto coletivo, no qual os atingidos pelo desfortúnio, enquanto perseguidos pela ira de Deus, a rigor *não podiam sequer participar*, senão, antes, da práxis confessional dos levitas realizada junto aos "cansados e sob o peso do fardo". A estes enquanto "clientes" o levita tinha, na práxis, de se dedicar permanentemente – *daí* a predileção da *torah* por essa camada oprimida e a ira contra os "soberbos", que não se mostram inclinados a se "pôr humilde" perante Deus, isto é, perante o levita (e nem de remunerá-lo pela reconciliação com Iahweh).

Indiretamente, também a comunidade estava decerto interessada na confissão de pecados. Pela seguinte razão: sua *responsabilização* solidária. O "aparecer ante Iahweh" que o decálogo cultual ordena a todos os israelitas talvez tivesse o propósito de possibilitar uma inquirição por pecados *preventiva* dos que apareciam, para que eles e a comunidade ficassem poupados da ira de Iahweh. Mas no mínimo isso haveria de assegurar a posição de poder sacerdotal. Em nome da comunidade, a cerimônia siquemita imprecava contra aqueles que tivessem um pecado em sua conta (não expiado pelo levita!), para evitar que a comunidade sofresse a ira de Iahweh; é de se presumir que os instrutores levíticos da *torah* tivessem introduzido posteriormente esse propósito e mesmo a condenação de pecados no rito, este voltado em origem provavelmente à simples esconjuração de demônios. Ao mesmo propósito – conservação da pureza da comunidade ante pecados, para dela manter afastada a ira de Deus – serviu afinal, segundo o ideário dos sacerdotes levíticos, também a tarefa da instrução do povo sobre a *torah*, por eles reivindicada como dever e direito. A prescrição deuteronômica de fazer a leitura pública da *torah* a cada sete anos é tão recente como a construção do "ano de libertação", à qual ela está vinculada (Dt 31,11-12); indica-o o fato de que também os *gerim* haveriam de escutá-la. O interesse da *congregação* na confissão e na catalogação de pecados aumentava em especial com os crescentes sinais da ira divina.

As diferenças das compilações, e também o raro fato de "sacrifício pelo pecado" e "sacrifício expiatório [de reparação]" (*chatta'ah* e *asham*), que em essência servem ao mesmo propósito, serem encontrados lado a lado na redação atual, são explicados pela circunstância de haver a rigor não organização uniforme senão coexistência de um grande número de sedes conhecidas dos levitas e, até a vitória de Jerusalém, também várias localidades levíticas de oferta sacrificial (tal sede antiga da sabedoria levítica, visitada para a resolução de questões, é mencionada em 2Sm 20,18).

Em todo caso, porém, os três assim denominados "decálogos" não devem ser considerados como distintos de outras compilações semelhantes. O fato de lhes ter sido atribuído aquela posição privilegiada também entre nós, na abordagem científica, claramente teve seu fundamento – fora na lenda tardia da "Arca da Aliança" como local onde se guardavam duas tábuas de pedra contendo os mandamentos – também na esperança de se lograr, dessa maneira, recorrer a algo que pudesse ser remontado *a Moisés* nos mandamentos *concretos*. Mas essa esperança é a rigor totalmente vã. A adoção de Iahweh como deus da Aliança e a adoção do oráculo levítico são as duas realizações que, com boa razão, permite-se remontar a Moisés. Isso não é pouco: a partir da particularidade do deus da Aliança e dos levitas surgiu mais tarde todo o resto – sob colaboração de determinados encadeamentos históricos. Mas a posição privilegiada do Decálogo, causada por aquela esperança, deve ser refutada. Caso a *berith* mosaica tenha contido mandamentos concretos para além dos deveres puramente *ritualísticos* diretamente resultantes da adoção, então certamente apenas tais que servissem à conservação da paz dentro das legiões do exército – mandamentos sobre a vingança do sangue derramado e *talvez* determinações protetórias "sociopolíticas" para clãs empobrecidos dotados de guarda. Mas no que diz respeito à ética concreta, as fontes mostram que, antes de tudo, em Israel da Antiguidade como em todas as localidades, o *costume* era o critério último da "moral". Não é feita nunca qualquer referência a "mandamentos". *Nebalah* ("infâmia") era aquilo de "inaudito" em Israel. Apenas a *torah* levítica começou a formular e a catalogar mandamentos isolados com propósito da confissão de pecados. Entre eles, contudo, o decálogo "*ético*" (Ex 20) assume uma posição privilegiada, dificilmente alcançada algures por outras compilações semelhantes. Mas isso não porque fosse "mosaico" – ele é o menos mosaico de todos. Senão porque ele provavelmente representa a tentativa de oferecer uma *instrução* sumária da *mocidade* aos jovens – aos quais a rigor era prescrito o ensino sobre a vontade de Deus (Ex 13,8.14 e em outras passagens) –, do mesmo modo como os decálogos indianos serviam ao ensino dos leigos (ademais dos noviços). O decálogo "ético" deve sua posição ao ímpeto, à plasticidade e à precisão da sua formulação, não à sublimação ou à altivez das suas pretensões éticas (que de fato são bem modestas). Ao seu destinatário, porém, ele sem dúvida deve suas particularidades mais importantes, sobretudo sua exclusão de quaisquer vínculos com prescrições por um lado ritualísticas, por outro sociopolíticas. O decálogo "ético" pretende instruir não as forças políticas, tampouco os membros de alguma camada cultivada, senão os filhos da ampla classe média burguesa e camponesa, do "povo". Por essa razão ele contém apenas aquilo que todas as classes etárias devem observar na vida cotidiana, nada mais. Afinal, também no nosso tempo, os "dez mandamentos" servem essencialmente ao propósito da instrução elementar da juventude e sobretudo do *povo*. O culto comunitário, portanto – talvez o culto de templo –, está longe de ter sido a fonte das várias "*debarim*" e compilações da *torah*, entre as quais também dos decálogos; elas tiveram origem na cura de almas levítica e na *instrução*, para a qual logo encontraremos, no exílio na Babilônia, a "casa de ensino"; portanto, no precursor histórico da *sinagoga* tardia, que em origem não tinha nada a ver com "culto".

Assim como os brâmanes ascenderam originalmente a partir da cura de almas ritualística e mágica voltada a particulares, os instrutores levíticos da *torah* se elevaram à sua posição de poder e ao seu significado histórico-cultural não a partir de funções no culto comunitário, senão justamente a partir da cura de almas ritualística e ética voltada sobretudo a indivíduos (inclusive ao príncipe), e a princípio sua participação no culto talvez fosse apenas secundária, mas em todo caso não o mais importante. Respondeu pela forte relevância tanto dos antigos profetas e videntes como dos levitas justamente a falta de uma centralização cultual e de um órgão oficial para um culto próprio na antiga Aliança de Iahweh. Os sacerdotes de culto propriamente ditos tiveram de lidar com essa relevância também no tempo dos reis, pois grandes círculos de leigos – que se encontravam na posse do legado jurídico – ofereceriam forte apoio aos levitas. E por sinal, aqueles a compartilhar com os círculos levítico-iahwistas, por um lado, por outro com os *zekenim* [anciãos], a oposição interna aos caprichos sultanescos reais foram aparentemente em especial alguns clãs nobres cujos membros se encontravam a serviço do rei e tendiam, desse modo, ao contrário dos clãs dos antigos *zekenim*, a uma consideração racional do direito à maneira da parênese levítica. A Profetisa Hulda foi esposa de um desses funcionários.

A mesma proveniência surge de forma bem clara em uma compilação deuteronômica para a qual "*shofetim*" – aparentemente: juízes leigos de espécie distinta à dos *zekenim* – são, junto com os levitas, zeladores da jurisdição, ao passo que a antiga tradição trata os *zekenim* em geral como os representantes propriamente legítimos do povo.

Originalmente, os levitas haviam alcançado sua posição de poder enquanto oraculizadores por sorteamento, depois como expoentes da cura de almas e, desse modo, instrutores racionais da *torah*. Com sua crescente importância e com o respeito cada vez maior dispensado às suas concepções pelos leigos de interesse iahwista, não havia como continuar a sustentar nenhuma separação rigorosa entre "*jus*" e "*fas*". O antigo significado – jamais esquecido – das "*debarim*" de Iahweh, para todas as resoluções importantes, também favoreceu sua influência sobre as concepções jurídicas. Foram as consequências dessa cooperação entre leigos de devoção iahwista e sacerdotes a refletir eticamente: a teologização do direito, por um lado, por outro a racionalização da ética religiosa. O produto mais importante dessa cooperação, surgida sob influência predominante do sacerdócio jerusalemita após o colapso do Reino do Norte, foi, pois, o *Deuteronômio*. Com ele já nos deparamos 1º) enquanto redação dos *mishpatim*, 2º) enquanto compêndio de demandas iahwistas à restrição do poder régio dirigidas contra o Estado servilista salomônico e contra a "*Weltpolitik*", 3º) como compêndio das pretensões monopolistas dos sacerdotes de Jerusalém em relação ao culto. Estas, a propósito, 4º) surgiram ao lado da reivindicação pelo monopólio sobre a *torah*. O israelita deve agir conforme aquilo que é instruído nos locais de culto em Jerusalém determinados por Iahweh (Dt 17,10). Enquanto tais, sacerdotes de culto geralmente não costumam ser expoentes de instruções racionalmente éticas, senão têm orientação puramente ritualística. Assim foi também no tempo do segundo templo. À época, a grande "*beth din* [casa do julgamento] na câmara de pedra lavrada" do Templo de Jerusalém – cuja posição e cujo significado Büchler revela em brilhantes investigações – era a instância central para a resolução de todas as questões ritualísticas referentes à conduta de vida e ao mesmo tempo responsável pela entrega de pareceres sobre questões concernentes a "*fas*" quando requisitada por tribunais seculares. Não foi legado que alguma instância centralizada dessa espécie, formalmente organizada e reconhecida, tivesse existido em Jerusalém em tempo pré-exílico. Mas o sacerdócio metropolita mais instruído do território, mediante aquela determinação, conservou a pretensão de poder interpretar com autoridade a vontade de Iahweh para os tribunais, para os instrutores da *torah* e para indivíduos particulares.

O Deuteronômio pretendia ser um compêndio da instrução levítica, o "*sefer hatorah*" [livro da *torah*] normativo. Mais tarde sua relação com a anunciação dos profetas haverá de nos ocupar. Aqui nos interessa agora seu teor de parênese levítica e de racionalização teológica da ética. Neste contexto pode ser deixada em suspenso a questão, a ser resolvida apenas por orientalistas, se – como crê Puukko, ao contrário de Wellhausen – o compêndio adotado sob Josias teria porventura sido originalmente composto apenas por essas partes parenéticas e pelas determinações referentes à concentração cultual (e provavelmente também ao conhecimento sobre a *torah*) e às circunstâncias vinculadas à mesma, enquanto as demais, portanto não somente as determinações diretamente proféticas – em parte com certeza apenas exílicas ou pós-exílicas –, mas também os *mishpatim* e o direito régio, teriam sido juntadas ali apenas mais tarde. Pois, de todo modo, também nesse caso, tanto o direito régio como também a edição dos *mishpatim* se originaram no mesmo círculo de teólogos ou em algum círculo diretamente afínico, e seguiam a mesma tendência. As partes propriamente parenéticas do Deuteronômio são obra de um indivíduo, aparentemente de um instrutor da *torah*, oriundo do círculo do sacerdócio do Templo de Jerusalém. Mas o gênero da "descoberta" e as pessoas mencionadas nesse contexto permitem concluir: que tudo isso foi um ato bem planejado de um partido já reunido em torno de um ponto de vista correspondente.

"Ouve, ó Israel: Iahweh é nosso Deus, apenas Iahweh" – a sentença inicial da prece matinal judaica hoje – é o ponto principal da parênese. Ele é um deus ciumento (Dt 6,15), mas fiel (Dt 7,19); sob juramento (Dt 7,12), ele formou a Aliança com Israel, que ele escolheu (Dt 7,6), e a mantém por milhares de gerações; ele ama seu povo (Dt 7,13), e, se permitiu que este enfrentasse arduidade e necessidade, assim o fez para pôr à prova a autenticidade da sua convicção (Dt 8,2-3). Pois ele vincula seu amor e sua graça ao cumprimento dos seus mandamentos (Dt 7,12); em caso de inobservância, ele haverá de punir o pecador (Dt 7,10), e por sinal propriamente, sem estender o castigo (a outras gerações). Sobretudo, porém, ele odeia a soberba e a autoconfiança (Dt 8,14), em especial a confiança nas próprias forças (Dt 8,17), que a princípio podem facilmente surgir quando Israel tiver se tornado um povo rico (Dt 8,12-13). E, do mesmo modo, ele detesta a arrogância (Dt 9,4), pois escolheu e preferiu Israel não devido às suas virtudes. Destas, Israel não tem nenhuma; é o povo menos numeroso (Dt 7,7-8) – uma rejeição extremamente veemente de todo orgulho guerreiro heroico nacional. Antes, ele o escolheu devido aos vícios dos outros povos (Dt 9,5-6), pelos quais se compreende sem dúvida sobretudo a orgiástica sexual (Dt 23,18) e outros "costumes locais" de Canaã (Dt 12,30). Deve-se viver não de acordo com os costumes da terra – no entender de que tal conduta se deve aos deuses locais –, senão em conformidade apenas com os mandamentos de Iahweh. Toda magia e qualquer espécie de presságio, todo sacrifício humano (Dt 18,10-11), mas também toda formação de aliança e o conúbio (Dt 7,2-3) com os cananeus são rigorosamente proibidos devido ao risco de apostasia: todos os inimigos são, ao fim e ao cabo, condenados ao *cherem* [anátema]. Qualquer um que incite renúncia a Iahweh, e seja um profeta (Dt 13,6) ou o próprio irmão ou filho, este deve ser levado à morte por apedrejamento, pelas próprias mãos do parente (Dt 13,7-10). No que diz respeito à relação do devoto com Iahweh, ele deve temê-lo, venerá-lo, jurar apenas por seu nome (Dt 6,13), mas sobretudo *amá-lo* (Dt 7,9) e confiar incondicionalmente nas suas promessas; Iahweh tem o poder de cumpri-las mesmo quando Israel enfrenta povos bem mais fortes (Dt 7,17-18), e o milagre do maná no deserto mostrou que o homem vive não apenas de pão, senão de tudo que Iahweh criou (Dt 8,3). O poder de Deus é elevado ao giganteu, monoteístico. Ele, sozinho, é o deus do céu e da Terra, e nenhum outro (Dt 4,39); pertencem-lhe céu e Terra e tudo o mais (Dt 10,14), só ele, e nenhum outro, é Deus (Dt 4,35) – diz-se em complementos surgidos talvez apenas no exílio. Mas ele apenas fará uso desse maravilhoso poder em benefício de Israel se o povo o obedecer e cumprir seus mandamentos. Nesse caso se alcançará toda espécie de prosperidade material – esses elementos das promessas e maldições (Dt 28), fortemente ampliadas mais tarde no exílio, podem ser considerados originais. Iahweh haverá de derrubar os inimigos quando estes chegarem, de ofertar chuva e fazer de Israel credor de outros povos, portanto há de torná-lo um patriciado; em caso de inobservância, ele fará justamente o inverso de tudo.

Foi bastante discutido, e na maioria das vezes de maneira estéril, porque confessional-apologética, se "temor", para o povo de Israel, *ao contrário* do que ocorre em outras religiões, teria sido motivo determinante do agir moral[224]. Mas qualquer observação realista instrui que esse motivo (além do motivo qualitativamente semelhante da esperança de recompensa neste mundo ou no além) desempenhou por *todo* mundo papel predominante junto a religiões de massa – em oposição a religiões de virtuosos. Assim como os instrutores levíticos da *torah* abriram caminho à domesticação das massas mediante o procedimento de expiação de pecados, a igreja ocidental o fez por meio dos ordenamentos de penitência, e não pela pregação do amor. A pregação do amor divino e ao próximo na igreja cristã encontra paralelo em instruções israelitas (antes de tudo: rabínicas) de espécie exatamente igual e levadas igualmente a sério. Certa é apenas uma coisa: o caráter *ritualístico* de uma religiosidade determina – quanto mais forte ele prevaleça, naturalmente – que o receio relativo a infrações puramente *formais*, irrelevantes nos termos de uma ética da convicção para a representação moderna, dê tom à relação religiosa. E certo é, ademais, que o desenvolvimento da ética pré-exílica ocorreu sob a forte pressão do medo, da "psicose de guerra" – como se está quase tentado a dizer –, em vista das terríveis guerras de usurpação dos grandes impérios conquistadores[225]. Isso será tratado mais tarde. Era percepção fundamental do círculo deuteronô-

---

224. Sobre essa questão, em relação ao tempo pré-exílico, cf. agora o estudo de Schultz em *Theol. Stud. u. Krit.*, vol. 63 (1896), bom à sua maneira.

225. Contudo, não é possível verificar em Israel, tampouco no judaísmo, nenhum medo de pecar como o de Afonso de Ligório, p. ex., nem o encontrado entre alguns pietistas.

mico a convicção de que apenas um milagre divino, não a força dos homens, poderia salvar.

As utopísticas regras de guerra do Deuteronômio e seu direito régio estão muito bem afinadas com esses fundamentos principais. Também no Egito é dito, no poema de Pentauro: que Ámon sozinho proporcionou a vitória, e não um milhão de soldados. Mas isso não teve consequências práticas. Também o mando sacerdotal no Egito corresponde às exigências dos sacerdotes de Jerusalém. Mas em Israel esses aspectos devem ter tido *efeito* essencialmente mais penetrante. Todos eles tinham por base o prestígio de Iahweh, que sozinho, sem envolvimento de Israel, pode tornar tudo melhor – e o faz –, bastando que se confie nele. Em Jerusalém, esse prestígio de Iahweh – que lembra a crença em Ámon, embora concretizado de modo bem mais forte – claramente resultou da salvação ante o cerco feito por Senaquerib, ocorrida – de acordo com a promessa de Isaías – sob Ezequias, contra toda probabilidade. Os ameaços de desfortúnio e redenção em parte têm origem nos esquemas imprimidos pelas profecias de salvação e de desgraça. Mas somente em parte – a promessa referente ao empréstimo de dinheiro é, especificamente, jerusalemita-burguesa. À época, a monolatria estrita era uma exigência iahwista já antiga e consistia internamente no correlato do monopólio dos sacerdotes jerusalemitas com relação a tudo de externo. Fechar-se ao exterior, em essência algo já rigorosamente confessional, satisfazia em parte a interesses sacerdotais, em parte à piedade de uma camada de intelectuais citadino-burguesa mas guiada hierocraticamente por instrutores da *torah*. Internamente, fechar-se ao "indivíduo estrangeiro" (*nokri*) equivalia à equiparação dos *gerim* devotos e corretos em termos ritualísticos com os israelitas, produto da desmilitarização dos plebeus; à mesma época, os recabitas, portanto típicos *gerim*, foram apresentados por Jeremias aos israelitas a rigor como detentores de qualidade exemplarmente aprazente a Deus. De caráter "plebeu" é não apenas o completo alheamento perante todas as reais demandas político-militares e perante toda disposição heroica, senão todo o gênero da relação com Deus existente nos termos de uma ética da convicção: humildade, obediência, entrega devota – daí a proibição de "tentar a Deus", isto é, de exigir-lhe milagre como sinal do seu poder (Dt 6,16, é exemplificado com a ocorrência em Massa, cf. Ex 17,2,7) –, sobretudo um "amor" pelo mesmo, sugerido como pietista, que antes se encontra atestado como inclinação fundamental apenas em Oseias, por exemplo (ao menos apenas nele isso é seguramente datável como anterior). Marcam a postura geral: inclinação devota e uma sublimação – nos termos de uma ética da convicção – da entrega interior ao divino, ocasionalmente patética na parênese mas decerto livre de toda paixão radical e obcecada por Deus. Como resulta do que já foi dito aqui, esse compêndio, em seus utopísticos pressupostos fundamentais, por certo encontra-se determinado de maneira bem decisiva pelos grandes profetas, mas não é de modo nenhum obra sua, como veremos facilmente mais tarde quando da consideração daqueles. Pelo contrário, é assumido pelos especialistas que o redator do Deuteronômio conheceu – o que é provável em si – as compilações iahwistas e eloístas, e que em ocasiões utilizou particularmente as últimas.

A conclusão do trabalho deuteronômico se situa em tempo próximo ao da composição (denominada por Wellhausen de "jeovística") da redação iahwista e eloísta das antigas lendas dos patriarcas e das tradições levíticas de Moisés. Nessas redações – mais tarde alteradas por complementações sacerdotais, interpolações e em parte reelaborações – é encontrado um grande número de inserções que lembram diretamente a religiosidade advogada no Deuteronômio, e o "jeovista" em parte complementou, em parte reinseriu as grandes promessas aos antepassados. Ao mesmo tempo, ele tem em comum com o Deuteronômio a desconsideração com a monarquia: junto com as bênçãos antigas atribuídas a Balaão, oriundas de tempo anterior à monarquia servilista salomônica, a salvação é prometida não ao rei, senão ao povo devoto (endereçada a seus lendários progenitores). Ambos os trabalhos tiveram origem provavelmente em círculos devotos de leigos teologicamente interessados junto com levitas, apenas que, no caso do Deuteronômio, a participação direta dos sacerdotes foi bem mais forte, por se tratar aqui de uma obra parenética determinada por interesses sacerdotais, entretanto baseada na *torah* dos levitas.

No aspecto religioso, são próprios à parênese do Deuteronômio a forte ênfase da ideia da compensação e a da fé na providência, a configuração edificante, suave, caritativa, frequentemente miserabilista da relação interna de Deus com os homens – e vice-versa –, e o caráter sempre plebeu de toda devoção humildemente dedicada. Estes são traços também próprios, em marcante medida, à devoção popular egípcia do "Império Novo", e que encontram fontes de referências já no Império Antigo. Já ali, segundo as doutrinas de sabedoria de Ptahotep, Deus ama sobretudo o obediente. As pedras memoriais dos artesãos do tempo dos ramessidas acrescentam: que ele é "incorruptível", que mostra seu poder aos pequenos como aos grandes, mas que Ámon escuta sobretudo o pobre quando este clama por ele; que ele – como Iahweh – vem de longe em auxílio, com o "ar doce" do vento Norte, pelo qual ali se ansiava do mesmo modo como pelo "murmúrio baixo e suave" do vento Oeste na Palestina; que se deveria amá-lo e ter esperança nele, e que ele não faria sua ira durar por todo o dia. O homem não é um degenerado pelo pecado original como na *torah* israelita, mas insensato por natureza; ele não conhece "bem e mal". Prece e votos – os mesmos meios utilizados em Israel – tornam o deus misericordioso, mas sobretudo: atitude justa. Pois a ideia da compensação aparentemente se fortaleceu bastante na devoção própria ao Império Novo, e, como natural, também aqui a enfermidade é a forma usual da punição divina. Nota-se: essa devoção totalmente personalística, em igual essência, é a difundida nas classes plebeias por todo o mundo. Na Índia ela deu origem à religiosidade do salvador. No Egito é o faraó aquele cujas intervenção e mediação trariam, como se esperava, a salvação, mas uma salvação essencialmente política, ou a chuva, os bens redentores que por toda parte a associação política cuida de prover. O bem-estar privado do indivíduo por certo também era tido como dependente do carisma do faraó. Mas entre ele e as massas estava a burocracia. E a religiosidade pessoal dos faraós era a moral típica, puramente material, do tipo "*do ut des*" [dou para que dês] – esta não tinha nenhuma relação com aquela devoção plebeia. E diretamente ao seu lado estava a magia grosseira dos sacerdotes, aos quais os necessitados se voltavam. A rigor, uma instrução ética das massas não apenas se encontrava distante das intenções dos sacerdotes egípcios, orgulhosos da sua esotérica teológica, senão que eles também remetiam seus interesses materiais ao lucrativo negócio da venda de escarabeus e de rolos do Livro dos Mortos. Assim, é bem verdade que existia no Egito uma devoção plebeia de espécie inteiramente igual à encontrada em Israel pré-exílio, e, dadas as contínuas relações diretas, influências de lá até aqui não são de modo nenhum improváveis, ainda que não comprováveis estritamente, como natural. Mas ela nunca foi objeto de uma racionalização sistemática de espécie profética, tampouco sacerdotal. Na Babilônia, as circunstâncias eram bastante semelhantes. No teor, os antigos salmos penitenciais do tempo citadino-burguês da Mesopotâmia, conhecidos da biblioteca de Assurbanípal e de outras fontes, encontram-se extremamente próximos à piedade salmista israelita, em alguns casos até se impõe de imediato a ideia de uma influenciação. A devoção de Nabucodonosor e dos primeiros reis persas se aproximavam igualmente da israelita, e isso era do conhecimento também dos profetas de seu tempo, que chamam aqueles, não sem razão, de "servos" de Deus. Mas mesmo lá falta a racionalização sistemática no sentido de uma ética cotidiana das massas. Fora a instrução racional da *torah*, por certo inexistia não a profecia em geral, mas o gênero especificamente israelita da profecia. O fato de que ela era ausente e existente apenas em Israel tinha seu fundamento em circunstâncias puramente políticas (cf. mais adiante).

Se os instrutores da *torah* se encontravam assim no centro do desenvolvimento da ética religiosa, é escusado lançar um breve olhar a suas exigências *materiais* com o intuito de levantar a questão se o *conteúdo* das suas instruções éticas ainda foi porventura apropriado de outras localidades e sobre como ele se relaciona com a ética política de outras regiões de cultura.

No todo, para a apreciação da particularidade do conteúdo da ética israelita antiga como expressa nos decálogos, mas igualmente – e, como natural, em parte de modo ainda mais claro – nos demais *debarim* éticos, interessam menos os paralelos com os registros babilônicos de pecados[226] –

---

226. Das listas de pecados babilônicas, a editada por Zimmern (*Beitr.*, vol. I), também citada por Sellin (op. cit., p. 225), é a mais afinica à ética decalógica. Desprezar os pais e insultar as irmãs mais velhas, adultério, assassinar, entrar na casa do próximo e tomar a sua vestimenta são os que se encontram mais próximos dos pecados do Decálogo. Deslocamento das fronteiras, detenção ou não libertação dos encarcerados (sem dúvida: reclusionários devedores), fala solta e obscena, mentira e falsidade pertencem a ri-

variados mas em geral não muito sustentáveis em termos puramente éticos, que ao menos nesse aspecto vão pouco além do óbvio comum – do que a comparação com a lista egípcia de pecados do capítulo CXXV do Livro dos Mortos[227]. Ela existiu em forma definitiva já antes do surgimento da aliança israelita, e sem dúvida também reproduzia as exigências dos sacerdotes tal como eram feitas à clientela na ocasião da inquirição de pecados. Ao pormenor, a diferença com relação às exigências do decálogo ético às vezes é considerável, mas por outro lado notam-se fortes reminiscências. À proibição decalógica do "uso em vão" do nome divino corresponde, ali, a asseveração de nunca se haver "adjurado" algum deus, isto é, de jamais ter constrangido um deus mediante magia (B 30). Em comparação ao "não ter nenhum outro deus" (originalmente: "não *ofertar sacrifício* a nenhum outro deus"), a exigência egípcia de não desdenhar Deus no imo (B 34) tem um viés mais forte de princípio, em virtude da tendência mais fortemente panteísta da devoção egípcia. Nos catálogos egípcios, a exigência deuteronômica "*amar* a Deus" não é expressamente representada nessa forma geral. Em contrapartida, Ptahotep já sabe que Deus ama o *obediente* (Papiro Prisse). Ali, essa obediência e o "silêncio" têm orientação fortemente política. A exigência egípcia referente à lealdade dos súditos (B 22, 27 e cap. XVII, I 3, 48, cap. CXL) é totalmente ausente no decálogo ético e também fora do mesmo, reduzida ao mandamento de "não amaldiçoar o príncipe do próprio povo" (Ex 22,27, cf. 2Sm 16,9 e Is

---

gor não ao Decálogo, mas decerto às desvirtudes condenadas na parênese levítica, enquanto a culpa por causar briga entre pais e crianças ou entre irmãos e a injustiça de "dar em miúdo, recusar em grande" não encontram nenhum paralelo direto. Acorda com os decálogos "cultual" e "sexual" de Israel que falhas puramente ritualísticas sejam colocadas ao mesmo nível daquelas. De resto, pelo que se sabe até aqui, não são encontrados paralelos evidentes entre ambas as éticas. Em particular parece que faltou à parênese babilônica (ao contrário da egípcia e da levítica) a ênfase no "amor ao próximo" – presumivelmente uma consequência do desenvolvimento bem mais forte da vida comercial mercantil na metrópole de Babilônia. Do mesmo modo (em oposição ao Egito, por sua vez) falta qualquer sublimação nos termos de uma ética da convicção – o combate à "cobiça" como no décimo mandamento. No Egito, presume-se que a ênfase mais forte da "convicção" foi provocada inicialmente pelo significado específico conferido no tribunal dos mortos ao "coração" enquanto zelador do saber sobre os próprios pecados.

227. Aqui as citações seguem a tradução de Pierret (*Le Livre des Morts*, Paris 1882). Assim, "I" refere-se à introdução, "C" à conclusão, "A" e "B" a ambas as metades do capítulo CXXV, cada uma delas compreendendo 21 declarações.

8,21)²²⁸. A piedade parental decalógica e, do mesmo modo, o dever da obediência aos pais, imposto pelo Deuteronômio sob ameaça de apedrejamento (Dt 21,18-21), seguramente remetem – assim como as várias determinações da literatura jurídica babilônica contra crianças desapiedadas – ao respeito pelos mais velhos, sobretudo pelos pais que já deixaram de trabalhar, dos quais ainda trata o Sirácida. Em correlação a esse mandamento decalógico e deuteronômico referente à piedade filial, dirigido aos pais, e aos graves ameaços punitivos babilônicos contra o filho que se exprime ante o pai ou a mãe de modo desrespeitoso, frequentemente documentados, encontra-se no Livro dos Mortos apenas o enunciado: não haver cometido nenhum malefício contra o pai (B 27). De resto, a ética dos sacerdotes e escribas dos egípcios certamente impôs de forma definitiva a deferência à idade, aos ensinamentos dos pais e à tradição, como aliás também ordenado em Israel: "Levantar-te-ás diante de uma cabeça encanecida" (Lv 19,32). À proibição de matar no Decálogo corresponde no Livro dos Mortos a asseveração de não haver matado e de não ter incitado ao homicídio (I 7, A 18). Em correlação ao "maltrato" dos pobres e dos *gerim* (Ex 23,9), encontra-se no catálogo egípcio a proibição de todo ato de violência (A 14) e do instigamento a causar danos (A 20). Inúmeros epitáfios de monarcas e de funcionários egípcios enaltecem que o morto não teria oprimido os pobres. A proibição decalógica do adultério, a reprovação do incesto também na forma do mero olhar desejoso de um parente e as proibições da onania encontram uma analogia na proibição de toda espécie de impudicícia (adultério, prostituição e onania, A 25. 26, B 15. 16). No Livro dos Mortos, a proibição de roubar e o décimo mandamento do decálogo ético são expressos na proibição do furto (A 17) ou da apropriação qualquer de bem alheio (A 23). A proibição do falso testemunho é superada pela proibição de toda espécie de mentiras (I 7, A 22) e deslealdade (A 30). O desvio de um canal (I 10) encontra seus paralelos na condenação israelita do deslocamento

---

228. Em contrapartida, ao menos a tradição deuteronômica (1Sm 24,10; 26,9; 31,4; 2Sm 1,14) considerava como grave sacrilégio o assassínio do rei, mesmo o do rei já censurado por Iahweh, devido ao significado mágico da *unção* – claramente em consciente oposição aos usurpadores e aos banhos de sangue no Reino do Norte, desaprovados de modo veemente também por Oseias, embora Jeú de fato tivesse realizado a primeira carnificina dessa espécie justamente com a ajuda e sob incitamento do partido de Iahweh.

de fronteiras; a proibição de falsas escalas (I 9) também pertence à parênese levítica. A confissão egípcia de maior relevo – de não ter feito nada de mal ao próximo (I 4) – e a asseveração – de implicações ainda mais amplas – de não ter "causado angústia a ninguém" (A 10) e não ter "levado ninguém às lágrimas" (A 24) nem "aterrorizado" ninguém (B 18) têm seus paralelos, em Israel, na prescrição geral, mais formal, de não causar injustiça ao próximo (Lv 19,13), a qual em sublimação caritativa fica atrás das prescrições egípcias. Em Israel, como se sabe, o mandamento geral do "amor ao próximo" é idêntico à proibição de guardar rancor contra o compatrício, encontrada também no Livro dos Mortos (A 27). Em contrapartida, no catálogo egípcio faltam prescrições positivas como a de cuidar do animal extraviado do próximo (Dt 22,1-4) – apenas em uma passagem é enaltecido que se indique o caminho correto à pessoa que se perdeu –, e ali falta totalmente o mandamento da devolução dos animais desgarrados do "inimigo" (Ex 23,4-5). Antes, a compensação do mal com o bem é criticada, na famosa "conversa do gato com o chacal" egípcia. Naturalmente, por outro lado, faltam tanto no Decálogo como na ética israelita antiga em geral as regras que, tomadas das convenções de decorosidade dos escribas egípcios, em parte cabem ao âmbito do bom gosto, mas em parte também ao de uma ética altamente sublimada. A elas pertencem por exemplo a proibição, própria à ética egípcia dos escribas (Ptahotep), de aviltar por superioridade o opoente na discussão, e as proibições, reproduzidas também no Livro dos Mortos: de se descuidar nas palavras em geral, de exagerar, de se exaltar e de se irritar, de julgar precipitadamente, de se gabar, de não ter ouvidos para a verdade (B 25. 29, A 33. 34, B 18. 23, 21. 19). Algo dessa espécie só surge no judaísmo pós-exílico, quando os próprios expoentes da instrução judaica haviam se tornado "*soferim*" [escribas] e, mais tarde, rabinos instruídos.

No âmbito da ética *econômica* propriamente dita, a moral egípcia se distinguia por uma valorização bem forte do respeito aos deveres profissionais e da pontualidade no trabalho – a consequência totalmente natural da economia em parte socialista-estatal baseada no trabalho organizado leiturgicamente e administrado de modo burocrático. Ainda que de modo bem menos evidente, traços semelhantes são encontrados também na Babilônia, onde por um tempo foi aparentemente comum que se permitisse aos príncipes aprender na prática a realizar obras, também manualmente. Nisso se expressa o significado central das construções régias. No Egito, um forte orgulho profissional de artesãos artífices (em especial de escultores) surge já no tempo do Império Antigo, assim como Iahweh, em Israel, também proveu de seu espírito os artesãos artífices dos paramentos de templo mosaicos. A grande labilidade da prosperidade egípcia, a ascensão muito comum de plebeus na burocracia (especialmente no Império Novo), fez logo cedo com que perdessem importância as ideias de distinção da nobreza regente formada por senhores fundiários, e assim a atividade econômica passou a ser enaltecida já por Ptahotep como único meio de manter a prosperidade. Mas o caráter burocrático da associação política e o rigoroso tradicionalismo da religião impuseram limites restritos ao alcance dessa concepção. O orgulho estamental da classe dos escribas, como expresso no tempo dos ramessidas em uma sátira sarcástica de todas as outras profissões, militares como econômicas, desprezava toda atividade não literata como tacanhez. Se não havia uma nítida distinção entre liberdade pessoal e servidão, a barreira entre literatos e iletrados se fazia sentir com bastante veemência. Somente a educação decidia quem era nobre (*sar*). E a absoluta subordinação hierárquica da burocracia determinava o ideal de vida. "*Ma*", a "lealdade", que ao mesmo tempo era "decorosidade", "legalidade" e "respeito ao dever" – uma contraparte algo modificada de *li*, a virtude de burocratas chinesa –, representava a quintessência de todo primor. Eram deveres do súdito leal: a imitação do chefe, a incondicional assimilação dos seus pontos de vista, a rigorosa observância da ordem hierárquica também na disposição das sepulturas na necrópole – "encurvar-se por toda sua vida" era considerado a sina do homem. Por conseguinte, a concepção de profissão permaneceu rigorosamente tradicionalista. Era proibido empregar o trabalhador fora da sua profissão habitual. Por outro lado, a greve dos trabalhadores na necrópole de Tebas, atestada por documentos, não teve causas sociais, senão demandou apenas a entrega daquilo de *habitualmente* devido, do "pão de cada dia", no sentido do pai-nosso cristão.

No tempo anterior ao Sirácida é encontrada em Israel uma valoração ética da lealdade ao trabalho tão forte como nunca se notou no Egito. De fato, a organização burocrática era inexistente, e o conceito de "*ma*" não tinha aqui nenhum espaço, muito menos na ética religiosa, afinal total avessa ao Estado servilista burocrático, este tido como "casa de servidão egípcia". Não notamos nada referente à consideração da atividade econômica como virtude. Avareza, em contrapartida, é o vício mais próprio. Nisso se mostra: que aqui os inimigos do devoto são os patrícios citadinos. Uma "ascese intramundana" qualquer faltava por completo, lá como aqui. Quando no Egito é advertido em relação às mulheres – porque um breve momento de prazer haveria de ser pago com grave desfortúnio –, trata-se de uma regra da prudência de vida à espécie da ética confuciana, e que no tempo pós-exílico encontra analogias na literatura judaica. Mas de resto, no Egito e na Mesopotâmia, o desfrute da vida temperado por prudência de vida continuou sendo o objetivo último de toda ambição. A mentalidade israelita se distinguia desta sobretudo pelo temor de pecar e pelo sentimento de cumprir penitência, ambos crescentes – mais do que se pode observar em outros lugares, em especial na Babilônia –, fortemente codeterminados pelos fados políticos. O grau de sublimação, nos termos de uma ética da convicção, era semelhante ao notado no Egito e, no todo, ao menos na práxis voltada às massas, essencialmente mais refinado do que na concepção de pecado babilônica, esta recorrentemente tratada na vida prática de modo mágico e, assim, combalida[229].

Apesar de todas as reminiscências em particular, em um importante aspecto a ética israelita se encontrava em oposição tanto à egípcia como à mesopotâmica: na sistematização racional, de implicações relativamente amplas. Pois sem dúvida pode ser vista como um sinal da mesma a simples existência do decálogo ético e de outras construções semelhantes, ao contrário dos registros de pecados no Egito e na Babilônia, estes totalmente

---

229. Sobre a concepção de pecado e seu desenvolvimento na religiosidade babilônica, cf. Schollmeyer, "Sumerisch-babylonische Hymnen und Gebete an Samas" (*Stud. z. G. u. Kr. d. Alt.*, vol. complementar, Paderborn 1912), J. Morgenstern, "The doctrine of sin in the Bab. Rel." (*M. d. V. A. Ges.*, Berlin 1905, p. 3).

assistemáticos. Ademais, de nenhuma dessas duas regiões de cultura foi legado algo equivalente ou mesmo apenas semelhante a uma parênese ético--religiosa sistemática à maneira do Deuteronômio. Até onde se sabe, além de sabedorias de vida instrucionais e do esotérico Livro dos Mortos no Egito, e de compilações de hinos e fórmulas magicamente eficazes na Babilônia que também contêm elementos éticos, não houve nesses territórios nenhuma ética unificada fundamentada em termos religiosos como existente já em Israel pré-exílio. Aqui, ela foi o produto da *torah* ética dos levitas, continuada por um grande número de gerações, e, como ainda será discutido, da profecia. Esta última influenciou menos o conteúdo – o qual, antes, ela aceitou como dado – do que o estabelecimento da uniformidade sistemática, ao relacionar a vida do povo como um todo e de todos os indivíduos à observância dos mandamentos positivos de Iahweh. Ademais, ela eliminou a supremacia do ritualístico, em benefício do ético. Ao mesmo tempo, a *torah* levítica, por seu lado, cunhava o conteúdo dos mandamentos éticos. Mas em conjunto ambas deram à ética seu caráter sistemático, ao mesmo tempo plebeu e racional.

Um elemento característico que a ética israelita antiga compartilha com outras ainda requer um exame mais detido. As prescrições éticas acima discutidas apresentam em parte aquele cunho *caritativo* bem marcado, como próprio em geral à redação hoje disponível da *torah*. A elas pertencem sobretudo as inúmeras determinações em favor dos pobres, dos metecos, das viúvas e dos órfãos – como encontradas já nas compilações mais antigas, mas especialmente no Deuteronômio –, cujo Deus é um juiz incorruptível, que "não faz acepção de pessoas", o qual "faz justiça" àqueles fracos (Dt 10,17-18). Como vimos, as determinações referentes à servidão por dívida próprias ao direito formal foram complementadas pela parênese com determinações de amplas implicações sobre pagamento de salário, perdão de dívida, impedimento de penhora e com determinações gerais de caridade. "Abrir a mão em favor dos pobres" (Dt 15,11), ajudar os miseráveis, os indigentes, os desapossados (Jr 22,16) e os oprimidos (Is 1,17) são provavelmente as formulações mais gerais desses deveres, em cujo âmbito também aparecem incluídas as determinações referentes à respiga e ao pousio, discutidas anteriormente.

As fontes permitem reconhecer o crescente significado desses elementos da parênese junto com a influenciação hierocrática cada vez maior da ética israelita, que originalmente não foi de modo nenhum particularmente sentimental. De onde provém esse traço?

As duas regiões clássicas do desenvolvimento da caridade foram, por um lado, a Índia; por outro, o Egito. Na Índia, os expoentes foram sobretudo o jainismo e o budismo; bem no geral, porém, o sentimento da unidade de tudo que vive – substancialmente fortalecido pela crença no *samsara*. Vimos, pois, que a caridade indiana, como expressa também nos decálogos dos budistas, assumiu bem rapidamente uma índole formal e quase puramente ritualística. No Egito, a caridade foi codeterminada bem fortemente pela estrutura burocrática do Estado e da economia. Os reis dos impérios "Antigo" e "Novo" e os príncipes feudais do "Império Médio" eram senhores de corveia, enquanto tais interessados na conservação da força de trabalho de homens e animais, que eles buscavam proteger da indiferente rudeza dos funcionários régios. Nas fontes egípcias se nota de modo claro o quão fortemente isso contribuiu para o desenvolvimento da proteção aos pobres[230]. Nas inscrições já do Império Antigo, os funcionários, que eram responsáveis perante o rei pela situação econômica e populacional do território, e além disso expostos a queixas por parte dos súditos – feitas a qualquer hora e ao que parece diretamente ao rei –, vangloriam-se de que prestaram auxílio em situação de escassez de alimentos, de que não desapropriaram o campo de ninguém, de que não maltrataram os subalternos de outros funcionários, nunca resolveram um conflito de modo ímprobo, nunca violentaram ou usurparam as filhas de ninguém, não atentaram contra nenhuma propriedade, não afligiram as viúvas, ou de que alimentaram os famintos, vestiram os despidos, ajudaram a atravessar a correnteza aqueles que não possuíam botes e de que encheram de animais os estábulos dos seus subalternos[231]. Por toda parte se vê que se trata aqui da população da cir-

---

230. P. ex., a proibição agora (na 19ª dinastia) de privar da sua existência um pobre forçado a trabalhar para o rei (Breastead, *Records*, vol. III, p. 51).

231. Breastead, *Records*, vol. I, p. 239-240, 281, 328-329, 459, 523 (todas oriundas do Império Antigo, começando pela primeira dinastia).

cunscrição administrativa confiada pelo faraó ao funcionário. Os funcionários também expõem, de modo bem geral, que eles "nunca causaram nada de mal a ninguém", que, antes, teriam feito "o que era do agrado de todos". Entre os poetas e moralistas religiosos egípcios, suspeita e reprovação do aceite de presentes pelos juízes é quase tão comum como entre os profetas israelitas. O medo perante o rei, que afinal – como o Czar na Rússia – encontrava-se bem distante, foi então complementado pelo medo relativo a queixas feitas em uma outra instância: aos deuses. Ninguém – diz um monarca do tempo da quinta dinastia – teria ele lesado de modo que "tivesse se queixado junto ao deus citadino". Temia-se a imprecação pelo pobre, diretamente devido à possível intervenção de Deus, indiretamente por conta do risco ao bom nome junto à posteridade, extremamente importante para a concepção egípcia. Aparentemente era comum na Ásia Menor a crença na eficácia mágica de uma maldição justificada por injustiça verdadeira; esse "meio democrático de poder", portanto, também se encontrava à disposição do mais pobre e daquele na condição mais inferior. Daí os funcionários egípcios não errarem ao enfatizar que o povo os "amava" porque faziam o que era do seu agrado. É bem verdade que alguma responsabilidade dos grandes perante o povo possa ser ainda mais estranha à concepção egípcia do que à israelita. Mas um homem há de ser "como Deus" caso seu empregado lhe dispense confiança. Em contrapartida, aquele que o trata "como um crocodilo" é atingido pela maldição. Daí a nobre ética dos escribas de Ptahotep enfatizar que o exercício da caridade haverá de ser recompensado com o mantenimento da própria condição (originalmente, decerto que do faraó; depois, de Deus). Contudo, as pedras memoriais da gente simples (dos artesãos) dos séculos XIII e XII a.C. também depositam confiança na esperança de que Ámon costumaria escutar a voz dos "pobres desolados" (em oposição ao guerreiro, ao funcionário e ao grande homem "impertinente"). Pois Deus guia e protege todas as suas criaturas, também peixes e pássaros[232].

---

232. Cf. documentos referentes à piedade popular egípcia do tempo dos ramessidas em Erman, *Sitz.-Ber. d. Berl. Ak. d. W. Phil.-hist. Kl.*, vol. 11, p. 1.086ss. Sobre a crença na compensação, a aumentar no Império Novo, cf. Poertner, "Die ägyptischen Totenstelen als Zeugen des sozialen und religiösen Lebens ihrer Zeit" (*Stud. z. G. u. Kr. d. Alt.*, vol. 4, n. 3, Paderborn 1911).

Os reis se comportam exatamente como os funcionários, não apenas os reis egípcios senão todos os pertencentes ao âmbito cultural da Ásia Menor. E isso já desde o período mais remoto acessível em seus monumentos. Além de toda sorte de sacrilégios a atentar contra a propriedade divina e contra a ordem estatal, foi a severa opressão aos economicamente combalidos que, segundo Urukagina, atraiu a ira de Deus a seus predecessores e legitimou sua própria usurpação. Nesse caso de uma monarquia citadina, a referência, como em Israel, é às arduidades da transição à economia monetária: endividamento e escravidão. Como vimos no caso de Abimelec, por toda parte os usurpadores governam com o demos, contra os grandes clãs. No Egito e nas grã-monarquias mesopotâmicas tardias, é a lenda comum sobre o Estado de bem-estar patrimonial-burocrático que cunha o caráter da caridade régia, tornada convencional. Ramsés IV se vangloria de não ter lesado nenhum órfão e nenhum pobre, e de não ter tomado de ninguém sua posse hereditária. Nabucodonosor se expressa de modo similar. Ciro supõe que o fardo desmedido imposto por Nabonadius sobre o povo babilônico teria causado que a ira de Deus se voltasse a esse rei, e Dario, na inscrição de Behistun, coloca-se, exatamente do mesmo modo, ao lado da política régia de bem-estar e de proteção aos fracos. Esta, portanto, foi comum a todos os estados patrimoniais orientais, como da maioria das monarquias dessa espécie em geral. Em direta vizindade a Israel, e aqui provavelmente sob influência egípcia, uma inscrição real fenícia (a inscrição fenícia mais antiga existente até o momento) apresenta exatamente os mesmos traços[233]. Presume-se que daqui essas máximas – decerto que em última instância rígidas convencionalmente em todos os aspectos, mas nem por isso necessariamente ineficazes – terão chegado aos escribas dos reis de Israel.

No Egito, essa ética da caridade, surgida a partir da política de bem-estar patrimonial e da sua projeção à regência celestial do mundo, aparentemente foi desenvolvida de forma bastante consciente com base em princípios desde sempre existentes, primeiro pelos pequenos senhores feudais e prínci-

---

233. Sobre a inscrição de Kalumu, cf. Littmann, *Sitz.-Ber. d. Berl. Ak. Phil.-hist. Kl.* de 16/11/1911 (p. 976ss.).

pes patrimoniais do Império Médio, e depois, mais tarde, em conformidade com o tipo geral da política social hierocrática, sistematizada pelos escribas, sacerdotes e moralistas influenciados pelos últimos. No vértice de todas as asseverações mais pormenorizadamente especializadas que, no capítulo CXXV do Livro dos Mortos, o morto há de fazer no "salão da verdade", encontra-se a declaração: não ter forçado ninguém a realizar trabalho para além da sua medida estabelecida (I 5). É manifesta a origem na administração do Estado servilista. Depois seguem as asseverações: de não ter levado ninguém a passar por horror, pobreza, sofrimento, desfortúnio, fome e luto, de não ter causado que um escravo fosse maltratado por seu senhor (I 6); de não ter reduzido a quantidade de leite destinada ao lactente, de não ter maltratado os animais (I 9) e de não ter feito mal a nenhum doente (B 26). No término de toda a confissão, porém (B 38), encontra-se a asseveração: ter-se ligado a Deus mediante a própria "caridade" (*mer*), "ter dado pão ao faminto, água ao sequioso, roupas ao despido, bote ao que dele carecia". Em combinação com a proibição ética já mencionada – de causar dor ou impor medo a outrem, de fazer mal ao próximo em geral – e com a prescrição surgida na ética egípcia, mas sem dúvida controversa, de mostrar bondade também ao inimigo, esses mandamentos significam – considerados tão somente em termos de conteúdo – uma ampla antecipação da caridade dos evangelhos cristãos.

Presume-se que a caridade israelita antiga, em seu desenvolvimento, tenha sido influenciada mais fortemente desde o Egito no tempo deuteronômico, seja diretamente, seja via fenícios. Entretanto, é uma convicção já da época pré-deuteronômica (Gn 16,5.7; 21,14; 1Sm 24,13) que Iahweh protege os fracos enquanto tais (a mulher contra o homem, a concubina contra a esposa, o filho deserdado). Ela é encontrada tanto no iahwista como no eloísta, e tinha em termos religiosos o mesmo fundamento que a egípcia: o pobre e oprimido "clama a Iahweh" (Dt 24,15), e este, enquanto rei celestial, pode então tomar vingança ao opressor. À época, a ideia de que suportar a opressão seria o comportamento correto porque mais certo a suscitar a vingança de Deus – ideia tornada predominante na ética israelita do exílio – tinha seu fundamento na impotência social das classes oprimidas, mas provavelmente remonta à antiga relevância do nome abençoado entre os descendentes. Pois em conformidade com o efeito da maldição, inversamente proporcional à bênção do pobre, ante o qual se deve comportar conforme os mandamentos de caridade, isso há de ser tido "em conta de justiça" por Iahweh (Dt 24,13). A parênese dos levitas, as fórmulas de imprecação siquemitas por eles influenciadas e os *debarim* aditados ao Livro da Aliança, depois o Deuteronômio e a legislação sacerdotal, deram prosseguimento ao desenvolvimento da caridade de modo cada vez mais sistemático. Nas exigências materiais, a caridade israelita se distingue sobretudo na índole geral, apesar do grande número de similaridades, evidentes e dificilmente casuais. Sua zeladora não foi uma burocracia patrimonial de influência sacerdotal, senão uma comunidade influenciada pelo sacerdócio formada por clãs livres de camponeses e de pastores, ainda que a ética do Estado de bem-estar de reis devotos, a exemplo estrangeiro, tenha-a posto à boca talvez pela primeira vez. Naturalmente, também em Israel ocorrem atos de opressão, realizados, à maneira egípcia, pelos funcionários régios e também pelo próprio rei – algo oficialmente impossível no Egito. Em contrapartida, em sua paradigmática redação, os sacerdotes fazem Iahweh reagir por meio da desgraça anunciada pelos profetas. Em primeira linha, porém, o mal a se combater era a rigor a opressão realizada não por uma burocracia senão por um patriciado citadino, e as circunstâncias eram bem mais simples. Por isso, na ética pré-exílica, a sublimação da caridade nos termos de uma ética da convicção alcança apenas em parte a mesma amplitude tida no Egito, enquanto as prescrições, por outro lado, tomadas uma por uma, acordam mais com o caráter patriarcal de vizinhança e de comunidade domiciliar das relações do que as abstrações dos escribas egípcios. Somente a época da *torah* imediatamente anterior ao e no exílio – época que veio a ser pacifista e citadina – trouxe as abstrações da Lei da Santidade, como a proibição de carregar no coração – em contraste com a aberta manifestação – ódio e desejo de vingança contra o "próximo", isto é (Lv 19,18), contra as crianças do próprio povo (e, de acordo com Lv 19,34, também contra o *ger*), e, vinculada a ela, a sentença principal: "Amarás o teu próximo como a ti mesmo" (Lv 19,18). Essa reprovação do desejo de vingança pode ter aparecido como reação da parênese levítica às promessas de alguns profetas, fortemente instigadoras de sede vingativa (política). No entanto, a prescrição do amor ao próximo referida ao compatrício já mostra, mediante o complemento roborativo ("Pois eu sou o Senhor"), que também aqui se tratava de uma prescrição frequentemente repetida: deixar a vingança, algo competente a Deus (Dt 32,35), nas mãos do mesmo, e que, como se podia esperar, ele haveria então de consumá-la exaustivamente. Esse deixar a vingança nas mãos de Deus, que portanto não tem nenhum significado propriamente ético, é todo ele nascido na esfera de sentimentos das camadas plebeias e, por sinal, politicamente impotentes. A história de Davi e Nabal (1Sm 25,24-33) aparentemente foi composta como paradigma da vingança assim – tão mais satisfatoriamente – concretizada. Para os instrutores da *torah*, reservar a vingança a Deus era o paralelo ético natural da eliminação da vingança de sangue no âmbito jurídico; e, o mandamento positivo do "amor" do próximo, uma transferência dos princípios da antiga fraternidade clânica ao irmão de fé. Somente a interpretação rabínica a transformou na prescrição positiva de não odiar o próximo, nem mesmo de modo puramente não manifesto, e de não persegui-lo com desejos de vingança. Contudo não se alcançou pleno êxito na práxis mesma do próprio sentimento[234].

Na caridade israelita – como ocasionalmente na egípcia –, surge também, além da proteção dos pobres, o amparo dos afligidos por enfermidades e sobretudo dos padecentes. Não se deve praguejar contra eles, tampouco pôr obstáculos no caminho dos cegos ou enganá-los (Lv 19,14). A caridade egípcia também prescrevia indicar o caminho a quem havia se perdido e não fazer mal aos doentes, mas de resto não dedicava atenção maior àqueles molestados. A profecia de salvação dos grão-reis costumava atribuir ao monarca regente a superação do padecimento, de enfermidade e de penúria semelhante. Nisso ele dava provas do seu carisma. O peculiar elóquio a Davi (2Sm 5,6-8)

---

234. Ademais, R. Chanina, que Büchler (*Der galiläische Amhaarez*, p. 14, nota) apresenta como modelo da moralidade judaica – em polêmica contra pesquisadores protestantes –, morreu envolvido em um rolo de Torá porque acreditou que assim estaria mais protegido da *vingança* de Deus contra seus atormentadores.

quando da tomada de Jerusalém está relacionado provavelmente à mesma ideia do poder milagroso do regimento de um soberano carismaticamente qualificado. Porém, na *torah* levítica, o fundamento do amparo aos padecentes reside na circunstância de que estes pertenciam ao grupo dos confessandos mais distintos dos levitas, e que a prática da sua devoção era demasiado frequente para que se mantivesse de modo incondicional a antiga concepção mágica de que o doente seria um detestado pessoalmente por Deus devido a sacrilégio. Ele podia ter de sofrer pelos pecados dos seus antepassados, e, em relação a cegos e surdos, a assunção de que eles estivessem tomados por um misterioso poder divino facilmente gerou a ideia de que os mesmos também possuíssem forças das quais os outros não dispunham, como sugere a ampla estima de que os cegos desfrutavam. Lesá-los, em todo caso, parecia ser capaz de incitar a ira de Deus.

Por fim, no Deuteronômio são encontradas várias determinações voltadas à defesa da fauna, como a referente à proteção da mãe de pássaros (Dt 22,6-7) e a famosa proibição de pôr açaime no boi da debulha (Dt 25,4) – enquanto nas plantações romanas os escravos que trabalhavam no mó eram amordaçados. Acrescentam-se a valoração do sabá como dia de descanso também para o animal e a do ano sabático como oportunidade para os animais se alimentarem do que quisessem. As fontes israelitas não permitem discernir se esses teologúmenos surgiram simplesmente como consequência do mandamento de amar, nem até que ponto eles estariam essencialmente relacionados com a crença, difundida em toda a Ásia Menor, referente à paz paradisíaca entre homem e animal, esperada para ocorrer novamente no futuro, ou porventura também com algum vegetarismo ritualístico antigo surgido na localidade, talvez a partir de cultos da lavoura. O asno falante de Balaão é um animal popular de fábulas como facilmente encontrado também em outros lugares (como o cordeiro profético sob Bocchoris no Egito). No Egito, a proibição dos maus-tratos aos animais provavelmente se baseou originalmente no interesse do rei em sua capacidade laboral. Com Ramsés II tem-se a característica promessa aos cavalos que o haviam salvado da batalha de Cades, segundo a qual, a partir de então, eles haveriam de ser alimentados em sua presença no palácio, assim como a promessa feita a seus empregados relativa ao pagamento correto do que lhes era devido – este um produto da típica relação do cavaleiro ou do senhor de estábulo com seus animais. O culto popular aos animais – sistematizado pelos sacerdotes – e a capacidade de assumir a forma dos mesmos, própria às almas dos mortos, de fato não foram fonte da disposição amistosa com relação aos animais, mas essas concepções naturalmente favoreceram a caridade voltada àqueles. Em Israel, o descanso sabático, tanto para o gado como para os escravos – como indica sua ausência na lenda (2Rs 4,23) –, é produto apenas do tempo dos reis tardio, presumivelmente do período deuteronômico. A princípio, ao menos em seu sentido geral, a postura favorável aos animais possivelmente teve influência egípcia.

Em suma, uma influenciação da ética e da caridade israelitas no tempo pré-exílico tardio pelo exemplo das grandes regiões de cultura é, em diversos detalhes, não apenas possível senão muito provável, em especial desde o Egito, diretamente ou via fenícios. Os traços determinantes dessa espécie de caridade certamente se afiguraram, mesmo sem apropriação, onde quer que um poderio suficiente dos interesses sacerdotais concernentes à sua clientela de padecentes e desafortunados servissem de condição para uma racionalização da assistência aos combalidos enquanto tal. Em todo caso, a *torah* israelita alterou os mandamentos autonomamente também onde se sugere a hipótese de uma influenciação.

Contudo, muito mais importante do que todas as diferenças particulares é o estado de coisas principal já acentuado: a ausência de sucedâneos mágicos para o cumprimento dos mandamentos. Por exemplo, a doutrina sacerdotal egípcia podia elaborar mandamentos éticos ou caritativos de conteúdo qualquer – qual espécie de ênfase ela logrou dar aos mesmos se havia meios mágicos bem simples de tornar os mortos capazes de *esconder* seus pecados perante o juíz do além no momento decisivo? E esse era o caso. O pedido ao próprio coração no Livro dos Mortos para que não testemunhasse contra o morto (cap. XXX, L 1) foi enfatizado mais tarde com o provimento de um escarabeu sagrado, que tornaria o coração capaz de esconder os pecados e de resistir ao poder mágico dos juízes do além. Os deuses eram, portanto, iludidos. Na Babilônia, as circunstâncias não eram crassas assim. Apesar disso, também lá, em tempo neobabilônico, magia de toda espécie era o meio específico e popular para influir sobre as forças ocultas. Naquele tempo, é bem verdade que, com a crescente racionalização da cultura, o sentimento de pecaminosidade aumentou também na Mesopotâmia, em especial entre a população pacifista burguesa. Mas os expressivos salmos penitenciais babilônicos antigos e sumérios foram utilizados mais tarde, depois de os espíritos malignos tomarem o lugar dos grandes deuses enquanto causadores do mal na crença popular, como fórmulas puramente mágicas e não raro sem consideração ao conteúdo significativo. No iahwismo antigo, em contrapartida, essa espécie de magia era inexistente; e o significado dos mandamentos éticos outrora considerados vinculativos, em essência necessariamente mais real, já por essa razão. Em turno, isso tinha seu fundamento, além de no diferente viés assumido pelo problema da teodiceia, na circunstância – com a qual frequentemente já nos deparamos – de que, em Israel enquanto uma associação de compatrícios livres que, com base na *berith*, respondiam em solidariedade pela observância dos mandamentos do deus da Aliança, todos os indivíduos tinham de temer a vingança caso tolerassem em seu meio as violações dos seus mandamentos. Degredo do pecador irreconciliável com Deus, banimento e apedrejamento eram, por isso, os meios com os quais se reagia aqui aos pecados. Para certos pecadores graves, a execução da pena de morte, sem misericórdia, era obrigação porque único meio de expiação da comunidade enquanto tal. Em monarquias burocráticas e em particular quando da existência de magos de ofício, esse motivo era completamente ausente. Ele encontra sua analogia na responsabilidade própria à congregação eucarística cristã antiga e na puritana – em contraste com o catolicismo, o anglicanismo e o luteranismo – de excluir da mesa do Senhor tudo de manifestamente abjeto. Sob a constante pressão desse interesse, a mudança especificamente ética da *torah* dos levitas há de ter adquirido apoio cada vez mais forte. A posição mesma dos levitas, porém, tinha origem na sua relação com sua clientela privada. A instituição da antiga *berith* por Moisés e a adoção da função oracular deram o primeiro impulso a tudo isso. Nesse sentido, portanto, Moisés de fato deve ser considerado, com justiça, iniciador desse importante desenvolvimento ético. Por outro lado, o desenvolvimento da religiosidade israelita até se tornar uma construção capaz de resistir a qualquer força desestabilizadora vinda de fora, como qual atravessou a história, teria sido impossível sem a intervenção daquele fenômeno que o produziu, mais peculiar e momentoso, já sublinhado diversas vezes: a *profecia*. Temos agora de nos voltar a ela.

II
A FORMAÇÃO DO POVO PÁRIA JUDEU

> A profecia pré-exílica – Orientação política da profecia pré-exílica
> Particularidade psicológica e sociológica dos profetas escritores
> Ética e teodiceia dos profetas
> Escatologia e profetas
> O desenvolvimento do isolamento ritualístico e do dualismo entre a moral interna e externa
> O exílio – Ezequiel e Dêutero-Isaías
> Os sacerdotes e a restauração confessional depois do exílio

A profecia pré-exílica – Orientação política da profecia pré-exílica

A partir do século IX a.C., após aquela pausa na política de conquista dos grandes estados que possibilitou o surgimento da Aliança israelita, os grão-reis mesopotâmicos, e mais tarde também o Egito, deram reinício à sua política expansionista. A Síria agora se tornava um dos palcos de eventos bélicos até então inauditos. Em particular, nunca havia sido testemunhada naquelas dimensões uma campanha de guerra tão terrível como a dos reis assírios. Das inscrições cuneanas emanam eflúvios de sangue. No tom de lacônicos protocolos o rei descreve os muros das cidades conquistadas, sobre os quais teria estendido peles humanas, esfoladas. O medo aterrador perante esses imisericordiosos conquistadores se manifesta na literatura israelita conservada do período, sobretudo também nos oráculos da profecia clássica, que foi assumindo seu caráter típico com o crescente entenebrecimento do horizonte político.

Aos olhos do contemporâneo a observar de fora, os *profetas pré-exílicos*[235], de Amós até Jeremias e Ezequiel, eram acima de tudo *demagogos políticos* e, em ocasiões, panfletistas[236]. De fato essa caracterização pode ser muito mal-interpretada. Compreendida corretamente, porém, trata-se de um entendimento imprescindível. Isso significa, antes de tudo: eles *falavam* – somente o exílio conhece profetas que compõem escritos. E, a saber, faziam-no abertamente, ao público. Ademais, isso quer dizer: eles não teriam surgido sem a *Weltpolitik* das grandes potências a ameaçar sua terra natal – de que tratam a maioria dos seus oráculos mais impressivos –, por outro lado tampouco dentro do próprio território das mesmas. E isso tinha sua razão justamente no fato de ser impossível qualquer "demagogia" nos domínios dessas grandes potências. Certo é que o grão-rei assírio, babilônico, persa, como todo soberano da Antiguidade – e como também o israelita –, faz determinar por oráculo suas decisões políticas, ou então estipula pelo mesmo o momento e os pormenores das suas medidas. O rei babilônico, por exemplo, antes de qualquer nomeação de um alto funcionário, inquire o sacerdote oracular a respeito da qualificação daquele. Entretanto: tratava-se de uma questão a se resolver no palácio. Ali, o profeta político não falava nas ruas, tampouco ao povo. Para isso não eram dadas as precondições políticas, nem fazê-lo teria sido autorizado. Há indícios de

---

235. Da literatura mais recente, cf. sobretudo a obra bastante louvável – à exceção de colocações contestáveis isoladas – de G. Hölscher (*Die Propheten*, 1914), que apresenta toda a história precedente com uso de modernos experimentos psicológicos. Cf. os modernos comentários em relação a cada um dos profetas. Sobre os estados mentais extáticos dos últimos, cf., brilhante como sempre, H. Gunkel, "Die geheimen Erfahrungen der Propheten" (preleção, *Suchen der Zeit*, vol. I, 1903), em excerto em *Schriften des A. T.*, vol. 2, n. 2, que traz traduções e agora excelentes comentários individuais por H. Schmidt (Amós e Oseias em vol. II, n. 1) junto com uma análise da particularidade literária, bastante apropriada como introdução. Da literatura restante, cf. Giesebrecht, *Die Berufsbegabung der alttest. Propheten*, Göttingen 1897. Cornill, *Der israelit. Prophetismus* (6a ed., Strassburg 1906). Sellin, *Der alttest. Prophetismus* (Leipzig 1912). Outras referências bibliográficas serão dadas oportunamente. Sobre o "*ethos*" de profetas do Antigo Testamento, Troeltsch faz várias observações corretas em seu estudo (*Logos*, vol. VI, p. 17), onde o caráter utópico da "política" é, com razão, enfatizado com mais veemência do que o normal. Aqui abdicamos de considerar cada uma dessas análises.

236. Como o panfleto de Isaías contra Sobna (Is 22,15-25) com o pós-escrito contra Eliaquim, mencionado elogiosamente na primeira redação. Como também a imprecação por escrito de Jeremias contra Semaías.

que a profecia pública fosse expressamente proibida naqueles locais, o que acorda com as características conjunturais do Estado burocrático. Isso se aplicava em especial ao tempo do exílio judeu, em que graves repressões podem se fazer prováveis com base nas alusões das fontes. Ao menos até agora se desconhece totalmente a existência, na Ásia Menor e no Egito, de qualquer profecia política no sentido do período clássico, diferentemente do que se verifica em Israel e sobretudo na cidade-Estado Jerusalém.

A antiga profecia política do tempo da Aliança voltava-se à totalidade dos confederados, mas era um fenômeno de ocasião. A confederação não conhecera nenhum local comum permanente de consulta oracular como Dodona ou Delfos. O oráculo sacerdotal por sorteamento, única forma considerada clássica da consultação de Deus, era tecnicamente primitivo. Com a dominação régia, a profecia livre de guerra entrou em declínio, e o oráculo da Aliança diminuiu em significado perante os profetas de corte. Ela apenas se desenvolvia com o crescimento de ameaça externa ao território e ao poder régio. Segundo a tradição, Elias confrontara publicamente o rei e seus profetas, mas teve de se tornar fugitivo, assim como Amós ainda sob Jeroboão II. Em governos fortes ou assegurados por apoio a uma grande potência, por exemplo em Judá sob Manassés, a profecia, mesmo depois da aparição de Isaías, silenciou-se, ou, antes: foi silenciada. Com o prestígio dos reis em declínio e com a crescente ameaça ao território, seu significado voltava a aumentar. Ao mesmo tempo, o seu palco de atuação deslocou-se cada vez mais a Jerusalém. Dos primeiros profetas, Amós atuava no local de culto em Betel; Oseias, no Reino do Norte. Para Isaías, contudo, a terra de pastagem e o ermo já são idênticos (Is 5,17; 17,2); ele é, sob todos os aspectos, jerusalemita. O local preferido para sua atuação parece ter sido o pátio público do templo. A Jeremias, finalmente, ordena Iahweh: "Vá às *ruas* de Jerusalém e fale *em público*". Em tempos de penúria é recorrente que um rei – como Sedecias – consulte o profeta às escondidas, atrás de uma palavra de Deus. Mas em regra geral o profeta fazia frente também ao rei e à sua família publicamente, pessoalmente na rua, ou então por palavra falada em público ou – excepcionalmente – ditada a um discípulo[237] e então divulgada. Ocorre de particulares ou mesmo deputações dos anciãos solicitarem e receberam oráculos dos profetas (também de Jeremias: Jr 21,2-10; 37,3; 38,14; 42,1-3). Evidentemente que com mais frequência, porém: ele fala por si próprio, isto é, sob uma inspiração espontânea, ao público no mercado ou também aos anciãos no portão da cidade. Pois embora o profeta interprete o destino também de particulares, trata-se em regra geral apenas do de pessoas politicamente importantes. E ele se ocupa predominantemente bem mais com o destino do Estado e do povo, sempre na forma de invectivas emocionais contra os detentores do poder. O "demagogo" surge aqui pela primeira vez com atesto histórico, aproximadamente no mesmo período em que os cantos homéricos davam cunho à figura de Térsites. Mas na pólis helênica clássica, a assembleia de notáveis – na qual o povo, em regra geral, atua no máximo como ouvinte ou mediante aclamação, como descrito em Ítaca – ocorre em discurso e contradiscurso ordenados, e a palavra é concedida pela entrega do cajado. Por outro lado, o demagogo do tempo de Péricles é um político secular a liderar o demos mediante sua influência pessoal, que fala na eclésia soberana, ordenada de forma estatal. O período homérico conhece a consultação do vidente em meio à assembleia da cavalaria. Mais tarde ela entra em declínio. Figuras como Tirteu e a demagogia poética solônica de guerra referente à conquista de Salamina de fato lembram mais a antiga profecia livre política da confederação israelita. Mas a figura de Tirteu estava ligada ao desenvolvimento do disciplinado exército espartano dos hoplitas, e Sólon, apesar de toda a devoção, era, clara e distintamente, um político puramente secular, a unir o saber sobre a incerteza da sorte dos homens com a fé segura no valor do próprio povo, no fundo de espírito "racionalista" e de temperamento de pregador, de costumes nobres e ao mesmo tempo devotos. A religiosidade e a profecia órficas são bem mais afínicas à piedade e aos profetas israelitas. A *tyrannís* condescendente com a plebe, sobretudo a dos pisistrátidas,

---

237. Essa ocorrência é demonstrada pelo asselar de um oráculo de Isaías por seu discípulo (Is 8,16) e pelo oráculo de maldição contra Babel dado por escrito por Jeremias (Jr 51,59-64).

buscou relação com esses teólogos plebeus, como igualmente o pretendeu, em ocasiões, a política dos persas no tempo das tentativas de subjugação. "Cresmólogos", oraculizadores itinerantes e mistagogos vaticinadores de toda espécie circularam pela Grécia no século VI a.C. e no primeiro período do século V a.C., sendo consultados tanto por particulares como por políticos, em especial por exilados, em troca de remuneração. Em contrapartida, desconhece-se por completo que qualquer demagogia religiosa da espécie dos profetas israelitas tivesse jamais intervindo na política dos estados helênicos. Pitágoras e suas seitas, cuja influência política era bastante considerável, atuavam como diretores espirituais da nobreza citadina no sul da Itália, não como profetas de rua. Os distintos instrutores de sabedoria da espécie de Tales não apenas anunciavam eclipses solares e davam regras de prudência senão interviam todos eles na política das suas cidades, em parte na posição de líderes. Mas lhes faltava a qualidade de extáticos. O mesmo pode-se dizer em relação a Platão e à Academia, cuja ética de Estado – em última instância utópica – exerceu grande influência sobre o desenvolvimento do fado (e da queda) do império siracusano. A profecia política extática, porém, continuou organizada de modo hierocrático nos locais oficiais de consulta oracular, que davam resposta às questões oficiais do corpo de cidadãos em versos insinuativos. A estrita ordem militar das cidades rejeitava a profecia livre-emocional. Em Jerusalém, do contrário, tinha voz uma demagogia puramente religiosa surgida de forma autoritária e a evitar toda negociação ordenada – cujos oráculos fazem reluzir, à espécie de raio, desde sombrio abafamento, lúgubres sinas de futuro. Formalmente, o profeta era tão somente indivíduo particular. Não obstante essa condição, ele não era de modo nenhum, como natural, figura sem importância aos olhos das forças políticas oficiais.

Cidadãos nobres a serviço régio são os que trazem perante o conselho de Estado e o rei todos os oráculos de Jeremias; pois cada um de tais oráculos era uma ocorrência importante do ponto de vista estatal. Não apenas porque eles influenciavam o temperamento das massas, por exemplo. Senão também porque os mesmos podiam influenciar magicamente – como palavra imprecativa, como bom ou mau presságio – o curso dos eventos de forma bem direta. Dependendo da situação, os detentores do poder encaram esses fortes demagogos com medo, ira ou indiferença. Ora buscam colocá-los a seu serviço, ora intervêm contra eles, ora agem como o Rei Jeoiaquim, que, sentado em sua varanda de inverno com ostensível serenidade, joga à lareira, página por página, todo aquele oráculo de desgraças que os funcionários da corte lhe recitam. Em governos fortes, a profecia era proibida, como mostra a queixa de Amós a esse respeito, sob Jeroboão II. Quando esse profeta anuncia a ira de Deus sobre Israel porque se estaria buscando reprimir a profetização, isso era algo equivalente a como quando um demagogo moderno reivindica liberdade de imprensa. De fato, a palavra profética também não estava restrita ao anúncio oral. Em Jeremias ela aparece como carta aberta. Ou então amigos e discípulos do profeta redigem a palavra falada e ela se torna panfleto político. Mais tarde, ou ocasionalmente já no mesmo período (como também em Jeremias), essas páginas são reunidas e revisadas – a mais antiga literatura panfletária política referente a eventos imediatamente atuais que conhecemos.

Mas a esse caráter e a toda a situação correspondem também a forma e o tom dos profetas pré-exílicos. Tudo é calculado com vistas a alcançar um impacto demagógico atual, em regra geral de boca a boca. Em Miqueias, os opositores dos profetas são apresentados como falantes. Eles são combatidos de forma bem pessoal e expostos publicamente, e com bastante frequência ouvimos falar de conflitos violentos. Todo o descomedimento e a vertiginosa passionalidade das lutas partidárias em Atenas ou Florença, por exemplo, são alcançados e às vezes superados por aquilo que encontramos de maldições, ameaças, invectivas pessoais, desespero, cólera e sede de vingança nos discursos iracundos e nos panfletos oraculares, em especial de Jeremias. Em uma carta sua aos levados à Babilônia, é atribuída conduta pessoal infame aos contraprofetas (Jr 29,23). A Ananias, um destes, o vaticínio imprecatório de Jeremias traz a morte. Quando Iahweh, apesar de todos os sacrilégios, deixa não cumpridas suas palavras ameaçadoras dirigidas ao próprio povo, as quais a rigor teria posto à boca do profeta, este último se enfurece e, diante do escárnio dos inimigos, exige de seu deus que ele agora também faça chegar o dia anunciado da "tribulação" (Jr 17,18), que ele o vingue contra aqueles que o perseguem (Jr 15,15) e não exima os seus opositores de culpa (Jr 18,23), isto é: que por seu lado consuma futuramente a vingança de modo tão mais aterrador. Ele não raro parece literalmente se calar ante a representação da hediondez da desgraça por ele anunciada, certamente a acometer o próprio povo. Mas evidentemente, por outro lado, depois de a desgraça atingir Meguido e de a catástrofe anunciada ao longo de uma década cair mais tarde sobre Jerusalém, não há nenhum traço de triunfo sobre a confirmação da previsão, tampouco desespero soturno como antes – e essa é uma diferença em relação aos demagogos partidários em Atenas e Florença. Antes, além de forte luto, tem-se um princípio de expectativa pela graça de Deus e de esperança por tempos melhores. E não obstante toda ira bravia relativa à impenitência dos ouvintes, ele permite ser admoestado pela voz de Iahweh para que não perca, devido a palavras ignóbeis, o direito de ser boca de Iahweh: ele há de pronunciar nobres palavras, então Iahweh tornará os corações dos homens ao mesmo (Jr 15,19). Não reprimida por convenções sacerdotais ou estamentais, e totalmente destemperada de qualquer autodisciplina – seja ascética ou contemplativa –, a ardente passionalidade dos profetas se descarrega, e neles se abrem todas as profundezas do coração humano. E apesar disso, não obstante todas essas características humanas das quais esses titãs da imprecação sagrada não estavam verdadeiramente livres, aquilo que governa de modo soberano, acima de qualquer vociferação bravia, é não a própria pessoa senão o *caso* de Iahweh, do deus passional. À passionalidade do ataque correspondia a reação do acometido. Um grande número de versículos, em especial – novamente – de Jeremias, que ocasionalmente parecem sugerir cúmulos da mania de perseguição, descrevem como os inimigos ora cochicham, ora riem, ora ameaçam e zombam. E isso correspondia aos fatos. Os opositores confrontam os profetas nas vias públicas, dizem-lhes insultos e os agridem no rosto. O Rei Jeoiaquim faz com que Urias, profeta da desgraça, seja extraditado do Egito e executado, e se Jeremias, preso e ameaçado de morte repetidas vezes, conseguiu escapar dessa sina, então essencialmente por medo do seu poder mágico. Sempre, porém, vida e honra dos profetas encontram-se em perigo, e o contraente aspira impacientemente aniquilá-las pela força, por artimanhas e escárnio, contrafeitiço e sobretudo também por contraprofecia. Depois de Jeremias vaguear por oito dias carregando um jugo nos ombros para ilustrar a inevitabilidade da sujeição a Nabucodonosor, Ananias o confronta, toma e destrói o canzil para eliminar o mal presságio, diante de todo o povo. De início, Jeremias foge consternado, mas depois reaparece com um canzil de ferro, demandando de modo sarcástico que o opositor também lhe dê prova do seu poder e anunciando-lhe sua morte iminente. Esses profetas são lançados ao centro de um remoinho de oposições partidárias e conflitos de interesse. A saber, sobretudo em matéria de política externa. Isso não podia ser diferente. Está em jogo a existência ou aniquilação do ente estatal nacional, ante a oposição, por um lado, da potência mundial assíria, por outro a da egípcia. Tinha-se de tomar partido, e ninguém publicamente atuante podia se furtar à questão: de quem? Assim como a Jesus não foi possível evitar a questão se seria justo pagar os juros romanos. Quisessem ou não, os profetas efetivamente atuavam sempre no propósito de uma das *coteries* que lutavam furiosamente entre si no âmbito da política interna e ao mesmo tempo representavam, cada uma delas, uma determinada política externa. Por isso os profetas eram tidos como partidários das mesmas. Depois da segunda queda de Jerusalém, Nabucodonosor, em sua relação com Jeremias, tinha em conta que o profeta atuara no sentido da lealdade a seu rei. Se vemos o clã de Safã apoiar por várias gerações os profetas[238] e o movimento deuteronômico, é bastante provável que um interesse partidário na política externa também tivesse contribuído para isso. Mas seria um grave equívoco acreditar que partidarismo político dos próprios profetas – por exemplo pela Assíria no caso de Isaías ou pela Babilônia no caso de Jeremias – teria sido determinante para o conteúdo dos oráculos, pelos quais eles desaconselhavam a formação de coalizões contra aquelas grandes potências. Sob Senaquerib, o mesmo Isaías[239],

---

238. Em relação a Jeremias, cf. Jr 26,24; 29,3; 36,11; 40,6.

239. Sobre a posição política de Isaías, cf. em especial Küchler, *Die Stellung des Propheten Jesaja zur Politik seiner Zeit* (Tübingen 1906). Observações a esse respeito podem ser encontradas também em Procksch, *Geschichtsbetrachtung und Geschichtsüberlieferung bei den vorexil. Propheten* (Leipzig 1902).

que antes viu em Assur o instrumento de Iahweh, voltou-se resoluto contra o grão-rei e contra a capitulação, em oposição ao desalento do rei e dos grandes. Do mesmo modo como de início quase saudou os assírios enquanto executores de punições bem merecidas, Isaías mais tarde impreca contra esse povo e essa estirpe régia ímpia, petulante, inumanamente cruel, interessada apenas no poder e na aniquilação de outros, e vaticina-lhe a ruína, a qual os profetas depois saudaram em júbilo quando a mesma ocorreu mais tarde. E é bem verdade que Jeremias pregou a subjugação ao poder de Nabucodonosor, até assumir um comportamento que hoje chamaríamos de crime de lesa-pátria – pois seria algo distinto disso quando ele, ao avanço do inimigo (Jr 21,9), prenuncia graça e vida àqueles que desertarem e se renderem, e, aos demais, a destruição? Mas o mesmo Jeremias – que, ainda em seu último oráculo (do Egito), às vezes chama Nabucodonosor de "servo de Deus" (Jr 43,10), que recebe presentes do representante do rei depois da tomada de Jerusalém e é convidado à Babilônia – tinha dado ao marechal enviado do Rei Sedecias, para a viagem até a Babilônia, uma folha com uma maldição profética sobre essa cidade, com a instrução de ali proclamá-la e então jogá-la no Eufrates (Jr 51,59-64), a fim de lançar à ruína a odiada cidade por meio desse encanto. Em tudo isso se mostra que os profetas, embora fossem demagogos e publicistas objetivamente políticos na sua forma de atuação, e isso sobretudo no âmbito da *Weltpolitik*, não eram, subjetivamente, partidários políticos. Em geral eles não estavam orientados primariamente por interesses ligados à política. A profecia nunca afirmou nada a respeito de nenhum "Estado melhor" (à exceção da construção hierocrática de Ezequiel no tempo do exílio), nunca buscou de todo transformar em realidade ideais políticos de orientação ético-social por meio de aconselhamento aos detentores do poder, como tentaram os aisimnetas filosóficos e em particular a Academia. Em si mesmos, o Estado e as suas atividades não lhes interessavam. Seu questionamento não era, em absoluto, o dos helenos – sobre como se tornar um bom cidadão –, senão, como veremos, inteiramente religioso, orientado ao cumprimento dos mandamentos de Iahweh. Isso certamente não exclui que Jeremias, talvez conscientemente, ao menos também avaliasse as reais relações de poder de seu tempo de modo mais correto do que os profetas de salvação. Só que isso não era decisivo para sua postura. Pois a rigor essas reais relações de poder estavam afiguradas assim apenas por vontade de Iahweh. Este podia alterá-las. A advertência de Isaías para resistir às investidas de Senaquerib era um afronte a toda probabilidade de *Realpolitik*, e quando se afirmou seriamente que ele haveria tido conhecimento – através do próprio rei! – das circunstâncias que levaram Senaquerib a recuar, esse racionalismo é de fato equivalente àquelas tentativas de explicar o milagre das Bodas de Caná fazendo referência a licores que Jesus teria trazido às escondidas.

No final permanece totalmente descreditável a existência – perscrutada não sem afinco por alguns pan-babilonistas – de relações dos profetas de Iahweh com partidos voltados à política interna dos impérios – com um "partido de cidadãos" e de "sacerdotes" –, sobretudo dos mesopotâmicos. Naturalmente não há nenhuma dúvida de que as respectivas relações na política externa, também os grupos partidários, quase sempre tinham reações internas de caráter religioso. Os partidários do Egito praticavam cultos egípcios, os da Assíria, os da Babilônia e da Fenícia, os cultos locais, e, no caso de uma aliança política, a veneração dos respectivos deuses era uma corroboração quase indispensável, a qual, presume-se, um grão-rei até exigia como sinal de obediência política, não obstante toda a tolerância em outras ocasiões. E, além disso, suficientes indícios sugerem que Nabucodonosor, por exemplo, depois tanto da primeira como da segunda tomada de Jerusalém – e da expulsão do partido de inclinação egípcia – não estava disposto a utilizar de modo semelhante, como apoio à sua dominação, a influência dos veneradores de Iahweh, como Ciro e Dario mais tarde fizeram. Também a política de Necao após a batalha de Meguido já parece ter pretendido seguir caminhos semelhantes[240], sem conquistar assim os profetas para o lado egípcio. A diligência reportada dos assírios ante as demandas religiosas de Samaria depois da destruição (2Rs 17,27) provavelmente pode ser considerada como primeiro sinal de vigência dessa importante máxima de governar com auxí-

---

240. Argumenta a seu favor que tenha sido dado um nome teóforo (iahwista) ao rei instituído por ele.

lio dos sacerdotes locais, a qual se afastava das concepções assírias antigas. Com essa mudança da política religiosa dos grandes estados, a dominação estrangeira perdeu muito de seu abomínio religioso para os profetas, e é sugerível que isso tenha coinfluenciado o posicionamento sobretudo de Jeremias. Mas em todos eles, como bem manifesto, o significado causativo de tais momentos não é comparável ao alcance que tais ponderações "político-eclesiais" supostamente tiveram para o comportamento do oráculo helênico em referência aos persas, sobretudo o do Apolo délfico. Também aqui, o pressuposto fundamental da postura do oráculo, desde a ascensão como que portentosa de Ciro e Dario, era a convicção de que a ruína seria o destino dos persas. A rigor, contudo, os alicerces mais substanciais desse posicionamento foram a elogiosa devoção do rei e de Mardônio e os copiosos regalos que eles ofertavam, em combinação com a justificada expectativa de que, aqui, no caso de vitória, os persas também realizariam, com a ajuda dos sacerdotes, a domesticação dos grupos desarmados dos cidadãos. Essas ponderações de natureza material não existiam entre os profetas. Jeremias furtou-se do convite para ir à Babilônia, e de fato há uma distância bem grande entre sua correta avaliação da situação de poder até a assunção da existência – como creem alguns pan-babilonistas – de um partidarismo internacional, por um lado dos sacerdotes e cidadãos, por outro da nobreza militar. Algo do tipo é completamente descreditável, e veremos que o posicionamento em relação às coalizões estrangeiras em geral e a aversão bastante obstinada dos profetas à coalizão egípcia em particular se deram por motivos puramente religiosos.

A motivação *primária* do posicionamento dos profetas na política interna, embora eles se colocassem de maneira tão pronunciada, era tão pouco política ou sociopolítica como a de seu posicionamento na política externa. Os profetas não têm a mesma proveniência estamental. Não se afirma em nenhuma passagem se eles eram originários de camadas predominantemente proletárias ou mesmo privilegiadas apenas negativamente[241], nem se de camadas sem instrução. Com mais forte razão, seu posicionamento

---

241. Isso foi afirmado especificamente em relação a Amós (por Winckler, p. ex.). Küchler (op. cit.) argumenta contra, com razão.

ético-social não era determinado por sua linhagem pessoal. Pois ele foi absolutamente uniforme, não obstante origem social bem diferente. Eles defendiam passionalmente, sem exceção, os mandamentos caritativos ético-sociais da parênese levítica em benefício da gente humilde e lançavam suas iracundas imprecações preferencialmente contra os grandes e ricos. Mas Isaías, que entre os profetas mais antigos o fez com mais veemência, era um descendente de clã nobre, tinha estreita amizade com sacerdotes da nobreza, trato direto com o rei como conselheiro e médico, e, em seu tempo, foi sem dúvida uma das personalidades mais respeitadas da cidade. Sofonias era davídico e bisneto de Ezequias; Ezequiel, um sacerdote nobre de Jerusalém. Estes profetas, portanto, eram jerusalemitas abastados. Miqueias vinha de cidade pequena; Jeremias, de uma aldeia. O último descendia de um clã de sacerdotes residente do campo com posse fundiária, talvez da antiga casa dos elidas[242]. Ele comprou terra de parentes depauperados. Somente Amós foi um pequeno criador de gado; ele se referia a si mesmo como um pastor que teria vivido dos frutos dos sicômoros (a comida dos pobres), e vinha de uma pequena cidade de Judá, mas ao mesmo tempo era claramente bastante cultivado – por exemplo, ele conhece o mito babilônico de Tiamat. Mas assim como Isaías, que de fato, não obstante todas as graves imprecações contra os grandes, anuncia a dominação pelo demos inculto e indisciplinado como a mais terrível de todas as maldições, Jeremias também é ríspido com relação aos ministros plebeus de Sedecias, apesar da proveniência em todo caso mais democrática do profeta e de um tom ainda mais veemente contra os sacrilégios da corte e dos grandes. Também ele tem como óbvio que gente humilde não entende nada de deveres religiosos. Dos grandes, em contrapartida, seria possível exigir esse entendimento, e, justamente por isso, aos mesmos se faria jus a execração. Um elemento pessoal talvez poderia ter desempenhado algum papel na oposição particularmente acentuada desse profeta contra os sacerdotes jerusalemitas, caso ele efetivamente descendesse do sacerdote Abiatar, outrora condenado

---

242. A favor dessa suposição, naturalmente indemonstrável, argumenta a maneira como ele menciona Silo repetidas vezes enquanto primeira localidade da pura veneração iahwista e compara a destruição de Jerusalém com a devastação de Silo ocorrida séculos antes, sem dúvida meio esquecida.

por Salomão ao exílio em Anatot, favorecendo Sadoc. Mas isso tem também um papel no máximo agravante em comparação com as razões práticas. Em todo caso, nenhum profeta foi detentor de ideais "democráticos". Aos seus olhos, o povo carecia da liderança, e tudo depende, por isso, das qualidades dos líderes (Is 1,26; Jr 5,5). Nenhum profeta anuncia de todo um "direito natural" religioso qualquer, e menos ainda que as massas afligidas pelos grandes teriam direito ao autoauxílio ou à revolução. Em algo do tipo eles sem dúvida teriam enxergado o cúmulo da falta de Deus. Eles repudiam seus violentos precursores: com as mais graves imprecações, Oseias condenou a revolução de Jeú – uma obra dos recabitas e da escola de Eliseu – e prenunciou a vingança de Iahweh. Nenhum profeta foi anunciador de programas sociopolíticos – com a exceção característica da construção ideal teológica de um Estado utópico em Ezequiel no tempo do exílio. Senão, tudo que eles antes pressupõem do que levantam em termos de demandas positivas ético-sociais encontra correspondência, por seu lado, na parênese levítica, cuja existência e cujo conhecimento são tratados em todos como indiscutíveis. Os profetas, portanto, não são expoentes de ideais sociais democráticos, senão que foi a situação política – a existência de uma forte oposição político-social à monarquia servilista e aos *gibborim* – aquilo a dar ressonância à sua anunciação, essa de determinação primariamente religiosa, e que por sua vez influenciou também o conteúdo do seu mundo de representações. Mas isso ocorreu por intermédio daquelas camadas de *intelectuais* que cultivavam a memória das antigas tradições do tempo pré-salomônico e que lhes eram próximas socialmente.

Particularidade psicológica e sociológica dos profetas escritores

Um importante princípio unia os profetas em termos estamentais: a *gratuidade* dos seus oráculos. Ela os distinguia dos profetas dos reis – por eles execrados como depravadores da terra – e perante toda prática voltada a auferir ganhos à maneira dos antigos videntes ou interpretadores de sonhos, que eles desprezam e condenam. Ao mesmo tempo, a plena independência interna dos profetas era menos consequência do que uma das causas mais importantes daquela práxis. Eles prenunciavam sobretudo desfortúnio, e ninguém podia saber se, quando de uma consultação, o mesmo não receberia – como o Rei Sedecias – um vaticínio de desgraça e, assim, um mau presságio. Por este não se paga, e a algo assim tampouco há de se expor. Por isso os profetas arrojavam seus oráculos à audiência, estes com frequência aterradores, principalmente de forma espontânea e sem serem rogados – raramente por solicitação. Mas, enquanto princípio estamental, aquela práxis da gratuidade corresponde justamente à idêntica práxis das camadas nobres de intelectuais; nos termos de uma sociologia da religião, foram importantes exceções a isso a adoção tardia desse princípio pelas camadas plebeias intelectuais dos rabinos e, a partir daqui, pelos apóstolos cristãos. Os profetas também não encontraram de modo nenhum sua "congregação" – desde que se permita utilizar a expressão (disso trataremos mais tarde) – somente ou predominantemente no demos. Pelo contrário, se tivessem algum apoio pessoal em primeiro lugar, os patronos eram, às vezes por várias gerações, determinadas casas nobres de devotos em Jerusalém. No caso de Jeremias, esse patrono foi o mesmo clã que também havia participado da "descoberta" do Deuteronômio. Eles encontraram o principal apoio entre os *zekenim*, enquanto guardiões das tradições de devoção e, sobretudo, do respeito legado com relação à profecia. Foi assim no caso de Jeremias em seu processo capital; como também no de Ezequiel, consultado pelos anciãos no exílio. Nunca junto aos *camponeses*. É bem verdade que todos os profetas invectivam contra a escravidão por dívida, contra a penhora de vestimentas, acima de tudo contra a violação dos mandamentos caritativos, que favoreciam a gente humilde. Para Jeremias, na sua última esperança de futuro, camponeses e pastores são os zeladores da piedade. Mas, nesse gênero específico, esse é o caso apenas em relação a ele. E, assim como a *squirearchy* rural, os camponeses também não compunham o grupo dos seus partidários; pelo contrário, com o tempo o *'am ha'aretz* [gente do campo] foi se tornando cada vez mais opositor dos profetas – especialmente também de Jeremias, combatido por seu próprio clã –, porque estes, como estritos iahwistas, invectivavam contra a orgiástica campestre dos cultos da lavoura e, com ela, sobretudo contra os locais de culto baalitas mais fortemente infamados, portanto os do campo, aos quais pendia a população rural por razões tanto econômicas como ideais. Eles nunca encontraram apoio junto ao *rei*, pois eram expoentes da tradição iahwista contrária à monarquia, esta última manchada por concessões a cultos estrangeiros que envolviam bebida e glutonaria – concessões necessárias no sentido da *Realpolitik* – e pelas inovações salomônicas do Estado servilista. Salomão não tem a menor relevância em nenhum livro dos profetas. Se um rei chega a ser mencionado, o soberano devoto é sempre Davi. Os reis do Reino do Norte são tidos por Oseias como ilegítimos porque usurpadores, subidos ao trono sem que isso fosse vontade de Iahweh. Amós cita os nazireus e os *nebi'im* [profetas] entre as instituições de Iahweh, mas não o rei. É bem verdade que nenhum profeta contestou a legitimidade dos davídicos. Mas o respeito também perante essa dinastia, no modo como ela era, era apenas condicional. A profecia de Isaías sobre Emanuel foi a rigor a anunciação de um usurpador enviado por Deus. E no entanto, mais para ele, a época de Davi foi o apogeu da história nacional. No final, os ataques ao comportamento dos respectivos reis contemporâneos se tornaram cada vez mais implacáveis. Não são encontradas com frequência tantas explosões violentas de ira e repulsa como no caso de Jeremias contra Jeoiaquim – que haveria de ser sepultado como um asno (Jr 22,19) – e contra a rainha-mãe – aparentemente participante do culto a Astarte –, a qual teria sua anágua tirada pela cabeça, de modo que todos poderiam ver suas vergonhas (Jr 13,18). Mas Isaías já clama suas tribulações sobre o território, cujo rei "é uma criança e guiado por mulheres", e confronta o jovem pessoalmente, com rudeza. De Elias a tradição profética preservou, de modo proposital, justamente seu conflito com Acab. Os reis retaliavam essa aversão. Apenas em tempos de incerteza eles a toleram, mas tão logo se sentiam seguros, recorriam – como Manassés – à perseguição sanguinária. Além da manutenção – por causas políticas – de cultos estrangeiros ou incorretos, suscitava a ira dos profetas contra os reis sobretudo a *Weltpolitik* enquanto tal, profana em seus meios e pressupostos. Em particular: a coalizão com o Egito. Embora profetas iahwistas evadidos como Urias encontrassem refúgio no Egito e a autoridade egípcia certamente ainda fosse de longe a mais leniente e não propagandística em termos religiosos, os profetas se lançaram com mais ímpeto justamente contra essa aliagem. A razão aparece em Isaías: trata-se da "aliança com *sheol*" (Is 28,18) – isto é, com os deuses ctônicos do reino dos mortos, que eles repudiavam[243]. Vê-se: nisso eles se encontram totalmente no terreno da tradição sacerdotal, e sua postura política, também em tais traços particulares, é determinada completamente pela religião, e não pela *Realpolitik*. Como contra o rei, os profetas invectivam também contra os grandes, sobretudo contra os *sarim* [funcionalismo nobre] e *gibborim* [proprietários guerreiros, cavaleiros]. Além da injustiça do seu tribunal, eles condenam acima de tudo sua glutonaria e seu modo de vida ímpio. Mas nota-se claramente que a oposição era independente de tais vícios específicos. O rei e os círculos político-militares simplesmente não logravam encontrar nenhum uso nas advertências dos profetas nem em seus conselhos, estes de orientação puramente utópica. Se os estados helênicos dos séculos VI-V a.C. de fato já consultavam regularmente os oráculos, mas no final – embora estes tivessem ali orientação sempre *política* – *não* os seguissem em tempos justamente de grandes decisões, como por exemplo em respeito à guerra com os persas, isso em regra geral era algo a princípio impossível politicamente para os reis de Judá. E o senso de dignidade da cavalaria, esta igualmente distante da fé profética, aqui como igualmente por toda parte, houve de rejeitar sem detenças sobretudo a falta de dignidade dos conselhos de Jeremias quanto à Babilônia. Para a cavalaria, esses extáticos a gritar pelas ruas eram desprezíveis por si mesmos. Por outro lado, é evidente que a popular oposição alimentada pelas camadas de intelectuais contra o corpo de guerreiros nobres e contra o patriciado do tempo dos reis influenciou enquanto tal a postura dos profetas. O mais nobre de todos os vícios é a avareza, isto é, a usura praticada junto aos pobres. E esses profetas não estão interessados no exército real. Seu reino futuro é um império de paz. Ao mesmo tempo, eles não eram em si nada de pacifistas "pequeno-judeus". Amós prometeu a Judá a dominação sobre Edom e sobre aqueles po-

---

243. É uma conjectura de Duhm que em uma outra passagem até Osíris seja mencionado entre os deuses que Iahweh haverá de aniquilar.

vos, sobre os quais o nome de Iahweh "é proclamado" (Am 9,12). E as antigas esperanças populares de dominação do mundo sempre retornavam. Mas o ponto de vista é cada vez mais o de que as pretensões políticas de Israel serão concretizadas exclusivamente por um milagre divino, como outrora no Mar dos Juncos, não mediante próprio poderio militar, mas menos ainda por coalizões políticas. A ira dos profetas se volta com recorrência às últimas. A razão da oposição, de novo, é religiosa. Não se trata em absoluto apenas do risco representado pelos cultos estrangeiros, senão que Israel se encontra na *berith* com Iahweh, ao qual ninguém deve fazer concorrência, ao menos não a confiança no auxílio humano – ímpia incredulidade é o que encoleriza Iahweh. Se Iahweh determinara a subjugação do povo a Nabucodonosor – como viu Jeremias –, tinha-se de aceitá-la. Coalizões de defesa contra os grão-reis eram sacrilégio enquanto estes fossem executores da vontade divina. Caso não o fossem, e Iahweh, portanto, quisesse auxiliar Israel, ele o faria sozinho. Isso era instruído por Isaías, que, por essa razão, foi provavelmente o primeiro a investivar obstinadamente contra toda coalizão em curso, sem exceção. Vê-se: tudo na postura referente à política externa como interna era motivado de forma puramente religiosa, nunca pela *Realpolitik*. Determinada por aspectos religiosos era também, por fim, a relação com os *sacerdotes*.

Nenhum profeta anterior a Ezequiel menciona os sacerdotes com valoração positiva. Como já dito, Amós conhece apenas nazireus e *nebi'im* como instrumentos de Iahweh, mas não faz referência aos sacerdotes. E a simples existência dessa espécie de profecia livre é já, para o tempo do seu surgimento, um claro sintoma da fraqueza da autoridade sacerdotal. Se a posição dos sacerdotes já tivesse sido a mesma que no Egito, ou mesmo como na Babilônia ou em Jerusalém depois do exílio, a profecia livre, enquanto concorrente mais perigosa, sem dúvida teria sido sufocada por eles. Mas isso não era possível, em virtude da falta original de um local central de culto e de um sacrifício oficial no tempo da Aliança, e diante do prestígio consolidado dos antigos profetas do rei e o dos videntes, depois de Elias e da escola de Eliseu. Poderosos clãs de leigos devotos apoiavam os profetas, e por isso os sacerdotes tinham de tolerá-los, por tão grave que fosse o frequente choque de antagonismos. Certamente esse era o caso, não absolutamente sem exceção. Isaías tinha estreita relação com sacerdotes de Jerusalém; Ezequiel tinha orientação totalmente sacerdotal. Por outro lado, primeiro com Amós em Betel e por fim ainda com Jeremias em Jerusalém, encontramos logo os conflitos pessoais com os sacerdotes de culto mais graves possíveis de se imaginar. O processo do último (Jr 26) parece como que um prelúdio daquilo que ocorreu na mesma localidade 600 anos mais tarde, e o legado referente aos acontecimentos talvez tenha de fato continuado a exercer alguma forma de influência depois. Jeremias foi acusado de crime capital porque havia vaticinado, em relação ao templo, o destino do santuário em Silo, outrora destruído pelos filisteus. Ele foi trazido ante o tribunal dos funcionários e anciãos, e os sacerdotes e os profetas de salvação atuaram como seus acusadores. Mas a diferença de época se mostrou no resultado: por ordem dos anciãos, não obstante a acusação dos sacerdotes, Jeremias foi absolvido com a justificação de haver o precedente de Miqueias, que teria vaticinado algo semelhante quando do reinado de Ezequias[244]. Em todo caso, conclui-se da ocorrência que vaticínios contra o templo mesmo eram raros, e sobretudo que, em última instância, oráculos dessa espécie a rigor também não continham nenhuma dúvida referente à sua legitimidade. É bem verdade que Jeremias mais tarde prontamente consolou a si mesmo e a outros devido à perda da Arca sagrada sob Nabucodonosor. Mas ainda assim aquele vaticínio trata efetivamente a queda do templo como um desfortúnio em si, que apenas sob determinadas condições – para o caso da inocorrência do arrependimento (Jr 26,13) – era prometido como punição por pecados. De fato, nenhum profeta combateu o templo diretamente. Amós, que chega a denominar o sacrifício em Betel e Guilgal de sacrilégio (Am 4,4; 5,5), presumivelmente se refere aqui a princípio apenas às três formas de culto de lavradores mais profundamente detestadas entre todos os representantes da devoção pastoril. O povo não deve ir àqueles lugares, senão "buscar Iahweh", e Amós aponta Sião como morada de Iahweh; Oseias, Judá – como sua única hospedaria imaculada. A confiança

---

244. Em Mq 1,55, na versão atual, isso não procede totalmente.

de Isaías na inconquistabilidade de Jerusalém em seus oráculos tardios era sem dúvida fundada na existência do templo. Afinal, quando jovem, em uma visão do templo, ele tivera vidência da corte celestial. Para Miqueias, não obstante seu oráculo de desgraça, Sião continuaria sendo no futuro o domicílio da pura *torah* e da profecia de Iahweh. Os profetas invectivavam apenas contra a impureza do culto também praticado ali, sobretudo contra a mácula deixada pelos hierodulos. Em Oseias, ainda, quase toda a força do profeta se exaure na luta contra os cultos baalitas, que depois atravessa toda a profecia pré-exílica. Mas em nenhum lugar eles fazem de fato pregação *pelo* culto sacerdotal correto. De início, Jeremias claramente saudou o Deuteronômio (Jr 11,3), portanto a centralização cultual no Templo de Jerusalém, para mais tarde de fato caracterizá-la como produto do "cálamo mentiroso dos escribas" (Jr 8,8), porque seus autores se atêm ao serviço religioso equivocado (Jr 8,5) e reprovam a palavra dos profetas (Jr 8,9). O que isso significa demonstra claramente uma outra passagem (Jr 7,4-15): o templo, em si, é inútil e sofrerá o destino de Silo caso não suceda aquilo que é determinante – a mudança na conduta de vida. Além de injustiça ético-social particular, é enfatizada aqui (Jr 7,8) sobretudo a confiança nas "palavras mentirosas desnecessárias" (dos sacerdotes de Sião). O único determinante era de fato este último: a inobediência justamente dos sacerdotes perante aqueles mandamentos divinos que o profeta anuncia como diretamente inspirados por Iahweh – e, fora isso, sua pecaminosidade pessoal. Assim, de maneira típica, o carismático personalista não reconhece o carisma oficial como qualificação para o ensino se o sacerdote instrutor for indigno nos aspectos pessoais. Naturalmente, para os profetas – estes não participantes do culto –, a instrução das palavras divinas (*debarim*) como ouvidas por eles era o único de importante em termos religiosos, e, portanto, o único a importar também na atividade dos sacerdotes era a instrução (*torah*), não o culto (Jr 8,6; 18,18), mesmo em Jerusalém (Mq 4,2). Do mesmo modo, era-lhes importante para o povo, como natural, apenas a obediência aos *debarim* e à *torah*, e não o sacrifício, tampouco aqueles mandamentos *ritualísticos* que mais tarde, no exílio, assumem significado tão decisivo: o sabá e a circuncisão. Em Amós – um pastor de ovelhas! –, Iahweh já está farto do sabá do povo inobservante[245], e, à circuncisão no prepúcio, Jeremias contrapõe a "circuncisão do prepúcio de coração" (Jr 9,24-25) como única essencial. Não uma rejeição, mas certamente uma forte depreciação de todos os ritos pode ser notada aqui. Os profetas aceitaram, também nesse contexto, as concepções dos intelectuais originárias da *torah*: Iahweh era, ao menos conforme o postulado, um deus da justa *compensação* ética, e a fortuna do indivíduo (neste mundo) – à qual se refere Isaías –, do mesmo modo como a do povo, era tida por ele como "fruto" imediato das suas obras (Is 3,10) – ao menos entre os profetas mais antigos, essa massiva justificação ética pelas obras se contrapunha ao igualmente massivo ritualismo dos sacerdotes. Particularmente em Amós e Jeremias intensificou-se em especial a oposição à avaliação sacerdotal do sacrifício, até atingir a completa depreciação. Ofertar sacrifício não é ordenado por Iahweh; por isso, é inútil (Jr 6,20; 7,22). No deserto não se teria feito oferta sacrificial, já argumenta Amós (Am 5,25). Se o povo for inobservante, caso suas mãos estejam cheias de sangue, então, para Iahweh, seu jejum e todas as suas oferendas são uma abominação, instruía também Isaías (Is 1,11-12). A considerar a relação do último com o sacerdócio e seu apreço ao templo-fortaleza, é de se admitir como certo não haver em tais palavras nenhuma recusa incondicional do culto e da oferta de sacrifício, e por isso o mesmo provavelmente também se aplica aos outros profetas. Apesar disso, a postura com relação à oferenda sacrificial nos oráculos é fria, até de hostilidade. Em virtude da apoteose desse passado sem reis pela tradição dos literatos, em tudo isso de fato parece reverberar fortemente, na profecia, o "ideal nômade". É bem verdade que o próprio pastor Amós, visto que prenunciou abundância de vinho a Judá (Am 9,13), também não foi um recabita, como tampouco Jeremias, único profeta a ter relação pessoal com a ordem e cuja devoção Israel toma como exemplar, mas que em idade avançada ainda comprou um terreno de cultivo. Contudo, comparado com o tempo presente, inobediente a Iahweh, opulento e por isso soberbo, o tempo do deserto continuava sendo,

---

245. Foi em geral assumido com razão que Jr 17,19-27 não seja proveniente de Jeremias.

também para os profetas, a época propriamente devota. No fim dos tempos, devido à devastação, Israel novamente se tornará estepe, e o rei salvador, assim como os sobreviventes, comerá o alimento das estepes: mel e creme.

Frequentemente se caracterizou a postura dos profetas de um modo geral como "hostilidade à cultura". Esta não deve ser compreendida como "falta de cultura" pessoal. Antes, os profetas são concebíveis apenas dentro da grande ambitude de ressonância dos palcos da *Weltpolitik* de seu tempo, e, do mesmo modo, somente na relação com um refinamento cultural amplamente difundido e com uma camada culta poderosa, ainda que, por outro lado, pelas razões políticas discutidas, apenas no contexto de um Estado pequeno, somente em um cantão, por exemplo semelhante ao caso de Zwingli. Todos eles eram versados na escrita e, como aparentemente aplicável no geral, orientados a respeito da particularidade da cultura egípcia e mesopotâmica, em especial também sobre a astronomia – por sinal, a maneira de utilizar os números sagrados, por exemplo o 70 em Jeremias, de fato permite inferir que se trata de um saber mais do que apenas aproximado. Em todo caso, não foi legado nenhum traço que sugerisse quaisquer indícios de fuga do mundo ou de rejeição cultural no sentido indiano. Além da *torah*, os profetas conhecem também a *chokmah* [sabedoria] ou *'etzah* [aconselhamento] (Jr 18,18) dos instrutores da prudência (*chakamin*). Por outro lado, seu nível de cultivo certamente há de ter correspondido mais ao dos órficos e profetas populares em Hellas do que ao dos sábios nobres da espécie de Tales. Eles enxergam com total estranhamento não apenas tudo de estético e todos os valores próprios à conduta distinta de vida em geral, mas também toda sabedoria mundana. É bem verdade que essa postura também foi apoiada pela postura tradicional anticrematística dos devotos puritanos do seu ambiente – avessa à corte, aos funcionários, aos *gibborim* e aos sacerdotes. Internamente, porém, ela era determinada, em termos puramente religiosos, pela maneira como eles assimilavam suas *vivências*. Temos agora que nos voltar a estas.

Pode-se dizer sem demasiada imprudência, sem dúvida e em segura suposição, que a grande maioria dos profetas do tempo pré-exílico – ao menos Oseias, Isaías, Jeremias e Ezequiel, por testemunho próprio – era toda ela, considerado psicologicamente, extática – ainda que em grau e sentido bem diversos. Sua conduta de vida pessoal, até onde podemos saber, já era a de excêntricos. Por ordem de Iahweh, porque a desgraça é iminente, Jeremias permanece celibatário. Por ordem de Iahweh, Oseias de fato parece ter contraído matrimônio com uma meretriz, talvez repetidas vezes. Por ordem de Iahweh, Isaías tem relações com uma profetisa, a cujo filho ele dá então o nome que lhe foi anteriormente prescrito (Is 8,3). Estranhos nomes simbólicos dos filhos dos profetas desempenham em geral um grande papel. Ações e estados mentais patológicos da mais diversa espécie acompanham seu êxtase ou lhe são precedentes. Não há dúvida de que justamente esses estados fossem originalmente considerados a mais importante certificação de carisma profético e encontrados ainda que em forma mais branda, mesmo que nada nos tenha sido legado a seu respeito. Entretanto, uma parte dos profetas faz relatos expressos dos mesmos. A mão de Iahweh "pesa" sobre eles. O Espírito os "toma". Ezequiel bate palmas, agride-se nas laterais do corpo e pateia o chão (Ez 6,11; 21,19). Jeremias fica como que embriagado e estremecido em todas as articulações (Jr 23,9). O rosto dos profetas se contorce quando o Espírito se apossa deles, a respiração cessa, eles às vezes se lançam aturdidos ao chão, são temporariamente privados da visão e da voz, torcem em espasmos (Is 21). No caso de Ezequiel, segundo uma de suas vidências (Ez 3,15), uma paralisia durou sete dias. Os profetas realizam estranhas ações, imaginadas como ominosas em significado. Como uma criança, Ezequiel constrói um cerco para si a partir de tijolos e de uma panela de ferro. Jeremias esmaga publicamente um jarro, esconde uma cinta e a desenterra novamente deteriorada, anda de um lado para o outro com um jugo no pescoço. Outros profetas vagueiam com chifres de ferro ou, como Isaías – por período mais longo –, desnudo. Outros, em turno, como Zacarias, ainda abrem feridas no próprio corpo; em relação aos demais, como a Ezequiel, ainda é sugerido que tivessem ingerido alimentos repugnantes. Eles clamam (*kara*) seus prenúncios ao mundo ora a plenos pulmões – parte em palavras incompreensíveis, parte na forma de praguejamentos, ameaços, bênçãos, e a alguns escorre saliva da boca (*hittif*, "golfar" = profetizar) –, ora murmuram ou balbuciam. Eles relatam, com referência a si mesmos, alucinações visuais e auditivas, mas também sensações anormais de paladar e cenestésicas, da mais variada espécie (Ez 3,2-3). Eles se sentem flutuantes (Ez 8,3 e em outras passagens) e carregados pelo ar, têm vidências proféticas de eventos distantes no espaço – como, supõe-se, Ezequiel na Babilônia, sobre o momento da queda de Jerusalém – ou de coisas a vir em tempo ainda longínquo, como Jeremias sobre o fado de Sedecias (Jr 38,22). Eles provam comida estranha. Sobretudo: eles escutam ruídos (Ez 3,12-14; Jr 4,19), vozes ao redor de si (Is 40,3-8), tanto isoladas como em diálogos, mas com especial frequência palavras e ordens dirigidas a eles próprios. Os profetas veem, em alucinação, ofuscantes brilhos de luz, e, nestes, figuras de espécie sobre-humana: o esplendor do céu (como em Is 6, também em Am 9,1). Ou então eles veem objetos *realmente* quaisquer, sem importância: uma cesta de frutas, um fio de prumo, e de repente lhes fica claro, na maioria das vezes através de uma voz, que aqueles significam fatídicas decisões de Iahweh (em particular no caso de Amós). Ou eles passam por estados auto-hipnóticos, em especial como Ezequiel. Surgem ações e sobretudo falas compulsivas. Jeremias sente-se cindido em um duplo eu. Ele suplica a seu deus para que o perdoe por falar. Não que ele queira, ele é compelido a falar, e isso ele sente como algo inspirado e não vindo de si mesmo – a rigor, como sina aterradora (Jr 17,16). Se não fala, Jeremias sofre tormentos terríveis, é tomado por calor ardente, e não logra suportar com desafogo a pesada pressão. Para ele, quem não conhece esse estado e fala não por tal coação senão "do próprio coração" não é, por princípio, profeta nenhum. Na vizinhança de Israel, tal profecia oracular extática até hoje não teve existência comprovada no Egito nem na Mesopotâmia, tampouco na Arábia pré-islâmica, mas apenas na Fenícia (enquanto profecia régia, como em Israel) e nos locais de consulta oracular dos helenos, sob rigorosos controle e interpretação sacerdotais. Contudo, não é reportado em lugar nenhum a respeito de uma demagogia livre praticada por extáticos vaticinadores da espécie dos profetas israelitas. Sem dúvida não porque os estados mentais em questão não teriam existido. Senão porque em impérios burocráticos, como no caso dos romanos, a polícia religiosa teria intervindo; no caso dos helenos esses estados mentais, em tempo histórico, eram considerados não mais como sagrados mas como enfermidades e tidos como indecorosos, e apenas os oráculos tradicionais, regulamentados pelos sacerdotes, eram reconhecidos em geral. No Egito, a profecia extática surge apenas no tempo dos ptolemaicos; na Arábia, no tempo de Maomé.

Aqui não seria o lugar de classificar e interpretar fisiologicamente, psicologicamente, nem eventualmente em termos patológicos os estados mentais dos profetas, em parte de caraterísticas distintas entre si, considerando que isso fosse possível – as tentativas feitas até hoje, em particular relativas a Ezequiel, não convencem. Também não se impõe nenhum interesse determinante, ao menos não a nós. Como em toda a Antiguidade, estados psicopáticos também eram tidos como sagrados em Israel. Contato com loucos parecia ser tabu ainda em tempo rabínico. O incumbido pelo rei a exercer vigilância sobre os profetas é chamado de "vigiante sobre disparatados e profetas" (Jr 29,24-28), e, do mesmo modo, a tradição assume que o oficial de Jeú teria questionado "o que queria esse louco?" ao ver o discípulo de profeta que haveria de oferecer àquele a unção real. Entretanto, interessa-nos aqui não isso, mas algo totalmente distinto. A princípio, trata-se do caráter *emocional* do êxtase profético enquanto tal, que o distingue de todas as formas indianas do êxtase apático. Já vimos anteriormente (seção I) que o caráter predominantemente auditivo da profecia clássica, em oposição ao êxtase apático essencialmente visual dos antigos "videntes", tinha antes de tudo condições puramente históricas, no antagonismo entre a ideia iahwista difundida no Norte e a difundida a Sul referentes à forma como Iahweh se manifesta. A "voz" concreta de Deus tomava o lugar da antiga epifania corporal, que o Norte, com sua ideia distinta de Deus, teoricamente repudiava, e que não acordava com a qualidade psíquica da devoção nórdica, sublimada ao êxtase apático a partir da orgiástica. Aquele reconhecimento cada vez mais exclusivo do caráter auditivo da inspiração, enquanto única marca distintiva a assegurar a autenticidade, estava relacionado ao aumento da agitação política atual entre os ouvintes, a qual vinha ao encontro do caráter emocional da profecia. Outra peculiaridade importante reside no fato de que os próprios profetas *interpretavam* significativamente esses seus estados mentais extracotidianos, suas vidências, ações e falas compulsivas. E, por sinal, sempre em uma e na mesma direção, apesar de suas diferenças psicológicas claramente grandes. Por mais evidente que isso nos pareça hoje, o interpretar, em si, já não é nada de óbvio, pois ele pressupõe inicialmente que o estado mental extático *não* seja estimado, já por si, como propriedade sagrada pessoal, tampouco apenas como tal, senão que ao mesmo seja atribuído um sentido totalmente diverso: o sentido de uma "missão". E isso se manifesta de modo ainda mais forte na unidade da interpretação. Elucidemo-lo mais pormenorizadamente.

Os profetas falam diretamente *no* êxtase somente em parte (Is 21,17; Jr 4,19-31), porém mais *sobre* suas vivências no mesmo: "Iahweh *falou* a mim" é como costumam começar os oráculos. Nisso há diversas gradações: por um lado, tem-se Ezequiel, que, embora seja um autêntico extático – e por sinal gravemente patológico, ao que parece –, extrai tratados inteiros de algumas de suas visões; por outro lado, um grande número de versos curtos dos profetas pré-exílicos são imediatamente arrojados frente aos destinatários, na mais extrema afecção e aparentemente no êxtase mesmo. Em geral, alcançam a atualidade extática mais elevada tais clamores aos quais o profeta é arrebatado sem ser perguntado[246], puramente sob a pressão da inspiração de Iahweh quando de uma situação particular de risco para o território ou sob um sinal de pecado especialmente devastador. Aos mesmos se opõem aqueles casos nos quais ele havia sido consultado de antemão, relativamente raros entre os profetas clássicos. Nesse contexto, apenas raramente ele parece ter dado a resposta de imediato. Antes, como Maomé, ele remoía na prece sobre o caso; certa vez, Jeremias o fez por dez dias, até que se iniciasse o surto extático (Jr 42). Mas em regra, também nesses casos, aquilo que é visto e escutado não é lançado imediatamente aos ouvintes que aguardam, porque frequentemente obscuro e ambíguo. Na prece, o profeta remói então sobre o sentido. Ele fala apenas quando de posse da interpretação, em parte na forma do discurso divino – Iahweh fala diretamente na primeira pessoa, em parte na forma de um relato sobre suas palavras. A fala humana predomina em Isaías e Miqueias; o discurso divino, em Amós, Oseias, Jeremias e Ezequiel. Por fim,

---

246. Em Ez 8,1, contudo, é mencionado uma vez o êxtase na presença dos anciãos que o consultam.

interpretar ocorrências – mesmo da própria vida cotidiana – como sinais significativos de Iahweh é comum em princípio a todos os profetas (cf. em especial Jr 32). Mas se há algo que enxergamos de modo bem geral nas típicas pronunciações dos profetas pré-exílicos, então: que as mesmas eram faladas ou, como certa vez caracterizado por Isaías, "cantadas" (Is 5,1) em enorme *emoção*. Certamente são encontrados versículos isolados que talvez tivessem sido registrados de modo intencionalmente vago, como o conhecido oráculo de Creso do délfico Apolo, e, do mesmo modo, elaborações intelectuais específicas, como em Ezequiel. Mas isso não é a regra. Ademais, crê-se com razão reconhecer a observância consciente de determinadas regras de estilo da poesia profética. (Entre aquelas a se considerar, cite-se, por exemplo, a regular omissão do nome do referido, fora onde ele deva ser execrado.) Entretanto, isso não muda nada no caráter atual-emocional da profecia. A concepção de Deus sem dúvida impôs limites ao conteúdo do vivenciar. A concretude da voz de Iahweh nos livros os profetas é a expressão de que, por um lado, o profeta se sentia incondicionalmente "pleno de Deus"; por outro, de que a espécie da majestade tradicional de Iahweh impedia que Deus efetivamente "adentrasse" a criatura. Por isso foi escolhida a expressão mais proximamente afínica[247]. Em todo caso, em seu temperado acabamento formal, todas as oraculizações helênicas conhecidas por nós, as quais eram sempre dadas a pedido, não alcançam nem de longe o poder da emoção contida nos versículos proféticos espontâneos de Amós, Naum, Isaías, Sofonias e Jeremias. Mesmo na tradição, em parte deturpada, o poder da rítmica, grande por si, ainda é superado pelo ardor das imagens visionadas, as quais sempre – concretamente, explicitamente, de modo conciso, concludente, exaustivo, não raro de esplendor e aterramento totalmente inauditos – pertencem àquilo de mais grandioso que a poesia mundana, nesse aspecto, produziu, e somente se tornam aplásticas onde as proezas pessoais do deus invisível em favor de Israel tiveram de assumir a forma – com base em visão vaga – de imagens

---

247. A propósito, Sellin (op. cit., p. 227) chama atenção, com razão, para o fato de que, em regra geral, a *maneira* em que a palavra divina chega ao profeta não é especificada nenhuma vez. O decisivo, afinal, era que a *interpretação* das suas intenções fosse evidente para os profetas, portanto bem-sucedida.

fantásticas, porém indeterminadas, referentes ao futuro. Mas de onde vem essa emoção, se a excitação propriamente extática, ao menos em vários casos, de fato já tinha ficado para trás e se atenuado? Ora, a rigor ela tinha origem *não* no *páthos* desses estados mentais psicopáticos como tais, senão na certeza veemente da apreensão, realizada com êxito, do *sentido* daquilo que o profeta havia vivenciado; expresso mais claramente, no fato de que o profeta tinha não vidências, nem sonhos, nem escutava vozes misteriosas como um extático patológico habitual – antes, tendo afinal escutado a voz concreta divina, ele adquirira clareza segura sobre aquilo que Iahweh *visara* com esses devaneios ou visões, ou com esse excitamento extático, ordenando-lhe a dizê-lo em palavras compreensíveis. Em alguns casos, o *páthos* descomunal no qual os profetas falam é um excitamento por assim dizer pós-extático – de caráter por sua vez semiextático – suscitado pela certeza de terem propriamente estado de fato "presentes na reunião do conselho de Iahweh" – como eles afirmam –, de serem seus porta-vozes, de falarem o que ele lhes havia dito ou aquilo que o mesmo, por assim dizer, dizia através deles. O profeta típico aparentemente se encontra em permanente estado de tensão e de pesado meditar, em que os objetos cotidianos mais banais eram capazes de se tornar, ao próprio, enigmas aterradores, porque podiam significar algo qualquer. Não era necessária nenhuma visão extática para colocá-lo nessa tensão. Tão logo ela se *dispersava* – e isso ocorria pelo fulgurar da *interpretação*, que se colocava como uma escuta da voz divina –, a palavra do profeta era então proferida. Pítia e poetas intérpretes sacerdotais não eram distinguidos aqui: o profeta israelita era ambos em uma pessoa, *isso* explica o enorme ímpeto. A isso ainda se acrescentam outras duas circunstâncias importantes.

Por um lado, esses estados mentais dos profetas – como também o êxtase de Pítia, por exemplo – não estavam ligados ao emprego de entorpecedores tradicionais dos *nebi'im*, tampouco a uma estimulação coletiva externa qualquer, nem, portanto, a uma comunhão extática. Não é encontrado nada disso entre os profetas clássicos das nossas compilações de escritos. Eles não buscavam o êxtase. Este vinha aos mesmos. Ademais, nenhum deles relata ter sido admitido em uma corporação de profetas mediante imposição de mãos ou por meio de uma cerimônia qualquer, nem ter feito parte de uma comunidade em primeiro lugar, por qualquer que fosse a espécie. Antes, a convocação sempre vem diretamente de Iahweh até ele, e os clássicos entre os profetas nos narram sua visão ou audição do chamado. Nenhum deles utiliza entorpecedores quaisquer, os quais, antes, em qualquer ocasião, são condenados como idolatria. Entre os profetas pré-exílicos também não encontramos nada referente a jejum – que a tradição menciona uma vez em relação Moisés (Ex 34,28) – como meio para alcançar o êxtase. Por essa razão, o êxtase emocional – e sobretudo isso estaria constatado aqui – também não surge entre eles da mesma forma como mais tarde se nota dentro da congregação cristã antiga (e entre seus possíveis predecessores). Na era apostólica, o Espírito, em regra geral, ou nas formas avaliadas pela congregação como típicas, acometia não o indivíduo isolado senão a *assembleia* de fiéis ou, nela, um ou alguns de seus participantes. Quando o Evangelho é anunciado, "o Espírito" é "derramado" sobre a "congregação". A glossolalia e os outros "dons do Espírito", também a profecia da época, desenvolvem-se em seu meio, não em câmara isolada. Todos eles, ao menos em regra geral, eram claras consequências de influência ou, mais corretamente, da reunião das massas, e demonstravam estar vinculados a esta enquanto precondição no mínimo normal[248]. Afinal, no cristianismo primitivo, todo o apreço religioso – tão infinitamente importante em termos históricos-culturais – pela *congregação* enquanto tal, como zeladora do Espírito, tinha por fundamento que principalmente ela mesma, a reunião dos irmãos, produzia esse estado mental sagrado. No caso dos profetas antigos era tudo diferente. O espírito profético os acomete justamente na solitude. E ele não raro os levava primeiro à solitude no campo ou no deserto, como ainda teria ocorrido a João e Jesus. Mas quando a mensagem persegue o profeta nas ruas, entre a multidão, isso, por sua vez, é

---

248. Isso se aplica à "glossolalia" em geral, mas também à "profecia" (referente ao presente de então). Algo semelhante se nota entre os anabatistas e quakers dos séculos XVI e XVII d.C., hoje de forma mais marcante na igreja dos negros americanos (também na burguesia dos negros, p. ex. em Washington, onde o vivenciei).

apenas consequência da *interpretação* que ele dá à sua vivência. Mas essa aparição pública, note-se bem, não é motivada pelo fato de que o profeta seria capaz de ter vivências sacras somente ali – ou, a rigor, justamente naquele local –, sob a eficácia da sugestão das massas. Ao contrário dos cristãos antigos, os profetas não se consideram membros de uma comunidade pneumática que os apoiasse. Antes, eles se percebiam incompreendidos e odiados pela massa de ouvintes, jamais apoiados ou protegidos por ela como que por consociados afínicos, ao contrário dos apóstolos na antiga congregação cristã. Por isso os profetas não se referem nem uma única vez a seus ouvintes ou destinatários como seus "irmãos", algo que os apóstolos cristãos sempre fazem. Senão que, em especial na profecia pré-exílica, todo o *páthos* da solitude interna domina seu ânimo, este predominantemente duro e amargo – ou então melancólico, se suave como em Oseias. Não multidões de extáticos, senão um ou alguns fiéis discípulos (Is 8,16) partilham seu inebriamento solitário e seu tormento igualmente ermo. Em regra eram estes, aparentemente, que registravam suas vidências, ou então tomavam à pena a interpretação ditada pelos profetas, como fez Baruc, filho de Nerias, para Jeremias. Dado o caso, eles as reúnem com o propósito de entregá-las àqueles aos quais se referem. Mas quando o profeta pré-exílico vai à multidão e se põe a falar, em regra geral ele tem a sensação de estar diante de pessoas seduzidas por demônios à malignidade – à orgiástica baalita ou à idolatria –, que cometem pecados éticos ou sociais ou o mais grave disparate político – a oposição às decisões de Iahweh –, mas em todo caso diante de inimigos mortais ou daqueles aos quais seu deus destinara terrível desgraça. O próprio clã o odeia (Jr 11,19-21; 12,6), e Jeremias lança maldição contra sua aldeia natal (Jr 11,22-23). O profeta da desgraça insurge da solitária reflexão sobre suas vidências e retorna à solitude da sua morada sempre detestado, visto com medo e horror, frequentemente escarnecido, zombado, ameaçado, ultrajado e agredido no rosto. Nesse sentido, os sagrados estados mentais desses profetas são absolutamente endógenos[249] e

---

249. Naturalmente, deve sempre ser feita a ressalva de que em todos os contrastes há intersecções, e que também entre os cristãos é encontrado algo semelhante. Acima de tudo, também ali os indivíduos são o "foco de contágio" psíquico.

também eram percebidos dessa forma por eles e pelos ouvintes, não como produtos de uma influência emocional atual das massas – não alguma influência de fora, senão o próprio estado mental mandado por Deus põe os profetas em *habitus* extático. E, justamente na era profética, o alto apreço tradicional pelo êxtase, como algo sagrado em si, visivelmente perdia cada vez mais importância. Afinal, nas ruas se via um confronto entre profecia e contraprofecia – ambas legitimadas de igual maneira pelo êxtase –, execrando-se mutuamente. Todos haviam de se perguntar com quem estaria a verdade de Iahweh. A conclusão era que a autenticidade dos profetas *não* se reconhece pelo êxtase enquanto tal. Este, assim, diminuiu substancialmente em significado, ao menos na anunciação. Apenas excepcionalmente, e somente como meio para alcançar um objetivo qualquer, faz-se referência àquilo que o profeta vivencia no êxtase em termos de estado emocional próprio. Pois ali – ao contrário da Índia – isso não importava absolutamente nada. Aquilo não garante a autenticidade. Apenas a escuta da *voz concreta* de Iahweh, do deus invisível, dava ao próprio profeta a garantia de que ele seria seu instrumento. Por isso é posta enorme ênfase nesse aspecto. A este ele faz referência, não ao gênero dos seus sagrados estados mentais. Daí os profetas não reunirem à sua volta nenhuma congregação dentro da qual fosse costume promover, como via de salvação, êxtases coletivos ou condicionados pela massa, ou o despertar extático em geral. Não há a menor evidência de que isso se aplicasse à profecia iahwista clássica. A espécie de sua anunciação o contradiz. A posse ou a consecução de um estado extático ou da capacidade de ouvir a voz de Iahweh, como o próprio profeta a tinha, não é apresentada em nenhuma passagem como condição, nem mesmo para os destinatários das suas anunciações, ao contrário da posse do *pneuma* nas fontes cristãs antigas. Antes, o carisma profético é o árduo – frequentemente sentido de modo torturante – ofício do profeta, e de mais ninguém. Seu objetivo nunca é, como o da profecia dos primórdios cristãos, fazer o Espírito acometer os ouvintes. Pelo contrário: o carisma profético é privilégio seu. Trata-se especificamente de um livre dom da graça de Deus, sem nenhuma qualificação pessoal. Nos relatos sobre a espécie do seu êxtase vocacional, esse primeiro êxtase que faz do indivíduo um profeta não é nunca apresentado como fruto de ascese ou contemplação, tampouco porventura de realizações morais, de práticas expiatórias ou de outros méritos. Ele é, sem exceção, em sentido precisamente inverso, em correspondência com o caráter endógeno do estado mental, uma ocorrência repentina imotivada. Iahweh chama Amós, que deixa a multidão. Ou então um anjo de Iahweh toca, com carvão em brasa – ou o próprio Iahweh, com o dedo –, a boca de Isaías e Jeremias, e assim os consagra. Em parte, como Jeremias, eles resistem atemorizados ao dever incidido aos mesmos com esse carisma; em parte, como Isaías, eles se oferecem contentes a Deus, que busca um profeta. E, ao contrário dos profetas tanto indianos como helênicos da espécie de Pitágoras e dos órficos, mas também ainda dos puritanos recabitas, nenhum profeta israelita pensa também em tomar uma via de salvação mais elevada em termos ritualísticos ou ascéticos do que a moralidade cotidiana. Nada disso. Aqui, em turno, mostrava-se o enorme alcance da concepção da *berith* – pela qual se estabeleceu de forma inequívoca aquilo que Iahweh exigia de seu povo – em ligação com a *torah* levítica, que havia fixado todas essas demandas de modo universalmente válido. Nisso se notam os frutos da circunstância de a *torah* ser proveniente não da aspiração salvacionista de uma nobre camada letrada de pensadores, senão da práxis de expiação e de confissão de pecados da *cura de almas* prática – sem ter em conta essa circunstância, todo o desenvolvimento fica completamente incompreensível. Isso se expressava também na qualificação da profecia mesma. Como vimos, legitimava não mais o êxtase enquanto tal, senão apenas a escuta da voz de Iahweh. Mas o que garantia ao público que o profeta, como ele afirmava, tinha de fato ouvido a mesma? Para essa questão há respostas que por um lado consideram as condições do tempo histórico e, por outro, que se voltam aos condicionantes religiosos e éticos. Determinado historicamente e pela natureza ominosa de Iahweh foi a circunstância de Jeremias apresentar como marca característica a tradicional oposição à profecia régia da salvação (Jr 23,29). Isso se explica a partir do conflito social com a monarquia servilista e com os *gibborim*. O autêntico profeta não prenuncia nenhum fortúnio a esses – repudiados – grandes. Determinado por aspectos éticos, porém, foi o comprometimento com os mandamentos de Iahweh, como conhecidos por toda gente (Jr 23,22): apenas o profeta que mantém o povo atido à moralidade e que repreende os pecados (mediante ameaços de desfortúnio) não é falso profeta. Por sua vez, os mandamentos de Iahweh se tornavam de conhecimento comum mediante a *torah*. Esta, assim, sempre é pressuposto de toda a profecia, decerto que – porque absolutamente óbvio – raramente caracterizado de modo expresso. Os instrutores de sabedoria helênicos do século VI a.C. também pregam o compromisso incondicional com a lei moral, esta por sinal bem similar à dos profetas em termos propriamente de matéria – da mesma forma que, como vimos, a ética social da legislação helênica dos aisimnetas é intimamente afínica àquela do Livro da Aliança. Mas a diferença era que em Hellas, como na Índia, os curadores e profetas propriamente religiosos, que vinculavam a salvação a pressupostos *especiais* de caráter ritualístico ou ascético, eram principalmente prenunciadores da "*salvação*", sobretudo: da salvação *no além*. Em direta oposição a isso, os profetas israelitas anunciavam *desgraça*, em particular a desgraça *neste mundo* e causada por pecados contra a lei de seu deus, esta de vigência *geral*, para todo israelita. Enquanto vigorava a observância dessa moralidade cotidiana como dever especial de Israel em virtude da *berith* conjurada, todo o intenso *páthos* das promessas e ameaças escatológicas exercia influência na observância desses simples mandamentos, os quais qualquer um era capaz de se seguir e que, na opinião dos profetas, mesmo os não israelitas haveriam de cumprir no final dos tempos. Portanto, o grande paradoxo histórico era: que a ética cotidiana oficial tardia do Ocidente cristão – a qual apenas quanto à sexualidade distinguia-se em conteúdo da doutrina e da práxis de vida cotidianas que vigoravam na Antiguidade helênica e no período helenístico – foi assim tornada, aqui, objeto do dever ético *especial* de um povo escolhido por seu deus, pelo mais poderoso de todos, e imposta com punições e prêmios utópicos. Em relação à particular salvação prometida a Israel, tudo dependia do *agir* moralmente correto, em especial do agir em conformidade com a moralidade *cotidiana*. Por tão trivial e óbvio que pudesse parecer, *somente aqui* isso foi tornado fundamento da anunciação religiosa, e o mesmo se deveu a condições bem particulares.

Em virtude do seu chamamento, os profetas reivindicam para si qualidades específicas. Relativamente raro, e apenas por um desses profetas pré-exílicos (Is 30,1; Mq 3,8), a expressão "espírito" (*ruach*) de Iahweh é utilizada com referência à sua posse interna específica, embora a expressão "homem inspirado" (*ish haruach*) seja usada ocasionalmente por um profeta escritor (Os 9,7). Somente em Ezequiel a expressão surge com mais frequência, depois em Dêutero-Isaías e nos profetas pós-exílicos. Parece que a oposição aos *nebi'im* profissionais levou os profetas mais antigos a não ou pouco utilizá-la. Ademais, aparentemente contribuiu para isso a circunstância de que "*ruach*", no uso então corrente, a rigor designava essencialmente os estados irracionais e extáticos em ato; os profetas, contudo, enxergavam sua dignidade específica justamente na posse habitual do *entendimento* consciente, claro e comunicável, das intenções de Iahweh. Apenas em Ezequiel a *ruach* é novamente uma força divina misteriosa cujo desrespeito é tão sacrílego como nos evangelhos; e apenas no exílio o "espírito" (Is 40,13; 42,1; 48,16) se torna uma grandeza transcendente e, por fim (Gn 1,2), cósmica, designada por Trito-Isaías pela primeira vez com a expressão "Espírito Santo" (Is 59,21; 63,10-14). Mas se o carisma profético significa sobretudo a capacidade de compreender Iahweh *racionalmente*, ele decerto também contém qualidades bastante distintas, irracionais. Acima de tudo: forças mágicas. Isaías, que é único mencionado entre todos os profetas escritores também como conselheiro medicinal quando de uma enfermidade do Rei Ezequias, pede ao Rei Acaz, em uma situação de dificuldade política, que aquele lhe exija certificação para seu oráculo político mediante um milagre, e quando o rei se furta e ele em seguida profere as famosas palavras sobre a "jovem mulher" que agora já estaria carregando no ventre o príncipe salvador Emanuel, tem-se aqui, como demonstra a situação, não apenas um vaticínio senão uma anunciação – a promover a salvação prometida – de uma decisão de Iahweh que é consequência da impiedade do rei. Os profetas têm o poder de matar por meio da sua palavra (Os 6,5; Jr 28,16). Jeremias entrega a um mensageiro uma fórmula imprecativa a se lançar sobre Babel, cujas proclamação e submersão no Eufrates haveriam de causar o desfortúnio vaticinado. Contudo, o que provoca o milagre nunca é uma manipulação simpatética qualquer nem outra de caráter mágico, senão a simples *palavra* (falada ou escrita). E, no testemunho mesmo dos profetas, essa força mágica, tão importante na fé própria de Jesus, encontra-se totalmente em segundo plano. Eles nunca a mencionam como prova da sua legitimação divina, e na verdade nem chegam a reivindicá-la para si pessoalmente. Sem dúvida: Jeremias sabe ter sido "constituído" por Iahweh sobre todos os povos (Jr 1,10) para destruí-los ou dar-lhes o "cálice de vinho da cólera" (Jr 25,15). Mas esse orgulho próprio está sempre a se transformar em consciência de não ser nada senão instrumento. Não sua vontade própria, senão a decisão comunicada aos mesmos pela voz concreta de Iahweh, sua "palavra" (Jr 23,29), é o que faz o vaticinado se efetivar. Sua pretensão recai apenas sobre o conhecimento a respeito dessas decisões e do poder milagroso de Iahweh e seu operar. "Iahweh não faz nada", assegura Amós, "sem antes revelá-lo a seus profetas" – *essa* é a fonte da autoconfiança dos mesmos. Entretanto, até certo ponto os profetas também reivindicam poder influenciar as decisões de Iahweh. Em Amós já ocorre de o profeta surgir como rogador, mesmo caráter que a tradição atribui a Moisés e também a Abraão. Mas nem sempre é possível instar algo a Iahweh. Ocorre de ele declarar não querer alterar sua decisão "mesmo quando Moisés ou Samuel vão até ele". E o profeta, por seu lado, nunca contou nem mesmo com a possibilidade de ser capaz de compelir Iahweh por mágica. Pelo contrário, isso seria um sacrilégio mortal diante desse deus atemorizante. O profeta também nunca vem a ser um salvador, mesmo que apenas em sua própria pretensão, tampouco um virtuoso religioso exemplar. Ele nunca reivindica para si veneração hagiolátrica, nunca declara ser livre de pecados. As exigências éticas que ele fazia a si mesmo não eram diferentes das impostas a todos. De fato, além da ausência da exortação moral do povo e dos ameaços de desfortúnio, também aparece como marca característica certa dos falsos profetas sua própria irremissibilidade e sua inobservância aos mandamentos divinos: um aspecto qualificativo muito importante a longo prazo e de grandes implicações para o caráter da religiosidade. Mas Jeremias, por exemplo, não afirma em absoluto que ele mesmo nunca malograria moralmente. Acorda com a ética dos patriarcas – e aliás com a circunstância de que o próprio Iahweh ponha a seu serviço o "espírito das mentiras" – que, por ordem de Sedecias (Jr 38,24), Jeremias diga inverdades aos partidários do Egito para não expor o rei; o compromisso com a verdade próprio tanto à ética dos israelitas antigos (também à decalógica) como à ética homérica não é tão incondicional como o da indiana, e também tem menos relevância que as exigências do Sirácida, por exemplo. Mas isso mostra ao menos que o profeta, que enquanto tal reivindica fé incondicional, separa seu ofício do seu comportamento pessoal. A *torah* dificilmente aprovaria os aterradores descomedimentos de ódio e ira contra os opositores, típicos a alguns profetas. É bem verdade que em ocasiões Iahweh parece relacionar o efeito das suas palavras nos corações do povo à condição de o profeta "dizer nobres palavras" aprazentes a Deus. Mas de resto Jeremias se considerava "impuro" e fraco. Nenhum profeta, segundo seu autojuízo, possui propriamente algo de sagrado; ele sempre é apenas meio da anunciação dos mandamentos divinos, seguia sendo sempre apenas instrumento e servo da sua respectiva incumbência. O tipo da "profecia missionária" nunca esteve evidenciado de forma tão pura, nem mesmo na comunidade cristã antiga. Nenhum dos profetas pertenceu a uma "agremiação" esotérica, ao contrário dos apocalípticos mais tarde. E nenhum deles pensou em fundar uma "congregação". O fato de ter inexistido – e sido necessariamente inexistente no ideário dos profetas – qualquer pressuposto para isso, especialmente a criação de uma nova comunidade *cúltica*, como oferecia o culto de Kyrios Christos, é uma diferença sociologicamente determinante em comparação com a profecia cristã antiga. Os profetas estão em meio a uma comunidade popular política cujos fados lhes interessavam, e isso em termos puramente éticos, *não* um interesse *ligado ao culto*, ao contrário dos missionários cristãos que, como meio da graça, trouxeram sobretudo a santa ceia. Nesse ponto de fato se evidencia um elemento do cristianismo antigo oriundo das comunidades arcanas da Antiguidade tardia que era totalmente estranho aos profetas. Tudo isso, por sua vez, está ligado à particularidade das relações israelitas com Deus, em cujo nome falam os profetas, e ao sentido da sua anunciação. Mas ambos lhes eram proporcionados justamente por aquele mundo de representações religioso predisposto pelos intelectuais israelitas, sobretudo pela *torah* levítica. Até onde é possível discernir, eles não anunciaram – ao menos não pretenderam fazê-lo – nenhuma concepção nova de deus nem novos meios de salvação, tampouco novos mandamentos. É pressuposto tanto que seu deus seja conhecido por todos como também que se encontra "anunciado ao homem o que lhe é bom" (Mq 6,8), a saber: obedecer àqueles mandamentos de Deus que ele conhece da *torah*. Isaías também denomina sua própria anunciação de "*torah*" de Deus (Is 30,9). Os profetas estão todo tempo fazendo referência à transgressão desses mandamentos já conhecidos.

Do mesmo modo, porém, o ambiente lhes fornecia os problemas que constituíam o cerne da sua anunciação. A *angústia de guerra* do povo se fazia confrontante por meio da questão sobre as razões da ira divina, sobre os meios de apaziguá-la de modo complacente, sobre a esperança nacional em relação ao futuro em geral. Pânico, raiva e sede de vingança contra os inimigos, o medo da morte, a mutilação, devastação, o exílio (já em Amós), a escravização e a questão sobre o que seria o correto: se resistência, subjugação ou coalizão, se com Egito, Assur ou Babel – tudo isso mobilizava a população, tinha impacto na profecia. Esse excitamento geral exerce a mais profunda influência sobre seu mundo de representações, mesmo nas vezes em que vinham a público por iniciativa própria.

Ética e teodiceia dos profetas

Desde o princípio, a resposta à questão sobre o porquê do desfortúnio era: assim foi a vontade de Iahweh, do próprio Deus. Por tão simples que pareça, isso não tinha nada de óbvio. Pois apesar de a concepção desse deus, ao menos no ideário dos intelectuais, ter assimilado tantos traços particulares de universalismo, a rigor seria mais conforme à visão popular a suposição de que os deuses estrangeiros, por razões quaisquer, seriam os mais poderosos naquele momento, ou então que Iahweh não teria a intenção de prestar auxílio ao seu povo. Mas a anunciação profética ia além dessa última, e afirmava que ele mesmo, propositalmente, trazia a desgraça a seu povo. "Se acontece uma desgraça na cidade, não teria sido Iahweh quem agiu?", pergunta Amós (Am 3,6). Se tais decisões divinas seriam determinadas por condições atuais, como pressupõem a maioria dos oráculos, ou se o desfortúnio estava preparado por Iahweh "desde os dias dos primórdios", como afirmou Isaías (Is 37,26), o juízo variava dependendo das circunstâncias, sobretudo se era o deus encolerizado da Aliança ou o imponente monarca do mundo que tinha mais proeminência dentro do mundo das representações. Mas independentemente do caso, aquela afirmação de Amós, atemorizante na perspectiva popular, emergiu de bases históricas particulares ao iahwismo. Nesse contexto, o determinante era: Iahweh foi desde sempre sobretudo um deus das catástrofes naturais, que podia enviar – e frequentemente o fez – peste e toda espécie de desgraça aterradora sobre aqueles que o encolerizavam, algo que Amós recorda de forma bem detalhada (Am 4,6-12). Ele estava sempre lançando desgraças aos inimigos – sobretudo relacionadas a guerras – e salvando Israel dos mesmos, mas isso não raro apenas depois de fazer o povo sofrer tal desfortúnio por um longo tempo. Por essa razão, e *somente por isso*, os profetas se tornaram *políticos*: a desgraça política, e apenas esta, era agora ameaça iminente, justamente o que constituía a verdadeira esfera de atuação de Isaías. Seu significado, que de início ainda era menor que o das catástrofes cósmicas naturais aguardadas, crescia continuamente dentro do vaticínio de desgraça. Aquilo havia de ser atribuído a Iahweh, e a nenhum outro deus. Por outro lado, ele era o deus que, dentre todas as estirpes da Terra, escolhera unicamente Israel. "Justamente por isso", como cita Amós, de modo intencionalmente paradoxal, "eu vos castigarei por todas as vossas faltas" (Am 3,2). Afinal, apenas Israel tinha parte na sua *berith*, cujo rompimento Oseias, talvez o primeiro a estabelecer a oposição entre o povo de Deus e os "povos" impuros (Os 9,1), comparou a um adultério. A seus antepassados, Deus havia prestado um juramento e feito determinadas promessas. Estas ele tinha cumprido; na guerra e na paz, o mesmo trouxera bênção incomensurável ao povo. Ele é advertido pelos profetas a não romper sua Aliança e questiona, por seu lado (Jr 2,5): com qual injustiça de sua parte – isto é, com qual comportamento de Iahweh contrário à Aliança –, os antepassados de Israel teriam se deparado afinal. Mas o cumprimento das promessas estava ligado não apenas às condições de que eles se ativessem ao que foi compactuado somente junto a ele como seu único deus e que não se dedicassem a outros cultos, senão também, e isso segundo a maioria dos profetas (Amós, Miqueias, Jeremias, mas mesmo Isaías), acima de tudo à observância daqueles mandamentos que ele lhes havia imposto – e apenas a eles, principalmente. Pois já segundo Amós há injustiças pelas quais Iahweh, enquanto monarca do mundo, pune também outros povos, especialmente os vizinhos a Israel. A estas pertencem a violação de uma espécie de direito dos povos religiosos (Am 1,3-5), cuja vigência entre as populações palestinas é pressuposta, e naturalmente sobretudo injúrias perante Israel: a devastação bárbara de Galaad pelos damascenos, o rapto e a venda de prisioneiros aos edomitas pelo território de Gaza e Tiro, a crueldade dos edomitas na guerra, a estripação de mulheres grávidas pelos amonitas. Nisso não há nada de particular. Mas Iahweh pune também injustiças de outros povos contra populações terceiras, como a incineração do cadáver de um rei edomita por moabitas. Nisso se evidenciam bem a comunidade cultural dos povos palestinos, interpretada como afinidade tribal, e talvez também vínculos baseados no direito dos povos. As injustiças dos edomitas são repreendidas como violação da relação "fraternal" com Israel, as de Tiro até como desacato a uma "aliança entre irmãos", portanto supostamente a um acordo de guerra referente ao tratamento dispensado aos presos em combate e firmado sob juramento com base em um direito dos povos; parece possível que pactos similares também tivessem existido com outras populações vizinhas, o que motivou a vingança de Iahweh. A mudança puramente ética se consumou com a ascensão universal da concepção de Deus. Em relação aos grão-reis mesopotâmicos, sua prática de guerra em si, desmedidamente cruel, é considerada em Isaías como razão da ira de Iahweh, mas além dela a *hybris* desses monarcas seculares, que houve de incitar o ciúme daquele.

Em oposição a isso, segundo Amós, Israel haverá propriamente de ser punido por *toda* falha. Atrai-se a cólera de Deus sobretudo quando da violação da "justiça", o que significava, contudo, a das instituições sociais peculiares a Iahweh. Para a maioria dos profetas, por sua vez, têm valia aqueles mandamentos de fraternidade desenvolvidos em linha com as antigas compilações jurídicas pela parênese levítica. Em Amós, de início, são encontrados lado a lado, como característico (Am 2,6-8): por um lado induzir os nazireus ao rompimento com seus deveres ritualísticos e a repressão dos *nebi'im*, por outro a violação dos mandamentos do Livro da Aliança referentes ao tratamento a se dispensar aos presos por dívida israelitas e sobre a penhora de vestuário – elementos, portanto, da antiga constituição social e de guerra, cujo garante, nos tempos da confederação, era Iahweh. Nisso se sobressai com particular clareza a condição especial de Iahweh com relação a Israel, enquanto parceiro contratual da confederação. Nos oráculos de outros profetas é feita referência, além de aos graves pecados privados (essencialmente aos decalógicos), sobretudo à não fraternidade – em todas as suas formas, mas particularmente, como em toda a ética da caridade egípcia-anatólica, enquanto repressão aos pobres, no tribunal e mediante usura. Em todas essas motivações da ira de Iahweh, porém, mesmo nos paradoxos intencionais encontrados em Amós, é patente a influência da intensiva cultura de intelectuais. Motivações ético-sociais de punições divinas são encontradas também em outras localidades. A burocracia patrimonial dos impérios dos grão-reis fez surgir na vizinhança, por toda parte, o "ideal do Estado de bem-estar" patriarcal e caritativo, e ali, por todo lado, estava difundida a crença de que a maldição do *pobre* lançada contra o opressor seria particularmente funesta. Essa burocracia patrimonial chegara também a Israel, aparentemente por intermédio fenício; em inscrições, reis da Mesopotâmia acusam opoentes derrotados de terem praticado injustiça social aos súditos (como já Urukagina e, ainda, Ciro). E nas fontes chinesas especificamente é encontrada com bastante frequência – quando de troca de dinastia ou quando uma parte do Estado era conquistada por outro soberano – referência ao tratamento irregular dos súditos e à conduta não clássica. Em todos os casos do tipo, essa motivação é produto de camadas de intelectuais sacerdotais ou ritualistas em estados burocráticos. Em relação a Israel, o específico era acima de tudo apenas: o fato de terem sido adotadas justamente essas exigências caritativas às camadas dominantes, sobretudo aos funcionários régios, as quais em outras localidades normalmente costumam seguir ao desenvolvimento de um aparato burocrático nacional e de uma camada instruída respectiva[250], ao passo que justamente esse desenvolvimento régio-patrimonial como tal era *rejeitado* em favor do antigo ideal monárquico dos intelectuais israelitas devotos. Ademais, a motivação residia nos ameaços de desfortúnio de profetas, e sua cominação era dirigida não apenas ao soberano pessoalmente senão que ao povo enquanto tal, a responder solidariamente, com base na *berith*, pelos pecados dos reis e dos grandes. Isso estava diretamente ligado à especificidade da constituição política e religiosa de Israel.

Também em outras passagens dos profetas encontramos trabalho intelectual voltado à jurisdição e à instrução da sabedoria israelitas. Além de seus próprios oráculos – "*debarim*" de Iahweh –, os profetas mencionam, lado a lado: "*chok*", o costume antigo (como vimos) determinado pelo oráculo jurídico dos *chokekim* [legisladores], e "*torah*", a instrução racional levítica (Am 2,4; Is 24,5); por fim "*mishpat*", o direito manifestado em vereditos (Is 16,5) e em estatutos dos *sarim* e dos *zekenim* enquanto fontes autorizadas da moralidade. Não obstante toda a oposição aos juízes, por vezes radical, sobretudo aos *sarim*, aos *chokekim* e também aos instrutores da *torah*, que apenas em vão pronunciam a palavra, o caráter vinculativo dessas normas não é contestado. E tampouco a *chokmah*, a prudência de vida dos instrutores da sabedoria, vem a ser condenada em princípio. Entretanto, a posição é distinta. Vimos que de fato nenhum profeta tem a pretensão de anunciar novos mandamentos como Jesus o fez com veemência em ocasiões ("está escrito, mas eu vos digo"). Antes, pecaminoso é o falseamento – pelo "cálamo mentiroso dos escribas" e pelos "falsos decretos" dos *chokekim* em prejuízo dos pobres (Is 10,1-2) – da verdadeira vontade de Iahweh, há tempos revelada, assim como as sentenças injustas dos juízes corrompidos, reiteradamente marcadas. Em ocasiões, por parte de profetas retirados por Iahweh do âmbito

---

250. Pois os mandamentos caritativos da *torah* não eram mais sublimação da ética vicinal camponesa enquanto tal, que, como toda ética de camponeses, estava bem distante de tal sentimentalidade. Eles pertenciam à ideologia da monarquia egípcio-anatólica e de seus literatos: sacerdotes e escribas.

de soberania do seu conselho, nota-se total repúdio ao valor da *chokmah*, tanto quanto aos mandamentos (*mitzwot*), que os instrutores "apenas põem à boca" (Is 29,13-14). Entretanto, esse ceticismo referente pessoalmente aos instrutores, ainda acentuado em Jeremias, não alterava nada no fato de que os mandamentos positivos da *torah* levítica e os dos profetas eram idênticos em matéria.

Mas o significado da *torah* para a profecia vai além do fornecimento do conteúdo material dos mandamentos. Afinal, a ideia profética fundamental – de que Iahweh infligiria terrível mal em caso de contravenção moral, especialmente ético-social – teve origem na práxis confessional e expiatória dos levitas e em seu desenvolvimento mediante sua parênese moral-racional. De fato, também a transposição da ideia da vingança divina por pecados e contravenções individuais ao povo enquanto unidade é necessariamente pré-profética, sem importar o quanto antigo seja o ritual sacerdotal da expiação de comunidades inteiras registrado na redação atual. Pois essa importante ideia resultou do caráter – jamais esquecido – de Israel enquanto associação de compatrícios livres a responder solidariamente com base na *berith*. Os oráculos de Amós pressupõem essa teodiceia da desgraça. Mas, como toda teodiceia, também esta provavelmente foi de início posse espiritual apenas de camadas de intelectuais. O inédito, presume-se, era ela ser publicamente anunciada em ato, por um visionário como Amós, naquele tremendo ímpeto, enquanto razão do desfortúnio *agora* iminente, o que explica a forte impressão deixada no registro dos oráculos desse profeta enquanto o primeiro de todos – além disso, naturalmente, a concretização da desgraça vaticinada afinal em um tempo de prosperidade política e econômica, sob a dominação de Jeroboão II. Pois quando se enfatizou acima que a posição da profecia clássica foi determinada pelo poder declinante e pela crescente ameaça a ambos os reinos, esse aspecto não deve ser malcompreendido. Não foi isso que porventura levou à aparição dos profetas da desgraça enquanto tal. Elias já havia atuado como um profeta de desgraça perante o rei, e profecias do tipo contra o povo talvez tenham existido mesmo antes de Amós. Em si, as visões de desfortúnio dos profetas tiveram condições "endógenas". Qualquer leitura dos seus escritos instrui: que se trata de personalidades cuja têmpera dura, amarga e passionalmente sombria se encontrava prefigurada na maior parte deles, sem consideração pela situação momentânea. Justamente no pleno esplendor do aparente fortúnio eles veem o mundo repleto de desgraça. Em Amós, Assur não tem o nome citado – ele é chamado de "o inimigo", e "para além de Damasco" há de ter lugar o exílio vaticinado (Am 5,27). Isso estava suficientemente claro. Contudo, o profeta cita a veneração de divindades mesopotâmicas como razão de ver a desgraça chegar justamente dali. Não a situação do mundo, senão a corrupção que os rodeia fundamenta suas sombrias premonições, as quais reaparecem também em Isaías logo depois de Senaquerib partir em retirada (Is 22,14), em contraste com sua confiança prévia na vitória. A desgraça que efetivamente se irrompe parece antes trazer alívio interno aos profetas; a corrupção que eles enxergavam ao redor parecia agora finalmente encontrar sua expiação e ser, assim, de fato eliminada. Certamente, permanece mais que questionável até que ponto, por essa razão, pode-se falar de um "tipo de personalidade" específico dos profetas no sentido de uma predisposição inequívoca àquele estado emocional. Pois mesmo as remanescências fragmentárias dos seus oráculos nos permitem reconhecer a diferença fundamental em relação ao temperamento de cada um: a passionalidade tempestuosa, ardente e inabalável de Amós; a suavidade e o calor do amor agregador de Oseias; o ímpeto acerado, nobre e autoconfiante, e o entusiasmo intenso e profundo de Isaías; a alma terna de Jeremias, a sofrer gravemente sob estados emocionais depressivos e obsessões, mas levada ao heroísmo desesperado pelo dever do chamamento; o intelectualismo extaticamente inquieto, mas intrinsecamente frio de Ezequiel – todos esses contrastes podem ser considerados e todavia não mudam nada no caráter da sua profecia de desgraça. Comprova-o sobretudo uma circunstância: com a queda definitiva do templo, a profecia de desgraça chega imediatamente *ao fim* e têm início a consolação e o vaticínio de salvação. O vaticínio de desgraça, portanto, foi produto do profundo pavor causado pela abominação da renúncia a Iahweh e a seus mandamentos, e do medo terrível perante as consequências. Ele foi resultado da fé inabalável nas promessas de Iahweh e da desesperada convicção de que o povo teria perdido o direito às mesmas, ou que estaria prestes a perdê-lo. Mas também variava claramente a opinião de um e mesmo profeta da desgraça sobre o grau de probabilidade de o aterrador desfortúnio ser iminente. Ora toda esperança parecia vã, em particular em Amós e Jeremias, ocasionalmente também no jovem Isaías. Ora havia possibilidades, probabilidades, até certezas da redenção, ou mesmo – e essa é a regra – da volta de tempos melhores após o desfortúnio. Nenhum profeta refutava essa esperança de modo absolutamente definitivo. E a rigor eles também não poderiam fazê-lo se pretendessem impactar seus ouvintes de alguma forma. Apesar do caráter endógeno do seu êxtase, os profetas todavia não eram simplesmente indiferentes a esse impacto. Eles se sentiam como "atalaias" e "examinadores" designados por Iahweh. Jeremias considerava autêntico profeta apenas aquele que denunciasse os pecados do povo *e* – junto com isso – anunciasse desgraça. Mas nesse caso o desfortúnio não podia ser absoluto e definitivo, senão condicionado pelos pecados. Os profetas, mesmo Isaías, mas mais ainda Jeremias, são irresolutos em sua postura. Quando pretendem atuar pedagogicamente, Iahweh é um deus que se permite se arrepender de suas decisões. Quando falam sob a impressão imediata da corrupção, tudo parece vão e sem esperança. O quanto grave eram as reservas práticas pastoral-pedagógicas, sobretudo as dos instrutores da *torah*, mostra – diante da ideia, sugerida em Isaías, de uma predestinação das sinas de desgraça – a paradigmática narrativa de Jonas, aparentemente oriunda dos círculos de intelectuais, cujo tema verdadeiro é, a rigor, excluir a invariabilidade da anunciação profética do desfortúnio e, antes, justificar a variabilidade das decisões de Iahweh. Os extáticos mesmos, dedicados às suas vidências, certamente não se engajaram expressamente em tais ponderações, que podem ter sido de importância decisiva para os instrutores da *torah* envolvidos na cura de almas, e mais ainda para os redatores sacerdotais. Por outro lado, parece então infundado supor que as promessas de salvação tivessem sido postas à boca dos profetas a princípio apenas pela redação sacerdotal. Pois se reconhece claramente a intenção pedagógica – notada uma única vez em Amós (Am 5,15), várias vezes em Oseias, com frequência ainda maior em Isaías e, de modo mais forte, principalmente em Jeremias (Jr 7,23), apesar do seu pessimismo. Ademais, argumenta contra aquela assunção da interpolação a existência, já entre os primeiros profetas (Amós), de categorias de salvação bem determinadas, como a do "remanente" que se converte a tempo. Antes, a esperança tradicional da parênese e a própria ideia recorrente de que a desgraça nunca poderia ser o fim dos planos de Iahweh com Israel faziam com que a salvação sempre ressurgisse, mesmo que de maneira indeterminada e apenas para aquele "remanente que se converte", e a intenção pedagógica contribuía cada vez mais para isso, ainda que, no caso particular, a aflição enxergasse tão somente fado sombrio. Em todo caso, é difícil de assumir uma determinabilidade psíquica inequívoca à "hipocondria política" enquanto origem do seu posicionamento.

Mesmo que a profecia da desgraça seja em forte medida derivada da própria disposição psíquica dos profetas – determinada por inclinação e impressões atuais –, não é menos assente que os fados históricos de Israel de fato conferiram a essa anunciação seu lugar no desenvolvimento da religião. E isso, como natural, não apenas no sentido de que a tradição nos legou justamente os seus oráculos que tinham ou parecem ter se cumprido, ou cujo cumprimento ainda pudesse ser esperado. Senão que o prestígio cada vez mais inabalável da profecia em geral repousava sobre aqueles poucos casos – mas para os contemporâneos enormemente impressionantes – nos quais os oráculos, mediante o cumprimento, inesperadamente acabavam por ter razão. A estes pertenceram inicialmente os oráculos de desgraça de Amós referentes ao Reino do Norte, à época poderoso; depois, os de Oseias sobre a dinastia Jeú e sobre Samaria, além dos oráculos de salvação de Isaías em relação a Jerusalém quando do cerco por Senaquerib (não obstante toda a probabilidade, Isaías instou a resistir com instintiva segurança, e embora o resultado final tenha sido uma submissão dissimulada do rei, parece certo que o cerco de Jerusalém não levou a uma capitulação, visto que o próprio Senaquerib, em seu relato sobre o mesmo, não o afirma); ademais e sobretudo a confirmação – por meio da tomada e da destruição de Jerusalém – dos aterradores oráculos de desgraça do jovem Isaías, de Miqueias, mas em especial de Jeremias e de Ezequiel; por fim, o regresso antevisto do exílio. Desde então, a autoridade da profecia, que depois da grave decepção da batalha de Meguido aparentemente havia padecido, era inabalável. Foi totalmente esquecido que a grande maioria dos oráculos não tinha se confirmado, mesmo a dos incorporados à compilação que nos foi preservada. Pois interessava à profecia, antes, que a variabilidade das decisões de Iahweh fosse registrada, desde o início, já em Amós, de forma bem enfática, e que os adeptos da profecia pudessem recorrer à mesma. Do mesmo modo, a práxis expiatória dos levitas também pressupunha essa variabilidade, na medida em que o perdão dos pecados garantia proteção ante a desgraça iminente. Por isso, também para os profetas, Iahweh de fato sempre foi um deus da graça e do perdão, não obstante o quanto e a elevada medida em que, para aqueles, ele continuasse sendo um deus da ira e da vingança, e do quão rigidamente, no caso particular, Iahweh perseverasse em sua ira. Na perspectiva dos profetas, isso o distinguia de todos os outros deuses. Um traço de suavidade atravessa essa espécie de profecia da graça, encontrada em especial em Oseias e Jeremias, mas também em alguns oráculos de Isaías. Iahweh corteja Israel por sua fé como um amante corteja sua amada.

No geral, porém, também ali onde esse lado misericordioso foi enfatizado, traços de Iahweh de fato devem ter se afigurado de modo incomparavelmente mais majestático do que nos produtos literários dos círculos dos instrutores da *torah*, como por exemplo no representado pelo Deuteronômio. Um deus que tinha à disposição os grandes reis mundanos como instrumentos de punição dos pecados israelitas – e que operava com os mesmos conforme a sua vontade – haveria de alcançar, em universalismo e eminência, uma elevação totalmente distinta quando comparado ao antigo deus da aliança de Israel e ao ofertador de graças burguês dos levitas. Os profetas dão todos eles preferência – em alusão sem dúvida intencional à época heroica antiga – ao nome "*yahweh sabaóth*", portanto à designação do deus de guerra da Aliança. Mas com ele se amalgamam agora os traços de um grande deus dos céus e universal. A corte dos grão-reis, que em relação a Israel desempenhavam a rigor um papel semelhante ao do basileu persa em relação aos helenos na *Ciropédia* de Xenofonte, por exemplo – embora aquele também fosse o inimigo do campo –, passava a imagem de corte celestial, na qual o antigo príncipe guerreiro tinha não mais seus sequazes a seu redor, os "filhos dos deuses", senão um agrupamento de espíritos celestiais a seu serviço que seguiam os padrões babilônicos e egípcios até nas vestimentas. Sete espíritos, correspondendo aos sete planetas, rodeavam seu trono, dentre os quais um com pena de escrever e trajado em linho, correspondendo ao deus dos escribas. Seus informantes montam cavalos nas cores dos quatro reis babilônicos dos ventos, patrulham o mundo e lhe fazem reportes. Em esplendor supranatural, o rei dos céus parte em uma carruagem com querubins, estes equivalentes – ao que tudo indica – às figuras hieráticas babilônicas. Apesar disso, decerto ocorre ainda de ele convocar os espíritos naturais para que testemunhassem contra Israel, rompedor do contrato, como em um processo. Mas em regra ele é o senhor soberano por todo o mundo das criaturas. Em turno, a suave complacência que ocasionalmente se lhe dispõe não impede que o mesmo também carregue consigo traços totalmente amorais, como os reis mundanos. Como os reis patrimoniais indianos enviam seus *agents provocateurs*, ele envia seu "espírito das mentiras" a fim de iludir seus inimigos. Os próprios profetas ocasionalmente se atemorizam diante dele. Isaías chama de "bárbara" sua decisão contra a Assur, ao qual, entretanto, ele mesmo se refere como instrumento. Ezequiel, que não se ofende com os planos similares de Iahweh voltados à aniquilação dos inimigos de Israel – chamados por ele próprio –, de fato também acreditou que ele outrora teria criado leis com vistas à ruína do próprio povo (Ez 20,25). Era óbvia para a tradição a intencionalidade do envio por Iahweh de falsos conselhos aos reis israelitas inobedientes. Apenas Oseias se ofendeu com tais traços e – desde que seja correta a leitura, decerto controversa para Wellhausen e outros – disse que Iahweh não agiria "de forma passional", pois seria "santo e nenhum degenerado" (Os 11,9). Mas a experiência de que a clara palavra dos profetas de Israel permaneceria todavia reprovada e desconsiderada levou também Isaías à convicção de que Iahweh mesmo não queria outra coisa, de que ele até endureceria o povo a fim de degenerá-lo. Essa ideia, tornada importante também na anunciação do Novo Testamento e mais tarde no calvinismo, teve início aqui. Devido a tais traços ativos-passionais, Iahweh se manteve bastante distinto do deus universal helênico de Xenófanes, por exemplo. No todo, portanto, ele permaneceu um deus atemorizante.

Frequentemente parece objetivo último da sua atividade apenas a glorificação da própria majestade sobre todas as criaturas. Isso, precisamente, ele compartilhava com os monarcas terrenos. Daí sua imagem geral seguir variante. Um e o mesmo profeta o enxergava ora em sagrada pureza sobre-humana, e então novamente como o antigo deus de guerra com o coração oscilante. Se ele conservou, desse modo, traços em alto grau antropomórficos, os profetas justamente da mais intensa sensibilidade não mais se atrevem – ao contrário dos antigos narradores iahwistas – a conferir traços demasiado concretos a suas visões do esplendor celestial, ao menos não quando se trata pessoalmente do deus invisível de antigos tempos. Aquilo que veem é "como um trono", mas a rigor nenhum trono verdadeiro. Isaías também enxerga apenas o manto real suspenso, não Deus propriamente.

O local da morada de Iahweh seguia tão ambíguo como a sua essência. Ter criado céu e Terra e posto as constelações em seus lugares, como Amós já diz, não impedirá que ele, segundo o mesmo profeta, tenha "rugido de Sião" (Am 1,2). Isaías teve sua visão do esplendor divino como visão do templo. Quando da queda do mesmo, essa localização há de ter comprometido o prestígio de Iahweh. Viram-se incontáveis santuários destruídos pelos conquistadores e seus ídolos sendo carregados embora, sem que seus deuses pudessem se defender. Ocorreria isso também a Iahweh? Os profetas não eram unânimes. Em alguns oráculos tardios, após a retirada de Senaquerib, Isaías se mostrava absolutamente convicto – em contraste com seus ameaços anteriores – de que Jerusalém, enquanto morada de Iahweh, nunca haveria de sofrer a ruína. Mas depois que Amós e Oseias prenunciaram o declínio do Reino do Norte como algo de intencionado pelo próprio Iahweh, a queda de Jerusalém mesma também passou a ser um fado determinado por resolução de Deus – como já nos oráculos antigos de Isaías, desde Miqueias e em definitivo a partir de Jeremias –, cuja ocorrência final, portanto, não afetava então em nada o prestígio de Iahweh; antes, o acentuava. Os próprios deuses dos grão-reis vitoriosos não podiam ser os autores dessa catástrofe. Eles estavam manchados pelas abominações da hierodulia e da idolatria, ou mesmo pelo desprezível culto egípcio aos animais. Por isso, todos esses deuses de outros povos podiam ser, quando muito, demônios, e eram "insignificantes" perante Iahweh. Com Oseias tiveram início a reprovação e o escárnio do culto idólatra, e os intelectuais passaram a apoiar de modo cada vez mais consequente a ideia de que o ídolo seria obra dos homens e, por essa razão, sem significado religioso, mas menos ainda a morada de um deus. Entretanto, não foi afirmado nem mesmo por Dêutero-Isaías, no tempo do exílio, que outros deuses a princípio não existissem. Apesar disso, mediante a teodiceia de desgraça dos profetas, Iahweh se elevava em matéria ao posto de único deus a determinar o curso do mundo. Nesse contexto era agora de particular importância: primeiro ele ter conservado os antigos traços do aterrador deus das catástrofes, ademais que a teodiceia de desgraça se sustentava na práxis da confissão de pecados da *torah* levítica, e, finalmente, diretamente ligada a ambas as circunstâncias, a mudança, em Amós, da ideia da *berith*, que fez do próprio Iahweh o autor de todo desfortúnio. Pois a consequência de tudo isso foi justamente que, na concepção profética, nunca eram demônios quaisquer existentes *ao lado* de Iahweh e de algum modo autônomos ou hostis com relação ao mesmo que lançavam o mal sobre os indivíduos e sobre Israel, senão que ele, sozinho, determinava todos as particularidades próprias ao curso do mundo – como vimos, esse monismo era o pressuposto mais importante de toda a profecia. A crença na existência de demônios, popular em todas as partes do mundo, adentrou minimamente apenas a religiosidade dos intelectuais do judaísmo tardio pós-exílico, em toda extensão apenas sob influências dualísticas persas. Os profetas seguramente não desconheciam a crença babilônica em demônios. Mas ela permaneceu tão irrelevante para suas concepções como as doutrinas astrológicas, mitológicas e esotéricas do seu ambiente. Por outro lado, os fatos de que Iahweh foi deus de uma associação política – a antiga confederação – e de ter continuado a sê-lo para a concepção puritana permitiram-lhe conservar o traço, indelével por todo universalismo cósmico e histórico, que ele supunha: de ser um Deus, a saber, do *agir*, não da *ordem* eterna. Dessa qualidade resultou o caráter determinante da relação religiosa.

    As vivências imediatas dos próprios profetas já são formadas pelas qualidades, assentes para eles, de Deus. Sua fantasia está sempre a girar ao redor da imagem de um rei celestial de aterradora majestade. A princípio isso se aplica a suas vivências visuais. Vimos que o papel do conjunto das visões era distinto em cada um dos profetas. Ele era mais significativo para Amós, o profeta mais antigo, que por isso também é chamado de "vidente" (*chozeh*). Mas elas desempenham um papel também entre os outros deles, sobretudo Isaías e Ezequiel. E os profetas também veem outras coisas além de apenas o esplendor celestial. Na visão, eles enxergam um exército a avançar ao longe, no ponto alto de um desfiladeiro, ou veem, desde a Babilônia, a morte de um homem – mencionado pelo nome – no Templo de Jerusalém. Ou então o profeta é arrebatado da Babilônia até Jerusalém pelos cabelos, por uma criatura formada por brilho de lume. Sempre, contudo, trata-se aqui de uma intervenção direta, por ele reconhecida, daquele soberano real divino. Ou, quando o profeta vê um ramo de amendoeira ou uma cesta com frutas, isso é investido de significado e, enquanto símbolo, formado por Deus. Ora são sonhos, mas com especial frequência é um sonhar acordado a circunstância em que essas visões afligem o profeta. No caso, porém, tais vivências visuais, como já discutido em outro contexto, são de longe, e na espécie mais característica, sobranceadas em significado pelas vivências auditivas. O profeta ouve uma voz a lhe falar, a lhe dar ordens ou instruções para que diga algo – sob circunstâncias também para que faça algo –, ou então, como vimos em Jeremias, uma voz fala a partir dele, queira este ou não. O predomínio dessas vivências auditivas sobre as visões não era nenhum acaso, como já enfatizado uma vez. A princípio ele estava ligado à tradicional ideia da invisibilidade de Deus, que excluía a possibilidade de afirmar algo sobre ele próprio e sobre sua aparência. Mas isso também foi consequência da única maneira possível para os profetas de reconhecer uma relação com esse deus. Em nenhuma passagem é encontrado entre os profetas aquele despojamento místico – introduzido pelo êxtase apático da Índia – de tudo de sensível e dotado de forma, tampouco aquela sublime euforia serena da possessão divina, raramente a expressão do arrebatamento inerente a Deus e nunca do sentimento piedoso-compassional de fraternidade com todas as criaturas, típico do místico. Seu deus vive, governa, fala, age em um impiedoso mundo de guerras, e é profundamente sombria a época na qual os profetas têm consciência de se encontrar. Mas acima de tudo: sombrios no âmago mais profundo são justamente alguns dos próprios profetas, embora não todos e nem sempre, só que, com frequência, em especial nos momentos da maior proximidade de Deus. Entre os profetas pré-exílicos, Oseias vivenciou o estado de arrebatamento pelo espírito de Iahweh como afortunada possessão; Amós experienciou a consciência de estar a par de todos os seus planos como fundamento da altiva segurança de si. Isaías insta pela honra da profecia. Contudo, em vista de algumas anunciações aterradoras de Deus e da rigidez das suas decisões, mesmo ele ocasionalmente o enxerga como um ofício difícil. A Jeremias, por fim, sua função de profeta significa um fardo insuportável; a proximidade de Iahweh ao menos nunca é uma posse abençoada do divino, senão sempre dever e mandamento, na maioria das vezes uma tormentória demanda encalçadora. Jeremias se sente violado por Iahweh como uma jovem por um homem, ou como um lutador derrotado. Também essas circunstâncias, importantes para a história das religiões e fundamentalmente distintas de qualquer profecia indiana e chinesa, resultaram apenas em parte das precondições psíquicas, mas por outro lado da interpretação que o profetismo judeu necessariamente deu às suas vivências, forçado pela espécie de fé a que ele se encontrava cativo e a qual, enquanto *a priori* inabalável, anterior a todas as suas vivências, determinou a *seleção* daqueles estados mentais que se permitiam considerar como autenticamente proféticos. Tanto o ímpeto sem precedentes como as rígidas barreiras internas dessa profecia encontraram nisso a sua fundamentação. Em virtude daquele *a priori*, os profetas não podiam ser "místicos". Seu deus era – à exceção de em Dêutero-Isaías – totalmente *compreensível* pelos homens, e tinha de sê-lo. Pois ele era um *soberano* sobre o qual se ambicionava saber o modo de obter sua graça.

Não é sequer levantada pelos profetas ou (até onde sabemos) por seu público, nunca e em nenhuma passagem, a questão relativa a um "sentido" do mundo e particularmente da vida, sobre uma razão que justificasse suas contradições e sua frágil efemeridade marcada por culpa e sofrimento, questão que na Índia impulsiona de forma determinante todo conhecimento sagrado.

E o que se liga diretamente a isso: aquilo que atrai os profetas ou seu público a Deus não é nunca, e em nenhuma passagem, a necessidade de redenção, salvação ou perfeiçoamento da própria alma perante esse mundo e de dentro dele. O profeta nunca se sente inteiramente deificado por sua vivência, nem unido ao divino, tampouco livre do tormento e da insignificância do existir, ao contrário do que ocorre ao redempto indiano, para o qual isso representa o verdadeiro sentido do vivenciar religioso. Ele nunca faz ideia de si como emancipado do sofrimento, nem mesmo apenas da servidão imposta pelos pecados. Em nenhuma parte há espaço para uma *unio mystica* ou mesmo para a serenidade de alma oceânica interior do budista Arhat. Não havia nada do tipo, e *gnosis* e interpretação de mundo metafísicas estavam totalmente fora de questão. Pois a essência de Iahweh não continha nada de suprassensível no sentido de algo situado além do compreender e do inteligível. Seus motivos não eram alheios ao entendimento humano. Pelo contrário, tarefa tanto dos profetas como dos instrutores da *torah* era justamente a compreensão, com base em motivos justificados, das decisões de Iahweh. Este, afinal, até estava pronto a defender a justiça das suas causas perante o tribunal do mundo. O gênero do seu regimento mundial é apresentado de modo extremamente simples e aparentemente exaustivo em Isaías, em uma parábola tirada da economia camponesa (Is 28,23-29); isso bastava como teodiceia tão plenamente como nas parábolas de Jesus – bem análogas –, que partem de pressupostos extremamente semelhantes nesse aspecto. Também foi tido mais tarde pelos judeus como algo específico a seus profetas justamente o seguinte caráter racional – próprio tanto ao seu fenômeno mundano (que não é determinado nem por cego acaso nem por forças mágicas prestigiosas; senão, tem razões compreensíveis) como também à profecia mesma –: que seus oráculos, ao contrário da esotérica gnóstica, eram compreensíveis a qualquer um. Não podia se tratar de "imperscrutabilidade" fundamental, não obstante toda a certeza de que o horizonte de Iahweh era incomparável àquele da criatura. Essa compreensibilidade principal das decisões divinas era o que afastava toda questão referente a um sentido do mundo ainda oculto, do mesmo modo como sua personalidade majestosa de soberano afastava toda ideia referente à comunhão mística com Deus como qualidade da relação religiosa com o mesmo. Nenhum autêntico profeta de Iahweh e nenhuma criatura em geral podiam ousar pretender algo dessa espécie, nem mesmo a autodeificação. O profeta nunca haveria de alcançar a paz interna definitiva com Deus – sua natureza excluía essa possibilidade. Ele podia apenas descarregar sua pressão interna. A mudança positiva, eufórica, do seu estado emocional, porém, ele tinha de projetar ao futuro, como promessa. Isso determinava a seleção dos temperamentos proféticos. Não há nenhuma razão para supor que estados mentais apático-místicos de caráter indiano porventura também não tivessem sido notados em solo palestino. Não se pode dizer com determinação nem mesmo se profetas como Oseias, e talvez mesmo outros, por sua vez ainda não tivessem sido receptíveis a estados mentais dessa espécie. Mas do mesmo modo como na Índia os êxtases emocionais do tipo israelita estavam presumivelmente a servir a uma ascese passional da mortificação – ou então, do mesmo modo como seus expoentes teriam sido considerados não sagrados mas bárbaros caso tivessem atuado como demagogos, e tampouco exercido influência –, isso, em turno, deve ter ocorrido em Israel relativamente aos estados mentais apático-extáticos. Eles não foram interpretados pela religião de Iahweh como possessão sagrada religiosa, e por isso também não se tornaram objeto da adestração escolástica, ao contrário do que ocorreu na Índia. Por fim, consequências anomísticas da possessão divina extática foram fortemente rejeitadas. Segundo Jeremias, um falso profeta é aquele que desrespeita a lei de Iahweh e não se esforça no sentido de conduzir o povo a Deus.

Se a posse mística de um divino extramundano era rejeitada em favor do ativo agir a serviço de Deus, supramundano mas compreensível em princípio, também o foi a especulação sobre o fundamento existencial do mundo, em favor da simples dedicação aos mandamentos divinos positivos. Nenhuma teodiceia filosófica se fez necessária, e onde quer que esse problema todavia se colocou – e que na Índia era sempre reelaborado –, ele foi resolvido com os meios mais simples de se imaginar. O pensamento dos profetas pré-exílicos, à exceção de Ezequiel, não se estendia até tempos anteriores ao êxodo do Egito.

Não apenas os patriarcas – ao contrário do Deuteronômio – desempenham um papel ocasional bastante modesto, senão que o "homem original" de Ezequiel (Ez 28,13-17) aponta ainda a uma variação do mito de Adão totalmente distinta da que foi adotada mais tarde. A lenda do bezerro de ouro parece ser desconhecida por Oseias; em seu livro, o crime de Baalfegor desempenha o papel correspondente. A ira de Iahweh sempre é remontada apenas ao motivo da formação da sua aliança com Israel – enquanto associação cujos membros respondem solidariamente uns pelos outros e também pelas ações dos antepassados –, mas não a qualidades dos homens relacionadas ao pecado original, tampouco, por exemplo, à queda de Adão. O homem aparece como inteiramente capaz de cumprir os mandamentos de Iahweh, ainda que, lamentavelmente, ele raramente o faça de fato com constância, e por isso esteja sempre carecendo da misericórdia de Iahweh. Aos profetas também interessam não questões relativas à qualificação moral dos *indivíduos*, isso nem um pouco, senão as consequências que poderia e haveria de trazer à *totalidade* a atividade contrária a Deus, em primeira linha a dos representantes designados do povo – príncipes, sacerdotes, profetas, anciãos e patrícios – e somente em segundo lugar também a de outros membros. No Livro de Ezequiel (cap. 14 e 18) é expressamente levantado pela primeira vez o problema sobre a razão afinal de os justos terem de sofrer junto com os injustos, e sobre onde estaria a compensação por isso. Em Jeremias é prometido, em relação ao reino do futuro, somente que ali cada um haveria de pagar apenas por seus delitos, e não mais seria dito que "os pais comeram uvas verdes e os dentes dos filhos se embotaram" (Jr 31,29). O Deuteronômio, como vimos, rompera com o princípio da responsabilidade solidária. É característico da particularidade da profecia completamente orientada aos fados da *totalidade* do povo – não do indivíduo – que ela permaneceu conservadora precisamente nesse ponto. Entretanto, em relação à redenção final, é esperado desde o início, já em Amós, que o "remanente" devoto seja poupado da desgraça e tome parte na salvação. E também aquela questão da teodiceia é respondida em Ezequiel – ou não respondida propriamente – no seguinte sentido: que Iahweh pouparia os justos no dia da desgraça, que seriam recompensados aqueles que não usuraram, que restituíram bem de penhora, realizaram caridade, e que todos os que se converteram a tempo não haveriam de morrer. Mas o povo pecador não haveria de ser salvo por virtude de alguns homens, por mais devotos que fossem (Ez 14,18). A esperança era tão somente: depois de passado o tempo da vingança, Deus faria chegar tempos melhores ao "remanente de Jacó" que lhe permanecesse fiel. Entretanto, a profecia considerava, quanto à relação com Iahweh em caso como de vingança de sangue, de contenda e de guerra: que o indivíduo teria de responder por aquilo que seus companheiros de tribo e de clã fizeram ou que os antepassados haviam feito e deixado inexpiado. Violações do dever coligativo eram recorrentes, e hoje são também facilmente demonstráveis. Por conseguinte, Deus simplesmente estava sempre certo, e quaisquer problemas de uma teodiceia eram inexistentes. Expectativas relativas ao além, por fim, seriam a última coisa a que eles dariam origem. A ideia de que o evento escatológico seria um "julgamento" encontra eco, mas não é exposta em nenhuma passagem[251] – a "ira" de Deus é suficiente para tudo motivar. O reino das sombras do Hades era considerado pelos profetas pré-exílicos, exatamente como pelos babilônios, a morada inevitável de todos os mortos que Iahweh não havia tomado para si, como alguns grandes heróis. O morrer enquanto tal era considerado um mal; a morte prematura, violenta, inesperada, como sinal da ira divina. Em Isaías, o *sheol* "alarga sua goela" (Is 5,14), e a salvação ante o mesmo, da qual fala Oseias, é salvação não porventura ante um "inferno" senão simplesmente da morte física (Os 13,14). Nisso o horizonte profético continuou sendo – como o babilônico oficial – totalmente deste mundo, bem em contraste com os mistérios helênicos e com a religião órfica, que geralmente trabalhavam com promessas relativas ao além. A estas interessava a rigor a salvação *individual*; à profecia israelita, em contrapartida, embora ligada à cura de almas dos levitas, importava apenas o destino do povo como um todo – nisso se mostra a todo tempo sua orientação política. A profecia também deixou totalmente à parte os mitos babilônicos e os demais mitos da ida ao Hades. Afinal, estes não tinham nada que ver com o destino futuro da congregação de fé, tampouco convinham ao credo iahwista. Somente em um poema do tempo do exílio erroneamente atribuído a Isaías são encon-

---

251. Cf. Sellin, op. cit., p. 125.

trados traços de distinções referentes à sina dos mortos no Hades, sem dúvida sob a influência de representações babilônicas tardias. E mesmo aqui o Hades ainda conserva totalmente o caráter homérico: todos, também os grandes reis, são sombras débeis, e apenas a grandes criminosos determinados são dadas punições específicas (Is 14,9-15.19-21). Os mandamentos de Iahweh eram totalmente concretos e positivos, puramente referidos a este mundo; igualmente concretas e puramente relativas a este mundo eram suas antigas promessas. Apenas problemas atuais do agir intramundano concreto podiam surgir e demandar resposta. Toda a problemática restante permanecia excluída. Para medir o alcance desse estado de coisas, deve-se ter totalmente clara a enorme economia de força anímica determinada por essas circunstâncias. Como para Bismarck, por exemplo, uma das precondições do seu agir, resistente a filosofemas, foi o saltério sobre sua mesa de cabeceira – no lugar de todo meditar metafísico –, os judeus e as comunidades religiosas por eles influenciadas encontraram tal condição nessa barricada ante o meditar sobre o sentido do cosmos, nunca inteiramente derrubada. Convinha ao homem agir conforme mandamento de Deus, não o conhecimento sobre o sentido do mundo.

Mas uma ética não adquire sua particularidade específica mediante a especificidade dos seus mandamentos – a ética israelita do cotidiano não era dissemelhante da de outros povos –, senão por meio da *disposição* religiosa central que lhe subjaz. Sobre esta, a profecia israelita exerceu forte influência.

A *exigência* religiosa decisiva dos profetas não foi a observância de prescrições particulares, por tão importante que ela fosse em si e não obstante o quanto o autêntico profeta se considerasse guardião dos costumes – e embora, ainda em Isaías (Is 3,10), a mais substancial justificação pelas obras fosse o determinante em ocasiões, senão a *fé. Não* em medida de algum modo igual: o *amor*. Este, para Oseias, de orientação norte-israelita, sem dúvida constituía a relação religiosa fundamental entre Deus e seu povo (Os 3,1), e, também em outros profetas, sobretudo em Jeremias, é descrita, em impressionante lírica, a relação de amor nupcial existente desde os primórdios entre Iahweh e Israel (Jr 2,1-2). Mas não é isso o que predomina, e, acima de tudo, o estado mental sagrado específico nunca é o de uma comunhão de amor *com* Deus. A razão já conhecemos.

É de se presumir que a exigência da fé, nessa enorme veemência, tenha então sido imposta pela primeira vez dentro de Israel pelos profetas, especificamente por Isaías (Is 7,9). Isso é consoante à natureza da inspiração profética e à sua interpretação. A voz divina é o que eles escutam, e esta, a princípio, exige dos mesmos – e do povo, por meio deles – tão somente fé. Afinal, o profeta tinha de reivindicar fé em si próprio, e esta tinha de valer para as anunciações de seu deus que lhe eram incumbidas. Por essa razão, a fé que os profetas judeus exigiam não era aquele comportamento interior ao qual Lutero e os reformadores se referiam. Ela significava a rigor apenas a confiança incondicional em que Iahweh simplesmente tudo podia, em que suas palavras eram sinceras e haveriam de se efetivar não obstante qualquer improbabilidade aparente. Especialmente pelos profetas maiores, sobretudo Isaías e Ezequiel, essa convicção foi tornada fato fundante da sua tomada de posição. Obediência e acima de tudo *humildade* são as virtudes dela resultantes, e a ambas Iahweh atribuía particular importância, mas notadamente à última – à rígida evitação não apenas da *hybris* em sentido helênico, senão, em última instância, de qualquer confiança nas próprias realizações e de toda vanglória: uma ideia de grandes implicações para o desenvolvimento tardio da piedade judaica. O antigo pavor perante a inveja dos deuses – a permear a prudência do viver dos tempos homéricos e ainda a dos tempos solônicos e herodóticos –, esta suscitada por fortúnio demasiado grande, e o medo antigo ante sua vingança à autoconfiança orgulhosa permaneceram, *ali*, em termos de efetividade, dentro dos limites de uma visão sensata e sóbria da sorte humana. A imposição de uma "humildade", no entendimento dos profetas, seria ofensiva à dignidade heroica, e uma verdadeira fé na providência, com sua exigência de prestar honra apenas a Deus e com a resignação submissa a suas decisões, poderia alcançar supremacia apenas junto a monarquias, não em estados livres. Entre os profetas, porém, essa nota se tornou absolutamente dominante. Os grão-reis fracassam, e seus reinos enfrentam a ruína porque eles atribuem a honra das suas vitórias a si mesmos, não a Iahweh. E os grandes, no próprio território, não fazem nada que, diferentemente, não leve à sua destruição. Em contrapartida, Iahweh está ao lado de quem trilha seu caminho em humildade e total obediência, e este simplesmente não tem o que temer. Eis, pois, o fundamento também da política profética. Os profetas eram demagogos, mas tudo menos adeptos da *Realpolitik* ou partidários políticos em geral. Com isso retornamos ao que foi dito inicialmente.

O posicionamento político dos profetas era puramente religioso, motivado pela relação de Iahweh com Israel, mas, considerado politicamente, de caráter inteiramente utópico. Iahweh sozinho irá a tudo guiar, conforme suas intenções. E estas, em vista do comportamento do seu povo, são aterradoras e ameaçadoras relativamente ao futuro próximo. Vimos que os grão-reis e seus exércitos são instrumento seu. Nesse sentido, eles agem segundo a vontade de Deus, e Isaísas julga "bárbara" a intenção de Iahweh de aniquilar aqueles que ele próprio designara. Para Jeremias, Nabucodonosor é "servo de Deus", e, no Livro de Daniel, que remonta ao período pós-exílico tardio, ele se torna, em virtude dessa designação, um convertido a Iahweh.

No gênero dessas concepções, e sobretudo em sua adoção pela devoção israelita, evidencia-se novamente a posição privilegiada de Israel. Em uma situação bem semelhante – na iminência da investida dos persas –, também o Apolo délfico deu oráculos de desgraça a seu próprio povo: o aconselhamento de fugir até os confins da Terra. Mas isso foi sina imposta, não consequência de falha religiosa. Entretanto, é igualmente difundida por toda a Antiguidade, e encontrada em especial na poesia do período helênico clássico, a ideia de um deus encolerizado, também o próprio deus da associação, que permite a acometida de desfortúnio ao próprio povo, em particular também desgraça ligada a guerras. E também não é peculiar à profecia israelita a ideia, bem mais específica, de um deus universal que, com vistas à punição das falhas do povo, lança os inimigos contra a cidade, pondo-a assim à iminência da ruína ou então efetivamente causando-lhe a destruição. Ela é encontrada em Platão, no fragmento de Crítias e no Timeu – escritos decerto marcados pela terrível imagem do declínio do poderio de Atenas depois da batalha de Egospótamo. E também aqui são considerados como razões do intervir divino vícios semelhantes aos tratados ali: mamonismo e *hybris*. Mas essas construções teológicas, de um líder de uma escola filosófica, permaneceram sem nenhuma consequência histórico-religiosa. As vielas de Jerusalém e o bosque de Academo eram locais de pregação bem distintos; a bravia demagogia dos profetas era bastante alheia aos nobres pensadores e pedagogos políticos da juventude cultivada de Atenas e – em ocasiões – aos tiranos ou reformadores siracusanos, e a ordenada eclésia ateniense, com seu conselho racionalmente ordenado, de fato não tinha sido nenhum local de consulta de oráculos extáticos, não obstante toda a deisidemônia e a suscetibilidade emocional. Sobretudo, porém, faltavam-lhe por completo tanto a concepção especificamente israelita da natureza catastrófica de Iahweh como a da *berith* especial do povo com Deus, esta a primeira propriamente a dar, à ideia toda, a ressonância patética de uma punição pelo rompimento de um contrato com esse deus atemorizante. Por essa razão, não obstante o quão significativo tenha sido o papel desempenhado tanto por oráculos como por presságios na Antiguidade helênica, eles não fizeram surgir nenhuma teodiceia profética como a que os profetas escritores utilizaram desde o início para fundamentar a interpretação das suas narrativas de desfortúnio. É bem verdade que o visionar da desgraça não é a consequência dessa espécie de interpretação. Assim como Jeremias tratou de se certificar junto a Iahweh de que o dia da desgraça de Judá teria sido não evocado senão anunciado por ele – algo que, para seu tormento, fora-lhe ordenado –, vimos que Isaías resiste internamente a certos ameaços de desfortúnio dirigidos a Assur. Mas, em relação a Israel, a interpretação da desgraça uma vez concretizada seguia então o viés que as concepções próprias aos intelectuais israelitas e sobretudo as dos instrutores da *torah* haviam indicado com base na antiga ideia da *berith*.

Para Israel vigoravam os mandamentos da parênese. Iahweh só intervém contra outros povos quando sua majestade é ofendida de modo insolente. As famosas imprecações de Isaías contra a Assíria, segundo sua justificação, são motivadas exclusivamente pela circunstância de que a impressão específica deixada pelo comportamento desses reis fazia parecer impossível, para o profeta, que Iahweh permitisse essa conduta por longo tempo. Portanto, ponderações quaisquer nos termos de uma *Realpolitik* não tiveram nenhum papel na aparente mudança de posicionamento do profeta com relação a Assur. E a sua tomada de posição quanto a Jerusalém mudou igualmente por razões puramente religiosas. De início, a cidade degenerada parecia condenada à ruína. A devoção iahwista de Ezequias o fez assumir a perspectiva de que Jerusalém nunca haveria de enfrentar a queda. Apesar da corroboração desse ponto de vista através da retirada de Senaquerib, a imagem dos sacrilégios – que então continuavam a existir de forma inalterada – por fim o conduziu novamente ao pessimismo: agora isso jamais haveria de ser perdoado. Em outros profetas, do mesmo modo, o respectivo comportamento religioso das camadas dominantes é sempre aquilo que, para eles, vem a determinar. Às vezes parece que todos eles duvidam de qualquer salvação. Em relação a Amós, Isaías e Jeremias, isso também deve ter sido o caso por certo período. Mas em nenhum deles essa ideia perdurou de forma definitiva. Utópico, porém, como sua política, foi também sua *expectativa de futuro*, que, sozinha, enquanto fundamento a tudo predominante, dá coesão interna a todo o ideário dos profetas.

Escatologia e profetas

A fantasia dos profetas está saturada de horrores vindouros relativos a guerras e em parte cósmicos. Apesar disso, porém – antes: justamente por isso –, todos eles sonham com um reino de paz futuro. Já em Oseias, como depois em Isaías e Sofonias, esse reino futuro adquire os traços paradisíacos babilônico-anatólicos habituais. Foi afirmado de forma injustificada que a doutrina babilônica astronômica da revolução periódica do mundo determinada pela precessão do equinócio já seria encontrada entre os profetas[252]. Aqui são adaptadas aos pressupostos específicos da relação de Israel com Iahweh as esperanças de futuro e as representações do estado original, de modo nenhum necessariamente relacionadas, difundidas de certo modo por

---

252. Na melhor das hipóteses, o "grande" Dia de Iahweh em Sf 1,14 poderia lembrar as grandes datas mundiais. Mas se nota de imediato que não se trata disso. Antes do exílio, apenas um saber bem genérico sobre tudo isso chegou a Israel.

quase todo o mundo, divulgada na Antiguidade ainda na quarta écloga de Virgílio na forma típica da era do ouro, regressada após a era do ferro. Iahweh haverá de estabelecer uma nova *berith* com Israel, mas também com seus inimigos e até com os animais silvestres. A esperança pacifista, alternada com expectativas de vingança contra os inimigos, passa então a ser recorrente. Em Isaías, o prodigioso menino-rei escatológico Emanuel, que se alimenta de mel e creme, é um príncipe de paz que governa até os confins da Terra. Nenhum profeta ousou prometer que a morte haveria de desaparecer novamente. Mas cada um deve "completar sua idade" (Is 65,20). Entretanto, junto a tais concepções, que manifestamente foram provocadas pela transposição de mitos populares sobre o estado original às especulações dos intelectuais, encontram-se as massivas expectativas de cidadãos e camponeses em relação ao futuro. Sobretudo a toda espécie de patente bem-estar. Mas ademais: vingança sobre os inimigos. Tão logo esta seja consumada, cavalos e bigas e todo o aparato da monarquia, sua pompa e os palácios dos seus funcionários enfrentarão a queda e desaparecerão, e um príncipe salvador à espécie dos antigos nomarcas entrará em Jerusalém montando um asno. Então o aparato militar se tornará supérfluo, e das espadas serão forjadas charruas.

Mas de que modo esse tempo de salvação, imaginado ora como mais burguês, ora como paradisíaco, relaciona-se ao ameaço de desfortúnio anunciado por todos os profetas pré-exílicos? Diversas vezes se acreditou ser possível determinar um "esquema" unitário como tipo perenal do vaticínio: primeiro aterradora desgraça, depois nímia salvação, e se assumiu que esse tipo teria sido apropriado dos egípcios. Em relação ao Egito, a existência de tal esquema unitário não parece suficientemente assegurada pelos exemplos apresentados até hoje referentes a isso – a rigor apenas dois. Da mesma forma, decerto seria evidente (como se nota em particular em Is 21,4-5) a influência da astrolatria e dos cultos da vegetação, ambos sem dúvida difundidos também na Palestina, com seus mitologemas a se desenvolver em peripécias. Pois para os mesmos, de modo geral, noite ou inverno têm primeiro de completar seu ciclo antes que o Sol ou a primavera retornem. É indubitável que isso logrou influenciar a fantasia para além do círculo original do culto, ainda que não seja certo se houve a partir do mesmo alguma influenciação sobre os profetas. Pois no geral não é possível verificar de início a existência do suposto esquema na profecia. Em especial entre os profetas mais antigos, os respectivos oráculos não são a regra, de modo nenhum. Em Amós é encontrado somente um exemplo dessa peripécia (Am 9,14), de resto tem-se apenas a esperança de que talvez, mas não com certeza, o remanente que se converte haveria de ser resguardado pela graça de Iahweh, e que apenas os pecadores morreriam (Am 5,15; 9,8.10), ao passo que a maioria dos seus oráculos contém apenas ameaços de desfortúnio. Em Oseias, o fado do Reino do Norte parece ser distinto do de Judá. Em Isaías são encontrados oráculos de desgraça sem vaticínio de salvação, e o vaticínio de salvação do jovem Emanuel não tem relação com nenhum oráculo de desfortúnio. Uma peripécia em sentido próprio, da desgraça à salvação, encontra-se em particular em um oráculo no qual Jerusalém afunda-se no Hades, mas depois é salva (Is 21,4-5). E isso de fato lembra mitologemas cúlticos. Todavia constata-se igualmente em quase todos os profetas, com bastante frequência, o tipo deuteronômico – totalmente divergente daquele esquema – de alternativas: salvação *ou* desgraça, dependendo do comportamento do povo (em período pré-deuteronômico: Am 5,4-6; Is 1,19-20; em período pós-deuteronômico: Jr 7; 18; Ez 18). Contudo, certo é, em termos gerais, apenas que nenhum profeta anunciou exclusivamente oráculos de desgraça; ademais: que em alguns casos o vaticínio de salvação está vinculado ao ameaço de desfortúnio como peripécia posterior à satisfação da ira de Iahweh e como recompensa ao "remanente" devoto. Além disso, é certo que a desgraça aparece em muitos oráculos como totalmente inevitável e a se irromper sob quaisquer circunstâncias, como um destino há muito declarado; e que, por fim, considerando o conjunto geral dos oráculos de um profeta, decerto há de surgir a impressão de que ambas, tanto desgraça como salvação – e naturalmente em especial a primeira –, forçosamente chegarão. A inevitabilidade da desgraça aparece como consequência dos pecados já dos antepassados, que, sem razão, romperam a aliança (Jr 2,5). Mas a maioria dos profetas pouco se ateve a essa ideia fatalista, assim como os instrutores da *torah*. O caminho do regresso e que afasta da desgraça se encontra aberto, ainda que apenas um "remanente" venha a percorrê-lo. Ao se comparar cada oráculo não se verifica uma uniformidade no sentido de um esquema, nem sequer em um e no mesmo profeta. Senão que aquilo que é vaticinado varia de acordo com o estado de pecados e com a situação do mundo. A profecia conhece não a Moira helênica, nem a Heimarmene helenística, senão Iahweh, cujas decisões variam conforme o comportamento dos homens. No essencial, comuns eram apenas as duas ideias a seguir. Primeiro que "aquele dia", o "Dia de Iahweh", que a esperança popular imaginava como um dia de pânico e desgraça para os inimigos – sobretudo de desgraça relacionada a guerras – mas como um dia de luz para Israel, haveria de ser também um dia de desgraça para o próprio povo, ao menos para os pecadores dentro dele. A considerar a maneira como Amós o anuncia, parece que essa importante concepção de fato foi propriedade intelectual sua. É bem verdade que a interpretação – como de um dia da salvação para Israel – continuou a vigorar. Mas a assunção de que chegaria uma grave desgraça como punição de pecados, ao mesmo tempo ou de antemão, permaneceu bem comum à profecia, assim como a concepção do "remanente" ao qual a salvação há de ser ofertada, como já encontrada em Amós mas claramente desenvolvida em Isaías, que deu a seu filho o respectivo nome. Ora, uma peripécia que vai do desfortúnio à redenção, ou uma combinação dos dois, de fato constitui o tipo em direção ao qual a promessa profética está sempre a gravitar, visto que, juntas, ambas aquelas ideias resultam no esquema: desgraça para o povo (ou para os pecadores), salvação para o remanente. Isso, entretanto, dificilmente se deveu a um esquema apropriado, senão que passou a residir na natureza mesma da coisa tão logo foi aceito o caráter do "Dia de Iahweh" como (ao menos: também como) um dia do desfortúnio. Pois visto que um ameaço de desgraça simplesmente inevitável não teria assumido nenhum sentido pedagógico, o tipo da peripécia teve então de se impor ao menos na seleção pelos compiladores. De um modo geral, em relação aos profetas mesmos, certamente não se deve contar com a existência de propósitos primariamente pedagógicos ligados aos ameaços de desfortúnio. Eles anunciavam aquilo que viam e ouviam; não eram propriamente "pregadores da penitência" naquele sentido da palavra como surgida no tempo dos evangelhos e na Idade Média. Naturalmente não faltava entre eles o clamor por penitência e meditação. Pelo contrário, segundo Jeremias, a denúncia dos pecados até constituía uma das marcas característica do autêntico profeta; esse importante princípio os distingue de todos os mistagogos. Logo no início Oseias tratou de dar-lhe relevo da forma mais passional, e o mesmo é encontrado igualmente em Jeremias (Jr 7). Mas em regra geral é meramente descrito, como conteúdo imediato das grandes visões e audições: aquilo que Iahweh já *houve* de determinar em termos de desgraça e salvação, e eventualmente o porquê das mesmas. E ao povo é exigido, dura e claramente, sem nenhuma admoestação: assumir aquilo que o mesmo ou os antepassados tinham de culpa[253]. Em regra, as advertências e os verdadeiros vitupérios e discursos expiatórios dos profetas mesmos são apresentados não como *debarim* de Iahweh, senão, pelo contrário, como falas próprias pronunciadas por incumbência de Deus. Em todo caso, o esquema "desgraça, depois salvação" era dado pela natureza da coisa, e é compreensível também sem hipótese de uma apropriação.

À diferença da *torah*, mais edificante no Deuteronômio, mais impetuosa na parênese antiga, todavia objetiva e a listar as exigências de modo especializado, a enorme passionalidade da acusação, da ameaça e da advertência proféticas – essa última a ocorrer em expressões bem gerais na maioria das vezes – é determinada não apenas por diferenças de temperamento. Antes, inversamente, a têmpera é determinada sobretudo pela *atualidade* das expectativas dos profetas com relação ao futuro. Apenas raramente a desgraça ou a salvação esperadas aparecem situadas em um futuro distante. Na maior parte das vezes elas podem irromper a todo momento. Em regra geral, contudo, ambas se encontram, com certeza ou probabilidade, em direta iminência. Isaías vê já grávida a jovem mulher que concebe o menino-rei escatológico. Cada uma das campanhas de guerra do exército dos soberanos mesopotâmicos, mas em especial eventos como a investida dos citas, podia

---

253. Em Amós (com exceção de uma passagem), e mesmo em uma passagem de Oseias (Os 5,4), a desgraça surge como inevitável, claramente porque o conteúdo da visão o sugeria. Algo semelhante é encontrado em Isaías e, com mais proeminência, de novo em Jeremias.

significar ou dar início à aproximação daquele "inimigo do Norte" – presumivelmente uma figura da expectativa popular-mitológica – o qual Jeremias, em particular, enquanto prenunciador do fim, viu chegar – e as aterradoras peripécias fatídicas dos estados empreendidos na batalha conservavam viva essa expectativa. Porém, para o significado prático-ético da profecia, foi absolutamente decisivo justamente esse caráter atual da esperança relativa ao fim. Pelo visto, expectativas e esperanças escatológicas se encontravam popularmente difundidas por toda volta. Mas sua indeterminação vaga, como sempre em casos similares, deixava como que complemento incólume o comportamento prático. Assim, os narradores de lendas ou o mascarado nos atos cultuais, quando muito o gnóstico intelectual em seu conventículo esotérico, sabiam como exercer influência sobre um grupo restrito de pessoas ou em um determinado período de tempo. Em nenhum lugar essas expectativas eram ou atuavam como algo de imediatamente atual, a ser tido em conta na conduta de vida como um todo. Expectativas atuais eram suscitadas pelo vaticínio dos profetas de salvação dos reis, ou também, como entre os helenos, pelos cresmólogos itinerantes. Mas aqueles que mais ou menos as tinham em consideração eram, no primeiro caso, os restritos círculos palacianos; no outro, os indivíduos particulares. Aqui, porém, em virtude da estrutura e da situação políticas de Israel, qualquer um sabia – como mostra o processo capital de Jeremias –, ao menos nos círculos dos anciãos, mesmo 100 anos depois, da existência de um oráculo de desgraça como o de Miqueias, e toda a população se mobilizava quando um profeta surgia com ameaços marcantes. Pois o desfortúnio vaticinado era bastante atual, concernia à existência de todos e obrigava qualquer um a se perguntar o que poderia ocorrer para evitá-lo. E além disso: tinha-se por trás uma profecia legitimada pela mais notória confirmação de alguns inolvidáveis oráculos de desgraça, por seu lado apoiada pela forte oposição antiga à monarquia. Em nenhum outro lugar uma expectativa *atual* dessa espécie era sustentada por alguma demagogia pública resoluta e ao mesmo tempo relacionada à antiga ideia legada referente à *berith* de Iahweh com Israel.

Como natural, para os círculos verdadeiramente devotos a Iahweh, há de ter sido determinante justamente essa atualidade da expectativa do fim.

Conhecemos da Idade Média e do período da Reforma, assim como da antiga congregação cristã, o enorme impacto de tais expectativas. Também em Israel elas parecem ter sido absolutamente determinantes para a conduta de vida daqueles círculos. Apenas com base nas mesmas se explica em última instância a *indiferença ao mundo* utopística dos profetas. Quando eles desaconselham quaisquer coalizões, quando eles reiteradamente se voltam contra as práticas levianas, soberbas, deste mundo, quando Jeremias permanece celibatário, isso tem, nesses casos, a mesma razão que a exortação de Jesus para dar ao imperador o que lhe é próprio ou que as advertências de Paulo para que cada um siga na sua profissão e na sua condição de solteiro ou casado, por qualquer que seja, e para que aqueles que têm esposa sejam como se não a tivessem. A rigor, todos esses assuntos do tempo presente são totalmente banais, pois o fim se encontra em direta iminência. Como na congregação dos primórdios cristãos, essa atualidade da expectativa do fim caracterizou também toda a postura interna dos profetas e seus aditamentos, e era aquilo que dava à sua anunciação o poder sobre os ouvintes. E apesar da incerteza referente ao dia da salvação, cada novo profeta reencontrava, e isso ao longo de todo um milênio, até a queda de Barcoquebas, a mesma fé passional – ainda que limitada antes do exílio a círculos mais restritos. Também aqui eram atuantes justamente aquelas irrealidades de traços mais profundamente arraigados na religião e que justificavam seu poder sobre a vida. Elas sozinhas davam ao viver aquilo que o tornava suportável: esperança. Em um tempo em que todo indivíduo vivo tinha necessariamente a expectativa de ainda vivenciar o evento escatológico por si mesmo, lograva ser mais facilmente suportada sobretudo a completa renúncia a todas as esperanças relacionadas ao além e a toda espécie de teodiceia verdadeira – apesar do constante questionamento sobre as razões da desgraça e não obstante o postulado de uma justa compensação. Essa gente passional que Israel produziu vivia em um estado de constante espera. Tinha-se a expectativa de que a salvação viesse imediatamente após o acometimento da desgraça. Nada o demonstra mais claramente do que o comportamento de Jeremias à iminente queda da cidade – a aquisição de meio acre de terra porque em breve os novos tempos aguardados haveriam mesmo de chegar –, e o aviso aos exilados para que fizessem sinais pelo trajeto a fim de encontrar o caminho de volta.

A salvação esperada mesma foi paulatinamente sublimada. Ambas as esperanças relativas ao fim, encontradas lado a lado – em parte expectativas referentes a um estado final paradisíaco em sentido cósmico, em Oseias e Isaías, em parte a esperança deuteronômica, material à maneira burguesa, totalmente massiva, de que Israel haveria de se tornar o povo patrício jerusalemita enquanto os outros povos se tornariam camponeses em condição de servidão por dívida e de pagadores de tributos – passaram mais e mais ao segundo plano, para ressurgir apenas em tempo pós-exílico – a primeira em Joel, a segunda em Trito-Isaías (Is 61,5-6). Além da expectativa política referente a uma vitória militar e a um domínio de Israel sobre os povos no exterior, como encontrada particularmente em Mq 4,13, e além das antigas promessas camponesas de ricas colheitas e patente prosperidade (em Amós), verificava-se entre os profetas esperanças de futuro pacifistas bem mais ideais: um reino de paz com o castelo do templo como ponto central (Isaías), como única morada da *torah*, da sabedoria e de aprendizagem para todos os povos (Miqueias). Encontrada já em Oseias, a esperança de que Iahweh um dia haveria de lhe garantir "graça, misericórdia e conhecimento" (Os 2,21) em uma nova *berith* com Israel intensificou-se em Jeremias (Jr 31,33-34) e em Ezequiel (Ez 36) nos termos de uma ética da convicção: Iahweh haverá de firmar com seu povo uma *berith* mais complacente do que a rígida aliança antiga, com suas severas leis. Ele tomará dos mesmos o coração de pedra e dar-lhes-á um de carne e sangue, colocará dentro deles um novo espírito e cuidará para que realizem o bem por si mesmos. "Eu ponho minha lei no seu seio e a escrevo em seu coração." Então eles "não terão mais que instruir seu próximo", pois conhecem Iahweh. E então, enquanto perdurarem as ordens cósmicas, eles não cessarão de ser seu povo. Ao menos a distância parece aqui que o fato dos pecados em si pode ser um problema da teodiceia. Mas no todo isso se trata de uma sublimação, em alto grau ética, das esperanças outrora desenvolvidas em um poema atribuído (certamente com justificativa questionável) a Amós (Am 9,11-15). A ideia dessa "nova Aliança" baseada em pura disposição ainda foi de importância para o desenvolvimento do cristianismo. Por seu lado, o pecado mesmo, cuja eliminação é esperada mediante Iahweh, também é bastante internalizado, concebido como uma disposição única hostil a Deus; o decisivo em Jeremias é a circuncisão do "prepúcio do coração", não algo qualquer de externo. Também isso se encontra com bastante similaridade em ditos evangélicos conhecidos. Vislumbrada aqui é uma utopia não mais apenas social senão puramente religiosa. Em Jeremias, as esperanças referentes a externalidades se formaram de modo extremamente modesto, no mesmo passo dessa internalização e dessa sublimação das esperanças de futuro. Enquanto o Deuteronômio pressupõe a cidade-Estado e a condição patrícia dos devotos, e a profecia, de resto – onde quer que ela venha a se referir a essas esperanças –, vê os judeus no mínimo como povo espiritualmente senhoril da Terra, como seus instrutores e líderes, em Jeremias isso também desapareceu. O Sião é mencionado por ele apenas uma vez (Jr 31,6) como sede da veneração iahwista. É bem verdade que ele também conhece o ideal do povo senhoril em sua forma sublimada. Mas Jeremias se torna mais moderado com a idade. Pastores e camponeses devotos são aqueles que Iahweh futuramente haverá de abençoar (Jr 31,24), e a princípio lhe basta que no futuro a terra venha a ser novamente semeada, e, a colheita, realizada. Uma espécie de "felicidade idílica" ameaçava reprimir as grandes expectativas escatológicas de dominação do mundo; encontramo-nos na total calamidade da devastação irrompida e a profecia de Jeremias termina, ao final da sua vida, em renúncia. Ele recomenda a resignação a esse destino imposto por Iahweh, permanência no campo, obediência ao rei babilônico – e depois aos seus governadores –, e adverte sobre fugir para o Egito. E se ele de início havia esperado um iminente regresso dos exilados, mais tarde o mesmo lhes aconselhou que se instalassem nas novas localidades. Depois do assassinato de Gedalias e de o próprio Jeremias ser levado ao Egito, claramente restavam-lhe poucas esperanças, como certifica o comovente testamento, profundamente resignante, a seu fiel discípulo Baruc: "Eis que trago a desgraça sobre toda a carne, sussurra Iahweh; a ti eu concederei a vida em recompensa, em todos os lugares para onde fores" – segundo tradição judaica tardia, ele teria sido apedrejado no Egito. Mas era certamente inviável que essa postura, completamente pessimista e nada senão submissa, pudesse servir de suporte à conservação da comunidade sob as condições do exílio. Devido já àquele conselho aos exilados para que se instalassem em Babel, ele entra imediatamente em forte conflito com o contraprofeta Semaías, como mostra a exasperada correspondência enviada à Babilônia. Sobretudo a atualidade da esperança de regresso, em aguda oposição a Jeremias, foi conservada por Ezequiel, o mais preeminente dos profetas levados ao exílio – de fato ela foi imprescindível para manter a congregação unida em primeiro lugar. As esperanças relativas ao fim determinantes para a forte *influência* dos profetas foram obviamente não as sublimadas senão as formas massivas, que continuavam a coexistir junto a elas em todos os profetas. Assim como esperanças quaisquer de salvação puramente terrenas proteladas ao futuro, raramente logravam forte eficácia – como toda experiência mostra – as representações escatológicas que vislumbravam o despontar do Dia do Juízo Final e da ressurreição não em tempo *atual*. O determinante foi justamente que o "Dia de Iahweh" era anunciado aqui como um evento que todos podiam temer ou esperar vivenciar ainda agora, e que, *neste mundo*, revoluções extremamente massivas seriam iminentes.

À afiguração distinta das esperanças relativas ao fim correspondia também a distinta formação da ideia da personalidade redentora. Em Amós, esta é totalmente inexistente; toda a ênfase incidia sobre o "remanente" do povo a se salvar. Mas em outros profetas as expectativas de salvação se saturavam de imagens de um redentor, que a tradição encontrou nos antigos heróis da Aliança, nos *shofetim* [juízes], nos "salvadores", e às quais ela relacionava as representações escatológicas que o ambiente oferecia. Estas, em última instância, certamente não forneciam nada que pudesse ser útil. Pois, para a concepção profética, tanto a encarnação como a geração física divina e a verdadeira apoteose eram alheias às possibilidades próprias à figura desse salvador redentor, visto que nenhuma delas era compatível com a particularidade de Iahweh legada. É uma ideia apenas do tempo do exílio (Dêutero-Isaías) que o papel de salvador caiba a um rei estrangeiro (Ciro). Em Israel, a figura do redentor teve de ser relacionada com o "Dia de Iahweh", portanto com um evento escatológico bastante concreto, cuja natureza, como vimos, resultava da particularidade legada do deus das catástrofes. Porém, os cultos e as religiões de cultura do mundo circunvizinho (e por sinal também a religião iraniana) não conheciam nenhuma figura "escatológica" – nesse sentido particular – do rei salvador. Na melhor das hipóteses talvez lograram ser apropriadas dos mesmos especulações sobre um salvador preexistente de caráter astral (no oráculo de Balaão em Nm 24,17) ou de um homem original (provavelmente de modo mais claro em Jó 15,7-9, com reminiscências talvez em Is 9,5; Mq 5,1; Ez 28,17). Mas ainda que tais lendas de culto ou mesmo especulações de intelectuais ocasionalmente encontrassem ressonância em misteriosas alusões dos profetas, de fato nenhum deles decidiu adentrar o âmbito dessas espécies de representações, que necessariamente conduzem a uma esotérica arcana, já por receio de assim ofender a majestade exclusiva de Iahweh. A figura teve de conservar caráter de criatura. Assim, o que ficou foi a esperança de Barbarossa, até onde se sabe não difundida no ambiente, mas muito facilmente remontável à profecia do rei salvador – em Israel, portanto: o regresso de Davi –, ou então a esperança no aparecimento de um novo rei salvador israelita, descendente da tribo davídica ou enquanto prodígio, com os traços – encontrados particularmente na Mesopotâmia, em especial em reis ainda vivos (ou seja, em usurpadores) – de uma procriação de algum modo supranatural, portanto sobretudo realizada sem pai. São encontradas todas essas possibilidades, a primeira em quase todos os profetas, a última especificamente em Isaías, no vaticínio do menino Emanuel, do filho da "jovem mulher". A legitimidade dos davídicos não foi posta em dúvida por nenhum dos profetas, nem mesmo por aqueles atuando no Reino do Norte: Amós e Oseias. Para Amós, Sião é a morada de Iahweh. Para Oseias, Judá não está manchado pelos pecados de Israel, sobretudo tampouco pela desonra dos usurpadores. Ele parece não ter acreditado nem um pouco em uma queda de Judá. Também em Isaías, o "remanente" parece ter sido, originalmente, Judá. Para Miqueias, o rei salvador vem de Betel Éfrata, morada de origem do clã davídico. Em Isaías, contudo, é provável que a figura de Emanuel, o menino salvador, significasse um repúdio à ímpia família real[254], e em Jeremias e Ezequiel as esperanças ligadas à antiga dinastia régia perdem fortemente em importância. Além dos davídicos, consta em Ezequiel também a esperança por alguém "que detenha o direito que eu (Iahweh) lhe concedo" (Ez 21,32). Mas as promessas dos profetas são antimonárquicas apenas no sentido da oposição popular apoiada pelos intelectuais: o príncipe salvador não é, expressamente, nenhum rei guerreiro que por seu lado vingue Israel contra os inimigos – embora essa ideia também tenha existido em ocasiões, como natural. A regra, porém, é que o próprio Iahweh execute a punição. Já em tempo pré-exílico, a circunstância de a figura do redentor assumir os traços de um profeta e instrutor foi de fato predisposta pela forte ênfase da *torah* como aquilo que Sião teria a oferecer ao mundo no fim dos tempos e pelo vaticínio deuteronômico de que Iahweh haveria de suscitar "um profeta da espécie de Moisés" a Israel. A profecia rotulou Moisés – desde Oseias (Os 12,11) –, além dele Samuel – desde Jeremias (Jr 15,1) e o Deuteronômio –, como *archegétes* [líder iniciador, precursor] do próprio ofício. O caráter que logrou ser preservado a essas figuras, em essência puramente religioso, em oposição aos soberanos e líderes do exército – aqueles são conselheiros e admoestadores, não líderes populares –, fez com que ambos parecessem aptos à atividade. Aos mesmos se juntava, como bastante natural, a lendária figura de Elias, enquanto primeiro a se saber ter confrontado o rei como profeta da desgraça no sentido tardio. Mas a ideia tradicional do "Dia de Iahweh" como uma catástrofe natural e política dificultou que uma figura puramente espiritual assumisse o lugar do rei salvador popular. Por essa razão, a concepção propriamente escatológica de um instrutor salvador pertence apenas ao tempo do exílio, e somente em período tardio a esperança referente ao regresso de Elias, o mago antimonárquico, ganhou aquela popularidade conhecida do Novo Testamento. Entre os profetas, a especulação

---

254. Estranhamente, também Hölscher (p. 229, nota 1) acredita que poderia se tratar de uma figura não escatológica, senão real e conhecida (eventualmente: o próprio filho e a própria mulher de Isaías!), porque do contrário, afinal, "nada" seria "comprovado" com o sinal miraculoso. Só que não tem de ser "comprovado" absolutamente nada; antes, a consequência da incredulidade de Acaz é: sua incidência da sua rejeição em favor do menino salvador, intuída de modo visionário mas na forma de expectativa *atual*.

sobre a espécie dessa figura escatológica desempenha claramente um papel bem secundário. Para eles, o mais importante é a forte, iminente *revolução* provocada por uma descomunal *ação de Iahweh* mesmo – nisso eles se distinguem do Deuteronômio, que, à maneira de uma pregação moral, lista pareneticamente toda sorte de vaticínios de fortúnio e infortúnio. Em última instância, a ação humana lhes é desinteressante em vista daquela revolução; as ideias a seu respeito variam. O *milagre absoluto* é o cerne de toda expectativa profética, sem o qual ela perderia sua patética específica. Por isso a imagem da figura do Messias não se tornou muito clara de fato, tampouco constante, em geral nem no mesmo profeta pré-exílico. Também o papel desempenhado por tais vaticínios se manteve distinto em cada um e foi diminuindo em importância até alcançar o extremo negativo em Jeremias, no qual toda a ênfase incide novamente, como em Amós, sobre o remanente convertido do povo enquanto tal, e onde é encontrado apenas um vaticínio propriamente "messiânico". Algo similar se nota em seu contemporâneo Ezequiel. O prestígio da dinastia dos davídicos estava profundamente postado às sombras. A rigor já nos encontramos rumo àquela profunda transformação que fez do "povo Israel" a comunidade dos "judeus". Judá consta como titular das promessas já desde a ruína do Reino do Norte em Oseias, mas depois aparece com frequência cada vez maior nos profetas tardios, embora não tivesse se perdido a esperança de reunificação de todo o povo no fim dos tempos.

Antes de examinarmos esse desenvolvimento até se chegar aos "judeus", tratemos ainda, apenas brevemente, a questão sobre a influência que os profetas pré-exílicos tiveram no desenvolvimento da ética em comparação com outras forças motrizes. Afinal, todos os mandamentos substanciais, como vimos, eles apropriaram da *torah* dos levitas. A ideia da *berith* de Iahweh com Israel e os traços essenciais da concepção de Deus específica a eles também lhes são precedentes. Antes deles já houve camadas sociais que de modo similar confrontaram a monarquia e a cultura material e estética dos nobres. E, muito provavelmente, a postura cética com relação ao sacrifício sempre existiu, também fora dos círculos recabitas. A questão é se por um lado o poderoso *pragma* do plano divino de desgraça e salvação – a servir de suporte à ética –, por outro a ampla sublimação dos pecados e do comportar-se aprazente a Deus – nos termos de uma ética da convicção –, devem ser atribuídos apenas aos profetas ou tratados como produtos de alguma cultura pré-profética de intelectuais. Toda probabilidade intrínseca sugere que o desenvolvimento dessas concepções era agora resultado de um trabalho dos profetas em conjunto com a paulatina racionalização da *torah* levítica e com o pensamento de círculos formados por leigos devotos. A crescente coincidência dos registros proféticos de pecados com os mandamentos decalógicos já aponta nesse sentido. Medido no padrão do seu tempo, os profetas mesmos eram homens instruídos e mantinham relações amistosas, embora ocasionalmente tensas, com aqueles círculos que deram origem à escola deuteronômica. Aos instrutores da *torah* terá convindo a casuística ética sistemática; já às inspirações proféticas, o liderar e o dar palavras de ordem no contexto da sublimação e da concentração, no sentido de uma ética da convicção. Basta comparar o modo edificante e burguês de pensar e se expressar do deuteronomista com oráculos de Isaías para se afastar a ideia (que seriamente surgiu) de que ele próprio teria concebido essa obra parenética e a entregue "asselada" a seus discípulos. Isso é simplesmente impensável, e a alternativa "bênção ou maldição a depender do comportamento" acordava com a pedagogia popular da instrução da *torah*, assim como, justamente neste e nos profetas mais tardios, ela é incompatível com as visões de desgraça vindoura. Por um lado, foi decisivo aqui para o contraste a enorme *atualidade* das aterradoras expectativas dos profetas, completamente orientados às catástrofes *políticas* – em oposição à compensação individual pelos pecados e à devoção da sua clientela: dos particulares –, por outro lado também lhe foram determinantes as esperanças e os temores situados no futuro e ao mesmo tempo bastante monótonos para a burguesia no tom admoestador da ilustrativa pregação moral do Deuteronômio. Este, apesar disso, naturalmente não é concebível sem a profecia. Pois essa obra volta afinal suas esperanças justamente ao *profeta* do futuro. E as ingênuas regras de guerra do Deuteronômio, bem à espécie profética, são puramente utópicas e explicáveis apenas a partir da assimilação da concepção de *fé* que os profetas vivenciavam diretamente.

Só que tudo é transposto ao cotidiano e ao expressivo. Do mesmo modo – algo que não há como continuar a ser examinado aqui –, toda a redação atual da tradição e da *torah*, desde que se permita considerá-la pré-exílica, é, ainda que em intensidade bem distinta, de influência profética, embora elaborada por redatores em turno sem dúvida não proféticos. Mas acima de tudo: sem o forte prestígio desses demagogos, conhecidos e temidos em todo o povo, dificilmente teria prevalecido a autoridade da concepção de Iahweh enquanto deus universal destruidor e reedificador de Jerusalém, distante em igual medida de todas as concepções referentes à relação de Israel com seu deus, tanto das puramente populares como das próprias aos sacerdotes de culto. É totalmente impensável que sem as devastadoras experiências de uma confirmação das palavras proféticas de desfortúnio, proferidas abertamente em público, ainda preservadas na memória após centenas de anos (Jr 26,18), a fé do povo tivesse não apenas não sido dilacerada pelas terríveis sinas políticas senão justamente se consolidado em definitivo, em um paradoxo histórico único e totalmente inaudito. Toda a construção interna do "Antigo Testamento" é impensável sem a orientação aos oráculos dos profetas, e como esse livro sagrado dos judeus também se tornou livro sagrado dos cristãos – e toda a interpretação da missão do nazareno foi determinada sobretudo pelas antigas promessas feitas a Israel –, a sombra dessas grandiosas figuras atravessa os milênios e alcança o presente. Por outro lado, sem as grandiosas interpretações das intenções de Iahweh e sem a confiança inabalável em suas promessas, existente apesar de tudo – a rigor justamente *devido* a tudo aquilo que ele infligiu a seu povo, conforme a sombria previsão –, também nunca teria sido pensável aquele desenvolvimento interno verificado em Israel, a possibilitar sozinho que a comunidade de Iahweh continuasse a existir após a destruição de Jerusalém: passando de uma associação política a uma associação confessional. Novamente, a enorme *atualidade* emocional da expectativa escatológica esteve, aqui, a tudo determinar. Em particular no exílio ela era aquilo de que se carecia de modo mais incondicional. Nada teria se efetivado apenas com a *torah* e com suas edificantes exortações e promessas vãs dos intelectuais deuteronômicos. Sede de vingança e esperança eram os impulsores naturais de todo o agir dos fiéis, e apenas a profecia, que dava a todos a esperança de ainda vivenciarem *propriamente* a consumação dessas passionais expectativas, logrou aqui dar coesão religiosa à comunidade, politicamente desagregada. E aquilo a possibilitar que a *nova* associação confessional, ao ter se encapsulado ritualisticamente, se considerasse continuação direta da antiga comunidade popular de ritual – o que não foi possível ao cristianismo no longo prazo – foi justamente a circunstância de os profetas não terem oferecido nenhum azo à formação de uma nova comunidade religiosa; foi a circunstância de o conteúdo prático-ético imediato da sua anunciação escatológica ter sido formado apenas por sublimação ética da religião tradicional – nos termos, especificamente: de uma ética da convicção.

O desenvolvimento do isolamento ritualístico e do dualismo entre a moral interna e externa

As realizações da profecia operaram em conjunto com os costumes ritualísticos tradicionais de Israel para produzir aquilo que conferiu aos judeus sua condição de pária no mundo. Mediante o caráter exclusivo que o desenvolvimento da *torah* sacerdotal deu em particular à ética israelita, esta adquiriu seu cunho determinante para que aquilo ocorresse. Também a ética egípcia era exclusiva na medida em que ela, como todas as éticas antigas, ignorava de forma natural o não conterrâneo. Entre os egípcios, contudo, parece não ter havido nenhum embargo ao conúbio com estrangeiros, tampouco a ideia de uma impureza ritualística geral dos mesmos. Em contrapartida, similarmente aos indianos e ao contrário dos israelitas, eles parecem ter evitado o toque dos lábios e das louças de tais povos que comiam carne de vaca. Em Israel inexistia originalmente qualquer isolamento ritualístico perante estrangeiros, e a exclusividade, em essência correspondente ao tipo geral, adquiriu sua nota particular somente pelo seu vínculo ao desenvolvimento que levou à associação confessional. Entretanto, essa transformação da comunidade israelita começou sob a influência da *torah* e da profecia antes mesmo do exílio. Inicialmente ela se manifestou na crescente inclusão dos metecos (*gerim*) em sua ordem ritualística. Esta, como vimos, em origem não concernia ao *ger*. A circuncisão era uma instituição não apenas israelita, mas, dentro de Israel, obrigatória apenas para as forças armadas; o sabá era um dia de descanso – difundido, presume-se, fora do círculo dos israelitas plenos e talvez para além do círculo dos veneradores de Iahweh – que foi paulatinamente elevado ao posto de um mandamento fundamental parenético. A circunstância de ser *permitido* ao *ger* ser circuncidado e depois que participasse da ceia de Pessach (Ex 12,48) foi sem dúvida uma inovação determinada já pela transformação pacifista dos círculos de devoção iahwista. Isso agora se tornava um dever do *ger* (Nm 9,14). É provável que antes também já tivessem sido impostos aos *gerim* a proibição do consumo de sangue (Lv 17,10) e a da oferta sacrificial a Moloc (Lv 20,2), e sobretudo o descanso sabático. A instrução sacerdotal deuteronômica e – em definitivo – a exílica (Nm 9,14; 15,15-16) deram fim então a todas as diferenças ritualísticas existentes entre israelitas plenos e *gerim*: "um direito" haveria de vigorar eternamente para eles e para os israelitas (conforme adição claramente posterior encontrada em Ex 12,49). Segundo o Deuteronômio, os *gerim* fazem parte da aliança com Iahweh (Dt 29,11), e no Livro de Josué (Js 8,33) isso é até inserido na cerimônia siquemítica de bênção e imprecação (por isso a prescrição tardia encontrada em Dt 31,12 determina expressamente que a *torah* seja lida em público também para eles). As forças motrizes por trás disso eram o interesse dos sacerdotes pela clientela dos *gerim*, entre os quais se encontravam indivíduos de devoção tão exemplar como os criadores de gado iahwistas – ao passo que os "nobres", na narrativa da rebelião dos coreítas, figuram ao lado destes como opositores do sacerdócio –, e, vinculada a isso, a desmilitarização dos camponeses e dos cidadãos lavradores israelitas. Aqui, como não raro também em outras localidades, as camadas politicamente destituídas de direitos ou com menor representação jurídica eram um campo de atuação cada vez mais importante para os levitas e, no exílio, para os sacerdotes. As prescrições incorporadas na redação atual do Deuteronômio sobre a admissão de estrangeiros – inicialmente de egípcios e edomitas – à plena comunidade ritualística (Dt 23,8) provavelmente são oriundas apenas do tempo do exílio. No lugar da antiga associação entre os guerreiros residentes e as tribos-hóspedes dos *gerim*, estas últimas incorporadas mediante *berith*, instaurava-se agora cada vez mais uma associação puramente ritualística, especificamente uma associação regional – ao menos em termos ideais –, com Jerusalém como capital postulada.

Na questão da configuração futura da congregação iahwista, o posicionamento inicialmente não era uniforme. Logo depois da primeira abdução, Jeremias aconselhou aos exilados para fazerem da Babilônia sua casa. Por outro lado, depois da destruição de Jerusalém, ele defendeu que os indivíduos deixados no território permanecessem ali. Então teria surgido uma comunidade rural sob soberania babilônica, com Masfa como centro. Ezequiel, porém, voltou-se contra isso com grande veemência (segundo a interpretação, presumivelmente correta, encontrada em Ez 33,25). Para ele – o sacerdote – Jerusalém era a única localidade legal de culto, e sem o perseverar nas promessas relativas a Sião não havia nenhuma esperança de futuro. Em termos práticos ele sem dúvida tinha razão nesse aspecto. O mandamento da uniformidade ritualística do povo, incluídos os *gerim*, foi então vinculado à pureza ritualística específica do território – afirmada já no tempo de Amós –, que Iahweh teria conferido a Israel em contraste com outras localidades. Por essa razão, o crescente zelo confessional dos sacerdotes do exílio demandava em teoria que, lá dentro, indivíduos impuros em termos ritualísticos não fossem tolerados como residentes permanentes. Quase no momento em que Israel perdia sua base territorial real, foi então estabelecido ritualisticamente em definitivo o valor ideal da base territorial política para o povo-hóspede internacionalmente domiciliado agora a se desenvolver: apenas em Jerusalém era permitido ofertar sacrifícios, e no território de Israel só haveriam de residir permanentemente indivíduos puros em termos ritualísticos. Agora, todos os veneradores ritualisticamente puros de Iahweh, sem importar se israelitas, *gerim* ou novos convertidos, eram iguais em termos confessionais.

A natureza puramente religiosa da comunidade, baseada nas promessas proféticas, servia então de condição para que esse isolamento confessional tomasse, para fora, o lugar da isolação política e se agravasse substancialmente. Primeiro o examinemos naquilo que concerne ao desenvolvimento da ética material. Desde o início, como originalmente em todos os povos da Terra, os deveres dos israelitas eram obviamente distintos, variando entre o irmão de tribo e o não pertencente à mesma. A ética dos patriarcas não tratava como ofensa o ludíbrio e o engano mesmo dos estrangeiros etnicamente mais próximos à tribo, como os edomitas (Esaú) ou os nômades do Leste (Labão). Iahweh ordena a Moisés que mentisse ao faraó (Ex 3,18; 4,13; 5,1) e, quando do êxodo, ajuda os israelitas a se porem em posse, com dolo, de bens egípcios. Como vimos, mesmo dentro de Israel também havia a separação tribal, com consequências similares. O *ger* era protegido juridicamente no contexto da *berith* vigente com a sua comunidade; eticamente, ele o era apenas pela parênese levítica. Mas em tempo mais antigo inexistia qualquer "xenofobia". Como a tradição indica, entre os *gerim* se encontravam também comunidades cananeias (paradigma: Gabaon). A princípio apenas agravaram a oposição aos cananeus, inclusive aos *gerim* de Canaã, por um lado o puritanismo iahwista – contrário à orgiástica sexual cananeia –, por outro o reino nacional de Salomão. Desde o ponto de vista exílico, todos os cananeus eram inimigos e determinados por Iahweh à servidão em virtude do impudor sexual, mais tarde ao extermínio – devido à sacralidade da terra e para que eles não seduzissem Israel ao abjuramento (Ex 23,23-33; 34,15). Segundo essa concepção, uma *berith* com os mesmos era inadmissível, a não ser, como reserva a tradição siquemita, que eles adentrassem a comunidade ritualística mediante circuncisão – como já observado, trata-se de uma inserção tardia, em vista do predomínio de fato indubitável da circuncisão entre os cananeus. Pelo contrário, ocorre que relação de Israel com os não israelitas no tempo mais antigo tinha sido toda ela determinada pela política, isso também nos aspectos cúlticos e ritualísticos. Originalmente não existia nem exclusão da comensalidade, nem – o que estava diretamente ligado – incompatibilidade de sacrifícios estrangeiros. De fato, a comunhão de passadio com os gabaonitas não era, como se conclui do teor da passagem, nenhum "repasto sacrificial", senão simples comensalidade, como consequência da *berith*. Mas em todo caso os israelitas consumiam alimentos estrangeiros em ocasião de ritual. A narrativa da refeição de José e seus irmãos com os egípcios (Gn 43,32) mostra que a rejeição da comensalidade com forâneos pelos egípcios, à época do surgimento dessa tradição, era uma particularidade sua, em contraste com Israel. As proibições do repasto sacrificial compartilhado com estrangeiros (Ex 34,15; Nm 25,2), cada vez mais rigorosas sob a influência do puritanismo iahwista, dificilmente teriam sido necessárias se tais ocorrências, originalmente comuns também em todo o mundo, não o fossem entre os israelitas. Pode seguir questionável se o tratado de Jacó e Labão (Gn 31,43-54), firmado com oferta sacrificial, teria sido considerado dessa forma pelo eloísta (que trata Labão como devoto de outros deuses). Ainda nas narrativas de Eliseu, porém, tem-se atestado que, conforme a visão da época, permitia-se a um venerador de Iahweh a serviço de estrangeiros, como no caso de Naamã, que ele participasse do culto do deus do seu rei, sem dúvida porque esse era um ato político – um ponto de vista que teria sido uma abominação para a concepção confessional judaica mais tardia, a qual, diante da imposição do culto régio ou imperial, escolhia o martírio. Apenas no tempo da confessionalização se arcou com a plena consequência da monolatria estrita, como determinada pela *berith*.

Conúbio também é mencionado, sem repreensões. Permite-se esposar uma prisioneira; por sinal, a considerar o contexto, uma cananeia. A circunstância de ela ser tida como concubina e a instituição do princípio de que o filho da serva não deveria receber heranças em Israel – aqui como em qualquer localidade – foram apenas produto do desenvolvimento de uma época na qual os clãs abastados, quando do matrimônio das filhas dos seus membros, proviam-lhe de dote e reivindicavam, por essa razão, em relação aos filhos das mesmas, o monopólio da legitimidade. Talvez a partir daqui tenham surgido pela primeira vez as reservas ao conúbio com não membros, que depois rapidamente aumentaram entre os devotos no tempo dos casamentos das princesas, por razões confessionais. A proibições efetivas dos casamentos mistos, porém, só se chegou no tempo do exílio. Afinal, segundo a narrativa de Rute, a árvore genealógica de Davi ainda incluía uma estrangeira.

A relação interna com os não israelitas se reflete do modo mais claro no desenvolvimento da posição de Iahweh perante os mesmos[255]. Esta, contudo, foi determinada a princípio por motivos puramente políticos. Em relação àqueles, por si, Iahweh era indiferente. Se irrompe uma guerra contra não israelitas, ele naturalmente está ao lado de Israel. Mas os estrangeiros, ainda que venerem outros deuses, não são, enquanto tais, odiados por ele. Quando prestam auxílio a Israel na guerra ou lhe são úteis de algum outro modo (como Hobab ao servir de guia pelo deserto em Nm 10), em particular quando denunciam seu povo a Israel (como Raab e o espião em Js 2), eles obtêm o privilégio de viver como *gerim* em Israel. Não há nenhuma referência à necessidade de se combater povos estrangeiros devido a essa sua condição. Pelo contrário, Iahweh reprova bem claramente que se causem danos politicamente insensatos e sobretudo atraiçoadores aos mesmos (como no caso de Siquém), e o deus pacifista dos patriarcas claramente tem satisfação com a generosidade de Abraão ante Ló quando da divisão pacífica de terra (Gn 13) e atende a seu pedido para que intervenha por Abimelec. Ocasionalmente se nota que retribuir com o mal a benevolência de estrangeiros com Israel não apraz a Iahweh. Na antiga tradição não é nunca repreendida em nome de Iahweh a veneração, por outros povos, de seus próprios deuses; por outro lado, a legitimidade dos outros deuses lhes é reconhecida apenas de modo excepcional (como na narrativa de Jefté e na versão original da narrativa do sacrifício do filho do rei de Moab). Todos esses são posicionamentos comuns em geral, levemente modificados apenas pela relação particular de Iahweh com Israel, caracterizada pela *berith*. Mas Iahweh, segundo a lenda dos patriarcas (Gn 27,40), deu uma promessa, ainda que mais modesta, também a Edom, uma antiga sede da sua veneração, assim como a Ismael, aparentemente também visto como inclinado à veneração iahwista.

Uma racionalização universalista dessas representações teve início com a demanda teológica por teodiceias – a qual deriva da *berith* de Iahweh seu direito de punir Israel no caso de inobediência – para explicar a ameaça

---

255. Cf. sobre isso o bom trabalho de Peisker. Acima já foi falado sobre o significado da aliança palestina com vistas ao direito de guerra dos povos, que não é mais averiguável nos pormenores.

política e as derrotas. Como antes, Iahweh permanece indiferente em relação aos outros povos. Mas ele os usa como "flagelo de Deus" (Peisker) contra o inobediente povo de Israel, para novamente fazê-los serem derrotados pelo mesmo tão logo seu povo tenha se retificado. Em sua espécie típica, isso é encontrado na pragmática da atual redação do Livro dos Juízes. A Iahweh interessa Israel – e apenas Israel; os outros são apenas meios para um fim. Todavia, para que pudessem sê-lo, Iahweh tinha de deter o poder de usá-los à discrição para alcançar seus objetivos. Ele havia de determinar, portanto, também seu destino, ao menos em parte. Iahweh o fazia não apenas em seu detrimento. A demarcação das localidades de residência do povo de Israel, a qual é obra sua, por certo ocorreu não no interesse dos outros povos, mas de fato os beneficiou. Expressões do estado de paz com Moab e Edom, recente à época, são claramente as declarações deuteronômicas de que ele, Iahweh, teria dado aos filhos de Esaú, para que habitassem, o Monte Seir, e, aos filhos de Ló, Moab (Dt 2,4-9), além da proibição, nisso fundamentada, de afligir as regiões com guerra. Suas disposições sobre os estrangeiros se tornavam cada vez mais semelhantes às referentes a Israel, em diversos aspectos. Na redação sacerdotal das lendas do êxodo, é Iahweh que endurece o coração do faraó (Ex 7,2) – algo em conformidade com o ideário deuteronômico – para se poder, tanto mais, glorificar seu poder. É bem verdade que, subjetivamente, os estrangeiros – como o faraó – não conhecem Iahweh (Dt 5,2, eloísta), mas a crença de que seria Iahweh aquele a trazer os filisteus e arameus desde longe deve de fato remontar a época anterior à dos primeiros profetas, visto que estes a pressupõem. Somente com o crescente universalismo da concepção de Deus que a posição privilegiada de Israel perante Iahweh assumiu a forma daquele paradoxo que agora se buscava motivar mediante ênfase renovada na antiga concepção da *berith* (agora na forma de uma promessa divina unilateral, determinada por obediência constituída por amor abismal ou com base na fé incondicional dos antepassados, esta aprazente a Iahweh, ou na abominação – cultual – dos outros povos). Agora, portanto, a *berith* passava, de uma forma social historicamente determinada da associação política, a um meio teológico de construção. Somente agora que Iahweh havia se tornado cada vez mais o soberano divino do céu, da Terra e de todos os povos, é que Israel se tornou o povo "escolhido" por ele. Sobre esse caráter foram fundamentados então os direitos e deveres éticos e ritualísticos particulares dos israelitas, como vemos em Amós. O *dualismo entre a moral interna e a moral externa ao grupo*, em si difundido por toda parte, recebia, agora, para congregação de Iahweh, esse alicerce patético.

No âmbito econômico, suas maiores evidência e expressão eram encontradas na proibição da usura, logo depois nas determinações sociais de proteção e fraternidade da parênese caritativa. Pois na origem ela condenava apenas a exploração dos *pobres* (Ex 22,25) – sem dúvida a do irmão *empobrecido* (cf. Lv 25,36) – e se referia somente aos israelitas plenos (*'am*). O Deuteronômio expressamente permitia a prática de usura junto aos indivíduos de confissões estrangeiras (*nokri*). Originalmente tratava-se de usura junto ao *ger*, como mostram as respectivas promessas deuteronômicas e os ameaços de desfortúnio paralelos às mesmas (estes últimos ainda mencionando o *ger* ao invés do *nokri*). Usura, de fato, permanece usura. No modo como se deve compreender a passagem Dt 23,20, porém, Iahweh haverá de abençoar com êxito também esta usura – como todos os outros empreendimentos do israelita – desde que ele *não* a pratique junto a seu irmão. Do mesmo modo, todas as demais determinações ético-sociais – ano sabático, bacia dos pobres, respigadura – são restritas aos *gerim* e aos *ebyonim* do próprio povo. O "próximo" é sempre o consorte de povo, ou, agora, de confissão. Isso vale não menos para a parênese instituída nos termos de uma ética da convicção: contra o membro do próprio povo não se deve carregar nenhum ódio no coração, senão que se há de "amá-lo como a si próprio"; o "inimigo", cujo animal não se deve deixar desgarrado (Ex 23,4), não é um estrangeiro em sentido político, senão, como mostra Dt 22,1, o compatrício com o qual se está inimizado. É bem verdade que o comportamento benevolente e justo de um israelita perante um estrangeiro pode aumentar a boa reputação de Israel e, por essa razão, ser aprazente a Iahweh. Mas os mandamentos morais da parênese são restritos apenas aos "irmãos". O direito de hospitalidade continuava sagrado, como há tempos. De resto, porém, eram reprovados por Iahweh também apenas as graves abominações praticadas contra estrangeiros que ameaçassem a boa reputação de Israel.

A separação entre a ética *econômica* interna e a externa ao grupo permaneceu definitivamente significativa para a valoração religiosa da atividade econômica. A economia aquisitiva racional, encontrada sobre o fundamento da legalidade formal, não logrou jamais ser *valorada* positivamente em termos *religiosos* no sentido como isso se deu dentro do puritanismo. Impediu-o o dualismo da ética econômica, o qual rotulou como *adiáforas* determinadas espécies do comportamento dispensado ao não irmão reprováveis rigorosamente perante o irmão de fé. Isso foi o decisivo, e trouxe dificuldades aos teóricos judeus da ética. Se Maimônides se inclinava à perspectiva segundo a qual tomar juros de estrangeiros seria até mesmo *mandado* em termos religiosos, isso – além da situação histórica dos judeus – foi sem dúvida codeterminado pela aversão à admissão de tais adiáforas, riscosa para toda ética formalística. A ética tardia judaica reprovou a prática de usura no sentido de uma exploração incompassiva, também junto a não judeus. Mas face às brutas palavras da *torah* e à situação social então estabelecida, o êxito dessa repreensão há de ter sido precário, e, ao menos na questão dos juros, o dualismo continuou a existir. Naturalmente, dificuldades teóricas de pensadores éticos são secundárias. Em termos práticos, porém, esse dualismo, a atravessar toda a ética, significava a eliminação daquela ideia específica, própria ao puritanismo, da "comprovação" religiosa mediante "ascese intramundana" racional. Pois esta podia ter por base não algo em si reprovável senão apenas algo de "permitido" perante certas categorias de pessoas. Assim, toda a concepção religiosa de "vocação" do protestantismo ascético estava eliminada de antemão, e nisso a apreciação extremamente elevada (mas tradicionalista) do trabalho na profissão, com o qual vamos nos deparar (no Sirácida), não logrou alterar em nada. A diferença é claramente evidente. De fato, os rabinos, como veremos, principalmente no tempo da propaganda proselitista, demandavam com grande veemência um comportamento justo e honroso dos judeus junto aos povos hospedeiros. Nesse ponto, a instrução talmúdica não se distingue em nada dos princípios éticos de outras comunidades de fé.

O cristianismo antigo, em particular (Clemente de Alexandria), no que diz respeito à ética econômica, tendeu ao mesmo dualismo encerrado no direito de usura veterotestamentário. Diante do indivíduo que não compartilhava seu credo, o lutador da fé puritano tinha a mesma repulsa – em parte alimentada pela índole do Antigo Testamento – que a legislação sacerdotal de Israel demonstrava com relação aos cananeus, e nenhum puritano jamais chegaria a afirmar que um rei de fé afínica não pudesse de todo ser um "servo de Deus", como diz expressamente a profecia israelita em referência por exemplo a Nabucodonosor e Ciro. Mas no âmbito da ética *econômica* o orgulho se evidencia nas manifestações dos sectários cristãos dos séculos XVII d.C. e XVIII d.C., por exemplo (sobretudo dos batistas e quakers), e em particular nas circunstâncias de os mesmos, *justamente* nas relações econômicas com os *ímpios*, terem substituído a falsidade, o logro e a deslealdade por legalidade, honestidade e retidão; de terem estabelecido um sistema de preços fixos; de que seu clientes, mesmo quando apenas mandavam suas crianças fazer as compras, sempre recebiam a mercadoria real pelo preço real; de que depósitos e créditos estavam seguros com os mesmos, e, precisamente por essa razão, de que eles, suas lojas, seus bancos, seus comerciantes, eram preferidos pelos ímpios – estes enquanto clientes – ante todos os demais; em suma, na circunstância de seu *ethos econômico* superior, determinado pela religião, ter-lhes permitido prevalecer sobre a concorrência dos ímpios, e isso segundo o princípio "honesty is the best policy", exatamente como ainda se pôde vivenciar até as últimas décadas como realidade na classe média nos Estados Unidos, e de modo similar a como isso se aplicou aos jainas e aos parses na Índia – apenas que aqui o vínculo ritualístico impôs sólidas barreiras às consequências relativas à *racionalização* da atividade econômica. Assim como um jaina ou um parse correto, um puritano devoto nunca teria se posto a serviço do capitalismo colonial, tampouco do capitalismo dos fornecedores do Estado, dos arrendatários fiscais e aduaneiros ou do monopólio estatal. Essas formas específicas do capitalismo – o antigo, o não europeu e o anterior ao desenvolvimento moderno burguês – eram, para ele, espécies grosseiras da acumulação monetária, eticamente reprováveis e desprazíveis a Deus. Bem diferente era a ética econômica judaica. A princípio era impossível ficar sem impacto o fato de a ética dos patriarcas em particular, em relação aos "não membros", ter mesmo contido um correspondente bastante penetrante da máxima "*qui trompe-t-on?*" Ao menos inexistia qualquer motivo *soteriológico* para a racionalização ética das relações exteriores econômicas, qualquer prêmio religioso pela mesma. Isso teve consequências de amplo alcance para o gênero da atividade econômica dos judeus. Justamente nas formas do capitalismo de Estado e de usurpação, rechaçadas pelo puritanismo – além de na pura prática comercial e de usura monetária –, o capitalismo de pária judeu, desde a Antiguidade, estava tão em casa como por exemplo aquele das castas hinduístas de comerciantes. Em ambos os casos isso era considerado por princípio irrepreensível em termos éticos. É bem verdade que quem usurava o próprio povo enquanto arrendatário aduaneiro de príncipes ímpios próprios, ou até de potências estrangeiras, era profundamente condenado e tido como impuro pelos rabinos. Mas ante o povo estrangeiro essa espécie de aquisição de riqueza era uma adiáfora ética – por parte dos moralistas naturalmente, com a reserva de que verdadeira vigarice seria reprovável em qualquer circunstância. Por essa razão, atividade econômica nunca logrou se tornar um lócus da "comprovação" religiosa. Quando Deus "abençoava" os seus com êxito econômico, Ele o fazia não devido à "comprovação" *econômica* dos mesmos, senão porque o judeu devoto viveu de modo aprazente a Deus *fora* dessa atividade profissional (como já na instrução deuteronômica referente à usura). Pois no caso do judeu – como veremos mais tarde – o âmbito da comprovação da devoção na conduta de vida se encontra em um campo totalmente distinto ao do domínio racional do "mundo", em especial da economia. Mais tarde serão discutidos quais componentes da conduta de vida determinada pela religião tornaram os judeus aptos a desempenhar um papel no desenvolvimento da nossa economia. Em todo caso, aquelas regiões orientais, sul-europeias e leste-europeias nas quais eles foram mais encontrados – e por mais tempo – não desenvolveram nem na Antiguidade nem na Idade Média, tampouco na Época Moderna, os traços *específicos* ao capitalismo moderno. Sua efetiva participação no desenvolvimento do Ocidente esteve baseada mais essencialmente no caráter de *povo-hóspede* que a segregação autointencionada lhes cunhou.

Essa condição de povo-hóspede esteve então fundada no isolamento *ritualístico*, que, difundido no tempo deuteronômico, como vimos, consumou-se no tempo do exílio e pela legislação de Esdras e Neemias.

O declínio da entidade estatal nacional e o exílio significaram coisas distintas para Israel do Norte e para Judá. Em Samaria, os reis assírios tinham assentado, na troca pelos guerreiros levados presos, colonos mesopotâmicos que, como a tradição permite reconhecer, adaptaram-se bem rapidamente "aos deuses do território", portanto às formas do culto iahwista local, supostamente induzidos a isso por assustosos milagres de Iahweh. Nabucodonosor destruíra Jerusalém aparentemente com bastante relutância, depois de longa ponderação – visto que gostaria de tê-la utilizado como base de apoio contra o Egito –, mas então por completo, e, em repetidas deportações, levou aprisionadas as famílias urbanitas de patrícios e funcionários, portanto a nobreza da corte, os artesãos reais e guerreiros treinados, a hierarquia e provavelmente também notáveis residentes no campo. Permaneceram no território essencialmente pequenos camponeses, e não se deu *nenhuma* ocupação por colonos mesopotâmicos nem de outras origens[256] – visto que a Babilônia há tempos não mais dispunha de uma grande população de camponeses. A sina dos exilados na Babilônia parece ter variado. Certo é que grandes parcelas dos mesmos – embora dificilmente todos – de fato estavam assentados nas proximidades da capital, mas em região rural, e isso sem dúvida, na medida em que eles, como desde sempre encontramos nas inscrições dos grão-reis mesopotâmicos, tinham de abrir (ou reparar) um canal, portanto moravam conjuntamente em localidades próprias e pagavam tributos ao rei do território assim adquirido, mas também realizavam trabalhos forçados, dependendo da situação. Os trabalhos forçados são mencionados pelos

---

256. Como enfatizado com razão em Klamroth, "Die jüdischen Exulanten in Babylonien" (*Beitr. z. Wiss. v. A. T.*, vol. 10, Leipzig 1912). Adiante se fará uso recorrente do valioso escrito. Seu único lado fraco talvez seja que às vezes ele tente encontrar em passagens dos profetas ainda mais indicações sobre as condições efetivas da congregação do exílio do que elas podem oferecer, e que tome as descrições sobre o sofrimento dos exilados de modo demasiado literal.

profetas (Is 47,6; Jr 5,19; 28,14; Lm 1,1; 5,5). Queixa-se de penúria, em um caso até de fome (Is 51,14). Como Klamroth considera provável, não seria surpreendente um aumento da opressão sob o Rei Nabunadius, ao contrário do tratamento recebido sob Evil-Merodac, pois se depreende das inscrições de Ciro que aquele rei elevou, também para o próprio povo, o fardo laboral imposto. Determinados encarceramentos, prováveis segundo passagens proféticas, como ocorridos ao menos até a queda de Jerusalém sob Sedecias, provavelmente têm seu motivo na renitência, e, esta, na eficácia dos profetas de salvação (Jr 29,21). Apesar disso, em termos puramente objetivos, a opressão, em regra, pode não ter sido intensa, visto que a carta de Jeremias aos chefes da congregação do exílio já pressupõe que os exilados possuíam liberdade ocupacional e estavam aptos a se instalar na Babilônia, essencialmente à discrição. Assim, em crescente medida encontramos os exilados também na capital mesma e, por sinal – como se vê nos documentos da Família Murashu descobertos e editados pela expedição pensilvaniana –, empregados nos mais diferentes ofícios, com a única exceção dos cargos públicos, puramente políticos, condicionados pela participação nos cursos babilônicos de formação de *escribas* (a qual aparentemente permaneceu vedada aos judeus assim como a outros não babilônios)[257]. O número de nomes judeus na Babilônia cresce em particular a partir do tempo dos persas, e agora judeus são encontrados como proprietários de terra, coletores de tributos e empregados de notáveis babilônicos e persas. Por fim, e sem dúvida cada vez mais, eles são vistos no comércio e especialmente como transatores, o que fizera surgir, a rigor pela primeira vez na Babilônia, já no tempo de Hamurabi, o tipo do "financeiro". Depois da adoção do idioma popular aramaico pelos exilados, a pouca diferença étnica e linguística impediu logo de início que se desenvolvessem perseguições no Egito ou uma existência à espécie de gueto como mostrada nos papiros de Assuão, da mesma época. A comunidade prosperava cada vez mais. Depois dos persas eles parecem desempenhar o papel mais significativo entre todos os povos estrangeiros. A situação econômica de uma

---

257. Cf. S. Daiches, "The Jews in Babyl. in the time of Ezra and Nehemia acc. to Bab. inscr." (*Publ. Jev. Con.*, n. 2, Londres 1910).

parte considerável dos exilados desenvolveu-se de modo bem favorável, como comprovam as relevantes contribuições para a construção do templo quando do regresso, e não foi pequeno o número dos que preferiram permanecer na Babilônia para não perder suas posses, em especial o dos ricos. Certamente isso ocorreu sob a dominação persa, de pronunciada complacência com os judeus, e onde se viam eunucos de origem judaica – como Neemias – como pessoas de confiança do rei. Mas uma opressão sistemática imposta pelo governo babilônico especificamente aos exilados é bastante improvável. Não se verifica nada de intolerância religiosa, e, embora os grão-reis, dado o caso, considerassem importante que os vencidos demonstrassem reverência a seus deuses, eles só intervinham onde a razão de Estado o exigisse, como todos os antigos detentores do poder. Nesse contexto, faltava a todas essas monarquias orientais um verdadeiro *culto* ao soberano da espécie do culto romano tardio ao imperador, pois é bem verdade que o soberano exigia prosquínese e obediência incondicional, mas a rigor ele se encontrava abaixo dos deuses. Essa circunstância favorecia a tolerância. Contudo, o ódio contra Babel era bem forte, como indicam as jubilantes profecias da desgraça de Dêutero-Isaías quando da proximidade da guerra contra os persas. Nota-se que a congregação do exílio, no curso deste, concrescia de maneira sólida. Isso, porém, era realização sobretudo dos *sacerdotes*, que só foram levados presos em massa na última deportação quando da destruição de Jerusalém; antes disso, Nabucodonosor aparentemente havia tido esperança de encontrar apoio nos mesmos.

Entre os exilados, detinham autoridade acima de tudo os "anciãos", que na carta de Jeremias (Jr 29,1-23) são mencionados logo de início e antes dos "sacerdotes e profetas". Oficialmente eles se mantiveram, talvez por longo prazo, os representantes responsáveis perante o governo babilônico. É bem verdade que o Rei Evil-Merodac concedeu perdão a Jeconias, penúltimo rei judaico, depois de longo cativeiro, e que o admitiu em sua corte. Assim, os davídicos, enquanto o clã do rei, hão de ter adquirido um lugar de honra privilegiado na comunidade de exilados. Mas em princípio dificilmente mais do que isso. Antes, na verdade, os sacerdotes – além de alguns profetas, sobre os quais se falará mais tarde – entravam cada vez mais em evidência, por razões semelhantes às do crescimento do poder dos bispos no tempo das migrações populacionais. Seu forte significado já nos primórdios pode ser notado no Livro de Ezequiel. Este era de ascendência sacerdotal. Seu plano referente a um Estado utópico israelita mostra o descrédito do poder do rei. Para a congregação, teocraticamente formada, o príncipe (*nasi*) é fundamentalmente apenas um patrono eclesial. O "sumo sacerdote" do Templo de Jerusalém aparece como figura central da futura ordem hierocrática pela primeira vez em Ezequiel. Não nos interessam aqui as propostas específicas do seu projeto, utópicas e ao mesmo tempo esquemáticas. Dentre elas, significativa em termos práticos era, além da figura do sumo sacerdote, sobretudo a separação estamental dos sacerdotes de culto (os *kohanim*) perante os demais "levitas" não qualificados ao culto sacrificial, ocorrida ali pela primeira vez. Mas, como natural, as dificuldades residiam justamente em que em Ezequiel, os sadocidas de Jerusalém, enquanto os únicos *kohanim*, ainda desempenham o papel determinante. Sobre esse fundamento não era possível chegar a um acordo entre as diferentes estirpes sacerdotais. Somente o curso subsequente do desenvolvimento há de ter trazido a conciliação com os sacerdotes não sadocidas (os aaronidas). Com o início da dominação persa, os sacerdotes conquistaram a liderança incondicional, o que estava ligado com a política dos reis da Pérsia – seguida de modo bem consequente –, que por toda parte mantiveram a hierocracia em posição elevada a fim de utilizá-la como meio de domesticação dos povos subordinados. Ciro, por um lado, de fato já prestava sua reverência aos deuses babilônicos, mas por outro gaba-se de ter novamente instalado em suas antigas moradas todos aqueles deuses que os babilônios haviam desapossado e cujas imagens e tesouros eles tinham levado a Babel. Em correspondência, ele permitiu também aos israelitas o retorno a casa. Apesar disso ele ainda não era tão consequente como Dario no modo como auferia proveito dos sacerdotes. A política persa tinha buscado se apoiar acima de tudo na dinastia legítima dos davídicos. Sucessivamente, dois davídicos, Sasabassar e Zorobabel, são encontrados como *nasi* dos regressados. Mas a tentativa teve de ser deixada de lado, presume-se que porque a condição do clã davídico, na confusão do falso Esmérdis, havia se revelado preocupante em termos políticos. À época fora vaticinado a Zorobabel, pelo Profeta Ageu, a iminente instauração da coroa de Davi. É incerto se Zorobabel realizou uma tentativa correspondente. Mas *ele*, a partir de então, é desaparecido, e seu clã estava fora de questão para os persas. A política de Dario, por princípio e de modo bem geral, tinha como ponto de partida a aliança com os sacerdócios nacionais. Em relação ao Egito encontra-se atestado de modo documental a criação, por ele, das antigas escolas de sacerdotes. A organização da religião egípcia, à maneira eclesial, com seus sínodos e sua posição nacional de poder, data apenas desse período. Algo semelhante é encontrado em relação aos cultos a Apolo da Ásia Menor. Em relação à antiga Hellas, é assente que os persas tinham a seu lado tanto o oráculo délfico como toda espécie de profetas plebeus, e que foi o resultado final das batalhas de Maratona, Salamina e Plateias aquilo que preservou a cultura helênica, desprovida de sacerdotes, de ser exposta à doutrina órfica da metempsicose ou a outras mistagogias, e à dominação por uma hierocracia sob proteção persa. Em total correspondência e com êxito contundente, a política persa esteve orientada desde Dario, e de maneira ainda mais consequente a partir de Artaxerxes, aos sacerdotes israelitas. Estes não tinham nenhum interesse em uma consolidação do poder régio dos davídicos, senão preferiam ser a autoridade decisiva em todas as circunstâncias sociais e relativas à política interna, mesmo, caso necessário, sob governadores de origem estrangeira e, por essa razão, distantes da comunidade. Isso vinha ao encontro do interesse da política persa. A criação da figura do "*sumo sacerdote*", totalmente desconhecida antes do exílio, enquanto um representante da hierocracia – distinguido por elevadas exigências de pureza, pelo privilégio de adentrar o santuário no templo e pela qualificação exclusiva para a execução de determinados ritos –, foi o produto do trabalho conjunto da profecia do exílio, influenciada pelos sacerdotes, e da redação e interpolação sacerdotais dos mandamentos ritualísticos. A redação sacerdotal dos *mishpatim* [normas jurídicas, julgamentos] e da *torah* menciona o "príncipe" (*nasi*) apenas na proibição de amaldiçoá-lo, no demais o desconsidera por completo. Isso tudo estava em inteira conformidade com as demandas da política persa.

Mas os sacerdotes, de resto, de modo bastante consequente, também haviam aberto caminho ao entendimento com a monarquia persa, como consumado sob Artaxerxes inicialmente por meio de um registro zeloso dos clãs sacerdotais reconhecidos como plenamente qualificados e dos operadores de culto e levitas – agora distinguidos daqueles – não habilitados ao ofício sacerdotal, assim como dos membros da congregação. À época foram fabricados aqueles extensos registros de estirpes – em parte claramente a contradizer a tradição mais antiga – que constituem tão importante parcela da redação sacerdotal atual da tradição, e que haveriam de ser considerados como único atesto, para o futuro, da qualificação ritualística. O trabalho seguinte consistiu no estabelecimento e na fixação escrita tanto da ordem cúltica como dos mandamentos ritualísticos referentes à conduta de vida, em uma reelaboração correspondente da *torah* levítica e de toda a tradição histórica disponível por escrito até então. Nos aspectos mais importantes, esta adquiriu sua forma atual nessa época (século V a.C.). Depois de realizados esses trabalhos preliminares, os sacerdotes lograram, mediante suas relações com a corte sob Artaxerxes: 1º) que Neemias, um eunuco judeu e favorito do rei, com o mando de um governador, reorganizasse a comunidade em Jerusalém e protegesse sua existência mediante amuralhamento da cidade e sinecismo; 2º) que um sacerdote, Esdras, anunciasse, como imperativa à coletividade em virtude da autoridade régia, a "lei" elaborada pelos sacerdotes da congregação do exílio na Babilônia e comprometesse à mesma, mediante registro solene, os representantes da comunidade. Aqui, nessas ocorrências, a princípio nos interessa especialmente a consumação do *isolamento* ritualístico da congregação. Ele se efetivou no exílio, depois que a quase completa assimilação dos norte-israelitas deportados da Assíria em ambiente pronto ao acolhimento deu uma lição aos sacerdotes e instrutores da *torah* sobre o significado decisivo que a instituição de tais barreiras ritualísticas haveria de ter para seus próprios interesses.

A proibição absoluta dos *casamentos mistos* foi o ponto mais importante em termos práticos. Em definitivo ela foi instituída por Esdras, com a ajuda de meios bem teatrais, e, imediatamente, com total inexorabilidade, também foi forçada a dissolução dos casamentos mistos existentes. A até então pouca observância à mesma é evidenciada, além de nas fontes mais antigas (Gn 34–38; Jz 3,5-6; Dt 21,10-12) e no sangue mestiço dos davídicos (Rute!), também na circunstância de, entre os residentes em Israel, a família sumo-sacerdotal ter tomado parte no sacrilégio (Esd 10,18-44) junto com estirpes respeitadas e não poucos sacerdotes e levitas. Na redação sacerdotal, essa luta contra o conúbio se manifestou em toda uma série de teologúmenos, como na reprovação da mistura de sementes diferentes na lavoura e de diferentes fios ao tecer, e na repulsa a animais bastardos. Não é impossível que essas proibições, ao menos em parte, estejam ligadas a superstições antigas de proveniência desconhecida. No geral, porém, é bem mais provável que sejam todas elas teologúmenos tardios de sacerdotes formalistas, ocasionados pela repulsa à "mistura" com não judeus. Pois em relação ao tempo pré-exílico, por exemplo, é assente o livre-uso do mulo. Ao lado do conúbio, há de se considerar o significado da *comensalidade* para o se fechar para fora à espécie de casta. Vimos que ela foi livremente praticada também com indivíduos que seguiam rituais estrangeiros, mas naturalmente, como por toda parte, apenas dentro do círculo dos aliados, fossem estes coligados permanentes por meio de *berith* ou temporários, por direito de hospitalidade. Na história de José, quando da refeição em separado de egípcios e hebreus, a rejeição da comensalidade é atribuída às concepções dos egípcios, em contraste com as dos israelitas. Somente a extraordinária ênfase que a legislação sacerdotal pôs sobre as *leis alimentares* criou dificuldades tangíveis em termos práticos.

Mais tarde as demais proibições alimentares israelitas mais características não são incluídas nem mencionadas no "decálogo cultural" – que no entanto contém uma prescrição alimentar altamente especializada, mais tarde ampliada trazendo grandes implicações (não cozer o cabrito no leite da mãe) –, tampouco em outros estatutos seguramente pré-exílicos, fora, a saber, a proibição relativa ao consumo de uma grande variedade de animais, em parte bem importantes (Lv 11): 1°) a proibição ligada ao nervo ciático, que em sua especialização mais tardia eliminou quase por completo o consumo de carne das nalgas; 2°) a proibição referente à gordura (Lv 3,17; 7,23-25), que mais tarde, interpretada como restrita aos animais quadrúpedes, obrigou os israelitas ao consumo de gordura de ganso; 3º) a proibição referente ao sangue, que forçou a salgação e a desidratação da carne; 4º) a proibição do consumo da carne avariada e de animais dilacerados, que (em conjunto com a proibição n. 3) serviu de condição à regulamentação ritualística do abate. Algumas delas (p. ex., a contida em Lv 3,17) se caracterizam, já pela forma, como emendas da legislação sacerdotal. O consumo de carne de asno é pressuposto em 2Rs 6,25. Em Ezequiel (Ez 4,14, cf. com Ez 44,31), a proibição do consumo da carne avariada e de animal dilacerado é pressuposta como vigente apenas aos sacerdotes, e em Trito-Isaías (Is 66,3) somente a *oferta sacrificial* de *sangue de porco* é apresentada como abominação. Alguns dos seus elementos, presumivelmente a reserva à carne de porco e de lebre e a proibição do consumo de sangue mencionada na tradição de Samuel (1Sm 14,33-35) – em parte como tabuização geral, em parte como tabuização sacrificial a favor de Deus[258], em parte como tabuização sacerdotal de pureza –, devem remontar a tempo antigo. A saga etiológica, no geral uma indicação segura da idade elevada, refere-se apenas ao hábito de não comer o nervo ciático, esta uma interpretação metafísica – portanto relativamente tardia (oriunda da crença na alma) – da proibição do consumo de sangue. No assim chamado "decálogo cultual", a proibição do cozimento do cabrito no sangue da mãe, estendida no período tardio do judaísmo a toda espécie de cozimento conjunto de carne e leite, parece provir de um tabu local próprio ao culto siquemita, e é ali encontrada sem motivação, como estatuto positivo. O impedimento ao consumo da carne avariada ou do animal dilacerado pode estar ligado a prescrições sacrificiais. Não é encontrada, em nenhuma parte, nenhuma lenda etiológica referente à proibição de determinadas espécies de animais. Antes, tem-se em seu lugar uma espécie de distinção ao modo das ciências da natureza, a qual seguramente é não antiga senão produto de esquematização sacerdotal, encontrada de maneira bem semelhante, em parte idêntica, em Manu (V, § 11ss.), e que, presume-se, ampliou fortemente o conjunto das espécies de carne censuradas. Supõe-se

---

258. Jz 13,4 parece indicar que a proibição de comer coisas "impuras" originalmente fosse obrigatória aos leigos apenas por força de voto.

que querer examinar cada uma das proibições em suas razões de surgimento permanece esforço totalmente vão. Em relação ao tempo dos evangelhos, é assente que ainda se criassem porcos na Palestina, também à maneira de rebanho. Mesmo mais tarde considerava-se impuro não a pelugem, senão apenas o consumo da carne. Somente o período talmúdico viu como impuro o criador de animais de pequeno porte; mas isso em relação a todos eles, mesmo o de cabras – outrora expoente do iahwismo devoto –, porém não devido ao consumo da carne de porco senão por causa da sua conduta de vida impura em termos levíticos. Em si, o mais provável seria que também aqui, assim como no caso da proibição eclesial da carne de cavalo na Germânia, o fundamento fosse a reprovação do repasto sacrificial de cultos estrangeiros. Mas a proibição, bastante ampla – difundida mesmo na Índia e no Egito –, também pode ter sido apropriada do exterior.

A proibição do consumo de sangue e o crescente anseio por evitar todo animal que efetivamente não tenha sido morto por abate haveriam de ter influenciado mais drasticamente a possibilidade da comensalidade do que essa rejeição de uma série de pratos preparados com carne – senão fortemente populares –, tão logo surgiu daí a necessidade por um método particular, controlado e regulamentado em termos ritualísticos, para o abate de qualquer animal (*shachat*), como ocorrido no tempo pós-exílico. Todo animal abatido de modo incorreto era tido agora como "cadáver" (*nebelah*), mesmo se a incorreção resultasse porventura de uma falha na cuchilha (porque então ele teria sido "dilacerado") ou de outros equívocos do abatedor, cuja técnica só era possível de ser aprendida em longo treino. Na necessidade de se ter por perto um "abatedor" ritualisticamente correto se baseava a dificuldade enfrentada pelos judeus escorreitos em viver isolados ou em congregações pequenas, a qual, nos Estados Unidos, ainda até a atualidade, favoreceu a concentração dos judeus de ritual ortodoxo nas grandes cidades (enquanto os judeus reformistas estavam em condições de empreender o negócio, bastante lucrativo, da prática isolada de usura junto aos negros no campo). A configuração casuística desse ritual de abate e relativo ao comestio pertence somente ao período tardio antigo, mas sem dúvida remonta, em todos os fundamentos, à instrução sacerdotal exílica. E essa ritualização dos hábitos alimentares dificultou bastante a comensalidade. O judaísmo oficial nunca conheceu uma proibição verdadeira da última. O aviso do (apócrifo) Livro dos Jubileus (22,16) para se apartar dos gentios e para *não comer junto aos mesmos* não foi assimilado, tampouco foi estatuída, nunca, nenhuma impureza geral das casas dos gentios ou do seu contato pessoal. Em tempo mais tardio, a proibição referente à mais estrita isolação perante tudo de pagão valeu apenas para o judeu que pretendia realizar ação cultual (Jo 18,28). Entretanto, os relatos dos escritores helênicos e romanos confirmam que judeus corretos tinham naturalmente enormes reservas a toda comensalidade com não judeus; em primeira linha, a reprovação do "*odium generis humani*" sem dúvida remonta a isso[259].

No tempo do exílio, a estrita santificação do *sabá* entrou em evidência como um dos "mandamentos distintivos" ritualísticos mais importantes, ora porque ela, ao contrário do simples fato de ser circuncidado, dava um sinal – seguro e visível a qualquer um – de que o indivíduo em questão efetivamente levava a sério seu pertencimento à congregação, ora porque as festividades cultuais eram vinculadas à localidade de culto Jerusalém e o sabá representava a única festividade independente de qualquer aparato cúltico. Naturalmente, o descanso sabático dificultou o trabalho conjunto com não membros na oficina de forma bastante considerável, e de fato contribuiu, assim, e mediante sua grande singularidade, em fortíssima medida para o isolamento. Na forma da majestática narrativa da criação da redação sacerdotal, o sabá também adquiria agora, em virtude da obra divina dos seis dias, seu mito etiológico, extremamente impressionante. A ritualização do sabá se manifestou em extensas inserções no texto do Decálogo. O mandamento da interrupção do trabalho na lavoura (Ex 34,21), proveniente do iahwista, e a prescrição geral eloísta do descanso laboral (Ex 23,12) somente

---

259. É bem verdade que judeus corretos geralmente não tinham nenhuma reserva quanto a ser hospitaleiro com não judeus que fosse resultante das leis alimentares, mas por seu lado rejeitavam hospitalidade aos gentios e cristãos. Os sínodos francos invectivam contra isso enquanto humilhação dos cristãos, e em contrapartida ordenam a estes que recusem a hospitalidade dos judeus.

agora se tornavam: impedimento de qualquer atividade, proibição de deixar a residência (Ex 16,29) – mais tarde abrandada pela determinação da "caminhada de sabá", com diversas possibilidades de eludi-la –, de acender fogo (Ex 35,3), de modo que se tinha de cozinhar já na sexta-feira – proibição abrandada em relação ao uso da candeia, com possibilidades de evasão –, de carregar peso e de enterrar animais de carga, de ir ao mercado, de fechar quaisquer negócios, de lutar e de falar alto (Jr 17,19-27; Is 58,13-14; Ne 10,32; 13,15-22). Em tempo selêucida, prestar serviço militar foi declarado impossível, essencialmente devido ao sabá e às proibições alimentares – a desmilitarização definitiva dos judeus devotos estava, desse modo, selada, fora para casos de guerra religiosas, nos quais, do ponto de vista macabeu, o fim justificava os meios.

São encontrados fundamentos para a criação de uma *vestidura* especial – como mais tarde representada de maneira semelhante pelo "*tefilin*" para os devotos exemplares –, mas, ao menos a princípio, aqueles aparentemente não se desenvolveram em maior extensão.

As reservas a qualquer envolvimento em atividades laborais – importantes em termos práticos no judaísmo tardio como também nos primórdios do cristianismo –, as quais também apenas indiretamente vinham ao encontro do culto sacrificial gentio, e as reservas a todo contato social que pudesse significar o risco de uma participação indireta em tais ações cultuais, foram desenvolvidas apenas pelos rabinos. Mas as bases foram providas pela profecia e pela *torah*. E aqui, na rejeição da comunhão quando de qualquer repasto *sacrificial*, residia o determinante, único na Antiguidade, da condição política de pária própria aos judeus. Nessas tendências de isolamento, o característico é que seus expoentes foram a comunidade do *exílio* na Babilônia e os organizadores – por ela influenciados de modo determinante – da comunidade dos regressos na Palestina. Em oposição à comunidade de exilados no Egito, esta pelo visto fortemente norte-israelita – a se inferir dos nomes mais comuns –, por isso a dar continuidade à tradição sincretista de Israel do Norte, a comunidade babilônica era de origem judaica e estritamente iahwista – como também mostram os inúmeros nomes concebidos no tempo do exílio na Babilônia, formados todos eles a partir da raiz "*yah*", não de "*el*". Sobretudo, porém, ela estava centrada na continuidade da tradição *profética*, ao contrário do Egito, ao qual os opositores judeus da profecia haviam se voltado e abduzido Jeremias violentamente, e cuja aliança política sempre fora rejeitada pela profecia de modo particularmente veemente. Ao se comparar a situação dos exilados na Babilônia, no todo geralmente bem mais favorável – sobretudo a rejeição muito menor pelo meio –, com a dos exilados no Egito, e perante o fato de que apesar dela os judeus babilônios, e não os judeus egípcios, lideraram a criação de barreiras ritualísticas determinantes ao que vinha de fora e detinham internamente a organização da comunidade – do mesmo modo como eles foram mais tarde os expoentes do ensino do Talmude –, é possível imaginar o significado bastante extraordinário da profecia e das esperanças nela depositadas referentes à formação e à preservação do judaísmo. Naturalmente havia sacerdotes também nas comunidades do Egito. Mas o sacerdócio de influência profética na Babilônia, que mantinha vivo em seu meio a tradição deuteronômica, era sozinho o núcleo a dar continuidade ao desenvolvimento. Na Palestina, a população *burguesa*, ao contrário tanto dos clãs abastados residentes no campo como dos sacerdotes ricos, apoiava a tradição puritana. Os contrastes sociais do tempo pós-exílico, de grandes implicações, mostraram-se logo no início. Opositores dos regressos foram, desde o começo, os *samaritanos*. Sob orientação de sacerdotes norte-israelitas, a população, proveniente, segundo a tradição (2Rs 17,24), de cidades mesopotâmicas e arameias, misturada aos israelitas de origem local, venerava Iahweh, mas frequentemente em conjunto com outras divindades. Suas camadas de maior influência eram por um lado os funcionários e outros interessados alinhados à corte do governador, o qual sempre permaneceu em Samaria, por outro os clãs ricos da planície e das vilas, interessados nos cultos de lavoura. Quando teve início a construção do templo em Jerusalém, ao que parece apenas sob Dario, eles se ofereceram à cooperação, mas, como Rothstein[260] tornou provável, foram recusados por Zorobabel (Esd 4,3) em

---

260. "Juden und Samaritaner" (*Beitr. z. W. v. A. T.*, vol. 3, Leipzig 1908). No tempo de Jeremias, vinha gente de Siquém e Samaria para participar do sacrifício no templo (Jr 41,5).

virtude de um oráculo de Ageu (Ag 2,10-14) e, em turno, detiveram a obra. Sua hostilidade perante os jerusalemitas continuou a existir, e em particular estorvavam toda tentativa de fortificar a cidade. Os opositores, dos quais os jerusalemitas viviam permanentemente com medo (Esd 3,3), eram chamados de "*ammê ha'aretzoth*" [gentes do campo]. Mas as circunstâncias sob Neemias mostram que uma parte considerável das camadas proprietárias da cidade de Jerusalém e mesmo das regiões rurais circunvizinhas, formadas tanto por leigos como por sacerdotes e funcionários, sobretudo a própria família sumo-sacerdotal, era aparentada com os opoentes do puritanismo babilônico, e em parte consentia, em parte destoava em sua posição (Ne 5,1; 6,17-18). Isso também continuou assim. Ainda em tempo helenístico (como parece, segundo Josephus), um irmão do sumo sacerdote se aparentou com um governador de Samaria e se mudou para lá[261]. Apenas as prerrogativas régias possuídas por Esdras e Neemias parecem ter levado os nobres a se submeter. É bem verdade que os tecuenos plebeus tiveram parte na construção do muro, mas não os grandes (*adirim*) da cidade de Técua (Ne 3,5). Também as camadas proprietárias dos jerusalemitas praticam usura de pequenas propriedades, exatamente como antes do exílio, de modo que surge um grave conflito (Ne 5,7-8). Neemias, por seu lado, além de ter o apoio de uma escolta e ainda o das massas, contava com seus recursos financeiros pessoais, aparentemente enormes, e provavelmente também com os dos exilados babilônicos. Para forçar os abastados de Jerusalém ao perdão de dívidas, ele convoca (Ne 5,7) uma "grande assembleia" (*kehillah gedolah*). Esdras, do mesmo modo (Esd 10,8), convoca a "assembleia dos exilados" (*kahal hagolah*) para forçar a dissolução dos casamentos mistos, e isso sob ameaça de punições espirituais: exclusão da congregação da *golah* e o *cherem* da posse dos não comparecentes. Se o *cherem* significava, nesse caso, apenas tabuização, portanto boicote, ou destruição efetiva, isso deve ser deixado de lado – os conflitos afloravam no campo, como mostra a exposição de Neemias. Nos anais de Esdras (Esd 6,21) é encontrada a designação "*nibdalim*" ("os que se isolam")

---

261. A ocorrência, contudo, talvez tenha se dado já em tempo neemiano.

em referência ao conjunto dos exilados corretos em termos ritualísticos e àqueles que se juntaram a eles. Essa formação *congregacional* mesma, porém, sem dúvida foi obra apenas de Neemias.

Em termos formais, o esforço de Neemias estava voltado a duas realizações: 1°) sinecismo das estirpes e de uma parte da população rural na agora fortificada cidade de Jerusalém; ademais 2°) formação de uma congregação que assumisse determinados compromissos mínimos mediante uma coalizão conjurada firmada e asselada por Neemias, pelos representantes dos sacerdotes, dos levitas e dos "chefes" (*rashim*) do povo (*ha'am*). A saber (Ne 10): 1°) suspensão do conúbio com os '*ammê ha'aretzoth*, 2°) boicote de toda troca mercantil no sabá, 3°) isenção de tributos ao rendimento anual a cada sete anos e o perdão de toda dívida ativa no ano respectivo, 4°) capitação de 1/3 de siclo anualmente para mantenimento do templo, 5°) doação de lenha para suprir o templo, 6°) entrega de primícia ou de primogênitos, conforme a lei sacerdotal, 7°) doação em espécie aos sacerdotes do templo e dízimo dos levitas, 8°) manutenção do templo propriamente. O relato do cronista assume que essa coalizão seguiu à imposição da lei mosaica, isto é, da redação – pelos sacerdotes do exílio – das prescrições cultuais e ritualísticas. Mas apesar da significativa posição do sumo sacerdote dentro do culto, prevista justamente nessa lei, ele não tem nenhuma participação nesse ato mesmo, assim como sua assinatura tampouco consta entre os garantes da formação congregacional de Neemias. A posição ambígua peculiar da nova fundação se manifesta em tudo isso e continuou a existir em quase todo o curso subsequente da história judaica. Por um lado, trata-se de uma formação congregacional religiosa formalmente voluntária. Por outro lado, essa comunidade dos exemplarmente corretos pretendia em última instância ser a única herdeira da condição sacral e, por isso, também da posição política de Israel. Entretanto, as prerrogativas políticas concretas sempre estiveram nas mãos do sátrapa persa e mais tarde do governador helenístico e de seus funcionários, ou de um outorgado especial do rei, como Neemias efetivamente o era. Do mesmo modo, também a posição de Esdras se baseava formalmente apenas na autoridade que lhe foi conferida pelo rei persa. Pode permanecer em aberto se é de fato autêntica a ordem dada por escrito pelo rei, reproduzida pelo cronista, de implementar a lei do "Deus do céu" e para tanto aplicar violência em caso de necessidade (Esd 7,23.26); mas sua posição com relação ao sumo sacerdote não é pensável sem uma ampla prerrogativa régia. Aparentemente nenhuma autoridade secular, nem mesmo judicial, foi conferida pelo rei aos funcionários da nova congregação. Quando da chegada de Neemias em Jerusalém, a jurisdição parece ter pertencido ao governador residente em Samaria; a administração da localidade, aos funcionários distritais judeus locais. Nisso e nos ônus fiscais pagos ao rei parece não ter havido nenhuma mudança definitiva. A (suposta) carta do rei livra de tributação apenas os sacerdotes, os levitas e os serventes do templo. Mas não notamos nada a respeito de a congregação ter direito a um governo próprio. Do mesmo modo, os dízimos a sacerdotes e levitas provavelmente foram cobrados à força de fato apenas naquelas épocas de transição em que governou um príncipe judeu correto em termos ritualísticos, e enquanto seu poder vigorava. Hão de ter garantido a receita meios religiosos de coação: a excomunhão na aliança de Neemias, mais tarde a desclassificação ritualística – como 'am ha'aretz – dos que não pagassem o dízimo. A ambiguidade dessa situação, fonte de conflitos sempre novos, manifesta-se claramente nos documentos. A comunidade dos judeus era uma associação congregacional puramente religiosa, mesmo os encargos fiscais que ela se impunha parecem ser de ônus formalmente voluntário. A carta dos judeus alto-egípcios escrita entre 408-407 a.C., com o pedido de intervenção para a reconstrução do seu templo iahwista, é endereçada tanto ao governador em Samaria como ao governador em Jerusalém, isso depois de aqueles terem escrito antes, já pela mesma razão – sem obter resposta – "ao sumo sacerdote e aos sacerdotes em Jerusalém, seus colegas". Evidentemente não lhes estava totalmente claro quem seria propriamente a instância competente. Por sinal não surpreende que eles não tenham recebido nenhuma resposta dos sacerdotes jerusalemitas.

Ora, a formação congregacional dos judeus significou a segregação ritualística dos samaritanos e de todos os habitantes do território não admitidos formalmente na comunidade, israelitas ou semi-israelitas – sobretudo dos samaritanos, embora estes tivessem sacerdotes aaronidas e adotado toda a *torah* na redação dos sacerdotes do exílio. Aqui, o ponto diferencial decisivo foi o monopólio cúltico de Jerusalém. A este, como característico, os exilados na Babilônia tinham dado ênfase determinante, o que ocorreu apenas de sua parte. A comunidade de exilados no Egito, como mostram os documentos de Elefantina, construiu para ela um templo próprio, e o sumo sacerdote Onias, fugido ao Egito ainda na confusão do conflito partidário macabeu, não teve nenhuma reserva a construir um templo ali. A enorme influência dos exilados na Babilônia, a perdurar por todo um milênio, não encontra expressão mais clara do que na circunstância de a mesma, ao final, de fato ter feito prevalecer aquele seu princípio, ao qual ela se ateve desde o começo. Para tanto, mais importante do que a preeminente posição econômica dos exilados babilônicos – posição que mais tarde era no mínimo igual à da comunidade de Alexandria – foi que as estirpes sacerdotais dirigentes e os círculos nobres de influência profética que tinham criado o Deuteronômio haviam sido deportados para lá e garantido a continuidade da tradição. Mas a isso somavam-se as condições étnicas, em especial as linguísticas: os judeus babilônicos se mantiveram no domínio da linguagem corrente aramaica, em total vinculação à pátria-mãe; os judeus nas regiões helenísticas, não – o que posteriormente ainda exerceu influência característica sobre a fortuna da missão cristã junto a prosélitos de ambos os lados. Em termos soteriológicos, o estabelecimento do monopólio sacrificial de Jerusalém, em combinação com a existência diaspórica dos judeus, tornou-se eminentemente importante na medida em que agora o *sacrifício* assumia pela primeira vez, exclusivamente, o caráter de sacrifício *comunitário*. Face ao serviço sacrificial diário em Jerusalém, o *indivíduo*, a partir de então, *deixava* totalmente de oferecer sacrifício; ao menos para os judeus da diáspora, *chattaäh* [sacrifício pelo pecado] e *asham* [sacrifício expiatório de reparação] continuavam a existir apenas em teoria: o indivíduo pagava uma contribuição fixa a Jerusalém ao invés de fazer ele mesmo a oferta sacrificial. Em termos práticos, porém, a vitória dessa concepção babilônica trouxe as maiores vantagens à difusão internacional do judaísmo. Era essencial para os judeus da diáspora que o culto, devidamente, ocorresse em Jerusalém, como ordenado por Iahweh. Como povo-hóspede em terra estrangeira, porém, eles naturalmente obteriam extrema liberdade de ação se não se comprometessem com o dever de construir templos próprios no território alheio.

Conforme o princípio, a comunidade da *golah* desaprovava qualquer outro templo, considerando-o como ilegal. A partir de então se acentuou cada vez mais a oposição aos samaritanos. No Egito, já no tempo dos Ptolomeus, encontramos judeus e samaritanos em dura concorrência uns com os outros. O fado dos samaritanos não há mais de nos ocupar aqui. No âmbito de uma história das religiões, tem-se o interesse negativo, ainda assim importante, de se poder estudar seu destino em comparação com o dos judeus naquilo que faltava à religião dos sacerdotes israelitas – orientada apenas pela *torah* – para se tornar "religião mundial". Os *bne yisraèl* [filhos de Israel], como eles se denominavam, mantiveram-se puros nos aspectos ritualísticos. Faltava-lhes: 1°) a ligação com o *profetismo* judaico, que eles rejeitavam – por essa razão sua esperança referente à chegada do Messias permaneceu uma esperança de chegada de um príncipe intramundano, do *ta'eb* ("retornado"), sem o *páthos* descomunal da teodiceia profética e sem a esperança de uma revolução social futura. Apesar da existência de sinagogas, faltava-lhes: 2°) o desenvolvimento subsequente da lei por aquela camada plebeia de autoridades populares representada pelos rabinos, assim como seu produto: a Mishná – cujo significado conheceremos mais tarde. O farisaísmo, de cujo espírito nasceu o Talmude, eles não desenvolveram; a esperança na ressurreição, os mesmos rejeitavam – também nesse aspecto eles eram afínicos ao partido saduceísta em Jerusalém, com o qual também partilhavam a relação mais amistosa com o helenismo. Portanto faltava, pode-se dizer, o desenvolvimento *confessional*, que era ancorado no conteúdo da soteriologia profética e rabínica e no peculiar racionalismo farisaico. Eles vivenciaram renascimentos ainda na Idade Média (século XIV) e, ainda no século XVII, tiveram colônias espalhadas pelo Oriente (até a Índia), mas não desenvolveram nenhuma ética religiosa nacional que tivesse logrado conquistar o Ocidente. Eles existem até hoje apenas como seita agora bem reduzida (e notoriamente como os gatunos mais terríveis do Oriente, de cujas contratações foram vítimas mesmo os mais letrados).

Verifica-se como resultado do desenvolvimento: que os "judeus" – como a comunidade passou a ser oficialmente denominada a partir de então – eram uma congregação confessional isolada nos aspectos ritualísticos, a qual se recrutava por nascimento e mediante admissão de *prosélitos*. Pois paralelamente ao isolamento ritualístico corre o favorecimento à adesão dos últimos. O verdadeiro profeta do proselitismo é Trito-Isaías (Is 56,3-7). Enquanto o código sacerdotal fala apenas da equiparação do "*ger*" aos israelitas tradicionais, mas exclui expressamente o "estrangeiro" (*nekar*) do Pessach (Ex 12,43), Trito-Isaías convoca a tomar parte na "Aliança" – e assim na salvação de Israel – o estrangeiro (*nekar*) observante sobretudo do sabá e, além deste, dos outros mandamentos de Iahweh. Aparentemente havia prosélitos já no primeiro período de exílio. Seu número deve ter aumentado ainda mais no tempo dos persas, quando os judeus ascenderam a funcionários da corte. A história de Eliseu e Naamã parece ter sido incorporada na redação do Livro dos Reis como paradigma de uma práxis bem permissiva, supostamente admitida à época (mais tarde rigorosamente reprovada, como reação ao culto romano e helenístico aos soberanos), relativa à postura ante os deuses imperiais estrangeiros por parte dos cortesões judeus. Em Trito-Isaías, a admissão de eunucos, antes exclusos, talvez tenha sido feita à medida para a pessoa de Neemias em particular. O tempo pós-exílico trouxe então à *torah* o princípio geral de que clãs estrangeiros, depois de três gerações, mediante adoção dos deveres da lei, fossem totalmente equiparados aos judeus tradicionais, e apenas que não contraíssem conúbio com sacerdotes. Como será discutido mais tarde, àqueles estrangeiros que se ativeram à congregação como amigos, sem adoção das plenas obrigações legais, aplicaram-se os antigos princípios referentes ao tratamento dos *gerim*. Entre os próprios judeus, o cronista aponta apenas os estamentos dos *kohanim* (sacerdotes) – isto é, dos descendentes dos aaronidas –, dos levitas e dos *nethinim* (serventes do templo, junto com as demais categorias mais inferiores desse tipo de serviço), estes mais tarde desaparecidos, desclassificados em termos de casta. Os estamentos privilegiados, porém, relacionavam-se com todos os outros judeus tradicionais, em pleno conúbio e em plena comensalidade; originalmente eles tinham apenas de observar obrigações específicas ligadas à pureza, relativamente simples, que eram bem mais rígidas para o sumo sacerdote. Mais tarde será discutido por um lado o modo como as estirpes sacerdotais nobres se diferenciavam socialmente dos aaronidas comuns e, por outro, como o conceito do *'am ha'aretz*, inicialmente identificado ao habitante do campo que não participava do *kahal hagolah* (da assembleia formada para observância das obrigações cultuais), sobretudo aos samaritanos, foi se modificando em relação aos aspectos ritualísticos. Em todo caso, mediante a imposição da lei ritual pela congregação de exilados na Babilônia e por meio da formação da comunidade da *golah* os judeus haviam se tornado um povo *pária*, com um centro cúltico e congregacional em Jerusalém e com congregações internacionais afiliadas.

Sua peculiaridade social de maiores implicações consistiu desde o início em que: qualquer observância de fato totalmente correta do ritual estava extremamente dificultada para os *camponeses*. Não apenas porque o sabá, o ano sabático e as prescrições alimentares em si eram de difícil cumprimento nas condições encontradas no campo, senão sobretudo porque, com crescente desenvolvimento casuístico dos mandamentos determinantes de comportamento, a *instrução* no ritual teve então de se tornar requisito da vida correta. A *torah* sacerdotal, como natural, todavia adentrou muito pouco as localidades rurais. Mais tarde, como veremos, a observância dos mandamentos de pureza propriamente levíticos, cada vez mais propagados pelos devotos exemplares, era quase que totalmente impossível para os camponeses, ao contrário do que se notava entre a população urbana. Para os camponeses, essa dificuldade não era contrabalanceada, em termos de atrativo, por nenhuma vantagem. Imposto por Esdras, o calendário de festividades dos sacerdotes do exílio havia despojado todas as festas antigas das suas relações de outrora com o curso da colheita e do trabalho no campo. No final, em localidades rurais, os judeus vivendo entre povos estrangeiros não lograram facilmente nenhuma existência de algum modo correta em termos ritualísticos. O centro de gravidade dos judeus teve de se deslocar cada vez mais na direção que os tornava um povo pária *urbanita* – como, afinal, isso também ocorreu.

O exílio – Ezequiel e Dêutero-Isaías

Sem as promessas da *profecia*, porém, tal comunidade de fé cada vez mais "burguesa" nunca teria assumido voluntariamente essa condição de pária, tampouco adquirido prosélitos que tomassem parte nela, com êxito por todo o mundo. O inaudito paradoxo de um deus que não apenas não protege seu povo escolhido contra os inimigos senão que o deixa e o leva propriamente a enfrentar a ruína, em ignomínia e escravização, ter ao mesmo tempo possuído seguidores tão fervorosos não encontra nenhum outro exemplo na história, e é explicado apenas pelo enorme prestígio da anunciação profética. No aspecto puramente formal, como vimos, esse prestígio se baseou na concretização de determinados vaticínios dos profetas, ou, mais corretamente, em que determinados eventos foram interpretados como seu cumprimento. Pode-se reconhecer claramente a consolidação desse prestígio especialmente no interior da congregação do exílio na Babilônia. Enquanto o partido egípcio leva Jeremias à força e o abomina – alega-se que ele o apedrejou –, apesar ou talvez justamente por causa da aterradora concretização dos seus oráculos, Ezequiel, que inicialmente fora escarnecido como tolo na Babilônia, tem sua imagem totalmente transformada com a devastadora notícia da queda de Jerusalém. A partir de então, quem não se desesperou por completo atinha-se ao mesmo como consultor e consolador, e buscava seu conselho. E enquanto os samaritanos, como é de se imaginar, rejeitavam qualquer profecia que anunciasse a todo tempo apenas desgraça em relação ao antigo reino de Samaria e que ainda só tivesse interesse por Jerusalém, a profecia adquiria sua posição definitiva dentro da congregação exilada mediante a concretização daqueles vaticínios de salvação que anunciavam o regresso do exílio, aos quais ela se ateve durante o tempo de exílio na Babilônia e cuja concretização foi enxergada no estabelecimento da comunidade da *golah* em Jerusalém. Essa congregação surgia como aquele "remanente" cuja salvação era prometida desde Amós, sobretudo desde Isaías, e cujo futuro no exílio tinha constituído o objeto da profecia, agora tornada ao vaticínio de fortúnio. Em Jeremias, e acima de tudo em Ezequiel, essa mudança para a profecia de salvação ocorreu imediatamente após a queda de Jerusalém, depois da plena concretização dos aterradores ameaços de Iahweh. E se em Jeremias, o sensível melancólico, todo o conteúdo da expectativa futura era constituído fundamentalmente por caloroso conforto e por uma modesta esperança de que ainda haveria de ser possível, uma vez mais, a existência de uma lavoura pacífica na terra natal, o extático Ezequiel se regalava com milagres inauditos e um futuro repleto de glórias, em sonhos de uma aterradora catástrofe final dos inimigos. Ele[262] não podia ousar em ameaças diretas a Babel, como ainda anunciadas por profetas de salvação extáticos até a queda de Jerusalém e que tinham provocado a forte intervenção do governo e as exortações de Jeremias à paciência e à resignação. Os persas ainda não haviam aparecido. Por essa razão, Ezequiel se alheava em obscuras alusões das suas esperanças. Oráculos de desgraça sobre os vizinhos malfazejos – Tiro, Sidônia, Ámon, Moab, Edom e as cidades filisteias – e referentes ao Egito, o qual se provara um aliado que não inspira confiança, abrem espaço para a esperança no estabelecimento de Israel mediante o poder tão somente de Iahweh. As ameaças contra o Egito utilizam motivos míticos de uma catástrofe mundial. Gog, um rei bárbaro que, ao que parece, associando-se à pessoa de um príncipe do interior da Ásia Menor (de Tubal e Mosoc, segundo Ez 38,2), ascendeu fantasticamente a um senhor do território do Norte – origem antiga de todas as migrações populacionais –, um dia haveria de liderar todos os povos agrestes contra o povo sagrado instituído por Iahweh. Em um massacre terrível, no qual sobraria aos israelitas quase que apenas a tarefa de dar arrumo à terra santa, inquinada a um só campo mortuário, Iahweh provocaria a ruína daquele e, com ela, de todos os inimigos de Israel, os quais ele mesmo chamou (Ez 38 e 39). E o que se seguiu? Originalmente, Ezequiel tinha pensado no regresso de Davi ou de um davídico (Ez 34,23). Mas o comportamento incorri-

---

262. Sobre Ezequiel, cf. Herrmann, *Ezechielstudien*, Berlim 1908.

gível da estirpe régia e o entendimento de que apenas autoridade sacerdotal poderia manter a congregação unida mudaram seus ideais. Ele mesmo era sadocida, e, assim, depois de 25 anos de cárcere, formou-se sua esperança definitiva naquela teocracia racionalmente ordenada sobre a qual foi falado acima. A esperança referente a um rei é sepultada. Mas aos que se mantiverem fiéis é assegurado um próspero bem-estar intramundano e – como já em Jeremias – uma nova aliança eterna de Iahweh com o povo, ao qual ele há de lhe conferir um novo coração pulsante, de carne e sangue, no lugar do coração de pedra que os levaria à perversão (Ez 36,26-27); é assegurado um lugar de honra proeminente, acima de todos os povos, à reverência do nome de Iahweh. As toscas visões e audições extáticas de seus tempos antigos desapareceram. Em imagem extensamente elaborada, Ezequiel retrata as condições futuras e converte suas vidências, de modo engenhoso e pedante, em uma utopia intelectualmente ideada (Ez 40–48): ele é o primeiro profeta escritor em sentido próprio[263].

Mas, como já mencionado, Ezequiel foi não apenas escritor senão também, como sacerdote, conselheiro em assuntos ligados à cura de almas e – por assim dizer – à "política religiosa", tanto de exilados particulares como dos representantes autorizados dos fiéis no exílio: os anciãos. Ele considerava a si mesmo um "atalaia" do povo. E nas experiências dessa cura de almas também havia de lhe ter sido particularmente próximo o problema da "culpa" na desgraça infligida a Israel, sobretudo a culpa coletiva e a responsabilidade solidária, com o qual se ocupara a instrução da *torah*. Nota-se claramente como ele busca se posicionar em relação à questão. No tormento das suas paralisias patológicas, ele ocasionalmente se sente como que destinado a expiar a antiga culpa coletiva do povo (Ez 4,5). Por outro lado, na ira desenfreada dos seus oráculos de desgraça, Ezequiel, assim como os seus predecessores, frequentemente acusa a totalidade do povo de irreparável depravação, e apa-

---

263. Pois visto que o julgamento futuro não acorda com os projetos político-eclesiais tardios dos sacerdotes do exílio nem com sua realização por Esdras e Neemias, não há nenhuma razão para assumir que essas partes seriam complementos tardios, ao contrário do que é frequentemente aceito. Não é absolutamente nada de singular que se passe da apocalíptica meio patológica e escatológica do extático ao imaginar intelectualista de um projeto de Estado utópico.

rentemente prenuncia a ruína definitiva de todos. Mas isso era insuportável mesmo para ele, e, diante do sofrimento dos exilados – imerecido ao menos em parte – a contrastar com a incorrigibilidade política e com o egoísmo econômico dos que ficam em Jerusalém, a comunidade da *golah* lhe surge, em contraste a estes, como único baluarte da esperança e da salvação futura (Ez 11,16), enquanto que os que ficam em casa seriam os culpados por todo o desfortúnio. Mas depois da queda de Jerusalém isso também deixou de existir no que diz respeito às demandas por teodiceia, não obstante o quanto essa convicção fundamentou e determinou a autoconsciência religiosa da congregação do exílio enquanto tal a partir de então. Entre os exilados a diferenciação econômica perdurou e se acentuou, e cresceu, de um lado, a inclinação dos abastados à indiferença e à adaptação; de outro, o ressentimento dos devotos pobres. Insuportável e intolerável era a ideia de também se dever pagar coletivamente, ainda agora, pelos pecados dos pais cometidos em tempos idos. A demanda por um prêmio pela fidelidade a Iahweh se tornou imperiosa, e, como já antes a escola deuteronômica, também Ezequiel rompia agora, resoluto, com a antiga ideia da responsabilidade solidária (Ez 18 e 33) e ao mesmo tempo com a concepção, presume-se que sugerida pelas influências da astrolatria babilônica, de que Iahweh inexoravelmente haveria de retaliar, de que "nossos pecados pesariam sobre nós" como uma sina, uma perspectiva que deve ter tido consequências prejudiciais fatais para a cura de almas ou que teriam levado à magia ou à mistagogia. Não há nenhuma culpabilidade do indivíduo que seja inescapável, tenha ela sido causada por pecados próprios ou herdada dos pais. Iahweh perdoa o indivíduo considerando sua conduta: quem é justo, observa os *mishpatim* e os mandamentos caritativos de Iahweh e seus *chukkot* [estatutos divinos], este irá viver; a franca conversão extingue também culpas graves. Desse modo foi consolidada em termos religiosos a índole *expiatória*, predominante a partir de então, própria à *golah*; e, em contraste com a frivolidade dos ricos e poderosos, aquela distinção dos "devotos" humildes – únicos convocados à salvação –, que mais tarde deu cunho à religiosidade dos judeus sobretudo nos salmos, era ao mesmo tempo predisposta. Mas a demanda por manter a congregação, mediante sinais distintivos, sob permanente controle dos sacerdotes, dos quais o próprio Ezequiel fazia parte, fez com que nele todas as exigências comportamentais positivas passassem para o lado cúltico e ritualístico, como exposto anteriormente. Assim, ética da convicção – a bela imagem da transformação do coração de pedra em um coração de carne e sangue – e formalismo sacerdotal parecem se encontrar diretamente lado a lado: a primeira, uma herança da profecia antiga, em especial da jeremianita, e também produto da própria vivência religiosa; o último, expressão dos interesses práticos do sacerdote.

Nos profetas do primeiro período pós-exílico se nota algo semelhante. Ageu e Zacarias, os profetas de salvação do curto período de esperança sob Zorobabel, têm orientação, mais uma vez, puramente nacional, voltada à monarquia e ao templo. As vidências noturnas de Zacarias, um sacerdote cultivado, são uma composição artística: os espíritos planetares nos sete olhos (Zc 3,9), o "acusador" e os anjos no céu indicam influências babilônicas, a citação (Zc 1,6) dos antigos profetas como autoridades e dos anjos de Iahweh como mensageiros das ordens divinas no lugar da inspiração direta, o caráter literariamente decorrente e o temor ante a antiga corporalidade naturalística – na própria matéria, tudo gira em torno da construção do templo, que, depois de terminada, haveria de trazer a salvação. Em sentido inverso, nos oráculos de Trito-Isaías (Is 66,1-4) encontra-se uma pronunciada rejeição do templo – visto que o céu mesmo seria o templo de Iahweh –, esta uma reminiscência modificada à relativa indiferença ao culto na profecia antiga, e do mesmo modo nota-se a forte ênfase antiga nos deveres sociais e humanitários como mais importantes do que qualquer jejum (Is 58,1-12). Como antes do exílio, a idolatria e os cultos estrangeiros são os principais sacrilégios. Por outro lado, justamente nesse profeta, forte ênfase recai sobre o cumprimento dos ordenamentos ritualísticos mais formais referentes ao modo de vida, que agora eram o único sinal de pertencimento à congregação. Em Isaías se descerrava mais uma vez a esperança relativa ao Dia de Iahweh (Is 66,12-17) como dia de consolação para Israel e de desfortúnio para os inimigos, e uma terrível sede de vingança contra os mesmos pulsa na grandiosa imagem de Deus tingido de vermelho, como quem tivesse pisado uvas no lagar, manchado pelo sangue dos edomitas, a andar sobre as montanhas (Is 63,1-6). Do mesmo modo, consta em Joel o "inimigo que vem do Norte" (Jl 2,20), agora já a surgir esquematicamente, e um julgamento dos povos fantasticamente descrito (Jl 4,1-3). Mas no geral consumava-se uma transformação, determinada pela situação da congregação pequeno-burguesa em contraponto ao patriciado hostil ou indiferente: em Trito-Isaías, assim como nos demais profetas da época – como Malaquias (Ml 3,18) –, são os devotos, ao contrário dos ímpios, aqueles que carregam as expectativas de salvação, e Deus é um deus dos "humildes" (Is 57,15). Em Dêutero-Zacarias, o rei venturo monta um asno, por ser um príncipe dos humildes e dos pobres (Zc 9,9). Em Habacuc, a justiça pela fé (Hab 2,4) se equipara às concepções de Isaías, sem alcançar sua grandiosidade atual utópica. Pois tudo é transposto em termos pequeno-burgueses. Uma praga de gafanhotos leva Joel a dar um sermão sobre penitência (Jl 2,12-17), concebido de modo peculiar, mas que a rigor resulta apenas em jejum, oferta de sacrifício, em um dia de penitência e oração, ao passo que Malaquias responsabiliza os casamentos mistos pela ira de Iahweh. É bem verdade que Iahweh ama seu povo (Ml 1,1), mas o devoto aguarda compensação (Is 58,6-9), e em Malaquias é adotada a ideia persa de uma contabilização, por Deus, dos atos dos homens (Ml 3,16). Por outro lado, em Dêutero-Zacarias nota-se aparentemente uma apropriação da teoria dos quatro impérios (Zc 11,4-17). Em Joel, pelo contrário, a antiga esperança utópica de um estado final paradisíaco, já pré-profética, é retratada de modo bem realista em uma imagem de opulenta prosperidade, à maneira das antigas expectativas populares. Grandes partes dessa profecia dos últimos dias são determinadas por uma mistura peculiar de formação literata com ardor religioso às vezes impressionante, mas por outro lado: pela adequação às demandas e aos costumes caseiros dos membros burgueses de uma congregação que vive, no geral, em situação confortável e de paz, certamente em condições modestas. Expressamente documentada é a atuação *pública* política de profetas no tempo de Neemias, que teve duros conflitos com os profetas de salvação de então. Mas muitos oráculos e cânticos proféticos dessa época carregam caráter puramente literário, como já no tempo do exílio, desde o período mais tardio de Ezequiel e como um grande número de salmos que não são contados aos cânticos dos profetas (e vice-versa), frequentemente por pura casualidade. Com isso não se afirma porventura que os mesmos não tiveram significado para o desenvolvimento religioso, ainda que nem sempre para o de seu próprio tempo.

A profecia literária exílica criara sobretudo a *teodiceia* mais radical que o judaísmo antigo já produziu e, pode-se dizer, a única de fato a se considerar seriamente. Ao mesmo tempo, ela é uma apoteose do sofrimento, da calamidade, da pobreza, da humilhação e indignidade como nunca alcançadas novamente nesse resultado, nem mesmo na anunciação encontrada no Novo Testamento. O escritor hoje denominado "Dêutero-Isaías" (Is 40-55)[264], que

---

264. Se é totalmente assente que esse capítulo do Livro de Isaías atual teve origem no exílio, e embora também seja cada vez mais reconhecida a não identidade de seu autor com o compositor da peça seguinte (Trito-Isaías), permanece aberta a questão se os capítulos atribuídos a Dêutero-Isaías ou os assim chamados cânticos do *'ebed* [servo] de Iahweh deveriam ser atribuídos a autores distintos. Esses cânticos do "Servo de Deus" continuam sendo propriamente uma *crux interpretum*. Mencione-se da literatura, além do comentário de Duhm a Isaías, o escrito de Sellin *Die Rätsel des deuterojesajanischen Buchs* (1908); entre outros trabalhos, podemos fazer referência à discussão de Gressmann em seu estudo "Eschatologie" (1905), citado anteriormente, e ao artigo de Laue em *Theologische Studien und Kritiken* (1904), assim como ao trabalho de Giesebrecht *Der Knecht Jahwes des Deuterojesaja* (1902), mas em particular à recensão bem aprofundada de Rothstein sobre as exposições mais antigas de Sellin (no primeiro volume de seus *Studien zur Enstehungsgeschichte der jüdischen Gemeinde nach dem babylonischen Exil*, 1901), em *Theologische Studien und Kritiken*, 1902, vol. I, p. 282. Da literatura mais recente, cf. em especial o trabalho de Staerk em *Beitr. z. Wiss. v. A. T.*, vol. 14 (1912), que distingue entre os quatro cânticos em Is 42,1-9; 49,1-7; 50,4-11; 52,13-15 e os demais cânticos do Servo de Deus nos quais o *'ebed* sem dúvida seria o povo de Israel. Naqueles quatro cânticos, ele seria uma figura individual; especificamente nas três primeiras, uma figura parte heroica, parte de mártir, apresentada como um redentor universal preexistente, em verdade uma projeção da esperança davídica sobre a profecia. A crítica a Sellin parece ser convincente em vários aspectos. Entretanto, em pontos importantes, as colocações do último permanecem de indelével valor. Sellin é o principal defensor da "hipótese Jeconias", e ao mesmo tempo da uniformidade do livro de Dêutero-Isaías. Em uma leitura imparcial e não comprometida, o conteúdo oferece gradualmente um sensível atesto dessa uniformidade da autoria do livro, supostamente surgido em partes sob o entusiasmante impacto das esperanças relativas a Ciro, e então reunido. Em contrapartida, a interpretação sobre Jeconias parece dificilmente plausível, em especial porque se trata de um homem com o dom da instrução da *torah*, portanto de um profeta, não de um rei. O livro dá a impressão de ser poetização artística religiosa de um pensador entusiasta de elevada capacidade intelectual, que escreveu para um pequeno círculo de indivíduos de concepções semelhantes. Daí ser legítimo assumir que o oscilar entre interpretabilidade individual e coletiva seja forma artística intencional dessa teodiceia profética. Mas o ponto central da hipótese de Sellin, decisivo para nós, reside em que: os cânticos que se referem, quando do surgimento, a um indivíduo (Jeconias) teriam sido transferidos, depois da morte do último, pelo próprio autor, ao povo Israel e, por essa razão, assimilado em conjunto com as partes surgidas apenas à época, sob o impacto da aproximação de Ciro. Com isso, Sellin ao menos aceita, no resultado, a afirmação de

criou essa concepção, escreveu de forma anônima, claramente em vista da censura babilônica[265], a qual ele sem dúvida havia de temer em virtude das suas esperanças extremamente passionais relativas à destruição de Babel por Ciro, que ele (sem razão) aguardava.

Na religiosidade israelita, a postura com relação à pobreza e ao *sofrimento* em geral passou por diferentes estágios, e isso não de modo que a mais antiga fosse completamente reprimida pela mais recente. Aqui, como por toda parte, a assunção original era: que o homem abastado, saudável e respeitado se encontra sob plena graça de Deus. Os patriarcas, assim como Booz, Jó e outros devotos, são gente rica. Perda de riqueza, enfermidade, miséria eram consideradas sinais da ira divina. Para os amigos de Jó, isso é uma obviedade, e os profetas também cominam essa sina como punição. Vimos, porém, como a postura com relação às camadas sociais mudou com a transição à cultura urbanita – quando o camponês e pastor israelita capaz de compor guarda tornara-se um perieco cada vez mais pacifista e um homem pobre (*ebyon*) sob risco se virar servo por dívida, quando videntes devotos assumiram o lugar dos profetas de guerra, e quando, em contrapartida, os senhores de corveia, o rei, os cavaleiros e fiéis patrícios e arrendadores fundiários assumiram o lugar dos príncipes rurais patriarcais, ademais quando a ética da caridade das monarquias vizinhas passou a influenciar a parênese dos instrutores da *torah*. Evidentemente, a conduta de vida dos ricos e nobres não era irrepreensível, nem em termos cúlticos, nem em aspectos éticos. Além disso, seu prestígio diminuiu com o enfraquecimento da posição de poder do Estado. Em Sofonias, a pobreza da população restante depois da punição já é relacionada à sua devoção. Mas fora isso, o ponto de vista da ética pré-exílica

---

que, quando da redação final, Dêutero-Isaías via não mais Jeconias, senão o povo Israel, i. é, seu núcleo devoto, como o detentor das qualidades originalmente referidas ao rei. Apenas filólogos especialistas podem dar a palavra final sobre a engenhosa construção. Em todo caso, a intenção do autor quando da redação final foi então a também pressuposta aqui: ambiguidade.

265. Curiosamente, também Hölscher, além de Duhm, argumentou recentemente a favor da proveniência não babilônica (devido a Is 52,11 e 43,14), e sugerido o Egito (em especial Syene, por causa de Is 49,12). Só que isso parece implausível já devido ao interesse então atual em Ciro, sem contar o forte interesse em coisas puramente babilônicas.

não era o de uma estima positiva dos pobres enquanto devotos. O pobre, doente, o inválido, os órfãos, as viúvas, os metecos, trabalhadores assalariados, eram objetos da devida caridade, mas não propriamente detentores de moralidade mais elevada, nem de uma dignidade religiosa específica. A dominação dos plebeus era tida como castigo. Apesar disso, sob a influência da parênese levítica, Iahweh era cada vez mais visto como um deus que busca promover justiça aos miseráveis e oprimidos, naturalmente sem que isso soasse ao mesmo tempo como reivindicação por um direito natural à igualdade. Sem dúvida, porém, com a concepção profética e deuteronômica de Iahweh como um deus a detestar sobretudo a soberba, a virtude especificamente plebeia da *humildade* se tornava cada vez mais a única a ser apreciada. A partir dessas representações e com base na concepção universalista de Deus, elevada com determinação até as últimas consequências por Dêutero-Isaías, ele agora, na miséria do exílio, tirava as conclusões finais. Em uma passagem (Is 53,9, de leitura certamente contestável), o rico enquanto tal, para ele, encontra-se de tal modo identificado ao ímpio que, em relação ao Servo de Deus, é afirmado simplesmente que ele faleceu "como um rico" (não obstante sua retidão). Em especial os devotos do exílio são frequentemente gente oprimida e maltratada pelos inimigos. Em troca, visto que a justificação pelos atos dos antepassados não era mais aceita, Dêutero-Isaías criou uma nova teodiceia. Para ele, Iahweh é um deus universal. A existência dos outros deuses não é necessariamente negada, mas Iahweh haverá de intimá-los a comparecer ante seu trono e destruirá sua arrogada dignidade. Somente Iahweh é o criador do mundo e condutor da história universal, cujo curso se efetua de acordo com seus recônditos propósitos. A ignominiosa sina de Israel, porém, é um dos meios – por sinal o mais importante – da concretização dos seus planos para a salvação mundial. Para o povo mesmo de Israel, ela é acima de tudo meio de purificação. Iahweh purifica seus leais seguidores não "como quem refina prata", senão que é "no cadinho da aflição" (Is 48,10) onde ele os torna seu "povo escolhido"; mas: isso em benefício não apenas de Israel propriamente, como em todas as demais profecias, senão também de outros povos. Esse tema é desenvolvido nos cânticos, muito discutidos, do

"Servo (*'ebed*) de Deus". A peculiar concepção dessa figura varia claramente, ao menos na versão definitiva do texto, entre uma forma individual e uma personificação do povo Israel ou, antes: de seu núcleo mais devoto. Além de algumas personalidades impresumíveis, imaginou-se que aquela figura individual seria o Rei Jeconias – levado a Babel quando jovem e, depois de longos anos de encarceramento, indultado e levado a comer à mesa real –, com cuja libertação do aprisionamento termina o Livro dos Reis. Contudo, caso não se pretenda relacionar cada um dos cânticos a detentores totalmente distintos da qualidade de Servo de Deus, essa suposição não é efetivamente convincente, nem nenhuma outra, e também *não* terá resposta unívoca a questão se se trata de pessoa individual ou personificação do coletivo. O autor parece ter ligado traços de uma figura escatológica de proveniência incerta a fados e ao sofrimento em geral conhecidos e cotidianos de seu público, sobretudo aos tornozelos "trespassados" dos prisioneiros, e se trata claramente de uma forma artística intencional que ele oscile entre a coletividade a padecer e aqueles portadores pessoais da sina de sofrimento, de modo que mesmo no caso particular seja às vezes difícil dizer qual possibilidade de interpretação se tinha em mente. Israel é o Servo de Iahweh, afirma-se (Is 49,3); e logo antes (Is 48,20) é dito que Iahweh teria redimido seu servo Jacó. Mas imediatamente após a primeira passagem o Servo de Iahweh é chamado para reconduzir Jacó e restaurar as tribos de Israel (Is 49,5-6). Pois Iahweh lhe deu a língua de um discípulo para, no tempo certo, falar aos fatigados (Is 50,4); e em seguida (Is 53,11, em leitura certamente contestável) também seu conhecimento é apresentado como fonte da salvação. Assim costumava ser dito por profetas ou instrutores da *torah*, e por isso se inclina a encontrar no Servo de Deus uma personificação da profecia. Isso fica ainda mais evidente no prosseguimento do vaticínio do escritor, que aponta e rejeita a magia e a astronomia dos sábios babilônicos, ao se afirmar: que o Servo de Deus estaria destinado a ser "luz para os gentios", que ele estaria desinado à "salvação, até os confins do mundo" (Is 49,6). Outras passagens e a natureza mesma da coisa também sugerem ser o enorme orgulho próprio da profecia aquilo que, aqui, em vista da concretização iminente, por Ciro, das antigas promessas, faz-se sentir como poder universal supranacional. Por outro lado, algumas passagens soam como se se tratasse incontestavelmente de um soberano, não de um profeta. Mas Moisés, o arquétipo da profecia, tinha sido também um hierocrata e líder popular, e a figura do sábio príncipe-sacerdote Melquisedec fora redescoberta justamente no tempo do exílio. Com o universalismo de Deus conformava a missão mundana. Mesmo que o próprio Dêutero-Isaías não a tenha tratado em pormenores, de fato não é por acaso que o compilador mais tardio do atual Livro de Isaías tenha alinhado seu escrito diretamente ao trabalho daquele escritor anônimo pós-exílico (Trito-Isaías), representante mais energético da propaganda religiosa mundana e da equiparação religiosa de todos os prosélitos caso estes se submetessem aos ordenamentos de Iahweh (Is 56,6-7). Em Dêutero-Isaías, tarefa e honradez da missão mundana de fato já se encontram fundamentadas em termos ideais, e ao mesmo tempo, entre os profetas de salvação, ele é aquele que relativamente menos fala de uma supraordenação social dos judeus ante os outros povos como objetivo salvífico ou promete vingança aos inimigos, como fazem quase todos os demais – inclusive Trito-Isaías, que por sua vez prenuncia a submissão dos gentios como compensação pela longa ignomínia de Israel (Is 60,10.14-15). É bem verdade que Dêutero-Isaías também agoura em pormenores o castigo sobre Babel (Is 47), a humilhação e a represália contra os inimigos de Israel (Is 49,23,26 e em outras passagens). Mas esse não é o cerne do seu vaticínio de salvação. Também em Isaías, Deus ocultou sua face a Israel devido a impiedade dos pais, e o profeta exorta a buscar o Senhor, a se converter e a evitar caminhos e pensamentos ímpios (Is 55,6-7). Mas essa valoração da miséria como punição de pecados, do mesmo modo como aquelas admoestações à penitência sugeridas apenas ocasionalmente em Isaías, perde fortemente em importância, em favor de um significado soteriológico positivo – totalmente diferente – do sofrimento enquanto tal; a saber, e na mais acentuada oposição à profecia pré-exílica, justamente do sofrimento *inculpe*. Também aqui, de novo, varia o modo de expressão, de forma que aparecem, concebidos como portadores desse sofrimento significante de salvação, ora Israel ou a profecia, ora uma figura individual escatológica. A gente que conhece justiça e instrução (*torah*) é exortada a não temer as injúrias e ameaças do mundo (Is 51,7), e o profeta se gaba, na primeira pessoa, de que ele, a quem o Senhor conferiu o dom da instrução (Is 50,4), deu suas costas aos açoitadores e sua face aos agressores, e que não ocultou seu rosto "às injúrias e aos escarros" senão fez dele um "calhau" (Is 50,6-7), pois ele sabia afinal que o Senhor estaria com ele e não o frustaria. Aqui, portanto, por "Servo de Deus" parece se compreender claramente a profecia enquanto tal. Mas nos demais cânticos a figura é empregada de novo de modo decididamente pessoal e soteriológico. Muitos se assustam perante o Servo de Iahweh por ele ser mais feio do que outros (Is 52,14, passagem vista como glosa por alguns eruditos). Ele é o mais desprezado, abandonado pelos homens, cheio de dor e sofrimento, uma pessoa de quem todos escondem o rosto, por não se fazer caso nenhum do mesmo e porque ele é tido como marcado por Deus ao castigo e açoitado (Is 53,3-4). "Nós o tínhamos como tal", diz-se – de modo que poderia estar aqui personificado, dependendo do caso, o desprezado povo de Israel ou seus profetas, desdenhados pelo próprio povo. Não é nenhuma ideia nova desde o ponto de vista da profecia (Jr 15,1; Ez 14,14) que o Servo de Deus interceda pelos malfeitores (Is 53,12). Na melhor das hipóteses, ainda que com grandes dificuldades, a circunstância de ele dedicar sua vida a "carregar os pecados de muitos" poderia se encontrar no limite daquilo que acreditavam também os "homens de Deus" israelitas antigos como Moisés, que ofertaria sua própria vida se seu povo não viesse a ser perdoado (Ex 32,32). Em si, o sacrifício expiatório vigário era uma ideia comum também na Antiguidade de Israel. Em relação aos estados convulsos extáticos de Ezequiel já se encontra uma vez (Ez 4,5) a ideia de que o profeta teria de expiar, paralítico, pelo seu povo – que haveria de ser exposto a escárnio pelos gentios (Ez 5,15) –, os vários anos de vileza de Israel em número equivalente de dias. Em Dêutero-Isaías, porém, é enfatizado com toda veemência: que o Servo de Deus, por seu sofrimento, *foi tido como pecador* e enterrado entre os ímpios, embora ele *não* pertencesse aos mesmos (Is 53,12). Desse modo, precisamente, ele carregou os pecados de muitos; a circunstância de ele ter sido "trespassado e afligido por nossos pecados", de Iahweh ter feito "cair o castigo sobre ele"

(Is 53,5-6) e suas realizações redentoras são remontadas a que o mesmo, quando do martírio, "não abriu a boca, como um cordeiro que é conduzido ao matadouro", e ofertou sua alma, isto é, sua vida, como "sacrifício pelo pecado" (Is 53,7-10). Nesse contexto, como mais tarde em Jó, a mais alta medida do sofrimento é não que ele foi ou tenha se sacrificado, senão que o mesmo, por seu lado, era tido além disso como pecador e acometido pela ira de Deus. Consideradas a partir dos conjuntos de ideias outrora incorporados por Dêutero-Isaías, essas concepções não são nada de tão heterogêneo a ponto de forçar de algum modo a adoção de ideias de proveniência estrangeira. Em si, elas surgem apenas como sumário consistente e reinterpretação racional de princípios já existentes. As descrições puramente referente a externalidades, especialmente o "trespassar", sugerem em si apenas a concepção de um tipo judeu de mártir. Mas certamente não pode se considerar impossível que também se tivesse em mente uma figura escatológica de uma mitologia popular que, por seu lado, dado o caso, fosse proveniente de um dos cultos difundidos, seja o do Tamuz (como frequentemente assumido), seja o de um outro deus mortal, por exemplo o de Adad-Remon de Meguido, mencionado em Dêutero-Zacarias em relação com a mesma imagem do "trespassado" (Zc 12,10-11). Mas caso de fato tenha havido tal adoção ou influenciação – o que permanece *absolutamente* dubitável –, a radical recunhagem do sentido seria apenas tão mais impressionante. A rigor, a esses deuses mortais faltava qualquer relação com pecados de uma comunidade e com o propósito soteriológico de expiá-los. Aqui, isso era totalmente diferente. Em conformidade com a essência do iahwismo, a divindade ou o Filho de Deus, mortal por razões cósmicas ou teogônicas mitologicamente construídas, tornou-se um *servo* de Deus que oferta si mesmo como sacrifício por pecado. O redentor é não o Servo de Deus mortal, senão o próprio Iahweh (Is 54,8), que agora, conforme as promessas de outros profetas, forma com seu povo uma aliança de paz mais eterna que as montanhas (Is 54,10), restabelecendo a graça de Davi (Is 55,3). Para Iahweh, o martírio inculpe do Servo de Deus é o *meio* para poder fazê-lo. Para as concepções tradicionais, *nisso* reside o estranho de fato. *Por que* se carece desse meio? "Os meus pensamentos não são os vossos pensamentos, nem os vossos caminhos são os meus caminhos" (Is 55,8). Assim, trata-se a rigor de um mistério compreensível apenas ao círculo dos iniciados, o que em turno argumenta a favor da tese da influenciação da fantasia do profeta por algum mito escatológico[266]. Só que como frequentemente enfatizado: a transformação ética dessa soteriologia faltou a todos os mitologemas conhecidos até hoje referentes a deuses e heróis da vegetação – ou outros –, mortais ou ressurrectos. Todos eles costumavam ser completamente não éticos. Essa transformação, portanto, até onde se nota, era patrimônio intelectual do profeta. Mas a maneira como ela se dá requer ser considerada corretamente. Segundo tradição profética, ela consiste não, ou então apenas de modo totalmente secundário, na função do sofrimento como castigo de pecados anteriores, mencionada também por Dêutero-Isaías. Antes, quanto mais a figura do Servo de Deus ascende ao primeiro plano, tanto mais veementemente é enfatizado que seu sofrimento era *imerecido*. De fato, porém, os demais povos e os ímpios certamente não eram melhores do que o inditoso povo escolhido de Iahweh. Aquele profeta em particular também dá menos importância ao rompimento da antiga *berith* em comparação a outros. Pelo contrário, ele toma como ponto de partida as promessas feitas a Abraão e Jacó, o que era mais raro entre os profetas mais antigos (Is 51,2). Mas também isso é periférico. Para ele, o problema está não nas promessas, tampouco na *berith*, senão na questão da teodiceia do sofrimento de Israel, sob pontos de vista bem universais de um arguto governo mundial divino. Mas qual é, para o profeta, sob tais inquirições, o sentido da sua apoteose do sofrimento, da fealdade e do ser desprezado? Evidentemente, trata-se não de acaso, senão de intenção, que ele repetidas vezes transforme a pessoa escatológica em uma personificação de Israel ou da profecia e vice-versa, e que, em consequência disso, Israel surja ora como expoente, ora como objeto da redenção. O sentido de tudo isso é, precisamente, a *apoteose da condição de povo pária* e do

---

266. O chamado "desde o ventre" da mãe (Is 49,1) encontra correlato, por um lado, na terminologia régia babilônica, por outro no chamado providencial de Jeremias no ventre materno (Jr 1,5). Sellin (op. cit., p. 101ss.) demonstrou de modo convincente a existência de fortes reminiscências na dicção do escritor a hinos e cantos de lamento babilônicos (a propósito, cf. já Kittel, "Cyrus und Deuterojesaja", *Z. f. A. T. W.*, 1898).

paciente perseverar na mesma. O Servo de Deus – e o povo, que tem nele seu arquétipo – torna-se assim o redentor do mundo. Portanto, caso aquele tenha sido concebido como salvador pessoal, ele de fato o fora a rigor apenas por ter voluntariamente assumido a condição de pária, própria ao povo do exílio, e suportado, sem lamentos e sem opor resistência, a miséria, a fealdade, o martírio. Aqui se notam todos os elementos da pregação evangelical utópica: "não resistais ao mal com violência". A condição de povo pária enquanto tal e seu obediente suportar foram elevados ao mais alto grau de honra e dignidade religiosas perante Deus, por assumirem o sentido de uma missão de caráter histórico-universal. Para o profeta, essa apoteose entusiástica do sofrimento enquanto meio de prestar salvação ao mundo é aparentemente o enaltecimento último – e mais elevado em sua espécie – da promessa feita a Abraão, de que seu nome um dia haveria de se tornar "uma palavra de bênção para todos os povos".

A ética especificamente miserabilística da não resistência se reavivou no Sermão da Montanha, e a concepção da morte por sacrifício voluntário do Servo de Deus, martirizado inculpe, auxiliou o nascimento da cristologia[267] – certamente que não essa concepção sozinha, senão em combinação com a apocalíptica tardia da doutrina do Filho do Homem[268] do Livro de

---

267. A perícope do Servo de Deus é utilizada com particular frequência nos Sinóticos e nos Atos dos Apóstolos, pouco depois na Epístola aos Romanos e na Primeira Epístola aos Coríntios, mas também em João. 1Cor 15,3 indica que a ideia do salvador a morrer como sacrifício expiatório estava acessível a Paulo já por meio de tradição. A referência à anunciação profética é encontrada como expressa por Jesus (Mt 26,24 = Is 53,7-8). Em paralelos frequentemente literais com Dêutero-Isaías, é exposto que Jesus seria o Eleito (Lc 9,35 = Is 42,1), aquele em quem Deus se comprazia (Mt 3,17 = Is 42,1), sem pecado (Jo 8,46 = Is 53,5), o cordeiro de Deus (Jo 1,29.36 = Is 53,4-7), a luz dos povos (Jo 1,4 = Is 42,6-7), chamado a dar descanso àqueles sob o peso do fardo (Mt 11,28 = Is 55,1), que teria vivido em humildade (Fl 2,7 = Is 53,2-3), que, como um cordeiro, teria tolerado em silêncio o menosprezo (At 8,32 = Is 53,7-8), a acusação (Mt 26,63) e os maus-tratos (Mt 27,26), que teria intercedido a favor dos sacrílegos (Lc 23,34 = Is 53,5), dado a vida em resgate pelos pecados dos outros (Mt 20,28 = Is 53,10), assim remido os pecados (Lc 24,47 = Is 53,5) e que teria sido glorificado por Deus (Jo 13,31; 14,13; At 3,13 = Is 49,5; 55,5). Particularmente característico é Rm 4,25 (= Is 53,5.12), onde Paulo se baseia na tradução, totalmente equivocada, da Septuaginta. A propósito, o papel do apóstolo também é caracterizado ocasionalmente com imagens do texto de Dêutero-Isaías (At 13,47 = Is 49,6). Todas as passagens encontram-se convenientemente listadas lado a lado em E. Huhn, *Die messianischen Weissagungen des israelitisch-jüdischen Volks*, vol. II (1900).

268. Com bastante frequência é usado, ao invés de "Servo de Deus", simplesmente "Filho do Homem", o que indica a via da apropriação (mistérios).

428

Daniel e de outros mitologemas. Apesar disso, porém, a palavra da cruz "meu Deus, meu Deus, por que me abandonaste?" dá início ao salmo 22, que, do começo ao fim, faz uso do miserabilismo e da profetização do Servo de Deus de Dêutero-Isaías[269]. Se efetivamente não a fé congregacional cristã mas o próprio Jesus tiver aplicado esse versículo pela primeira vez – em referência a si mesmo –, isso permitiria inferir, por exemplo – ao contrário de como, curiosamente, aquela palavra da cruz foi frequentemente interpretada –, não o mais profundo desespero nem a mais profunda desilusão, senão com certeza, justamente pelo contrário, um orgulho próprio messiânico no sentido de Dêutero-Isaías e as esperanças expressas na conclusão do salmo.

Em contrapartida, dentro da literatura canônica judaica, esse salmo é o *único* produto a tomar como referência, em conteúdo integral, a soteriologia de Dêutero-Isaías, enquanto nos salmos são encontradas várias vezes citações isoladas e alusões ao mesmo. É bem verdade que a *índole* de Dêutero-Isaías, o sentimento de ser um verme (Is 41,14) e a valoração positiva da autodepreciação e da fealdade continuou a influenciar o judaísmo em larga medida, assim como mais tarde teve seus efeitos no cristianismo, até no pietismo. No judaísmo, pelo contrário, a concepção do Servo de Deus que morre voluntariamente como sacrifício inculpe, com sofrimento e pelos pecados de outrem, a princípio caiu totalmente em esquecimento, e, por sinal, aparentemente logo em seguida. Isso se explica pelos eventos. Desde a perspectiva de Dêutero-Isaías, a redenção e portanto a compensação pela obediência sofredora haveriam de ser diretamente iminentes. Ele viu Ciro, o ungido do deus universal, perante os portões de Babel, que ele haveria de destruir (Is 45,1). Mas Babel permaneceu de pé, e Ciro se portou como seu rei legítimo. Certa-

---

269. O versículo 17, onde se faz referência a "mãos e pés", está distorcido na leitura. Assim, pode-se pôr em questão se ali se trata de atar ou de perfurar os tornozelos, como em um prisioneiro. Mas a tradução da Septuaginta já parece comprovar que esse era caso. E o mesmo mostram os versículos seguintes, onde se fala em repartir as vestes e em tirar à sorte sobre elas. A congregação cristã, porém, talvez em virtude da Septuaginta, deve ter relacionado aquele versículo necessariamente a uma crucificação, pois toda a exposição dos evangelhos é claramente influenciada pelo salmo 22. Por conseguinte, de fato é bastante provável que aqui se tivesse em mente o "trespassado" de Dêutero-Isaías, ou no mínimo que a concepção comum interpretou o salmo 22 dessa forma, do mesmo modo como a congregação cristã usou então promiscuamente os cânticos do Servo de Deus e esse salmo como vaticínios relativos a Cristo e formou a exposição da Paixão em conformidade com eles.

mente: o regresso do exílio ocorreu. Mas as circunstâncias não se afiguraram de modo que se tivesse percebido o retorno como estado de redenção. E afinal também era impossível em si que essa teodiceia de um pensador teológico se tornasse patrimônio comum de uma fé congregacional, como também não logrou ocorrer às concepções de intelectuais indianos sobre a redenção. De fato, o justo, "trespassado" sem razão e recompensado no fim dos dias, é encontrado em Dêutero-Zacarias e nos salmos como metáfora para Israel. No Livro de Daniel (Dn 11,33; 12,3) e sobretudo no apócrifo Livro da Sabedoria, Dêutero-Isaías é largamente apropriado. Ali, em conformidade com a posição dos autores, os vaticínios referentes ao sofrimento e à recorrente elevação do Servo de Deus são referidos aos instrutores da *torah* ou ao povo justo de Israel. Mas a apropriação é absolutamente incompleta, e acima de tudo não se encontra nenhum fundamento para a assunção de um mártir a expiar os pecados do povo Israel ou até de todo o mundo mediante seu sofrimento voluntário e sem lamento. Jó não tem o mínimo conhecimento da teodiceia do sofrimento à espécie de Dêutero-Isaías, tampouco sobre seu caráter de aprazente a Deus, e a ingênua esperança no Messias da fé popular nunca esteve ligada a ela. O mesmo pode ser dito a respeito da literatura rabínica clássica. Ela certamente conhecia um Messias morto na guerra, mas não a sofrer como salvador. Somente no Talmude (b. Sanh. 98b) é encontrada uma figura como essa, e somente a partir do século III d.C. aproximadamente que a doutrina do Messias sofredor e da laudabilidade do sofrer, puramente enquanto tal, parece novamente ascender a primeiro plano, sob forte pressão[270]. Até então exerceu influência duradoura apenas o teor expressivo – reforçado e transmitido particularmente por alguns salmos – daquele posicionamento bem conhecido de Dêutero-Isaías com relação ao sofrer sem lamento, como se conclui das reiteradas citações. O *páthos* suportador e perseverador da condição de pária e os olhos de estrangeiro com os quais os judeus vagavam pelo mundo tinham seu pilar interno mais sólido nesse livro extraordinário,

---

270. Sobre isso, cf. Dalmann, "Der leidende und sterbende Messias der Synagoge im ersten nachchristlichen Jahrhundert" (*Schriften des Inst. Jud.*, vol. IV, Berlim 1888). Por si, sofrer no lugar de outrem, em contrapartida, era uma ideia bastante recorrente em tempo rabínico (4Mc 6,29; 17:22).

até que esse produto do tempo do exílio atuou na fé em Cristo como mais forte fermento.

A circunstância de os profetas do tempo do exílio e, do mesmo modo, de uma parte considerável dos profetas pós-exílicos terem sido escritores religiosos e não mais demagogos atuais da política religiosa – e nem pudessem sê-lo, a considerar as condições de época –, teve suas consequências não apenas para a forma estilística mas também para a concepção do carisma profético. De modo geral, ao contrário da terminologia dos antigos extáticos norte-israelitas[271], a profecia mais antiga não fala de um apossamento do profeta pelo "espírito" (*ruach*) de Iahweh. Vimos que essa representação lhe era totalmente estranha. A voz de Deus fala concretamente aos – ou desde os – mesmos, em certa medida através dos profetas enquanto instrumentos que não logram resistir às suas falas, e, onde o próprio Deus é denominado "Espírito", isso ocorre para assinalar sua grande distância do homem. A "mão" de Iahweh agarra diretamente o profeta; ele profere, como Isaías, a "*torah* de Deus". O decerto não unicamente predominante, mas em todo caso característico a todos eles, é, assim, um *habitus* extático bem emocional e atual, certamente determinado em sua interpretação e comedido em suas manifestações por determinadas representações das relações entre Deus e homens. Nesse contexto, com a eliminação da atualidade política, teve início uma mudança. Nos oráculos tardios de Ezequiel, todo furor original já foi abandonado por ele. Em Dêutero-Isaías não há nenhum traço de êxtase emocional. Em Trito-Isaías, o profético "espírito do Senhor Iahweh" (*ruach adonai yahweh*) está, como um *habitus permanente*, "sobre" o profeta e o impele a instruir (Is 61,1). Estados emocionais atuais eram encontrados com recorrência, sempre que se tratava de influenciar resoluções políticas do presente imediato ou de externar a sede de vingança contra os inimigos, como na visão do lagar de Trito-Isaías. Mas mesmo a profecia de salvação atual do tempo de Zorobabel se distingue da profecia pré-exílica no *habitus* profético. Vidências noturnas, isto é, visões oníricas, as quais esta última profecia re-

---

271. Em Oseias, o profeta é o "homem do espírito".

jeitara ou então considerara como inferior, ascendem novamente a primeiro plano, como entre os antigos "videntes" – Zacarias, afinal, era um sacerdote, e não demagogo. E o "espírito", que passa de novo a desempenhar um importante papel em Ageu – depois em Joel e Dêutero-Isaías –, tornou-se em parte um teologúmeno para a evitação das antigas representações corpóreas agora a causar embaraços, mas em parte uma esperança de futuro. Acima de tudo: portadora desse "espírito" é a *congregação*. A declaração de Iahweh em Ezequiel (talvez proveniente da revisão), de que ele teria derramado seu espírito sobre a casa de Israel (Ez 39,29) e por isso, futuramente, depois de advir a salvação, não mais lhe daria as costas, assume em Dêutero-Isaías a forma de promessa de futuro: a de pretender derramar seu espírito, isto é (como indicado em Is 42,1), o espírito da profecia, sobre a semente de Israel (Is 44,3). Todo o "povo no território" é portador do mesmo. Quando Trito-Isaías fala da ofensa ao "Espírito Santo" – posto por Iahweh em tempo mosaico "no seio do povo" (Is 63,10-11) – causada pelos delitos da população, e quando, já em Ageu, o regresso do espírito de Iahweh é prometido com referência às suas promessas feitas durante o êxodo (Ag 2,6), decerto não se tem em mente, a considerar o teor, o ser acometido dos 70 anciãos pelo espírito extático profético (Nm 11,25), senão a santidade específica do povo leal à Aliança (Ex 19,5) enquanto *habitus* permanente. Sem dúvida, porém, a teoria (coreíta) antissacerdotal do tempo pré-exílico derivara daí a qualificação carismática e a santidade proporcional de todos os membros da congregação, não apenas dos sacerdotes.

Em turno, nos profetas do período tardio pós-exílico – Joel (Jl 3,1) e Dêutero-Zacarias (Zc 12,10) – a concepção de "espírito" também assume então formas essencialmente distintas. É bem verdade que, em relação ao Dia de Iahweh, Dêutero-Zacarias prenuncia à congregação, aos "habitantes (*yosheb*) de Jerusalém" e aos davídicos a governá-la, apenas o espírito da *prece*. Mas este há de se manifestar na lamentação passional, feita à maneira dos cultos da vegetação, em torno dos "trespassados" – aparentemente de novo aquela figura escatológica do piedoso mártir e Servo de Deus, criada por Dêutero-Isaías –, portanto: em assomos de penitência extáticos. Em Joel, porém, é o antigo espírito profético emocional extático aquilo que, antes de principiar esse "Dia de Iahweh" – no qual são salvos apenas os que chamam por seu nome –, há de ser derramado sobre todos membros da congregação, sobre seus filhos, filhas, servos e criadas, que há de suscitar sonhos entre os anciãos, visões entre os grupos de jovens e fazer as crianças vaticinarem. Aqui, sem dúvida, é recorrido às antigas tradições sobre o êxtase de leigos, e a esperança final, portanto, está ligada ao retorno do universalismo do dom da profecia. A concepção tornou-se importante para o desenvolvimento do cristianismo. O milagre de Pentecostes (At 2,16-21) é narrado com recurso a essa passagem, ali praticamente citada. A missão cristã atribuiu toda aquela importância a esse milagre claramente apenas pela seguinte razão: porque depois dele parecia certa a iminência do dia "do Senhor" (compreendido em termos cristãos), como Joel o anunciara. Para a piedade cristã originária, no mais intenso contraste com a profecia pré-exílica, o "Espírito" era legitimado como um fenômeno extático de *massa* – como característico para a congregação cristã – por essa – e apenas por essa – passagem na literatura profética judaica.

Os sacerdotes e a restauração confessional depois do exílio

Dentro do desenvolvimento do judaísmo, tais passagens me mostram que o "espírito" genuíno da antiga profecia estava a desaparecer. Ele sumiu não em virtude de uma eventual legalidade psíquica "imanente" de espécie misteriosa. Antes, ele desapareceu porque, dentro da congregação dos judeus, a polícia da *autoridade sacerdotal* obteve o domínio perante a profecia extática, exatamente do mesmo modo como a autoridade episcopal e presbítera em relação à profecia pneumática na congregação cristã antiga. O carisma profético extático também continuou a existir no judaísmo. As visões atribuídas a Daniel e Henoc são de caráter extático, assim como inúmeras vivências de outros apocalípticos, ainda que o estado psíquico, do mesmo modo como a interpretação de sentido, fosse fortemente distinto em comparação com a profecia antiga, e sobretudo a forma artística literária predominasse com força ante o vivenciar emocional atual. Mas, de todos esses escritos tardios, apenas o Livro de Daniel soube lograr reconhecimento oficial e forçar incorporação tardia *no* cânone. Todos os outros foram tolerados mas eram considerados trabalhos não clássicos de particulares, ou até como heterodoxos. Com isso, a prática dessa vidência se tornou matéria de seitas e comunidades arcanas. Do mesmo modo, profecia atual político-religiosa existiu até o período final do segundo templo. Para a opinião popular, a divindade do dom profético era algo assente, e todos os profetas tinham clientela. Mas os sacerdotes sempre estavam em oposição aos mesmos. Os representantes da profecia política encaravam de modo hostil a reforma sacerdotal de Esdras e Neemias. Não há nada preservado a respeito dos oráculos de tais profetas: os sacerdotes adotaram apenas o que convinha à ordem sacerdotal congregacional. Um certo descrédito do carisma profético foi facilitado pela circunstância de os oráculos contradizerem uns aos outros. O contraste dos oráculos de Isaías e Miqueias, Isaías e Jeremias, Jeremias e Ezequiel há de ter abalado a crença de que todo êxtase profético enquanto tal implicaria a garantia de ser veículo da anunciação divina. Mas em que se haveria de reconhecer a autenticidade da profecia? Como instrui a experiência, falsos profetas também possuíam o poder milagroso (Dt 13,3). Desde o deuteronomista, a resposta àquela questão era: na ocorrência do que foi vaticinado (Dt 18,22). Entretanto, até isso se haver decidido, portanto justamente até o momento que importava, aquilo não era nenhum critério. Daí Jeremias ter indicado como segunda característica: que o profeta só seria autêntico se corrigisse os pecadores (Jr 23,22), portanto se fiasse a comunidade a Iahweh e à *sua lei*, senão ele seria um falso profeta – o que por sua vez encontra seus paralelos na crescente importância do critério *ético* na congregação cristã antiga. Aqui, o respeito ante as realizações alcançadas pela *torah levítica*, solidamente fundamentado, dava seus frutos na comunidade judaica, como mais tarde a adoção do "Antigo Testamento" na congregação cristã. Dentro da congregação pós-exílica os sacerdotes lograram desmantelar por completo o prestígio do antigo êxtase do *nabi*. O resultado é encontrado no escárnio de Dêutero-Zacarias dirigido aos profetas, como portadores do espírito "da impureza" (Zc 13,1-6). No Dia de Iahweh, também os profetas, junto com os ídolos, haverão de ser expulsos da terra. Aquele que se porta como tal será apunhalado e desmascarado por seus pais como impostor; ele terá vergonha de suas vidências oníricas, não mais vestirá o traje de pele (manto dos profetas), admitirá ser um camponês e que seus supostos estigmas foram causados pelas unhas das meretrizes. Na forma desse autoescárnio desdenhoso da profecia, a redação sacerdotal forçava essa perigosa concorrente a tomar a própria vida. Como na igreja oficial cristã, a era profética passou a ser considerada a partir de então, também no judaísmo oficial, como terminada; e, o espírito profético, como extinto – processo a incidir por toda parte quando do pleno desenvolvimento da hierocracia sacerdotal, para sua defesa contra inovadores religiosos. Em um salmo penitencial profundamente pessimista (Sl 51,13), a expressão "*ruach hakodesh*" (na Septuaginta "πνεῦμα τὸ ἅγιον" [*pneuma to hagion*], "Espírito Santo"), a aparecer pela primeira vez em Trito-Isaías, em um dos sermões sobre penitência de maior ênfase profética (Is 63,10-11), é de novo compreendida – como ali – como um *habitus* daquele que se encontra sob a graça de Iahweh. A "pomba", símbolo de Israel perseguido (Sl 74,19), ao mesmo tempo é termo usado pelos rabinos para designar o portador desse *habitus*, que, intrinsecamente, é profundamente distinto tanto do *pneuma* emocional cristão quanto do antigo espírito profético, ao qual desde Malaquias ninguém mais ascendeu, segundo a doutrina mais tardia. É bem verdade que agora ainda se pode escutar, caso Deus o queira, também uma arcana voz celestial (*bath kol*), como alto chamado ou baixo sussurro. Mas escutá-la não é nenhum dom profético. Pois, dependendo das circunstâncias, ela se faz ouvir tanto aos pecadores como aos justos e aos que instruem, na maneira como encontrada também no Novo Testamento, anunciando grandeza, desgraça ou fortuna e a chamar à conversão. Ouvi-las não é nenhum privilégio de indivíduos; não há sequer a possibilidade de "possuí-la", nem de ser possuído por ela como os profetas outrora eram acometidos pelo espírito de Iahweh. De fato, escutá-la é um dom da graça para Israel (Yoma 9b), mas inferior se comparado ao antigo espírito profético.

O crescente racionalismo burguês do povo inserido no mundo (relativamente) pacificado – primeiro do Império Persa, depois do helenismo – tornara possível aos sacerdotes esse sufocamento da profecia, além da fixação *escrita* da tradição autorizada e a mudança, por ela causada, da instrução e da disciplina moral. Por essa razão, quando os eventos políticos do tempo dos macabeus levaram novamente à insurgência de chefes do demos contra o sacerdócio nobre e à indiferença helenística dos ricos e cultivados, esses demagogos eram de caráter totalmente distinto se comparados aos profetas do passado.

A formação da piedade na comunidade dos judeus, a partir de então despojada do carisma profético, era novamente codeterminada, de modo bem essencial, por aquela estratificação social que os relatos de Neemias permitem notar. Os "piedosos", os *chassidim*, como chamados especialmente no período clássico macabeu – os *'anawim* [aflitos, pobres], como ademais denominados nos salmos –, maiores expoentes do desenvolvimento da religiosidade judaica agora a se iniciar, são principalmente (ainda que decerto não exclusivamente) um *demos* citadino de cidadãos lavradores, artesãos, comerciantes, e se encontram, à maneira tipicamente antiga, em oposição – não raro extremamente acentuada – às estirpes abastadas urbanitas ou residentes no campo, tanto sacerdotais como seculares. Em si isso não era nada de novo. Novo era apenas o grau e a forma em que esse conflito agora se manifestava. Carregava a culpa por essa circunstância o caráter essencialmente *citadino* do demos. Os piedosos, por seu lado, que na profecia pré-exílica ainda eram apenas objeto da caridade pregada pelos círculos proféticos e levíticos, em especial pelos deuteronômicos, começam agora a se pronunciar e a se perceber como povo escolhido de Iahweh, em contraste com seus opoentes. O lugar onde sua índole religiosa se expressa de modo mais claro é, nas nossas fontes, o Saltério.

SUPLEMENTO
OS FARISEUS

> O farisaísmo como religiosidade sectária
> Os rabinos
> Doutrina e ética do judaísmo farisaico
> O essenismo, sua relação com a doutrina de Jesus
> Crescente isolamento ritualístico dos judeus
> Proselitismo na diáspora
> Propaganda dos apóstolos cristãos

O farisaísmo como religiosidade sectária

A partir do tempo dos macabeus se efetuou aquela transformação extremamente importante no judaísmo que por fim lhe cunhou seu caráter definitivo: o desenvolvimento do *farisaísmo*. Seus precursores remontam à insurgência nacional do próprio tempo dos macabeus. Inicialmente, o ponto central era a reação contra o helenismo[272], ao qual as camadas superiores aderiam. Os salmos mencionam os "*chassidim*" como os "piedosos", como aqueles, diz-se, que se atinham aos costumes dos pais. Eles eram os seguidores de Judas Macabeu; por um lado – contra a interpretação bem estrita da lei –, também lutavam durante o sabá, por outro enfatizavam com especial veemência o antigo respeito à lei. Parece errôneo supor nos mesmos, nos "santos de tempo antigo" (*chassidim harishonim*), como o Talmude os denomina, uma seita particularmente organizada,

---

272. Sl 12,2 provavelmente se refere à grave ameaça da helenização.

apesar de algumas passagens[273] o sugerirem; antes, a συναγωγή Ἀσιδαίων [*sunagógé Asidaion*, "assembleia, sinagoga dos assideus"] dos Livros dos Macabeus [1Mc 2,46; 2Mc 14,6] é provavelmente apenas o *kahal chassidim* dos salmos, a assembleia do povo devoto de inclinação anti-helenística que apoiava o movimento[274]. As 18 bênçãos ainda mencionam, além dos "*tzadikim*" [justos], os "*chassidim*", o que sozinho já argumenta contra a ideia do seu caráter sectário. Ao menos são-lhes atribuídas certas peculiaridades como o hábito de se reunir por uma hora a meditar antes da prece ritual. O movimento se extinguiu[275] quando a dominação macabeia, por necessidade, assumiu traços de uma pequena monarquia helenística, moldados e acomodados às necessidades de um pequeno Estado secular. À época, o entendimento de que isso seria politicamente inevitável até fez surgir entre os piedosos a convicção de que a dominação estrangeira seria preferível à de um rei pretensamente judeu, por isso a desfrutar de prestígio nacional mas inevitavelmente infiel à lei austera, como expressado ainda no pedido dos piedosos dirigido a Augusto depois da morte de Herodes para que não fizesse de Arquelau o soberano. A partir daquele tempo, o movimento "farisaico" assumiu o lugar do movimento chassídico[276].

"*Perusha*" (no plural *perushim*, em aramaico *perixhaya*, derivado do helênico Φαρισαῖοι [*Pharisaioi*]) significa alguém que "se mantém distante" – de pessoas e coisas impuras, naturalmente. Esse era o sentido também do antigo movimento chassídico. Mas os fariseus dão ao movimento a forma de uma *ordem*, de uma "irmandade", *chaburah*, na qual só era admitido quem se comprometia formalmente, perante três membros, à mais rigorosa pureza levítica. Certamente, nem todos aqueles que efetivamente viviam como "fariseus" também se juntaram, enquanto *chaber* [consociado], à ordem. Mas esta última constituía o cerne do movimento. Ela tinha suas ramificações em todas as cidades onde viviam judeus. Seus membros reivindicavam para si, porque

---

273. Cf. 2Mc 7,12.

274. Não importa se seus êxitos diretamente militares talvez tivessem sido poucos, como supõe Wellhausen.

275. Seu fim costuma ser datado em referência a Joshua Katnuta.

276. Sobre ele, cf. agora: Elbogen, *Die Relig. Ansch. der Pharisäer*, Berlim 1904.

viviam na mesma pureza, a mesma santidade pessoal dos sacerdotes de vida correta e uma ainda maior do que a dos sacerdotes que viviam incorretamente. O carisma do sacerdote enquanto tal foi desvalorado em favor da qualificação religiosa pessoal, comprovada pela conduta. Essa transformação, como natural, ocorreu apenas paulatinamente. Ainda no século II a.C., à época da redação do Livro dos Jubileus, os líderes religiosos da burguesia eram os eruditos e instrutores, no mínimo ainda membros de estirpes sacerdotais e levíticas, em regra geral. A postura da aristocracia, variante e frequentemente agressiva com relação ao que os devotos alcançavam em âmbito nacional e religioso – porque inevitavelmente inclinada e coagida a firmar compromissos políticos –, transformou essa situação paulatinamente, de modo fundamental.

O determinante para o judaísmo no movimento da irmandade era: que eles se isolaram não apenas dos helenos, mas também, e em especial, dos judeus que não viviam de modo sacro. Surgia a oposição dos "santos" farisaicos ante os 'am ha'aretz[277], a "gente do campo", os "ignorantes" que não conhecem as leis e não as observam. O antagonismo se elevou ao extremo, até o limite do isolamento ritualístico à espécie de casta. O *chaber* deve se comprometer a não recorrer aos serviços de um sacerdote ou levita que não seja um judeu de vida pura em termos ritualísticos, portanto de um *'am ha'aretz, a não compartilhar a mesa com gentios ou com 'am ha'aretz*, a evitar conúbio e associação com eles e a limitar em geral ao extremo o contato com os mesmos. Nessa rigidez, *isso era uma inovação*. Decerto que não por toda parte, mas obviamente com bastante frequência, o resultado foi: o surgimento de ódio terrível entre os *chaberim* [consociados, pl. de *chaber*] e o *'am ha'aretz*; os iracundos discursos de Jesus de Nazaré contra os fariseus dão prova suficiente disso. Temos aqui, portanto: as *seitas* – especificamente, as seitas interlocais, as seitas que dão atestos de referência da sua irmandade ao *chaber* que ia a um local desconhecido e imediatamente lhe conferiam direto de cidadania em uma comunidade de correligionários, que por isso favorecia-lhe em termos so-

---

277. Desde a redação dos livros de Esdras e Neemias, o nome *'am ha'aretz* é técnico (Esd 9,1; Ne 10,31). Contudo, eles surgiram como uma "massa" inferior em termos religiosos primeiro em contraposição aos *chassidim*, depois aos fariseus, a partir do tempo dos macabeus.

ciais (e desintencionalmente, mas efetivamente, também econômicos), exatamente como seitas atuavam em geral (com mais força nos territórios das seitas puritanas e anabatistas da Época Moderna). Dos fariseus, Paulo aprendeu a técnica da propaganda e da criação de uma comunidade indestrutível. Em uma parcela bastante substancial, o enorme impulso da diáspora judaica a partir do tempo dos macabeus e a completa impossibilidade de ter sua existência abalada pelo ambiente estrangeiro do qual eles se isolaram foram produto do seu movimento de irmandade. Seu significado histórico, em especial para a diáspora e para a cunhagem da particularidade judaica, torna-se ainda mais claro quando consideramos as realizações práticas dos fariseus.

O opoente dos fariseus era a aristocracia por consanguinidade judaica das grandes estirpes patrícias e sobretudo: a nobreza sacerdotal dos sadocidas ("saduceus") – e tudo o que se ligava indiretamente a ela. Certamente que não na forma e na postura em relação ao externo, justamente o fariseu devoto insistia, com o mais alto rigor, para que tudo fosse sujeito à incidência do dízimo, conforme a lei sacerdotal; mas a rigor já pela exigência de que o sacerdote, para servir a alguma função, vivesse corretamente em sentido farisaico. A isso se somavam agora as instituições congregacionais criadas pelos fariseus em parte oficialmente como irmandade, em parte sob a pressão da sua influência. Pois zelador da religião será agora a "congregação", não mais o carisma hereditário dos sacerdotes e levitas. À exceção de uma série de pequenas diferenças ritualísticas, isso se evidenciava mais claramente nas seguintes inovações.

As irmandades celebravam suas eucaristias ("ceia do amor") – de caráter bem semelhante ao das instituições cristãs tardias de mesma espécie e seguramente exemplar para as mesmas. As bênçãos à mesa também já existiam de modo bem similar. Ademais, os fariseus criaram a procissão da água, muito popular – semelhante à procissão dos gurus caritoníticos na Índia. Acima de tudo, eles criaram: a sinagoga – instituição central do judaísmo tardio que, para o judeu da diáspora, substituía o culto sacerdotal, como a ser em breve analisado – e a instrução superior e inferior na lei, fundamental para a cunhagem do judaísmo. Além disso, eles alteraram o sentido do sabá e das festividades, devagar mas profundamente. No lugar da festa sacerdotal do templo, veio a festividade doméstica ou sinagogal – exatamente como observamos também como sintoma da emancipação dos brâmanes na Índia –, e com ela teve lugar uma depreciação inevitável do sacrifício e do sacerdócio, já antes da queda do segundo templo. Sobretudo: agora, quando em dificuldade interior ou material, ou em dúvida referente a obrigações ritualísticas, consulta-se não mais o sacerdote senão o instrutor versado nas leis. As decisões dos *soferim* [escribas] instruídos no entendimento farisaico eram tidas como lei pelo judeu – a consequência da sua violação era a morte. Mas em troca o *sofer* reivindica também – dado o caso – o direito de poder dispensar-se da lei e de votos, uma função extremamente popular, como é de se imaginar. E a maneira como o *sofer* instruído nos elementos farisaicos apresentava suas decisões se acomodava plenamente, de modo bem essencial – a considerar todo o rigor da exigência por pureza ritualística –, ao interesse das camadas burguesas, particularmente dos pequeno-burgueses, nos quais as irmandades, aqui como sempre, tinham suas raízes principais. Naturalmente, a especulação filosófica era rejeitada como perigosa e sobretudo como helenística. Não se deve refletir sobre os fundamentos das prescrições ritualísticas, senão simplesmente cumpri-las: "o temor ante os pecados supera a sabedoria". Mas essa condenação do racionalismo filosófico era correlata a um racionalismo prático-ético daquele tipo que as camadas pequeno-burguesas costumaram desenvolver. Demandas práticas cotidianas e o "bom-senso" determinavam o gênero de discussão e resolução de controvérsias. E estas, justamente no período determinante para a cunhagem do judaísmo – no século anterior e no século posterior ao início do nosso calendário –, apresentavam um grau extremamente reduzido de caráter "dogmático" (de modo que até então a existência e mesmo a possibilidade e a admissibilidade religiosa de uma dogmática judaica a princípio continuavam duvidosas); antes, elas estavam totalmente orientadas a questões do cotidiano. Assim como no Talmude os profetas são altamente valorados devido à sua "compreensibilidade" a qualquer um, também toda doutrina talmúdica é diretamente compreensível, adaptada ao pensamento médio burguês e, nesse sentido, "racional". Por toda a parte, a práxis saduceística se atinha ao textual, por exemplo ao cumprimento literal do talião: "olho por olho". Em contrapartida, a práxis farisaica, como representada por R. Simon ben Jochai, por exemplo, voltava-se à *"ratio"* das prescrições e eliminava ou reinterpretava prescrições absurdas (p. ex., após acordo permitiu-se substituir o talião por penitência). A práxis farisaica foi ao encontro dos interesses econômicos dos devotos – que se aderiram a eles enquanto representantes da piedade interiorizada; em particular, parece ter se operado a adoção da prescrição referente à *ketubah* [contrato matrimonial] e de outras medidas de proteção às leis da propriedade familiar. O racionalismo ético se mostra no tratamento da tradição. O "Livro dos Jubileus", uma realização especificamente farisaica[278], retocava toda a história da criação e dos patriarcas, no sentido de eliminar o ofensivo. Por outro lado, em todo mundo ocorria uma adoção de crenças primitivas em espíritos. Sob influência farisaica e enfrentando total resistência das nobres camadas cultas, a angelologia e a demonologia, comuns no Oriente, em parte caracterizadas por influências persas, como conhecidas também pelo judaísmo tardio antigo, foram totalmente aceitas em essência. Junto com a acomodação a dados credos de massa, isso ocorreu também por motivos "racionais": o deus supremo era, assim, ao menos em parte, absolvido da responsabilidade pela fragilidade e pela imperfeição do mundo. A ascensão da fé na providência[279] e a forte ênfase da "graça" de Deus remontam a motivos semelhantes de viés distinto, e vão ao encontro das tendências religiosas, difundidas por toda parte, das camadas plebeias. O caráter burguês das principais camadas a zelar pela religiosidade explica também a significativa intensificação por que passaram as expectativas referentes ao salvador e ao além sob a influência dos fariseus: a esperança messiânica e a crença na ressurreição dos mortos em uma vida melhor foram integralmente assumidas por fariseus, e, ao menos a última, rejeitada, incondicional e impreterivelmente, pelos saduceus nobres.

---

278. Escrito no final do século II a. C., cf. Charles, *The Book of Jubilees*, Londres 1902.

279. Certamente, ao menos a predestinação ortodoxa gentílica sempre manteve intacta a *behirah*, o livre-arbítrio ético: a liberdade de escolha entre salvação ou degeneração. Em ocasiões preferiu-se antes imaginar a onisciência de Deus como meramente condicional do que abalar essa liberdade.

Pelo outro lado, as exigências farisaicas aos devotos judeus certamente eram muito significativas. O "reino celestial" haveria de ser difundido; quem quisesse tomar parte no mesmo teria de aceitar o "jugo"[280] desse reino (*ol malchut shamayim*) ou o "jugo dos mandamentos" (*ol hamitzwot*). Isso é possível apenas mediante um treinamento rigoroso, como pretendido pelos rabinos farisaicos nas instituições de ensino do judaísmo tardio. É exigida "santidade" de vida. Puramente por Deus, não por compensação nem por vantagem, há de se cumprir seus mandamentos, mas sobretudo: aquelas leis que serviam à estrita separação dos devotos perante os gentios e "semijudeus". Circuncisão e descanso sabático, em virtude desse seu caráter particular, agora eram considerados mandamentos absolutamente centrais para a diferenciação ante os demais, e o sabá, no que diz respeito à gravidade da avaliação da sua violação, foi claramente enfatizado, de modo bastante substancial.

E também é claro e importante para nossos contextos: em qual direção. Em relação ao seu centro de gravidade, o farisaísmo era de caráter burguês-citadino. Não se afirma que isso tivesse sido exclusivamente o caso, no aspecto pessoal. Pelo contrário: um número bastante considerável dos rabinos talmúdicos mais importantes era de proprietários de terras. Mas a espécie da santidade que eles cultivavam e o peso dado à *instrução* (hebraica, portanto cada vez mais em língua estrangeira), e por sinal não apenas entre as autoridades mas por qualquer um – como ainda veremos –, impediam pouco a pouco que o centro de gravidade dos seus adeptos pudesse ser encontrado entre os camponeses. Não é nenhum acaso que o '*am ha'aretz*, o não fariseu, a rigor seja originalmente o "homem do campo", nem que também as pequenas cidades dos judeus ao menos não pudessem ser importantes: "O que de bom pode vir de Nazaré?" Afinal, para urbanitas agora desprovidos de terras, a *chaburah*, a ordem farisaica, era uma substituta da associação camponesa vicinal e, enquanto tal, adequada a seus interesses internos e externos. De modo bem substancial, a reconfiguração dos judeus em um

---

280. Assim ele é chamado também na prece diária (*shema*).

povo-hóspede interlocal essencialmente urbanita, não residente no campo – ao menos em seu núcleo –, sucedeu sob liderança farisaica.

A mudança da religiosidade judaica realizada pelos fariseus, no geral de fato bem forte, apenas em parte foi efetuada em virtude do domínio sobre as forças tradicionais. Sob João Hircano eles foram um partido poderoso; Salomé Alexandra (78-69 a.C.) lhes entregou o Sinédrio; Aristóbulo os expulsou novamente, enquanto Herodes buscou ter boas relações com os mesmos. Sua dominação definitiva se iniciou com a queda do templo: a partir de então, todo judaísmo se tornava farisaico, e os saduceus se tornavam uma seita heterodoxa. Mas antes já tivera início a reconfiguração, determinante para seu domínio, da autoridade religiosa. A aristocracia hereditária recuara ante a aristocracia dos "cultivados": descendentes de prosélitos foram com frequência os líderes mais competentes dos fariseus. A ascensão ao poder dos *rabinos*, porém, é um produto sobretudo do desenvolvimento farisaico-burguês do judaísmo. Em tempos decisivos do desenvolvimento do judaísmo, os rabinos formavam uma camada como reencontrada apenas nos primórdios do cristianismo e nas seitas cristãs – ainda que apenas com remota semelhança.

Os rabinos

Os rabinos não são porventura uma "instituição farisaica" – formalmente eles não têm o mínimo a ver com a irmandade. Mas no estágio inicial do seu desenvolvimento eles se encontravam na mais estreita relação com aquele movimento; os eminentes instrutores da época em que surgiu a Mishná eram fariseus, senão formalmente, ao menos em seus pontos de vista, e o "espírito" do farisaísmo determinava sua instrução. Há de se observar de antemão que, até onde tangem as fontes judaicas, só depois da queda do templo[281] o *nome* "*rabbi*" (de *rab*, grande, logo "*rabbi*" = "meu mestre") tornou-se título permanente[282]. Antes disso, "*sofer*", versado na escrita, era uma designação com conteúdo fixo, técnico; o "instrutor", porém, a pessoa de respeito.

---

281. Primeiro para Gamaliel, o Ancião.
282. Por essa razão, Mt 23,7-8 é caracterizado, pelo lado judeu, como "anacronismo".

Do mesmo modo, não será problemático utilizar a expressão em referência às autoridades instruídas na escrita em tempo anterior à queda de Jerusalém, visto ser mais provável que o título já lhes fosse conferido à época, de fato não apenas a eles, embora seguramente também e sobretudo. Mas o que são os "rabinos", nesse sentido?

Uma legitimação formal como "*rabbi*" existiu apenas a partir do surgimento do patriarcado, isto é, portanto, depois da queda do templo. À época, os rabinos careciam de ordenação formal, e o surgimento das academias mesopotâmicas e palestinas criou um percurso fixo de formação. Anteriormente, tudo isso estava fora de questão. Até onde se sabe, uma legitimação oficial dos "rabinos" enquanto tal era totalmente inexistente. Único indício era a tradição dos *soferim*, distinguidos e reconhecidos pelo conhecimento da escrita e pela interpretação adotada das escrituras – seus discípulos pessoais, e, em turno, os alunos destes, eram tidos em primeira linha como qualificados. As personalidades cujos provérbios cita o Talmude são todas elas não apenas *soferim* ou rabinos instruídos; pelo contrário, com uma certa intencionalidade, a tradição ocasionalmente põe diretamente à boca do burriqueiro de um rabino (Jônatas), por exemplo, interpretações particularmente sofisticadas da *torah* e da doutrina dos deveres, e apresenta rabinos instruídos buscando conselho junto a um trabalhador do campo conhecido como devoto e, por isso, sábio (como em Abba Hilkiah). Entretanto, isso de fato é visto como algo de especial. Prova-se que a distinção não era nada nítida, não obstante aquele burriqueiro seja, com efeito, enquanto um "ignorante", expressamente distinguido do rabino. Ele não é nenhum *rabbi*. As condições que pressupõem os evangelhos mostram também que à época não existiu nenhuma organização rigorosamente fechada para fora, senão que era consultado quem efetivamente se legitimava pelo carisma do conhecimento das leis e pelo da arte da interpretação. Aparentemente apenas se intervinha negativamente, por meio de repressão – seja desde os sacerdotes, seja mediante autoauxílio das massas sob liderança de indivíduos (justiça por linchagem) ou (e provavelmente na maioria das vezes) da congregação dos fariseus –, quando o gênero da interpretação era ofensivo e encontrava uma *oposição suficientemen-*

te poderosa. As narrativas evangélicas mostram o quanto forte era o respeito à popularidade de um instrutor. Quando "o povo" adere à pessoa do mesmo[283], as instâncias oficiais hesitam em intervir mesmo ante heresias manifestas. A autoridade formalmente carismática dos instrutores rabínicos, puramente baseada na instrução e também na escola, encontra suas analogias em inúmeros fenômenos semelhantes, desde os jurisconsultos romanos (antes do tempo da obrigatoriedade de concessão) até os gurus indianos. No entanto, há diferenças importantes, e a estas, portanto às peculiaridades específicas dos rabinos, temos de nos voltar agora.

A princípio eles foram em seu núcleo uma camada *plebeia* de intelectuais. Não que entre os rabinos tivessem faltado por completo homens nobres e abastados. Qualquer consideração sobre as personalidades dos rabinos (e de outros abonatários) apresentados no Talmude como autoridades ou como modelos basta para mostrar que, em âmbito mais amplo, o plebeu – até o diarista na lavoura, ao nível mais inferior – tem voz, e que os proprietários e nobres se encontram em pequena minoria entre os próprios rabinos. Em relação ao tempo da composição do Talmude e ao período anterior não há nenhuma dúvida quanto a isso. Como vimos, inúmeros mistagogos e líderes sectários de outras religiões também eram, então, "plebeus". Mas os rabinos (antigos) distinguiam-se daqueles sobretudo por exercerem sua função de conselheiros e sentenciadores ritualísticos *enquanto ocupação secundária*, junto à sua profissão secular. Isso era não acaso senão consequência da rigorosa *proibição de ensinar* (e de interpretar) *a lei ante remuneração*[284]. Essa proibição – que por sua vez apenas encontrou sua continuidade no dito paulino "quem não trabalha também não há de comer" – primeiro impediu totalmente que eles

---

283. Em geral, este certamente era apenas o caso quando o indivíduo em questão era *não* apenas instrutor, senão um "profeta" qualificado por poder miraculoso.

284. Também entre gurus indianos não raro ocorria e ocorre de eles serem, p. ex., negociantes ou proprietários de terra na profissão principal, mas aos rabinos judeus do tempo antigo era *necessário* buscar extrair seu sustento de outras fontes que não da profissão "espiritual", enquanto o guru indiano, em regra geral – no mínimo também, na maioria das vezes predominantemente –, vivia das doações e dos emolumentos que sua função espiritual lhe rendia. No judaísmo (do Leste), correspondia ao guru não o *rabbi*, senão o mistagogo carismático neochassídico, do qual se falará mais tarde.

se desenvolvessem como mistagogos de caráter indiano, e, em segundo lugar, também explica, em pontos todavia importantes, alguma particularidade da sua instrução. As ocupações profissionais dos rabinos preeminentes eram frequentemente combinadas. Como é de se imaginar, encontram-se entre eles inúmeros proprietários de terra. Seguramente que na maioria das vezes se tratava de arrendadores fundiários, pois estes tinham tempo para se dedicar totalmente ao estudo. Nota-se, porém, que justamente entre as autoridades mais importantes e antigas do Talmude – portanto no tempo anterior à queda do templo – são encontrados, além de alguns comerciantes – não muitos –, sobretudo artesãos, em especial ferreiros, fazedores de sandálias, carpinteiros, sapateiros, curtidores de peles, mestres de obras, barqueiros, provadores de vinho e madeireiros, e que, entre outros, justamente os dois mais famosos fundadores de escolas e argutos controversistas (Hilel, o Ancião, e Shamai) eram artesãos. Trata-se portanto de gente da mesma camada social à qual pertenciam Paulo e as personalidades mencionadas nas suas epístolas. Certo é que o direito comunal do período talmúdico garante benefícios aos rabinos[285]: dispensa do pagamento de tributos e da maioria das formas do trabalho forçado (não de todas) e o direito de ofertar seus produtos no mercado antes de outros vendedores[286]. No entanto, deixando completamente de lado a questão se esses privilégios já existiam no período do segundo templo, mais tarde também foi considerado totalmente em ordem que o *rabbi* ganhasse seu sustento mediante trabalho. Por um terço do dia ele há de trabalhar; no restante, estudar – ou então ele trabalha no verão e estuda no inverno. Mais tarde houve também algumas maneiras de eludir essas regras: permitiu-se, ao menos na atividade judiciária, que se recebesse compensação por "perda de tempo" (*lucrum cessans*), e presentes sempre terão existido, como natural. Apesar disso, até o século XIV d.C. os rabinos judeus realizaram todos os trabalhos que lhes cabiam, em princípio sem remuneração, mas originalmente na "profissão secundária". Para os rabinos antigos,

---

285. No Talmude isso significa: aos rabinos ordenados.

286. B.B. 22a.

valia como máxima: "melhor é o ganho financeiro mediante trabalho pelas próprias mãos do que a riqueza do *resh galuta*" – do exilarca! – "que vive do dinheiro de outrem". Assim, é gente assalariada, especificamente pertencentes ao ofício de artesão, em parcela todavia considerável, que encontramos aqui como expoentes espirituais de uma religiosidade. Com esse fenômeno nos deparamos aqui pela primeira vez – desconsiderando os poucos indícios na Índia medieval. Orientemo-nos sobre sua relevância por meio de uma comparação com outras camadas.

Os rabinos[287] não eram, em princípio e sobretudo: magos nem mistagogos. Nisso eles se distinguiam de modo fundamental perante a grande massa de toda espécie de pastores da alma plebeus, indianos e anatólicos. Os rabinos atuavam mediante instrução na palavra e na escrita; aqueles, por meio de encantos. E sua autoridade se baseava em conhecimento e na formação intelectual, não em carisma mágico. A princípio isso era resultado da posição que a magia em geral assumiu no judaísmo pós-profético. Nele está radicalmente eliminada a ideia de que se poderia coagir a divindade mediante encantos. A concepção profética de Deus a excluiu de uma vez por todas. A magia, por essa razão, nesse sentido original, é tida no Talmude como necessariamente condenável e blasfema. Em última instância, toda forma de encanto era considerada em geral como dúbia ou suspeita. Certamente com fortes reservas. Em ambas as formas do exorcismo e da cura dos enfermos *mediante encantamentos expressos oralmente* a magia continuou a existir e foi em parte tolerada factualmente, em parte até mesmo vista como legítima – aqui se tratava de uma coerção voltada não a Deus senão aos demônios, e, como vimos, estes desempenhavam, no farisaísmo em especial, um reconhecido papel, só que sua prática não fazia parte das tarefas de certa forma normais dos rabinos. Mas o judaísmo, de resto, também o judaísmo farisaico, a rigor não negava em absoluto o carisma do milagre. Os evangelhos mencionam repetidas vezes como os judeus, e expressamente também os instruídos na escrita e fariseus, exigem um "sinal" de Jesus. Mas o poder do milagre está

---

287. Aqui, a não ser que a referência seja outra, trata-se sempre, *a priori*, dos rabinos da época que examinamos aqui: do tempo que forneceu o material para a composição do Talmude.

vinculado ao *profeta*, que por ele se legitima como enviado de Deus, desde que tenha em particular adquirido esse dom efetivamente através de Deus e não dos demônios. Com o profetismo, porém, o rabinismo instruído na escrita, como bastante natural, vive uma relação de tensão própria a qualquer camada de eruditos orientada ritualisticamente a um código jurídico, em oposição ao carisma profético. É bem verdade que a possibilidade do insurgir de profetas não foi contestada – ao menos não em princípio. De modo tão mais imperativo é alertado a respeito de falsos profetas. Decisivo para isso foi: que a profecia dos judeus estava definitivamente comprometida a ser profecia *missionária*, a fazer prenúncios sob incumbência do Deus supramundano, mas não em virtude de divindade própria ou de possessão divina. Um profeta dessa espécie é aquele que fala e instrui "sem incumbência". Mas em quais aspectos é possível distingui-lo? Qual é a marca distintiva da falsidade ou da veridicidade de um profeta? Na interpretação rabínica, sobretudo é Jeremias que dá a medida (Jr 23,9-40). Não apenas é falso, obviamente, o profeta que instrui a respeito de falsos deuses ou cujas profetizações não se concretizam[288]. Antes, todo profeta está submetido à lei e aos mandamentos de Deus, e quem busca renegá-lo é um falso profeta. Acima de tudo, portanto: apenas quem redime o povo de seus pecados pode, efetivamente, ser enviado de Deus. Pois não visões e sonhos, senão a entrega às ordens claramente assentadas na lei confere a prova da veridicidade do profeta, a prova de que ele não é nenhum "sonhador". As visões e os sonhos já tinham sido descreditados pela tradição sacerdotal antiga porque mostrou-se ter existido também (e em especial) visões que haviam convertido o povo à adoração orgiástica baalita. Do mesmo modo, porém, milagres podiam ser ministrados em nome de demônios. E, por essa razão, o mero poder miraculoso não é nenhuma comprovação do autêntico carisma profético. Ademais, mesmo quando o profeta, em sua instrução, parecia trazer em si os sinais da missão divina, o carisma do poder miraculoso, puramente enquanto tal, ainda não dava nenhuma comprovação definitiva de que realmente assim o fosse: tam-

---

288. Dt 13,2-3; 18,20-22.

bém com base no mero poder miraculoso, o poder da dispensa da lei pode, em casos particulares, na melhor das hipóteses ser admitido apenas aos profetas que instruem com correção – como o pretendiam também os rabinos –, não mais. Essencialmente interessa-nos aqui: que a preservação da *ética* legal correta e a luta contra os pecados eram os critérios últimos incondicionais usados para avaliar a autenticidade de uma profecia.

Os rabinos também não extraíam sua autoridade a partir dos mistérios cultivados em seus círculos. Quando foi adotada toda uma série de concepções e práticas cosmológicas, míticas e mágicas próprias a sacerdotes babilônicos, eventualmente talvez também egípcios, mais ou menos remodeladas ou não – especificamente para propósitos ritualísticos calendáricos –, todavia ficou de fora justamente o mais determinante e eminente conteúdo esotérico da sabedoria sacerdotal babilônica: o conhecimento das estrelas, astronomia e astrologia, assim como a divinação (aruspício ou augúrio). A última era expressamente proibida[289], embora apesar disso fosse com certeza praticada entre a população. "Astrólogo" também é encontrado uma vez como profissão talmúdica, e, aqui como em todo o mundo, o horóscopo terá sido lido ocasionalmente. Mas a instrução rabínica proibia expressamente a consultação dos caldeus: "para Israel não existe profeta nenhum". O sacerdócio judeu eliminara com sucesso também esses concorrentes, e a visão rabínica antiga, ao menos na Antiguidade talmúdica, rejeitou resolutamente essa ciência pagã e sobretudo o determinismo astrológico como ofensas à majestade e à liberdade decisória de Deus; a considerar a situação social dos rabinos, eles também não dispunham de nenhuma tradição científica e recursos para zelar pelas últimas.

Se os rabinos não eram magos, profetas, filósofos esotéricos, astrólogos nem áugures, eles tampouco eram expoentes de uma doutrina esotérica de salvação, de uma *gnosis*. Era estritamente proibida e condenada não apenas a forma específica da gnose anatólica, com seu demiurgo e sua anomia, senão, ao menos no período clássico talmúdico, toda *gnosis* em geral. De novo, deter-

---

289. Dt 18,11.

minante para que isso ocorresse foi a depreciação da lei e do agir eticamente correto por meio da busca gnóstico-mística por salvação. Não apenas as formas de mística típicas entre as camadas nobres de intelectuais senão todas as buscas puramente místicas de salvação eram consideradas dubitáveis, tidas como um "sonhar" a implicar ameaça do descaminho demoníaco. Isso se aplicava em particular à possessão divina extática, em correspondência com a antiga luta dos profetas contra a orgiástica. Assim como a "compreensibilidade" dos profetas constitui, para o Talmude, uma das características distintivas da sua valoração, a interpretação rabínica rejeita tacitamente, mas de modo bastante consequente, todos os meios irracionais e entusiásticos de se chegar a Deus. Isso não permite ser explicado porventura como um resultado da "situação de classes", pois mistagogos da grande massa, no Oriente e no Ocidente, tiveram seu público justamente na pequena burguesia, cuja predisposição para se posicionar a favor da religiosidade místico-extática foi, por toda parte, absolutamente ambígua. Antes, isso foi resultante do caráter historicamente dado da tradição judaica, tal como fora fixada, por um lado, por lei sacerdotal, por outro pela profecia – ao menos para o fariseu, portanto para aquele judeu que não pretendia renunciar ao vínculo com a lei. O estudo desta, puramente em si, obrigatoriamente continuado, não apenas o levou, de modo negativo, em virtude do teor eticamente racional da *torah* e dos profetas, a se afastar das formas irracionais da busca por salvação. Antes, as escrituras sagradas lhe serviam também de substituição do faltante, caso ele o percebesse dessa forma. A enorme patética dos grandes profetas, a força exultante e o entusiasmo da crônica nacional, a seriedade, simples mas passional, dos mitos da criação e da humanidade, o forte teor expressivo dos salmos, as lendas de Jó e de outros, e a sabedoria dos provérbios formavam um quadro para a vivência religiosa interior de quase todos os estados emocionais imagináveis, de um modo que não logrou ser encontrado uma segunda vez nessa espécie. Aqui, o peculiar consistia menos no teor "vivencial" material puramente em si – cujos elementos particulares sem dúvida podem ser relacionados a problemas eventuais encontrados nos mais diversos escritos sagrados ao redor da Terra –, senão ora na concentração desse teor em um espaço assim limitado, mas depois – e especificamente – no caráter popular e na compreensibilidade absoluta, acessível a qualquer um, dos textos sagrados. O importante é não que motivos babilônicos, míticos e cosmológicos tenham sido apropriados nas narrativas bíblicas, senão: que estes, nesse processo, haviam sido transpostos de volta ao popular a partir do sacerdotal. Foi a concepção profética de deus, diretamente compreensível e ao mesmo tempo altamente patética, que determinou também este elemento: a "específica compreensibilidade" a qualquer um, também a qualquer criança, não apenas das ocorrências narradas mas sobretudo da "moral" que resultava das histórias[290]. À criança helênica (como a qualquer criança), eram compreensíveis os heróis homéricos; à criança indiana, as partes narradas do Mahabharata. Mas o teor ético de Bhagavad Gita, assim como a verdadeira doutrina da salvação de Buda – e sua cosmologia e antropologia, que são produtos de intensivo pensar –, não são compreensíveis a ninguém, tampouco a uma criança indiana. Em contrapartida, o "racionalismo", sobretudo o moralista, mas também o pragmático-cosmológico que se pronuncia a partir das escrituras sagradas dos judeus, em especial nas partes mais importantes, é mais imediatamente popular e feito à medida para o entendimento infantil do que qualquer outro livro sagrado no mundo, talvez excetuando as histórias de Jesus de Nazaré[291]. De todos os mitologemas cosmogônicos e antropológicos, o *pragma* do deus único supramundano a guiar a fortuna do mundo em parte como um pai, em parte como um rei ora misericordioso, ora inclemente, que decerto ama seu povo, embora a puni-lo severamente em caso de inobediência – mas a se reaver com prece, humildade e boa conduta moral –, é justamente aquela construção que torna compreensível *racionalmente* todos os acontecimentos do mundo e da vida, de uma maneira adequada ao cândido ideário das massas e das crianças, não sublimado por especulação filosófica. Essa compreensibilidade racional, porém, que caracterizou a pragmática salvífica dos mitos, hinos e profetas, em geral conhecida na congregação por meio da instrução, da pre-

---

290. Parecia ser assim ao menos onde essa naturalidade talvez não fosse existente em verdade, como p. ex. no problema de Jó, e senão ocasionalmente.

291. Ou: a doutrina chinesa da juventude, mas esta por razões absolutamente distintas.

gação e da leitura, impôs rumo também ao pensamento rabínico. Um aristocratismo da salvação esotérico gnóstico, ao menos *primariamente*, não logrou crescer sem dificuldades nesse terreno, ou, se tiver surgido depois, não conseguiu se expandir facilmente. Mas uma esotérica tinha mais probabilidade de surgir se em linha com aquelas visões dos profetas que prometiam um futuro melhor ao povo excluído da graça por Deus, em parte obscuras por si, em parte esquecidas em seu contexto de sentido original. De fato, as especulações de espécie filosófico-religiosa partiram, então, também daqui. Estas serão tratadas mais tarde. Contudo, duas coisas já pertencem ao nosso contexto. Antes de tudo, as escatologias propriamente especulativas, como surgidas a partir da literatura de Daniel e de Henoc e por meio da adoção das especulações de origem persa e babilônica referentes ao salvador, as doutrinas do "Filho do Homem", de Metatron e similares, de fato ficaram, no geral, conhecidas no círculo dos rabinos propriamente farisaicos, mas a rigor mantiveram-se alheias ao mesmo. Elas foram cultivadas – certamente que não apenas, embora pelo visto em medida particularmente elevada – em especial nos conventículos dos 'am ha'aretz, e Jesus ou os seus sem dúvida também extraíram dali, e não da doutrina farisaica ou rabínica, suas representações sobre o Filho do Homem. Para estes, o Messias continuava a ser um rei terreno dos judeus prometido para o futuro, que haveria de elevar seu povo ao antigo esplendor com ajuda do deus reconciliado, de aniquilar seus inimigos ou – como nos salmos – subjugá-los como servos, ou, por fim, de convertê-los à fé de Israel. Ou então, em relação com a ressurreição, ele seria o rei em cujo domínio os devotos ressuscitados hão de levar uma vida nova e pura. Mas todas essas esperanças, próprias a se tornarem objeto de especulações metafísicas, e portanto a conduzir facilmente a uma esotérica, ainda eram, a rigor: esperanças, expectativas para o futuro. Claro é que essas expectativas lograram e tiveram de conferir uma enorme patética à piedade do judeu, a considerar o quanto frequente os pensamentos voltavam-se a elas – na existência de tais expectativas sobre o "fim" em geral reside uma das diferenças fundamentais perante toda religiosidade indiana referente ao salvador. Em particular, se sua concretização parecesse próxima diante de sinais e mudanças incomuns, ou sob a influência de profetas escatológicos, elas podiam dar origem ao mais violento entusiasmo, sob circunstâncias o mais desenfreado, e assim ocorria. Mas na existência cotidiana, ou quando, devido às circunstâncias, o olhar se distanciava das mesmas, seu resultado inevitavelmente se reduzia a uma ânsia emocional que ao mesmo tempo acusava a ordem do mundo, o próprio povo e mesmo os devotos de serem insuficientes, e que também se reconciliava consigo e com o destino – uma ânsia por redenção ante sofrimento e penúria que vinha ao encontro do caráter de "religião de fé" da religiosidade dos judeus. Isso foi assim em especial no período talmúdico, após a queda do templo sob Adriano, quando as esperanças messiânicas se tornaram bem distantes. Lograva exercer influência sobre o agir prático somente a questão sobre qual comportamento dos homens poderia afinal propiciar ou acentuar a aspiração pelo iminente advir do redentor ou pela própria participação no reino dos ressurrectos. A doutrina rabínica, contudo, respondeu à mesma com base nos profetas e na paradigmática sacerdotal das histórias sagradas, naturalmente que de novo com a referência à lei, cuja significância foi assim elevada em termos patéticos. Aos olhos dos rabinos, o pecado da congregação, de suas autoridades oficiais enquanto tais (a abjuração perante Deus, sobretudo), sem dúvida era o mais grave de todos os pecados também porque ela adiava a chegada do Messias a tempos mais remotos e portanto defraudava todos os devotos de sua esperança. Por outro lado, as promessas universalistas da *torah* e dos profetas, segundo as quais todos os povos haveriam de ser trazidos a Deus e a Israel, foram seguramente um dos estímulos determinantes ao proselitismo, como ainda será mencionado. Mas, em relação ao indivíduo, apenas a lei e seu cumprimento eram tidos em consideração. Não havia nenhuma outra via de salvação. O caminho indicado, todavia, estava *acessível a todos*. Pois em última instância os rabinos reprovavam tanto a *ascese* como também o aristocratismo salvífico místico-intelectualista.

Doutrina e ética do judaísmo farisaico

Era totalmente alheio ao judaísmo antigo, assim como ao judaísmo farisaico, o dualismo ético entre "espírito" e "matéria" ou entre "espírito" e "corpo", entre "espírito" e "carne" ou entre pureza "divina" e corrupção do "mundo", como elaborado pelo intelectualismo helenístico e elevado pelo neoplatonismo à ideia de que o corpo seria "cárcere" da alma, um *pudendum*, apropriada por círculos isolados de intelectuais (*philo*) helenístico-judaicos a partir de então e depois transformada pelo cristianismo de Paulo em concepção fundamental da sua cosmovisão ética. Nada disso é familiar ao judaísmo farisaico-talmúdico. Certamente: Deus é criador e senhor do mundo e dos homens; os homens são suas criaturas, não seus descendentes, nem suas emanações. Ele não os gerou, mas os criou, o que se aplica também ao povo escolhido. Para o judaísmo profético, isso resulta do universalismo e das enormes atribuições de autoridade que, ligado a isso, são-lhes conferidas para se poder enfatizar sua soberania absoluta também perante o próprio povo: ele é o deus da *história universal*. Para a ética prática, um acento determinante repousa sobre esse "dualismo" que se pretendeu apresentar como caracteristicamente judeu ou "semítico" – em termo atual – em oposição àquelas outras concepções, mas apenas na medida em que necessariamente, devido a ele, toda teodiceia se tornava prescindível, em que se constatava a absoluta impotência perante Deus, sobretudo no sentido da exclusão absoluta da coerção mágica divina, e em que a "fé" religiosa assumia o matiz específico da "obediência" filial ao monarca do mundo. Isso decerto foi bastante importante. Mas daqui não resultou, em absoluto, nenhuma "rejeição" ou "desvalorização" do mundo.

O deus judeu é um monarca patriarcal; ele se revela como "pai" misericordioso dos seus filhos, que a rigor são criados à sua imagem. O mundo não é ruim, mas bom, como mostra a história da criação. O homem é fraco como uma criança, por isso instável em sua vontade e receptivo ao pecado, isto é: à inobediência perante o criador paterno. Não apenas o indivíduo o é, senão – ao que se dá ênfase – em especial também a totalidade, o povo. E, desse modo, tanto o indivíduo como também o povo enquanto totalidade desaproveitam então seu amor e sua graça, para si e para os descendentes, com frequência por longo tempo e, em alguns aspectos, permanentemente. Assim, por inobediência, Adão e Eva carregam por todos os seus descendentes a culpa pela morte, pela dor do parto, pela subjugação da mulher ao homem e pelas necessidade e fadiga do trabalho. Mas a concepção rabínica, especificamente, estava inclinada a avaliar a ruína do povo, a veneração do bezerro de ouro e dos *baalim* – que causaram a decadência do povo judeu – de modo bem mais negativo do que a queda de Adão. As ideias do "pecado original", da corrupção da criatura ou do sensível são totalmente inexistentes, não obstante a severidade com que o povo inobediente é repreendido. E, por fim, bastante remota era a ideia de que o abandono do mundo seria pressuposto da salvação religiosa. A proibição de "imagens e alegorias" certamente foi uma fonte extremamente importante para a relação negativa do judaísmo com a cultura sensual artística. Mas, do mesmo modo como a pronúncia do nome de Jeová, ela era de origem mágica e anti-idólatra, foi então inserida no contexto das representações sobre a majestade e a onipresença de Deus em sua criação e tida como significativa pelo farisaísmo, sobretudo também enquanto característica distintiva perante os povos idólatricos estrangeiros. Mas ela não foi produto da "antissensualidade" nem do abandono do mundo.

Também é estranha ao judaísmo farisaico a condenação da *riqueza* ou a ideia de que ela seria perigosa e, seu franco usufruto, um risco à salvação. Para certas funções sacerdotais, riqueza era tida até como precondição. Os profetas e salmos haviam censurado fortemente também a exploração não fraternal do poder econômico como rotura da fraternidade compatrícia e da antiga ética vicinal sacralizada por mandamentos de Iahweh. Nisso a ética pequeno-burguesa farisaica naturalmente os acompanhou. As antigas determinações contra a usura e que favoreciam os devedores e escravos, e as construções sacerdotais referentes à semana do ano sabático e à dispensa do pagamento de dívidas no ano do jubileu eram agora formuladas em termos casuísticos, como ainda veremos. Mas falta justamente aquele ponto de partida para uma metódica economicamente ordenada da ascese intramundana, assim como para uma ascese sexual. Em relação ao *rabbi*, de fato é ocasionalmente discutida a questão se não seria melhor que o mesmo permanecesse celibatário, para que pudesse se dedicar plenamente aos estudos. Mas isso não tem nada a ver com "ascese", não obstante o quanto notável seja que aqui o dever laboral, importante para a salvação dos membros da congregação, tivesse força para abalar o antigo mandamento referente à geração de prole. Mas de resto não se nota entre os deveres de pureza cultuais e mágicos, conhecidos tanto dentro como fora do judaísmo, nenhuma reserva à relação sexual e ao prazer no regozijo das mulheres. Também seria própria ao judeu talmúdico a cândida abertura a que fosse reservado tempo ao guerreiro israelita antigo "para exultar-se de sua mulher". A luta inexorável contra a "prostituição" – considerada o terceiro maior pecado, depois do assassinato e da idolatria – tem origem na antiga luta sacerdotal contra a orgiástica baalita, e a rigorosa restrição da relação sexual ao matrimônio legítimo encontra total correlação nos mandamentos indianos (e outros) de mesma espécie; em contrapartida, a renhida luta contra toda forma de onanismo (inclusive do *onanismus matrimonialis*) têm correspondência na maldição bíblica causada pelo intenso conflito com a orgiástica onanística de Moloc[292]. A recomendação extremamente enfática para se casar cedo – todos os que adiavam o matrimônio para além de determinada idade eram tidos como pecadores – provém (como em Lutero) da convicção do povo, francamente sensualizado, de que pecar seria inevitável em outras circunstâncias. As ocorrências sexuais seguem no âmbito da cândida naturalística. A antiga repulsa ao despimento e a toda nudez – resultante provavelmente da luta contra a orgiástica e talvez intensificada pela oposição ao *gymnasion* helênico – caminha de mãos dadas com a fala altamente desimpedida e (mais tarde) com a regulamentação referentes ao comportamento sexual, esta no interesse em parte da pureza levítica, em parte da higiene; como se sabe, ambos os fenômenos são conhecidos também pelo islã e por outras religiões ritualísticas voltadas à "pureza". Em parte ela encontra continuidade como práxis confessional e registros de pecados católicos e deixa uma impressão incômoda e frequentemente repulsiva para nossa sensibilidade erótica moderna e para um senso de dignidade feudal ou próprio a estamentos cultos, como foi estranho tanto ao judaísmo quanto à capelocracia católica. Abstinência alcoólica ou do consumo de car-

---

292. Lv 18,21.

ne, como a vigorar para o hinduísta correto e praticada em especial pelas camadas nobres, é desconhecida pelos rabinos e pelos leigos devotos no judaísmo. Em seu ponto central, a antiga orgiástica baalita, combatida pelos sacerdotes e pelos profetas, era claramente sexual, portanto orgiástica da fertilidade, e não orgiástica alcoolátrica de inebriamento.

Assim como a mulher e o vinho, a riqueza e todos os prazeres ritualisticamente permitidos deste mundo alegram o coração do homem, e a índole fundamental da postura mundana rabínica antiga provavelmente encontra sua expressão mais geral no dito talmúdico de que o paraíso pertence àquele "que faz seus companheiros rirem". Em todo caso, não podemos buscar no âmbito do judaísmo farisaico, sob nenhuma circunstância, uma metódica de vida caracterizada em princípio por *ascetismo*. Ele exigia rigoroso ritualismo, como a religiosidade oficial indiana, e era ademais uma religiosidade de fé, a viver na confiança em Deus e suas promessas e no temor de pecar – enquanto desobediência ao mesmo – e perante suas consequências, mas seguramente não significava uma conduta de vida ascética. Em um ponto ele certamente se assemelha, na espécie da sua conduta de vida, aos princípios ascéticos racionais: no mandamento do atento autocontrole e incondicional domínio de si. A necessidade do primeiro foi a consequência inevitável da permanente mensura da correção da própria conduta de vida com base na lei, com sua extraordinária quantidade de mandamentos ritualísticos e, em especial, de proibições a se observar: das dadas por Moisés, foram contadas 613 prescrições, e a casuística rabínica ainda as multiplicou. O segundo estava ligado em parte a isso, em parte à antiga oposição à orgiástica. Enquanto o Jeová israelita antigo era um deus de ira passional, mais do que qualquer outro, todo excitamento era tido pelos rabinos – como na China – como de origem demoníaca e risco à salvação, portanto como pecado. Muito em oposição à religiosidade sálmica, frequentemente embebida, como vimos, de ira e ódio passionais ou de amargo ressentimento voltado contra os ímpios bem-aventurados, ou em oposição ao regalo de vingança da fantasia no Livro de Ester e também ao ódio ebionita à riqueza do Evangelho de Lucas, como por exemplo manifestado na prece de Maria, predomina no Talmude uma postura bem distinta, ao menos em forma. Aquela racionalização religiosa da necessidade de vingança contra os inimigos ou afortunados, que relega a própria vingança contra a injustiça porque depois Deus há de consumá-la tão mais exaustivamente, seja aqui ou no além, ou aquela sublimação ainda mais ampla que, sem impor limites, perdoa o inimigo para poder envergonhá-lo e desdenhá-lo diante de outros ou sobretudo de si mesmo, são não apenas conhecidas no Talmude, mas também foram veementemente rejeitadas e reconhecidas em sua essência pelos rabinos. Pois nada é enfatizado de modo tão impressionante como o mandamento: não pretender "envergonhar" outros.

Inicialmente, dentro das relações religiosas da família, ter evitado a vergonha dos pais que não se põem em seu direito perante a criança é louvado como realização mais bela da piedade filial. Mas o mesmo se aplica também em relação àquele que promove injustiça, sobretudo no decurso de contenda e discussão. Aparentemente, a decaída inevitável do judaísmo mediante a queda do templo proporcionou ocasião à ética rabínica para abordar, nos termos de uma ética da convicção, esses problemas do ressentimento da vingança reprimida e sublimada. O cristianismo antigo, menos suscetível a se abalar pela reflexão, toma os fatos de modo bem menos refletido, e por isso apresenta, como se sabe, algumas amostras de uma ética do ressentimento bastante franca, que foi combatida no judaísmo talmúdico.

Mas a luta dos rabinos contra a internalização religiosa da vingança, eticamente impressiva e uma prova de sublimação bem forte do senso ético como ela é, de fato demonstra de forma bem essencial: que a rigor também não lhes permaneceu escuso o modo como, no judaísmo antigo tardio, a necessidade de vingança, condenada ao desfalecimento, efetivamente significou um forte fator. Como mostra esse exemplo, o atento autocontrole do judeu estava desenvolvido de maneira extremamente forte já na Antiguidade, mas não, em todo caso, sobre a base de uma metódica *ascética* de vida.

Certamente, dentro do judaísmo são encontradas instituições ascéticas, sobretudo o jejum ritualístico prescrito em determinados períodos, sem contar as prescrições cultuais de pureza e abstinência para os sacerdotes. Mas isso é motivado por aspectos inteiramente cúlticos, sobretudo como meio do apaziguamento da ira de Deus, exatamente do mesmo modo que o jejum do indivíduo. Esse propósito correspondia de tal maneira à regra, que qualquer um que jejuasse era tido, sem mais, como pecador. Aqui, uma conduta ascética de vida sem dúvida teria encontrado pontos de referência; afinal, a ideia e a pregação da necessidade de *penitência* são específicas ao judaísmo antigo e produtos bem importantes da sua concepção de Deus. Em especial com a crescente depreciação da oferta sacrificial pelo sacerdote, levar uma vida de penitências se tornava um meio de salvação acessível para o indivíduo. Sem dúvida, aqueles poucos grandes jejuantes que a história da religião judaica apresenta (como atestado propriamente apenas por R. Zaina) também devem ser vistos como tais grandes penitentes. Votos como o antigo nazireato continuavam a existir como meios para suscitar o aprazimento de Deus ou para afastar sua ira, mesmo na práxis; como se sabe, também Paulo, quando já era cristão, fez (temporariamente) e cumpriu um voto – presume-se como remédio contra seus surtos epilépticos. Apenas bem mais tarde se chegou a uma formação sectária ascética de fundamento similar, com os "enlutados por Sião" – os coreítas –, que aqui não nos interessam em pormenores. Em contrapartida, aquilo que aparenta ser "ascese" no âmbito do judaísmo farisaico provém em verdade apenas da busca, determinante para o farisaísmo, por *pureza* levítica. Essa procura podia ser fomentada de modos radicalmente distintos. Dentro do farisaísmo normal, ela conduziu àquela intensificação da exclusividade perante o externo e ao cultivo sistemático da correção ritualística que discutimos e que não exigiam uma segregação ante o mundo do cotidiano econômico e social. Mas, naturalmente, o princípio podia ser cultivado até se alcançar uma sobrelevação fundamental da moralidade intramundana. Sobre esse fundamento repousa o fenômeno característico do *essenismo*, que nesse sentido representa apenas uma seita radical de fariseus. Seu período de existência, a remontar ao menos até o século II a.C., e seu possível vínculo com os recabitas são incertos, e, do mesmo modo, algumas importantes questões concernentes à sua doutrina podem ser respondidas apenas de forma totalmente hipotética. Apesar disso, a busca por pureza levítica absoluta, na forma e em disposição, permite claramente ser reconhecida como um elemento fundamental. Também os essênios formavam uma ordem, como o era a outra irmandade farisaica, mas com condições de admissão bem mais rigorosas: sobretudo voto solene, noviciado e período probatório de vários anos. A organização da ordem também era mais rígida e monastical: o superior (*mishmar*) das congregações particulares na localidade é a autoridade absoluta, a excomunhão é decidida por um conselho de 100 membros plenos. Presume-se que entre os essênios, como na comunidade judaica oficial, o apostolado predominantemente exercesse função na arrecadação de recursos para os fundos da ordem. A circunstância de os apóstolos sempre andarem em pares – como na Antiguidade cristã – tinha provavelmente o propósito do controle mútuo da correção ritualística.

O essenismo, sua relação com a doutrina de Jesus

Os essênios se isolavam dos menos puros mediante eliminação não apenas do conúbio e de comensalidade senão de qualquer contato em geral. Eles também desaprovavam sacerdotes que não vivessem de modo correto, e entre os essênios isso parece ter resultado não apenas de uma depreciação dos sacerdotes mas de uma desconfiança geral de fortes implicações em relação aos mesmos, algo que seguramente era codeterminado pela posição privilegiada com relação à oferta sacrificial, a se mencionar dentro em breve. Em termos ritualísticos, a busca radical por pureza – além do forte acento dado ao batismo dos noviços e aos banhos purificadores, repetidos frequentemente, em todas as circunstâncias imagináveis – se expressa a princípio na maior restringência dos mandamentos especificamente farisaicos. O medo perante a mácula ritualística e todas as prescrições de pureza tinham se acentuado ao extremo. Todo estudo, a não ser o da lei e sobre a cosmologia bíblica, era tido como perigoso porque pagão; todo prazer puramente mundano, como condenável e a se evitar. Entre os essênios, o sabá era não um dia de alegria como entre os fariseus normais senão um dia de descanso absoluto – o essênio limitava a cópula à quarta-feira, supostamente para que a criança não viesse ao mundo no sabá. As prescrições referentes ao vestuário (*tzitzit*) eram incondicionalmente observadas. Antes da prece pela manhã, tinha-se um tempo prescrito de contemplação. Não apenas homicídio senão todo lesar o próximo, mesmo por negligência, eram considerados graves automaculações. O mandamento de não roubar foi avultado no sentido de também não causar peso na própria consciência por lucro qualquer – cuja legalidade sempre pareceu problemática. Por essa razão os essênios evitavam tanto o comércio como a guerra, reprovavam a posse de dinheiro e de escravos, e em geral restringiam a propriedade permitida àquilo que era imprescindível para o seu sustento e ao rendimento obtido mediante cultivo do solo e trabalho manual de ofício próprio. Por conseguinte, eles elevaram, consequentes, os antigos mandamentos sociais de fraternidade ao pleno acosmismo amorativo econômico. Não apenas é mencionado o ágape, a ceia do amor, custeada pelos proprietários, senão que Fílon relata também a existência de casas e armazéns compartilhados e de um "tesouro" comum – presume-se que os excedentes ao sustento próprio eram depositados ali para que fossem destinados à caridade, amplamente cultivada. Por sua vez, é de fato incerto se havia efetivamente pleno comunismo, e se apenas entre os essênios aquelas instituições existiram em pleno desenvolvimento por toda parte. Pois é bem verdade que eles viveram predominantemente na Palestina, mas, ao que parece, de modo nenhum sempre em sedentarismo cenobítico. Pelo contrário, além da caridade, uma das suas instituições fundamentais foi também o dever de acolher o irmão em viagem (portanto aprendizes de ofício, provavelmente) e de lhe prestar auxílio, e em especial a esses propósitos pareciam servir os fundos coletivos.

Ira e todas as passionalidades, enquanto estados mentais infetados de forma demoníaca, eram tidas como perigosas mais pelos essênios do que pelos fariseus normais, e, supostamente ligado a isso, exortava-se ao devoto, expressamente, como antídoto radical, a oração por aqueles que lhe haviam praticado injustiça: o "amor ao inimigo". Entre eles, a santificação do nome divino não apenas levou à condenação do juramento, senão que se seguiu à mesma o desenvolvimento de uma verdadeira doutrina e disciplina arcanas. Esta exigia castidade ritualística àquele que quisesse ser abençoado pelo carisma prometido. Daí a rígida continência sexual e – enquanto se intensificava, até alcançar a total condenação – uma forte aversão, aliás não incontroversa em seus próprios círculos, ao matrimônio – o qual, como vimos, também em relação ao *rabbi* farisaico, era considerada indesejável segundo algumas concepções. Mas o verdadeiro motivo da conduta de vida particular essênia parece necessariamente ser encontrado naqueles dons da graça da doutrina arcana e na busca pela mesma. Pois nesse ponto reside um elemento claramente reconhecível como corpo estranho perante o farisaísmo e o judaísmo em geral. Segundo Josefo, em particular, a doutrina arcana foi registrada em escritos sagrados mantidos cuidadosamente em segredo, e o indivíduo, quando da admissão como membro pleno, tinha de se comprometer, mediante juramento, a se calar na presença de terceiros mas a se abrir perante os irmãos de ordem. O conteúdo da doutrina arcana parece ter consistido na reinterpretação alegórica das narrativas sagradas, em uma fé na providência bem pronunciada, em uma angelologia ainda mais marcada do que o normal, em atos isolados do culto ao sol – o elemento estrangeiro mais evidente – e, assumindo o lugar da crença farisaica na ressurreição, a promessa de imortalidade, com céu e inferno. Era-lhes própria, nos aspectos ritualísticos, a rejeição do sacrifício animal; com isso eles se excluíam do culto de templo, mas mantiveram relação com o mesmo mediante envio de ofertas. Aparentemente, porém, o carisma que a disciplina arcana haveria de conferir era o dom da profetização, que Josefo lhes atribui e provavelmente está vinculado à sua fé na providência. Além disso, é enaltecida sua terapêutica, especificamente seu conhecimento sobre os poderes de minerais e raízes. Sua religiosidade, de um modo bastante essencial, era religiosidade de prece, com fervor de devoção claramente bem intenso.

Nota-se de imediato que esses elementos da doutrina e da práxis essênias, que não eram mais intensificação nem superação do ritualismo de pureza farisaico, tampouco provêm do judaísmo. A angelologia – também a farisaica – era a rigor de origem persa. O dualismo bastante acentuado encontrado na doutrina do corpo e da alma parece indicar o mesmo – embora aqui também sejam concebíveis influência helenísticas. Produto integral da influência persa (ou persa-babilônica) foi a veneração do Sol, que – ao contrário daquela – até dá a impressão de ser não judaica, e cuja tolerância por parte dos judeus corretos parece a princípio causar estranheza. A inclinação ao celibato, os graus da ordem e a rejeição do sacrifício animal poderia ter origem em influências indianas – por intermédio qualquer –, mas também, como as abluções e os sacramentos, em mistérios helenístico-orientais, assim como a criação da doutrina arcana enquanto tal poderia, a rigor, ter se originado daí. De fato, a ordem essênia representa um casamento da religiosidade arcana sacramental com o ritualismo levítico de pureza. Aquilo que a distinguia dos mistérios anatólicos comuns referentes a um salvador era a inexistência de uma personalidade salvífica como objeto de culto – também entre os essênios, a esperança messiânica, fortemente cultivada, era toda ela esperança de futuro, como no judaísmo farisaico. Nesse sentido, em uma avaliação consequente, as seitas teriam de ser consideradas heterodoxas. Entretanto, em virtude do seu caráter ritualístico, o judaísmo evitou esse caminho, de modo semelhante ao hinduísmo em tais casos. Por ter sido preservado o vínculo com o templo, e porque o mosaico a respeito à lei, estimado pelo farisaísmo acima de tudo, continuava a existir – de modo particularmente rigoroso, em conformidade com o entendimento farisaico –, a congregação judaica ignorou as influências claramente heterodoxas e tolerou a seita como uma consociação de judeus especializada em votos e doutrinas particulares indiferentes, da mesma maneira como ela se portou em relação à congregação judaico-cristã de nazareus fiéis ao templo e à lei jerusalemitas, e isso pelo tempo que foi possível, em virtude de pressupostos semelhantes.

O limite entre o farisaísmo e o essenismo, contudo, ao menos também em relação à conduta de vida, era sem dúvida tênue. É bem verdade que, naquele tempo, uma organização fechada consociada dessa espécie, com reprovação da atividade remunerada, não é conhecida usualmente no âmbito do farisaísmo normal – pelo contrário, os fariseus são tidos nos evangelhos como representantes da "avareza". Mas são encontrados inúmeros fenômenos particulares que sugeriam o mesmo caráter. Acima de tudo: o acosmismo amorativo. Eram chamados de *"hasheina"* (os "secretos") as pessoas abastadas que, por princípio e em grande medida, secretamente faziam donativos aos pobres, que os recebiam também em segredo e sem que sua pessoa se tornasse conhecida; e isso não apenas ocasionalmente e de modo desorganizado, senão a partir de um fundo coletivo, criado com essa finalidade. Segundo o Talmude, parece que isso existiu em quase todas as cidades: o mandamento rabínico de não causar desonra a "ninguém" e o princípio, instituído mais tarde por Jesus, de "que a mão esquerda não há de saber o que a mão direita faz", porque só então o donativo seria digno de recompensa dos céus, a qual senão haveria de ser antecipada – nisso se manifesta esse traço da *caritas* talmúdica, característica também da caridade moderna judaica em geral, em oposição à puritana mas também à cristã normal, por exemplo.

Da busca por pureza absoluta se originou o afastamento perante todo e qualquer "prazer" mundano, como fazia o "*kadosh*" ("santo") à maneira dos essênios, e também são encontrados certos eremitas "*barnaim*" ("camponeses", especificamente de eremitérios). Esses fenômenos da efetiva rejeição do mundo, no entanto, eram tão estranhos ao farisaísmo normal como as regras essênias correspondentes, e provavelmente também se explicam a partir de influências não judaicas. Nos aspectos ritualísticos, certas reminiscências à práxis chassídica antiga e à essênia são encontradas entre os "*watikim*", que regravam a prece da manhã com rigor formal, precisamente de modo que seu término coincidisse com o nascer do Sol – mais um de tais fenômenos particulares. Não obstante toda a correção no ritual e o rigoroso isolamento perante os gentios, o judaísmo farisaico estava mesmo exposto às mais distintas invasões, de heterogênea ritualística (p. ex., a do culto ao Sol). E, especificamente ao farisaísmo, ainda que o desenvolvimento de uma verdadeira doutrina arcana lhe fosse totalmente estranho, de fato lhe foi impossível impedir a difusão de profetizações e expectativas escatológicas apocalípticas relativas a um Messias, as quais tinham efeito substancialmente semelhante e dominavam o meio – como mostram com a maior clareza o ambiente nas quais se desenrolam os mitos e histórias evangelicais.

A organização, a conduta de vida e a ética religiosas dos essênios foram frequentemente relacionadas à práxis cristã primitiva, e em particular de lado judeu. Como os cristãos, os essênios conhecem o batismo, a ceia do amor (ágape), o comunismo acosmístico amorativo, a caridade, o apostolado (todavia no sentido judaico do termo), a aversão ao matrimônio (para os plenos), os carismas, sobretudo a profecia enquanto estado mental aspirado de salvação[293]. Sua ética era, como a cristã antiga, *rigorosamente* pacifista, recomendava o amor ao inimigo, tinha alto apreço pelas esperanças de salvação dos pobres e pouco pela dos ricos, exatamente como as partes ebionitas dos evangelhos. A isso se somavam os elementos da ética comum farisaica afínicos ao cristianismo primitivo, ante os quais aqueles – assim como os do último – em vários pontos significaram um ascenso. Apenas que o caráter deste é, aqui e ali, bastante distinto. Pois justamente em relação à pureza ritualística (levítica) o próprio Jesus assume uma perspectiva totalmente diferente em sua pregação. A palavra do Senhor, de influência monumental, segundo a qual torna impuro não aquilo que vai à boca, senão o que dela sai e o que vem de um coração impuro, significava que o determinante, para ele, era a sublimação nos termos de uma ética da convicção, não a superação ritualística das leis de pureza judaicas, e à angustiada segregação dos essênios perante os ritualisticamente impuros contrapõe-se sua despreocupação, comprovada de modo seguro, em relação ao contato e a compartilhar a mesa com os mesmos. Mas as concepções éticas encontradas em ambos os lados encontravam-se difundidas das mais variadas formas na região de origem de ambas as comunidades, e as semelhantes instituições eram comuns em parte à *chaburah* farisaica, em parte, como é de se supor, às diversas comunidades de culto. Sobretudo, tanto a epifania da pessoa de um salvador contemporâneo e seu culto como a enorme importância do "espírito" (πνεῦμα [*pneuma*]), específica ao cristianismo primitivo, permaneceram, até onde se sabe, estranhas aos essênios.

Enquanto carisma e marca característica da comprovação de um estado de graça exemplar, o *pneuma* por certo não era nenhum conceito estranho para o judaísmo, tampouco para a doutrina do farisaísmo. O "espírito de Iahweh", que acomete, como carisma dos *berserkir*, o herói (Sansão) e o rei, que

---

293. Também a expressão ἐκκλησία [*ekklésia*] é usada em referência às suas assembleias comunais.

se lança como ira sobre Saul, mas que acima de tudo se apossa do vidente, dos profetas e dos taumaturgos – como carisma da visão e da anunciação profética, eventualmente do milagre –, do qual necessita o sumo sacerdote para poder expiar o povo de modo lídimo, espírito que dele (Fineias) se afasta e que abandona o rei ou o herói quando estes pecam, também é, em qualquer instrutor, poderoso – assim como o profeta enxerga e escuta mediante o espírito, também o instrutor atua através dele. No Talmude, ele se chama "*ruach hakodesh*"; na tradução de Sl 51,13 e de Is 63,10-11 encontrada na Septuaginta, "πνεῦμα τὸ ἅγιον" [*pneuma to hagion*, "Espírito Santo"]. Sua contraparte demoníaca é a doutrina do "espírito impuro", denominada nos evangelhos pelos versados na escrita de "espírito de Beelzebu", de "príncipe dos demônios". Os rabinos frequentemente utilizam o termo "*shekhinah*" [a presença, o habitar] no lugar de "Espírito Santo", por receio de fazer uso do nome de Deus. Surgiu a doutrina segundo a qual o "espírito divino", que no início da criação pairava sobre as "águas", teria sido criado no primeiro dia pelo Criador. A pomba, símbolo de Israel perseguido, é tratada também no Talmude, ocasionalmente como sua portadora.

Também na literatura talmúdica é encontrada a ideia de que o Espírito Santo interviria junto aos homens como "*synegor*", isto é, como "paracleto"[294], intercessor – aquele que presta auxílio aos homens perante Deus. Mas a doutrina da unidade interna, própria à época profética, fez surgir a assunção de que o Espírito Santo, desde Malaquias, estaria desaparecido do mundo. É possível ter posse não mais deste, senão apenas de "*bath kol*" [voz celestial], o espírito do qual os rabinos carecem para a interpretação correta da lei divina. Por outro lado, Joel[295] concebera a pureza e a santidade dos escolhidos depois da chegada do Messias da seguinte forma: que então o Espírito Santo haveria de ser transmitido a *todos*, que os filhos e filhas iriam vaticinar, que os anciãos teriam sonhos e, os jovens, visões, e que o Espírito também haveria de ser derramado sobre servos e criadas. Por conseguinte, o reavivamento do Espíri-

---

294. Fílon usa o termo em referência ao "*logos*", no qual se baseia o sumo sacerdote.

295. Jl 3,1-2.

to Santo em todos os homens era considerado sinal de que o Messias teria chegado e de que o irromper do Reino de Deus seria iminente. Essa ideia havia sido determinante para a concepção cristã antiga do milagre de Pentecostes. O "espírito", nesse sentido específico de um dom sacerdotal divino irracional, os rabinos não puderam nem reivindicar para si, nem tratar de todo como marca característica do estado de graça dos membros da congregação.

Por essa razão, independentemente do quão elevada fosse a autoridade do instrutor rabínico, ele nunca podia pretender assumir a posição de um "*Übermensch*" [super-homem] pneumático. Sua autoridade sempre se baseou na palavra fixada mediante escrita, na *torah* e nos livros dos profetas. Eliminava-se por completo qualquer desenvolvimento no sentido da adoração do pastor de almas à maneira da adoração guru na Índia, na Ásia e no cristianismo. Ele estava impossibilitado também pela concepção judaica de deus, a qual forçava a repudiar qualquer divinização de criatura como abominação pagã. Mas mesmo como objeto de uma veneração de santos ou mistagogos, à maneira dos fenômenos cristãos ou asiáticos dessa espécie, o *rabbi* não entrava em questão. Ele exerce uma profissão religiosa, mas não oferta graça; fazê-lo era, originalmente, nas devidas proporções, carisma do sacerdote, e permaneceu reservado aos *kohanim* qualificados por linhagem ceramítica na medida em que só eles tinham a qualificação – sem dúvida essencialmente formal – para dar a "bênção sacerdotal". Apenas o movimento chassídico na Europa Oriental criaria, no *tzadik*, no virtuoso da mística chassídica, uma figura correspondente ao tipo asiático do mistagogo e santo auxiliador, cujas pretensões, contudo, justamente por isso, também se encontravam na mais aguda oposição à autoridade do rabino e eram condenadas por ele como heresia. O *rabbi* judeu não promovia salvação sacramental nem era um santo auxiliador carismático. Sua propriedade religiosa específica era o "saber". Isso, contudo, era extremamente bem estimado. Em honradez, ele superava os idosos e mesmo os pais: "saber acima de tudo". Sua importância como autoridade pessoal residia em especial no exemplo que dava: em sua conduta exemplar de vida. Sua marca característica, porém, era apenas a estrita orientação à palavra divina.

Também em sua devida esfera laboral, o rabino era um servo da "palavra", mas nenhum "pregador", senão um "instrutor". Ele ensinava a lei em um círculo fechado de discípulos, mas não buscava suadir a congregação publicamente mediante pregação. É bem verdade que o rabino também ensinava na sinagoga. Mas no judaísmo antigo, até onde se sabe, ele o fazia publicamente apenas no sabá, logo antes das grandes festas e nos dias de Kallah. Nessas circunstâncias, o propósito também era: *instrução* da congregação devota a respeito dos deveres ritualísticos naqueles tempos; de resto, o rabino assistia ao indivíduo igualmente como consultor sobre as obrigações relativas aos rituais, em casos de dúvida. Pois isso: a atividade responsorial à espécie dos juristas romanos, junto à arbitral, e, para os rabinos chamados a exercê-la no "*beth din*" [casa do julgamento], também à propriamente judicial, constituía – ao lado da instrução sistemática dos discípulos na lei – o ponto principal do seu trabalho profissional. Na Antiguidade do judaísmo, em contrapartida, a pregação pública ético-religiosa nas tardes de sabá era totalmente inorganizada. Mas enquanto existiu – e esse há de ter sido o caso, em escala considerável – ela foi incumbência, tanto à época como mais tarde, de personalidades outras que não os próprios rabinos locais: dos "*magyr*", doutrinadores itinerantes de instrução rabínica do período mais tardio, que seguramente são um fenômeno bastante antigo. Enquanto sofista itinerante, hóspede dos membros abastados da congregação, ele percorre as comunidades, decerto exatamente como Paulo o fez, que em geral pregava nas sinagogas. Com certeza atuavam não apenas oradores itinerantes. Antes, a liberdade de pregação e instrução, bem difundida, autorizava a pregar qualquer um que se considerasse qualificado e fosse tido como tal pela congregação. Fizeram-no também, mas claramente não enquanto dever normal da profissão, os "instruídos na escrita", que, nos aspectos propriamente ritualísticos, pressupunham o Evangelho. Por outro lado, o *rabbi* se ocupava de tarefas apenas que fossem de matéria não sacerdotal, senão a se classificar a rigor como puramente concernente à técnica ritualística: no judaísmo antigo, tratava-se sobretudo da preparação do banho ritual (*mikweh*) e do *shechitah* ("abate ritual"), o qual tinha de supervisionar e, sob circunstâncias, de executar ele mesmo. Só que a interpretação autoritativa da lei era, e continuou a ser, em tudo, o principal.

Mas a particularidade técnica dessa interpretação da lei acordava com a particularidade socialmente determinada da camada que era sua mais importante zeladora: a pequena burguesia – à qual pertenciam os próprios rabinos do tempo antigo, em parcela bem grande. Já foi enfatizado que o "bom-senso" e aquele racionalismo prático-ético – que por toda parte era natural às camadas burguesas como postura interior – exerceram forte influência sobre a maneira rabínica de tratar a lei; assim se impuseram, por um lado, a *"ratio"* das determinações ao invés da sua letra, por outro as demandas urgentes da vida cotidiana, sobretudo da economia. Em contrapartida, faltava por completo a possibilidade do pensamento racional propriamente "construtivo" – portanto do pensar propriamente "jurístico" como praticado pelos jurisconsultos romanos, e apenas por eles –, o que em termos práticos equivale em significado: à faculdade da construção racional de *conceitos*. Os rabinos, ao contrário dos respondentes romanos, não formavam nenhum estamento de juristas puramente secular, sobretudo tampouco de nobres; antes, eram instrutores rituais religiosos plebeus. Não apenas o compromisso interno com o mandamento positivo divino em si era mais sólido do que o compromisso do jurista com o direito positivo jamais logrará sê-lo, senão que a ele se somavam as formas e limitações típicas de todo racionalismo pequeno-burguês. Interpretação de palavra e analogia descritiva ocupavam o lugar da análise conceitual; casuística concreta, o da abstração e da síntese. A práxis jurisdicional dos rabinos mais antigos, orientada, ao menos em grande parte, às exigências racionais em termos práticos, mas integralmente ao caso particular concreto, por certo passou por uma abertura "teórica" quando as grandes escolas de rabinos na Mesopotâmia e na Palestina se tornaram, depois da queda do templo, centros organizados da práxis jurisdicional e seguiram sendo-o para todo o mundo de cultura, até depois da dinastia carolíngia. Ao mesmo tempo, a obtenção do título de rabino foi vinculada à ordenação (imposição de mãos) pelo patriarca ou por seus representantes legítimos, e se prescreveu um curso acadêmico regular, com preleções, questões ao instrutor e discussões com o mesmo, com prebendaria de estudos e internato. A organização específica da irmandade farisaica havia claramente desaparecido: mais tarde, "*chaber*" designa um homem que estuda a lei de modo particularmente zeloso – o típico notável do judaísmo tardio – e "*perushim*" é encontrado como designação para "estudantes". O "espírito" do farisaísmo era preponderante no judaísmo. Mas não mais como espírito de uma irmandade ativa, senão simplesmente como espírito do *estudo* dos escritos; conforme representações ocasionalmente surgidas, mesmo Deus "estuda" a lei intemporalmente vigente para se guiar por ela, de modo semelhante a como o criador indiano do mundo pratica ascese para poder criá-lo. Agora lograva se desenvolver um pensamento sistemático desprendido do caso particular concreto. Determinante da sua especificidade era em parte o vínculo à tradição dos antigos rabinos; em parte, contudo, a própria estrutura sociológica.

A princípio, o ritualismo de pureza farisaico levou a uma ampliação das barreiras ritualísticas, tanto externa como internamente. Também e em relação especialmente a esse último caso, a comunidade essênia se isolou por medo de maculação por conúbio, comensalidade e por qualquer contato próximo com o restante dos judeus, e é de se questionar se ela foi o único conventículo dessa espécie. Exatamente do mesmo modo, a irmandade farisaica se isolou dos *'am ha'aretz*[296]; depois que os samaritanos foram proibidos, em Jerusalém, de ofertar sacrifícios, algo que eles não costumavam desprezar, o judaísmo jerusalemita e influenciado pelo sacerdócio de Jerusalém se isolou dos samaritanos e de todos os outros remanentes do antigo sacerdócio de credo iahwista praticante de cultos locais não influenciados pela profecia nem pelo sacerdócio jerusalemita. Assim surgia a estrutura, à espécie de *casta*, dos antigos crentes iahwistas, sólida porque condicionada por aspectos

---

296. De modo notório, o Evangelho de Lucas assume repetidas vezes (Lc 7,36.39; 11,37; 14,1) que Jesus come na casa de um fariseu (na última vez até de um chefe dos fariseus, em que é feita referência, como mostra a passagem paralela, a um "chefe da escola"), algo que ambos os evangelhos mais antigos desconhecem totalmente. Isso poderia ser tendência, visto que Lucas também destaca a conversão de "fariseus" na história dos apóstolos e considerando o quanto foi importante para Paulo que Pedro compartilhasse a mesa com o heleno de Antioquia. Fariseus realmente austeros teriam recusado comensalidade a um *'am ha'aretz* ou a alguém que vivesse incorretamente (em Jo 8,48, os judeus chamam Jesus de "samaritano").

ritualísticos. Ao mesmo tempo, os privilégios hereditários das estirpes sacerdotais e levíticas continuaram a existir internamente, e estas, embora decerto submetidas ao mandamento da hipergamia, não eram totalmente impedidas do conúbio com outros clãs judeus. Agora se somava a isso, enquanto elemento da formação religiosa estamental, a rejeição ritualística relativa a determinados ofícios – em parte repulsa, em parte desaprovação. Além de cameleiros, burriqueiros e comerciantes de mercadorias de olaria, também eram considerados desaprováveis e com desprezo os armazeneiros e transportadores de cargas – por terra e mar –, todos sem dúvida porque uma vida pura em termos ritualísticos parecia impossível para os mesmos; em relação às primeiras categorias citadas, naturalmente também porque eram originalmente trabalhadores estrangeiros. A estas se acrescentavam as profissões de mago e toda espécie de adivinho, condenadas pela maldição deuteronômica. Mas os ritualisticamente puros também desprezavam ofícios como os de vendedor ambulante, barbeiro, curandeiro, veterinário, certos pedreiros, além das profissões de curtidor de peles, ordenhador, cardador, tecelão e ourives. Em relação a alguns desses ofícios, é indicado como motivo para tal postura que eles colocariam seu praticante em um contato sempre suspeito com mulheres; de resto, porém, o determinante claramente era, também aqui, além das valorações sociais tradicionais, a desconfiança geral na possibilidade de combinar a profissão com a correção ritualística – e junto a isso, provavelmente, a linhagem de alguns dos praticantes, descendentes de imigrantes (como certamente a dos ourives). Não é permitido que um sumo sacerdote provenha de uma família que tenha se dedicado a esses ofícios. Em todo caso, não todos eles, ou não durante todo o período talmúdico, parecem todavia ter estado fora da ordem farisaica – ao menos um curtidor de peles é encontrado entre os rabinos mais conhecidos (R. Jose), e até um astrólogo, como já observado anteriormente. Sinagogas específicas para alguns dos antigos artesãos reais – caldeireiros e tesoureiros – encontram-se mencionadas na literatura talmúdica; assentos separados conforme ofício era frequente na sinagoga comum. Em ampla escala, as profissões justamente dos artesãos reais (além também de outros) eram factualmente profissões clânicas hereditárias, e, os próprios artesãos, estrangeiros importados pelo rei, o que provavelmente explica sua posição especial. Entre os ofícios desprezados se encontram alguns que mais tarde, na Idade Média, foram exercidos em larga medida por judeus, e mesmo no judaísmo antigo a rejeição àquelas profissões não indica um isolamento efetivo à maneira de casta. Ainda assim, a estrutura interna do judaísmo antigo tardio apresenta importantes traços da mesma.

Crescente isolamento ritualístico dos judeus

Mas sobretudo para fora os judeus assumiam cada vez mais o tipo do povo-hóspede, isolado principalmente em termos ritualísticos (povo pária). E isso de modo voluntário, partindo de si mesmos, não porventura sob a pressão de rejeição externa. A difusão geral do "antissemitismo" na Antiguidade é um fato. Da mesma maneira, porém, também o é: que essa rejeição aos judeus, a crescer paulatinamente, seguia exatamente o mesmo passo da rejeição cada vez mais estrita, pelos próprios judeus, à comunidade com não judeus. A rejeição antiga aos judeus estava longe de ser antipatia "racial" – a enorme ambitude do proselitismo, a se tratar adiante, é contraprova suficiente. Antes, o comportamento reprovador dos próprios judeus, pura e simplesmente, era o determinante das relações entre ambos os lados. Ritos desviantes e aparentemente absurdos a Antiguidade conheceu na mais rica medida – a razão decerto não residia ali. A pronunciada *asébeia* [impiedade, irreverência] perante os deuses da pólis, de cujo direito de hospitalidade eles desfrutavam, certamente há de ter sido percebida como sacrílega e ofensiva. Mas também isso não foi decisivo. Se considerada em seu cerne, a "misantropia" dos judeus com recorrência era a exprobração última e determinante: a precípua rejeição do conúbio, da comensalidade e de todo gênero de confraternização ou comunhão mais próxima de qualquer espécie, mesmo em âmbito comercial – o que também não é de se menosprezar –, combinada ao apoio extremamente forte, proporcionado pela *chaburah*, de todo judeu farisaico à irmandade – eis um fator cujo impacto econômico não podia escapar à atenção da concorrência gentílica. A isolação social dos judeus, esse "gueto" no sentido mais intrínseco da palavra, era toda ela primariamente autoescolhida e autointencionada, e isso em grau cada vez maior, inicialmente sob a influência dos *soferim*, depois dos fariseus. Os primeiros, como vimos, estavam engajados – por princípio – na preservação da pureza de *fé* dos judeus. Bem diferente: os fariseus. Eles representavam, principalmente e acima de tudo, uma doutrina (ritualística), uma confissão, não – ao menos não em primeira linha – uma nacionalidade. E no seu caso caminhava de mãos dadas com o resoluto isolamento perante os ritualisticamente impuros o mais zeloso trabalho de propaganda voltado para fora, em favor da própria comunidade: o proselitismo – "hipócritas, que percorreis o mar e a terra para fazer um prosélito", brada-lhes Jesus (Mt 23,15). Em particular, o mais fervoroso fariseu considerava de fato fazer um prosélito, possivelmente todo ano, como algo aprazente a Deus. No ponto principal, do mesmo modo como a propaganda cristã antiga do tempo pós-apostólico, a propaganda judaica se efetivava mediante atividade voluntária privada, não por meio das autoridades oficiais. A posição dessas últimas e também a da literatura oficial variavam.

Proselitismo na diáspora

A antiga tradição da lei (Ex 12,48) ainda carregava os traços do tempo em que a religião iahwista da confederação se expandia mediante a admissão, na associação de cidadãos plenos, de tribos vizinhas e de clãs de "*gerim*", de aliados que moravam dentro de Israel: metecos e clientes. Foi regulamentada a condição jurídica dos metecos, e também determinado o conjunto dos direitos ritualísticos que eles podiam adquirir apenas por circuncisão. A profecia vaticinou sobre os estrangeiros que chegariam a Israel, este restituído em sua propriedade territorial, e que haveriam de "aderir à casa de Jacó" (Is 14,1). Essa passagem, em combinação com a promessa feita a Abraão e com as inúmeras referências que prometiam a vinda de todos os povos da Terra a Israel e a veneração de seu deus pelos mesmos, parecia comprovar que a propaganda era algo de aprazente a Deus, talvez até mesmo como um meio de preparar a época para a chegada do Messias. Apesar disso, os pontos de vista divergiam, também na literatura sagrada. As lendas de Rute e Jonas eram decididamente favoráveis ao proselitismo; uma autoridade tão importante como Esdras, porém, avessa: a estrutura gentílica por ele instituída, tanto do sacerdócio como da pólis recém-constituída de Jerusalém, no mínimo servia de obstáculo à admissão de indivíduos na associação, e, em relação ao isolamento ambicionado do povo sagrado, Esdras conferia peso determinante à pureza de sangue enquanto tal. Para a pequena burguesia farisaica, tudo isso tinha significado totalmente distinto, e, entre seus representantes, principalmente lá fora, na diáspora, o fiel da balança pendia a favor da propaganda. Acolher um gentio na "*shekhinah*" (a "casa de Deus") era considerado pela maioria dos instrutores como absolutamente louvável, em breve tanto que, pelo uso do antigo conceito de meteco, passou a ser tida como útil também uma propaganda dessa espécie, a qual renunciou eventualmente à exigência da plena adoção imediata, pelos prosélitos, de todos os deveres ritualísticos, sobretudo o da circuncisão, e promoveu afiliações provisórias de indivíduos como simples "amigos", como semijudeus. Pois a exigência da circuncisão, como é de se imaginar, era um entrave bem sério à propaganda entre homens adultos – também por isso, o número de mulheres entre os plenos prosélitos era muito maior do que o de homens. Foram distinguidos três[297] níveis de admissão: 1º) o "*ger hatoshab*", o "amigo", o semiconvertido, que adotava a fé monoteísta em Deus e a ética dos judeus (do Decálogo), mas não o ritual judaico – seu comportamento ritualístico permaneceu totalmente incontrolado e ele não tinha relações formais com a congregação; 2º) o "*ger hasha'ar*" ("prosélito do portão"), antigo meteco sob jurisdição judaica, que segundo a teoria fazia perante três membros da irmandade o voto de não venerar nenhum ídolo – são-lhe vinculativos os sete mandamentos noeítas, o sabá, o tabu referente a porcos e o jejum ritualístico, mas não a circuncisão, e são membros passivos da congregação com direitos limitados de participação em festas e nas festividades da sinagoga; por fim, 3º) o "*ger haberit*" ou "*ger hatzedek*" ("prosélito da justeza"), que é admitido à plena comunidade após a circuncisão e a adoção dos deveres ritualísticos: só mais tarde, na terceira geração, seus descendentes se tornarão judeus detentores de plenos direitos.

---

297. Não apenas dois.

Com essa práxis, a expectativa era de que o *ger hatoshab* e, com mais forte razão, o *ger hasha'ar*, não obstante ele mesmo evitasse a circuncisão, houvessem de optar por permitir que seus filhos fossem circuncidados e se tornassem assim judeus plenos, e em inúmeros casos ela certamente se confirmou. Pois aquela práxis vinha bem ao encontro dos interesses do mundo circunvizinho, sobretudo dos helenos. Naturalmente, o que lhes atraía no judaísmo era não seu ritual – a considerar todo o caráter da religiosidade helenística, este poderia ter sido o caso apenas se ele tivesse oferecido promessas e meios de redenção mágicos ou sacramentais à espécie de mistérios, portanto vias e estados mentais salvíficos irracionais, e justamente isso, no caso do judaísmo, não ocorria. Antes, a atração vinha da concepção de Deus – de grande e extremamente majestática eficácia –, da eliminação radical dos cultos a divindades e idolátricos, tidos como falsos, e sobretudo da ética judaica, aparentemente pura e vigorosa, além também das promessas de futuro, simples e claras; portanto: dos componentes racionais. O judaísmo atraía para si elementos que encontravam sua satisfação religiosa na pureza da ética e do poder do conceito de Deus. A rígida *ordem* de vida, puramente como oferecida pelo ritual, era um poderoso atrativo, e há de ter operado de modo particularmente forte em tempos nos quais, depois do colapso dos estados nacionais helênicos, viu-se, graças a isso, a ruína da rígida ordenação militar tradicional da vida do cidadão na pólis. A era do racionalismo intelectual, com sua crescente racionalização "burguesa" da religiosidade helênica, sobretudo nos últimos séculos da república romana, foi também a grande época do proselitismo judeu. Quem se dispunha, por particularidade ou destino, à busca mística por salvação há de ter se mantido distante do mesmo, e a era da procura crescente por estados mentais irracionais salvíficos favorecia não ao judaísmo senão às religiões arcanas e ao cristianismo. Presume-se que o ritual judaico pleno terá sido adotado na maioria das vezes por pessoas – para si ou seus filhos – nas camadas que tinham um interesse pela admissão na organização da irmandade farisaica; entre os pequeno-burgueses, especialmente entre os artesãos e pequenos comerciantes, isso de fato foi assim, tanto quanto se permite verificar. Embora a fé judaica fosse *"religio licita"*, o pleno convertido perdia, segundo o direito oficial romano, o *"jus bonorum"*, e a lei judaica o tornava inapto a assumir cargo público porque, de acordo com ela, não lhe era permitido participar do culto do Estado. Mas a diáspora judaica, por seu lado, tinha um forte interesse não apenas em aumentar o número dos seus membros, senão também no ganho de "amigos" fora da mesma, principalmente em círculos influentes e de pessoas aptas a exercer função pública; por essa razão, a maneira de resolver o problema também era, desde o seu ponto de vista, extremamente oportuna. Em aspectos práticos ela significou um compromisso entre confessionalidade e gentilidade. Na comunidade, o judeu de nascimento e correto há três gerações era privilegiado em termos estamentais ante os convertidos e seus filhos e netos. Fora da comunidade estavam – assim como os "leigos" com relação aos bicos na Índia, por exemplo – os prosélitos não circuncidados mas comprometidos por votos, e os simples "amigos". O ritual era absolutamente obrigatório para os judeus de nascimento e para os convertidos circuncisos, em parte para os prosélitos compromissados mediante votos, não para os "amigos". Em ocasiões, contudo, ainda se encontram perspectivas essencialmente mais liberais. Até foi questionado se a circuncisão, ordenada ao povo judaico, seria realmente indispensável para a conversão de quem não era judeu por nascimento, e se não bastaria um banho ritualístico de purificação (portanto: batismo). Casamentos mistos com prosélitos (incircuncidados) parecem ter sido ocasionalmente legitimados por responsos rabínicos. Essas perspectivas se encontravam, contudo, de modo isolado.

Propaganda dos apóstolos cristãos

O estado a predominar na prática se expressa claramente nas lutas que a missão paulina desencadeou tanto na antiga congregação cristã como no judaísmo. As narrativas do Novo Testamento, que nisso carregam nos pontos determinantes o cunho da plena credibilidade, mostram que *não* foi o começo da missão entre *gentios* (e prosélitos incircuncisos) – ao contrário de como frequentemente ainda se crê – aquilo que porventura provocou conflito e procela. Aqui, os líderes das congregações jerusalemitas, rigorosamente estabelecidas sobre o fundamento do ritual e do culto de templo, tinham se posicionado inteiramente no âmbito, por um lado, dos fatos e, por outro, do tratamento tradicional de prosélitos incircuncidados. Eles formularam uma ética mínima para os últimos e a enviaram por meio de dois mensageiros a Antioquia, à congregação missionária[298], que haveria de se manter afastada da idolatria, do sangue, da carne sufocada e do meretrício; de resto, em troca, estaria dispensada do ritual. Caso o cumprissem, eles seriam, como os chama o escrito indicado: "irmãos dentre os gentios". Mesmo desde o ponto de vista farisaico, isso era absolutamente decoroso. Contudo, agora chegava em Jerusalém a notícia de que Paulo missionaria também entre judeus plenos e induziria também estes à renúncia da observância do ritual. Com referência àquela carta, Santiago e os anciãos, em nome da congregação em Jerusalém, pedem-lhe explicações a respeito[299] e exigem que o mesmo, diante dessa suspeita, cumpra a prova habitual de pureza no templo, à qual ele também se submete, assistido por quatro indivíduos obrigados a realizar expiação por voto. Mas os judeus presentes, oriundos em grande número da diáspora, tentam linchá-lo ao avistá-lo no templo, porque ele 1°) agitava contra a lei e o culto de templo, portanto pregaria apostasia da lei (entre judeus!), e porque 2°) teria trazido um incircunciso (Trófimo) para dentro do templo (o que Lucas contesta)[300]; a revolta que surge a partir disso dá azo à sua prisão. A missão entre gentios ou prosélitos incircuncisos não lhe é censurada; antes, ela é expressamente elogiada por Santiago e pelos anciãos[301]. Paulo prega nas sinagogas, quase sem exceção, e é enfatizado claramente e com frequência: que a massa dos prosélitos incircuncisos era o que formava as unidades cen-

---

298. At 15,23-29.

299. At 21,21-26.

300. At 21,28-29. Apenas a passagem de At 22,21 assume aparentemente um ponto de vista algo distinto (indignação da multidão por ele se designar como salvador enviado aos gentios), mas é evidente que, se alguma versão for autêntica, então esta seria a exposição sobre o posicionamento de Santiago e a motivação da tentativa de linchamento. De resto, naturalmente, os judeus com certeza não podiam estar satisfeitos com o aliciamento dos seus prosélitos incircuncisos. Mas uma afronta à lei, em si, não deve ser enxergada aqui.

301. At 21,20.

trais das suas congregações missionais. Nelas, o judaísmo semeava terreno à missão cristã. Certamente, com o compromisso dos jerusalemitas junto aos prosélitos, as dificuldades não estavam exauridas para a missão cristã, nem mesmo de modo puramente aparente. Ambas as partes, os anciãos jerusalemitas assim como Paulo, bordejavam e davam passos vacilantes. A questão da comensalidade com prosélitos incircuncisos aparentemente fora resolvida em Antioquia, entre Pedro e Paulo, a favor da aprovação, mas depois, sob a influência de Santiago, Pedro novamente recuara[302]. Paulo, por seu lado, em contraste com seu comportamento no caso de Tito[303], circuncidou Timóteo[304] para lhe assegurar a comensalidade de judeus anatólicos. Somente passo por passo, e apenas em parte, os jerusalemitas acederam ao ponto de vista de Paulo; Pedro, aparentemente, só depois da morte de Santiago. Em turno, a antiga congregação ebionita da Palestina, que permanecia fiel à lei, tratava Paulo como apóstata. Como as fontes indicavam[305], a razão determinante, que forçou o consentimento dos líderes dos jerusalemitas, foi a experiência de que os convertidos vindos do paganismo foram acometidos pelo *Espírito* do mesmo modo e com os mesmos fenômenos que os cristãos judeus. Por esse motivo, desde a perspectiva de Pedro, em cuja pregação em Cesareia isso ocorreu, não lhes podia ser negado o batismo nem a igualdade de condição. Independentemente do valor histórico dos pormenores, o fato fundamental é seguramente certo e ilustra nitidamente a grande mudança: no judaísmo, o espírito profético seria controlado mediante mensura da sua anunciação em termos de conformidade à *lei* e rejeitado ou aceito de acordo com a mesma. Para o cristianismo antigo, o *Espírito*, seus sinais e dons eram, por seu lado, determinantes da ambitude requerida do vínculo ao ritual judeu. Ao mesmo tempo, porém, é bem claro que esse "Espírito", o *pneuma*, era de dinâmica essencialmente distinta à de *ruach hakodesh* do judaísmo correto.

---

302. Gl 2,11-14.

303. Gl 2,3.

304. At 16,3. Timóteo certamente teve uma mãe judia, ao passo que seu pai foi grego (At 16,1).

305. At 10,45-47.

A concorrência do judaísmo e do cristianismo em torno da missão proselitista chegava a seu termo com a primeira queda do templo, e em definitivo com a segunda, sob Adriano, depois de inúmeros prosélitos perpetrarem traição aos judeus, em especial na última guerra. No interior das congregações judaicas, reservas ao proselitismo nunca foram totalmente silenciadas. Agora elas se impunham cada vez mais.

Os pressupostos para a admissão de prosélitos foram regulamentados, e, a aprovação, vinculada ao consentimento de uma corte rabínica em *quorum* pleno. Surgiu a concepção de que os prosélitos seriam, "para Israel, tão maçadores como a lepra". O número de conversões diminuiu sob a pressão do sentimento antijudeu. Os imperadores intervieram; visto que a conversão tornava o indivíduo inapto para assumir cargos públicos, ela não podia ser tolerada. Dião Cássio relata leis rígidas já sob Domiciano. A circuncisão de não judeus foi proibida e igualada à castração. Não apenas a conversão plena, mas também, e talvez ainda mais, a semiconversão diminuíram rapidamente – no século III d.C., os *ger hatoshab* parecem já ter sido raros, e mais tarde se assumiu que sua existência teria sido conforme os escritos apenas enquanto Israel existiu como Estado. Sob os imperadores cristãos, naturalmente, a propaganda (398 d.C.), assim como a posse de escravos cristãos – que expunha estes à tentação de praticar proselitismo –, foi absolutamente vetada. As leis proibitórias de Domiciano seguramente houveram de favorecer a propaganda cristã, que por toda parte assumia a herança do judaísmo. O agravamento bastante intenso das relações entre judaísmo e cristianismo, como já mostra, dependendo da época, o posicionamento distinto dos evangelhos[306], mas em particular a literatura mais tardia, de início foi provocado essencialmente pelo lado judeu. Os judeus, enquanto *religio licita*, fizeram uso da precária situação dos cristãos – estes não cobertos pe-

---

306. Especificamente no Evangelho de João. Ali, não apenas os "instruídos na escrita" e "fariseus", enquanto opoentes de Jesus, são com bastante frequência simplesmente substituídos por "judeus", senão que sobretudo a medida em que os judeus o perseguem é elevada ao extremo em comparação com os outros Evangelhos: em João, eles buscam quase incessantemente tomar sua vida, o que nos Sinópticos não é o caso na mesma escala. (Já em Lucas, em várias passagens, p. ex. em Lc 8:7; 11,15, os "fariseus", enquanto os opoentes de João e Jesus, são substituídos por "o povo" ou "alguns".)

los seus privilégios, os quais os dispensavam da obrigação de praticar o culto imperial – para mobilizar a autoridade estatal contra os mesmos, mediante denunciações. Por essa razão, eles eram considerados pelos cristãos como os causadores da perseguição. As barreiras erigidas por ambos os lados agora se tornavam intransponíveis: o número de judeus convertidos ao cristianismo diminuiu muito rapidamente e foi praticamente igual a zero a partir aproximadamente do século IV, sobretudo no interior das amplas camadas da pequena burguesia, já antes de os interesses financeiros dos príncipes na Idade Média fazerem parecer desejável a estes a conservação dos judeus. O objetivo da conversão dos judeus foi anunciado com bastante frequência pelo cristianismo, mas em regra geral apenas como retórica, e, em todo caso, as tentativas da missão, assim como as conversões forçadas, permaneceram igualmente frustradas, em todas as épocas e por toda parte. As promessas dos profetas, a repulsa e o desprezo ao politeísmo cristão, mas sobretudo a tradição extremamente consolidada, erigida por uma instrução incomparavelmente intensiva da juventude com vistas a uma conduta de vida ordenada de modo bastante restrito nos aspectos ritualísticos, além do poder das comunidades sociais rigidamente organizadas, da família e da congregação, que o apóstata perdia sem ter em perspectiva a admissão segura e sob iguais condições nas congregações cristãs – tudo isso manteve e mantém a comunidade judaica em sua condição autoescolhida de povo pária, enquanto e até que o espírito da lei judaica, e isso significa: o espírito dos fariseus e dos rabinos da Antiguidade tardia, continuou e continua, impassível, a existir.

Coleção sociologia

- *A educação moral*
  Émile Durkheim
- *A pesquisa qualitativa*
  VV.AA.
- *Sociologia ambiental*
  John Hannigan
- *O poder em movimento*
  Sidney Tarrow
- *Quatro tradições sociológicas*
  Randall Collins
- *Introdução à Teoria dos Sistemas*
  Niklas Luhmann
- *Sociologia clássica – Marx, Durkheim, Weber*
  Carlos Eduardo Sell
- *O senso prático*
  Pierre Bourdieu
- *Comportamento em lugares públicos*
  Erving Goffman
- *A estrutura da ação social – Vols. I e II*
  Talcott Parsons
- *Ritual de interação*
  Erving Goffman
- *A negociação da intimidade*
  Viviana A. Zelizer
- *Os quadros da experiência social*
  Erving Goffman
- *Democracia*
  Charles Tilly
- *A representação do Eu na vida cotidiana*
  Erving Goffman
- *Sociologia da comunicação*
  Gabriel Cohn
- *A pesquisa sociológica*
  Serge Paugam (coord.)
- *Sentido da dialética – Marx: lógica e política - Tomo I*
  Ruy Fausto
- *A emergência da teoria sociológica*
  Jonathan H. Turner, Leonard Beeghley e Charles H. Powers
- *Análise de classe – Abordagens*
  Erik Olin Wright
- *Símbolos, selves e realidade social*
  Kent L. Sandstrom, Daniel D. Martin e Gary Alan Fine
- *Sistemas sociais*
  Niklas Luhmann
- *O caos totalmente normal do amor*
  Ulrich Beck e Elisabeth Beck-Gernsheim
- *Lógicas da história*
  William H. Sewell Jr.
- *Manual de pesquisa qualitativa*
  Mario Cardano
- *Teoria social – Vinte lições introdutórias*
  Hans Joas e Wolfang Knöbl
- *A teoria das seleções cultural e social*
  W.G. Runciman
- *Problemas centrais em teoria social*
  Anthony Giddens
- *A construção significativa do mundo social*
  Alfred Schütz
- *Teoria dos sistemas na prática – Vol. I - Estrutura social e semântica*
  Niklas Luhmann
- *Teoria dos sistemas na prática – Vol. II - Diferenciação funcional e Modernidade*
  Niklas Luhmann
- *Questões de sociologia*
  Pierre Bourdieu
- *As regras do método sociológico*
  Émile Durkheim
- *Ética econômica das religiões mundiais – Vol. I*
  Max Weber
- *Ética econômica das religiões mundiais – Vol. III*
  Max Weber

LEIA TAMBÉM:

Os sociólogos
De Auguste Comte a Gilles Lipovetsky

Sarah Silva Telles e Solange Luçan de Oliveira (organizadoras)

Após as edições sobre autores clássicos de Filosofia, História e Comunicação, a Editora Vozes e a Editora PUC-Rio lançam os *Clássicos das Ciências Sociais*. Já publicamos o volume 1, *Os antropólogos*. Neste volume 2 é a vez de *Os sociólogos*. Está prevista ainda a publicação de *Os cientistas sociais* (volume 3).

A coleção respeitou a divisão das Ciências Sociais nas suas três áreas clássicas: Antropologia, Sociologia e Ciência Política. Apesar da existência de autores que transitam entre elas, como os sociólogos políticos ou os sociólogos antropólogos, optou-se por dividir os autores nas três áreas pela necessidade de cobrir ao mesmo tempo as possibilidades intelectuais contidas nas Ciências Sociais e o número expressivo de seus autores clássicos.

Esse volume oferece uma coletânea de ensaios assinados pelos maiores especialistas brasileiros sobre a vida e a obra dos autores clássicos da Sociologia, cobrindo de Auguste Comte (1798-1857) a Gilles Lipovetsky (1944). Cada ensaio traz os seguintes conteúdos: o sociólogo e seu tempo; percurso e influências; conceitos básicos de seu pensamento; e suas principais obras publicadas.

Em todos os volumes publicados até aqui a proposta é a mesma: expor e explicar o pensamento dos autores clássicos de cada área a partir de um ensaio introdutório, escrito por um especialista, com uma linguagem clara e acessível, precisa e rigorosa.

Modernidade, pluralismo e crise de sentido
A orientação do homem moderno

Peter L. Berger e Thomas Luckmann

Essa importante obra produzida por dois renomados sociólogos, Peter L. Berger e Thomas Luckmann, volta agora ao mercado com projeto gráfico e capa reformulados.

Segundo os autores, a característica de nosso tempo é a convulsão das certezas e o questionamento das identidades. A crescente velocidade com que se desenvolvem as sociedades modernas agrava esta tendência por uma transformação cada vez mais intensa das estruturas familiares e das certezas baseadas na experiência. O saber tradicional, como o transmitem a Igreja, a escola, a família ou o Estado, envelhece com maior rapidez. As instituições tradicionais de orientação vão sendo suplementadas, quando não substituídas, por novas. Os conflitos entre as diferentes ofertas de orientação são resolvidos no "mercado"; os fins e os conteúdos da vida fazem concorrência uns com os outros, de modo que neste contexto as orientações que se pretendem eficazes devem responder ao desafio de tornar compatíveis certos conceitos da vida que sejam válidos para o indivíduo com outras indicações que apoiem a condição comunitária da sociedade.

Se a crise de sentido no mundo atual surge dos processos de modernização, pluralização e secularização da sociedade, talvez a solução esteja nas instituições intermediárias, que fazem a ponte entre o indivíduo e o macrossistema social. "Somente quando as instituições intermediárias contribuírem para que os padrões subjetivos de experiência e de ação dos indivíduos participem da discussão e estabelecimento de sentido será possível evitar que as pessoas se sintam totalmente estranhas no mundo moderno; e somente então será possível evitar que a identidade das pessoas individuais e a coesão intersubjetiva das sociedades sejam ameaçadas ou, até mesmo, destruídas pela afecção de crises da Modernidade."

Peter L. Berger e **Thomas Luckmann** são sem dúvida dois dos sociólogos mais importantes da atualidade. Nasceram na Europa. Berger em Viena e Luckmann na Eslovênia. Emigraram ambos para os Estados Unidos, tornando-se cidadãos americanos. Encontraram-se no curso de pós-graduação na New School for Social Research, onde seriam professores em 1963. Começa nesse ano estreita colaboração, que culmina na publicação em coautoria do famoso livro The Social Construction of Reality. *Nova York, Doubleday, 1966 (em português A construção social da realidade, Vozes) e de três artigos sobre sociologia da religião, identidade pessoal, secularização e pluralismo. Depois disso, Berger ficou nos Estados Unidos e Luckmann foi para a Alemanha. A distância – o Oceano Atlântico entre os dois – impedia a realização de estudos empíricos em comum. Apesar da relativa diferença de interesses e de estudos, produziram em colaboração este fecundo estudo,* Modernidade, pluralismo e crise de sentido.

CULTURAL

Administração
Antropologia
Biografias
Comunicação
Dinâmicas e Jogos
Ecologia e Meio Ambiente
Educação e Pedagogia
Filosofia
História
Letras e Literatura
Obras de referência
Política
Psicologia
Saúde e Nutrição
Serviço Social e Trabalho
Sociologia

CATEQUÉTICO PASTORAL

Catequese
Geral
Crisma
Primeira Eucaristia

Pastoral
Geral
Sacramental
Familiar
Social
Ensino Religioso Escolar

TEOLÓGICO ESPIRITUAL

Biografias
Devocionários
Espiritualidade e Mística
Espiritualidade Mariana
Franciscanismo
Autoconhecimento
Liturgia
Obras de referência
Sagrada Escritura e Livros Apócrifos

Teologia
Bíblica
Histórica
Prática
Sistemática

REVISTAS

Concilium
Estudos Bíblicos
Grande Sinal
REB (Revista Eclesiástica Brasileira)

VOZES NOBILIS

Uma linha editorial especial, com importantes autores, alto valor agregado e qualidade superior.

VOZES DE BOLSO

Obras clássicas de Ciências Humanas em formato de bolso.

PRODUTOS SAZONAIS

Folhinha do Sagrado Coração de Jesus
Calendário de mesa do Sagrado Coração de Jesus
Agenda do Sagrado Coração de Jesus
Almanaque Santo Antônio
Agendinha
Diário Vozes
Meditações para o dia a dia
Encontro diário com Deus
Guia Litúrgico

CADASTRE-SE
www.vozes.com.br

EDITORA VOZES LTDA.
Rua Frei Luís, 100 – Centro – Cep 25689-900 – Petrópolis, RJ
Tel.: (24) 2233-9000 – Fax: (24) 2231-4676 – E-mail: vendas@vozes.com.br

UNIDADES NO BRASIL: Belo Horizonte, MG – Brasília, DF – Campinas, SP – Cuiabá, MT
Curitiba, PR – Fortaleza, CE – Goiânia, GO – Juiz de Fora, MG
Manaus, AM – Petrópolis, RJ – Porto Alegre, RS – Recife, PE – Rio de Janeiro, RJ
Salvador, BA – São Paulo, SP